法律政策全书

2024年版

土地

全面准确收录

合理分类检索

含法律、法规、司法解释、典型案例及相关文书

法律政策全书系列

中国法制出版社
CHINA LEGAL PUBLISHING HOUSE

导 读

本书收录了我国与土地相关的法律、法规、规章、政策性文件、典型案例,内容涉及从取得土地使用权到土地争议救济的方方面面。

本书主要分为九部分:

第一部分是"综合"。收录了有关土地的综合性法律文件。目前我国规范土地利用的综合性法律主要有两个:《中华人民共和国土地管理法》和《中华人民共和国城市房地产管理法》,另有一些配套的法规、规章和政策性文件。

第二部分是"土地取得"。在我国,取得城镇土地使用权主要有三种方式:出让、划拨和转让。《协议出让国有土地使用权规定》《招标拍卖挂牌出让国有建设用地使用权规定》对出让方式的环节如何运作作了规定。《中华人民共和国招标投标法实施条例》以及《协议出让国有土地使用权规范(试行)》《招标拍卖挂牌出让国有土地使用权规范(试行)》《国土资源部关于坚持和完善土地招标拍卖挂牌出让制度的意见》细化了土地使用权出让的程序。

第三部分是"土地权属"。《中华人民共和国民法典》(以下简称《民法典》)物权编及《最高人民法院关于适用〈中华人民共和国民法典〉物权编的解释(一)》等规范在土地权属方面提供了全面的规定。

第四部分是"农村土地承包与宅基地"。《中华人民共和国农村土地承包法》稳定和完善了以家庭承包经营为基础、统分结合的双层经营体制，赋予农民长期而有保障的土地使用权，维护农村土地承包当事人的合法权益，促进农业、农村经济发展和农村社会稳定。《中华人民共和国农村土地承包经营纠纷调解仲裁法》则为解决农村土地承包中产生的纠纷、保护当事人的合法权益给出了具体的规定。

  第五部分是"土地征收与安置、补偿"。征收农村集体所有土地，为经济建设和社会发展提供用地，必须加强管理，做好补偿安置工作。这是保障经济建设用地，切实维护广大农民合法权益的客观要求。为此《民法典》物权编、《中华人民共和国土地管理法》、《中华人民共和国土地管理法实施条例》等作出了严格规定。其他相关规范对于妥善安置被征地农民、健全征地程序、加强对征地实施过程监管等诸多方面也作出了规定。

  第六部分是"土地开发整理"。本部分收录的《土地复垦条例》《土地复垦条例实施办法》规范了对生产建设活动和自然灾害损毁的土地，采取整治措施，使其恢复到可供利用状态的活动。

  第七部分是"土地使用"。更好地统筹开发、利用和保护土地资源才能促进国民经济又好又快发展。本部分收录了《基本农田保护条例》等规范。

  第八部分是"土地税费"。土地税费金制度承载着复杂的经济社会关系，是促进资源合理利用、调节土地经济社会关系的重要制度，本部分收集了关于耕地占用税、城镇土地使用税、土地增值税的若干法规文件。

  第九部分是"争议与救济"。自然资源部公布的一些关于争议处理和权利救济的规范，详细规定了土地纠纷的种类和纠纷解决途径。《最高人民法院关于审理涉及农村集体土地行政案件若干问题的规定》对农村集体土地行政案件的受案范围、原被告主体资格等问题作出了详细的规定。

目　录

一、综　合

中华人民共和国土地管理法 ……………………………………（1）
　　（2019 年 8 月 26 日）①
中华人民共和国土地管理法实施条例 …………………………（23）
　　（2021 年 7 月 2 日）
中华人民共和国黑土地保护法 …………………………………（38）
　　（2022 年 6 月 24 日）
中华人民共和国城市房地产管理法 ……………………………（46）
　　（2019 年 8 月 26 日）
中华人民共和国矿产资源法 ……………………………………（60）
　　（2009 年 8 月 27 日）
中华人民共和国测绘法 …………………………………………（70）
　　（2017 年 4 月 27 日）
中华人民共和国森林法（节录）…………………………………（84）
　　（2019 年 12 月 28 日）
中华人民共和国草原法（节录）…………………………………（86）
　　（2021 年 4 月 29 日）

---

① 本目录中的时间为法律文件的公布时间或最后一次修正、修订公布时间。

中华人民共和国畜牧法 ……………………………………（88）
　　（2022 年 10 月 30 日）
国务院关于印发全国国土规划纲要（2016—2030 年）的通知 …（107）
　　（2017 年 1 月 3 日）
土地调查条例 ……………………………………………………（163）
　　（2018 年 3 月 19 日）
土地调查条例实施办法 …………………………………………（169）
　　（2019 年 7 月 16 日）
国务院关于深化改革严格土地管理的决定 ……………………（176）
　　（2004 年 10 月 21 日）
国务院关于加强土地调控有关问题的通知 ……………………（185）
　　（2006 年 8 月 31 日）
国务院关于加强国有土地资产管理的通知 ……………………（189）
　　（2001 年 4 月 30 日）
基础测绘条例 ……………………………………………………（193）
　　（2009 年 5 月 12 日）
实际耕地与新增建设用地面积确定办法 ………………………（200）
　　（2007 年 9 月 5 日）

二、土地取得

中华人民共和国招标投标法 ……………………………………（202）
　　（2017 年 12 月 27 日）
中华人民共和国招标投标法实施条例 …………………………（215）
　　（2019 年 3 月 2 日）
中华人民共和国城镇国有土地使用权出让和转让暂行条例 …（235）
　　（2020 年 11 月 29 日）

国务院办公厅关于进一步做好房地产市场调控工作有关问题
　　的通知……………………………………………………（242）
　　　　（2011年1月26日）
国土资源部关于坚持和完善土地招标拍卖挂牌出让制度的意见…（246）
　　　　（2011年5月11日）
协议出让国有土地使用权规定……………………………………（250）
　　　　（2003年6月11日）
协议出让国有土地使用权规范（试行）…………………………（254）
　　　　（2006年5月31日）
招标拍卖挂牌出让国有土地使用权规范（试行）………………（268）
　　　　（2006年5月31日）
招标拍卖挂牌出让国有建设用地使用权规定……………………（289）
　　　　（2007年9月28日）
建设用地审查报批管理办法………………………………………（296）
　　　　（2016年11月29日）
建设项目用地预审管理办法………………………………………（302）
　　　　（2016年11月29日）

三、土地权属

中华人民共和国民法典（节录）…………………………………（306）
　　　　（2020年5月28日）
最高人民法院关于适用《中华人民共和国民法典》物权编的
　　解释（一）………………………………………………（341）
　　　　（2020年12月29日）
不动产登记暂行条例………………………………………………（345）
　　　　（2019年3月24日）
不动产登记暂行条例实施细则……………………………………（353）
　　　　（2019年7月24日）

国土资源部、财政部、农业部关于加快推进农村集体土地确权登记发证工作的通知……………………………………（382）
　　（2011年5月6日）

四、农村土地承包与宅基地

中华人民共和国农村土地承包法……………………………（388）
　　（2018年12月29日）
中华人民共和国农村土地承包经营纠纷调解仲裁法…………（402）
　　（2009年6月27日）
国务院办公厅关于引导农村产权流转交易市场健康发展的
　　意见……………………………………………………………（412）
　　（2014年12月30日）
中央农村工作领导小组办公室、农业农村部关于进一步加强
　　农村宅基地管理的通知……………………………………（418）
　　（2019年9月11日）
国土资源部、财政部、住房和城乡建设部、农业部、国家林
　　业局关于进一步加快推进宅基地和集体建设用地使用权确
　　权登记发证工作的通知……………………………………（422）
　　（2014年8月1日）
农村土地承包合同管理办法……………………………………（426）
　　（2023年2月17日）
农业部关于做好当前农村土地承包经营权流转管理和服务工
　　作的通知………………………………………………………（434）
　　（2008年12月5日）
国土资源部、财政部关于加快编制和实施土地整治规划大力
　　推进高标准基本农田建设的通知…………………………（439）
　　（2012年4月6日）

最高人民法院关于审理涉及农村土地承包纠纷案件适用法律
　　问题的解释……………………………………………………（445）
　　　　（2020年12月23日）
最高人民法院关于审理涉及农村土地承包经营纠纷调解仲裁
　　案件适用法律若干问题的解释………………………………（451）
　　　　（2020年12月29日）

五、土地征收与安置、补偿

划拨用地目录…………………………………………………………（454）
　　　　（2001年10月22日）
国务院办公厅转发劳动保障部关于做好被征地农民就业培训
　　和社会保障工作指导意见的通知……………………………（461）
　　　　（2006年4月10日）
劳动和社会保障部、国土资源部关于切实做好被征地农民社
　　会保障工作有关问题的通知…………………………………（465）
　　　　（2007年4月28日）
国有土地上房屋征收与补偿条例……………………………………（469）
　　　　（2011年1月21日）
最高人民法院关于办理申请人民法院强制执行国有土地上房
　　屋征收补偿决定案件若干问题的规定………………………（476）
　　　　（2012年3月26日）
最高人民法院关于严格执行法律法规和司法解释依法妥善办
　　理征收拆迁案件的通知………………………………………（479）
　　　　（2012年6月13日）

六、土地开发整理

土地复垦条例…………………………………………………………（482）
　　　　（2011年3月5日）

土地复垦条例实施办法……………………………………………（491）
　　（2019年7月24日）
退耕还林条例………………………………………………………（503）
　　（2016年2月6日）
节约集约利用土地规定……………………………………………（516）
　　（2019年7月24日）

七、土地使用

国务院关于促进节约集约用地的通知……………………………（524）
　　（2008年1月3日）
基本农田保护条例…………………………………………………（530）
　　（2011年1月8日）
国土资源部关于严格土地利用总体规划实施管理的通知…………（536）
　　（2012年2月22日）
闲置土地处置办法…………………………………………………（543）
　　（2012年6月1日）
国土资源部关于进一步加强和改进建设用地备案工作的通知……（551）
　　（2007年12月28日）
国土资源部关于严格建设用地管理促进批而未用土地利用的
　　通知………………………………………………………………（554）
　　（2009年8月11日）

八、土地税费

中华人民共和国耕地占用税法……………………………………（558）
　　（2018年12月29日）
中华人民共和国耕地占用税法实施办法…………………………（562）
　　（2019年8月29日）

中华人民共和国城镇土地使用税暂行条例…………………（567）
　　（2019年3月2日）
中华人民共和国土地增值税暂行条例………………………（569）
　　（2011年1月8日）
国家税务总局关于土地增值税清算有关问题的通知…………（571）
　　（2010年5月19日）
国家税务总局关于加强土地增值税征管工作的通知…………（574）
　　（2010年5月25日）
国家税务总局关于房地产开发企业土地增值税清算管理有关
　　问题的通知………………………………………………（577）
　　（2018年6月15日）
国家税务总局、财政部、国土资源部关于加强土地税收管理
　　的通知……………………………………………………（581）
　　（2018年6月15日）
财政部、国家税务总局关于房产税、城镇土地使用税有关政
　　策的通知…………………………………………………（584）
　　（2006年12月25日）
国家税务总局关于进一步加强城镇土地使用税和土地增值税
　　征收管理工作的通知……………………………………（585）
　　（2004年8月5日）
国家税务总局关于加强土地增值税管理工作的通知…………（587）
　　（2018年6月15日）

九、争议与救济

中华人民共和国行政复议法……………………………………（589）
　　（2023年9月1日）
中华人民共和国行政诉讼法……………………………………（612）
　　（2017年6月27日）

自然资源行政复议规定……………………………………………（634）
　　（2019年7月19日）
国务院办公厅关于建立国家土地督察制度有关问题的通知………（644）
　　（2006年7月13日）
土地权属争议调查处理办法………………………………………（647）
　　（2010年11月30日）
违反土地管理规定行为处分办法…………………………………（652）
　　（2008年5月9日）
自然资源执法监督规定……………………………………………（658）
　　（2020年3月20日）
最高人民法院关于审理涉及农村集体土地行政案件若干问题
　　的规定……………………………………………………………（665）
　　（2011年8月7日）
最高人民法院关于审理涉及国有土地使用权合同纠纷案件适
　　用法律问题的解释………………………………………………（668）
　　（2020年12月23日）

附　　录

（一）典型案例

魏永高、陈守志诉来安县人民政府收回土地使用权批复案……（673）
宣懿成等诉浙江省衢州市国土资源局收回国有土地使用权
　　案……………………………………………………………………（675）
安徽省某县自然资源和规划局申请执行强制拆除违法占用
　　土地上的建筑物行政处罚决定检察监督案……………………（678）
江苏省扬州经济技术开发区人民检察院督促整治闲置国有
　　土地行政公益诉讼案……………………………………………（683）

湖南省长沙市检察机关督促追回违法支出国有土地使用权
　　出让收入行政公益诉讼案……………………………………（686）

（二）相关文书

土地权属争议案件收件登记单……………………………（691）
土地权属争议案件申请书…………………………………（692）
土地权属争议案件授权委托书……………………………（693）
土地权属争议案件受理通知书……………………………（694）
土地权属争议案件受理（不予受理）建议书 ……………（695）
土地权属争议案件不予受理决定书………………………（696）
答辩通知书…………………………………………………（697）
询问笔录……………………………………………………（698）
协助调查通知书……………………………………………（699）
（调处机关）土地权属争议案件调解书…………………（700）
（决定机关）土地权属争议案件决定书…………………（702）
土地权属争议案件文书送达回证…………………………（704）
延期调查处理通知书………………………………………（705）

一 综　合

中华人民共和国土地管理法

（1986年6月25日第六届全国人民代表大会常务委员会第十六次会议通过　根据1988年12月29日第七届全国人民代表大会常务委员会第五次会议《关于修改〈中华人民共和国土地管理法〉的决定》第一次修正　1998年8月29日第九届全国人民代表大会常务委员会第四次会议修订　根据2004年8月28日第十届全国人民代表大会常务委员会第十一次会议《关于修改〈中华人民共和国土地管理法〉的决定》第二次修正　根据2019年8月26日第十三届全国人民代表大会常务委员会第十二次会议《关于修改〈中华人民共和国土地管理法〉、〈中华人民共和国城市房地产管理法〉的决定》第三次修正）

目　录

第一章　总　　则
第二章　土地的所有权和使用权
第三章　土地利用总体规划
第四章　耕地保护
第五章　建设用地

第六章　监督检查

第七章　法律责任

第八章　附　　则

第一章　总　　则

第一条　【立法目的】① 为了加强土地管理，维护土地的社会主义公有制，保护、开发土地资源，合理利用土地，切实保护耕地，促进社会经济的可持续发展，根据宪法，制定本法。

第二条　【基本土地制度】中华人民共和国实行土地的社会主义公有制，即全民所有制和劳动群众集体所有制。

全民所有，即国家所有土地的所有权由国务院代表国家行使。

任何单位和个人不得侵占、买卖或者以其他形式非法转让土地。土地使用权可以依法转让。

国家为了公共利益的需要，可以依法对土地实行征收或者征用并给予补偿。

国家依法实行国有土地有偿使用制度。但是，国家在法律规定的范围内划拨国有土地使用权的除外。

第三条　【土地基本国策】十分珍惜、合理利用土地和切实保护耕地是我国的基本国策。各级人民政府应当采取措施，全面规划，严格管理，保护、开发土地资源，制止非法占用土地的行为。

第四条　【土地用途管制制度】国家实行土地用途管制制度。

国家编制土地利用总体规划，规定土地用途，将土地分为农用地、建设用地和未利用地。严格限制农用地转为建设用地，控制建设用地总量，对耕地实行特殊保护。

前款所称农用地是指直接用于农业生产的土地，包括耕地、林地、草地、农田水利用地、养殖水面等；建设用地是指建造建筑

---

① 条文主旨为编者所加，下同。

物、构筑物的土地，包括城乡住宅和公共设施用地、工矿用地、交通水利设施用地、旅游用地、军事设施用地等；未利用地是指农用地和建设用地以外的土地。

使用土地的单位和个人必须严格按照土地利用总体规划确定的用途使用土地。

第五条 【土地管理体制】国务院自然资源主管部门统一负责全国土地的管理和监督工作。

县级以上地方人民政府自然资源主管部门的设置及其职责，由省、自治区、直辖市人民政府根据国务院有关规定确定。

第六条 【国家土地督察制度】国务院授权的机构对省、自治区、直辖市人民政府以及国务院确定的城市人民政府土地利用和土地管理情况进行督察。

第七条 【单位和个人的土地管理权利和义务】任何单位和个人都有遵守土地管理法律、法规的义务，并有权对违反土地管理法律、法规的行为提出检举和控告。

第八条 【奖励】在保护和开发土地资源、合理利用土地以及进行有关的科学研究等方面成绩显著的单位和个人，由人民政府给予奖励。

第二章 土地的所有权和使用权

第九条 【土地所有制】城市市区的土地属于国家所有。

农村和城市郊区的土地，除由法律规定属于国家所有的以外，属于农民集体所有；宅基地和自留地、自留山，属于农民集体所有。

第十条 【土地使用权】国有土地和农民集体所有的土地，可以依法确定给单位或者个人使用。使用土地的单位和个人，有保护、管理和合理利用土地的义务。

第十一条 【集体所有土地的经营和管理】农民集体所有的土

地依法属于村农民集体所有的,由村集体经济组织或者村民委员会经营、管理;已经分别属于村内两个以上农村集体经济组织的农民集体所有的,由村内各该农村集体经济组织或者村民小组经营、管理;已经属于乡(镇)农民集体所有的,由乡(镇)农村集体经济组织经营、管理。

第十二条 【土地所有权和使用权登记】土地的所有权和使用权的登记,依照有关不动产登记的法律、行政法规执行。

依法登记的土地的所有权和使用权受法律保护,任何单位和个人不得侵犯。

第十三条 【土地承包经营】农民集体所有和国家所有依法由农民集体使用的耕地、林地、草地,以及其他依法用于农业的土地,采取农村集体经济组织内部的家庭承包方式承包,不宜采取家庭承包方式的荒山、荒沟、荒丘、荒滩等,可以采取招标、拍卖、公开协商等方式承包,从事种植业、林业、畜牧业、渔业生产。家庭承包的耕地的承包期为三十年,草地的承包期为三十年至五十年,林地的承包期为三十年至七十年;耕地承包期届满后再延长三十年,草地、林地承包期届满后依法相应延长。

国家所有依法用于农业的土地可以由单位或者个人承包经营,从事种植业、林业、畜牧业、渔业生产。

发包方和承包方应当依法订立承包合同,约定双方的权利和义务。承包经营土地的单位和个人,有保护和按照承包合同约定的用途合理利用土地的义务。

第十四条 【土地所有权和使用权争议解决】土地所有权和使用权争议,由当事人协商解决;协商不成的,由人民政府处理。

单位之间的争议,由县级以上人民政府处理;个人之间、个人与单位之间的争议,由乡级人民政府或者县级以上人民政府处理。

当事人对有关人民政府的处理决定不服的,可以自接到处理决定通知之日起三十日内,向人民法院起诉。

在土地所有权和使用权争议解决前,任何一方不得改变土地利用现状。

第三章　土地利用总体规划

第十五条　【土地利用总体规划的编制依据和规划期限】各级人民政府应当依据国民经济和社会发展规划、国土整治和资源环境保护的要求、土地供给能力以及各项建设对土地的需求,组织编制土地利用总体规划。

土地利用总体规划的规划期限由国务院规定。

第十六条　【土地利用总体规划的编制要求】下级土地利用总体规划应当依据上一级土地利用总体规划编制。

地方各级人民政府编制的土地利用总体规划中的建设用地总量不得超过上一级土地利用总体规划确定的控制指标,耕地保有量不得低于上一级土地利用总体规划确定的控制指标。

省、自治区、直辖市人民政府编制的土地利用总体规划,应当确保本行政区域内耕地总量不减少。

第十七条　【土地利用总体规划的编制原则】土地利用总体规划按照下列原则编制:

(一)落实国土空间开发保护要求,严格土地用途管制;

(二)严格保护永久基本农田,严格控制非农业建设占用农用地;

(三)提高土地节约集约利用水平;

(四)统筹安排城乡生产、生活、生态用地,满足乡村产业和基础设施用地合理需求,促进城乡融合发展;

(五)保护和改善生态环境,保障土地的可持续利用;

(六)占用耕地与开发复垦耕地数量平衡、质量相当。

第十八条　【国土空间规划】国家建立国土空间规划体系。编制国土空间规划应当坚持生态优先,绿色、可持续发展,科学有序统筹安排生态、农业、城镇等功能空间,优化国土空间结构和布局，提升国土空间开发、保护的质量和效率。

经依法批准的国土空间规划是各类开发、保护、建设活动的基本依据。已经编制国土空间规划的，不再编制土地利用总体规划和城乡规划。

第十九条　【县、乡级土地利用总体规划的编制要求】县级土地利用总体规划应当划分土地利用区，明确土地用途。

乡（镇）土地利用总体规划应当划分土地利用区，根据土地使用条件，确定每一块土地的用途，并予以公告。

第二十条　【土地利用总体规划的审批】土地利用总体规划实行分级审批。

省、自治区、直辖市的土地利用总体规划，报国务院批准。

省、自治区人民政府所在地的市、人口在一百万以上的城市以及国务院指定的城市的土地利用总体规划，经省、自治区人民政府审查同意后，报国务院批准。

本条第二款、第三款规定以外的土地利用总体规划，逐级上报省、自治区、直辖市人民政府批准；其中，乡（镇）土地利用总体规划可以由省级人民政府授权的设区的市、自治州人民政府批准。

土地利用总体规划一经批准，必须严格执行。

第二十一条　【建设用地的要求】城市建设用地规模应当符合国家规定的标准，充分利用现有建设用地，不占或者尽量少占农用地。

城市总体规划、村庄和集镇规划，应当与土地利用总体规划相衔接，城市总体规划、村庄和集镇规划中建设用地规模不得超过土地利用总体规划确定的城市和村庄、集镇建设用地规模。

在城市规划区内、村庄和集镇规划区内，城市和村庄、集镇建设用地应当符合城市规划、村庄和集镇规划。

第二十二条　【相关规划与土地利用总体规划的衔接】江河、湖泊综合治理和开发利用规划，应当与土地利用总体规划相衔接。在江河、湖泊、水库的管理和保护范围以及蓄洪滞洪区内，土地利用应当符合江河、湖泊综合治理和开发利用规划，符合河道、湖泊行洪、蓄洪和输水的要求。

第二十三条 【土地利用年度计划】各级人民政府应当加强土地利用计划管理，实行建设用地总量控制。

土地利用年度计划，根据国民经济和社会发展计划、国家产业政策、土地利用总体规划以及建设用地和土地利用的实际状况编制。土地利用年度计划应当对本法第六十三条规定的集体经营性建设用地作出合理安排。土地利用年度计划的编制审批程序与土地利用总体规划的编制审批程序相同，一经审批下达，必须严格执行。

第二十四条 【土地利用年度计划执行情况报告】省、自治区、直辖市人民政府应当将土地利用年度计划的执行情况列为国民经济和社会发展计划执行情况的内容，向同级人民代表大会报告。

第二十五条 【土地利用总体规划的修改】经批准的土地利用总体规划的修改，须经原批准机关批准；未经批准，不得改变土地利用总体规划确定的土地用途。

经国务院批准的大型能源、交通、水利等基础设施建设用地，需要改变土地利用总体规划的，根据国务院的批准文件修改土地利用总体规划。

经省、自治区、直辖市人民政府批准的能源、交通、水利等基础设施建设用地，需要改变土地利用总体规划的，属于省级人民政府土地利用总体规划批准权限内的，根据省级人民政府的批准文件修改土地利用总体规划。

第二十六条 【土地调查】国家建立土地调查制度。

县级以上人民政府自然资源主管部门会同同级有关部门进行土地调查。土地所有者或者使用者应当配合调查，并提供有关资料。

第二十七条 【土地分等定级】县级以上人民政府自然资源主管部门会同同级有关部门根据土地调查成果、规划土地用途和国家制定的统一标准，评定土地等级。

第二十八条 【土地统计】国家建立土地统计制度。

县级以上人民政府统计机构和自然资源主管部门依法进行土地统计调查，定期发布土地统计资料。土地所有者或者使用者应当提供有关资料，不得拒报、迟报，不得提供不真实、不完整的资料。

统计机构和自然资源主管部门共同发布的土地面积统计资料是各级人民政府编制土地利用总体规划的依据。

第二十九条 【土地利用动态监测】国家建立全国土地管理信息系统，对土地利用状况进行动态监测。

第四章 耕地保护

第三十条 【占用耕地补偿制度】国家保护耕地，严格控制耕地转为非耕地。

国家实行占用耕地补偿制度。非农业建设经批准占用耕地的，按照"占多少，垦多少"的原则，由占用耕地的单位负责开垦与所占用耕地的数量和质量相当的耕地；没有条件开垦或者开垦的耕地不符合要求的，应当按照省、自治区、直辖市的规定缴纳耕地开垦费，专款用于开垦新的耕地。

省、自治区、直辖市人民政府应当制定开垦耕地计划，监督占用耕地的单位按照计划开垦耕地或者按照计划组织开垦耕地，并进行验收。

第三十一条 【耕地耕作层土壤的保护】县级以上地方人民政府可以要求占用耕地的单位将所占用耕地耕作层的土壤用于新开垦耕地、劣质地或者其他耕地的土壤改良。

第三十二条 【省级政府耕地保护责任】省、自治区、直辖市人民政府应当严格执行土地利用总体规划和土地利用年度计划，采取措施，确保本行政区域内耕地总量不减少、质量不降低。耕地总量减少的，由国务院责令在规定期限内组织开垦与所减少耕地的数量与质量相当的耕地；耕地质量降低的，由国务院责令在规定期限内组织整治。新开垦和整治的耕地由国务院自然资源主管部门会同农业农村主管部门验收。

个别省、直辖市确因土地后备资源匮乏，新增建设用地后，新开垦耕地的数量不足以补偿所占用耕地的数量的，必须报经国务院批准减免本行政区域内开垦耕地的数量，易地开垦数量和质量相当的耕地。

第三十三条 【永久基本农田保护制度】国家实行永久基本农田保护制度。下列耕地应当根据土地利用总体规划划为永久基本农田，实行严格保护：

（一）经国务院农业农村主管部门或者县级以上地方人民政府批准确定的粮、棉、油、糖等重要农产品生产基地内的耕地；

（二）有良好的水利与水土保持设施的耕地，正在实施改造计划以及可以改造的中、低产田和已建成的高标准农田；

（三）蔬菜生产基地；

（四）农业科研、教学试验田；

（五）国务院规定应当划为永久基本农田的其他耕地。

各省、自治区、直辖市划定的永久基本农田一般应当占本行政区域内耕地的百分之八十以上，具体比例由国务院根据各省、自治区、直辖市耕地实际情况规定。

第三十四条 【永久基本农田划定】永久基本农田划定以乡（镇）为单位进行，由县级人民政府自然资源主管部门会同同级农业农村主管部门组织实施。永久基本农田应当落实到地块，纳入国家永久基本农田数据库严格管理。

乡（镇）人民政府应当将永久基本农田的位置、范围向社会公告，并设立保护标志。

第三十五条 【永久基本农田的保护措施】永久基本农田经依法划定后，任何单位和个人不得擅自占用或者改变其用途。国家能源、交通、水利、军事设施等重点建设项目选址确实难以避让永久基本农田，涉及农用地转用或者土地征收的，必须经国务院批准。

禁止通过擅自调整县级土地利用总体规划、乡（镇）土地利用总体规划等方式规避永久基本农田农用地转用或者土地征收的审批。

第三十六条 【耕地质量保护】各级人民政府应当采取措施，引导因地制宜轮作休耕，改良土壤，提高地力，维护排灌工程设施，防止土地荒漠化、盐渍化、水土流失和土壤污染。

第三十七条 【非农业建设用地原则及禁止破坏耕地】非农业建设必须节约使用土地，可以利用荒地的，不得占用耕地；可以利用劣地的，不得占用好地。

禁止占用耕地建窑、建坟或者擅自在耕地上建房、挖砂、采石、采矿、取土等。

禁止占用永久基本农田发展林果业和挖塘养鱼。

第三十八条 【非农业建设闲置耕地的处理】禁止任何单位和个人闲置、荒芜耕地。已经办理审批手续的非农业建设占用耕地，一年内不用而又可以耕种并收获的，应当由原耕种该幅耕地的集体或者个人恢复耕种，也可以由用地单位组织耕种；一年以上未动工建设的，应当按照省、自治区、直辖市的规定缴纳闲置费；连续二年未使用的，经原批准机关批准，由县级以上人民政府无偿收回用地单位的土地使用权；该幅土地原为农民集体所有的，应当交由原农村集体经济组织恢复耕种。

在城市规划区范围内，以出让方式取得土地使用权进行房地产开发的闲置土地，依照《中华人民共和国城市房地产管理法》的有关规定办理。

第三十九条 【未利用地的开发】国家鼓励单位和个人按照土地利用总体规划，在保护和改善生态环境、防止水土流失和土地荒漠化的前提下，开发未利用的土地；适宜开发为农用地的，应当优先开发成农用地。

国家依法保护开发者的合法权益。

第四十条 【未利用地开垦的要求】开垦未利用的土地，必须经过科学论证和评估，在土地利用总体规划划定的可开垦的区域内，经依法批准后进行。禁止毁坏森林、草原开垦耕地，禁止围湖造田和侵占江河滩地。

根据土地利用总体规划，对破坏生态环境开垦、围垦的土地，有计划有步骤地退耕还林、还牧、还湖。

第四十一条 【国有荒山、荒地、荒滩的开发】开发未确定使用权的国有荒山、荒地、荒滩从事种植业、林业、畜牧业、渔业生产的，经县级以上人民政府依法批准，可以确定给开发单位或者个人长期使用。

第四十二条 【土地整理】国家鼓励土地整理。县、乡（镇）人民政府应当组织农村集体经济组织，按照土地利用总体规划，对田、水、路、林、村综合整治，提高耕地质量，增加有效耕地面积，改善农业生产条件和生态环境。

地方各级人民政府应当采取措施，改造中、低产田，整治闲散地和废弃地。

第四十三条 【土地复垦】因挖损、塌陷、压占等造成土地破坏，用地单位和个人应当按照国家有关规定负责复垦；没有条件复垦或者复垦不符合要求的，应当缴纳土地复垦费，专项用于土地复垦。复垦的土地应当优先用于农业。

第五章 建设用地

第四十四条 【农用地转用】建设占用土地，涉及农用地转为建设用地的，应当办理农用地转用审批手续。

永久基本农田转为建设用地的，由国务院批准。

在土地利用总体规划确定的城市和村庄、集镇建设用地规模范围内，为实施该规划而将永久基本农田以外的农用地转为建设用地的，按土地利用年度计划分批次按照国务院规定由原批准土地利用总体规划的机关或者其授权的机关批准。在已批准的农用地转用范围内，具体建设项目用地可以由市、县人民政府批准。

在土地利用总体规划确定的城市和村庄、集镇建设用地规模范围外，将永久基本农田以外的农用地转为建设用地的，由国务院或者国务院授权的省、自治区、直辖市人民政府批准。

第四十五条 【征地范围】为了公共利益的需要，有下列情形之一，确需征收农民集体所有的土地的，可以依法实施征收：

（一）军事和外交需要用地的；

（二）由政府组织实施的能源、交通、水利、通信、邮政等基础设施建设需要用地的；

（三）由政府组织实施的科技、教育、文化、卫生、体育、生态环境和资源保护、防灾减灾、文物保护、社区综合服务、社会福利、市政公用、优抚安置、英烈保护等公共事业需要用地的；

（四）由政府组织实施的扶贫搬迁、保障性安居工程建设需要用地的；

（五）在土地利用总体规划确定的城镇建设用地范围内，经省级以上人民政府批准由县级以上地方人民政府组织实施的成片开发建设需要用地的；

（六）法律规定为公共利益需要可以征收农民集体所有的土地的其他情形。

前款规定的建设活动，应当符合国民经济和社会发展规划、土地利用总体规划、城乡规划和专项规划；第（四）项、第（五）项规定的建设活动，还应当纳入国民经济和社会发展年度计划；第（五）项规定的成片开发并应当符合国务院自然资源主管部门规定的标准。

第四十六条 【征地审批权限】征收下列土地的，由国务院批准：

（一）永久基本农田；

（二）永久基本农田以外的耕地超过三十五公顷的；

（三）其他土地超过七十公顷的。

征收前款规定以外的土地的，由省、自治区、直辖市人民政府批准。

征收农用地的，应当依照本法第四十四条的规定先行办理农用地转用审批。其中，经国务院批准农用地转用的，同时办理征地审批手续，不再另行办理征地审批；经省、自治区、直辖市人民政府在征地批准权限内批准农用地转用的，同时办理征地审批手续，不再另行办理征地审批，超过征地批准权限的，应当依照本条第一款的规定另行办理征地审批。

第四十七条　【土地征收程序】国家征收土地的，依照法定程序批准后，由县级以上地方人民政府予以公告并组织实施。

县级以上地方人民政府拟申请征收土地的，应当开展拟征收土地现状调查和社会稳定风险评估，并将征收范围、土地现状、征收目的、补偿标准、安置方式和社会保障等在拟征收土地所在的乡（镇）和村、村民小组范围内公告至少三十日，听取被征地的农村集体经济组织及其成员、村民委员会和其他利害关系人的意见。

多数被征地的农村集体经济组织成员认为征地补偿安置方案不符合法律、法规规定的，县级以上地方人民政府应当组织召开听证会，并根据法律、法规的规定和听证会情况修改方案。

拟征收土地的所有权人、使用权人应当在公告规定期限内，持不动产权属证明材料办理补偿登记。县级以上地方人民政府应当组织有关部门测算并落实有关费用，保证足额到位，与拟征收土地的所有权人、使用权人就补偿、安置等签订协议；个别确实难以达成协议的，应当在申请征收土地时如实说明。

相关前期工作完成后，县级以上地方人民政府方可申请征收土地。

第四十八条　【土地征收补偿安置】征收土地应当给予公平、合理的补偿，保障被征地农民原有生活水平不降低、长远生计有保障。

征收土地应当依法及时足额支付土地补偿费、安置补助费以及农村村民住宅、其他地上附着物和青苗等的补偿费用，并安排被征地农民的社会保障费用。

征收农用地的土地补偿费、安置补助费标准由省、自治区、直辖市通过制定公布区片综合地价确定。制定区片综合地价应当综合考虑土地原用途、土地资源条件、土地产值、土地区位、土地供求关系、人口以及经济社会发展水平等因素，并至少每三年调整或者重新公布一次。

征收农用地以外的其他土地、地上附着物和青苗等的补偿标准，由省、自治区、直辖市制定。对其中的农村村民住宅，应当按照先补偿后搬迁、居住条件有改善的原则，尊重农村村民意愿，采取重新安排宅基地建房、提供安置房或者货币补偿等方式给予公平、合理的补偿，并对因征收造成的搬迁、临时安置等费用予以补偿，保障农村村民居住的权利和合法的住房财产权益。

县级以上地方人民政府应当将被征地农民纳入相应的养老等社会保障体系。被征地农民的社会保障费用主要用于符合条件的被征地农民的养老保险等社会保险缴费补贴。被征地农民社会保障费用的筹集、管理和使用办法，由省、自治区、直辖市制定。

第四十九条　【征地补偿费用的使用】被征地的农村集体经济组织应当将征收土地的补偿费用的收支状况向本集体经济组织的成员公布，接受监督。

禁止侵占、挪用被征收土地单位的征地补偿费用和其他有关费用。

第五十条　【支持被征地农民就业】地方各级人民政府应当支持被征地的农村集体经济组织和农民从事开发经营，兴办企业。

第五十一条　【大中型水利水电工程建设征地补偿和移民安置】大中型水利、水电工程建设征收土地的补偿费标准和移民安置办法，由国务院另行规定。

第五十二条 【建设项目用地审查】建设项目可行性研究论证时，自然资源主管部门可以根据土地利用总体规划、土地利用年度计划和建设用地标准，对建设用地有关事项进行审查，并提出意见。

第五十三条 【建设项目使用国有土地的审批】经批准的建设项目需要使用国有建设用地的，建设单位应当持法律、行政法规规定的有关文件，向有批准权的县级以上人民政府自然资源主管部门提出建设用地申请，经自然资源主管部门审查，报本级人民政府批准。

第五十四条 【国有土地的取得方式】建设单位使用国有土地，应当以出让等有偿使用方式取得；但是，下列建设用地，经县级以上人民政府依法批准，可以以划拨方式取得：

（一）国家机关用地和军事用地；

（二）城市基础设施用地和公益事业用地；

（三）国家重点扶持的能源、交通、水利等基础设施用地；

（四）法律、行政法规规定的其他用地。

第五十五条 【国有土地有偿使用费】以出让等有偿使用方式取得国有土地使用权的建设单位，按照国务院规定的标准和办法，缴纳土地使用权出让金等土地有偿使用费和其他费用后，方可使用土地。

自本法施行之日起，新增建设用地的土地有偿使用费，百分之三十上缴中央财政，百分之七十留给有关地方人民政府。具体使用管理办法由国务院财政部门会同有关部门制定，并报国务院批准。

第五十六条 【国有土地的使用要求】建设单位使用国有土地的，应当按照土地使用权出让等有偿使用合同的约定或者土地使用权划拨批准文件的规定使用土地；确需改变该幅土地建设用途的，应当经有关人民政府自然资源主管部门同意，报原批准用地的人民政府批准。其中，在城市规划区内改变土地用途的，在报批前，应当先经有关城市规划行政主管部门同意。

第五十七条 【建设项目临时用地】建设项目施工和地质勘查

需要临时使用国有土地或者农民集体所有的土地的，由县级以上人民政府自然资源主管部门批准。其中，在城市规划区内的临时用地，在报批前，应当先经有关城市规划行政主管部门同意。土地使用者应当根据土地权属，与有关自然资源主管部门或者农村集体经济组织、村民委员会签订临时使用土地合同，并按照合同的约定支付临时使用土地补偿费。

临时使用土地的使用者应当按照临时使用土地合同约定的用途使用土地，并不得修建永久性建筑物。

临时使用土地期限一般不超过二年。

第五十八条 【收回国有土地使用权】有下列情形之一的，由有关人民政府自然资源主管部门报经原批准用地的人民政府或者有批准权的人民政府批准，可以收回国有土地使用权：

（一）为实施城市规划进行旧城区改建以及其他公共利益需要，确需使用土地的；

（二）土地出让等有偿使用合同约定的使用期限届满，土地使用者未申请续期或者申请续期未获批准的；

（三）因单位撤销、迁移等原因，停止使用原划拨的国有土地的；

（四）公路、铁路、机场、矿场等经核准报废的。

依照前款第（一）项的规定收回国有土地使用权的，对土地使用权人应当给予适当补偿。

第五十九条 【乡、村建设使用土地的要求】乡镇企业、乡（镇）村公共设施、公益事业、农村村民住宅等乡（镇）村建设，应当按照村庄和集镇规划，合理布局，综合开发，配套建设；建设用地，应当符合乡（镇）土地利用总体规划和土地利用年度计划，并依照本法第四十四条、第六十条、第六十一条、第六十二条的规定办理审批手续。

第六十条 【村集体兴办企业使用土地】农村集体经济组织使

用乡（镇）土地利用总体规划确定的建设用地兴办企业或者与其他单位、个人以土地使用权入股、联营等形式共同举办企业的，应当持有关批准文件，向县级以上地方人民政府自然资源主管部门提出申请，按照省、自治区、直辖市规定的批准权限，由县级以上地方人民政府批准；其中，涉及占用农用地的，依照本法第四十四条的规定办理审批手续。

按照前款规定兴办企业的建设用地，必须严格控制。省、自治区、直辖市可以按照乡镇企业的不同行业和经营规模，分别规定用地标准。

第六十一条　【乡村公共设施、公益事业建设用地审批】乡（镇）村公共设施、公益事业建设，需要使用土地的，经乡（镇）人民政府审核，向县级以上地方人民政府自然资源主管部门提出申请，按照省、自治区、直辖市规定的批准权限，由县级以上地方人民政府批准；其中，涉及占用农用地的，依照本法第四十四条的规定办理审批手续。

第六十二条　【农村宅基地管理】农村村民一户只能拥有一处宅基地，其宅基地的面积不得超过省、自治区、直辖市规定的标准。

人均土地少、不能保障一户拥有一处宅基地的地区，县级人民政府在充分尊重农村村民意愿的基础上，可以采取措施，按照省、自治区、直辖市规定的标准保障农村村民实现户有所居。

农村村民建住宅，应当符合乡（镇）土地利用总体规划、村庄规划，不得占用永久基本农田，并尽量使用原有的宅基地和村内空闲地。编制乡（镇）土地利用总体规划、村庄规划应当统筹并合理安排宅基地用地，改善农村村民居住环境和条件。

农村村民住宅用地，由乡（镇）人民政府审核批准；其中，涉及占用农用地的，依照本法第四十四条的规定办理审批手续。

农村村民出卖、出租、赠与住宅后，再申请宅基地的，不予批准。

国家允许进城落户的农村村民依法自愿有偿退出宅基地，鼓励农村集体经济组织及其成员盘活利用闲置宅基地和闲置住宅。

国务院农业农村主管部门负责全国农村宅基地改革和管理有关工作。

第六十三条　【集体经营性建设用地入市】土地利用总体规划、城乡规划确定为工业、商业等经营性用途，并经依法登记的集体经营性建设用地，土地所有权人可以通过出让、出租等方式交由单位或者个人使用，并应当签订书面合同，载明土地界址、面积、动工期限、使用期限、土地用途、规划条件和双方其他权利义务。

前款规定的集体经营性建设用地出让、出租等，应当经本集体经济组织成员的村民会议三分之二以上成员或者三分之二以上村民代表的同意。

通过出让等方式取得的集体经营性建设用地使用权可以转让、互换、出资、赠与或者抵押，但法律、行政法规另有规定或者土地所有权人、土地使用权人签订的书面合同另有约定的除外。

集体经营性建设用地的出租，集体建设用地使用权的出让及其最高年限、转让、互换、出资、赠与、抵押等，参照同类用途的国有建设用地执行。具体办法由国务院制定。

第六十四条　【集体建设用地的使用要求】集体建设用地的使用者应当严格按照土地利用总体规划、城乡规划确定的用途使用土地。

第六十五条　【不符合土地利用总体规划的建筑物的处理】在土地利用总体规划制定前已建的不符合土地利用总体规划确定的用途的建筑物、构筑物，不得重建、扩建。

第六十六条　【集体建设用地使用权的收回】有下列情形之一的，农村集体经济组织报经原批准用地的人民政府批准，可以收回土地使用权：

（一）为乡（镇）村公共设施和公益事业建设，需要使用土地的；

（二）不按照批准的用途使用土地的；

（三）因撤销、迁移等原因而停止使用土地的。

依照前款第（一）项规定收回农民集体所有的土地的，对土地使用权人应当给予适当补偿。

收回集体经营性建设用地使用权，依照双方签订的书面合同办理，法律、行政法规另有规定的除外。

第六章 监督检查

第六十七条 【监督检查职责】县级以上人民政府自然资源主管部门对违反土地管理法律、法规的行为进行监督检查。

县级以上人民政府农业农村主管部门对违反农村宅基地管理法律、法规的行为进行监督检查的，适用本法关于自然资源主管部门监督检查的规定。

土地管理监督检查人员应当熟悉土地管理法律、法规，忠于职守、秉公执法。

第六十八条 【监督检查措施】县级以上人民政府自然资源主管部门履行监督检查职责时，有权采取下列措施：

（一）要求被检查的单位或者个人提供有关土地权利的文件和资料，进行查阅或者予以复制；

（二）要求被检查的单位或者个人就有关土地权利的问题作出说明；

（三）进入被检查单位或者个人非法占用的土地现场进行勘测；

（四）责令非法占用土地的单位或者个人停止违反土地管理法律、法规的行为。

第六十九条 【出示监督检查证件】土地管理监督检查人员履行职责，需要进入现场进行勘测、要求有关单位或者个人提供文件、资料和作出说明的，应当出示土地管理监督检查证件。

第七十条 【有关单位和个人对土地监督检查的配合义务】有关单位和个人对县级以上人民政府自然资源主管部门就土地违法行为进行的监督检查应当支持与配合，并提供工作方便，不得拒绝与阻碍土地管理监督检查人员依法执行职务。

第七十一条 【国家工作人员违法行为的处理】县级以上人民政府自然资源主管部门在监督检查工作中发现国家工作人员的违法行为，依法应当给予处分的，应当依法予以处理；自己无权处理的，应当依法移送监察机关或者有关机关处理。

第七十二条 【土地违法行为责任追究】县级以上人民政府自然资源主管部门在监督检查工作中发现土地违法行为构成犯罪的，应当将案件移送有关机关，依法追究刑事责任；尚不构成犯罪的，应当依法给予行政处罚。

第七十三条 【不履行法定职责的处理】依照本法规定应当给予行政处罚，而有关自然资源主管部门不给予行政处罚的，上级人民政府自然资源主管部门有权责令有关自然资源主管部门作出行政处罚决定或者直接给予行政处罚，并给予有关自然资源主管部门的负责人处分。

第七章 法律责任

第七十四条 【非法转让土地的法律责任】买卖或者以其他形式非法转让土地的，由县级以上人民政府自然资源主管部门没收违法所得；对违反土地利用总体规划擅自将农用地改为建设用地的，限期拆除在非法转让的土地上新建的建筑物和其他设施，恢复土地原状，对符合土地利用总体规划的，没收在非法转让的土地上新建的建筑物和其他设施；可以并处罚款；对直接负责的主管人员和其他直接责任人员，依法给予处分；构成犯罪的，依法追究刑事责任。

第七十五条 【破坏耕地的法律责任】违反本法规定，占用耕地建窑、建坟或者擅自在耕地上建房、挖砂、采石、采矿、取土等，破坏种植条件的，或者因开发土地造成土地荒漠化、盐渍化的，由县级以上人民政府自然资源主管部门、农业农村主管部门等按照职责责令限期改正或者治理，可以并处罚款；构成犯罪的，依法追究刑事责任。

第七十六条　【不履行复垦义务的法律责任】违反本法规定，拒不履行土地复垦义务的，由县级以上人民政府自然资源主管部门责令限期改正；逾期不改正的，责令缴纳复垦费，专项用于土地复垦，可以处以罚款。

第七十七条　【非法占用土地的法律责任】未经批准或者采取欺骗手段骗取批准，非法占用土地的，由县级以上人民政府自然资源主管部门责令退还非法占用的土地，对违反土地利用总体规划擅自将农用地改为建设用地的，限期拆除在非法占用的土地上新建的建筑物和其他设施，恢复土地原状，对符合土地利用总体规划的，没收在非法占用的土地上新建的建筑物和其他设施，可以并处罚款；对非法占用土地单位的直接负责的主管人员和其他直接责任人员，依法给予处分；构成犯罪的，依法追究刑事责任。

超过批准的数量占用土地，多占的土地以非法占用土地论处。

第七十八条　【非法占用土地建住宅的法律责任】农村村民未经批准或者采取欺骗手段骗取批准，非法占用土地建住宅的，由县级以上人民政府农业农村主管部门责令退还非法占用的土地，限期拆除在非法占用的土地上新建的房屋。

超过省、自治区、直辖市规定的标准，多占的土地以非法占用土地论处。

第七十九条　【非法批准征收、使用土地的法律责任】无权批准征收、使用土地的单位或者个人非法批准占用土地的，超越批准权限非法批准占用土地的，不按照土地利用总体规划确定的用途批准用地的，或者违反法律规定的程序批准占用、征收土地的，其批准文件无效，对非法批准征收、使用土地的直接负责的主管人员和其他直接责任人员，依法给予处分；构成犯罪的，依法追究刑事责任。非法批准、使用的土地应当收回，有关当事人拒不归还的，以非法占用土地论处。

非法批准征收、使用土地，对当事人造成损失的，依法应当承担赔偿责任。

第八十条　【非法侵占、挪用征地补偿费的法律责任】侵占、挪用被征收土地单位的征地补偿费用和其他有关费用，构成犯罪的，依法追究刑事责任；尚不构成犯罪的，依法给予处分。

第八十一条　【拒不交还土地、不按照批准用途使用土地的法律责任】依法收回国有土地使用权当事人拒不交出土地的，临时使用土地期满拒不归还的，或者不按照批准的用途使用国有土地的，由县级以上人民政府自然资源主管部门责令交还土地，处以罚款。

第八十二条　【擅自将集体土地用于非农业建设和集体经营性建设用地违法入市的法律责任】擅自将农民集体所有的土地通过出让、转让使用权或者出租等方式用于非农业建设，或者违反本法规定，将集体经营性建设用地通过出让、出租等方式交由单位或者个人使用的，由县级以上人民政府自然资源主管部门责令限期改正，没收违法所得，并处罚款。

第八十三条　【责令限期拆除的执行】依照本法规定，责令限期拆除在非法占用的土地上新建的建筑物和其他设施的，建设单位或者个人必须立即停止施工，自行拆除；对继续施工的，作出处罚决定的机关有权制止。建设单位或者个人对责令限期拆除的行政处罚决定不服的，可以在接到责令限期拆除决定之日起十五日内，向人民法院起诉；期满不起诉又不自行拆除的，由作出处罚决定的机关依法申请人民法院强制执行，费用由违法者承担。

第八十四条　【自然资源主管部门、农业农村主管部门工作人员违法的法律责任】自然资源主管部门、农业农村主管部门的工作人员玩忽职守、滥用职权、徇私舞弊，构成犯罪的，依法追究刑事责任；尚不构成犯罪的，依法给予处分。

第八章　附　　则

第八十五条　【外商投资企业使用土地的法律适用】外商投资企业使用土地的，适用本法；法律另有规定的，从其规定。

第八十六条　【过渡期间有关规划的适用】在根据本法第十八条的规定编制国土空间规划前，经依法批准的土地利用总体规划和城乡规划继续执行。

第八十七条　【施行时间】本法自1999年1月1日起施行。

中华人民共和国土地管理法实施条例

（1998年12月27日中华人民共和国国务院令第256号发布　根据2011年1月8日《国务院关于废止和修改部分行政法规的决定》第一次修订　根据2014年7月29日《国务院关于修改部分行政法规的决定》第二次修订　2021年7月2日中华人民共和国国务院令第743号第三次修订）

第一章　总　　则

第一条　根据《中华人民共和国土地管理法》（以下简称《土地管理法》），制定本条例。

第二章　国土空间规划

第二条　国家建立国土空间规划体系。

土地开发、保护、建设活动应当坚持规划先行。经依法批准的国土空间规划是各类开发、保护、建设活动的基本依据。

已经编制国土空间规划的，不再编制土地利用总体规划和城乡规划。在编制国土空间规划前，经依法批准的土地利用总体规划和城乡规划继续执行。

第三条 国土空间规划应当细化落实国家发展规划提出的国土空间开发保护要求，统筹布局农业、生态、城镇等功能空间，划定落实永久基本农田、生态保护红线和城镇开发边界。

国土空间规划应当包括国土空间开发保护格局和规划用地布局、结构、用途管制要求等内容，明确耕地保有量、建设用地规模、禁止开垦的范围等要求，统筹基础设施和公共设施用地布局，综合利用地上地下空间，合理确定并严格控制新增建设用地规模，提高土地节约集约利用水平，保障土地的可持续利用。

第四条 土地调查应当包括下列内容：

（一）土地权属以及变化情况；

（二）土地利用现状以及变化情况；

（三）土地条件。

全国土地调查成果，报国务院批准后向社会公布。地方土地调查成果，经本级人民政府审核，报上一级人民政府批准后向社会公布。全国土地调查成果公布后，县级以上地方人民政府方可自上而下逐级依次公布本行政区域的土地调查成果。

土地调查成果是编制国土空间规划以及自然资源管理、保护和利用的重要依据。

土地调查技术规程由国务院自然资源主管部门会同有关部门制定。

第五条 国务院自然资源主管部门会同有关部门制定土地等级评定标准。

县级以上人民政府自然资源主管部门应当会同有关部门根据土地等级评定标准，对土地等级进行评定。地方土地等级评定结果经本级人民政府审核,报上一级人民政府自然资源主管部门批准后向社会公布。

根据国民经济和社会发展状况,土地等级每五年重新评定一次。

第六条 县级以上人民政府自然资源主管部门应当加强信息化建设,建立统一的国土空间基础信息平台,实行土地管理全流程信息化管理,对土地利用状况进行动态监测,与发展改革、住房和城乡建设等有关部门建立土地管理信息共享机制,依法公开土地管理信息。

第七条 县级以上人民政府自然资源主管部门应当加强地籍管理,建立健全地籍数据库。

第三章 耕地保护

第八条 国家实行占用耕地补偿制度。在国土空间规划确定的城市和村庄、集镇建设用地范围内经依法批准占用耕地,以及在国土空间规划确定的城市和村庄、集镇建设用地范围外的能源、交通、水利、矿山、军事设施等建设项目经依法批准占用耕地的,分别由县级人民政府、农村集体经济组织和建设单位负责开垦与所占用耕地的数量和质量相当的耕地;没有条件开垦或者开垦的耕地不符合要求的,应当按照省、自治区、直辖市的规定缴纳耕地开垦费,专款用于开垦新的耕地。

省、自治区、直辖市人民政府应当组织自然资源主管部门、农业农村主管部门对开垦的耕地进行验收,确保开垦的耕地落实到地块。划入永久基本农田的还应当纳入国家永久基本农田数据库严格管理。占用耕地补充情况应当按照国家有关规定向社会公布。

个别省、直辖市需要易地开垦耕地的,依照《土地管理法》第三十二条的规定执行。

第九条 禁止任何单位和个人在国土空间规划确定的禁止开垦的范围内从事土地开发活动。

按照国土空间规划，开发未确定土地使用权的国有荒山、荒地、荒滩从事种植业、林业、畜牧业、渔业生产的，应当向土地所在地的县级以上地方人民政府自然资源主管部门提出申请，按照省、自治区、直辖市规定的权限，由县级以上地方人民政府批准。

第十条 县级人民政府应当按照国土空间规划关于统筹布局农业、生态、城镇等功能空间的要求，制定土地整理方案，促进耕地保护和土地节约集约利用。

县、乡（镇）人民政府应当组织农村集体经济组织，实施土地整理方案，对闲散地和废弃地有计划地整治、改造。土地整理新增耕地，可以用作建设所占用耕地的补充。

鼓励社会主体依法参与土地整理。

第十一条 县级以上地方人民政府应当采取措施，预防和治理耕地土壤流失、污染，有计划地改造中低产田，建设高标准农田，提高耕地质量，保护黑土地等优质耕地，并依法对建设所占用耕地耕作层的土壤利用作出合理安排。

非农业建设依法占用永久基本农田的，建设单位应当按照省、自治区、直辖市的规定，将所占用耕地耕作层的土壤用于新开垦耕地、劣质地或者其他耕地的土壤改良。

县级以上地方人民政府应当加强对农业结构调整的引导和管理，防止破坏耕地耕作层；设施农业用地不再使用的，应当及时组织恢复种植条件。

第十二条 国家对耕地实行特殊保护，严守耕地保护红线，严格控制耕地转为林地、草地、园地等其他农用地，并建立耕地保护补偿制度，具体办法和耕地保护补偿实施步骤由国务院自然资源主管部门会同有关部门规定。

非农业建设必须节约使用土地，可以利用荒地的，不得占用耕地；可以利用劣地的，不得占用好地。禁止占用耕地建窑、建坟或者擅自在耕地上建房、挖砂、采石、采矿、取土等。禁止占用永久基本农田发展林果业和挖塘养鱼。

耕地应当优先用于粮食和棉、油、糖、蔬菜等农产品生产。按照国家有关规定需要将耕地转为林地、草地、园地等其他农用地的，应当优先使用难以长期稳定利用的耕地。

第十三条 省、自治区、直辖市人民政府对本行政区域耕地保护负总责，其主要负责人是本行政区域耕地保护的第一责任人。

省、自治区、直辖市人民政府应当将国务院确定的耕地保有量和永久基本农田保护任务分解下达，落实到具体地块。

国务院对省、自治区、直辖市人民政府耕地保护责任目标落实情况进行考核。

第四章 建设用地

第一节 一般规定

第十四条 建设项目需要使用土地的，应当符合国土空间规划、土地利用年度计划和用途管制以及节约资源、保护生态环境的要求，并严格执行建设用地标准，优先使用存量建设用地，提高建设用地使用效率。

从事土地开发利用活动，应当采取有效措施，防止、减少土壤污染，并确保建设用地符合土壤环境质量要求。

第十五条 各级人民政府应当依据国民经济和社会发展规划及年度计划、国土空间规划、国家产业政策以及城乡建设、土地利用的实际状况等，加强土地利用计划管理，实行建设用地总量控制，推动城乡存量建设用地开发利用，引导城镇低效用地再开发，落实建设用地标准控制制度，开展节约集约用地评价，推广应用节地技术和节地模式。

第十六条 县级以上地方人民政府自然资源主管部门应当将本级人民政府确定的年度建设用地供应总量、结构、时序、地块、用途等在政府网站上向社会公布，供社会公众查阅。

第十七条 建设单位使用国有土地，应当以有偿使用方式取得；但是，法律、行政法规规定可以以划拨方式取得的除外。

国有土地有偿使用的方式包括：

（一）国有土地使用权出让；

（二）国有土地租赁；

（三）国有土地使用权作价出资或者入股。

第十八条 国有土地使用权出让、国有土地租赁等应当依照国家有关规定通过公开的交易平台进行交易，并纳入统一的公共资源交易平台体系。除依法可以采取协议方式外，应当采取招标、拍卖、挂牌等竞争性方式确定土地使用者。

第十九条 《土地管理法》第五十五条规定的新增建设用地的土地有偿使用费，是指国家在新增建设用地中应取得的平均土地纯收益。

第二十条 建设项目施工、地质勘查需要临时使用土地的，应当尽量不占或者少占耕地。

临时用地由县级以上人民政府自然资源主管部门批准，期限一般不超过二年；建设周期较长的能源、交通、水利等基础设施建设使用的临时用地，期限不超过四年；法律、行政法规另有规定的除外。

土地使用者应当自临时用地期满之日起一年内完成土地复垦，使其达到可供利用状态，其中占用耕地的应当恢复种植条件。

第二十一条 抢险救灾、疫情防控等急需使用土地的，可以先行使用土地。其中，属于临时用地的，用后应当恢复原状并交还原土地使用者使用，不再办理用地审批手续；属于永久性建设用地的，建设单位应当在不晚于应急处置工作结束六个月内申请补办建设用地审批手续。

第二十二条 具有重要生态功能的未利用地应当依法划入生态

保护红线，实施严格保护。

建设项目占用国土空间规划确定的未利用地的，按照省、自治区、直辖市的规定办理。

第二节　农用地转用

第二十三条　在国土空间规划确定的城市和村庄、集镇建设用地范围内，为实施该规划而将农用地转为建设用地的，由市、县人民政府组织自然资源等部门拟订农用地转用方案，分批次报有批准权的人民政府批准。

农用地转用方案应当重点对建设项目安排、是否符合国土空间规划和土地利用年度计划以及补充耕地情况作出说明。

农用地转用方案经批准后，由市、县人民政府组织实施。

第二十四条　建设项目确需占用国土空间规划确定的城市和村庄、集镇建设用地范围外的农用地，涉及占用永久基本农田的，由国务院批准；不涉及占用永久基本农田的，由国务院或者国务院授权的省、自治区、直辖市人民政府批准。具体按照下列规定办理：

（一）建设项目批准、核准前或者备案前后，由自然资源主管部门对建设项目用地事项进行审查，提出建设项目用地预审意见。建设项目需要申请核发选址意见书的，应当合并办理建设项目用地预审与选址意见书，核发建设项目用地预审与选址意见书。

（二）建设单位持建设项目的批准、核准或者备案文件，向市、县人民政府提出建设用地申请。市、县人民政府组织自然资源等部门拟订农用地转用方案，报有批准权的人民政府批准；依法应当由国务院批准的，由省、自治区、直辖市人民政府审核后上报。农用地转用方案应当重点对是否符合国土空间规划和土地利用年度计划以及补充耕地情况作出说明，涉及占用永久基本农田的，还应当对占用永久基本农田的必要性、合理性和补划可行性作出说明。

（三）农用地转用方案经批准后，由市、县人民政府组织实施。

第二十五条 建设项目需要使用土地的，建设单位原则上应当一次申请，办理建设用地审批手续，确需分期建设的项目，可以根据可行性研究报告确定的方案，分期申请建设用地，分期办理建设用地审批手续。建设过程中用地范围确需调整的，应当依法办理建设用地审批手续。

农用地转用涉及征收土地的，还应当依法办理征收土地手续。

第三节　土地征收

第二十六条 需要征收土地，县级以上地方人民政府认为符合《土地管理法》第四十五条规定的，应当发布征收土地预公告，并开展拟征收土地现状调查和社会稳定风险评估。

征收土地预公告应当包括征收范围、征收目的、开展土地现状调查的安排等内容。征收土地预公告应当采用有利于社会公众知晓的方式，在拟征收土地所在的乡（镇）和村、村民小组范围内发布，预公告时间不少于十个工作日。自征收土地预公告发布之日起，任何单位和个人不得在拟征收范围内抢栽抢建；违反规定抢栽抢建的，对抢栽抢建部分不予补偿。

土地现状调查应当查明土地的位置、权属、地类、面积，以及农村村民住宅、其他地上附着物和青苗等的权属、种类、数量等情况。

社会稳定风险评估应当对征收土地的社会稳定风险状况进行综合研判，确定风险点，提出风险防范措施和处置预案。社会稳定风险评估应当有被征地的农村集体经济组织及其成员、村民委员会和其他利害关系人参加，评估结果是申请征收土地的重要依据。

第二十七条 县级以上地方人民政府应当依据社会稳定风险评估结果，结合土地现状调查情况，组织自然资源、财政、农业农村、人力资源和社会保障等有关部门拟定征地补偿安置方案。

征地补偿安置方案应当包括征收范围、土地现状、征收目的、补偿方式和标准、安置对象、安置方式、社会保障等内容。

第二十八条 征地补偿安置方案拟定后,县级以上地方人民政府应当在拟征收土地所在的乡(镇)和村、村民小组范围内公告,公告时间不少于三十日。

征地补偿安置公告应当同时载明办理补偿登记的方式和期限、异议反馈渠道等内容。

多数被征地的农村集体经济组织成员认为拟定的征地补偿安置方案不符合法律、法规规定的,县级以上地方人民政府应当组织听证。

第二十九条 县级以上地方人民政府根据法律、法规规定和听证会等情况确定征地补偿安置方案后,应当组织有关部门与拟征收土地的所有权人、使用权人签订征地补偿安置协议。征地补偿安置协议示范文本由省、自治区、直辖市人民政府制定。

对个别确实难以达成征地补偿安置协议的,县级以上地方人民政府应当在申请征收土地时如实说明。

第三十条 县级以上地方人民政府完成本条例规定的征地前期工作后,方可提出征收土地申请,依照《土地管理法》第四十六条的规定报有批准权的人民政府批准。

有批准权的人民政府应当对征收土地的必要性、合理性、是否符合《土地管理法》第四十五条规定的为了公共利益确需征收土地的情形以及是否符合法定程序进行审查。

第三十一条 征收土地申请经依法批准后,县级以上地方人民政府应当自收到批准文件之日起十五个工作日内在拟征收土地所在的乡(镇)和村、村民小组范围内发布征收土地公告,公布征收范围、征收时间等具体工作安排,对个别未达成征地补偿安置协议的应当作出征地补偿安置决定,并依法组织实施。

第三十二条 省、自治区、直辖市应当制定公布区片综合地价,确定征收农用地的土地补偿费、安置补助费标准,并制定土地补偿费、安置补助费分配办法。

地上附着物和青苗等的补偿费用，归其所有权人所有。

社会保障费用主要用于符合条件的被征地农民的养老保险等社会保险缴费补贴，按照省、自治区、直辖市的规定单独列支。

申请征收土地的县级以上地方人民政府应当及时落实土地补偿费、安置补助费、农村村民住宅以及其他地上附着物和青苗等的补偿费用、社会保障费用等，并保证足额到位，专款专用。有关费用未足额到位的，不得批准征收土地。

第四节　宅基地管理

第三十三条　农村居民点布局和建设用地规模应当遵循节约集约、因地制宜的原则合理规划。县级以上地方人民政府应当按照国家规定安排建设用地指标，合理保障本行政区域农村村民宅基地需求。

乡（镇）、县、市国土空间规划和村庄规划应当统筹考虑农村村民生产、生活需求，突出节约集约用地导向，科学划定宅基地范围。

第三十四条　农村村民申请宅基地的，应当以户为单位向农村集体经济组织提出申请；没有设立农村集体经济组织的，应当向所在的村民小组或者村民委员会提出申请。宅基地申请依法经农村村民集体讨论通过并在本集体范围内公示后，报乡（镇）人民政府审核批准。

涉及占用农用地的，应当依法办理农用地转用审批手续。

第三十五条　国家允许进城落户的农村村民依法自愿有偿退出宅基地。乡（镇）人民政府和农村集体经济组织、村民委员会等应当将退出的宅基地优先用于保障该农村集体经济组织成员的宅基地需求。

第三十六条　依法取得的宅基地和宅基地上的农村村民住宅及

其附属设施受法律保护。

禁止违背农村村民意愿强制流转宅基地，禁止违法收回农村村民依法取得的宅基地，禁止以退出宅基地作为农村村民进城落户的条件，禁止强迫农村村民搬迁退出宅基地。

第五节 集体经营性建设用地管理

第三十七条 国土空间规划应当统筹并合理安排集体经营性建设用地布局和用途，依法控制集体经营性建设用地规模，促进集体经营性建设用地的节约集约利用。

鼓励乡村重点产业和项目使用集体经营性建设用地。

第三十八条 国土空间规划确定为工业、商业等经营性用途，且已依法办理土地所有权登记的集体经营性建设用地，土地所有权人可以通过出让、出租等方式交由单位或者个人在一定年限内有偿使用。

第三十九条 土地所有权人拟出让、出租集体经营性建设用地的，市、县人民政府自然资源主管部门应当依据国土空间规划提出拟出让、出租的集体经营性建设用地的规划条件，明确土地界址、面积、用途和开发建设强度等。

市、县人民政府自然资源主管部门应当会同有关部门提出产业准入和生态环境保护要求。

第四十条 土地所有权人应当依据规划条件、产业准入和生态环境保护要求等，编制集体经营性建设用地出让、出租等方案，并依照《土地管理法》第六十三条的规定，由本集体经济组织形成书面意见，在出让、出租前不少于十个工作日报市、县人民政府。市、县人民政府认为该方案不符合规划条件或者产业准入和生态环境保护要求等的，应当在收到方案后五个工作日内提出修改意见。土地所有权人应当按照市、县人民政府的意见进行修改。

集体经营性建设用地出让、出租等方案应当载明宗地的土地界址、面积、用途、规划条件、产业准入和生态环境保护要求、使用期限、交易方式、入市价格、集体收益分配安排等内容。

第四十一条 土地所有权人应当依据集体经营性建设用地出让、出租等方案,以招标、拍卖、挂牌或者协议等方式确定土地使用者,双方应当签订书面合同,载明土地界址、面积、用途、规划条件、使用期限、交易价款支付、交地时间和开工竣工期限、产业准入和生态环境保护要求,约定提前收回的条件、补偿方式、土地使用权届满续期和地上建筑物、构筑物等附着物处理方式,以及违约责任和解决争议的方法等,并报市、县人民政府自然资源主管部门备案。未依法将规划条件、产业准入和生态环境保护要求纳入合同的,合同无效;造成损失的,依法承担民事责任。合同示范文本由国务院自然资源主管部门制定。

第四十二条 集体经营性建设用地使用者应当按照约定及时支付集体经营性建设用地价款,并依法缴纳相关税费,对集体经营性建设用地使用权以及依法利用集体经营性建设用地建造的建筑物、构筑物及其附属设施的所有权,依法申请办理不动产登记。

第四十三条 通过出让等方式取得的集体经营性建设用地使用权依法转让、互换、出资、赠与或者抵押的,双方应当签订书面合同,并书面通知土地所有权人。

集体经营性建设用地的出租,集体建设用地使用权的出让及其最高年限、转让、互换、出资、赠与、抵押等,参照同类用途的国有建设用地执行,法律、行政法规另有规定的除外。

第五章 监督检查

第四十四条 国家自然资源督察机构根据授权对省、自治区、直辖市人民政府以及国务院确定的城市人民政府下列土地利用和土地管理情况进行督察:

(一)耕地保护情况;

(二)土地节约集约利用情况;

（三）国土空间规划编制和实施情况；

（四）国家有关土地管理重大决策落实情况；

（五）土地管理法律、行政法规执行情况；

（六）其他土地利用和土地管理情况。

第四十五条 国家自然资源督察机构进行督察时，有权向有关单位和个人了解督察事项有关情况，有关单位和个人应当支持、协助督察机构工作，如实反映情况，并提供有关材料。

第四十六条 被督察的地方人民政府违反土地管理法律、行政法规，或者落实国家有关土地管理重大决策不力的，国家自然资源督察机构可以向被督察的地方人民政府下达督察意见书，地方人民政府应当认真组织整改，并及时报告整改情况；国家自然资源督察机构可以约谈被督察的地方人民政府有关负责人，并可以依法向监察机关、任免机关等有关机关提出追究相关责任人责任的建议。

第四十七条 土地管理监督检查人员应当经过培训，经考核合格，取得行政执法证件后，方可从事土地管理监督检查工作。

第四十八条 自然资源主管部门、农业农村主管部门按照职责分工进行监督检查时，可以采取下列措施：

（一）询问违法案件涉及的单位或者个人；

（二）进入被检查单位或者个人涉嫌土地违法的现场进行拍照、摄像；

（三）责令当事人停止正在进行的土地违法行为；

（四）对涉嫌土地违法的单位或者个人，在调查期间暂停办理与该违法案件相关的土地审批、登记等手续；

（五）对可能被转移、销毁、隐匿或者篡改的文件、资料予以封存，责令涉嫌土地违法的单位或者个人在调查期间不得变卖、转移与案件有关的财物；

（六）《土地管理法》第六十八条规定的其他监督检查措施。

第四十九条 依照《土地管理法》第七十三条的规定给予处分

的，应当按照管理权限由责令作出行政处罚决定或者直接给予行政处罚的上级人民政府自然资源主管部门或者其他任免机关、单位作出。

第五十条 县级以上人民政府自然资源主管部门应当会同有关部门建立信用监管、动态巡查等机制，加强对建设用地供应交易和供后开发利用的监管，对建设用地市场重大失信行为依法实施惩戒，并依法公开相关信息。

第六章 法律责任

第五十一条 违反《土地管理法》第三十七条的规定，非法占用永久基本农田发展林果业或者挖塘养鱼的，由县级以上人民政府自然资源主管部门责令限期改正；逾期不改正的，按占用面积处耕地开垦费 2 倍以上 5 倍以下的罚款；破坏种植条件的，依照《土地管理法》第七十五条的规定处罚。

第五十二条 违反《土地管理法》第五十七条的规定，在临时使用的土地上修建永久性建筑物的，由县级以上人民政府自然资源主管部门责令限期拆除，按占用面积处土地复垦费 5 倍以上 10 倍以下的罚款；逾期不拆除的，由作出行政决定的机关依法申请人民法院强制执行。

第五十三条 违反《土地管理法》第六十五条的规定，对建筑物、构筑物进行重建、扩建的，由县级以上人民政府自然资源主管部门责令限期拆除；逾期不拆除的，由作出行政决定的机关依法申请人民法院强制执行。

第五十四条 依照《土地管理法》第七十四条的规定处以罚款的，罚款额为违法所得的 10% 以上 50% 以下。

第五十五条 依照《土地管理法》第七十五条的规定处以罚款的，罚款额为耕地开垦费的 5 倍以上 10 倍以下；破坏黑土地等优质耕地的，从重处罚。

第五十六条 依照《土地管理法》第七十六条的规定处以罚款

的，罚款额为土地复垦费的 2 倍以上 5 倍以下。

违反本条例规定，临时用地期满之日起一年内未完成复垦或者未恢复种植条件的，由县级以上人民政府自然资源主管部门责令限期改正，依照《土地管理法》第七十六条的规定处罚，并由县级以上人民政府自然资源主管部门会同农业农村主管部门代为完成复垦或者恢复种植条件。

第五十七条　依照《土地管理法》第七十七条的规定处以罚款的，罚款额为非法占用土地每平方米 100 元以上 1000 元以下。

违反本条例规定，在国土空间规划确定的禁止开垦的范围内从事土地开发活动的，由县级以上人民政府自然资源主管部门责令限期改正，并依照《土地管理法》第七十七条的规定处罚。

第五十八条　依照《土地管理法》第七十四条、第七十七条的规定，县级以上人民政府自然资源主管部门没收在非法转让或者非法占用的土地上新建的建筑物和其他设施的，应当于九十日内交由本级人民政府或者其指定的部门依法管理和处置。

第五十九条　依照《土地管理法》第八十一条的规定处以罚款的，罚款额为非法占用土地每平方米 100 元以上 500 元以下。

第六十条　依照《土地管理法》第八十二条的规定处以罚款的，罚款额为违法所得的 10%以上 30%以下。

第六十一条　阻碍自然资源主管部门、农业农村主管部门的工作人员依法执行职务，构成违反治安管理行为的，依法给予治安管理处罚。

第六十二条　违反土地管理法律、法规规定，阻挠国家建设征收土地的，由县级以上地方人民政府责令交出土地；拒不交出土地的，依法申请人民法院强制执行。

第六十三条　违反本条例规定，侵犯农村村民依法取得的宅基地权益的，责令限期改正，对有关责任单位通报批评、给予警告；造成损失的，依法承担赔偿责任；对直接负责的主管人员和其他直接责任人员，依法给予处分。

第六十四条　贪污、侵占、挪用、私分、截留、拖欠征地补偿安置费用和其他有关费用的，责令改正，追回有关款项，限期退还违法所得，对有关责任单位通报批评、给予警告；造成损失的，依法承担赔偿责任；对直接负责的主管人员和其他直接责任人员，依法给予处分。

第六十五条　各级人民政府及自然资源主管部门、农业农村主管部门工作人员玩忽职守、滥用职权、徇私舞弊的，依法给予处分。

第六十六条　违反本条例规定，构成犯罪的，依法追究刑事责任。

第七章　附　　则

第六十七条　本条例自 2021 年 9 月 1 日起施行。

中华人民共和国黑土地保护法

（2022 年 6 月 24 日第十三届全国人民代表大会常务委员会第三十五次会议通过　2022 年 6 月 24 日中华人民共和国主席令第 115 号公布　自 2022 年 8 月 1 日起施行）

第一条　为了保护黑土地资源，稳步恢复提升黑土地基础地力，促进资源可持续利用，维护生态平衡，保障国家粮食安全，制定本法。

第二条　从事黑土地保护、利用和相关治理、修复等活动，适用本法。本法没有规定的，适用土地管理等有关法律的规定。

本法所称黑土地，是指黑龙江省、吉林省、辽宁省、内蒙古自治区（以下简称四省区）的相关区域范围内具有黑色或者暗黑色腐殖质表土层、性状好、肥力高的耕地。

第三条 国家实行科学、有效的黑土地保护政策，保障黑土地保护财政投入，综合采取工程、农艺、农机、生物等措施，保护黑土地的优良生产能力，确保黑土地总量不减少、功能不退化、质量有提升、产能可持续。

第四条 黑土地保护应当坚持统筹规划、因地制宜、用养结合、近期目标与远期目标结合、突出重点、综合施策的原则，建立健全政府主导、农业生产经营者实施、社会参与的保护机制。

国务院农业农村主管部门会同自然资源、水行政等有关部门，综合考虑黑土地开垦历史和利用现状，以及黑土层厚度、土壤性状、土壤类型等，按照最有利于全面保护、综合治理和系统修复的原则，科学合理确定黑土地保护范围并适时调整，有计划、分步骤、分类别地推进黑土地保护工作。历史上属黑土地的，除确无法修复的外，原则上都应列入黑土地保护范围进行修恢复。

第五条 黑土地应当用于粮食和油料作物、糖料作物、蔬菜等农产品生产。

黑土层深厚、土壤性状良好的黑土地应当按照规定的标准划入永久基本农田，重点用于粮食生产，实行严格保护，确保数量和质量长期稳定。

第六条 国务院和四省区人民政府加强对黑土地保护工作的领导、组织、协调、监督管理，统筹制定黑土地保护政策。四省区人民政府对本行政区域内的黑土地数量、质量、生态环境负责。

县级以上地方人民政府应当建立农业农村、自然资源、水行政、发展改革、财政、生态环境等有关部门组成的黑土地保护协调机制，加强协调指导，明确工作责任，推动黑土地保护工作落实。

乡镇人民政府应当协助组织实施黑土地保护工作，向农业生产经营者推广适宜其所经营耕地的保护、治理、修复和利用措施，督促农业生产经营者履行黑土地保护义务。

第七条 各级人民政府应当加强黑土地保护宣传教育，提高全社会的黑土地保护意识。

对在黑土地保护工作中做出突出贡献的单位和个人，按照国家有关规定给予表彰和奖励。

第八条 国务院标准化主管部门和农业农村、自然资源、水行政等主管部门按照职责分工，制定和完善黑土地质量和其他保护标准。

第九条 国家建立健全黑土地调查和监测制度。

县级以上人民政府自然资源主管部门会同有关部门开展土地调查时，同步开展黑土地类型、分布、数量、质量、保护和利用状况等情况的调查，建立黑土地档案。

国务院农业农村、水行政等主管部门会同四省区人民政府建立健全黑土地质量监测网络，加强对黑土地土壤性状、黑土层厚度、水蚀、风蚀等情况的常态化监测，建立黑土地质量动态变化数据库，并做好信息共享工作。

第十条 县级以上人民政府应当将黑土地保护工作纳入国民经济和社会发展规划。

国土空间规划应当充分考虑保护黑土地及其周边生态环境，合理布局各类用途土地，以利于黑土地水蚀、风蚀等的预防和治理。

县级以上人民政府农业农村主管部门会同有关部门以调查和监测为基础、体现整体集中连片治理，编制黑土地保护规划，明确保护范围、目标任务、技术模式、保障措施等，遏制黑土地退化趋势，提升黑土地质量，改善黑土地生态环境。县级黑土地保护规划应当与国土空间规划相衔接，落实到黑土地具体地块，并向社会公布。

第十一条 国家采取措施加强黑土地保护的科技支撑能力建设，将黑土地保护、治理、修复和利用的科技创新作为重点支持领域；鼓励高等学校、科研机构和农业技术推广机构等协同开展科技攻关。县级以上人民政府应当鼓励和支持水土保持、防风固沙、土壤改良、地力培肥、生态保护等科学研究和科研成果推广应用。

有关耕地质量监测保护和农业技术推广机构应当对农业生产经营者保护黑土地进行技术培训、提供指导服务。

国家鼓励企业、高等学校、职业学校、科研机构、科学技术社会团体、农民专业合作社、农业社会化服务组织、农业科技人员等开展黑土地保护相关技术服务。

国家支持开展黑土地保护国际合作与交流。

第十二条 县级以上人民政府应当采取以下措施加强黑土地农田基础设施建设：

（一）加强农田水利工程建设，完善水田、旱地灌排体系；

（二）加强田块整治，修复沟毁耕地，合理划分适宜耕作田块；

（三）加强坡耕地、侵蚀沟水土保持工程建设；

（四）合理规划修建机耕路、生产路；

（五）建设农田防护林网；

（六）其他黑土地保护措施。

第十三条 县级以上人民政府应当推广科学的耕作制度，采取以下措施提高黑土地质量：

（一）因地制宜实行轮作等用地养地相结合的种植制度，按照国家有关规定推广适度休耕；

（二）因地制宜推广免（少）耕、深松等保护性耕作技术，推广适宜的农业机械；

（三）因地制宜推广秸秆覆盖、粉碎深（翻）埋、过腹转化等还田方式；

（四）组织实施测土配方施肥，科学减少化肥施用量，鼓励增施有机肥料，推广土壤生物改良等技术；

（五）推广生物技术或者生物制剂防治病虫害等绿色防控技术，科学减少化学农药、除草剂使用量，合理使用农用薄膜等农业生产资料；

（六）其他黑土地质量提升措施。

第十四条 国家鼓励采取综合性措施，预防和治理水土流失，防止黑土地土壤侵蚀、土地沙化和盐渍化，改善和修复农田生态环境。

县级以上人民政府应当开展侵蚀沟治理，实施沟头沟坡沟底加固防护，因地制宜组织在侵蚀沟的沟坡和沟岸、黑土地周边河流两岸、湖泊和水库周边等区域营造植物保护带或者采取其他措施，防止侵蚀沟变宽变深变长。

县级以上人民政府应当按照因害设防、合理管护、科学布局的原则，制定农田防护林建设计划，组织沿农田道路、沟渠等种植农田防护林，防止违背自然规律造林绿化。农田防护林只能进行抚育、更新性质的采伐，确保防护林功能不减退。

县级以上人民政府应当组织开展防沙治沙，加强黑土地周边的沙漠和沙化土地治理，防止黑土地沙化。

第十五条 县级以上人民政府应当加强黑土地生态保护和黑土地周边林地、草原、湿地的保护修复，推动荒山荒坡治理，提升自然生态系统涵养水源、保持水土、防风固沙、维护生物多样性等生态功能，维持有利于黑土地保护的自然生态环境。

第十六条 县级人民政府应当依据黑土地调查和监测数据，并结合土壤类型和质量等级、气候特点、环境状况等实际情况，对本行政区域内的黑土地进行科学分区，制定并组织实施黑土地质量提升计划，因地制宜合理采取保护、治理、修复和利用的精细化措施。

第十七条 国有农场应当对其经营管理范围内的黑土地加强保护，充分发挥示范作用，并依法接受监督检查。

农村集体经济组织、村民委员会和村民小组应当依法发包农村土地，监督承包方依照承包合同约定的用途合理利用和保护黑土地，制止承包方损害黑土地等行为。

农村集体经济组织、农业企业、农民专业合作社、农户等应当十分珍惜和合理利用黑土地，加强农田基础设施建设，因地制宜应用保护性耕作等技术，积极采取提升黑土地质量和改善农田生态环境的养护措施，依法保护黑土地。

第十八条　农业投入品生产者、经营者和使用者应当依法对农药、肥料、农用薄膜等农业投入品的包装物、废弃物进行回收以及资源化利用或者无害化处理，不得随意丢弃，防止黑土地污染。

县级人民政府应当采取措施，支持农药、肥料、农用薄膜等农业投入品包装物、废弃物的回收以及资源化利用或者无害化处理。

第十九条　从事畜禽养殖的单位和个人，应当科学开展畜禽粪污无害化处理和资源化利用，以畜禽粪污就地就近还田利用为重点，促进黑土地绿色种养循环农业发展。

县级以上人民政府应当支持开展畜禽粪污无害化处理和资源化利用。

第二十条　任何组织和个人不得破坏黑土地资源和生态环境。禁止盗挖、滥挖和非法买卖黑土。国务院自然资源主管部门会同农业农村、水行政、公安、交通运输、市场监督管理等部门应当建立健全保护黑土地资源监督管理制度，提高对盗挖、滥挖、非法买卖黑土和其他破坏黑土地资源、生态环境行为的综合治理能力。

第二十一条　建设项目不得占用黑土地；确需占用的，应当依法严格审批，并补充数量和质量相当的耕地。

建设项目占用黑土地的，应当按照规定的标准对耕作层的土壤进行剥离。剥离的黑土应当就近用于新开垦耕地和劣质耕地改良、被污染耕地的治理、高标准农田建设、土地复垦等。建设项目主体应当制定剥离黑土的再利用方案，报自然资源主管部门备案。具体办法由四省区人民政府分别制定。

第二十二条　国家建立健全黑土地保护财政投入保障制度。县级以上人民政府应当将黑土地保护资金纳入本级预算。

国家加大对黑土地保护措施奖补资金的倾斜力度，建立长期稳定的奖励补助机制。

县级以上地方人民政府应当将黑土地保护作为土地使用权出让收入用于农业农村投入的重点领域，并加大投入力度。

国家组织开展高标准农田、农田水利、水土保持、防沙治沙、农田防护林、土地复垦等建设活动，在项目资金安排上积极支持黑土地保护需要。县级人民政府可以按照国家有关规定统筹使用涉农资金用于黑土地保护，提高财政资金使用效益。

第二十三条 国家实行用养结合、保护效果导向的激励政策，对采取黑土地保护和治理修复措施的农业生产经营者按照国家有关规定给予奖励补助。

第二十四条 国家鼓励粮食主销区通过资金支持、与四省区建立稳定粮食购销关系等经济合作方式参与黑土地保护，建立健全黑土地跨区域投入保护机制。

第二十五条 国家按照政策支持、社会参与、市场化运作的原则，鼓励社会资本投入黑土地保护活动，并保护投资者的合法权益。

国家鼓励保险机构开展黑土地保护相关保险业务。

国家支持农民专业合作社、企业等以多种方式与农户建立利益联结机制和社会化服务机制，发展适度规模经营，推动农产品品质提升、品牌打造和标准化生产，提高黑土地产出效益。

第二十六条 国务院对四省区人民政府黑土地保护责任落实情况进行考核，将黑土地保护情况纳入耕地保护责任目标。

第二十七条 县级以上人民政府自然资源、农业农村、水行政等有关部门按照职责，依法对黑土地保护和质量建设情况联合开展监督检查。

第二十八条 县级以上人民政府应当向本级人民代表大会或者其常务委员会报告黑土地保护情况，依法接受监督。

第二十九条 违反本法规定，国务院农业农村、自然资源等有关部门、县级以上地方人民政府及其有关部门有下列行为之一的，对直接负责的主管人员和其他直接责任人员给予警告、记过或者记大过处分；情节较重的，给予降级或者撤职处分；情节严重的，给予开除处分：

（一）截留、挪用或者未按照规定使用黑土地保护资金；

（二）对破坏黑土地的行为，发现或者接到举报未及时查处；

（三）其他不依法履行黑土地保护职责导致黑土地资源和生态环境遭受破坏的行为。

第三十条　非法占用或者损毁黑土地农田基础设施的，由县级以上地方人民政府农业农村、水行政等部门责令停止违法行为，限期恢复原状，处恢复费用一倍以上三倍以下罚款。

第三十一条　违法将黑土地用于非农建设的，依照土地管理等有关法律法规的规定从重处罚。

违反法律法规规定，造成黑土地面积减少、质量下降、功能退化或者生态环境损害的，应当依法治理修复、赔偿损失。

农业生产经营者未尽到黑土地保护义务，经批评教育仍不改正的，可以不予发放耕地保护相关补贴。

第三十二条　违反本法第二十条规定，盗挖、滥挖黑土的，依照土地管理等有关法律法规的规定从重处罚。

非法出售黑土的，由县级以上地方人民政府市场监督管理、农业农村、自然资源等部门按照职责分工没收非法出售的黑土和违法所得，并处每立方米五百元以上五千元以下罚款；明知是非法出售的黑土而购买的，没收非法购买的黑土，并处货值金额一倍以上三倍以下罚款。

第三十三条　违反本法第二十一条规定，建设项目占用黑土地未对耕作层的土壤实施剥离的，由县级以上地方人民政府自然资源主管部门处每平方米一百元以上二百元以下罚款；未按照规定的标准对耕作层的土壤实施剥离的，处每平方米五十元以上一百元以下罚款。

第三十四条　拒绝、阻碍对黑土地保护情况依法进行监督检查的，由县级以上地方人民政府有关部门责令改正；拒不改正的，处二千元以上二万元以下罚款。

第三十五条 造成黑土地污染、水土流失的，分别依照污染防治、水土保持等有关法律法规的规定从重处罚。

第三十六条 违反本法规定，构成犯罪的，依法追究刑事责任。

第三十七条 林地、草原、湿地、河湖等范围内黑土的保护，适用《中华人民共和国森林法》、《中华人民共和国草原法》、《中华人民共和国湿地保护法》、《中华人民共和国水法》等有关法律；有关法律对盗挖、滥挖、非法买卖黑土未作规定的，参照本法第三十二条的规定处罚。

第三十八条 本法自2022年8月1日起施行。

中华人民共和国城市房地产管理法

（1994年7月5日第八届全国人民代表大会常务委员会第八次会议通过 根据2007年8月30日第十届全国人民代表大会常务委员会第二十九次会议《关于修改〈中华人民共和国城市房地产管理法〉的决定》第一次修正 根据2009年8月27日第十一届全国人民代表大会常务委员会第十次会议《关于修改部分法律的决定》第二次修正 根据2019年8月26日第十三届全国人民代表大会常务委员会第十二次会议《关于修改〈中华人民共和国土地管理法〉、〈中华人民共和国城市房地产管理法〉的决定》第三次修正）

目　　录

第一章　总　　则
第二章　房地产开发用地

第一节 土地使用权出让
第二节 土地使用权划拨
第三章 房地产开发
第四章 房地产交易
　第一节 一般规定
　第二节 房地产转让
　第三节 房地产抵押
　第四节 房屋租赁
　第五节 中介服务机构
第五章 房地产权属登记管理
第六章 法律责任
第七章 附　则

第一章 总　则

第一条 【立法宗旨】为了加强对城市房地产的管理，维护房地产市场秩序，保障房地产权利人的合法权益，促进房地产业的健康发展，制定本法。

第二条 【适用范围】在中华人民共和国城市规划区国有土地（以下简称国有土地）范围内取得房地产开发用地的土地使用权，从事房地产开发、房地产交易，实施房地产管理，应当遵守本法。

本法所称房屋，是指土地上的房屋等建筑物及构筑物。

本法所称房地产开发，是指在依据本法取得国有土地使用权的土地上进行基础设施、房屋建设的行为。

本法所称房地产交易，包括房地产转让、房地产抵押和房屋租赁。

第三条 【国有土地有偿、有限期使用制度】国家依法实行国有土地有偿、有限期使用制度。但是，国家在本法规定的范围内划拨国有土地使用权的除外。

第四条 【国家扶持居民住宅建设】国家根据社会、经济发展水平，扶持发展居民住宅建设，逐步改善居民的居住条件。

第五条 【房地产权利人的义务和权益】房地产权利人应当遵守法律和行政法规，依法纳税。房地产权利人的合法权益受法律保护，任何单位和个人不得侵犯。

第六条 【房屋征收】为了公共利益的需要，国家可以征收国有土地上单位和个人的房屋，并依法给予拆迁补偿，维护被征收人的合法权益；征收个人住宅的，还应当保障被征收人的居住条件。具体办法由国务院规定。

第七条 【房地产管理机构设置】国务院建设行政主管部门、土地管理部门依照国务院规定的职权划分，各司其职，密切配合，管理全国房地产工作。

县级以上地方人民政府房产管理、土地管理部门的机构设置及其职权由省、自治区、直辖市人民政府确定。

第二章 房地产开发用地

第一节 土地使用权出让

第八条 【土地使用权出让的定义】土地使用权出让，是指国家将国有土地使用权（以下简称土地使用权）在一定年限内出让给土地使用者，由土地使用者向国家支付土地使用权出让金的行为。

第九条 【集体所有土地征收与出让】城市规划区内的集体所有的土地，经依法征收转为国有土地后，该幅国有土地的使用权方可有偿出让，但法律另有规定的除外。

第十条 【土地使用权出让宏观管理】土地使用权出让，必须符合土地利用总体规划、城市规划和年度建设用地计划。

第十一条 【年度出让土地使用权总量控制】县级以上地方人民政府出让土地使用权用于房地产开发的，须根据省级以上人民政府下达的控制指标拟订年度出让土地使用权总面积方案，按照国务院规定，报国务院或者省级人民政府批准。

第十二条 【土地使用权出让主体】土地使用权出让，由市、县人民政府有计划、有步骤地进行。出让的每幅地块、用途、年限和其他条件，由市、县人民政府土地管理部门会同城市规划、建设、房产管理部门共同拟定方案，按照国务院规定，报经有批准权的人民政府批准后，由市、县人民政府土地管理部门实施。

直辖市的县人民政府及其有关部门行使前款规定的权限，由直辖市人民政府规定。

第十三条 【土地使用权出让方式】土地使用权出让，可以采取拍卖、招标或者双方协议的方式。

商业、旅游、娱乐和豪华住宅用地，有条件的，必须采取拍卖、招标方式；没有条件，不能采取拍卖、招标方式的，可以采取双方协议的方式。

采取双方协议方式出让土地使用权的出让金不得低于按国家规定所确定的最低价。

第十四条 【土地使用权出让最高年限】土地使用权出让最高年限由国务院规定。

第十五条 【土地使用权出让合同】土地使用权出让，应当签订书面出让合同。

土地使用权出让合同由市、县人民政府土地管理部门与土地使用者签订。

第十六条 【支付出让金】土地使用者必须按照出让合同约定，支付土地使用权出让金；未按照出让合同约定支付土地使用权出让金的，土地管理部门有权解除合同，并可以请求违约赔偿。

第十七条 【提供出让土地】土地使用者按照出让合同约定支付土地使用权出让金的，市、县人民政府土地管理部门必须按照出让合同约定，提供出让的土地；未按照出让合同约定提供出让的土地的，土地使用者有权解除合同，由土地管理部门返还土地使用权出让金，土地使用者并可以请求违约赔偿。

第十八条 【土地用途的变更】土地使用者需要改变土地使用权出让合同约定的土地用途的，必须取得出让方和市、县人民政府城市规划行政主管部门的同意，签订土地使用权出让合同变更协议或者重新签订土地使用权出让合同，相应调整土地使用权出让金。

第十九条 【土地使用权出让金的管理】土地使用权出让金应当全部上缴财政，列入预算，用于城市基础设施建设和土地开发。土地使用权出让金上缴和使用的具体办法由国务院规定。

第二十条 【出让土地使用权的提前收回】国家对土地使用者依法取得的土地使用权，在出让合同约定的使用年限届满前不收回；在特殊情况下，根据社会公共利益的需要，可以依照法律程序提前收回，并根据土地使用者使用土地的实际年限和开发土地的实际情况给予相应的补偿。

第二十一条 【土地使用权终止】土地使用权因土地灭失而终止。

第二十二条 【土地使用权出让年限届满】土地使用权出让合同约定的使用年限届满，土地使用者需要继续使用土地的，应当至迟于届满前一年申请续期，除根据社会公共利益需要收回该幅土地的，应当予以批准。经批准准予续期的，应当重新签订土地使用权出让合同，依照规定支付土地使用权出让金。

土地使用权出让合同约定的使用年限届满，土地使用者未申请续期或者虽申请续期但依照前款规定未获批准的，土地使用权由国家无偿收回。

第二节 土地使用权划拨

第二十三条 【土地使用权划拨的定义】土地使用权划拨，是指县级以上人民政府依法批准，在土地使用者缴纳补偿、安置等费用后将该幅土地交付其使用，或者将土地使用权无偿交付给土地使用者使用的行为。

依照本法规定以划拨方式取得土地使用权的，除法律、行政法规另有规定外，没有使用期限的限制。

第二十四条　【土地使用权划拨范围】下列建设用地的土地使用权，确属必需的，可以由县级以上人民政府依法批准划拨：

（一）国家机关用地和军事用地；

（二）城市基础设施用地和公益事业用地；

（三）国家重点扶持的能源、交通、水利等项目用地；

（四）法律、行政法规规定的其他用地。

第三章　房地产开发

第二十五条　【房地产开发基本原则】房地产开发必须严格执行城市规划，按照经济效益、社会效益、环境效益相统一的原则，实行全面规划、合理布局、综合开发、配套建设。

第二十六条　【开发土地期限】以出让方式取得土地使用权进行房地产开发的，必须按照土地使用权出让合同约定的土地用途、动工开发期限开发土地。超过出让合同约定的动工开发日期满一年未动工开发的，可以征收相当于土地使用权出让金百分之二十以下的土地闲置费；满二年未动工开发的，可以无偿收回土地使用权；但是，因不可抗力或者政府、政府有关部门的行为或者动工开发必需的前期工作造成动工开发迟延的除外。

第二十七条　【房地产开发项目设计、施工和竣工】房地产开发项目的设计、施工，必须符合国家的有关标准和规范。

房地产开发项目竣工，经验收合格后，方可交付使用。

第二十八条　【土地使用权作价】依法取得的土地使用权，可以依照本法和有关法律、行政法规的规定，作价入股，合资、合作开发经营房地产。

第二十九条 【开发居民住宅的鼓励和扶持】 国家采取税收等方面的优惠措施鼓励和扶持房地产开发企业开发建设居民住宅。

第三十条 【房地产开发企业的设立】 房地产开发企业是以营利为目的,从事房地产开发和经营的企业。设立房地产开发企业,应当具备下列条件:

(一)有自己的名称和组织机构;

(二)有固定的经营场所;

(三)有符合国务院规定的注册资本;

(四)有足够的专业技术人员;

(五)法律、行政法规规定的其他条件。

设立房地产开发企业,应当向工商行政管理部门申请设立登记。工商行政管理部门对符合本法规定条件的,应当予以登记,发给营业执照;对不符合本法规定条件的,不予登记。

设立有限责任公司、股份有限公司,从事房地产开发经营的,还应当执行公司法的有关规定。

房地产开发企业在领取营业执照后的一个月内,应当到登记机关所在地的县级以上地方人民政府规定的部门备案。

第三十一条 【房地产开发企业注册资本与投资总额的比例】 房地产开发企业的注册资本与投资总额的比例应当符合国家有关规定。

房地产开发企业分期开发房地产的,分期投资额应当与项目规模相适应,并按照土地使用权出让合同的约定,按期投入资金,用于项目建设。

第四章 房地产交易

第一节 一般规定

第三十二条 【房地产权利主体一致原则】 房地产转让、抵押时，房屋的所有权和该房屋占用范围内的土地使用权同时转让、抵押。

第三十三条 【房地产价格管理】基准地价、标定地价和各类房屋的重置价格应当定期确定并公布。具体办法由国务院规定。

第三十四条 【房地产价格评估】国家实行房地产价格评估制度。

房地产价格评估，应当遵循公正、公平、公开的原则，按照国家规定的技术标准和评估程序，以基准地价、标定地价和各类房屋的重置价格为基础，参照当地的市场价格进行评估。

第三十五条 【房地产成交价格申报】国家实行房地产成交价格申报制度。

房地产权利人转让房地产，应当向县级以上地方人民政府规定的部门如实申报成交价，不得瞒报或者作不实的申报。

第三十六条 【房地产权属登记】房地产转让、抵押，当事人应当依照本法第五章的规定办理权属登记。

第二节 房地产转让

第三十七条 【房地产转让的定义】房地产转让，是指房地产权利人通过买卖、赠与或者其他合法方式将其房地产转移给他人的行为。

第三十八条 【房地产不得转让的情形】下列房地产，不得转让：

（一）以出让方式取得土地使用权的，不符合本法第三十九条规定的条件的；

（二）司法机关和行政机关依法裁定、决定查封或者以其他形式限制房地产权利的；

（三）依法收回土地使用权的；

（四）共有房地产，未经其他共有人书面同意的；

（五）权属有争议的；

（六）未依法登记领取权属证书的；

（七）法律、行政法规规定禁止转让的其他情形。

第三十九条 【以出让方式取得土地使用权的房地产转让】以出让方式取得土地使用权的，转让房地产时，应当符合下列条件：

（一）按照出让合同约定已经支付全部土地使用权出让金，并取得土地使用权证书；

（二）按照出让合同约定进行投资开发，属于房屋建设工程的，完成开发投资总额的百分之二十五以上，属于成片开发土地的，形成工业用地或者其他建设用地条件。

转让房地产时房屋已经建成的，还应当持有房屋所有权证书。

第四十条 【以划拨方式取得土地使用权的房地产转让】以划拨方式取得土地使用权的，转让房地产时，应当按照国务院规定，报有批准权的人民政府审批。有批准权的人民政府准予转让的，应当由受让方办理土地使用权出让手续，并依照国家有关规定缴纳土地使用权出让金。

以划拨方式取得土地使用权的，转让房地产报批时，有批准权的人民政府按照国务院规定决定可以不办理土地使用权出让手续的，转让方应当按照国务院规定将转让房地产所获收益中的土地收益上缴国家或者作其他处理。

第四十一条 【房地产转让合同】房地产转让，应当签订书面转让合同，合同中应当载明土地使用权取得的方式。

第四十二条 【房地产转让合同与土地使用权出让合同的关系】房地产转让时，土地使用权出让合同载明的权利、义务随之转移。

第四十三条 【房地产转让后土地使用权的使用年限】以出让方式取得土地使用权的，转让房地产后，其土地使用权的使用年限为原土地使用权出让合同约定的使用年限减去原土地使用者已经使用年限后的剩余年限。

第四十四条 【房地产转让后土地用途变更】以出让方式取得土地使用权的，转让房地产后，受让人改变原土地使用权出让合同约定的土地用途的，必须取得原出让方和市、县人民政府城市规划行政主管部门的同意，签订土地使用权出让合同变更协议或者重新签订土地使用权出让合同，相应调整土地使用权出让金。

第四十五条 【商品房预售的条件】商品房预售，应当符合下列条件：

（一）已交付全部土地使用权出让金，取得土地使用权证书；

（二）持有建设工程规划许可证；

（三）按提供预售的商品房计算，投入开发建设的资金达到工程建设总投资的百分之二十五以上，并已经确定施工进度和竣工交付日期；

（四）向县级以上人民政府房产管理部门办理预售登记，取得商品房预售许可证明。

商品房预售人应当按照国家有关规定将预售合同报县级以上人民政府房产管理部门和土地管理部门登记备案。

商品房预售所得款项，必须用于有关的工程建设。

第四十六条 【商品房预售后的再行转让】商品房预售的，商品房预购人将购买的未竣工的预售商品房再行转让的问题，由国务院规定。

第三节 房地产抵押

第四十七条 【房地产抵押的定义】房地产抵押，是指抵押人以其合法的房地产以不转移占有的方式向抵押权人提供债务履行担保的行为。债务人不履行债务时，抵押权人有权依法以抵押的房地产拍卖所得的价款优先受偿。

第四十八条 【房地产抵押物的范围】依法取得的房屋所有权

连同该房屋占用范围内的土地使用权,可以设定抵押权。

以出让方式取得的土地使用权,可以设定抵押权。

第四十九条　【抵押办理凭证】房地产抵押,应当凭土地使用权证书、房屋所有权证书办理。

第五十条　【房地产抵押合同】房地产抵押,抵押人和抵押权人应当签订书面抵押合同。

第五十一条　【以划拨土地使用权设定的房地产抵押权的实现】设定房地产抵押权的土地使用权是以划拨方式取得的,依法拍卖该房地产后,应当从拍卖所得的价款中缴纳相当于应缴纳的土地使用权出让金的款额后,抵押权人方可优先受偿。

第五十二条　【房地产抵押后土地上的新增房屋问题】房地产抵押合同签订后,土地上新增的房屋不属于抵押财产。需要拍卖该抵押的房地产时,可以依法将土地上新增的房屋与抵押财产一同拍卖,但对拍卖新增房屋所得,抵押权人无权优先受偿。

第四节　房屋租赁

第五十三条　【房屋租赁的定义】房屋租赁,是指房屋所有权人作为出租人将其房屋出租给承租人使用,由承租人向出租人支付租金的行为。

第五十四条　【房屋租赁合同的签订】房屋租赁,出租人和承租人应当签订书面租赁合同,约定租赁期限、租赁用途、租赁价格、修缮责任等条款,以及双方的其他权利和义务,并向房产管理部门登记备案。

第五十五条　【住宅用房和非住宅用房的租赁】住宅用房的租赁,应当执行国家和房屋所在城市人民政府规定的租赁政策。租用房屋从事生产、经营活动的,由租赁双方协商议定租金和其他租赁条款。

**第五十六条　【以划拨方式取得的国有土地上的房屋出租的特

别规定】以营利为目的,房屋所有权人将以划拨方式取得使用权的国有土地上建成的房屋出租的,应当将租金中所含土地收益上缴国家。具体办法由国务院规定。

第五节 中介服务机构

第五十七条 【房地产中介服务机构】房地产中介服务机构包括房地产咨询机构、房地产价格评估机构、房地产经纪机构等。

第五十八条 【房地产中介服务机构的设立】房地产中介服务机构应当具备下列条件:

(一) 有自己的名称和组织机构;

(二) 有固定的服务场所;

(三) 有必要的财产和经费;

(四) 有足够数量的专业人员;

(五) 法律、行政法规规定的其他条件。

设立房地产中介服务机构,应当向工商行政管理部门申请设立登记,领取营业执照后,方可开业。

第五十九条 【房地产估价人员资格认证】国家实行房地产价格评估人员资格认证制度。

第五章 房地产权属登记管理

第六十条 【房地产登记发证制度】国家实行土地使用权和房屋所有权登记发证制度。

第六十一条 【房地产权属登记】以出让或者划拨方式取得土地使用权,应当向县级以上地方人民政府土地管理部门申请登记,经县级以上地方人民政府土地管理部门核实,由同级人民政府颁发土地使用权证书。

在依法取得的房地产开发用地上建成房屋的,应当凭土地使用权证书向县级以上地方人民政府房产管理部门申请登记,由县级以上地方人民政府房产管理部门核实并颁发房屋所有权证书。

房地产转让或者变更时，应当向县级以上地方人民政府房产管理部门申请房产变更登记，并凭变更后的房屋所有权证书向同级人民政府土地管理部门申请土地使用权变更登记，经同级人民政府土地管理部门核实，由同级人民政府更换或者更改土地使用权证书。

法律另有规定的，依照有关法律的规定办理。

第六十二条　【房地产抵押登记】房地产抵押时，应当向县级以上地方人民政府规定的部门办理抵押登记。

因处分抵押房地产而取得土地使用权和房屋所有权的，应当依照本章规定办理过户登记。

第六十三条　【房地产权属证书】经省、自治区、直辖市人民政府确定，县级以上地方人民政府由一个部门统一负责房产管理和土地管理工作的，可以制作、颁发统一的房地产权证书，依照本法第六十一条的规定，将房屋的所有权和该房屋占用范围内的土地使用权的确认和变更，分别载入房地产权证书。

第六章　法　律　责　任

第六十四条　【擅自出让或擅自批准出让土地使用权用于房地产开发的法律责任】违反本法第十一条、第十二条的规定，擅自批准出让或者擅自出让土地使用权用于房地产开发的，由上级机关或者所在单位给予有关责任人员行政处分。

第六十五条　【擅自从事房地产开发的法律责任】违反本法第三十条的规定，未取得营业执照擅自从事房地产开发业务的，由县级以上人民政府工商行政管理部门责令停止房地产开发业务活动，没收违法所得，可以并处罚款。

第六十六条　【非法转让土地使用权的法律责任】违反本法第三十九条第一款的规定转让土地使用权的，由县级以上人民政府土地管理部门没收违法所得，可以并处罚款。

第六十七条 【非法转让划拨土地使用权的房地产的法律责任】违反本法第四十条第一款的规定转让房地产的，由县级以上人民政府土地管理部门责令缴纳土地使用权出让金，没收违法所得，可以并处罚款。

第六十八条 【非法预售商品房的法律责任】违反本法第四十五条第一款的规定预售商品房的，由县级以上人民政府房产管理部门责令停止预售活动，没收违法所得，可以并处罚款。

第六十九条 【擅自从事房地产中介服务业务的法律责任】违反本法第五十八条的规定，未取得营业执照擅自从事房地产中介服务业务的，由县级以上人民政府工商行政管理部门责令停止房地产中介服务业务活动，没收违法所得，可以并处罚款。

第七十条 【向房地产开发企业非法收费的法律责任】没有法律、法规的依据，向房地产开发企业收费的，上级机关应当责令退回所收取的钱款；情节严重的，由上级机关或者所在单位给予直接责任人员行政处分。

第七十一条 【管理部门工作人员玩忽职守、滥用职权、索贿、受贿的法律责任】房产管理部门、土地管理部门工作人员玩忽职守、滥用职权，构成犯罪的，依法追究刑事责任；不构成犯罪的，给予行政处分。

房产管理部门、土地管理部门工作人员利用职务上的便利，索取他人财物，或者非法收受他人财物为他人谋取利益，构成犯罪的，依法追究刑事责任；不构成犯罪的，给予行政处分。

第七章 附 则

第七十二条 【参照本法适用的情形】在城市规划区外的国有土地范围内取得房地产开发用地的土地使用权，从事房地产开发、交易活动以及实施房地产管理，参照本法执行。

第七十三条 【施行时间】本法自1995年1月1日起施行。

中华人民共和国矿产资源法

（1986年3月19日第六届全国人民代表大会常务委员会第十五次会议通过 根据1996年8月29日第八届全国人民代表大会常务委员会第二十一次会议《关于修改〈中华人民共和国矿产资源法〉的决定》第一次修正 根据2009年8月27日第十一届全国人民代表大会常务委员会第十次会议《关于修改部分法律的决定》第二次修正）

目　　录

第一章　总　　则
第二章　矿产资源勘查的登记和开采的审批
第三章　矿产资源的勘查
第四章　矿产资源的开采
第五章　集体矿山企业和个体采矿
第六章　法律责任
第七章　附　　则

第一章　总　　则

第一条　为了发展矿业，加强矿产资源的勘查、开发利用和保护工作，保障社会主义现代化建设的当前和长远的需要，根据中华人民共和国宪法，特制定本法。

第二条　在中华人民共和国领域及管辖海域勘查、开采矿产资源，必须遵守本法。

第三条　矿产资源属于国家所有，由国务院行使国家对矿产资源的所有权。地表或者地下的矿产资源的国家所有权，不因其所依附的土地的所有权或者使用权的不同而改变。

国家保障矿产资源的合理开发利用。禁止任何组织或者个人用任何手段侵占或者破坏矿产资源。各级人民政府必须加强矿产资源的保护工作。

勘查、开采矿产资源，必须依法分别申请、经批准取得探矿权、采矿权，并办理登记；但是，已经依法申请取得采矿权的矿山企业在划定的矿区范围内为本企业的生产而进行的勘查除外。国家保护探矿权和采矿权不受侵犯，保障矿区和勘查作业区的生产秩序、工作秩序不受影响和破坏。

从事矿产资源勘查和开采的，必须符合规定的资质条件。

第四条 国家保障依法设立的矿山企业开采矿产资源的合法权益。

国有矿山企业是开采矿产资源的主体。国家保障国有矿业经济的巩固和发展。

第五条 国家实行探矿权、采矿权有偿取得的制度；但是，国家对探矿权、采矿权有偿取得的费用，可以根据不同情况规定予以减缴、免缴。具体办法和实施步骤由国务院规定。

开采矿产资源，必须按照国家有关规定缴纳资源税和资源补偿费。

第六条 除按下列规定可以转让外，探矿权、采矿权不得转让：

（一）探矿权人有权在划定的勘查作业区内进行规定的勘查作业，有权优先取得勘查作业区内矿产资源的采矿权。探矿权人在完成规定的最低勘查投入后，经依法批准，可以将探矿权转让他人。

（二）已取得采矿权的矿山企业，因企业合并、分立，与他人合资、合作经营，或者因企业资产出售以及有其他变更企业资产产权的情形而需要变更采矿权主体的，经依法批准可以将采矿权转让他人采矿。

前款规定的具体办法和实施步骤由国务院规定。

禁止将探矿权、采矿权倒卖牟利。

第七条 国家对矿产资源的勘查、开发实行统一规划、合理布局、综合勘查、合理开采和综合利用的方针。

第八条 国家鼓励矿产资源勘查、开发的科学技术研究，推广先进技术，提高矿产资源勘查、开发的科学技术水平。

第九条 在勘查、开发、保护矿产资源和进行科学技术研究等方面成绩显著的单位和个人，由各级人民政府给予奖励。

第十条 国家在民族自治地方开采矿产资源，应当照顾民族自治地方的利益，作出有利于民族自治地方经济建设的安排，照顾当地少数民族群众的生产和生活。

民族自治地方的自治机关根据法律规定和国家的统一规划，对可以由本地方开发的矿产资源，优先合理开发利用。

第十一条 国务院地质矿产主管部门主管全国矿产资源勘查、开采的监督管理工作。国务院有关主管部门协助国务院地质矿产主管部门进行矿产资源勘查、开采的监督管理工作。

省、自治区、直辖市人民政府地质矿产主管部门主管本行政区域内矿产资源勘查、开采的监督管理工作。省、自治区、直辖市人民政府有关主管部门协助同级地质矿产主管部门进行矿产资源勘查、开采的监督管理工作。

第二章 矿产资源勘查的登记和开采的审批

第十二条 国家对矿产资源勘查实行统一的区块登记管理制度。矿产资源勘查登记工作，由国务院地质矿产主管部门负责；特定矿种的矿产资源勘查登记工作，可以由国务院授权有关主管部门负责。矿产资源勘查区块登记管理办法由国务院制定。

第十三条 国务院矿产储量审批机构或者省、自治区、直辖市矿产储量审批机构负责审查批准供矿山建设设计使用的勘探报告，并在规定的期限内批复报送单位。勘探报告未经批准，不得作为矿山建设设计的依据。

第十四条　矿产资源勘查成果档案资料和各类矿产储量的统计资料，实行统一的管理制度，按照国务院规定汇交或者填报。

第十五条　设立矿山企业，必须符合国家规定的资质条件，并依照法律和国家有关规定，由审批机关对其矿区范围、矿山设计或者开采方案、生产技术条件、安全措施和环境保护措施等进行审查；审查合格的，方予批准。

第十六条　开采下列矿产资源的，由国务院地质矿产主管部门审批，并颁发采矿许可证：

（一）国家规划矿区和对国民经济具有重要价值的矿区内的矿产资源；

（二）前项规定区域以外可供开采的矿产储量规模在大型以上的矿产资源；

（三）国家规定实行保护性开采的特定矿种；

（四）领海及中国管辖的其他海域的矿产资源；

（五）国务院规定的其他矿产资源。

开采石油、天然气、放射性矿产等特定矿种的，可以由国务院授权的有关主管部门审批，并颁发采矿许可证。

开采第一款、第二款规定以外的矿产资源，其可供开采的矿产的储量规模为中型的，由省、自治区、直辖市人民政府地质矿产主管部门审批和颁发采矿许可证。

开采第一款、第二款和第三款规定以外的矿产资源的管理办法，由省、自治区、直辖市人民代表大会常务委员会依法制定。

依照第三款、第四款的规定审批和颁发采矿许可证的，由省、自治区、直辖市人民政府地质矿产主管部门汇总向国务院地质矿产主管部门备案。

矿产储量规模的大型、中型的划分标准，由国务院矿产储量审批机构规定。

第十七条 国家对国家规划矿区、对国民经济具有重要价值的矿区和国家规定实行保护性开采的特定矿种，实行有计划的开采；未经国务院有关主管部门批准，任何单位和个人不得开采。

第十八条 国家规划矿区的范围、对国民经济具有重要价值的矿区的范围、矿山企业矿区的范围依法划定后，由划定矿区范围的主管机关通知有关县级人民政府予以公告。

矿山企业变更矿区范围，必须报请原审批机关批准，并报请原颁发采矿许可证的机关重新核发采矿许可证。

第十九条 地方各级人民政府应当采取措施，维护本行政区域内的国有矿山企业和其他矿山企业矿区范围内的正常秩序。

禁止任何单位和个人进入他人依法设立的国有矿山企业和其他矿山企业矿区范围内采矿。

第二十条 非经国务院授权的有关主管部门同意，不得在下列地区开采矿产资源：

（一）港口、机场、国防工程设施圈定地区以内；

（二）重要工业区、大型水利工程设施、城镇市政工程设施附近一定距离以内；

（三）铁路、重要公路两侧一定距离以内；

（四）重要河流、堤坝两侧一定距离以内；

（五）国家划定的自然保护区、重要风景区，国家重点保护的不能移动的历史文物和名胜古迹所在地；

（六）国家规定不得开采矿产资源的其他地区。

第二十一条 关闭矿山，必须提出矿山闭坑报告及有关采掘工程、不安全隐患、土地复垦利用、环境保护的资料，并按照国家规定报请审查批准。

第二十二条 勘查、开采矿产资源时，发现具有重大科学文化价值的罕见地质现象以及文化古迹，应当加以保护并及时报告有关部门。

第三章　矿产资源的勘查

第二十三条　区域地质调查按照国家统一规划进行。区域地质调查的报告和图件按照国家规定验收，提供有关部门使用。

第二十四条　矿产资源普查在完成主要矿种普查任务的同时，应当对工作区内包括共生或者伴生矿产的成矿地质条件和矿床工业远景作出初步综合评价。

第二十五条　矿床勘探必须对矿区内具有工业价值的共生和伴生矿产进行综合评价，并计算其储量。未作综合评价的勘探报告不予批准。但是，国务院计划部门另有规定的矿床勘探项目除外。

第二十六条　普查、勘探易损坏的特种非金属矿产、流体矿产、易燃易爆易溶矿产和含有放射性元素的矿产，必须采用省级以上人民政府有关主管部门规定的普查、勘探方法，并有必要的技术装备和安全措施。

第二十七条　矿产资源勘查的原始地质编录和图件，岩矿心、测试样品和其他实物标本资料，各种勘查标志，应当按照有关规定保护和保存。

第二十八条　矿床勘探报告及其他有价值的勘查资料，按照国务院规定实行有偿使用。

第四章　矿产资源的开采

第二十九条　开采矿产资源，必须采取合理的开采顺序、开采方法和选矿工艺。矿山企业的开采回采率、采矿贫化率和选矿回收率应当达到设计要求。

第三十条　在开采主要矿产的同时，对具有工业价值的共生和伴生矿产应当统一规划，综合开采，综合利用，防止浪费；对暂时不能综合开采或者必须同时采出而暂时还不能综合利用的矿产以及含有有用组分的尾矿,应当采取有效的保护措施,防止损失破坏。

第三十一条 开采矿产资源,必须遵守国家劳动安全卫生规定,具备保障安全生产的必要条件。

第三十二条 开采矿产资源,必须遵守有关环境保护的法律规定,防止污染环境。

开采矿产资源,应当节约用地。耕地、草原、林地因采矿受到破坏的,矿山企业应当因地制宜地采取复垦利用、植树种草或者其他利用措施。

开采矿产资源给他人生产、生活造成损失的,应当负责赔偿,并采取必要的补救措施。

第三十三条 在建设铁路、工厂、水库、输油管道、输电线路和各种大型建筑物或者建筑群之前,建设单位必须向所在省、自治区、直辖市地质矿产主管部门了解拟建工程所在地区的矿产资源分布和开采情况。非经国务院授权的部门批准,不得压覆重要矿床。

第三十四条 国务院规定由指定的单位统一收购的矿产品,任何其他单位或者个人不得收购;开采者不得向非指定单位销售。

第五章 集体矿山企业和个体采矿

第三十五条 国家对集体矿山企业和个体采矿实行积极扶持、合理规划、正确引导、加强管理的方针,鼓励集体矿山企业开采国家指定范围内的矿产资源,允许个人采挖零星分散资源和只能用作普通建筑材料的砂、石、粘土以及为生活自用采挖少量矿产。

矿产储量规模适宜由矿山企业开采的矿产资源、国家规定实行保护性开采的特定矿种和国家规定禁止个人开采的其他矿产资源,个人不得开采。

国家指导、帮助集体矿山企业和个体采矿不断提高技术水平、资源利用率和经济效益。

地质矿产主管部门、地质工作单位和国有矿山企业应当按照积极支持、有偿互惠的原则向集体矿山企业和个体采矿提供地质资料和技术服务。

第三十六条　国务院和国务院有关主管部门批准开办的矿山企业矿区范围内已有的集体矿山企业，应当关闭或者到指定的其他地点开采，由矿山建设单位给予合理的补偿，并妥善安置群众生活；也可以按照该矿山企业的统筹安排，实行联合经营。

第三十七条　集体矿山企业和个体采矿应当提高技术水平，提高矿产资源回收率。禁止乱挖滥采，破坏矿产资源。

集体矿山企业必须测绘井上、井下工程对照图。

第三十八条　县级以上人民政府应当指导、帮助集体矿山企业和个体采矿进行技术改造，改善经营管理，加强安全生产。

第六章　法　律　责　任

第三十九条　违反本法规定，未取得采矿许可证擅自采矿的，擅自进入国家规划矿区、对国民经济具有重要价值的矿区范围采矿的，擅自开采国家规定实行保护性开采的特定矿种的，责令停止开采、赔偿损失，没收采出的矿产品和违法所得，可以并处罚款；拒不停止开采，造成矿产资源破坏的，依照刑法有关规定对直接责任人员追究刑事责任。

单位和个人进入他人依法设立的国有矿山企业和其他矿山企业矿区范围内采矿的，依照前款规定处罚。

第四十条　超越批准的矿区范围采矿的，责令退回本矿区范围内开采、赔偿损失，没收越界开采的矿产品和违法所得，可以并处罚款；拒不退回本矿区范围内开采，造成矿产资源破坏的，吊销采矿许可证，依照刑法有关规定对直接责任人员追究刑事责任。

第四十一条　盗窃、抢夺矿山企业和勘查单位的矿产品和其他财物的，破坏采矿、勘查设施的，扰乱矿区和勘查作业区的生产秩序、工作秩序的，分别依照刑法有关规定追究刑事责任；情节显著轻微的，依照治安管理处罚法有关规定予以处罚。

第四十二条 买卖、出租或者以其他形式转让矿产资源的，没收违法所得，处以罚款。

违反本法第六条的规定将探矿权、采矿权倒卖牟利的，吊销勘查许可证、采矿许可证，没收违法所得，处以罚款。

第四十三条 违反本法规定收购和销售国家统一收购的矿产品的，没收矿产品和违法所得，可以并处罚款；情节严重的，依照刑法有关规定，追究刑事责任。

第四十四条 违反本法规定，采取破坏性的开采方法开采矿产资源的，处以罚款，可以吊销采矿许可证；造成矿产资源严重破坏的，依照刑法有关规定对直接责任人员追究刑事责任。

第四十五条 本法第三十九条、第四十条、第四十二条规定的行政处罚，由县级以上人民政府负责地质矿产管理工作的部门按照国务院地质矿产主管部门规定的权限决定。第四十三条规定的行政处罚，由县级以上人民政府工商行政管理部门决定。第四十四条规定的行政处罚，由省、自治区、直辖市人民政府地质矿产主管部门决定。给予吊销勘查许可证或者采矿许可证处罚的，须由原发证机关决定。

依照第三十九条、第四十条、第四十二条、第四十四条规定应当给予行政处罚而不给予行政处罚的，上级人民政府地质矿产主管部门有权责令改正或者直接给予行政处罚。

第四十六条 当事人对行政处罚决定不服的，可以依法申请复议，也可以依法直接向人民法院起诉。

当事人逾期不申请复议也不向人民法院起诉，又不履行处罚决定的，由作出处罚决定的机关申请人民法院强制执行。

第四十七条 负责矿产资源勘查、开采监督管理工作的国家工作人员和其他有关国家工作人员徇私舞弊、滥用职权或者玩忽职守,违反本法规定批准勘查、开采矿产资源和颁发勘查许可证、采矿许可证,或者对违法采矿行为不依法予以制止、处罚,构成犯罪的,依法追究刑事责任;不构成犯罪的,给予行政处分。违法颁发的勘查许可证、采矿许可证,上级人民政府地质矿产主管部门有权予以撤销。

第四十八条　以暴力、威胁方法阻碍从事矿产资源勘查、开采监督管理工作的国家工作人员依法执行职务的,依照刑法有关规定追究刑事责任;拒绝、阻碍从事矿产资源勘查、开采监督管理工作的国家工作人员依法执行职务未使用暴力、威胁方法的,由公安机关依照治安管理处罚法的规定处罚。

第四十九条　矿山企业之间的矿区范围的争议,由当事人协商解决,协商不成的,由有关县级以上地方人民政府根据依法核定的矿区范围处理;跨省、自治区、直辖市的矿区范围的争议,由有关省、自治区、直辖市人民政府协商解决,协商不成的,由国务院处理。

第七章　附　　则

第五十条　外商投资勘查、开采矿产资源,法律、行政法规另有规定的,从其规定。

第五十一条　本法施行以前,未办理批准手续、未划定矿区范围、未取得采矿许可证开采矿产资源的,应当依照本法有关规定申请补办手续。

第五十二条　本法实施细则由国务院制定。

第五十三条　本法自1986年10月1日起施行。

中华人民共和国测绘法

（1992年12月28日第七届全国人民代表大会常务委员会第二十九次会议通过　2002年8月29日第九届全国人民代表大会常务委员会第二十九次会议第一次修订　2017年4月27日第十二届全国人民代表大会常务委员会第二十七次会议第二次修订　2017年4月27日中华人民共和国主席令第67号公布　自2017年7月1日起施行）

第一章　总　　则

第一条　为了加强测绘管理，促进测绘事业发展，保障测绘事业为经济建设、国防建设、社会发展和生态保护服务，维护国家地理信息安全，制定本法。

第二条　在中华人民共和国领域和中华人民共和国管辖的其他海域从事测绘活动，应当遵守本法。

本法所称测绘，是指对自然地理要素或者地表人工设施的形状、大小、空间位置及其属性等进行测定、采集、表述，以及对获取的数据、信息、成果进行处理和提供的活动。

第三条　测绘事业是经济建设、国防建设、社会发展的基础性事业。各级人民政府应当加强对测绘工作的领导。

第四条　国务院测绘地理信息主管部门负责全国测绘工作的统一监督管理。国务院其他有关部门按照国务院规定的职责分工，负责本部门有关的测绘工作。

县级以上地方人民政府测绘地理信息主管部门负责本行政区域测绘工作的统一监督管理。县级以上地方人民政府其他有关部门按照本级人民政府规定的职责分工，负责本部门有关的测绘工作。

军队测绘部门负责管理军事部门的测绘工作,并按照国务院、中央军事委员会规定的职责分工负责管理海洋基础测绘工作。

第五条 从事测绘活动,应当使用国家规定的测绘基准和测绘系统,执行国家规定的测绘技术规范和标准。

第六条 国家鼓励测绘科学技术的创新和进步,采用先进的技术和设备,提高测绘水平,推动军民融合,促进测绘成果的应用。国家加强测绘科学技术的国际交流与合作。

对在测绘科学技术的创新和进步中做出重要贡献的单位和个人,按照国家有关规定给予奖励。

第七条 各级人民政府和有关部门应当加强对国家版图意识的宣传教育,增强公民的国家版图意识。新闻媒体应当开展国家版图意识的宣传。教育行政部门、学校应当将国家版图意识教育纳入中小学教学内容,加强爱国主义教育。

第八条 外国的组织或者个人在中华人民共和国领域和中华人民共和国管辖的其他海域从事测绘活动,应当经国务院测绘地理信息主管部门会同军队测绘部门批准,并遵守中华人民共和国有关法律、行政法规的规定。

外国的组织或者个人在中华人民共和国领域从事测绘活动,应当与中华人民共和国有关部门或者单位合作进行,并不得涉及国家秘密和危害国家安全。

第二章 测绘基准和测绘系统

第九条 国家设立和采用全国统一的大地基准、高程基准、深度基准和重力基准,其数据由国务院测绘地理信息主管部门审核,并与国务院其他有关部门、军队测绘部门会商后,报国务院批准。

第十条 国家建立全国统一的大地坐标系统、平面坐标系统、高程系统、地心坐标系统和重力测量系统,确定国家大地测量等级和精度以及国家基本比例尺地图的系列和基本精度。具体规范和要求由国务院测绘地理信息主管部门会同国务院其他有关部门、军队测绘部门制定。

第十一条 因建设、城市规划和科学研究的需要，国家重大工程项目和国务院确定的大城市确需建立相对独立的平面坐标系统的，由国务院测绘地理信息主管部门批准；其他确需建立相对独立的平面坐标系统的，由省、自治区、直辖市人民政府测绘地理信息主管部门批准。

建立相对独立的平面坐标系统，应当与国家坐标系统相联系。

第十二条 国务院测绘地理信息主管部门和省、自治区、直辖市人民政府测绘地理信息主管部门应当会同本级人民政府其他有关部门，按照统筹建设、资源共享的原则，建立统一的卫星导航定位基准服务系统，提供导航定位基准信息公共服务。

第十三条 建设卫星导航定位基准站的，建设单位应当按照国家有关规定报国务院测绘地理信息主管部门或者省、自治区、直辖市人民政府测绘地理信息主管部门备案。国务院测绘地理信息主管部门应当汇总全国卫星导航定位基准站建设备案情况，并定期向军队测绘部门通报。

本法所称卫星导航定位基准站，是指对卫星导航信号进行长期连续观测，并通过通信设施将观测数据实时或者定时传送至数据中心的地面固定观测站。

第十四条 卫星导航定位基准站的建设和运行维护应当符合国家标准和要求，不得危害国家安全。

卫星导航定位基准站的建设和运行维护单位应当建立数据安全保障制度，并遵守保密法律、行政法规的规定。

县级以上人民政府测绘地理信息主管部门应当会同本级人民政府其他有关部门，加强对卫星导航定位基准站建设和运行维护的规范和指导。

第三章 基 础 测 绘

第十五条 基础测绘是公益性事业。国家对基础测绘实行分级管理。

本法所称基础测绘，是指建立全国统一的测绘基准和测绘系统，进行基础航空摄影，获取基础地理信息的遥感资料，测制和更新国家基本比例尺地图、影像图和数字化产品，建立、更新基础地理信息系统。

第十六条 国务院测绘地理信息主管部门会同国务院其他有关部门、军队测绘部门组织编制全国基础测绘规划，报国务院批准后组织实施。

县级以上地方人民政府测绘地理信息主管部门会同本级人民政府其他有关部门，根据国家和上一级人民政府的基础测绘规划及本行政区域的实际情况，组织编制本行政区域的基础测绘规划，报本级人民政府批准后组织实施。

第十七条 军队测绘部门负责编制军事测绘规划，按照国务院、中央军事委员会规定的职责分工负责编制海洋基础测绘规划，并组织实施。

第十八条 县级以上人民政府应当将基础测绘纳入本级国民经济和社会发展年度计划，将基础测绘工作所需经费列入本级政府预算。

国务院发展改革部门会同国务院测绘地理信息主管部门，根据全国基础测绘规划编制全国基础测绘年度计划。

县级以上地方人民政府发展改革部门会同本级人民政府测绘地理信息主管部门，根据本行政区域的基础测绘规划编制本行政区域的基础测绘年度计划，并分别报上一级部门备案。

第十九条 基础测绘成果应当定期更新，经济建设、国防建设、社会发展和生态保护急需的基础测绘成果应当及时更新。

基础测绘成果的更新周期根据不同地区国民经济和社会发展的需要确定。

第四章　界线测绘和其他测绘

第二十条　中华人民共和国国界线的测绘，按照中华人民共和国与相邻国家缔结的边界条约或者协定执行，由外交部组织实施。中华人民共和国地图的国界线标准样图，由外交部和国务院测绘地理信息主管部门拟定，报国务院批准后公布。

第二十一条　行政区域界线的测绘，按照国务院有关规定执行。省、自治区、直辖市和自治州、县、自治县、市行政区域界线的标准画法图，由国务院民政部门和国务院测绘地理信息主管部门拟定，报国务院批准后公布。

第二十二条　县级以上人民政府测绘地理信息主管部门应当会同本级人民政府不动产登记主管部门，加强对不动产测绘的管理。

测量土地、建筑物、构筑物和地面其他附着物的权属界址线，应当按照县级以上人民政府确定的权属界线的界址点、界址线或者提供的有关登记资料和附图进行。权属界址线发生变化的，有关当事人应当及时进行变更测绘。

第二十三条　城乡建设领域的工程测量活动，与房屋产权、产籍相关的房屋面积的测量，应当执行由国务院住房城乡建设主管部门、国务院测绘地理信息主管部门组织编制的测量技术规范。

水利、能源、交通、通信、资源开发和其他领域的工程测量活动，应当执行国家有关的工程测量技术规范。

第二十四条　建立地理信息系统，应当采用符合国家标准的基础地理信息数据。

第二十五条　县级以上人民政府测绘地理信息主管部门应当根据突发事件应对工作需要，及时提供地图、基础地理信息数据等测绘成果，做好遥感监测、导航定位等应急测绘保障工作。

第二十六条　县级以上人民政府测绘地理信息主管部门应当会同本级人民政府其他有关部门依法开展地理国情监测，并按照国家有关规定严格管理、规范使用地理国情监测成果。

各级人民政府应当采取有效措施，发挥地理国情监测成果在政府决策、经济社会发展和社会公众服务中的作用。

第五章　测绘资质资格

第二十七条　国家对从事测绘活动的单位实行测绘资质管理制度。

从事测绘活动的单位应当具备下列条件，并依法取得相应等级的测绘资质证书，方可从事测绘活动：

（一）有法人资格；

（二）有与从事的测绘活动相适应的专业技术人员；

（三）有与从事的测绘活动相适应的技术装备和设施；

（四）有健全的技术和质量保证体系、安全保障措施、信息安全保密管理制度以及测绘成果和资料档案管理制度。

第二十八条　国务院测绘地理信息主管部门和省、自治区、直辖市人民政府测绘地理信息主管部门按照各自的职责负责测绘资质审查、发放测绘资质证书。具体办法由国务院测绘地理信息主管部门商国务院其他有关部门规定。

军队测绘部门负责军事测绘单位的测绘资质审查。

第二十九条　测绘单位不得超越资质等级许可的范围从事测绘活动，不得以其他测绘单位的名义从事测绘活动，不得允许其他单位以本单位的名义从事测绘活动。

测绘项目实行招投标的，测绘项目的招标单位应当依法在招标公告或者投标邀请书中对测绘单位资质等级作出要求，不得让不具有相应测绘资质等级的单位中标，不得让测绘单位低于测绘成本中标。

中标的测绘单位不得向他人转让测绘项目。

第三十条 从事测绘活动的专业技术人员应当具备相应的执业资格条件。具体办法由国务院测绘地理信息主管部门会同国务院人力资源社会保障主管部门规定。

第三十一条 测绘人员进行测绘活动时,应当持有测绘作业证件。

任何单位和个人不得阻碍测绘人员依法进行测绘活动。

第三十二条 测绘单位的测绘资质证书、测绘专业技术人员的执业证书和测绘人员的测绘作业证件的式样,由国务院测绘地理信息主管部门统一规定。

第六章 测绘成果

第三十三条 国家实行测绘成果汇交制度。国家依法保护测绘成果的知识产权。

测绘项目完成后,测绘项目出资人或者承担国家投资的测绘项目的单位,应当向国务院测绘地理信息主管部门或者省、自治区、直辖市人民政府测绘地理信息主管部门汇交测绘成果资料。属于基础测绘项目的,应当汇交测绘成果副本;属于非基础测绘项目的,应当汇交测绘成果目录。负责接收测绘成果副本和目录的测绘地理信息主管部门应当出具测绘成果汇交凭证,并及时将测绘成果副本和目录移交给保管单位。测绘成果汇交的具体办法由国务院规定。

国务院测绘地理信息主管部门和省、自治区、直辖市人民政府测绘地理信息主管部门应当及时编制测绘成果目录,并向社会公布。

第三十四条 县级以上人民政府测绘地理信息主管部门应当积极推进公众版测绘成果的加工和编制工作,通过提供公众版测绘成果、保密技术处理等方式,促进测绘成果的社会化应用。

测绘成果保管单位应当采取措施保障测绘成果的完整和安全,

并按照国家有关规定向社会公开和提供利用。

测绘成果属于国家秘密的，适用保密法律、行政法规的规定；需要对外提供的，按照国务院和中央军事委员会规定的审批程序执行。

测绘成果的秘密范围和秘密等级，应当依照保密法律、行政法规的规定，按照保障国家秘密安全、促进地理信息共享和应用的原则确定并及时调整、公布。

第三十五条 使用财政资金的测绘项目和涉及测绘的其他使用财政资金的项目，有关部门在批准立项前应当征求本级人民政府测绘地理信息主管部门的意见；有适宜测绘成果的，应当充分利用已有的测绘成果，避免重复测绘。

第三十六条 基础测绘成果和国家投资完成的其他测绘成果，用于政府决策、国防建设和公共服务的，应当无偿提供。

除前款规定情形外，测绘成果依法实行有偿使用制度。但是，各级人民政府及有关部门和军队因防灾减灾、应对突发事件、维护国家安全等公共利益的需要，可以无偿使用。

测绘成果使用的具体办法由国务院规定。

第三十七条 中华人民共和国领域和中华人民共和国管辖的其他海域的位置、高程、深度、面积、长度等重要地理信息数据，由国务院测绘地理信息主管部门审核，并与国务院其他有关部门、军队测绘部门会商后，报国务院批准，由国务院或者国务院授权的部门公布。

第三十八条 地图的编制、出版、展示、登载及更新应当遵守国家有关地图编制标准、地图内容表示、地图审核的规定。

互联网地图服务提供者应当使用经依法审核批准的地图，建立地图数据安全管理制度，采取安全保障措施，加强对互联网地图新增内容的核校，提高服务质量。

县级以上人民政府和测绘地理信息主管部门、网信部门等有关部门应当加强对地图编制、出版、展示、登载和互联网地图服务的监督管理，保证地图质量，维护国家主权、安全和利益。

地图管理的具体办法由国务院规定。

第三十九条　测绘单位应当对完成的测绘成果质量负责。县级以上人民政府测绘地理信息主管部门应当加强对测绘成果质量的监督管理。

第四十条　国家鼓励发展地理信息产业，推动地理信息产业结构调整和优化升级，支持开发各类地理信息产品，提高产品质量，推广使用安全可信的地理信息技术和设备。

县级以上人民政府应当建立健全政府部门间地理信息资源共建共享机制，引导和支持企业提供地理信息社会化服务，促进地理信息广泛应用。

县级以上人民政府测绘地理信息主管部门应当及时获取、处理、更新基础地理信息数据，通过地理信息公共服务平台向社会提供地理信息公共服务，实现地理信息数据开放共享。

第七章　测量标志保护

第四十一条　任何单位和个人不得损毁或者擅自移动永久性测量标志和正在使用中的临时性测量标志，不得侵占永久性测量标志用地，不得在永久性测量标志安全控制范围内从事危害测量标志安全和使用效能的活动。

本法所称永久性测量标志，是指各等级的三角点、基线点、导线点、军用控制点、重力点、天文点、水准点和卫星定位点的觇标和标石标志，以及用于地形测图、工程测量和形变测量的固定标志和海底大地点设施。

第四十二条　永久性测量标志的建设单位应当对永久性测量标志设立明显标记，并委托当地有关单位指派专人负责保管。

第四十三条　进行工程建设，应当避开永久性测量标志；确实无法避开，需要拆迁永久性测量标志或者使永久性测量标志失去使用效能的，应当经省、自治区、直辖市人民政府测绘地理信息主管部门批准；涉及军用控制点的，应当征得军队测绘部门的同意。所需迁建费用由工程建设单位承担。

第四十四条　测绘人员使用永久性测量标志，应当持有测绘作业证件，并保证测量标志的完好。

保管测量标志的人员应当查验测量标志使用后的完好状况。

第四十五条　县级以上人民政府应当采取有效措施加强测量标志的保护工作。

县级以上人民政府测绘地理信息主管部门应当按照规定检查、维护永久性测量标志。

乡级人民政府应当做好本行政区域内的测量标志保护工作。

第八章　监督管理

第四十六条　县级以上人民政府测绘地理信息主管部门应当会同本级人民政府其他有关部门建立地理信息安全管理制度和技术防控体系，并加强对地理信息安全的监督管理。

第四十七条　地理信息生产、保管、利用单位应当对属于国家秘密的地理信息的获取、持有、提供、利用情况进行登记并长期保存，实行可追溯管理。

从事测绘活动涉及获取、持有、提供、利用属于国家秘密的地理信息，应当遵守保密法律、行政法规和国家有关规定。

地理信息生产、利用单位和互联网地图服务提供者收集、使用用户个人信息的，应当遵守法律、行政法规关于个人信息保护的规定。

第四十八条　县级以上人民政府测绘地理信息主管部门应当对测绘单位实行信用管理，并依法将其信用信息予以公示。

第四十九条　县级以上人民政府测绘地理信息主管部门应当建

立健全随机抽查机制,依法履行监督检查职责,发现涉嫌违反本法规定行为的,可以依法采取下列措施:

(一)查阅、复制有关合同、票据、账簿、登记台账以及其他有关文件、资料;

(二)查封、扣押与涉嫌违法测绘行为直接相关的设备、工具、原材料、测绘成果资料等。

被检查的单位和个人应当配合,如实提供有关文件、资料,不得隐瞒、拒绝和阻碍。

任何单位和个人对违反本法规定的行为,有权向县级以上人民政府测绘地理信息主管部门举报。接到举报的测绘地理信息主管部门应当及时依法处理。

第九章 法 律 责 任

第五十条 违反本法规定,县级以上人民政府测绘地理信息主管部门或者其他有关部门工作人员利用职务上的便利收受他人财物、其他好处或者玩忽职守,对不符合法定条件的单位核发测绘资质证书,不依法履行监督管理职责,或者发现违法行为不予查处的,对负有责任的领导人员和直接责任人员,依法给予处分;构成犯罪的,依法追究刑事责任。

第五十一条 违反本法规定,外国的组织或者个人未经批准,或者未与中华人民共和国有关部门、单位合作,擅自从事测绘活动的,责令停止违法行为,没收违法所得、测绘成果和测绘工具,并处十万元以上五十万元以下的罚款;情节严重的,并处五十万元以上一百万元以下的罚款,限期出境或者驱逐出境;构成犯罪的,依法追究刑事责任。

第五十二条 违反本法规定,未经批准擅自建立相对独立的平面坐标系统,或者采用不符合国家标准的基础地理信息数据建立地理信息系统的,给予警告,责令改正,可以并处五十万元以下的罚款；对直接负责的主管人员和其他直接责任人员，依法给予处分。

第五十三条 违反本法规定，卫星导航定位基准站建设单位未报备案的，给予警告，责令限期改正；逾期不改正的，处十万元以上三十万元以下的罚款；对直接负责的主管人员和其他直接责任人员，依法给予处分。

第五十四条 违反本法规定，卫星导航定位基准站的建设和运行维护不符合国家标准、要求的，给予警告，责令限期改正，没收违法所得和测绘成果，并处三十万元以上五十万元以下的罚款；逾期不改正的，没收相关设备；对直接负责的主管人员和其他直接责任人员，依法给予处分；构成犯罪的，依法追究刑事责任。

第五十五条 违反本法规定，未取得测绘资质证书，擅自从事测绘活动的，责令停止违法行为，没收违法所得和测绘成果，并处测绘约定报酬一倍以上二倍以下的罚款；情节严重的，没收测绘工具。

以欺骗手段取得测绘资质证书从事测绘活动的，吊销测绘资质证书，没收违法所得和测绘成果，并处测绘约定报酬一倍以上二倍以下的罚款；情节严重的，没收测绘工具。

第五十六条 违反本法规定，测绘单位有下列行为之一的，责令停止违法行为，没收违法所得和测绘成果，处测绘约定报酬一倍以上二倍以下的罚款，并可以责令停业整顿或者降低测绘资质等级；情节严重的，吊销测绘资质证书：

（一）超越资质等级许可的范围从事测绘活动；

（二）以其他测绘单位的名义从事测绘活动；

（三）允许其他单位以本单位的名义从事测绘活动。

第五十七条 违反本法规定，测绘项目的招标单位让不具有相应资质等级的测绘单位中标，或者让测绘单位低于测绘成本中标的，责令改正，可以处测绘约定报酬二倍以下的罚款。招标单位的工作人员利用职务上的便利，索取他人财物，或者非法收受他人财物为他人谋取利益的，依法给予处分；构成犯罪的，依法追究刑事责任。

第五十八条 违反本法规定，中标的测绘单位向他人转让测绘项目的，责令改正，没收违法所得，处测绘约定报酬一倍以上二倍以下的罚款，并可以责令停业整顿或者降低测绘资质等级；情节严重的，吊销测绘资质证书。

第五十九条 违反本法规定，未取得测绘执业资格，擅自从事测绘活动的，责令停止违法行为，没收违法所得和测绘成果，对其所在单位可以处违法所得二倍以下的罚款；情节严重的，没收测绘工具；造成损失的，依法承担赔偿责任。

第六十条 违反本法规定，不汇交测绘成果资料的，责令限期汇交；测绘项目出资人逾期不汇交的，处重测所需费用一倍以上二倍以下的罚款；承担国家投资的测绘项目的单位逾期不汇交的，处五万元以上二十万元以下的罚款，并处暂扣测绘资质证书，自暂扣测绘资质证书之日起六个月内仍不汇交的，吊销测绘资质证书；对直接负责的主管人员和其他直接责任人员，依法给予处分。

第六十一条 违反本法规定，擅自发布中华人民共和国领域和中华人民共和国管辖的其他海域的重要地理信息数据的，给予警告，责令改正，可以并处五十万元以下的罚款；对直接负责的主管人员和其他直接责任人员，依法给予处分；构成犯罪的，依法追究刑事责任。

第六十二条 违反本法规定，编制、出版、展示、登载、更新的地图或者互联网地图服务不符合国家有关地图管理规定的，依法给予行政处罚、处分；构成犯罪的，依法追究刑事责任。

第六十三条 违反本法规定，测绘成果质量不合格的，责令测绘单位补测或者重测；情节严重的，责令停业整顿，并处降低测绘资质等级或者吊销测绘资质证书；造成损失的，依法承担赔偿责任。

第六十四条 违反本法规定，有下列行为之一的，给予警告，责令改正，可以并处二十万元以下的罚款；对直接负责的主管人员和其他直接责任人员，依法给予处分；造成损失的，依法承担赔偿责任；构成犯罪的，依法追究刑事责任：

（一）损毁、擅自移动永久性测量标志或者正在使用中的临时性测量标志；

（二）侵占永久性测量标志用地；

（三）在永久性测量标志安全控制范围内从事危害测量标志安全和使用效能的活动；

（四）擅自拆迁永久性测量标志或者使永久性测量标志失去使用效能，或者拒绝支付迁建费用；

（五）违反操作规程使用永久性测量标志，造成永久性测量标志毁损。

第六十五条 违反本法规定，地理信息生产、保管、利用单位未对属于国家秘密的地理信息的获取、持有、提供、利用情况进行登记、长期保存的，给予警告，责令改正，可以并处二十万元以下的罚款；泄露国家秘密的，责令停业整顿，并处降低测绘资质等级或者吊销测绘资质证书；构成犯罪的，依法追究刑事责任。

违反本法规定，获取、持有、提供、利用属于国家秘密的地理信息的，给予警告，责令停止违法行为，没收违法所得，可以并处违法所得二倍以下的罚款；对直接负责的主管人员和其他直接责任人员，依法给予处分；造成损失的，依法承担赔偿责任；构成犯罪的，依法追究刑事责任。

第六十六条 本法规定的降低测绘资质等级、暂扣测绘资质证书、吊销测绘资质证书的行政处罚，由颁发测绘资质证书的部门决定；其他行政处罚，由县级以上人民政府测绘地理信息主管部门决定。

本法第五十一条规定的限期出境和驱逐出境由公安机关依法决定并执行。

第十章 附 则

第六十七条 军事测绘管理办法由中央军事委员会根据本法规定。

第六十八条 本法自2017年7月1日起施行。

中华人民共和国森林法（节录）

（1984年9月20日第六届全国人民代表大会常务委员会第七次会议通过 根据1998年4月29日第九届全国人民代表大会常务委员会第二次会议《关于修改〈中华人民共和国森林法〉的决定》第一次修正 根据2009年8月27日第十一届全国人民代表大会常务委员会第十次会议《关于修改部分法律的决定》第二次修正 2019年12月28日第十三届全国人民代表大会常务委员会第十五次会议修订 2019年12月28日中华人民共和国主席令第39号公布 自2020年7月1日起施行）

……

第十四条 森林资源属于国家所有，由法律规定属于集体所有的除外。

国家所有的森林资源的所有权由国务院代表国家行使。国务院可以授权国务院自然资源主管部门统一履行国有森林资源所有者职责。

……

第十六条 国家所有的林地和林地上的森林、林木可以依法确定给林业经营者使用。林业经营者依法取得的国有林地和林地上的森林、林木的使用权，经批准可以转让、出租、作价出资等。具体办法由国务院制定。

林业经营者应当履行保护、培育森林资源的义务，保证国有森林资源稳定增长，提高森林生态功能。

……

第二十条 国有企业事业单位、机关、团体、部队营造的林木，由营造单位管护并按照国家规定支配林木收益。

农村居民在房前屋后、自留地、自留山种植的林木，归个人所有。城镇居民在自有房屋的庭院内种植的林木，归个人所有。

集体或者个人承包国家所有和集体所有的宜林荒山荒地荒滩营造的林木，归承包的集体或者个人所有；合同另有约定的从其约定。

其他组织或者个人营造的林木，依法由营造者所有并享有林木收益；合同另有约定的从其约定。

……

第二十二条 单位之间发生的林木、林地所有权和使用权争议，由县级以上人民政府依法处理。

个人之间、个人与单位之间发生的林木所有权和林地使用权争议，由乡镇人民政府或者县级以上人民政府依法处理。

当事人对有关人民政府的处理决定不服的，可以自接到处理决定通知之日起三十日内，向人民法院起诉。

在林木、林地权属争议解决前，除因森林防火、林业有害生物防治、国家重大基础设施建设等需要外，当事人任何一方不得砍伐有争议的林木或者改变林地现状。

……

第三十七条 矿藏勘查、开采以及其他各类工程建设，应当不占或者少占林地；确需占用林地的，应当经县级以上人民政府林业主管部门审核同意，依法办理建设用地审批手续。

占用林地的单位应当缴纳森林植被恢复费。森林植被恢复费征收使用管理办法由国务院财政部门会同林业主管部门制定。

县级以上人民政府林业主管部门应当按照规定安排植树造林，恢复森林植被，植树造林面积不得少于因占用林地而减少的森林植被面积。上级林业主管部门应当定期督促下级林业主管部门组织植树造林、恢复森林植被，并进行检查。

……

中华人民共和国草原法（节录）

（1985年6月18日第六届全国人民代表大会常务委员会第十一次会议通过 2002年12月28日第九届全国人民代表大会常务委员会第三十一次会议修订 根据2009年8月27日第十一届全国人民代表大会常务委员会第十次会议《关于修改部分法律的决定》第一次修正 根据2013年6月29日第十二届全国人民代表大会常务委员会第三次会议《关于修改〈中华人民共和国文物保护法〉等十二部法律的决定》第二次修正 根据2021年4月29日第十三届全国人民代表大会常务委员会第二十八次会议《关于修改〈中华人民共和国道路交通安全法〉等八部法律的决定》第三次修正）

……

第九条 草原属于国家所有，由法律规定属于集体所有的除外。国家所有的草原，由国务院代表国家行使所有权。

任何单位或者个人不得侵占、买卖或者以其他形式非法转让草原。

第十条 国家所有的草原，可以依法确定给全民所有制单位、集体经济组织等使用。

使用草原的单位，应当履行保护、建设和合理利用草原的义务。

第十一条 依法确定给全民所有制单位、集体经济组织等使用的国家所有的草原，由县级以上人民政府登记，核发使用权证，确认草原使用权。

未确定使用权的国家所有的草原，由县级以上人民政府登记造册，并负责保护管理。

集体所有的草原，由县级人民政府登记，核发所有权证，确认草原所有权。

依法改变草原权属的，应当办理草原权属变更登记手续。

第十二条 依法登记的草原所有权和使用权受法律保护，任何单位或者个人不得侵犯。

第十三条 集体所有的草原或者依法确定给集体经济组织使用的国家所有的草原，可以由本集体经济组织内的家庭或者联户承包经营。

在草原承包经营期内，不得对承包经营者使用的草原进行调整；个别确需适当调整的，必须经本集体经济组织成员的村（牧）民会议三分之二以上成员或者三分之二以上村（牧）民代表的同意，并报乡（镇）人民政府和县级人民政府草原行政主管部门批准。

集体所有的草原或者依法确定给集体经济组织使用的国家所有的草原由本集体经济组织以外的单位或者个人承包经营的，必须经本集体经济组织成员的村（牧）民会议三分之二以上成员或者三分之二以上村（牧）民代表的同意，并报乡（镇）人民政府批准。

……

第十六条 草原所有权、使用权的争议，由当事人协商解决；协商不成的，由有关人民政府处理。

单位之间的争议，由县级以上人民政府处理；个人之间、个人与单位之间的争议，由乡（镇）人民政府或者县级以上人民政府处理。

当事人对有关人民政府的处理决定不服的，可以依法向人民法院起诉。

在草原权属争议解决前，任何一方不得改变草原利用现状，不得破坏草原和草原上的设施。

……

中华人民共和国畜牧法

（2005年12月29日第十届全国人民代表大会常务委员会第十九次会议通过　根据2015年4月24日第十二届全国人民代表大会常务委员会第十四次会议《关于修改〈中华人民共和国计量法〉等五部法律的决定》修正　2022年10月30日第十三届全国人民代表大会常务委员会第三十七次会议修订　2022年10月30日中华人民共和国主席令第124号公布　自2023年3月1日起施行）

目　录

第一章　总　　则
第二章　畜禽遗传资源保护
第三章　种畜禽品种选育与生产经营
第四章　畜禽养殖

第五章　草原畜牧业
第六章　畜禽交易与运输
第七章　畜禽屠宰
第八章　保障与监督
第九章　法律责任
第十章　附　　则

第一章　总　　则

第一条　为了规范畜牧业生产经营行为，保障畜禽产品供给和质量安全，保护和合理利用畜禽遗传资源，培育和推广畜禽优良品种，振兴畜禽种业，维护畜牧业生产经营者的合法权益，防范公共卫生风险，促进畜牧业高质量发展，制定本法。

第二条　在中华人民共和国境内从事畜禽的遗传资源保护利用、繁育、饲养、经营、运输、屠宰等活动，适用本法。

本法所称畜禽，是指列入依照本法第十二条规定公布的畜禽遗传资源目录的畜禽。

蜂、蚕的资源保护利用和生产经营，适用本法有关规定。

第三条　国家支持畜牧业发展，发挥畜牧业在发展农业、农村经济和增加农民收入中的作用。

县级以上人民政府应当将畜牧业发展纳入国民经济和社会发展规划，加强畜牧业基础设施建设，鼓励和扶持发展规模化、标准化和智能化养殖，促进种养结合和农牧循环、绿色发展，推进畜牧产业化经营，提高畜牧业综合生产能力，发展安全、优质、高效、生态的畜牧业。

国家帮助和扶持民族地区、欠发达地区畜牧业的发展，保护和合理利用草原，改善畜牧业生产条件。

第四条　国家采取措施，培养畜牧兽医专业人才，加强畜禽疫病监测、畜禽疫苗研制，健全基层畜牧兽医技术推广体系，发展畜牧兽医科学技术研究和推广事业，完善畜牧业标准，开展畜牧兽医科学技术知识的教育宣传工作和畜牧兽医信息服务，推进畜牧业科技进步和创新。

第五条 国务院农业农村主管部门负责全国畜牧业的监督管理工作。县级以上地方人民政府农业农村主管部门负责本行政区域内的畜牧业监督管理工作。

县级以上人民政府有关主管部门在各自的职责范围内，负责有关促进畜牧业发展的工作。

第六条 国务院农业农村主管部门应当指导畜牧业生产经营者改善畜禽繁育、饲养、运输、屠宰的条件和环境。

第七条 各级人民政府及有关部门应当加强畜牧业相关法律法规的宣传。

对在畜牧业发展中做出显著成绩的单位和个人，按照国家有关规定给予表彰和奖励。

第八条 畜牧业生产经营者可以依法自愿成立行业协会，为成员提供信息、技术、营销、培训等服务，加强行业自律，维护成员和行业利益。

第九条 畜牧业生产经营者应当依法履行动物防疫和生态环境保护义务，接受有关主管部门依法实施的监督检查。

第二章　畜禽遗传资源保护

第十条 国家建立畜禽遗传资源保护制度，开展资源调查、保护、鉴定、登记、监测和利用等工作。各级人民政府应当采取措施，加强畜禽遗传资源保护，将畜禽遗传资源保护经费列入预算。

畜禽遗传资源保护以国家为主、多元参与，坚持保护优先、高效利用的原则，实行分类分级保护。

国家鼓励和支持有关单位、个人依法发展畜禽遗传资源保护事业，鼓励和支持高等学校、科研机构、企业加强畜禽遗传资源保护、利用的基础研究，提高科技创新能力。

第十一条　国务院农业农村主管部门设立由专业人员组成的国家畜禽遗传资源委员会，负责畜禽遗传资源的鉴定、评估和畜禽新品种、配套系的审定，承担畜禽遗传资源保护和利用规划论证及有关畜禽遗传资源保护的咨询工作。

第十二条　国务院农业农村主管部门负责定期组织畜禽遗传资源的调查工作，发布国家畜禽遗传资源状况报告，公布经国务院批准的畜禽遗传资源目录。

经过驯化和选育而成，遗传性状稳定，有成熟的品种和一定的种群规模，能够不依赖于野生种群而独立繁衍的驯养动物，可以列入畜禽遗传资源目录。

第十三条　国务院农业农村主管部门根据畜禽遗传资源分布状况，制定全国畜禽遗传资源保护和利用规划，制定、调整并公布国家级畜禽遗传资源保护名录，对原产我国的珍贵、稀有、濒危的畜禽遗传资源实行重点保护。

省、自治区、直辖市人民政府农业农村主管部门根据全国畜禽遗传资源保护和利用规划及本行政区域内的畜禽遗传资源状况，制定、调整并公布省级畜禽遗传资源保护名录，并报国务院农业农村主管部门备案，加强对地方畜禽遗传资源的保护。

第十四条　国务院农业农村主管部门根据全国畜禽遗传资源保护和利用规划及国家级畜禽遗传资源保护名录，省、自治区、直辖市人民政府农业农村主管部门根据省级畜禽遗传资源保护名录，分别建立或者确定畜禽遗传资源保种场、保护区和基因库，承担畜禽遗传资源保护任务。

享受中央和省级财政资金支持的畜禽遗传资源保种场、保护区和基因库，未经国务院农业农村主管部门或者省、自治区、直辖市人民政府农业农村主管部门批准，不得擅自处理受保护的畜禽遗传资源。

畜禽遗传资源基因库应当按照国务院农业农村主管部门或者

省、自治区、直辖市人民政府农业农村主管部门的规定，定期采集和更新畜禽遗传材料。有关单位、个人应当配合畜禽遗传资源基因库采集畜禽遗传材料，并有权获得适当的经济补偿。

县级以上地方人民政府应当保障畜禽遗传资源保种场和基因库用地的需求。确需关闭或者搬迁的，应当经原建立或者确定机关批准，搬迁的按照先建后拆的原则妥善安置。

畜禽遗传资源保种场、保护区和基因库的管理办法，由国务院农业农村主管部门制定。

第十五条 新发现的畜禽遗传资源在国家畜禽遗传资源委员会鉴定前，省、自治区、直辖市人民政府农业农村主管部门应当制定保护方案，采取临时保护措施，并报国务院农业农村主管部门备案。

第十六条 从境外引进畜禽遗传资源的，应当向省、自治区、直辖市人民政府农业农村主管部门提出申请；受理申请的农业农村主管部门经审核，报国务院农业农村主管部门经评估论证后批准；但是国务院对批准机关另有规定的除外。经批准的，依照《中华人民共和国进出境动植物检疫法》的规定办理相关手续并实施检疫。

从境外引进的畜禽遗传资源被发现对境内畜禽遗传资源、生态环境有危害或者可能产生危害的，国务院农业农村主管部门应当商有关主管部门，及时采取相应的安全控制措施。

第十七条 国家对畜禽遗传资源享有主权。向境外输出或者在境内与境外机构、个人合作研究利用列入保护名录的畜禽遗传资源的，应当向省、自治区、直辖市人民政府农业农村主管部门提出申请，同时提出国家共享惠益的方案；受理申请的农业农村主管部门经审核，报国务院农业农村主管部门批准。

向境外输出畜禽遗传资源的，还应当依照《中华人民共和国进出境动植物检疫法》的规定办理相关手续并实施检疫。

新发现的畜禽遗传资源在国家畜禽遗传资源委员会鉴定前，不得向境外输出，不得与境外机构、个人合作研究利用。

第十八条　畜禽遗传资源的进出境和对外合作研究利用的审批办法由国务院规定。

第三章　种畜禽品种选育与生产经营

第十九条　国家扶持畜禽品种的选育和优良品种的推广使用，实施全国畜禽遗传改良计划；支持企业、高等学校、科研机构和技术推广单位开展联合育种，建立健全畜禽良种繁育体系。

县级以上人民政府支持开发利用列入畜禽遗传资源保护名录的品种，增加特色畜禽产品供给，满足多元化消费需求。

第二十条　国家鼓励和支持畜禽种业自主创新，加强育种技术攻关，扶持选育生产经营相结合的创新型企业发展。

第二十一条　培育的畜禽新品种、配套系和新发现的畜禽遗传资源在销售、推广前，应当通过国家畜禽遗传资源委员会审定或者鉴定，并由国务院农业农村主管部门公告。畜禽新品种、配套系的审定办法和畜禽遗传资源的鉴定办法，由国务院农业农村主管部门制定。审定或者鉴定所需的试验、检测等费用由申请者承担。

畜禽新品种、配套系培育者的合法权益受法律保护。

第二十二条　转基因畜禽品种的引进、培育、试验、审定和推广，应当符合国家有关农业转基因生物安全管理的规定。

第二十三条　省级以上畜牧兽医技术推广机构应当组织开展种畜质量监测、优良个体登记，向社会推荐优良畜禽。优良种畜登记规则由国务院农业农村主管部门制定。

第二十四条　从事种畜禽生产经营或者生产经营商品代仔畜、雏禽的单位、个人，应当取得种畜禽生产经营许可证。

申请取得种畜禽生产经营许可证，应当具备下列条件：

（一）生产经营的种畜禽是通过国家畜禽遗传资源委员会审定或者鉴定的品种、配套系，或者是经批准引进的境外品种、配套系；

（二）有与生产经营规模相适应的畜牧兽医技术人员；

（三）有与生产经营规模相适应的繁育设施设备；

（四）具备法律、行政法规和国务院农业农村主管部门规定的种畜禽防疫条件；

（五）有完善的质量管理和育种记录制度；

（六）法律、行政法规规定的其他条件。

第二十五条 申请取得生产家畜卵子、精液、胚胎等遗传材料的生产经营许可证，除应当符合本法第二十四条第二款规定的条件外，还应当具备下列条件：

（一）符合国务院农业农村主管部门规定的实验室、保存和运输条件；

（二）符合国务院农业农村主管部门规定的种畜数量和质量要求；

（三）体外受精取得的胚胎、使用的卵子来源明确，供体畜符合国家规定的种畜健康标准和质量要求；

（四）符合有关国家强制性标准和国务院农业农村主管部门规定的技术要求。

第二十六条 申请取得生产家畜卵子、精液、胚胎等遗传材料的生产经营许可证，应当向省、自治区、直辖市人民政府农业农村主管部门提出申请。受理申请的农业农村主管部门应当自收到申请之日起六十个工作日内依法决定是否发放生产经营许可证。

其他种畜禽的生产经营许可证由县级以上地方人民政府农业农村主管部门审核发放。

国家对种畜禽生产经营许可证实行统一管理、分级负责，在统一的信息平台办理。种畜禽生产经营许可证的审批和发放信息应当依法向社会公开。具体办法和许可证样式由国务院农业农村主管部门制定。

第二十七条 种畜禽生产经营许可证应当注明生产经营者名称、场（厂）址、生产经营范围及许可证有效期的起止日期等。

禁止无种畜禽生产经营许可证或者违反种畜禽生产经营许可证的规定生产经营种畜禽或者商品代仔畜、雏禽。禁止伪造、变造、转让、租借种畜禽生产经营许可证。

第二十八条 农户饲养的种畜禽用于自繁自养和有少量剩余仔畜、雏禽出售的，农户饲养种公畜进行互助配种的，不需要办理种畜禽生产经营许可证。

第二十九条 发布种畜禽广告的，广告主应当持有或者提供种畜禽生产经营许可证和营业执照。广告内容应当符合有关法律、行政法规的规定，并注明种畜禽品种、配套系的审定或者鉴定名称，对主要性状的描述应当符合该品种、配套系的标准。

第三十条 销售的种畜禽、家畜配种站（点）使用的种公畜，应当符合种用标准。销售种畜禽时，应当附具种畜禽场出具的种畜禽合格证明、动物卫生监督机构出具的检疫证明，销售的种畜还应当附具种畜禽场出具的家畜系谱。

生产家畜卵子、精液、胚胎等遗传材料，应当有完整的采集、销售、移植等记录，记录应当保存二年。

第三十一条 销售种畜禽，不得有下列行为：

（一）以其他畜禽品种、配套系冒充所销售的种畜禽品种、配套系；

（二）以低代别种畜禽冒充高代别种畜禽；

（三）以不符合种用标准的畜禽冒充种畜禽；

（四）销售未经批准进口的种畜禽；

（五）销售未附具本法第三十条规定的种畜禽合格证明、检疫证明的种畜禽或者未附具家畜系谱的种畜；

（六）销售未经审定或者鉴定的种畜禽品种、配套系。

第三十二条 申请进口种畜禽的，应当持有种畜禽生产经营许可证。因没有种畜禽而未取得种畜禽生产经营许可证的，应当提供省、自治区、直辖市人民政府农业农村主管部门的说明文件。进口种畜禽的批准文件有效期为六个月。

进口的种畜禽应当符合国务院农业农村主管部门规定的技术要求。首次进口的种畜禽还应当由国家畜禽遗传资源委员会进行种用性能的评估。

种畜禽的进出口管理除适用本条前两款的规定外，还适用本法第十六条、第十七条和第二十二条的相关规定。

国家鼓励畜禽养殖者利用进口的种畜禽进行新品种、配套系的培育；培育的新品种、配套系在推广前，应当经国家畜禽遗传资源委员会审定。

第三十三条 销售商品代仔畜、雏禽的，应当向购买者提供其销售的商品代仔畜、雏禽的主要生产性能指标、免疫情况、饲养技术要求和有关咨询服务，并附具动物卫生监督机构出具的检疫证明。

销售种畜禽和商品代仔畜、雏禽，因质量问题给畜禽养殖者造成损失的，应当依法赔偿损失。

第三十四条 县级以上人民政府农业农村主管部门负责种畜禽质量安全的监督管理工作。种畜禽质量安全的监督检验应当委托具有法定资质的种畜禽质量检验机构进行；所需检验费用由同级预算列支，不得向被检验人收取。

第三十五条 蜂种、蚕种的资源保护、新品种选育、生产经营和推广，适用本法有关规定，具体管理办法由国务院农业农村主管部门制定。

第四章 畜禽养殖

第三十六条 国家建立健全现代畜禽养殖体系。县级以上人民政府农业农村主管部门应当根据畜牧业发展规划和市场需求，引导和支持畜牧业结构调整，发展优势畜禽生产，提高畜禽产品市场竞争力。

第三十七条 各级人民政府应当保障畜禽养殖用地合理需求。

县级国土空间规划根据本地实际情况，安排畜禽养殖用地。畜禽养殖用地按照农业用地管理。畜禽养殖用地使用期限届满或者不再从事养殖活动，需要恢复为原用途的，由畜禽养殖用地使用人负责恢复。在畜禽养殖用地范围内需要兴建永久性建（构）筑物，涉及农用地转用的，依照《中华人民共和国土地管理法》的规定办理。

第三十八条　国家设立的畜牧兽医技术推广机构，应当提供畜禽养殖、畜禽粪污无害化处理和资源化利用技术培训，以及良种推广、疫病防治等服务。县级以上人民政府应当保障国家设立的畜牧兽医技术推广机构从事公益性技术服务的工作经费。

国家鼓励畜禽产品加工企业和其他相关生产经营者为畜禽养殖者提供所需的服务。

第三十九条　畜禽养殖场应当具备下列条件：

（一）有与其饲养规模相适应的生产场所和配套的生产设施；

（二）有为其服务的畜牧兽医技术人员；

（三）具备法律、行政法规和国务院农业农村主管部门规定的防疫条件；

（四）有与畜禽粪污无害化处理和资源化利用相适应的设施设备；

（五）法律、行政法规规定的其他条件。

畜禽养殖场兴办者应当将畜禽养殖场的名称、养殖地址、畜禽品种和养殖规模，向养殖场所在地县级人民政府农业农村主管部门备案，取得畜禽标识代码。

畜禽养殖场的规模标准和备案管理办法，由国务院农业农村主管部门制定。

畜禽养殖户的防疫条件、畜禽粪污无害化处理和资源化利用要求，由省、自治区、直辖市人民政府农业农村主管部门会同有关部门规定。

第四十条　畜禽养殖场的选址、建设应当符合国土空间规划，并遵守有关法律法规的规定；不得违反法律法规的规定，在禁养区域建设畜禽养殖场。

第四十一条　畜禽养殖场应当建立养殖档案，载明下列内容：

（一）畜禽的品种、数量、繁殖记录、标识情况、来源和进出场日期；

（二）饲料、饲料添加剂、兽药等投入品的来源、名称、使用对象、时间和用量；

（三）检疫、免疫、消毒情况；

（四）畜禽发病、死亡和无害化处理情况；

（五）畜禽粪污收集、储存、无害化处理和资源化利用情况；

（六）国务院农业农村主管部门规定的其他内容。

第四十二条　畜禽养殖者应当为其饲养的畜禽提供适当的繁殖条件和生存、生长环境。

第四十三条　从事畜禽养殖，不得有下列行为：

（一）违反法律、行政法规和国家有关强制性标准、国务院农业农村主管部门的规定使用饲料、饲料添加剂、兽药；

（二）使用未经高温处理的餐馆、食堂的泔水饲喂家畜；

（三）在垃圾场或者使用垃圾场中的物质饲养畜禽；

（四）随意弃置和处理病死畜禽；

（五）法律、行政法规和国务院农业农村主管部门规定的危害人和畜禽健康的其他行为。

第四十四条　从事畜禽养殖，应当依照《中华人民共和国动物防疫法》、《中华人民共和国农产品质量安全法》的规定，做好畜禽疫病防治和质量安全工作。

第四十五条　畜禽养殖者应当按照国家关于畜禽标识管理的规定，在应当加施标识的畜禽的指定部位加施标识。农业农村主管部门提供标识不得收费，所需费用列入省、自治区、直辖市人民政府预算。

禁止伪造、变造或者重复使用畜禽标识。禁止持有、使用伪造、变造的畜禽标识。

第四十六条 畜禽养殖场应当保证畜禽粪污无害化处理和资源化利用设施的正常运转，保证畜禽粪污综合利用或者达标排放，防止污染环境。违法排放或者因管理不当污染环境的，应当排除危害，依法赔偿损失。

国家支持建设畜禽粪污收集、储存、粪污无害化处理和资源化利用设施，推行畜禽粪污养分平衡管理，促进农用有机肥利用和种养结合发展。

第四十七条 国家引导畜禽养殖户按照畜牧业发展规划有序发展，加强对畜禽养殖户的指导帮扶，保护其合法权益，不得随意以行政手段强行清退。

国家鼓励涉农企业带动畜禽养殖户融入现代畜牧业产业链，加强面向畜禽养殖户的社会化服务，支持畜禽养殖户和畜牧业专业合作社发展畜禽规模化、标准化养殖，支持发展新产业、新业态，促进与旅游、文化、生态等产业融合。

第四十八条 国家支持发展特种畜禽养殖。县级以上人民政府应当采取措施支持建立与特种畜禽养殖业发展相适应的养殖体系。

第四十九条 国家支持发展养蜂业，保护养蜂生产者的合法权益。

有关部门应当积极宣传和推广蜂授粉农艺措施。

第五十条 养蜂生产者在生产过程中，不得使用危害蜂产品质量安全的药品和容器，确保蜂产品质量。养蜂器具应当符合国家标准和国务院有关部门规定的技术要求。

第五十一条 养蜂生产者在转地放蜂时，当地公安、交通运输、农业农村等有关部门应当为其提供必要的便利。

养蜂生产者在国内转地放蜂，凭国务院农业农村主管部门统一格式印制的检疫证明运输蜂群，在检疫证明有效期内不得重复检疫。

第五章 草原畜牧业

第五十二条 国家支持科学利用草原，协调推进草原保护与草原畜牧业发展，坚持生态优先、生产生态有机结合，发展特色优势产业，促进农牧民增加收入，提高草原可持续发展能力，筑牢生态安全屏障，推进牧区生产生活生态协同发展。

第五十三条 国家支持牧区转变草原畜牧业发展方式，加强草原水利、草原围栏、饲草料生产加工储备、牲畜圈舍、牧道等基础设施建设。

国家鼓励推行舍饲半舍饲圈养、季节性放牧、划区轮牧等饲养方式，合理配置畜群，保持草畜平衡。

第五十四条 国家支持优良饲草品种的选育、引进和推广使用，因地制宜开展人工草地建设、天然草原改良和饲草料基地建设，优化种植结构，提高饲草料供应保障能力。

第五十五条 国家支持农牧民发展畜牧业专业合作社和现代家庭牧场，推行适度规模养殖，提升标准化生产水平，建设牛羊等重要畜产品生产基地。

第五十六条 牧区各级人民政府农业农村主管部门应当鼓励和指导农牧民改良家畜品种，优化畜群结构，实行科学饲养，合理加快出栏周转，促进草原畜牧业节本、提质、增效。

第五十七条 国家加强草原畜牧业灾害防御保障，将草原畜牧业防灾减灾列入预算，优化设施装备条件，完善牧区牛羊等家畜保险制度，提高抵御自然灾害的能力。

第五十八条 国家完善草原生态保护补助奖励政策，对采取禁牧和草畜平衡措施的农牧民按照国家有关规定给予补助奖励。

第五十九条 有关地方人民政府应当支持草原畜牧业与乡村旅游、文化等产业协同发展，推动一二三产业融合，提升产业化、品牌化、特色化水平，持续增加农牧民收入，促进牧区振兴。

第六十条　草原畜牧业发展涉及草原保护、建设、利用和管理活动的，应当遵守有关草原保护法律法规的规定。

第六章　畜禽交易与运输

第六十一条　国家加快建立统一开放、竞争有序、安全便捷的畜禽交易市场体系。

第六十二条　县级以上地方人民政府应当根据农产品批发市场发展规划，对在畜禽集散地建立畜禽批发市场给予扶持。

畜禽批发市场选址，应当符合法律、行政法规和国务院农业农村主管部门规定的动物防疫条件，并距离种畜禽场和大型畜禽养殖场三公里以外。

第六十三条　进行交易的畜禽应当符合农产品质量安全标准和国务院有关部门规定的技术要求。

国务院农业农村主管部门规定应当加施标识而没有标识的畜禽，不得销售、收购。

国家鼓励畜禽屠宰经营者直接从畜禽养殖者收购畜禽，建立稳定收购渠道，降低动物疫病和质量安全风险。

第六十四条　运输畜禽，应当符合法律、行政法规和国务院农业农村主管部门规定的动物防疫条件，采取措施保护畜禽安全，并为运输的畜禽提供必要的空间和饲喂饮水条件。

有关部门对运输中的畜禽进行检查，应当有法律、行政法规的依据。

第七章　畜　禽　屠　宰

第六十五条　国家实行生猪定点屠宰制度。对生猪以外的其他畜禽可以实行定点屠宰，具体办法由省、自治区、直辖市制定。农村地区个人自宰自食的除外。

省、自治区、直辖市人民政府应当按照科学布局、集中屠宰、有利流通、方便群众的原则，结合畜禽养殖、动物疫病防控和畜禽产品消费等实际情况，制定畜禽屠宰行业发展规划并组织实施。

第六十六条 国家鼓励畜禽就地屠宰，引导畜禽屠宰企业向养殖主产区转移，支持畜禽产品加工、储存、运输冷链体系建设。

第六十七条 畜禽屠宰企业应当具备下列条件：

（一）有与屠宰规模相适应、水质符合国家规定标准的用水供应条件；

（二）有符合国家规定的设施设备和运载工具；

（三）有依法取得健康证明的屠宰技术人员；

（四）有经考核合格的兽医卫生检验人员；

（五）依法取得动物防疫条件合格证和其他法律法规规定的证明文件。

第六十八条 畜禽屠宰经营者应当加强畜禽屠宰质量安全管理。畜禽屠宰企业应当建立畜禽屠宰质量安全管理制度。

未经检验、检疫或者经检验、检疫不合格的畜禽产品不得出厂销售。经检验、检疫不合格的畜禽产品，按照国家有关规定处理。

地方各级人民政府应当按照规定对无害化处理的费用和损失给予补助。

第六十九条 国务院农业农村主管部门负责组织制定畜禽屠宰质量安全风险监测计划。

省、自治区、直辖市人民政府农业农村主管部门根据国家畜禽屠宰质量安全风险监测计划，结合实际情况，制定本行政区域畜禽屠宰质量安全风险监测方案并组织实施。

第八章　保障与监督

第七十条 省级以上人民政府应当在其预算内安排支持畜禽种业创新和畜牧业发展的良种补贴、贴息补助、保费补贴等资金，并鼓励有关金融机构提供金融服务，支持畜禽养殖者购买优良畜禽、繁育良种、防控疫病，支持改善生产设施、畜禽粪污无害化处理和资源化利用设施设备、扩大养殖规模，提高养殖效益。

第七十一条 县级以上人民政府应当组织农业农村主管部门和其他有关部门，依照本法和有关法律、行政法规的规定，加强对畜禽饲养环境、种畜禽质量、畜禽交易与运输、畜禽屠宰以及饲料、饲料添加剂、兽药等投入品的生产、经营、使用的监督管理。

第七十二条 国务院农业农村主管部门应当制定畜禽标识和养殖档案管理办法，采取措施落实畜禽产品质量安全追溯和责任追究制度。

第七十三条 县级以上人民政府农业农村主管部门应当制定畜禽质量安全监督抽查计划，并按照计划开展监督抽查工作。

第七十四条 省级以上人民政府农业农村主管部门应当组织制定畜禽生产规范，指导畜禽的安全生产。

第七十五条 国家建立统一的畜禽生产和畜禽产品市场监测预警制度，逐步完善有关畜禽产品储备调节机制，加强市场调控，促进市场供需平衡和畜牧业健康发展。

县级以上人民政府有关部门应当及时发布畜禽产销信息，为畜禽生产经营者提供信息服务。

第七十六条 国家加强畜禽生产、加工、销售、运输体系建设，提升畜禽产品供应安全保障能力。

省、自治区、直辖市人民政府负责保障本行政区域内的畜禽产品供给，建立稳产保供的政策保障和责任考核体系。

国家鼓励畜禽主销区通过跨区域合作、建立养殖基地等方式，与主产区建立稳定的合作关系。

第九章　法　律　责　任

第七十七条 违反本法规定，县级以上人民政府农业农村主管

部门及其工作人员有下列行为之一的,对直接负责的主管人员和其他直接责任人员依法给予处分:

(一)利用职务上的便利,收受他人财物或者牟取其他利益;

(二)对不符合条件的申请人准予许可,或者超越法定职权准予许可;

(三)发现违法行为不予查处;

(四)其他滥用职权、玩忽职守、徇私舞弊等不依法履行监督管理工作职责的行为。

第七十八条 违反本法第十四条第二款规定,擅自处理受保护的畜禽遗传资源,造成畜禽遗传资源损失的,由省级以上人民政府农业农村主管部门处十万元以上一百万元以下罚款。

第七十九条 违反本法规定,有下列行为之一的,由省级以上人民政府农业农村主管部门责令停止违法行为,没收畜禽遗传资源和违法所得,并处五万元以上五十万元以下罚款:

(一)未经审核批准,从境外引进畜禽遗传资源;

(二)未经审核批准,在境内与境外机构、个人合作研究利用列入保护名录的畜禽遗传资源;

(三)在境内与境外机构、个人合作研究利用未经国家畜禽遗传资源委员会鉴定的新发现的畜禽遗传资源。

第八十条 违反本法规定,未经国务院农业农村主管部门批准,向境外输出畜禽遗传资源的,依照《中华人民共和国海关法》的有关规定追究法律责任。海关应当将扣留的畜禽遗传资源移送省、自治区、直辖市人民政府农业农村主管部门处理。

第八十一条 违反本法规定,销售、推广未经审定或者鉴定的畜禽品种、配套系的,由县级以上地方人民政府农业农村主管部门责令停止违法行为,没收畜禽和违法所得;违法所得在五万元以上的,并处违法所得一倍以上三倍以下罚款;没有违法所得或者违法所得不足五万元的,并处五千元以上五万元以下罚款。

第八十二条　违反本法规定,无种畜禽生产经营许可证或者违反种畜禽生产经营许可证规定生产经营,或者伪造、变造、转让、租借种畜禽生产经营许可证的,由县级以上地方人民政府农业农村主管部门责令停止违法行为,收缴伪造、变造的种畜禽生产经营许可证,没收种畜禽、商品代仔畜、雏禽和违法所得;违法所得在三万元以上的,并处违法所得一倍以上三倍以下罚款;没有违法所得或者违法所得不足三万元的,并处三千元以上三万元以下罚款。违反种畜禽生产经营许可证的规定生产经营或者转让、租借种畜禽生产经营许可证,情节严重的,并处吊销种畜禽生产经营许可证。

第八十三条　违反本法第二十九条规定的,依照《中华人民共和国广告法》的有关规定追究法律责任。

第八十四条　违反本法规定,使用的种畜禽不符合种用标准的,由县级以上地方人民政府农业农村主管部门责令停止违法行为,没收种畜禽和违法所得;违法所得在五千元以上的,并处违法所得一倍以上二倍以下罚款;没有违法所得或者违法所得不足五千元的,并处一千元以上五千元以下罚款。

第八十五条　销售种畜禽有本法第三十一条第一项至第四项违法行为之一的,由县级以上地方人民政府农业农村主管部门和市场监督管理部门按照职责分工责令停止销售,没收违法销售的(种)畜禽和违法所得;违法所得在五万元以上的,并处违法所得一倍以上五倍以下罚款;没有违法所得或者违法所得不足五万元的,并处五千元以上五万元以下罚款;情节严重的,并处吊销种畜禽生产经营许可证或者营业执照。

第八十六条　违反本法规定,兴办畜禽养殖场未备案,畜禽养殖场未建立养殖档案或者未按照规定保存养殖档案的,由县级以上地方人民政府农业农村主管部门责令限期改正,可以处一万元以下罚款。

第八十七条 违反本法第四十三条规定养殖畜禽的，依照有关法律、行政法规的规定处理、处罚。

第八十八条 违反本法规定，销售的种畜禽未附具种畜禽合格证明、家畜系谱，销售、收购国务院农业农村主管部门规定应当加施标识而没有标识的畜禽，或者重复使用畜禽标识的，由县级以上地方人民政府农业农村主管部门和市场监督管理部门按照职责分工责令改正，可以处二千元以下罚款。

销售的种畜禽未附具检疫证明，伪造、变造畜禽标识，或者持有、使用伪造、变造的畜禽标识的，依照《中华人民共和国动物防疫法》的有关规定追究法律责任。

第八十九条 违反本法规定，未经定点从事畜禽屠宰活动的，依照有关法律法规的规定处理、处罚。

第九十条 县级以上地方人民政府农业农村主管部门发现畜禽屠宰企业不再具备本法规定条件的，应当责令停业整顿，并限期整改；逾期仍未达到本法规定条件的，责令关闭，对实行定点屠宰管理的，由发证机关依法吊销定点屠宰证书。

第九十一条 违反本法第六十八条规定，畜禽屠宰企业未建立畜禽屠宰质量安全管理制度，或者畜禽屠宰经营者对经检验不合格的畜禽产品未按照国家有关规定处理的，由县级以上地方人民政府农业农村主管部门责令改正，给予警告；拒不改正的，责令停业整顿，并处五千元以上五万元以下罚款，对直接负责的主管人员和其他直接责任人员处二千元以上二万元以下罚款；情节严重的，责令关闭，对实行定点屠宰管理的，由发证机关依法吊销定点屠宰证书。

违反本法第六十八条规定的其他行为的，依照有关法律法规的规定处理、处罚。

第九十二条 违反本法规定，构成犯罪的，依法追究刑事责任。

第十章　附　　则

第九十三条　本法所称畜禽遗传资源，是指畜禽及其卵子（蛋）、精液、胚胎、基因物质等遗传材料。

本法所称种畜禽，是指经过选育、具有种用价值、适于繁殖后代的畜禽及其卵子（蛋）、精液、胚胎等。

第九十四条　本法自 2023 年 3 月 1 日起施行。

国务院关于印发全国国土规划纲要（2016—2030 年）的通知

（2017 年 1 月 3 日　国发〔2017〕3 号）

各省、自治区、直辖市人民政府，国务院各部委、各直属机构：

现将《全国国土规划纲要（2016—2030 年）》印发给你们，请认真贯彻执行。

全国国土规划纲要（2016—2030 年）

目　　录

导　言

第一章　基本形势

　第一节　重大机遇

　第二节　严峻挑战

第二章　总体要求

　第一节　指导思想

第二节 基本原则

第三节 主要目标

第三章 战略格局

第一节 高效规范的国土开发开放格局

第二节 安全和谐的生态环境保护格局

第三节 协调联动的区域发展格局

第四章 集聚开发

第一节 构建多中心网络型开发格局

第二节 推进新型城镇化发展

第三节 优化现代产业发展布局

第五章 分类保护

第一节 构建"五类三级"国土全域保护格局

第二节 推进人居生态环境保护

第三节 强化自然生态保护

第四节 严格水资源和耕地资源保护

第五节 加强海洋生态环境保护

第六章 综合整治

第一节 推进形成"四区一带"国土综合整治格局

第二节 实施城市化地区综合整治

第三节 推进农村土地综合整治

第四节 加强重点生态功能区综合整治

第五节 加快矿产资源开发集中区综合整治

第六节 开展海岸带和海岛综合整治

第七章 联动发展

第一节 推进区域一体化发展

第二节 支持特殊地区加快发展

第三节 提高开放合作水平

第八章 支撑保障

第一节　加强基础设施建设
　　第二节　保障合理建设用地需求
　　第三节　强化水资源综合配置
　　第四节　构建能源安全保障体系
　　第五节　提升非能源重要矿产资源保障能力
　　第六节　增强防灾减灾能力
　　第七节　推进体制机制创新
第九章　配套政策
　　第一节　资源环境政策
　　第二节　产业投资政策
　　第三节　财政税收政策
第十章　《纲要》实施
　　第一节　夯实实施基础
　　第二节　加强实施管理

导　言

　　我国的国土包括陆地国土和海洋国土，其中陆地国土面积960万平方公里，根据《联合国海洋法公约》有关规定和我国主张，管辖海域面积约300万平方公里。这是中华民族繁衍生息的宝贵家园，也是我国经济社会持续发展的基本载体。科学推进国土集聚开发、分类保护和综合整治，进一步优化开发格局、提升开发质量、规范开发秩序，有利于形成安全、和谐、开放、协调、富有竞争力和可持续发展的美丽国土，为实现"两个一百年"奋斗目标、实现中华民族伟大复兴中国梦提供有力支撑和基础保障。

　　按照党中央、国务院部署，编制实施《全国国土规划纲要（2016—2030年）》（以下简称《纲要》），是统筹推进"五位一体"总体布局和协调推进"四个全面"战略布局，贯彻落实创新、协调、绿色、开放、共享的发展理念，促进人口资源环境相均衡、经济社会生态效益相统一的重大举措。《纲要》贯彻区域发展总体战略和主体功能区战略，推动"一带一路"建设、京津冀协同发展、长江经济带发展战略（以下称三大战略）落实，对国土空间开发、资源环境保护、国土综合整治和保障体系建设等作出总体部署与统筹安排，对涉及国土空间开发、保护、整治的各类活动具有指导和管控作用，对相关国土空间专项规划具有引领和协调作用，是战略性、综合性、基础性规划。

《纲要》范围涵盖我国全部国土（暂未含港澳台地区）。规划基期为2015年，中期目标年为2020年，远期目标年为2030年。

第一章 基本形势

当前，我国正处于全面建成小康社会决胜阶段，世情国情继续发生深刻变化，经济发展进入新常态，国土开发利用与保护面临重大机遇和严峻挑战，必须顺应国际大势，立足基本国情，把握时代要求，科学研判发展形势。

第一节 重大机遇

经济全球化深入推进，为构建开放的国土开发格局提供了良好外部环境。20世纪80年代以来，市场经济和国际分工加速推进，经济全球化和区域一体化步伐加快，有力推动了贸易自由化和区域经济合作，极大促进了资源要素流动。世界多极化发展格局日渐形成，新兴大国群体性崛起，发展中国家整体实力增强，国际战略重心逐渐东移。我国处于亚太经济区核心地区，在承接全球产业转移和深度参与国际分工中具有得天独厚的地缘优势，对外开放与国际合作空间广阔。

综合国力持续提升，为提高国土开发能力和水平奠定了坚实物质基础。改革开放以来，我国社会主义市场经济体系日益健全，经济结构加快转型，基础设施不断完备，科教水平整体提升，社会民生持续改善，内生动力显著增强，取得了举世瞩目的伟大成就，目前已进入中等收入国家行列。今后，我国仍处于可以大有作为的重要战略机遇期，有巨大的潜力、韧性和回旋余地，经济社会发展长期向好的总体趋势不会改变。

生态文明建设战略地位提升，对统筹推进国土开发、利用、保护和整治提出了明确要求。长期以来，我国始终坚持节约资源、保护环境和保护耕地的基本国策，全民生态文明意识逐步增强，生态文明建设稳步推进。党的十八大提出，将生态文明建设纳入中国特色社会主义事业"五位一体"总体布局，融入经济建设、政治建设、文化建设、社会建设各方面和全过程。党的十八届五中全会提出"绿色"发展理念。这都要求珍惜每一寸国土，优化国土空间开发格局，全面促进资源节约，加大自然生态系统和环境保护力度，加强生态文明制度建设。

国土集聚开发格局日渐清晰，为有序开发国土确立了基本框架。改革开放以来，我国人口、产业向东部沿海和大城市集聚的态势不断增强，推动形成了京津冀、长江三角洲、珠江三角洲等三大城市群和沿海、沿江、沿主要交通干线的开发轴带。近年来，围绕实施区域发展总体战略和主体功能区战略，国家出台实施了一系列区域规划与政策，确定了优化经济空间布局的方向和重点；制定了《全国主体功能区规划》，明确了科学开发国土空间的行动纲领和远景蓝图，发布实施了土地利用总体规划、矿产资源规划、海洋功能区规划等，从不同层次、不同角度对国土开发作出了安排部署，初步确立了国土开发重点与基本框架。

第二节　严峻挑战

资源约束不断加剧。一是资源禀赋缺陷明显。我国资源总量大、种类全，但人均少，质量总体不高，主要资源人均占有量远低于世界平均水平。矿产资源低品位、难选冶矿多；土地资源中难利用地多、宜农地少；水土资源空间匹配性差，资源富集区与生态脆弱区多有重叠。二是资源需求刚性增长。近十年间，我国矿产资源供应量增速同比提高0.5—1倍，高出同期世界平均增速0.5—1倍，对外依存度不断提高，石油、铁矿石、铜、铝、钾盐等大宗矿产资源的国内保障程度不足50%。建设用地需求居高不下，2015年实际供地达到53万公顷。随着新型工业化、信息化、城镇化、农业现代化同步发展，资源需求仍将保持强劲势头。三是资源利用方式较为粗放。我国目前单位国内生产总值用水量和能耗分别是世界平均水平的3.3倍和2.5倍；人均城镇工矿建设用地面积为149平方米，人均农村居民点用地面积为300平方米，远超国家标准上限；矿产资源利用水平总体不高。四是利用国外资源的风险和难度不断加大。当前，世界经济正处于深度调整之中，复苏动力不足，地缘政治影响加重，新的产业分工和经济秩序正在加快调整，各国围绕市场、资源、人才、技术、标准等领域的竞争更趋激烈，能源安全、粮食安全、气候变化等全球性问题更加突出，发展仍面临诸多不稳定性和不确定性，我国从国际上获取能源资源的难度不断加大。

生态环境压力加大。一是部分地区环境质量持续下降。2015年十大流域的700个水质监测断面中，劣V类水质断面比例占8.9%。京津冀、长江三角洲、珠江三角洲、山东半岛等地区，复合型大气污染严重；辽宁中部、成渝、海峡西岸等地区，复合型大气污染问题开始显现。全国土壤环境状况总体不容乐观，部分地区土壤污染较重，耕地土壤环境质量堪忧，工矿废弃地土壤环境问题突出。全国土壤总的点位超标率为16.1%，耕地土壤点位超标率为19.4%。二是生态系统功能不断退化。部分地区森林破坏、湿地萎缩、河湖干涸、水土流失、土地沙化、草原退化问题突出，生物多样性降低，生态灾害频发。全国水土流失、沙化和石漠化面积分别为295万平方千米、173万平方千米和12万平方千米，全国中度和重度退化草原面积仍占草原总面积的三分之一以上，约44%的野生动物种群数量呈下降趋势，野生动植物种类受威胁比例达15%—20%。三是地质灾害点多面广频发。陆域国土地质环境极不安全区、不安全区面积分别占4.6%、10.1%，局部地区地质环境安全风险较高。川滇山地、云贵高原、秦巴山地、陇中南山地等，滑坡、崩塌、泥石流等突发性地质灾害高发频发；长江三角洲、华北平原、汾渭盆地、滨海沉积海岸等地区，地面沉降和地裂缝等缓变性地质灾害不断加重。四是海洋生态环境问题日益凸显。陆源和海上污染物排海总量快速增长，近岸海域污染加重，特别是辽东湾、渤海湾、长江口、杭州湾、珠江口等海域污染问题十分突出；海岸自然岸线保有率为37.6%，沙质海岸侵蚀严重，滨海湿地不断减少，海洋生态服务功能退化；赤潮、绿潮等海洋生态灾害频发，年均灾害面积分别超过1.4万和3万平方千米；重大海洋污染事故时有发生。

国土空间开发格局亟需优化。一是经济布局与人口、资源分布不协调。改革开放以来，产业和就业人口不断向东部沿海地区集中，市场消费地与资源富集区空间错位，造成能源资源的长距离调运和产品、劳动力大规模跨地区流动，经济运行成本、社会稳定和生态环境风险加大。二是城镇、农业、生态空间结构性矛盾凸显。随着城乡建设用地不断扩张，农业和生态用地空间受到挤压，城镇、农业、生态空间矛盾加剧；优质耕地分布与城镇化地区高度重叠，耕地保护压力持续增大，空间开发政策面临艰难抉择。三是部分地区国土开发强度与资源环境承载能力不匹配。国土开发过度和开发不足现象并存，京津冀、长江三角洲、珠江三角洲等地区国土开发强度接近或超出资源环境承载能力，中西部一些自然禀赋较好的地区尚有较大潜力。四是陆海国土开发缺乏统筹。沿海局部地区开发布局与海洋资源环境条件不相适应，围填海规模增长较快、利用粗放，可供开发的海岸线和近岸海域资源日益匮乏，涉海行业用海矛盾突出，渔业资源和生态环境损害严重。

国土开发质量有待提升。一是城镇化重速度轻质量问题严重。改革开放以来，我国城镇化进程加快，常住人口城镇化率由1978年的17.9%提高到2015年的56.1%左右，但城镇化粗放扩张，产业支撑不足。2000—2015年，全国城镇建成区面积增长了约113%，远高于同期城镇人口59%的增幅。部分城市承载能力减弱，水土资源和能源不足，环境污染等问题凸显。二是产业低质同构现象比较普遍。产业发展总体上仍处在过度依赖规模扩张和能源资源要素驱动的阶段，产业协同性不高，核心竞争力缺乏，产品附加值低，在技术水平、盈利能力和市场影响力等方面与发达国家存在明显差距。同时，区域之间产业同质化严重，部分行业产能严重过剩。三是基础设施建设重复与不足问题并存。部分地区基础设施建设过于超前，闲置和浪费严重。中西部偏远地区基础设施建设相对滞后，卫生、医疗、环保等公共服务和应急保障基础设施缺失。四是城乡区域发展差距仍然较大。城乡居民收入比由上世纪80年代中期的1.86∶1扩大到2015年的2.73∶1，城乡基础设施和公共服务水平存在显著差异。2014年，东部地区人均国内生产总值分别为中部、西部和东北地区的1.75倍、1.79倍和1.28倍，东部地区国土经济密度分别为中部、西部和东北地区的2.81倍、18.80倍和5.34倍。革命老区、民族地区、边疆地区和贫困地区发展滞后问题较为突出，截至2015年底全国仍有5630万农村建档立卡贫困人口[1]。

第二章 总体要求

积极应对国土开发面临的新机遇与新挑战，围绕实现"两个一百年"奋斗目标、实现中华民族伟大复兴中国梦，针对国土开发中存在的突出问题，加强顶层设计和统筹谋划，科学确定国土开发、

---

[1] 按照每人每年2300元（2010年不变价）的农村贫困标准计算。

保护与整治的指导思想、基本原则和主要目标。

第一节　指导思想

全面贯彻党的十八大和十八届三中、四中、五中、六中全会精神，深入贯彻习近平总书记系列重要讲话精神和治国理政新理念新思想新战略，认真落实党中央、国务院决策部署，统筹推进"五位一体"总体布局和协调推进"四个全面"战略布局，牢固树立和贯彻落实创新、协调、绿色、开放、共享的发展理念，大力推进生态文明建设，坚持人口资源环境相均衡、经济社会生态效益相统一，加快转变国土开发利用方式，全面提高国土开发质量和效率，落实区域发展总体战略、主体功能区战略和三大战略，统筹推进形成国土集聚开发、分类保护与综合整治"三位一体"总体格局，加强国土空间用途管制，建立国土空间开发保护制度，提升国土空间治理能力，为实现"两个一百年"奋斗目标、实现中华民族伟大复兴中国梦提供有力支撑和基础保障。

第二节　基本原则

坚持国土开发与资源环境承载能力相匹配。树立尊重自然、顺应自然、保护自然的生态文明理念，坚持人口资源环境相均衡，以资源环境承载能力为基础，根据资源禀赋、生态条件和环境容量，明晰国土开发的限制性和适宜性，科学确定国土开发利用的规模、结构、布局和时序，划定城镇、农业、生态空间开发管制界限，引导人口和产业向资源环境承载能力较强的区域集聚。

坚持集聚开发与均衡发展相协调。以集聚开发为重点，鼓励有条件地区率先发展，最大限度发挥要素集聚效益，提高对周边地区的辐射带动能力。兼顾效率与公平，统筹配置公共资源，推动城乡区域协调发展。加大对革命老区、民族地区、边疆地区、贫困地区和资源型地区的扶持力度，提升自我发展能力。优先保障民生设施建设空间，促进基本公共服务均等化。

坚持点上开发与面上保护相促进。坚持在保护中开发、在开发中保护，对资源环境承载能力相对较强的地区实施集中布局、据点开发，充分提升有限开发空间的利用效率，腾出更多空间，实现更大范围、更高水平的国土保护。针对不同地区国土空间特点，明确保护主题，实行分类分级保护，促进国土全域保护，切实维护国家生态安全。

坚持陆域开发与海域利用相统筹。在促进陆域国土纵深开发的同时，充分发挥海洋国土作为经济空间、战略通道、资源基地、安全屏障的重要作用，扩大内陆地区分享海洋经济发展效益的范围，加强陆地与海洋在发展定位、产业布局、资源开发、环境保护和防灾减灾等方面的协同共治，构建良性互动的陆海统筹开发格局，提高海洋资源开发能力，加快建设海洋强国。

坚持节约优先与高效利用相统一。落实节约优先战略，加强全过程节约管理，完善市场调节、标准管控、考核监管，健全土地、水、能源节约集约使用制度，大幅降低资源消耗强度，提高利用效率和效益，形成节约资源的空间格局、产业结构、生产方式和消费模式，推动资源利用方式根本转变，实现绿色发展、循环发展和低碳发展。

坚持市场调节与政府调控相结合。积极完善中国特色社会主义市场经济体制，在更大程度、更广范围发挥市场配置资源的决定性作用，提高资源配置和国土空间开发效率。大力推进供给侧结构性改革，更好发挥政府在国土空间开发利用与保护中的作用，完善自然资源资产用途管制制度，强化国土空间用途管制，综合运用经济、行政和法律等手段，科学引导人口流动、城乡建设和产业布局，合理优化空间结构。

第三节 主要目标

全面推进国土开发、保护和整治，加快构建安全、和谐、开放、协调、富有竞争力和可持续发展的美丽国土。

国土空间开发格局不断优化，整体竞争力和综合国力显著增强。到2020年，全国主体功能区布局基本形成，国土空间布局得到优化；到2030年，主体功能区布局进一步完善，以重点经济区、城市群、农产品主产区为支撑，重要轴带为主干的新型工业化、城镇化格局基本形成，人口集疏更加有序，城市文化更加繁荣，全方位对外开放格局逐步完善，国际竞争力显著增强，国土开发强度不超过4.62%，城镇空间控制在11.67万平方千米以内。

城乡区域协调发展取得实质进展，国土开发的协调性大幅提升。到2020年，区域协调发展新格局基本形成，区域之间、城乡之间居民收入差距缩小，基本公共服务均等化水平稳步提高，城镇化质量显著提升；到2030年，城乡一体化发展体制机制更加完善，城乡要素平等交换和公共资源均衡配置基本实现，新型工农、城乡关系进一步完善，基本公共服务均等化总体实现。

资源节约型、环境友好型社会基本建成，可持续发展能力显著增强。到2020年，人居环境逐步改善，生态系统稳定性不断增强，生物多样性得到切实保护；到2030年，集约、绿色、低碳、循环的资源利用体系基本建成，生态环境得到有效保护，资源节约集约利用水平显著提高，单位国内生产总值能耗和用水量大幅下降，国土综合整治全面推进，生产、生活和生态功能明显提升，耕地保有量保持在18.25亿亩以上，建成高标准农田12亿亩，新增治理水土流失面积94万平方千米以上。

基础设施体系趋于完善，资源保障能力和国土安全水平不断提升。到2020年，建设内通外联的运输通道网络，城镇生活污水、垃圾处理设施实现全覆盖，水利基础设施更加完善，防灾减灾体系更加健全；到2030年，综合交通和信息通信基础设施体系更加完善，城乡供水和防洪能力显著增强，水、土地、能源和矿产资源供给得到有效保障，防灾减灾体系基本完善，抵御自然灾害能力明显提升，公路与铁路网密度达到 0.6 千米/平方千米，用水总量控制在 7000 亿立方米以内。

海洋开发保护水平显著提高，建设海洋强国目标基本实现。到 2020 年，海洋经济发展空间不断拓展，海洋产业布局更为合理，对沿海地区经济的辐射带动能力进一步增强，海洋生产总值占国内生产总值比例达到 9.5%；到 2030 年，海洋开发、控制、综合管理能力全面提升，海洋经济不断壮大，海洋生态环境质量持续改善，海上突发事件应急处置能力显著增强，国家海洋权益得到切实维护，海洋生产总值占国内生产总值比例力争达到 14%。

国土空间开发保护制度全面建立，生态文明建设基础更加坚实。到 2020 年，空间规划体系不断完善，最严格的土地管理制度、水资源管理制度和环保制度得到落实，生态保护红线全面划定，国土空间开发、资源节约、生态环境保护的体制机制更加健全，资源环境承载能力监测预警水平得到提升；到 2030 年，国土空间开发保护制度更加完善，由空间规划、用途管制、差异化绩效考核构成的空间治理体系更加健全，基本实现国土空间治理能力现代化。

表 1　主要指标

指标名称	2015 年	2020 年	2030 年	属　性
1. 耕地保有量（亿亩）	18.65	18.65	18.25	约束性
2. 用水总量（亿立方米）	6180	6700	7000	约束性
3. 森林覆盖率（%）	21.66	>23	>24	预期性
4. 草原综合植被盖度（%）	54	56	60	预期性
5. 湿地面积（亿亩）	8	8	8.3	预期性
6. 国土开发强度（%）	4.02	4.24	4.62	约束性
7. 城镇空间（万平方千米）	8.90	10.21	11.67	预期性

续表

指标名称	2015年	2020年	2030年	属性
8. 公路与铁路网密度（千米/平方千米）	0.49	≥0.5	≥0.6	预期性
9. 全国七大重点流域水质优良比例（%）	67.5	>70	>75	约束性
10. 重要江河湖泊水功能区水质达标率（%）	70.8	>80	>95	约束性
11. 新增治理水土流失面积（万平方千米）	—	32	94	预期性

第三章　战略格局

深入实施区域发展总体战略、主体功能区战略和三大战略，以资源环境承载能力为基础，推动国土集聚开发和分类保护相适应，立足比较优势，促进区域协调发展，切实优化国土空间开发格局。

第一节　高效规范的国土开发开放格局

以培育重要开发轴带和开发集聚区为重点建设竞争力高地。坚持集约发展，高效利用国土空间。在资源环境承载能力较强、集聚开发水平较高或潜力较大的城市化地区，着力推进国土集聚开发，引导人口、产业相对集中布局。以四大板块为基础、三大战略为引领，以国家优化开发和重点开发区域为重点，依托大江大河和重要交通干线，打造若干国土开发重要轴带，促进生产要素有序流动和高效集聚，着力打造国土集聚开发主体框架，积极构建多中心网络型开发格局，提升国土开发效率和整体竞争力。

以现实基础和比较优势为支撑建设现代产业基地。按照国家产业发展总体战略部署，立足各地区产业发展基础和比较优势，分类分区引导重点产业结构调整和布局优化，促进形成区域间分工合理、优势互补、联动发展的产业格局。提高产业核心竞争力，改造提升传统产业，培育壮大战略性新兴产业，加快发展现代服务业，培育一批具有国际竞争力的先进制造业基地，发展现代产业集群。加快推进农业现代化，重点在资源条件良好、配套设施完善、开发潜力较大的地区，建设重要农产品优势区，加强耕地保护，推进高标准农田建设，巩固提高重要农产品供给能力，形成现代农业空间开发格局。

以发展海洋经济和推进沿海沿边开发开放为依托促进国土全方位开放。推进沿海沿边开放，形成优势互补、分工协作、均衡协调的区域开放格局。鼓励东部沿海地区全面参与国际分工，主动融入经济全球化。深入推进沿边地区开发开放，加快边境中心城市、口岸城市建设，加强基础设施与周边国家互联互通，发展面向周边的特色产业群和产业基地，形成具有独特地缘优势的开发开放格局。统筹推进海岸带和海岛开发建设、近海与远海开发利用，增强海洋开发能力，优化海洋产业结构，提高海洋经济增长对国民经济的支撑水平。

第二节　安全和谐的生态环境保护格局

分类分级推进国土全域保护。以资源环境承载状况为基础，综合考虑不同地区的生态功能、开发程度和资源环境问题，突出重点资源环境保护主题，有针对性地实施国土保护、维护和修复，切实加强环境分区管治，改善城乡人居环境，严格水土资源保护，提高自然生态系统功能，加强海洋环境保护，促进形成国土全域分类分级保护格局。

构建陆海国土生态安全格局。构建以青藏高原生态屏障、黄土高原—川滇生态屏障、东北森林带、北方防沙带和南方丘陵山地带（即"两屏三带"）以及大江大河重要水系为骨架，以其他国家重点生态功能区为支撑，以点状分布的国家禁止开发区域为重要组成部分的陆域生态安全格局。统筹海洋生态保护与开发利用，构建以海岸带、海岛链和各类保护区为支撑的"一带一链多点"海洋生态安全格局。

第三节　协调联动的区域发展格局

全面实施三大战略。深入推进"一带一路"建设战略实施，促进国际与国内区域经济发展互联互通，形成沿海、沿江、沿边区域合作与开放新局面。推动京津冀协同发展，有序疏解北京非首都功能，调整经济结构和空间结构，探索人口密集地区优化开发模式，增强对环渤海地区和北方腹地的辐射带动能力。推动长江经济带发展，以长江黄金水道为依托，发挥长江主轴线的辐射带动作用，向腹地延伸拓展。以三大战略为引领，积极谋划区域发展新格局，沿大江大河和重要交通干线，由东向西、由沿海向内地，形成以点带线、由线到面的新经济增长极和增长带，拓展区域发展新空间，塑造要素有序自由流动、主体功能约束有效、基本公共服务均等、资源环境可承载的区域发展新格局。

促进区域协调发展。继续深入实施区域发展总体战略，立足区域资源环境禀赋，发挥比较优势，确定不同区域发展定位、开发重点、保护内容和整治任务，完善创新区域政策，提高区域政策精准性。推动重点地区加快发展，扶持老少边贫地区跨越发展，支持资源型地区转型发展，鼓励改革试验区创新发展，促进区域错位协同发展。

推进区域一体化发展。发挥国土开发轴带的纵深连通作用，加快建设综合运输通道，加强国土开发轴带沿线地区经济联系和分工协作，实现要素区域间自由流动和优化组合。发挥国土开发集聚区的辐射带动作用，推进开发集聚区及其周边地区的城镇发展、产业布局、资源开发利用、生态环境保护和基础设施建设，推进区域一体化发展进程。

第四章 集聚开发

按照区域协调发展和主体功能定位的要求，综合运用国土空间用途管制、资源配置、环境准入、重大基础设施建设等手段，引导人口、产业有序集聚，构建集疏适度、优势互补、集约高效、陆海统筹的国土集聚开发空间格局，增强国土综合竞争力。

第一节 构建多中心网络型开发格局

推进建设国土开发集聚区。推动京津冀、长江三角洲、珠江三角洲等优化开发区域的协同发展，以优化人口分布、产业结构、城镇布局等为重点，转变国土空间开发利用方式，促进城镇集约紧凑发展，提高国土开发效率，广泛深入参与国际合作与竞争。加速提升长江中游地区和成渝等重点开发区域集聚发展水平和辐射带动能力，加大承接产业转移力度，适度扩大城市容量，密切城市群之间的联系，充分发挥对中部地区崛起和西部大开发战略实施的引领带动作用。加大哈长地区、辽中南地区、冀中南地区、山东半岛地区、东陇海地区、海峡西岸地区、北部湾地区、山西中部城市群、中原地区、江淮地区、黔中地区、滇中地区、呼包鄂榆地区、宁夏沿黄地区、关中—天水地区、兰州—西宁地区、天山北坡地区、藏中南地区等区域的建设力度，加强基础设施建设和环境保护，积极推进新型工业化，提高人口和产业集聚能力，建成具有重要影响力的区域性经济中心，带动周边地区加快发展。

积极培育国土开发轴带。依托主要交通干线和综合交通运输网络，重点推进丝绸之路经济带建设和长江经济带发展，以"两横三纵"开发轴带为主，促进国土集聚开发，引导生产要素向交通干线和连接通道有序自由流动和高效集聚，推动资源高效配置和市场深度融合。提升沿海轴带连接21世纪海上丝绸之路建设的排头兵和主力军功能，成为我国实施陆海统筹战略、全面深化改革和对外开放的重要经济轴带。进一步发挥京哈—京广轴带促进全国区域发展南北互动、东西交融的重要核心地带作用；建设京九轴带，打造成为促进中部崛起、产业梯度发展的重要经济带。促进包昆轴带发展，发挥我国西部地区最重要的南北向开发轴带作用，建设成为我国向西南开放、密切西部地区联系的重要战略通道。建设陇海—兰新轴带，形成我国向西开放、密切西北与东部地区联系的重要战略通道。将长江经济轴带打造成为具有全球影响力的内河经济带，全面发挥促进我国东中西互动合作和沿海沿江地区全面开放的重要作用；建设沪昆轴带，打造畅通东南与西南地区沟通联系的重要通道。发挥京兰轴带作为我国北方地区东西向重要开发轴带作用，进一步畅通华北和西北地区经济联系。根据不同开发轴带的基础条件和连接区域的经济社会发展水平，明确战略定位与发展重点，加强轴带上集聚区之间的经济联系和分工协作，促进人口和产业集聚，提升轴带集聚效益。重点培育东西向开发轴带，促进国土开发重点由沿海向内陆地区纵深推进，加快缩小地区差距。加快自贸试验区和口岸地区建设，形成"一带一路"建设的重要节点。到2030年，城市化战略格局进一步完善，重要轴带开发集聚能力大幅提升，多中心网络型国土空间开发新格局基本形成。

第二节 推进新型城镇化发展

促进各类城镇协调发展。以开发轴带和开发集聚区为依托，以城市群为主体形态，促进大中小城市和小城镇合理分工、功能互补、协同发展。鼓励城镇因地制宜合理布局，避免无序蔓延和占用高标准农田等优质耕地。发挥北京、上海、广州等超大城市和特大城市服务全国、面向世界的综合功能，提高国际影响力和竞争力，引领全国经济发展；提高大城市的经济社会活动组织能力，强化区域服务功能，带动周边地区发展；加快发展中小城市，强化产业功能、服务功能和居住功能，提升市政基础设施和公共服务设施建设水平，提高集聚人口和服务周边的能力；重点发展区位优越、潜力较大、充满魅力的小城镇，促进县域经济发展，发挥连接城乡的纽带作用，培育具有农产品加工、商贸物流等专业特色的小城镇。建立城镇建设用地增加规模与吸纳农业转移人口落户数量相挂钩机制，科学设定开发强度、划定城市开发边界。

分类引导城镇化发展。提升优化开发区域城镇化质量，将京津冀、长江三角洲、珠江三角洲等地区建设成为具有世界影响力的城市群，以盘活存量用地为主，严格控制新增建设用地，统筹地上地下空间，引导中心城市人口向周边区域有序转移。培育发展中西部地区城市群，发展壮大东北地区、中原地区、长江中游、成渝地区、关中平原城市群，适当扩大建设用地供给，提高存量建设用地利用强度，完善基础设施和公共服务，加快人口、产业集聚，打造推动国土空间均衡开发、引领区域经济发展的重要增长极。稳妥有序推进农产品主产区城镇化发展，统筹协调城镇扩展与重要农产品优势区布局，加强农用地特别是耕地保护，实行点状开发、面上保护，促进人口向城市和重点小城镇集中；完善县和乡镇公共服务设施配套，提升小城镇公共服务和居住功能，促进农业转移人口全面融入城镇。引导重点生态功能区城镇化发展，以现有城镇布局为基础，实施集约开发、集中建设，有步骤地引导生态移民向中小城市和重点小城镇集中。

优化城镇空间结构。按照促进生产空间集约高效、生活空间宜居适度、生态空间山清水秀的总体要求，调整优化城镇空间结构，努力打造和谐宜居、富有活力、各具特色的城市。控制生产空间，减少工业用地比例，提高工业用地投入产出效益；适当增加生活空间，合理保障常住城镇人口居住用地，提高城镇居民生活质量；严格保护并拓展城市开敞绿色空间，构建耕地、林草、水系、绿带等生态廊道，切实发挥耕地特别是基本农田在优化城镇、产业用地结构中的生态支撑作用，保护人文和自然文化遗产等用地，推进海绵城市建设，促进城镇生态环境改善，大力推进绿色城镇化。

促进城乡一体化发展。全面统筹城乡规划、基础设施建设、公共服务、产业发展、生态环境保护和社会管理，加快完善体制机制，促进城乡生产要素自由流动、城乡居民自由迁徙、城乡公共资源均衡配置。培育发展充满活力、特色化、专业化的县域经济，提升承接城市功能转移和辐射带动乡村发展能力。将农村产业融合发展与新型城镇化建设有机结合，引导农村二三产业向县城、重点乡镇及产业园区等集中。深入推进新农村建设，着力推动农村一二三产业融合发展，鼓励规模经营，大力推进基础设施建设，全面加强农田水利和农村饮水安全工程建设，促进城乡基本公共服务均等化，在尊重农民意愿基础上适度迁村并点，优化农村居民点布局，加快推进农村危房改造和国有林区（场）、垦区、棚户区危房改造，实施游牧民定居工程。

第三节　优化现代产业发展布局

优化现代农业生产布局。进一步夯实农业基础地位，在确保谷物基本自给、口粮绝对安全的前提下，大力发展区域优势农业，基本形成与市场需求相适应、与资源禀赋相匹配的现代农业生产结构和区域布局，保障农产品生产空间，稳步提升地区优势农产品生产能力，全面提高农业现代化水平。

大力建设粮食主产区。全面提高粮食主产区综合生产能力。优化提升东北地区粮食主产区，建设水稻、玉米、大豆优势产业带。加强黄淮海平原粮食主产区生产能力建设，形成优质小麦、专用玉米和高蛋白大豆规模生产优势区。巩固长江经济带地区粮食主产区生产规模，立足中游地区农业生产条件较好、耕地资源丰富的基础，推进双季稻、籼改粳和优质专用小麦生产区建设，强化粮食供给保障能力，打造特色化粮食生产核心区。发展西北地区粮食主产区，全面提高优质小麦、玉米和马铃薯生产规模和质量。建设西南地区粮食主产区，重点发展水稻、小麦、玉米和马铃薯种植。强化东南沿海和华南地区粮食产业带建设和保护，稳步提高优质双季稻和马铃薯产量规模。以粮食主产区为核心，实施耕地质量保护与提升行动，严守耕地红线，提高耕地质量，确保谷物基本自给、口粮绝对安全。优先支持粮食主产区农产品加工产业发展，促进粮食就地转化，增强农业综合生产能力。

着力建设非粮作物优势区。合理确定非粮作物种植用地规模和布局，统筹协调与主要粮食作物种植用地关系，稳步发展标准化、良种化、产业化、机械化生产示范基地。着力稳定棉花种植面积，大力发展油菜等油料作物生产，推进甘蔗等糖料生产基地建设，发展高产速生天然橡胶种植，提高苹果、柑橘等优势果品产业基地竞争力。以内蒙古中东部、京津冀和黄淮海平原、长三角地区、黄土高原、西南地区、西北地区及华南和东南沿海为主体，建设非粮作物优势区。

巩固提升畜牧产品优势区。以东北及内蒙古、华南地区、西北地区、西南地区、黄淮海平原及长江流域为主体，建设畜牧产品优势区。提升综合供给能力和生产效益，优化主导产品结构，提高优势产区商品率。引导生猪和家禽生产向粮食主产区集中，鼓励西部地区生猪和家禽生产。以牧区与半农半牧区、东北地区、中原地区、南方草山草坡地区为主体，建设肉牛和肉羊生产繁育优势区。积极发展现代草原畜牧业，根据环境容量调整区域养殖布局，统筹协调北方干旱半干旱草原区、青藏高寒草原区、东北华北湿润半湿润草原区和南方草地区牧业发展与草原保护的关系。优化畜禽养殖结构，发展草食畜牧业，形成规模化生产、集约化经营为主导的产业发展格局。充分发挥长江经济带上游地区优势，大力发展以草食畜牧业为代表的特色生态农业。严格保护草地资源，全国8个主要牧区省（区）草原总面积保持在3亿公顷以上。

加快培育水产品优势区。以东南沿海、黄渤海、长江中下游等养殖优势区为中心，充分发挥区域水资源和水环境优势，建设形成产品优势明显、产业规模较大、国际竞争力显著的水产品优势区。加大重要渔业水域和养殖水面保护力度，强化国家级水产种质资源保护区建设。加强海水养殖区建设和维护。统筹养殖用海与旅游、生态等用海空间，严格保护海水养殖用海、用地，保障渔民生产生活和现代化渔业发展用海需求，到 2030 年海水养殖用海功能区面积不少于 260 万公顷。加强传统优势渔场保护和建设，控制近海捕捞强度。促进传统渔场渔业资源恢复，加强海洋牧场建设。

调整重点工业布局。坚持走中国特色新型工业化道路，充分发挥工业对国民经济发展的重要支撑作用，积极优化产业布局，改造提升传统工业，培育壮大战略性新兴产业，强化工业基础能力，打造一批具有国际竞争力的智能、绿色、低碳先进制造业基地。

重点建设煤炭和电力基地。按照"控制东部、稳定中部、发展西部"的总体安排，立足资源禀赋、市场区位、环境容量、水资源承载能力等因素，确定煤炭产业发展格局。加大中西部地区资源开发与生态环境保护统筹协调力度，有序推进陕北、黄陇、神东、蒙东、宁东、晋北、晋中、晋东、云贵和新疆等煤炭基地建设，并建设形成若干大型煤电基地。发展绿色水电产业带，在做好生态环境保护和移民安置的前提下，以西南地区金沙江、雅砻江、大渡河、澜沧江等河流为重点，积极有序推进大型水电基地建设。以保证安全为前提，稳步推进核电站建设。有序建设华北、东北、西北地区大型风电和太阳能发电项目，加快推进海上风电规模化发展。

提升发展石油化工和煤炭转化产业基地。发挥区域比较优势，引导产业集中布局和调整升级。东部沿海地区，充分利用国内外资源，建设世界级石化产业基地；中西部地区，充分依托资源优势，稳步发展石油化工产业。在水资源条件和生态环境较好的煤炭净调出省区，开展煤炭清洁高效转化示范，在资源环境可承载前提下，规划建设煤炭转化产业基地。推进长江上游地区页岩气勘查开发。

优化布局钢铁产业基地。调整东部沿海钢铁基地布局，通过兼并重组、加快淘汰落后产能、减量调整，提高产业附加值，促进精品钢铁基地建设。推进中部地区钢铁产业结构调整升级，引导产业向沿江或资源地集中布局。充分发挥西部地区沿边优势，结合"一带一路"基础设施互联互通建设和国际产能合作，积极开展对外合作。

有序建设有色金属产业基地。发挥资源优势，在中西部地区适度建设有色金属深加工基地。利用进口铜、镍等原料，在沿海地区合理布局建设有色金属基地。加强稀土等资源保护力度，合理控制开发利用规模，促进新材料及应用产业有序发展。

集聚发展装备制造业基地。以提高制造业创新能力和基础能力为重点，推进信息技术与制造技术深度融合，培育制造业新优势。鼓励东部和东北地区重点发展高端装备、高水平基础零部件产业，加大研发力度，提升自主创新能力，重点在京津冀、长江三角洲、珠江三角洲、辽中南、哈长等地区建设具有国际竞争力的综合性重大装备产业基地。促进中部地区重点发展工程机械、重型矿山装备、轨道交通、农业机械和输变电设备，推动长江中游、晋中、皖江等地区产业优化升级，形成具有区域竞争优势的装备制造业生产基地。支持成渝、呼包鄂榆、黔中、北部湾等西部重点地区，充分利用现有产业基础，有序承接产业转移，形成装备制造业综合配套基地。

积极培育战略性新兴产业集聚区。加强前瞻布局，促进科技与产业深度融合，加快培育壮大节能环保、新一代信息通信技术、生物、高端装备制造、新能源、新材料、新能源汽车、数字创意等战略性新兴产业，逐步打造一批新兴主导产业。引导产业合理布局，实现区域错位互补发展，避免同质化。依托现有优势产业集聚区，培育形成一批创新能力强、集聚程度高的战略性新兴产业集聚区。

培育现代服务业集聚发展区域。充分发挥现代服务业对产业结构优化升级的拉动作用，推动生产性服务业向专业化和价值链高端延伸、生活性服务业向精细化和高品质转变。积极培育现代服务业中心、国内贸易中心，着力发展生态旅游产业等新型业态，不断提高服务业的发展水平和综合竞争力。推动信息技术与产业发展深度融合，带动生产模式和组织方式变革，形成网络化、智能化、服务化、协同化的产业发展新形态。

加快现代服务业中心建设。以京津冀、长江三角洲、珠江三角洲等地区为核心，建设服务全国、面向世界的现代服务业中心，大力发展金融、设计、文化创意、科技服务、咨询、软件信息服务、服务外包、商务会展、国际航运等高技术服务业和现代服务业。充分发挥长江中游、成渝、关中、辽中南、山东半岛、中原等地区的产业优势，形成区域性现代服务业中心。支撑生产性服务业和生活性服务业集聚区建设，加快健康养老、教育培训、文化娱乐、体育健身等产业发展，促进大中城市尽快形成以服务经济为主的产业结构。继续开展国家服务业综合改革试点，推动国家服务业发展示范区建设。

推动物流贸易中心有序发展。加快推进重点物流区域和联通国际国内的物流通道建设，重点打造面向中亚、南亚、西亚的战略物流枢纽及面向东盟的陆海联运、江海联运节点和重要航空港。建设京津冀、长江三角洲、珠江三角洲、长江中游、成渝、关中—天水、中原、哈长等重要商业功能区，优化流通节点城市布局。支持沿边地区建设国际商贸和物流中心，合理布局区域物流中心。规划建设服务贸易功能区，在有条件的地区开展服务贸易创新发展试点。依托现有各类开发区和自由贸易试验区规划建设一批特色服务出口基地。

促进生态旅游产业健康发展。充分利用国土空间的多种形态和功能，因地制宜、突出特色，发展生态旅游产业。内蒙古草原、东北林区、三江源、香格里拉、长江三峡、武夷山区、武陵山区、青藏铁路沿线、海南岛等区域，积极发挥特色资源优势，在保护自然生态的前提下，发展观光、度假、特种旅游等产业。鼓励利用废弃矿山、边远海岛等开发旅游项目。

第五章 分类保护

坚持保护优先、自然恢复为主的方针，以改善环境质量为核心，根据不同地区国土开发强度的控制要求，综合运用管控性、激励性和建设性措施，分类分级推进国土全域保护，维护国家生态安全和水土资源安全，提高生态文明建设水平。

第一节 构建"五类三级"国土全域保护格局

以资源环境承载力评价为基础，依据主体功能定位，按照环境质量、人居生态、自然生态、水资源和耕地资源5大类资源环境主题，区分保护、维护、修复3个级别，将陆域国土划分为16类保护地区，实施全域分类保护。

按照资源环境主题实施全域分类保护。对开发强度较高、环境问题较为突出的开发集聚区，实行以大气、水和土壤环境质量为主题的保护；对人口和产业集聚趋势明显、人居生态环境问题逐步显现的其他开发集聚区，实行以人居生态为主题的保护；对重点生态功能区，实行以自然生态为主题的保护；对水资源供需矛盾较为突出的地区，实行以水资源为主题的保护；对优质耕地集中地区，实行以耕地资源为主题的保护。

表 2　国土分类分级保护

保护主题	保护类别	范　围	保护措施
环境质量	环境质量与人居生态修复区	环渤海、长江三角洲、珠江三角洲等地区	加强水环境、大气环境、土壤重金属污染治理，科学推进河湖水系联通，构建多功能复合城市绿色空间。
	环境质量与水资源维护区	呼包鄂榆、兰州—西宁、天山北坡等地区	加强大气环境和水环境治理，调整产业结构，严格用水总量控制。
	环境质量与优质耕地维护区	哈长、冀中南、晋中、关中—天水、皖江、长株潭、成渝、东陇海等地区	强化水环境、大气环境和土壤环境治理；加强优质耕地保护与高标准农田建设。
	环境质量维护区	黄河龙门至三门峡流域陕西段、山西段，贵州西部、云南北部等地区	改善区域水环境质量，提高防范地震和突发地质灾害的能力。
人居生态	人居生态与优质耕地维护区	武汉都市圈、环鄱阳湖、海峡西岸、北部湾等地区	保护城市绿地和湿地系统，治理河湖水生态环境，科学推进河湖水系联通，保护优质耕地。
	人居生态与环境质量维护区	滇中、黔中地区	加强滇池流域湖体水体污染综合防治，开展重金属污染防治和石漠化治理。
	人居生态维护区	藏中南地区	加强草原和流域保护，构建以自然保护区为主体的生态保护格局。

续表

保护主题	保护类别	范围	保护措施
自然生态	水源涵养保护区	阿尔泰山地、长白山、祁连山、大小兴安岭、若尔盖草原、甘南地区、三江源地区、南岭山地、淮河源、珠江源、京津水源地、丹江口库区、赣江—闽江源、天山等地区	维护或重建湿地、森林、草原等生态系统；开展生态清洁小流域建设，加强大江大河源头及上游地区的小流域治理和植树造林种草。
	防风固沙保护区	呼伦贝尔草原、塔里木河流域、科尔沁草原、浑善达克沙地、阴山北麓、阿尔金草原、毛乌素沙地、黑河中下游等地区	加大退耕还林还草、退牧还草力度，保护沙区湿地，对主要沙尘区、沙尘暴频发区，加大防沙治沙力度，实行禁牧休牧和封禁保护管理。
	水土保持保护区	桂黔滇石漠化地区、黄土高原、大别山山区、三峡库区、太行山地、川滇干热河谷等地区	加强水土流失预防，限制陡坡垦殖和超载过牧，加强小流域综合治理，加大石漠化治理和矿山环境整治修复力度。
	生物多样性保护区	藏西北羌塘高原、三江平原、武陵山区、川滇山区、海南岛中部山区、藏东南高原边缘地区、秦巴山区、辽河三角洲湿地、黄河三角洲、苏北滩涂湿地、桂西南山地等地区	保护自然生态系统与重要物种栖息地，防止开发建设破坏栖息环境。

续表

保护主题	保护类别	范围	保护措施
自然生态	自然生态保护区	新疆塔克拉玛干沙漠、古尔班通古特沙漠、青海柴达木盆地、内蒙古巴丹吉林沙漠、腾格里沙漠、乌兰布和沙漠、藏北高原，青藏高原南部山地等地区	减少人类活动对区域生态环境的扰动，促进生态系统的自我恢复。推进防沙治沙。
	自然生态维护区	青藏高原南部、淮河中下游湿地、安徽沿江湿地、鄱阳湖湿地、长江荆江段湿地、洞庭湖区等地区	限制高强度开发建设，减少人类活动干扰；植树种草，退耕还林还草；保护湿地生态系统，退田还湖，增强调蓄能力。
水资源	水资源与优质耕地维护区	海河平原、淮北平原、山东半岛等地区	合理配置水资源，加强地下水超采治理，提高水资源利用效率，改善区域水环境质量；加强基本农田建设与保护。
	水资源短缺修复区	内蒙古西部、嫩江江桥以下流域、沿渤海西部诸河流域、新疆哈密等地区	严格控制水资源开发强度，加强地下水超采治理，加强水资源节约集约利用，降低水资源损耗。
耕地资源	优质耕地保护区	松嫩平原、辽河平原、黄泛平原、长江中下游平原、四川盆地、关中平原、河西走廊、吐鲁番盆地、西双版纳山间河谷盆地等地区	大力发展节水农业，控制非农建设占用耕地，加强耕地和基本农田质量建设。

依据开发强度实施国土分级保护。对京津冀、长江三角洲、珠江三角洲等优化开发区域，实施人居生态环境修复，优化开发，强化治理，从根本上遏制人居生态环境恶化趋势；对重点开发区域实施修复和维护，有序开发，改善人居生态环境；对重点生态功能区和农产品主产区实施生态环境保护，限制开发，巩固提高生态服务功能和农产品供给能力。

第二节　推进人居生态环境保护

修复三大优化开发区域人居生态环境。以大气、水和土壤环境综合治理为重点，修复京津冀地区、长江三角洲地区、珠江三角洲地区的人居生态环境，优化人居生态格局。

严格限制高污染项目建设。依法淘汰钢铁、水泥、化工、有色等行业落后产能，有效控制区域性复合型大气污染。严格控制造纸、印染、制革、农药、氮肥等行业新建单纯扩大产能项目，强化海河北系北京段和海河南系天津段水体以及太湖等重点河湖污染治理，加强入海河流小流域综合整治和近岸海域污染防治，减少长江口、杭州湾、珠江口陆源污染物排放。加大土壤重金属污染治理力度，推动有色金属冶炼、皮革、电镀、铅酸蓄电池等行业技术更新改造，减少污染排放。限制京津冀地区高耗水行业发展，推进节水技术改造，提高工业用水循环利用率，在地下水漏斗区和海水入侵区实施地下水禁采和限采政策，加强地下水污染防治。

以恢复和保障城市生态用地为重点，强化城市园林绿地系统建设。通过规划建设绿心、绿楔、绿带、绿廊等结构性绿地，加强城乡生态系统之间的连接。以太行山、燕山、大清河、永定河、潮白河、滨海湿地等生态廊道为主体，构建京津冀地区生态格局；以长江、钱塘江、太湖、京杭大运河、宜溧山区、天目山—四明山以及沿海生态廊道为主体，构建长江三角洲地区生态格局；以粤北山地丘陵、近海岛屿湿地和珠江水系为主体，构建珠江三角洲地区生态格局。

维护重点开发区域人居生态环境。辽中南、哈长等地区，发挥东北森林带生态安全屏障作用，强化水源地、森林资源和生物多样性保护，逐步恢复松嫩平原湿地，推进松花江、嫩江、辽河等流域和近岸海域污染防治。冀中南、晋中、中原等地区，推进区域大气污染防治。长江中游和皖江地区，强化鄱阳湖、洞庭湖、汉江、湘江、巢湖等河湖生态建设和保护，扩大湖泊湿地空间，增强湖泊自净功能，防治土壤重金属污染和面源污染。成渝地区，加强长江、嘉陵江、岷江、沱江、涪江等流域水土流失防治，强化水污染治理、水生生物资源恢复和地质灾害防治。呼包鄂榆、宁夏沿黄、关中—天水、兰州—西宁、天山北坡等地区，严格限制高耗水行业发展，提高水资源利用水平，控制采暖期煤烟型大气污染。黔中地区，强化石漠化治理、地质灾害防治和大江大河防护林建设，构建长江和珠江上游地区生态屏障。滇中地区，推进以滇池为重点的高原湖泊水体污染综合防治，强化酸雨污染防治。藏中南地区，加强耕地和草地保护，加大水土保持力度。

改善农村人居生态环境。严格工业项目环境准入，防止城市和工业污染向农村转移。加强农业面源污染防治，加大种养业特别是规模化畜禽养殖污染防治力度，保持饮用水源和土壤质量安全。大力推进测土配方施肥，科学施用化肥、农药，实现化肥、农药使用量零增长，推动生态农业和有机农业发展。全面推进农村垃圾治理，加快农村生活污水治理和改厕，推广节能环保型炉灶，改善农村居民生活环境。加强村庄整体风貌保护与设计，注重保留当地传统文化，切实保护自然人文景观及生态环境。

第三节 强化自然生态保护

划定并严守生态保护红线。依托"两屏三带"为主体的陆域生态安全格局和"一带一链多点"的海洋生态安全格局，将水源涵养、生物多样性维护、水土保持、防风固沙等生态功能重要区域，以及生态环境敏感脆弱区域进行空间叠加，划入生态保护红线，涵盖所有国家级、省级禁止开发区域，以及有必要严格保护的其他各类保护地等。生态保护红线原则上按禁止开发区域的要求进行管理，严禁不符合主体功能定位的各类开发活动，严禁任意改变用途，确保生态保护红线功能不降低、面积不减少、性质不改变，保障国家生态安全。

加强重点生态功能区保护。具备水源涵养、防风固沙、水土保持、生物多样性维护等功能的国家重点生态功能区，以保护修复生态环境、提供生态产品为首要任务，编制实施产业准入负面清单，因地制宜发展不影响主体功能定位的产业，限制大规模工业化和城镇化开发，引导超载人口逐步有序转移。实施更加严格的区域产业环境准入标准，提高各类重点生态功能区中城镇化、工业化和资源开发的生态环境准入门槛。着力建设国家重点生态功能区，进一步加大中东部人口密集地区的生态保护力度，拓展重点生态功能区覆盖范围。

提高重点生态功能区生态产品供给能力。大小兴安岭、长白山、阿尔泰山地、三江源地区、若尔盖草原、甘南地区、祁连山、南岭山地、西藏东部、四川西部等水源涵养生态功能区，加强植树种草，维护或重建湿地、森林、草原等生态系统。塔里木河流域、阿尔金草原、呼伦贝尔草原、科尔沁草原、浑善达克沙地、阴山北麓等防风固沙生态功能区，加大退牧还草力度，开展禁牧休牧和划区轮牧，恢复草原植被。将25度以上陡坡耕地中的基本农田有条件地改划为非基本农田。黄土高原、东北漫川漫岗区、大别山山区、桂黔滇岩溶地区、三峡库区、丹江口库区等水土保持生态功能区，加大水土流失综合治理力度，禁止陡坡垦殖和超载过牧，注重自然修复恢复植被。川滇山区、秦巴山区、藏东南高原边缘地区、藏西北羌塘高原、三江平原、武陵山区、海南岛中部山区等生物多样性生态功能区,加强自然保护区建设力度,严防开发建设破坏重要物种栖息地及其自然生态系统。

促进其他自然生态地区保护。稳定南岭地区、长江中游、青藏高原南部等天然林地和草地数量,降低人为扰动强度,限制高强度开发建设,恢复植被。加强罗布泊、塔克拉玛干沙漠、古尔班通古特沙漠、腾格里沙漠、阿尔金草原、藏北高原、横断山区等生态极度脆弱地区保护,推进防沙治沙,促进沙漠、戈壁、高寒缺氧地区生态系统的自我恢复。

建立生物资源保护地体系。以自然保护区为主体,以种质资源保护区、禁猎区、禁伐区、原生境保护小区(点)等为补充,建立重要生物资源就地保护空间体系,加强生物多样性保护。建设迁地保护地体系,科学合理开展物种迁地保护。强化种质资源保存,建立完善生物遗传资源保存体系。建立外来入侵物种监测预警及风险管理机制,加强外来入侵物种和转基因生物安全管理。

表3 重点区域生物资源保护

重点区域	保护重点
北方山地平原区	重点建设沼泽湿地和珍稀候鸟迁徙地、繁殖地自然保护区;在蒙新高原草原荒漠区,重点加强野生动植物资源遗传多样性和特有物种保护;在华北平原黄土高原区,重点加强水源涵养林保护。
青藏高原高寒区	高寒荒漠生物资源。
西南高山峡谷区	横断山区森林生态系统和珍稀物种资源。
中南西部山地丘陵区	桂西、黔南等岩溶地区动植物资源。
华东华中丘陵平原区	长江中下游沿岸湖泊湿地和局部留存的古老珍贵植物资源,主要淡水经济鱼类和珍稀濒危水生生物资源。

续表

重点区域	保护重点
华南低山丘陵区	滇南地区和海南岛中南部山地特有野生动物和热带珍稀植物资源。
渤海湾滨海湿地和黄海滩涂湿地分布区	特有生物资源。

第四节 严格水资源和耕地资源保护

加强水资源保护。严格保护和加快修复水生态系统，加强水源涵养区、江河源头区和湿地保护，开展内源污染防治，推进生态脆弱河流和地区水生态修复。科学制定陆域污染物减排计划，推进水功能区水质达标，依法划定饮用水水源保护区，开展重要饮用水水源地安全保障体系达标建设，强化饮用水水源应急管理，到2020年城市供水水源地原水水质基本达标。严格河湖占用管理，缓解缺水地区水资源供需矛盾。西北缺水地区，合理安排农牧业、工业和城镇生活用水，加快转变农业用水方式，根据水资源承载能力，合理确定土地开发规模，严格限制高耗水工业和服务业发展，严禁挤占生态用水；西南缺水地区，加快水源工程建设，提高城乡供水保障能力；华北缺水地区，优化水资源配置，调整农业种植结构，实施节水和地下水压采，限制高耗水行业发展。

强化耕地资源保护。严守耕地保护红线，坚持耕地质量数量生态并重。严格控制非农业建设占用耕地，加强对农业种植结构调整的引导，加大生产建设和自然灾害损毁耕地的复垦力度，适度开发耕地后备资源，划定永久基本农田并加以严格保护，2020年和2030年全国耕地保有量分别不低于18.65亿亩（1.24亿公顷）、18.25亿亩（1.22亿公顷），永久基本农田保护面积不低于15.46亿亩（1.03亿公顷），保障粮食综合生产能力5500亿公斤以上，确保谷物基本自给。实施耕地质量保护与提升行动，有序开展耕地轮作休耕，加大退化、污染、损毁农田改良修复力度，保护和改善农田生态系统。加强北方旱田保护性耕作，提高南方丘陵地带酸化土壤质量，优先保护和改善农田土壤环境，加强农产品产地重金属污染防控，保障农产品质量安全。建立完善耕地激励性保护机制，加大资金、政策支持，对落实耕地保护义务的主体进行奖励。加强优质耕地保护，强化辽河平原、三江平原、松嫩平原等区域黑土地农田保育，强化黄淮海平原、关中平原、河套平原等区域水土资源优化配置，加强江汉平原、洞庭湖平原、鄱阳湖平原、四川盆地等区域平原及坝区耕地保护，促进稳产高产商品粮棉油基地建设。

第五节 加强海洋生态环境保护

构建海洋生态安全格局。统筹海洋生态保护与开发利用，逐步建立类型全面、布局合理、功能完善的保护区体系，严格限制保护区内干扰保护对象的用海活动，恢复和改善海洋生态环境，强化以沿海红树林、珊瑚礁、海草床、湿地等为主体的沿海生态带建设，保护海洋生物多样性。依法禁止在重点海湾等区域实施围填海作业。严格控制开发利用海岸线，加强自然岸线保护，到2030年自然岸线保有率不低于35%。

加大海洋环境保护力度。坚持海陆统筹、河海兼顾的原则，以陆源防治为重点，加强重点河口、海湾综合整治，逐步实施沿海城市和入海河流总氮污染防治，强化入海排污口监管，积极治理船舶污染，增强港口码头污染防治能力，推进水产养殖污染防控，严格控制海上倾废，加强海岛综合整治、生态保护修复，提高近岸海域环境监管、环境风险防范和应急处置能力，建立海陆统筹、区域联动的海洋生态环境保护修复机制，有效改善近海海域环境质量。

第六章 综合整治

构建政府主导、社会协同、公众参与的工作机制，加大投入力度，完善多元化投入机制，实施综合整治重大工程，修复国土功能，增强国土开发利用与资源环境承载能力之间的匹配程度，提高国土开发利用的效率和质量。

第一节 推进形成"四区一带"国土综合整治格局

分区域加快推进国土综合整治。以主要城市化地区、农村地区、重点生态功能区、矿产资源开发集中区及海岸带（即"四区一带"）和海岛地区为重点开展国土综合整治。开展城市低效用地再开发和人居环境综合整治，优化城乡格局，促进节约集约用地，改善人居环境；农村地区实施田水路林村综合整治和高标准农田建设工程，提高耕地质量，持续推进农村人居环境治理，改善农村生产生活条件；生态脆弱和退化严重的重点生态功能区，以自然修复为主，加大封育力度，适度实施生态修复工程，恢复生态系统功能，增强生态产品生产能力；矿产资源开发集中区加强矿山环境治理恢复，建设绿色矿山，开展工矿废弃地复垦利用；海岸带和海岛地区修复受损生态系统，提升环境质量和生态价值。

第二节 实施城市化地区综合整治

推动低效建设用地再开发。坚持统筹规划、明晰产权、利益共享、规范运作，以棚户区和城中村改造、城区老工业区搬迁改造为重点，积极稳妥推进低效建设用地再开发。坚持集中成片改造、局部改造、沿街改建相结合，推进城镇建设用地集约利用，保障人居环境安全，确保城区污染场地无害化再利用；依法处置闲置土地，鼓励盘活低效用地，推进工业用地改造升级和集约利用；以大中城市周边区域为重点，分类开展城中村改造，改善生产生活条件，增加建设用地有效供给。严格保护具有历史文化和景观价值的传统建筑，保持城乡特色风貌。

加强城市环境综合治理。推进城市大气、水、土壤污染综合治理，完善城镇污水、垃圾处理等环保基础设施。强化重点区域大气污染防治联防联控，严格控制大气污染物排放总量，逐步消除重污染天气，切实改善大气环境质量。推进绿道网络建设，联接城乡绿色空间，形成有利于改善城市生态环境质量的生态缓冲地带。发展立体绿化，加快公园绿地建设，完善居住区绿化。强化城市山体、水体、湿地、废弃地等生态修复，构建城市现代化水网体系，建设生态景观廊道。加强地质灾害综合防治，以长江三角洲、华北平原、松嫩平原、汾渭盆地等地区为重点，实施城市地质安全防治工程，开展地面沉降、地面塌陷和地裂缝治理，修复城市地质环境，保障人民群众生命财产安全。

第三节 推进农村土地综合整治

加快田水路林村综合整治。以耕地面积不减少和质量有提高、建设用地总量减少、农村生产生活条件和生态环境改善为目标，按照政府主导、整合资金、维护权益的要求，整体推进田水路林村综合整治，规范开展城乡建设用地增减挂钩。加强乡村土地利用规划管控。全面推进各类低效农用地整治，调整优化农村居民点用地布局，加快"空心村"整治和危旧房改造，完善农村基础设施与公共服务设施。稳步推进美丽宜居乡村建设，保护自然人文景观及生态环境，传承乡村文化景观特色。

推进高标准农田建设。大规模建设高标准农田，整合完善建设规划，统一建设标准、监管考核和上图入库。统筹各类农田建设资金，做好项目衔接配套，形成工作合力。在东北平原、华北平原、长江中下游平原、四川盆地、陕西渭河流域、陕北黄土高原沟壑区、山西汾河谷地和雁北地区、河套平原、海南丘陵平原台地区、鄂中鄂北丘陵岗地区、攀西安宁河谷地区、新疆天山南北麓绿洲区等有关县（市），开展土地整治工程，适度开发宜耕后备土地，全面改善相关区域农田基础设施条件，提高耕地质量，巩固提升粮食综合生产能力。

实施土壤污染防治行动。开展土壤污染调查，掌握土壤环境质量状况。对农用地实施分类管理，保障农业生产环境安全。对建设用地实施准入管理，防范人居环境风险。强化未污染土壤保护，严控新增土壤污染，加强污染源监管，开展污染治理与修复，改善区域土壤环境质量。在江西、湖北、湖南、广东、广西、四川、贵州、云南等省份受污染耕地集中区域优先组织开展治理与修复。建设土壤污染综合防治先行区。

第四节 加强重点生态功能区综合整治

强化水源涵养功能。在大小兴安岭、长白山、阿尔泰山地、三江源地区、甘南地区、南岭山地、秦巴山区、六盘山、祁连山、太行山—燕山等重点水源涵养区，严格限制影响水源涵养功能的各类开发活动，重建恢复森林、草原、湿地等生态系统，提高水源涵养功能。实施湿地恢复重大工程，积极推进退耕还湿、退田还湿，采取综合措施，恢复湿地功能。开展水和土壤污染协同防治，综合防治农业面源污染和生产生活用水污染。

增强水土保持能力。加强水土流失预防与综合治理，在黄土高原、东北黑土区、西南岩溶区实施以小流域为单元的综合整治，对坡耕地相对集中区、侵蚀沟及崩岗相对密集区实施专项综合整治，最大限度地控制水土流失。结合推进桂黔滇石漠化片区区域发展与扶贫攻坚，实施石漠化综合整治工程，恢复重建岩溶地区生态系统，控制水土流失，遏制石漠化扩展态势。

提高防风固沙水平。分类治理沙漠化，在嫩江下游等轻度沙漠化地区，实施退耕还林还草和沙化土地治理；在准噶尔盆地边缘、塔里木河中下游、塔里木盆地南部、石羊河下游等重度荒漠化地区，实施以构建完整防护体系为重点的综合整治工程；在内蒙古、宁夏、甘肃、新疆等地的少数沙化严重地区，实行生态移民，实施禁牧休牧，促进区域生态恢复。重点实施京津风沙源等综合整治工程，加强林草植被保护，对公益林进行有效管护，对退化、沙化草原实施禁牧或围栏封育。在适宜地区推进植树种草，实施工程固沙，开展小流域综合治理，大力发展特色中草药材种植、特色农产品生产加工、生态旅游等沙区特色产业。

第五节　加快矿产资源开发集中区综合整治

实施矿山环境治理。开展矿山地质环境恢复和综合治理，推进历史遗留矿山综合整治，稳步推进工矿废弃地复垦利用，到2030年历史遗留矿山综合治理率达到60%以上。严格落实新建和生产矿山环境治理恢复和土地复垦责任，完善矿山地质环境治理恢复等相关制度，依法制定有关生态保护和恢复治理方案并予以实施，加强矿山废污水和固体废弃物污染治理。

加快绿色矿山建设。进一步完善分地区分行业绿色矿山建设标准体系，全面推进绿色矿山建设，在资源相对富集、矿山分布相对集中的地区，建成一批布局合理、集约高效、生态优良、矿地和谐的绿色矿业发展示范区，引领矿业转型升级，实现资源开发利用与区域经济社会发展相协调。到2030年，全国规模以上矿山全部达到绿色矿山标准。

第六节　开展海岸带和海岛综合整治

加强海岸带修复治理。推进渤海湾、江苏苏北沿海、福建厦门—平潭沿海、广东珠江口等海岸带功能退化地区综合整治，恢复海湾、河口海域生态环境。加强陆源污染控制，削减入海河流污染负荷。严格执行养殖废水排放标准，控制养殖尾水排放。提高污水、垃圾收集处理率，改善海岸带旅游区环境。推进近岸海域生态恢复，整治受损岸线，重点对自然景观受损严重、生态功能退化、防灾能力减弱、利用效率低下的海域海岸带进行修复整治，到2030年完成整治和修复海岸线长度2000千米以上。

推进海岛保护整治。重点推进有居民海岛整治、拟开发海岛与偏远海岛基础设施改善与整治，保护海岛自然资源和生态环境，治理海岛水土流失和污染。加强领海基点海岛保护工程建设，修复生态受损的领海基点海岛。规范无居民海岛开发利用，保护修复生态环境。

第七章 联动发展

适应新形势新要求，以区域合作为重点促进区域一体化发展，积极推动重点地区率先发展，大力支持老少边贫等特殊地区加快发展。深化开放合作，加强区域联动，着力构建更加开放、和谐的国土开发格局。

第一节 推进区域一体化发展

以加快推进区域合作为重点促进区域一体化发展。依托国土开发轴带，进一步打破行政区划限制，鼓励和支持开发集聚区在国土开发保护、基础设施建设、市场体系构建等重点领域开展合作，促进产业承接转移，实现要素跨区域自由流动和优化组合，全面提升合作层次和水平。

充分发挥国土开发轴带的集聚和连通作用，加快构建综合运输通道，促进国土开发轴带沿线地区要素流动与产业协作，推进形成沿重点开发轴带的城镇、产业密集带。依托长江经济带和丝绸之路经济带，引导东部沿海地区产业向中西部地区有序转移，鼓励中西部地区运用企业协作、园区共建等形式，不断创新与东部地区进行全方位合作的途径与模式。

支持京津冀、长江三角洲、珠江三角洲、长江中游、成渝等开发集聚区加快一体化进程，加强在基础设施、产业发展、生态环境、公共服务、社会管理等方面的合作，构建互联互通的基础设施网络和资源要素市场体系，消除市场壁垒，促进生产要素跨区域自由流动。

健全区域协调发展机制，加强跨区域和全流域的协调协作。完善对口支援制度和措施，通过发展飞地经济、共建园区等合作平台，建立互利共赢、共同发展的互助机制。建立健全生态保护补偿、资源开发补偿等区际利益平衡机制。

发挥重点地区的引领带动作用。推进国家级新区、国家级综合配套改革试验区、重点开发开放试验区等各类重点功能平台建设，促进各类功能区有序发展。鼓励东部沿海地区主动融入经济全球化和区域一体化，全面参与国际分工与合作。加快推进上海、广东、天津、福建等自由贸易试验区建设。加强陆海统筹，着力培育一批新的海洋经济增长极，推动形成我国北部、东部、南部三个海洋经济圈。在中西部地区，培育长江中游、成渝等经济基础良好、资源环境承载力强、发展潜力较大的地区成为新的经济增长极。鼓励改革试验区创新发展，加快开发开放步伐，积累创新实践经验，为统筹城乡区域协调发展和优化国土空间开发格局提供经验示范。

第二节　支持特殊地区加快发展

加快革命老区、民族地区、边疆地区、贫困地区跨越式发展。进一步加大财政转移支付和政策扶持力度，加强交通、能源、水利、信息通信等基础设施建设，大力发展特色优势产业，提高教育、卫生、文化、社会保障等公共服务水平，加大生态建设与环境保护力度，加快完善有利于提升自我发展能力的长效机制。集中力量扶持革命老区加快发展，大力推动赣闽粤原中央苏区、陕甘宁、大别山、左右江、川陕等重点贫困革命老区振兴发展，积极支持沂蒙、湘鄂赣、太行、海陆丰等欠发达革命老区加快发展，强化基础、改善环境、创新机制、激发活力，建设革命传统和爱国主义教育基地，发展红色文化产业、旅游业等特色产业。大力支持民族地区加快发展，加强东西部协作、跨省区对口支援和对口帮扶工作。推进新疆优势资源开发，加强农业、水利、交通等基础能力建设，促进经济社会跨越式发展；推进宁夏节水型社会建设，强化农业基础地位，高水平建设宁东能源化工基地；推进广西沿海沿江率先发展，发展特色产业，增强区域辐射带动能力；推进内蒙古生态建设和环境保护，发展现代农牧业，构建多元化现代产业体系；推进西藏和青海等四省藏区加快发展，促进优势特色产业发展，改善农牧区生产生活条件。推进边境城市和重点开发开放试验区等建设，支持新疆建成向西开放的重要窗口、西藏建成面向南亚开放的重要通道、云南建成面向南亚东南亚的辐射中心、广西建成面向东盟的国际大通道；支持黑龙江、吉林、辽宁、内蒙古建成向北开放的重要窗口和东北亚区域合作的中心枢纽；加快建设面向东北亚的长吉图开发开放先导区。加大扶贫开发力度，创新扶贫开发方式，健全精准扶贫工作机制，实施集中连片贫困地区脱贫攻坚，全面实施教育、卫生、文化、就业、社会保障、贫困村信息化等民生工程，培育壮大一批特色优势产业，增强自我发展能力。

支持资源枯竭地区等困难地区转型发展。加大政策扶持力度，促进资源枯竭、产业衰退、生态严重退化等困难地区发展接续替代产业，促进资源型地区转型创新，形成多点支撑、多业并举、多元发展新格局。坚持分类指导、差异发展，构建有利于困难地区可持续发展的长效机制。推进资源型地区产业结构优化升级，鼓励有条件的地区培育壮大接续替代产业，着力解决就业、社会保障等民生问题，加强环境整治和生态保护，加大地质找矿力度，挖掘资源潜力。进一步加大对资源枯竭型城市转移支付力度，统筹解决历史遗留问题，实现经济社会可持续发展。全面推进老工业区、独立工矿区、采煤沉陷区改造转型。支持产业衰退的老工业城市加快转型，健全过剩产能行业集中地区过剩产能退出机制。加大生态严重退化地区修复治理力度，有序推进生态移民。加快推进国有林场和林区改革。

第三节　提高开放合作水平

构建全方位对外开放格局。实行更加积极主动的开放政策，统筹各类合作机制和平台，完善互利共赢、多元平衡、安全高效的开放型经济体系，充分发挥国内各地区比较优势，促进沿海沿边内陆开放优势互补，全面提升开放型经济水平。大力推进"一带一路"建设和国际产能合作，带动我国相关领域产品、技术、标准、服务出口。陆上依托国际大通道，以沿线中心城市为支撑，以重点经贸产业园区为合作平台，共同打造新亚欧大陆桥、中蒙俄、中国—中亚—西亚、中国—中南半岛、中巴、孟中印缅等国际经济合作走廊；海上以重点港口为节点，共同建设通畅安全高效的运输大通道。

加快建设面向国际的综合交通枢纽和开发开放基地，发展建设面向国际区域合作的陆路边境口岸城镇。以新疆喀什、霍尔果斯等经济开发区，广西东兴、云南勐腊、云南瑞丽、内蒙古满洲里、内蒙古二连浩特、黑龙江绥芬河等重点开发开放试验区，以及中国图们江区域（珲春）国际合作示范区等地区为重点，大力发展外向型优势产业，建设能源资源进口加工基地，发展国际商贸物流园区和集散中心，推进国际运输通道建设，加快建设沿边经济合作区、跨境经济合作区、跨境旅游合作区，将沿边地区发展成为兴边睦邻、合作共赢、提升国家综合实力的重要区域。

表4 重点建设的陆路边境口岸城镇

1. 面向东北亚 丹东、集安、临江、长白、和龙、图们、珲春、黑河、绥芬河、抚远、同江、东宁、满洲里、二连浩特、甘其毛都、策克
2. 面向中亚西亚 喀什、霍尔果斯、伊宁、博乐、阿拉山口、塔城
3. 面向东南亚 东兴、凭祥、宁明、龙州、靖西、那坡、瑞丽、磨憨、畹町、河口

续表

4. 面向南亚
樟木、吉隆、亚东、普兰

提高国土资源领域开放合作水平。建立健全两种资源、两个市场运行机制，制定完善有效开发利用境外资源相关配套政策，加快"走出去"步伐，加强境外地质调查和勘查，支持具有实力的企业集团"走出去"，积极提升境外矿产资源开发利用的空间和能力，提高国家战略资源的优化配置和保障水平，建立稳定和谐互利的资源开发利用利益共享机制。建设海陆能源资源国际大通道，扩大国内短缺能源资源进口，加强石油等重要能源资源战略储备，推进技术交流与合作，鼓励引进先进的勘查开发技术、管理经验和高素质人才。

第八章 支撑保障

与国土集聚开发、分类保护和综合整治"三位一体"总体格局相适应，推动形成基础设施更加完善、资源保障更加有力、防灾减灾更加高效、体制机制更加健全的现代化基础支撑与保障体系。

第一节 加强基础设施建设

完善综合交通运输体系。适应多中心网络型国土空间开发格局建设需要，加快建设国际国内综合运输大通道，加强综合交通基础设施网络建设，构建由铁路、公路、水路、民航和管道共同组成的配套衔接、内通外联、覆盖广泛、绿色智能、安全高效的综合交通运输体系。

建设发达完善的铁路网。加快高速铁路、区际干线、国土开发性铁路建设，积极发展城际、市郊（域）铁路，完善区域铁路网络，优化城镇密集区交通网络。到2030年，全国铁路营业里程达到20万千米以上。

建设顺畅便捷的公路网。完善国家公路网，加快国家高速公路剩余路段建设，推进扩容路段建设，加强国省干线公路新改建，建设经济干线公路、口岸公路、港口集疏运公路、旅游公路和国边防公路，推进农村公路建设。到 2030 年，建成 580 万千米公路网。

完善现代化水运体系。重点建设内河高等级航道和沿海主要港口。到 2030 年，建成干支衔接、沟通海洋的内河航道系统；进一步优化环渤海、长江三角洲、珠江三角洲、东南沿海和西南沿海地区五大区域港口群布局，形成层次分明、优势互补、功能完善的现代港口体系。

完善机场布局体系。加快实施干线机场迁建、新建、改扩建工程，加大支线机场建设力度。到 2030 年，基本建成覆盖广泛、分布合理、功能完善、集约环保的现代化机场体系。

合理布局管道运输网络。统筹油气进口运输通道和国内储备系统建设，加快形成跨区域、与周边国家和地区紧密相连的油气运输通道。加快西北、东北、西南三大陆路进口原油和天然气干线管道建设，完善环渤海、长江三角洲、西南、东南沿海向内陆地区和沿江向腹地辐射的成品油输送管道，加强西北、东北成品油外输管道建设。完善成渝、环渤海、珠江三角洲、中南、长江三角洲等区域性天然气输送管网，形成连接主产区、消费地和储气点的全国基干管网。

加快水利基础设施建设。坚持节水优先、空间均衡、系统治理、两手发力，集中力量加快建设一批全局性、战略性重大水利工程，统筹加强中小型水利设施建设，提高水安全保障能力。推进江河流域系统整治，进一步夯实农村水利基础，加强水生态治理与保护，完善水利防灾减灾体系。

加强江河湖库防洪抗旱设施建设。继续推进大江大河大湖治理和蓄滞洪区建设。加快中小河流、重点平原涝区治理和城市排涝设施建设，加强山洪灾害防治、海堤建设和跨界河流整治。强化重要城市应急备用水源建设，稳步推进海绵城市建设，加快干旱易发区、粮食主产区和城镇密集区抗旱水源工程及配套设施建设，做好地下水水源涵养和储备。

加快农村水利设施建设。大力发展节水灌溉，完成全国大型灌区、重点中型灌区续建配套与节水改造，新建一批现代灌区。推进小型农田水利建设，积极发展牧区水利。实施农村饮水安全巩固提升工程，进一步提高农村供水保障水平。

推进水资源配置工程建设。有序推进重点水源工程建设，提高重点地区、重点城市和粮食主产区的水资源调蓄能力和供水保障能力。按照确有需要、生态安全、可以持续的原则，适度有序推进引调水工程建设，控制跨流域调水工程的数量和规模，统筹解决区域资源性缺水问题。加强雨洪水、再生水、海水淡化等非常规水源利用。因地制宜开展江河湖库水系连通工程建设，构建引排顺畅、蓄泄得当、丰枯调剂、多源互补的江河湖库水网体系。

强化环保基础设施建设。提升城镇污水处理水平，加大污水管网建设力度，推进雨、污分流改造，加快县城和重点建制镇污水处理厂建设。加强大宗工业固体废弃物和危险废弃物污染防治，加快医疗废弃物全过程管理与无害化处置设施和城乡生活垃圾处理设施建设。建设先进高效的放射性污染治理和废物处理体系，加快放射性废弃物贮存、处理和处置能力建设。

推进信息通信基础设施建设。加快构建高速、移动、安全、泛在的新一代信息基础设施，形成万物互联、人机交互、天地一体的网络空间。统筹布局新一代移动通信网、下一代互联网、数字广播电视网、卫星通信等设施建设，实现电信网、广电网、互联网三网融合，促进网络互联互通和业务融合，形成超高速、大容量、高智能国家干线传输网络。建设地球观测系统和信息高速公路。加强地理空间信息基础设施建设。实施"宽带中国"战略，加快推进宽带、融合、泛在、安全的新一代网络基础设施建设。加快推进宽带网络基础设施适度超前建设和均衡发展，逐步推进物联网规模化应用,加强农村地区信息通信基础设施建设,提高农村地区信息终端普及率。

第二节 保障合理建设用地需求

保障经济社会发展必要用地。充分发挥土地利用总体规划、用地计划的整体管控作用,合理安排建设用地规模、布局、结构和时序。优先保障易地扶贫搬迁等民生项目和战略性新兴产业、现代服务业项目用地,合理安排重点基础设施项目用地。支持新农村建设,保障农业生产、农民生活、农村发展必需的建设用地。保障沿边地区发展合理用地,促进外向型经济快速发展。

合理拓展建设用地新空间。在不破坏自然环境和确保地质、生态安全的前提下,引导工业、城镇建设优先开发低丘缓坡地及盐碱地、裸地等未利用地和废弃地,减少建设占用耕地,尽量不占耕地,确需占用耕地的要严格落实占补平衡制度。科学规划、合理开发利用地上地下空间。依据海洋生态环境承载能力,科学合理确定围填海规模。

全面提升土地节约集约利用水平。实施建设用地总量和强度双控行动,严格执行建设项目用地准入标准,创新节地模式,推广节地技术。严控新增建设用地,有效管控新城新区和开发区无序扩张。有序推进城镇低效用地再开发和低丘缓坡地开发利用,推进建设用地多功能开发、地上地下立体综合开发利用,促进空置楼宇、厂房等存量资源再利用。严控农村集体建设用地规模,探索建立收储制度,盘活农村闲置建设用地。加强土地利用监测监管,实行单位国内生产总值建设用地目标考核。"十三五"期间,单位国内生产总值建设用地使用面积下降20%。

控制国土开发强度。根据各区域资源环境承载能力、国土开发强度及在国土开发格局中的定位,合理配置建设用地指标,实行国土开发强度差别化调控。进一步优化环渤海地区、长江三角洲地区、珠江三角洲地区空间开发结构，严格控制开发强度和新增建设用地供给，积极盘活存量建设用地，降低工业用地比例。支持长江中游地区、成渝地区等重点开发区域加快产业发展与人口集聚，促进经济社会发展，适当提高国土开发强度，稳定建设用地供给。限制农产品主产区和重点生态功能区开发强度，鼓励整治修复农业和生态空间。到2030年，国土开发强度控制在4.62%以内。优化城乡建设用地结构和布局，到2030年城镇与农村建设用地面积之比调整为3.9∶6.1左右。

第三节 强化水资源综合配置

严格控制流域和区域用水总量。统筹各地区水资源承载能力与合理用水需求，控制水资源开发利用强度，科学制定主要江河流域水量分配方案。

加强水资源保障能力建设。合理安排生产、生活、生态用水，统一调配本地与外地、地表与地下水资源。合理安排改造现有水源地，科学规划新建和调整水源地，蓄引提调结合、大中小微并举，建立健全流域与区域相结合、城市与农村相统筹、开发利用与节约保护相协调的水资源供应体系。

促进水资源节约利用。建立健全有利于节约用水的体制机制，稳步推进水价改革，强化用水定额管理，加快制定高耗水工业和服务业用水定额国家标准。以水资源承载能力为依据，严格控制水资源短缺和生态脆弱地区的城市规模扩张。对水资源短缺地区实行更严格的产业准入、取用水定额控制。加快农业、工业、城镇节水改造，开展节水综合改造示范。加快非常规水资源利用，实施雨洪资源利用、再生水利用等工程。转变农业用水方式，全面提高水资源利用效率和效益，到2030年，全国节水灌溉面积占农田灌溉面积的85%以上，农田灌溉用水有效利用系数提高到0.6以上。

第四节 构建能源安全保障体系

加强能源矿产勘查。按照深化东（中）部、发展西部、加快海域、开辟新区、拓展海外的思路，加强渤海湾、鄂尔多斯、四川、塔里木、东海等重点盆地油气勘查，获取规模储量；加大银额、羌塘等含油气盆地及中上扬子地区勘查力度，实现油气资源战略接替。以优质动力煤和炼焦煤为重点，加快神东、陕北、晋北等国家大型煤炭基地资源勘查进程。加强铀矿资源调查和潜力评价，加快探明一批新的矿产地。实施油页岩和油砂资源调查与潜力评价，积极推进页岩气、煤层气、致密油（气）等非常规油气资源勘查，在我国海域和陆域具备成藏条件的地区，探索开展天然气水合物勘查开发。开展全国地热资源远景调查评价。

提高能源开发利用水平。推动能源生产和消费革命，优化能源结构，以开源、节流、减排为重点，确保能源安全供应。重点建设山西、鄂尔多斯盆地、内蒙古东部地区、西南地区、新疆五大重点综合能源基地和东部沿海核电带，构建"五基一带"能源开发利用格局。加强深海油气资源开发，加快常规天然气增储上产，推进油页岩、页岩气、天然气水合物、油砂综合利用技术研发与推广。加强煤层气和煤炭资源综合开发，提高综合利用水平。切实提高煤炭加工转化水平，强化煤炭清洁高效利用。在保护生态的前提下，有序稳妥开发水电，安全发展核电，高效发展风电，扩大利用太阳能，有序开发生物质能。实施新能源集成利用示范工程，因地制宜推进新型太阳能光伏和光热发电、生物质气化、生物燃料、海洋能等可再生能源发展，大幅提高非化石能源占能源消费总量的比例。

完善高效快捷的电力与煤炭输送骨干网络。强化智能电网与分布式能源系统的统筹建设，逐步降低煤炭消费比重特别是非电用煤比重。坚持输煤输电并举，逐步提高输电比重，扩大北煤南运和西电东送规模。结合大型能源基地布局，稳步建设西南能源基地向华东、华中地区和广东省输电通道，鄂尔多斯盆地、山西、锡林郭勒盟能源基地向华北、华中、华东地区输电通道。加快区域和省际超高压主网架建设，加快实施城乡配电网建设和改造工程，提高综合供电能力和可靠性。优化煤炭跨区流向，重点建设内蒙古西部地区至华中地区的北煤南运战略通道；建设山西、陕西和内蒙古西部地区至唐山地区港口、山西中南部至山东沿海港口等西煤东运新通道；结合兰新铁路扩能改造和兰渝铁路建设，完善疆煤外运通道。

第五节 提升非能源重要矿产资源保障能力

加强重要矿产资源勘查。积极实施找矿突破战略行动，以铁、铜、铝、铅、锌、金、钾盐等矿种为重点，兼顾稀有、稀散、稀土金属和重要非金属矿产，完善以市场为导向的地质找矿新机制，促进地质找矿取得重大突破。加强重点成矿区带勘查，摸清海洋矿产资源家底，建设一批矿产资源勘查开采接续基地，塑造资源安全与矿业发展新格局。积极参与国外矿产资源勘探开发。到2030年，重要矿产资源探明储量保持稳定增长。

强化矿产资源合理开发与保护。提高铁、铜、铝土矿等重要金属矿产持续供应能力，开发石墨等新型非金属矿物材料。积极开发利用战略性新兴矿产，加强重要优势矿产保护，对保护性开采特定矿种实行开采总量控制。健全战略储备与商业储备相互结合、矿产品储备与矿产地储备互为补充的重要矿产储备体系。到2030年，重要矿产国内保障程度有所提高。

推进矿产资源综合利用。加强低品位、共伴生、难选冶矿产资源的综合评价和综合利用，增加和盘活一批资源储量，加快安全高效先进的采选技术设备研发与推广，减少储量消耗和矿山废弃物排放。建立矿产资源采选回收率准入标准管理和监督检查体系，开展矿产资源综合利用试点示范，推进矿产资源综合利用示范基地和绿色矿山建设，带动矿产资源领域循环经济发展，提升矿产资源开采回采率、选矿回收率和综合利用率整体水平，提高矿产资源利用效率。

第六节 增强防灾减灾能力

完善灾害监测预警网络。加强自然灾害预测预警技术的开发、试验与推广普及，强化重大自然灾害的早期监测、快速预警，提高对突发性自然灾害的短期和中长期预测能力。建立防灾减灾信息共享、预报会商和预警联动机制，强化预警信息发布能力建设。

加强重点区域灾害防治。以自然灾害高风险区、重大工程扰动区等区域为重点，加强重大自然灾害和巨灾隐患早期识别、风险评估、监测预警与工程防治。加强自然灾害严重地区防灾减灾能力建设，提高城乡建筑和公共设施的设防标准和抗灾能力。对人口和产业密集区开展重要设施风险评估和建筑物抗震性能普查，建设综合防灾能力信息数据库。结合新农村建设，有序组织地质灾害重大隐患点移民搬迁。

提升灾害综合应对能力。实施自然灾害防御工程。加快推进防汛抗旱、防震抗震、防寒抗冻、防风抗潮、森林草原防火、重大沙尘暴灾害预防、病虫害防治、野生动物疫病疫源防控等骨干工程建设。完善政府、社会、企业和个人共同参与的灾害管理机制，进一步加强灾害风险防范、应急救援和灾后恢复重建能力建设，推动形成多灾种共防、各部门协同、跨区域合作的综合防灾减灾工作格局。

构建国土生态安全屏障。以重点生态功能区为依托，加快建设国土生态安全屏障。在大小兴安岭和长白山森林生态功能区以及三江平原，加强森林资源保护与修复，促进湿地恢复；在鄂尔多斯、阿拉善、塔里木盆地北沿等地，保护与恢复林草植被，增强防风固沙功能；在三江源、祁连山等地，加强草原与湿地保护与恢复，增强水源涵养功能；在黄土高原和太行山区等地，加强森林、草原等天然植被保护与恢复，增强水土保持功能；在秦巴山地、岷山、横断山区，加强森林资源与野生动植物物种资源保护，增强水源涵养功能；在三峡库区，加强森林、草原等天然植被保护与恢复，增强水土保持与水源涵养功能；在西南岩溶地区，开展石漠化治理，增强水土保持与水源涵养功能；在长江中下游地区，加强湖泊湿地恢复，增强洪水调蓄功能；在南岭山地、武夷山区，加强森林资源保护与恢复，增强水土保持与水源涵养功能；在东部沿海地区，加强沿海防护林特别是红树林保护与恢复，增强防护海岸和抵御台风、海啸等自然灾害的功能；在东北、华北与黄淮海平原等地，增强生态防护功能，保障粮食生产安全；在大中城市，加强森林、草原、湖泊、湿地、农田等资源保护，增强生态防护、气候调节与景观绿化功能。

第七节 推进体制机制创新

健全自然资源管理制度体系。按照归属清晰、权责明确、监管有效的要求，加快完善自然资源资产产权制度，着力建立健全公益性自然资源资产国家统一管理制度，坚持和完善经营性自然资源资产有偿使用制度，对水流、森林、山岭、草原、荒地、滩涂以及探明储量的矿产资源等自然生态空间进行统一确权登记。完善自然资源监管体系，统一行使国土空间用途管制职责。以实行综合调查评价制度、加强动态监测为基础，建立资源环境承载能力监测预警机制，对资源环境承载能力减弱的区域实行限制性开发。建立健全国土空间开发保护和用途管制制度，全面实行自然资源资产有偿使用制度和生态保护补偿制度，将资源消耗、环境损害、生态效益纳入经济社会发展评价体系；建立自然资源开发利用奖惩机制，健全能源、水、土地节约集约使用制度；逐步建立覆盖森林、草原、湿地、荒漠、海洋、水流、耕地等重点领域和禁止开发区域、重点生态功能区等重要区域的多元化生态保护补偿机制。按照有偿处置、收益合理分配、强化综合监管的原则，建立健全国有自然资源资产管理制度。

健全市场机制。深化自然资源资产有偿使用制度改革，推进市场体系建设。扩大有偿使用范围，创新取得方式，健全占用制度，完善资源价格形成机制和收益分配制度。进一步扩大市场配置自然资源的范围。完善自然资源使用权利体系，促进资源使用权利自由有序流转。建立统一、开放、竞争、有序的资源要素市场体系。深化资源性产品要素价格和要素市场改革，建立反映市场供求关系、资源稀缺程度、环境损害成本的资源性产品价格形成机制。健全自然资源要素有形市场，加强公共资源交易平台建设，完善交易规则，促进交易公开透明。提升资源要素市场信息监管能力，以土地市场动态监测为基础，健全完善覆盖矿业权、海域使用权等资源要素市场信息的统一动态监管系统，加强市场调控和监管。

严格"三线"管控。划定城镇、农业、生态空间，严格落实用途管制。科学确定国土开发强度，严格执行并不断完善最严格的耕地保护制度、水资源管理制度、环保制度，对涉及国家粮食、能源、生态和经济安全的战略性资源，实行总量控制、配额管理制度，并分解下达到各省（区、市）。设置"生存线"，明确耕地保护面积和水资源开发规模，保障国家粮食和水资源安全；设置"生态线"，划定森林、草原、河湖、湿地、海洋等生态要素保有面积和范围，明确各类保护区范围，提高生态安全水平；设置"保障线"，保障经济社会发展所必需的建设用地，促进新型工业化和城镇化健康发展，确定能源和重要矿产资源生产基地及运输通道，确保国家能源资源持续有效供给。

实施分区引导。按照发挥地区比较优势、促进区域协调发展、推进国土纵深开发和陆海统筹的总要求，在综合考虑自然本底条件、经济社会联系、人口和产业分布等因素基础上，明确各区域开发重点、保护内容和整治任务，制定实施差别化政策，创新管理方式，进一步强化分区引导和空间管控，促进国土均衡开发和区域协调发展。

第九章 配套政策

在充分发挥现有相关政策综合效能的基础上，积极推进制度创新，研究制定促进国土空间开发格局优化的配套政策体系，保障《纲要》规划目标和重点任务的完成。

第一节　资源环境政策

加快土地管理制度改革创新。加强土地用途转用许可管理，按照不同主体功能区的功能定位和发展方向，实行差别化的土地利用和土地管理政策。实行最严格的耕地保护制度，落实各级人民政府耕地保护目标责任制。实行最严格的节约用地制度，建立建设用地使用标准控制制度，建立健全节约集约用地责任机制和考核制度，创建土地节约集约模范市县。加强存量建设用地挖潜，盘活存量用地。进一步完善城乡建设用地增减挂钩、工矿废弃地复垦利用、低丘缓坡地和未利用地开发利用等政策。深化城市土地使用制度改革，完善法规制度，实施城镇低效用地再开发，推进土地二级市场改革试点。统筹推进农村土地制度改革，做好农村土地征收、集体经营性建设用地入市、宅基地制度改革试点。

实行最严格水资源管理制度。严格水资源开发利用控制、用水效率控制、水功能区限制纳污"三条红线"管理。加强水资源开发利用控制管理，严格规划管理和水资源论证，控制流域和区域取用水总量，严格实施取水许可和水资源有偿使用制度。加强用水效率控制管理，强化各地区、各行业用水定额管理。加快推进节水技术改造，加强水功能区限制纳污管理，从严核定水域纳污容量，严格控制入河湖排污总量。加快水权交易试点，培育和规范水权市场。健全水资源监控体系，建立水资源管理责任考核制度。

深化矿产资源管理制度改革。探索建立矿产资源权益金制度，进一步深化矿产资源有偿使用制度改革，建立最低勘查投入标准和矿业权使用费动态调整机制，调整矿业权使用费征收标准。严格控制和规范矿业权协议出让，全面推进矿业权市场建设，完善矿产资源开发收益分配机制。健全完善矿产资源节约与综合利用技术标准体系，制定完善重要矿产资源"三率"（开采回采率、选矿回收率、综合利用率）标准。健全矿产资源节约与综合利用调查和监测评价制度，强化矿产资源节约与综合利用激励约束机制，完善资源配置、经济激励等引导政策，促进资源持续利用。制定矿产资源勘查、矿产资源储备保护、矿山生态保护和恢复治理等支持政策。

完善海域使用管理制度。严格用海规划管理，发挥海洋功能区划、规划的管控作用，强化集约用海，严格围填海计划约束。科学确定海洋开发规模、方式和时序。合理控制各类建设用海规模，优先安排鼓励类产业、战略性新兴产业和社会公益项目用海。推进海域使用权招标、拍卖、挂牌出让，规范海域使用权的转让、出租和抵押管理。完善海域金征收管理制度，加大海域、海岸带整治修复投入。建立陆海统筹、区域联动的海洋生态环境保护修复机制，加强滩涂、近岸海域、重要海湾和脆弱岸线综合治理，严格控制陆源污染物排放入海。

健全环境保护管理制度。划定生态保护红线，严守环境质量底线，将大气、水、土壤等环境质量"只能更好、不能变坏"作为地方各级政府环保责任红线，相应确定污染物排放总量限值和环境风险防控措施。建立完善严格监管所有污染物排放的环境保护管理制度，建立陆海统筹的生态系统修复和污染防治区域联动机制，完善排污许可制。落实环境目标责任制，推进主要污染物总量减排和环境质量监督考核。在重金属污染综合防治重点区域实施污染物排放总量控制，健全排污权有偿取得和使用制度，扩大排污权有偿使用和交易试点范围，发展排污权交易市场。推进建立企业环境行为信用评价制度。严格执行环境影响评价制度，健全规划环境影响评价和建设项目影响评价联动机制。积极推进环境污染第三方治理，引入社会力量投入环境污染治理。

第二节 产业投资政策

完善产业政策。按照加快转变经济发展方式和优化国土空间开发格局的总体要求，定期修订产业结构调整指导目录和外商投资产业指导目录。按照区别对待、有保有压、分类指导的原则，针对不同地区资源环境约束条件，深化细化产业政策体系。强化节能节地节水、环境、技术、安全等市场准入标准，加快淘汰落后产能，合理控制能源消费总量，调整能源结构，推动传统能源安全绿色开发和清洁低碳利用。发展清洁能源、可再生能源。建立完善节能量、碳排放权交易市场。发展循环经济，提高造纸、印染、化工、建材、有色、制革等行业污染物排放标准和清洁生产评价标准。大力发展节能环保产业，实施节能环保产业重大技术装备产业化工程。发展有机农业、生态农业以及特色经济林、林下经济、森林旅游等林产业。

优化投资政策。加大对国土综合整治地区、重点生态功能区、老少边贫等特殊地区的投入力度，建立多元投入激励机制，科学引导民间资本参与国土开发、保护和整治，完善投资收益分配机制，形成国土开发保护合力。

第三节 财政税收政策

健全促进耕地保护和农业发展的财税政策。健全耕地保护补偿制度。加大公共财政对"三农"的支持力度，保证"三农"投入稳定增长。逐步加大中央对农产品主产区的财政转移支付力度。健全粮食主产区利益补偿制度，支持粮食主产区公共服务和基础设施配套建设。增加产粮大县奖励资金，提高产粮大县人均财力水平，调整完善农业补贴政策，着重支持粮食适度规模经营，加大对耕地地力保护的支持力度。加强财税政策与农村金融政策的有效衔接，引导更多信贷资金投向"三农"，完善农业保险政策。

建立健全促进生态保护的利益补偿机制。进一步改革完善财税体制，完善转移支付制度，归并和规范现有生态保护补偿渠道，逐步加大中央财政对重点生态功能区的转移支付力度和对禁止开发区域的投入力度。推动地区间、流域上下游建立横向生态保护补偿机制，坚持谁受益、谁补偿的原则，探索开发地区对保护地区、生态受益区对生态保护区通过资金补助、产业转移、人才培训、园区共建等方式实施生态保护补偿。

第十章 《纲要》实施

《纲要》实施要充分发挥市场配置资源的决定性作用，各级政府要正确履行职责，切实加强组织领导，合理配置公共资源，有效引导社会资源，健全体制机制，夯实实施基础，保障《纲要》目标任务顺利完成。

第一节 夯实实施基础

完善规划体系。以主体功能区规划为基础，统筹各类空间性规划，推进"多规合一"，编制国家级、省级国土规划，并与城乡建设、区域发展、环境保护等规划相协调，推动市县层面经济社会发展、城乡建设、土地利用、生态环境保护等"多规合一"。各地区、各部门、各行业编制相关规划、制定相关政策，在国土开发、保护和整治等方面，应与国土规划相衔接。

完善法律制度。推动制修订相关法律法规，完善科学化、民主化、规范化的规划编制与实施管理制度，严格规范国土规划编制、审批、实施及修改程序。

加强队伍建设。加强国土规划理论、方法和技术研究，促进国土规划学科发展；加快制定国土规划编制规程、技术标准和成果质量规范。建立完善规划从业人员上岗认证和机构资质认证制度，推进国土规划人才队伍和机构建设；切实提高国土规划技术和管理人才专业素养，提升国土规划管理水平。

第二节 加强实施管理

强化组织领导。国土资源部、国家发展改革委要会同有关部门建立《纲要》实施的部门沟通协商机制，切实履行职责，强化制度机制设计，统筹重大政策研究和制定，协调解决国土开发、保护和整治中的重大问题，共同推进实施。地方各级人民政府要建立健全工作机制，研究制定具体政策措施和工作方案，全面落实《纲要》目标任务。要强化中央与地方之间的协调联动，明确职责分工，形成推进实施的共同责任机制。建立《纲要》实施绩效考核制度，将实施情况纳入国家土地督察机构对省级人民政府监督检查范围。

推动公众参与。建立专家咨询制度，成立具有广泛代表性的专家委员会，加强国土规划编制实施的咨询论证。建立健全公众参与制度，加大宣传力度，增强公众对科学、高效、集约利用国土空间重要性的认识，提高全社会参与《纲要》实施与监督的主动性，营造有利于依法依规开发利用国土空间的良好氛围。

加强实施监管。国土资源部、国家发展改革委要建立健全《纲要》实施监督检查制度，坚持专项检查与日常监督检查相结合，强化实施情况专项统计，全面及时准确掌握基础数据和信息。健全国土资源调查评价和动态监测体制机制，建立国土空间变化监测体系，完善调查监测指标和网络，对国土规划实施情况进行全面监测和评估。建立《纲要》实施定期评估和动态调整机制。建立信息发布制度，提升国土规划管理信息化水平，推动信息共享。重大情况及时向国务院报告。

土地调查条例

（2008年2月7日中华人民共和国国务院令第518号公布 根据2016年2月6日《国务院关于修改部分行政法规的决定》第一次修订 根据2018年3月19日《国务院关于修改和废止部分行政法规的决定》第二次修订）

第一章 总 则

第一条 为了科学、有效地组织实施土地调查，保障土地调查数据的真实性、准确性和及时性，根据《中华人民共和国土地管理法》和《中华人民共和国统计法》，制定本条例。

第二条 土地调查的目的，是全面查清土地资源和利用状况，掌握真实准确的土地基础数据，为科学规划、合理利用、有效保护土地资源，实施最严格的耕地保护制度，加强和改善宏观调控提供依据，促进经济社会全面协调可持续发展。

第三条 土地调查工作按照全国统一领导、部门分工协作、地方分级负责、各方共同参与的原则组织实施。

第四条 土地调查所需经费，由中央和地方各级人民政府共同负担，列入相应年度的财政预算，按时拨付，确保足额到位。

土地调查经费应当统一管理、专款专用、从严控制支出。

第五条 报刊、广播、电视和互联网等新闻媒体，应当及时开展土地调查工作的宣传报道。

第二章 土地调查的内容和方法

第六条 国家根据国民经济和社会发展需要，每10年进行一次全国土地调查；根据土地管理工作的需要，每年进行土地变更调查。

第七条 土地调查包括下列内容：

（一）土地利用现状及变化情况，包括地类、位置、面积、分布等状况；

（二）土地权属及变化情况，包括土地的所有权和使用权状况；

（三）土地条件，包括土地的自然条件、社会经济条件等状况。

进行土地利用现状及变化情况调查时，应当重点调查基本农田现状及变化情况，包括基本农田的数量、分布和保护状况。

第八条 土地调查采用全面调查的方法，综合运用实地调查统计、遥感监测等手段。

第九条 土地调查采用《土地利用现状分类》国家标准、统一的技术规程和按照国家统一标准制作的调查基础图件。

土地调查技术规程，由国务院国土资源主管部门会同国务院有关部门制定。

第三章　土地调查的组织实施

第十条 县级以上人民政府国土资源主管部门会同同级有关部门进行土地调查。

乡（镇）人民政府、街道办事处和村（居）民委员会应当广泛动员和组织社会力量积极参与土地调查工作。

第十一条 县级以上人民政府有关部门应当积极参与和密切配合土地调查工作，依法提供土地调查需要的相关资料。

社会团体以及与土地调查有关的单位和个人应当依照本条例的规定，配合土地调查工作。

第十二条 全国土地调查总体方案由国务院国土资源主管部门会同国务院有关部门拟订，报国务院批准。县级以上地方人民政府国土资源主管部门会同同级有关部门按照国家统一要求，根据本行政区域的土地利用特点，编制地方土地调查实施方案，报上一级人民政府国土资源主管部门备案。

第十三条 在土地调查中，需要面向社会选择专业调查队伍承担的土地调查任务，应当通过招标投标方式组织实施。

承担土地调查任务的单位应当具备以下条件：

（一）具有法人资格；

（二）有与土地调查相关的工作业绩；

（三）有完备的技术和质量管理制度；

（四）有经过培训且考核合格的专业技术人员。

国务院国土资源主管部门应当会同国务院有关部门加强对承担土地调查任务单位的监管和服务。

第十四条 土地调查人员应当坚持实事求是，恪守职业道德，具有执行调查任务所需要的专业知识。

土地调查人员应当接受业务培训，经考核合格领取全国统一的土地调查员工作证。

第十五条 土地调查人员应当严格执行全国土地调查总体方案和地方土地调查实施方案、《土地利用现状分类》国家标准和统一的技术规程，不得伪造、篡改调查资料，不得强令、授意调查对象提供虚假的调查资料。

土地调查人员应当对其登记、审核、录入的调查资料与现场调查资料的一致性负责。

第十六条 土地调查人员依法独立行使调查、报告、监督和检查职权，有权根据工作需要进行现场调查，并按照技术规程进行现场作业。

土地调查人员有权就与调查有关的问题询问有关单位和个人，要求有关单位和个人如实提供相关资料。

土地调查人员进行现场调查、现场作业以及询问有关单位和个人时，应当出示土地调查员工作证。

第十七条 接受调查的有关单位和个人应当如实回答询问，履行现场指界义务，按照要求提供相关资料，不得转移、隐匿、篡改、毁弃原始记录和土地登记簿等相关资料。

第十八条 各地方、各部门、各单位的负责人不得擅自修改土地调查资料、数据，不得强令或者授意土地调查人员篡改调查资料、数据或者编造虚假数据，不得对拒绝、抵制篡改调查资料、数据或者编造虚假数据的土地调查人员打击报复。

第四章 调查成果处理和质量控制

第十九条 土地调查形成下列调查成果：

（一）数据成果；

（二）图件成果；

（三）文字成果；

（四）数据库成果。

第二十条 土地调查成果实行逐级汇交、汇总统计制度。

土地调查数据的处理和上报应当按照全国土地调查总体方案和有关标准进行。

第二十一条 县级以上地方人民政府对本行政区域的土地调查成果质量负总责，主要负责人是第一责任人。

县级以上人民政府国土资源主管部门会同同级有关部门对调查的各个环节实行质量控制，建立土地调查成果质量控制岗位责任制，切实保证调查的数据、图件和被调查土地实际状况三者一致，并对其加工、整理、汇总的调查成果的准确性负责。

第二十二条 国务院国土资源主管部门会同国务院有关部门统一组织土地调查成果质量的抽查工作。抽查结果作为评价土地调查成果质量的重要依据。

第二十三条 土地调查成果实行分阶段、分级检查验收制度。前一阶段土地调查成果经检查验收合格后，方可开展下一阶段的调查工作。

土地调查成果检查验收办法，由国务院国土资源主管部门会同国务院有关部门制定。

第五章 调查成果公布和应用

第二十四条 国家建立土地调查成果公布制度。

土地调查成果应当向社会公布，并接受公开查询，但依法应当保密的除外。

第二十五条 全国土地调查成果，报国务院批准后公布。

地方土地调查成果，经本级人民政府审核，报上一级人民政府批准后公布。

全国土地调查成果公布后，县级以上地方人民政府方可逐级依次公布本行政区域的土地调查成果。

第二十六条 县级以上人民政府国土资源主管部门会同同级有关部门做好土地调查成果的保存、管理、开发、应用和为社会公众提供服务等工作。

国家通过土地调查，建立互联共享的土地调查数据库，并做好维护、更新工作。

第二十七条 土地调查成果是编制国民经济和社会发展规划以及从事国土资源规划、管理、保护和利用的重要依据。

第二十八条 土地调查成果应当严格管理和规范使用，不作为依照其他法律、行政法规对调查对象实施行政处罚的依据，不作为划分部门职责分工和管理范围的依据。

第六章 表彰和处罚

第二十九条 对在土地调查工作中做出突出贡献的单位和个人，应当按照国家有关规定给予表彰或者奖励。

第三十条 地方、部门、单位的负责人有下列行为之一的，依法给予处分；构成犯罪的，依法追究刑事责任：

（一）擅自修改调查资料、数据的；

（二）强令、授意土地调查人员篡改调查资料、数据或者编造虚假数据的；

（三）对拒绝、抵制篡改调查资料、数据或者编造虚假数据的土地调查人员打击报复的。

第三十一条　土地调查人员不执行全国土地调查总体方案和地方土地调查实施方案、《土地利用现状分类》国家标准和统一的技术规程，或者伪造、篡改调查资料，或者强令、授意接受调查的有关单位和个人提供虚假调查资料的，依法给予处分，并由县级以上人民政府国土资源主管部门、统计机构予以通报批评。

第三十二条　接受调查的单位和个人有下列行为之一的，由县级以上人民政府国土资源主管部门责令限期改正，可以处 5 万元以下的罚款；构成违反治安管理行为的，由公安机关依法给予治安管理处罚；构成犯罪的，依法追究刑事责任：

（一）拒绝或者阻挠土地调查人员依法进行调查的；

（二）提供虚假调查资料的；

（三）拒绝提供调查资料的；

（四）转移、隐匿、篡改、毁弃原始记录、土地登记簿等相关资料的。

第三十三条　县级以上地方人民政府有下列行为之一的，由上级人民政府予以通报批评；情节严重的，对直接负责的主管人员和其他直接责任人员依法给予处分：

（一）未按期完成土地调查工作，被责令限期完成，逾期仍未完成的；

（二）提供的土地调查数据失真，被责令限期改正，逾期仍未改正的。

第七章　附　　则

第三十四条　军用土地调查，由国务院国土资源主管部门会同军队有关部门按照国家统一规定和要求制定具体办法。

中央单位使用土地的调查数据汇总内容的确定和成果的应用管理，由国务院国土资源主管部门会同国务院管理机关事务工作的机构负责。

第三十五条　县级以上人民政府可以按照全国土地调查总体方案和地方土地调查实施方案成立土地调查领导小组，组织和领导土地调查工作。必要时，可以设立土地调查领导小组办公室负责土地调查日常工作。

第三十六条　本条例自公布之日起施行。

土地调查条例实施办法

（2009年6月17日国土资源部第45号令公布　根据2016年1月5日国土资源部第1次部务会议《国土资源部关于修改和废止部分部门规章的决定》第一次修正　根据2019年7月16日自然资源部第2次部务会议《自然资源部关于第一批废止和修改的部门规章的决定》第二次修正）

第一章　总　　则

第一条　为保证土地调查的有效实施，根据《土地调查条例》（以下简称条例），制定本办法。

第二条　土地调查是指对土地的地类、位置、面积、分布等自然属性和土地权属等社会属性及其变化情况，以及永久基本农田状况进行的调查、监测、统计、分析的活动。

第三条　土地调查包括全国土地调查、土地变更调查和土地专项调查。

全国土地调查，是指国家根据国民经济和社会发展需要，对全国城乡各类土地进行的全面调查。

土地变更调查,是指在全国土地调查的基础上,根据城乡土地利用现状及权属变化情况,随时进行城镇和村庄地籍变更调查和土地利用变更调查,并定期进行汇总统计。

土地专项调查,是指根据自然资源管理需要,在特定范围、特定时间内对特定对象进行的专门调查,包括耕地后备资源调查、土地利用动态遥感监测和勘测定界等。

第四条 全国土地调查,由国务院全国土地调查领导小组统一组织,县级以上人民政府土地调查领导小组遵照要求实施。

土地变更调查,由自然资源部会同有关部门组织,县级以上自然资源主管部门会同有关部门实施。

土地专项调查,由县级以上自然资源主管部门组织实施。

第五条 县级以上地方自然资源主管部门应当配合同级财政部门,根据条例规定落实地方人民政府土地调查所需经费。必要时,可以与同级财政部门共同制定土地调查经费从新增建设用地土地有偿使用费、国有土地使用权有偿出让收入等土地收益中列支的管理办法。

第六条 在土地调查工作中作出突出贡献的单位和个人,由有关自然资源主管部门按照国家规定给予表彰或者奖励。

第二章 土地调查机构及人员

第七条 国务院全国土地调查领导小组办公室设在自然资源部,县级以上地方人民政府土地调查领导小组办公室设在同级自然资源主管部门。

县级以上自然资源主管部门应当明确专门机构和人员,具体负责土地变更调查和土地专项调查等工作。

第八条 土地调查人员包括县级以上自然资源政主管部门和相关部门的工作人员,有关事业单位的人员以及承担土地调查任务单位的人员。

第九条 土地调查人员应当经过省级以上自然资源主管部门组织的业务培训,通过全国统一的土地调查人员考核,领取土地调查员工作证。

已取得自然资源部、人力资源和社会保障部联合颁发的土地登记代理人资格证书的人员,可以直接申请取得土地调查员工作证。

土地调查员工作证由自然资源部统一制发,按照规定统一编号管理。

第十条 承担国家级土地调查任务的单位,应当具备以下条件:

(一)近三年内有累计合同额1000万元以上,经县级以上自然资源主管部门验收合格的土地调查项目;

(二)有专门的质量检验机构和专职质量检验人员,有完善有效的土地调查成果质量保证制度;

(三)近三年内无土地调查成果质量不良记录,并未被列入失信名单;

(四)取得土地调查员工作证的技术人员不少于20名;

(五)自然资源部规章、规范性文件规定的其他条件。

第三章 土地调查的组织实施

第十一条 开展全国土地调查,由自然资源部会同有关部门在开始前一年度拟订全国土地调查总体方案,报国务院批准后实施。

全国土地调查总体方案应当包括调查的主要任务、时间安排、经费落实、数据要求、成果公布等内容。

第十二条 县级以上地方自然资源主管部门应当会同同级有关部门,根据全国土地调查总体方案和上级土地调查实施方案的要求,拟定本行政区域的土地调查实施方案,报上一级人民政府自然资源主管部门备案。

第十三条　土地变更调查由自然资源部统一部署，以县级行政区为单位组织实施。

县级以上自然资源主管部门应当按照国家统一要求，组织实施土地变更调查，保持调查成果的现势性和准确性。

第十四条　土地变更调查中的城镇和村庄地籍变更调查，应当根据土地权属等变化情况，以宗地为单位，随时调查，及时变更地籍图件和数据库。

第十五条　土地变更调查中的土地利用变更调查，应当以全国土地调查和上一年度土地变更调查结果为基础，全面查清本年度本行政区域内土地利用状况变化情况，更新土地利用现状图件和土地利用数据库，逐级汇总上报各类土地利用变化数据。

土地利用变更调查的统一时点为每年12月31日。

第十六条　土地变更调查，包括下列内容：

（一）行政和权属界线变化状况；

（二）土地所有权和使用权变化情况；

（三）地类变化情况；

（四）永久基本农田位置、数量变化情况；

（五）自然资源部规定的其他内容。

第十七条　土地专项调查由县级以上自然资源主管部门组织实施，专项调查成果报上一级自然资源主管部门备案。

全国性的土地专项调查，由自然资源部组织实施。

第十八条　土地调查应当执行国家统一的土地利用现状分类标准、技术规程和自然资源部的有关规定，保证土地调查数据的统一性和准确性。

第十九条　上级自然资源主管部门应当加强对下级自然资源主管部门土地调查工作的指导，并定期组织人员进行监督检查，及时掌握土地调查进度，研究解决土地调查中的问题。

第二十条 县级以上自然资源主管部门应当建立土地调查进度的动态通报制度。

上级自然资源主管部门应当根据全国土地调查、土地变更调查和土地专项调查确定的工作时限，定期通报各地工作的完成情况，对工作进度缓慢的地区，进行重点督导和检查。

第二十一条 从事土地调查的单位和个人，应当遵守国家有关保密的法律法规和规定。

第四章 调查成果的公布和应用

第二十二条 土地调查成果包括数据成果、图件成果、文字成果和数据库成果。

土地调查数据成果，包括各类土地分类面积数据、不同权属性质面积数据、基本农田面积数据和耕地坡度分级面积数据等。

土地调查图件成果，包括土地利用现状图、地籍图、宗地图、永久基本农田分布图、耕地坡度分级专题图等。

土地调查文字成果，包括土地调查工作报告、技术报告、成果分析报告和其他专题报告等。

土地调查数据库成果，包括土地利用数据库和地籍数据库等。

第二十三条 县级以上自然资源主管部门应当按照要求和有关标准完成数据处理、文字报告编写等成果汇总统计工作。

第二十四条 土地调查成果实行逐级汇交制度。

县级以上地方自然资源主管部门应当将土地调查形成的数据成果、图件成果、文字成果和数据库成果汇交上一级自然资源主管部门汇总。

土地调查成果汇总的内容主要包括数据汇总、图件编制、文字报告编写和成果分析等。

第二十五条 全国土地调查成果的检查验收，由各级土地调查领导小组办公室按照下列程序进行：

（一）县级组织调查单位和相关部门，对调查成果进行全面自检，形成自检报告，报市（地）级复查；

（二）市（地）级复查合格后，向省级提出预检申请；

（三）省级对调查成果进行全面检查，验收合格后上报；

（四）全国土地调查领导小组办公室对成果进行核查，根据需要对重点区域、重点地类进行抽查，形成确认意见。

第二十六条　全国土地调查成果的公布，依照条例第二十五条规定进行。

土地变更调查成果，由各级自然资源主管部门报本级人民政府批准后，按照国家、省、市、县的顺序依次公布。

土地专项调查成果，由有关自然资源主管部门公布。

第二十七条　土地调查上报的成果质量实行分级负责制。县级以上自然资源主管部门应当对本级上报的调查成果认真核查，确保调查成果的真实、准确。

上级自然资源主管部门应当定期对下级自然资源主管部门的土地调查成果质量进行监督。

第二十八条　经依法公布的土地调查成果，是编制国民经济和社会发展规划、有关专项规划以及自然资源管理的基础和依据。

建设用地报批、土地整治项目立项以及其他需要使用土地基础数据与图件资料的活动，应当以国家确认的土地调查成果为基础依据。

各级土地利用总体规划修编，应当以经国家确定的土地调查成果为依据，校核规划修编基数。

第五章　法律责任

第二十九条　接受土地调查的单位和个人违反条例第十七条的规定，无正当理由不履行现场指界义务的，由县级以上人民政府自然资源主管部门责令限期改正，逾期不改正的，依照条例第三十二条的规定进行处罚。

第三十条 承担土地调查任务的单位有下列情形之一的，县级以上自然资源主管部门应当责令限期改正，逾期不改正的，终止土地调查任务，并将该单位报送国家信用平台：

（一）在土地调查工作中弄虚作假的；

（二）无正当理由，未按期完成土地调查任务的；

（三）土地调查成果有质量问题，造成严重后果的。

第三十一条 承担土地调查任务的单位不符合条例第十三条和本办法第十条规定的相关条件，弄虚作假，骗取土地调查任务的，县级以上自然资源主管部门应当终止该单位承担的土地调查任务，并不再将该单位列入土地调查单位名录。

第三十二条 土地调查人员违反条例第三十一条规定的，由自然资源部注销土地调查员工作证，不得再次参加土地调查人员考核。

第三十三条 自然资源主管部门工作人员在土地调查工作中玩忽职守、滥用职权、徇私舞弊，构成犯罪的，依法追究刑事责任；尚不构成犯罪的，依法给予处分。

第六章 附 则

第三十四条 本办法自公布之日起施行。

国务院关于深化改革严格土地管理的决定

(2004年10月21日　国发〔2004〕28号)

实行最严格的土地管理制度，是由我国人多地少的国情决定的，也是贯彻落实科学发展观，保证经济社会可持续发展的必然要求。去年以来，各地区、各部门认真贯彻党中央、国务院部署，全面清理各类开发区，切实落实暂停审批农用地转用的决定，土地市场治理整顿取得了积极进展，有力地促进了宏观调控政策的落实。但是，土地市场治理整顿的成效还是初步的、阶段性的，盲目投资、低水平重复建设，圈占土地、乱占滥用耕地等问题尚未根本解决。因此，必须正确处理保障经济社会发展与保护土地资源的关系，严格控制建设用地增量，努力盘活土地存量，强化节约利用土地，深化改革，健全法制，统筹兼顾，标本兼治，进一步完善符合我国国情的最严格的土地管理制度。现决定如下：

一、严格执行土地管理法律法规

（一）牢固树立遵守土地法律法规的意识。各地区、各有关部门要深入持久地开展土地法律法规的学习教育活动，深刻认识我国国情和保护耕地的极端重要性，本着对人民、对历史负责的精神，严格依法管理土地，积极推进经济增长方式的转变，实现土地利用方式的转变，走符合中国国情的新型工业化、城市化道路。进一步提高依法管地用地的意识，要在法律法规允许的范围内合理用地。对违反法律法规批地、占地的，必须承担法律责任。

（二）严格依照法定权限审批土地。农用地转用和土地征收的审批权在国务院和省、自治区、直辖市人民政府，各省、自治区、直辖市人民政府不得违反法律和行政法规的规定下放土地审批权。严禁规避法定审批权限,将单个建设项目用地拆分审批。

(三)严格执行占用耕地补偿制度。各类非农业建设经批准占用耕地的,建设单位必须补充数量、质量相当的耕地,补充耕地的数量、质量实行按等级折算,防止占多补少、占优补劣。不能自行补充的,必须按照各省、自治区、直辖市的规定缴纳耕地开垦费。耕地开垦费要列入专户管理,不得减免和挪作他用。政府投资的建设项目也必须将补充耕地费用列入工程概算。

(四)禁止非法压低地价招商。省、自治区、直辖市人民政府要依照基准地价制定并公布协议出让土地最低价标准。协议出让土地除必须严格执行规定程序外,出让价格不得低于最低价标准。违反规定出让土地造成国有土地资产流失的,要依法追究责任;情节严重的,依照《中华人民共和国刑法》的规定,以非法低价出让国有土地使用权罪追究刑事责任。

(五)严格依法查处违反土地管理法律法规的行为。当前要着重解决有法不依、执法不严、违法不究和滥用行政权力侵犯农民合法权益的问题。要加大土地管理执法力度,严肃查处非法批地、占地等违法案件。建立国土资源与监察等部门联合办案和案件移送制度,既查处土地违法行为,又查处违法责任人。典型案件,要公开处理。对非法批准占用土地、征收土地和非法低价出让国有土地使用权的国家机关工作人员,依照《监察部国土资源部关于违反土地管理规定行为行政处分暂行办法》给予行政处分;构成犯罪的,依照《中华人民共和国刑法》、《中华人民共和国土地管理法》、《最高人民法院关于审理破坏土地资源刑事案件具体应用法律若干问题的解释》和最高人民检察院关于渎职犯罪案件立案标准的规定,追究刑事责任。对非法批准征收、使用土地,给当事人造成损失的,还必须依法承担赔偿责任。

二、加强土地利用总体规划、城市总体规划、村庄和集镇规划实施管理

（六）严格土地利用总体规划、城市总体规划、村庄和集镇规划修改的管理。在土地利用总体规划和城市总体规划确定的建设用地范围外，不得设立各类开发区（园区）和城市新区（小区）。对清理后拟保留的开发区，必须依据土地利用总体规划和城市总体规划，按照布局集中、用地集约和产业集聚的原则严格审核。严格土地利用总体规划的修改，凡涉及改变土地利用方向、规模、重大布局等原则性修改，必须报原批准机关批准。城市总体规划、村庄和集镇规划也不得擅自修改。

（七）加强土地利用计划管理。农用地转用的年度计划实行指令性管理，跨年度结转使用计划指标必须严格规范。改进农用地转用年度计划下达和考核办法，对国家批准的能源、交通、水利、矿山、军事设施等重点建设项目用地和城、镇、村的建设用地实行分类下达，并按照定额指标、利用效益等分别考核。

（八）从严从紧控制农用地转为建设用地的总量和速度。加强农用地转用审批的规划和计划审查，强化土地利用总体规划和土地利用年度计划对农用地转用的控制和引导，凡不符合规划、没有农用地转用年度计划指标的，不得批准用地。为巩固土地市场治理整顿成果，2004年农用地转用计划指标不再追加；对过去拖欠农民的征地补偿安置费在2004年年底前不能足额偿还的地方，暂缓下达该地区2005年农用地转用计划。

（九）加强建设项目用地预审管理。凡不符合土地利用总体规划、没有农用地转用计划指标的建设项目，不得通过项目用地预审。发展改革等部门要通过适当方式告知项目单位开展前期工作，项目单位提出用地预审申请后，国土资源部门要依法对建设项目用地进行审查。项目建设单位向发展改革等部门申报核准或审批建设项目时，必须附国土资源部门预审意见；没有预审意见或预审未通

过的，不得核准或批准建设项目。

（十）加强村镇建设用地的管理。要按照控制总量、合理布局、节约用地、保护耕地的原则，编制乡（镇）土地利用总体规划、村庄和集镇规划，明确小城镇和农村居民点的数量、布局和规模。鼓励农村建设用地整理，城镇建设用地增加要与农村建设用地减少相挂钩。农村集体建设用地，必须符合土地利用总体规划、村庄和集镇规划，并纳入土地利用年度计划，凡占用农用地的必须依法办理审批手续。禁止擅自通过"村改居"等方式将农民集体所有土地转为国有土地。禁止农村集体经济组织非法出让、出租集体土地用于非农业建设。改革和完善宅基地审批制度，加强农村宅基地管理，禁止城镇居民在农村购置宅基地。引导新办乡村工业向建制镇和规划确定的小城镇集中。在符合规划的前提下，村庄、集镇、建制镇中的农民集体所有建设用地使用权可以依法流转。

（十一）严格保护基本农田。基本农田是确保国家粮食安全的基础。土地利用总体规划修编，必须保证现有基本农田总量不减少，质量不降低。基本农田要落实到地块和农户，并在土地所有权证书和农村土地承包经营权证书中注明。基本农田保护图件备案工作，应在新一轮土地利用总体规划修编后三个月内完成。基本农田一经划定，任何单位和个人不得擅自占用，或者擅自改变用途，这是不可逾越的"红线"。符合法定条件，确需改变和占用基本农田的，必须报国务院批准；经批准占用基本农田的，征地补偿按法定最高标准执行，对以缴纳耕地开垦费方式补充耕地的，缴纳标准按当地最高标准执行。禁止占用基本农田挖鱼塘、种树和其他破坏耕作层的活动，禁止以建设"现代农业园区"或者"设施农业"等任何名义，占用基本农田变相从事房地产开发。

三、完善征地补偿和安置制度

（十二）完善征地补偿办法。县级以上地方人民政府要采取切实措施，使被征地农民生活水平不因征地而降低。要保证依法足额和及时支付土地补偿费、安置补助费以及地上附着物和青苗补偿费。依照现行法律规定支付土地补偿费和安置补助费，尚不能使被征地农民保持原有生活水平的，不足以支付因征地而导致无地农民社会保障费用的，省、自治区、直辖市人民政府应当批准增加安置补助费。土地补偿费和安置补助费的总和达到法定上限，尚不足以使被征地农民保持原有生活水平的，当地人民政府可以用国有土地有偿使用收入予以补贴。省、自治区、直辖市人民政府要制订并公布各市县征地的统一年产值标准或区片综合地价，征地补偿做到同地同价，国家重点建设项目必须将征地费用足额列入概算。大中型水利、水电工程建设征地的补偿费标准和移民安置办法，由国务院另行规定。

（十三）妥善安置被征地农民。县级以上地方人民政府应当制定具体办法，使被征地农民的长远生计有保障。对有稳定收益的项目，农民可以经依法批准的建设用地土地使用权入股。在城市规划区内，当地人民政府应当将因征地而导致无地的农民，纳入城镇就业体系，并建立社会保障制度；在城市规划区外，征收农民集体所有土地时，当地人民政府要在本行政区域内为被征地农民留有必要的耕作土地或安排相应的工作岗位；对不具备基本生产生活条件的无地农民，应当异地移民安置。劳动和社会保障部门要会同有关部门尽快提出建立被征地农民的就业培训和社会保障制度的指导性意见。

（十四）健全征地程序。在征地过程中，要维护农民集体土地所有权和农民土地承包经营权的权益。在征地依法报批前，要将拟征地的用途、位置、补偿标准、安置途径告知被征地农民；对拟征土地现状的调查结果须经被征地农村集体经济组织和农户确认；确有必要的，国土资源部门应当依照有关规定组织听证。要将被征地农民知情、确认的有关材料作为征地报批的必备材料。要加快建立和完善征地补偿安置争议的协调和裁决机制，维护被征地农民和用地者的合法权益。经批准的征地事项，除特殊情况外，应予以公示。

（十五）加强对征地实施过程监管。征地补偿安置不落实的，不得强行使用被征土地。省、自治区、直辖市人民政府应当根据土地补偿费主要用于被征地农户的原则，制订土地补偿费在农村集体经济组织内部的分配办法。被征地的农村集体经济组织应当将征地补偿费用的收支和分配情况，向本集体经济组织成员公布，接受监督。农业、民政等部门要加强对农村集体经济组织内部征地补偿费用分配和使用的监督。

四、健全土地节约利用和收益分配机制

（十六）实行强化节约和集约用地政策。建设用地要严格控制增量，积极盘活存量，把节约用地放在首位，重点在盘活存量上下功夫。新上建设项目首先要利用现有建设用地，严格控制建设占用耕地、林地、草原和湿地。开展对存量建设用地资源的普查，研究制定鼓励盘活存量的政策措施。各地区、各有关部门要按照集约用地的原则，调整有关厂区绿化率的规定，不得圈占土地搞"花园式工厂"。在开发区（园区）推广多层标准厂房。对工业用地在符合规划、不改变原用途的前提下，提高土地利用率和增加容积率的，原则上不再收取或调整土地有偿使用费。基础设施和公益性建设项目，也要节约合理用地。今后，供地时要将土地用途、容积率等使用条件的约定写入土地使用合同。对工业项目用地必须有投资强度、开发进度等控制性要求。土地使用权人不按照约定条件使用土地的，要承担相应的违约责任。在加强耕地占用税、城镇土地使用税、土地增值税征收管理的同时，进一步调整和完善相关税制，加大对建设用地取得和保有环节的税收调节力度。

（十七）推进土地资源的市场化配置。严格控制划拨用地范围，经营性基础设施用地要逐步实行有偿使用。运用价格机制抑制多占、滥占和浪费土地。除按现行规定必须实行招标、拍卖、挂牌出让的用地外，工业用地也要创造条件逐步实行招标、拍卖、挂牌出让。经依法批准利用原有划拨土地进行经营性开发建设的，应当按照市场价补缴土地出让金。经依法批准转让原划拨土地使用权的，应当在土地有形市场公开交易，按照市场价补缴土地出让金；低于市场价交易的，政府应当行使优先购买权。

（十八）制订和实施新的土地使用标准。依照国家产业政策，国土资源部门对淘汰类、限制类项目分别实行禁止和限制用地，并会同有关部门制订工程项目建设用地定额标准，省、自治区、直辖市人民政府可以根据实际情况制订具体实施办法。继续停止高档别墅类房地产、高尔夫球场等用地的审批。

（十九）严禁闲置土地。农用地转用批准后，满两年未实施具体征地或用地行为的，批准文件自动失效；已实施征地，满两年未供地的，在下达下一年度的农用地转用计划时扣减相应指标，对具备耕作条件的土地，应当交原土地使用者继续耕种，也可以由当地人民政府组织耕种。对用地单位闲置的土地，严格依照《中华人民共和国土地管理法》的有关规定处理。

（二十）完善新增建设用地土地有偿使用费收缴办法。新增建设用地土地有偿使用费实行先缴后分，按规定的标准就地全额缴入国库，不得减免，并由国库按规定的比例就地分成划缴。审计部门要加强对新增建设用地土地有偿使用费征收和使用的监督检查。对减免和欠缴的，要依法追缴。财政部、国土资源部要适时调整新增建设用地土地有偿使用费收取标准。新增建设用地土地有偿使用费要严格按法定用途使用，由中央支配的部分，要向粮食主产区倾斜。探索建立国有土地收益基金，遏制片面追求土地收益的短期行为。

五、建立完善耕地保护和土地管理的责任制度

（二十一）明确土地管理的权力和责任。调控新增建设用地总量的权力和责任在中央，盘活存量建设用地的权力和利益在地方，

保护和合理利用土地的责任在地方各级人民政府，省、自治区、直辖市人民政府应负主要责任。在确保严格实施土地利用总体规划，不突破土地利用年度计划的前提下，省、自治区、直辖市人民政府可以统筹本行政区域内的用地安排，依照法定权限对农用地转用和土地征收进行审批，按规定用途决定新增建设用地土地有偿使用费地方分成部分的分配和使用，组织本行政区域内耕地占补平衡，并对土地管理法律法规执行情况进行监督检查。地方各级人民政府要对土地利用总体规划确定的本行政区域内的耕地保有量和基本农田保护面积负责，政府主要领导是第一责任人。地方各级人民政府都要建立相应的工作制度，采取多种形式，确保耕地保护目标落实到基层。

（二十二）建立耕地保护责任的考核体系。国务院定期向各省、自治区、直辖市下达耕地保护责任考核目标。各省、自治区、直辖市人民政府每年要向国务院报告耕地保护责任目标的履行情况。实行耕地保护责任考核的动态监测和预警制度。国土资源部会同农业部、监察部、审计署、统计局等部门定期对各省、自治区、直辖市耕地保护责任目标履行情况进行检查和考核，并向国务院报告。对认真履行责任目标，成效突出的，要给予表彰，并在安排中央支配的新增建设用地土地有偿使用费时予以倾斜。对没有达到责任目标的，要在全国通报，并责令限期补充耕地和补划基本农田。对土地开发整理补充耕地的情况也要定期考核。

（二十三）严格土地管理责任追究制。对违反法律规定擅自修改土地利用总体规划的、发生非法占用基本农田的、未完成耕地保护责任考核目标的、征地侵害农民合法权益引发群体性事件且未能及时解决的、减免和欠缴新增建设用地土地有偿使用费的、未按期完成基本农田图件备案工作的，要严肃追究责任，对有关责任人员由上级主管部门或监察机关依法定权限给予行政处分。同时，上级政府要责令限期整改，整改期间暂停农用地转用和征地审批。具体办法由国土资源部会同有关部门另行制订。实行补充耕地监督的责任追究制，国土资源部门和农业部门负责对补充耕地的数量和质量进行验收，并对验收结果承担责任。省、自治区、直辖市国土资源部门和农业部门要加强监督检查。

（二十四）强化对土地执法行为的监督。建立公开的土地违法立案标准。对有案不查、执法不严的，上级国土资源部门要责令其作出行政处罚决定或直接给予行政处罚。坚决纠正违法用地只通过罚款就补办合法手续的行为。对违法用地及其建筑物和其他设施，按法律规定应当拆除或没收的，不得以罚款、补办手续取代；确需补办手续的，依法处罚后，从新从高进行征地补偿和收取土地出让金及有关规费。完善土地执法监察体制，建立国家土地督察制度，设立国家土地总督察，向地方派驻土地督察专员，监督土地执法行为。

（二十五）加强土地管理行政能力建设。2004年年底以前要完成省级以下国土资源管理体制改革，理顺领导干部管理体制、工作机制和加强基层队伍建设。市、县人民政府要保证基层国土资源管理所机构、编制、经费到位，切实发挥基层国土资源管理所在土地管理执法中的作用。国土资源部要会同有关部门抓紧建立和完善统一的土地分类、调查、登记和统计制度，启动新一轮土地调查，保证土地数据的真实性。组织实施"金土工程"。充分利用现代高新技术加强土地利用动态监测，建立土地利用总体规划实施、耕地保护、土地市场的动态监测网络。

各地区、各有关部门要以"三个代表"重要思想为指导，牢固树立科学发展观和正确的政绩观，把落实好最严格的土地管理制度作为对执政能力和依法行政能力的检验。高度重视土地的保护和合理利用，认真总结经验，积极推进土地管理体制改革，不断完善土地法制，建立严格、科学、有效的土地管理制度，维护好广大人民群众的根本利益，确保经济社会的可持续发展。

国务院关于加强土地调控有关问题的通知

(2006年8月31日　国发〔2006〕31号)

各省、自治区、直辖市人民政府，国务院各部委、各直属机构：

党中央、国务院高度重视土地管理和调控。2004年印发的《国务院关于深化改革严格土地管理的决定》（国发〔2004〕28号），在严格土地执法、加强规划管理、保障农民权益、促进集约用地、健全责任制度等方面，作出了全面系统的规定。各地区、各部门采取措施，积极落实，取得了初步成效。但是，当前土地管理特别是土地调控中出现了一些新动向、新问题，建设用地总量增长过快，低成本工业用地过度扩张，违法违规用地、滥占耕地现象屡禁不止，严把土地"闸门"任务仍然十分艰巨。为进一步贯彻落实科学发展观，保证经济社会可持续发展，必须采取更严格的管理措施，切实加强土地调控。现就有关问题通知如下：

一、进一步明确土地管理和耕地保护的责任

地方各级人民政府主要负责人应对本行政区域内耕地保有量和基本农田保护面积、土地利用总体规划和年度计划执行情况负总责。将新增建设用地控制指标（包括占用农用地和未利用地）纳入土地利用年度计划，以实际耕地保有量和新增建设用地面积，作为土地利用年度计划考核、土地管理和耕地保护责任目标考核的依据；实际用地超过计划的，扣减下一年度相应的计划指标。国土资源部要加强对各地实际建设用地和土地征收情况的核查。

按照权责一致的原则，调整城市建设用地审批方式。在土地利用总体规划确定的城市建设用地范围内，依法由国务院分批次审批的农用地转用和土地征收，调整为每年由省级人民政府汇总后一次申报，经国土资源部审核，报国务院批准后由省级人民政府具体组织实施，实施方案报国土资源部备案。

严格实行问责制。对本行政区域内发生土地违法违规案件造成严重后果的，对土地违法违规行为不制止、不组织查处的，对土地违法违规问题隐瞒不报、压案不查的，应当追究有关地方人民政府负责人的领导责任。监察部、国土资源部要抓紧完善土地违法违规领导责任追究办法。

二、切实保障被征地农民的长远生计

征地补偿安置必须以确保被征地农民原有生活水平不降低、长远生计有保障为原则。各地要认真落实国办发〔2006〕29号文件的规定，做好被征地农民就业培训和社会保障工作。被征地农民的社会保障费用，按有关规定纳入征地补偿安置费用，不足部分由当地政府从国有土地有偿使用收入中解决。社会保障费用不落实的不得批准征地。

三、规范土地出让收支管理

国有土地使用权出让总价款全额纳入地方预算，缴入地方国库，实行"收支两条线"管理。土地出让总价款必须首先按规定足额安排支付土地补偿费、安置补助费、地上附着物和青苗补偿费、拆迁补偿费以及补助被征地农民社会保障所需资金的不足，其余资金应逐步提高用于农业土地开发和农村基础设施建设的比重，以及用于廉租住房建设和完善国有土地使用功能的配套设施建设。

四、调整建设用地有关税费政策

提高新增建设用地土地有偿使用费缴纳标准。新增建设用地土地有偿使用费缴纳范围，以当地实际新增建设用地面积为准。新增建设用地土地有偿使用费专项用于基本农田建设和保护、土地整理、耕地开发。对违规减免和欠缴的新增建设用地土地有偿使用费，要进行清理，限期追缴。其中，国发〔2004〕28号文件下发后减免和欠缴的，要在今年年底前全额清缴；逾期未缴的，暂不办

理用地审批。财政部会同国土资源部要抓紧制订新增建设用地土地有偿使用费缴纳标准和适时调整的具体办法,并进一步改进和完善新增建设用地土地有偿使用费的分配使用管理。

提高城镇土地使用税和耕地占用税征收标准,财政部、税务总局会同国土资源部、法制办要抓紧制订具体办法。财税部门要加强税收征管,严格控制减免税。

五、建立工业用地出让最低价标准统一公布制度

国家根据土地等级、区域土地利用政策等,统一制订并公布各地工业用地出让最低价标准。工业用地出让最低价标准不得低于土地取得成本、土地前期开发成本和按规定收取的相关费用之和。工业用地必须采用招标拍卖挂牌方式出让,其出让价格不得低于公布的最低价标准。低于最低价标准出让土地,或以各种形式给予补贴或返还的,属非法低价出让国有土地使用权的行为,要依法追究有关人员的法律责任。

六、禁止擅自将农用地转为建设用地

农用地转为建设用地,必须符合土地利用总体规划、城市总体规划、村庄和集镇规划,纳入年度土地利用计划,并依法办理农用地转用审批手续。禁止通过"以租代征"等方式使用农民集体所有农用地进行非农业建设,擅自扩大建设用地规模。农民集体所有建设用地使用权流转,必须符合规划并严格限定在依法取得的建设用地范围内。未依法办理农用地转用审批,国家机关工作人员批准通过"以租代征"等方式占地建设的,属非法批地行为;单位和个人擅自通过"以租代征"等方式占地建设的,属非法占地行为,要依法追究有关人员的法律责任。

七、强化对土地管理行为的监督检查

国家土地督察机构要认真履行国务院赋予的职责,加强对地方人民政府土地管理行为的监督检查。对监督检查中发现的违法违规问题,要及时提出纠正或整改意见。对纠正整改不力的,依照有关规定责令限期纠正整改。纠正整改期间，暂停该地区农用地转用和土地征收。

国土资源管理部门及其工作人员要严格执行国家土地管理的法律法规和方针政策，依法行政，对土地利用情况的真实性和合法性负责。凡玩忽职守、滥用职权、徇私舞弊、不执行和不遵守土地管理法律法规的，依照有关法律法规追究有关领导和人员的责任。

八、严肃惩处土地违法违规行为

国家机关工作人员非法批准征收、占用土地，或者非法低价出让国有土地使用权，触犯刑律的，依法追究刑事责任。对不执行国家土地调控政策、超计划批地用地、未按期缴纳新增建设用地土地有偿使用费及其他规定税费、未按期足额支付征地补偿安置费而征占土地，以及通过调整土地利用总体规划擅自改变基本农田位置，以规避建设占用基本农田应依法上报国务院审批的，要追究有关人员的行政责任。

完善土地违法案件的查处协调机制，加大对土地违法违规行为的查处力度。监察部要会同国土资源部等有关部门，在近期集中开展一次以查处非法批地、未批先用、批少用多、非法低价出让国有土地使用权等行为为重点的专项行动。对重大土地违法违规案件要公开处理，涉嫌犯罪的，要移送司法机关依法追究刑事责任。

各地区、各部门要以邓小平理论和"三个代表"重要思想为指导，全面落实科学发展观，充分认识实行最严格土地管理制度的重要性，认真贯彻、坚决执行中央关于加强土地调控的各项措施。各地区要结合执行本通知，对国发〔2004〕28号文件实施以来的土地管理和利用情况进行全面自查，对清查出的土地违法违规行为必须严肃处理。发展改革委、监察部、财政部、劳动保障部、国土资源部、建设部、农业部、人民银行、税务总局、统计局、法制办等部门要各司其职、密切配合，尽快制定本通知实施的配套文件，共同做好加强土地调控的各项工作。国土资源部要会同监察部等有关部门做好对本通知贯彻执行情况的监督检查。各地区、各部门要在2006年年底前将贯彻执行本通知的情况向国务院报告。

国务院关于加强
国有土地资产管理的通知

（2001年4月30日　国发〔2001〕15号）

改革开放以来，随着土地使用制度改革的深化，土地资源的资产价值得到体现，逐步适应城市建设、企业改革、经济结构调整的需要。但目前国有土地资产通过市场配置的比例不高，透明度低；划拨土地大量非法入市，隐形交易；随意减免地价，挤占国有土地收益的现象严重，使得大量应由国家取得的土地收益流失到少数单位和个人手中。这不仅严重影响了对土地的保护和合理开发、利用，而且滋生腐败现象。为加强国有土地资产管理，切实防止国有土地资产流失，现就有关问题通知如下：

一、严格控制建设用地供应总量

严格控制土地供应总量是规范土地市场的基本前提。只有在严格控制土地供应总量的前提下，才能有效发挥市场配置土地资源的基础性作用，充分实现土地资产价值，提高土地资源利用效率。各级政府必须严格执行土地利用总体规划、城市规划和土地利用年度计划，严格控制新增建设用地供应总量。要抓住经济结构调整的有利时机，把土地利用引导到对存量建设用地的调整和改造上来，优化土地利用结构。

各地要加大对闲置土地的处置力度，积极稳妥地解决历史遗留问题，最大限度地减少国有资产的损失。对依法应无偿收回的闲置土地，要坚决收回。

坚持土地集中统一管理，确保城市政府对建设用地的集中统一供应。各地不得违反国家有关规定擅自设立工业园、科技园、开发区等各类园、区，经批准设立的市辖区工业园、科技园、开发区等各类园、区的土地必须纳入所在城市用地统一管理、统一供应。对已经列入城市建设用地范围的村镇建设和乡镇企业用地也要按城镇化要求，统一规划、开发。

为增强政府对土地市场的调控能力，有条件的地方政府要对建设用地试行收购储备制度。市、县人民政府可划出部分土地收益用于收购土地，金融机构要依法提供信贷支持。

二、严格实行国有土地有偿使用制度

严格执行《中华人民共和国土地管理法》、《中华人民共和国城市房地产管理法》关于划拨用地范围的规定，任何单位和个人均不得突破。除法律规定可以采用划拨方式提供用地外，其他建设需要使用国有土地的，必须依法实行有偿使用。国土资源部要依据法律规定，抓紧制订具体的划拨用地目录。

土地使用者需要改变原批准的土地用途、容积率等，必须依法报经市、县人民政府批准。对原划拨用地，因发生土地转让、出租或改变用途后不再符合划拨用地范围的，应依法实行出让等有偿使用方式；对出让土地，凡改变土地用途、容积率的，应按规定补交不同用途和容积率的土地差价。

各地要加强对经济适用住房建设用地的管理。经济适用住房建设用地必须符合土地利用总体规划、城市规划和土地利用年度计划，严格控制占用耕地，严禁开发商以开发经济适用住房名义牟取暴利。要对经济适用住房的建设标准和销售对象作出严格规定，具体办法由建设部制定。

要进一步加强国有土地收益的征收和管理，任何单位和个人均不得减免和挤占挪用土地出让金、租金等土地收益。对于低价出让、租赁土地，随意减免地价，挤占挪用土地收益，造成国有土地资产流失的，要依法追究责任。

三、大力推行国有土地使用权招标、拍卖

为体现市场经济原则，确保土地使用权交易的公开、公平和公正，各地要大力推行土地使用权招标、拍卖。

国有建设用地供应，除涉及国家安全和保密要求外，都必须向社会公开。商业性房地产开发用地和其他土地供应计划公布后同一地块有两个以上意向用地者的，都必须由市、县人民政府土地行政主管部门依法以招标、拍卖方式提供，国有土地使用权招标、拍卖必须公开进行。要严格限制协议用地范围。确实不能采用招标、拍卖方式的，方可采用协议方式。采用协议方式供地的，必须做到在地价评估基础上，集体审核确定协议价格，协议结果向社会公开。

四、加强土地使用权转让管理

土地使用权要依法公开交易，不得搞隐形交易。划拨土地使用权未经批准不得自行转让。出让和承租国有土地使用权首次转让，必须符合法律规定和出让、租赁合同约定的条件。土地使用权交易要在有形土地市场公开进行，并依法办理土地登记。土地行政主管部门要加强对出让、租赁合同的管理，受让人和承租方未付清全部出让金、租金的，不得为其发放土地使用证，未达到法律规定和合同约定的投资开发条件的，土地使用权不得转让。

土地使用权抵押应当依法办理抵押登记。设定房地产抵押权的土地使用权是以划拨方式取得的，依法拍卖该房地产后，受让人应当依法与土地所在地的土地行政主管部门签订土地使用权出让合同，从拍卖价款中缴纳土地使用权出让金后，抵押权人方可优先受偿。

以营利为目的，房屋所有人将以划拨方式取得国有土地使用权后所建房屋出租的，应将租金中所含土地收益上缴国家。

国有土地使用权转让，转让双方必须如实申报成交价格。土地行政主管部门要根据基准地价、标定地价对申报价格进行审核和登记。申报土地转让价格比标定地价低20%以上的,市、县人民政府可行使优先购买权。

五、加强地价管理

市、县人民政府要依法定期确定、公布当地的基准地价和标定地价,切实加强地价管理。凡尚未确定基准地价的市、县,要按照法律法规规定和统一的标准,尽快评估确定;已经确定基准地价的市、县,要根据土地市场价格变化情况,及时更新。要根据基准地价和标定地价,制定协议出让最低价标准。基准地价、协议出让土地最低价标准一经确定,必须严格执行并向社会公开。各级人民政府均不得低于协议出让最低价出让土地。要抓紧建立全国地价动态监测信息系统,对全国重要城市地价水平动态变化情况进行监测。

六、规范土地审批的行政行为

各级人民政府和土地行政主管部门掌握着土地审批和资产处置权力,责任重大,必须切实加强制度建设,规范行政行为,从制度上杜绝土地资产流失和腐败行为的发生。

(一)坚持政企分开,政事分开。土地行政主管部门一律不得兴办房地产开发公司等企业。土地估价、土地交易代理等中介服务机构必须与行政机关及其所属事业单位脱钩。

(二)坚持规范管理,政务公开。土地行政主管部门建设用地审批管理、土地资产处置等要严格执行办文制度,所有报件和批文均按规定程序办理。要增强服务意识,将办事制度、标准、程序、期限和责任向社会公开。要抓紧建立建设用地信息发布、地价和土地登记资料可查询制度。

(三)坚持内部会审,集体决策。土地行政主管部门内部要尽快健全各类审批事项的内部会审制度。农用地转用、土地征用、用地审批、土地资产处置、供地价格确定等,一律要经过内部会审,集体决策。

国务院各有关部门和各省、自治区、直辖市人民政府要认真贯彻落实本通知精神，制定具体的实施办法，逐步建立和完善各项土地资产管理制度，加强上级政府对下级政府及土地行政主管部门土地资产管理的监督。地方各级人民政府要组织力量，对行政区域内基准地价和土地资产管理规定执行情况进行检查，重点检查集体决策和结果公开的执行情况，发现问题，要依法及时处理。

国土资源部要会同有关部门负责本通知贯彻执行情况的监督检查和落实工作，重点检查落实各地土地资产管理制度的建立和执行情况，并定期向国务院报告。

基础测绘条例

(2009年5月6日国务院第62次常务会议通过　2009年5月12日中华人民共和国国务院令第556号公布　自2009年8月1日起施行)

第一章　总　　则

第一条　为了加强基础测绘管理，规范基础测绘活动，保障基础测绘事业为国家经济建设、国防建设和社会发展服务，根据《中华人民共和国测绘法》，制定本条例。

第二条　在中华人民共和国领域和中华人民共和国管辖的其他海域从事基础测绘活动，适用本条例。

本条例所称基础测绘，是指建立全国统一的测绘基准和测绘系统，进行基础航空摄影，获取基础地理信息的遥感资料，测制和更新国家基本比例尺地图、影像图和数字化产品，建立、更新基础地理信息系统。

在中华人民共和国领海、中华人民共和国领海基线向陆地一侧至海岸线的海域和中华人民共和国管辖的其他海域从事海洋基础测绘活动，按照国务院、中央军事委员会的有关规定执行。

第三条 基础测绘是公益性事业。

县级以上人民政府应当加强对基础测绘工作的领导，将基础测绘纳入本级国民经济和社会发展规划及年度计划，所需经费列入本级财政预算。

国家对边远地区和少数民族地区的基础测绘给予财政支持。具体办法由财政部门会同同级测绘行政主管部门制定。

第四条 基础测绘工作应当遵循统筹规划、分级管理、定期更新、保障安全的原则。

第五条 国务院测绘行政主管部门负责全国基础测绘工作的统一监督管理。

县级以上地方人民政府负责管理测绘工作的行政部门（以下简称测绘行政主管部门）负责本行政区域基础测绘工作的统一监督管理。

第六条 国家鼓励在基础测绘活动中采用先进科学技术和先进设备，加强基础研究和信息化测绘体系建设，建立统一的基础地理信息公共服务平台，实现基础地理信息资源共享，提高基础测绘保障服务能力。

第二章 基础测绘规划

第七条 国务院测绘行政主管部门会同国务院其他有关部门、军队测绘主管部门，组织编制全国基础测绘规划，报国务院批准后组织实施。

县级以上地方人民政府测绘行政主管部门会同本级人民政府其他有关部门，根据国家和上一级人民政府的基础测绘规划和本行政区域的实际情况，组织编制本行政区域的基础测绘规划，报本级人民政府批准，并报上一级测绘行政主管部门备案后组织实施。

第八条 基础测绘规划报送审批前，组织编制机关应当组织专家进行论证，并征求有关部门和单位的意见。其中，地方的基础测绘规划，涉及军事禁区、军事管理区或者作战工程的，还应当征求军事机关的意见。

基础测绘规划报送审批文件中应当附具意见采纳情况及理由。

第九条 组织编制机关应当依法公布经批准的基础测绘规划。

经批准的基础测绘规划是开展基础测绘工作的依据，未经法定程序不得修改；确需修改的，应当按照本条例规定的原审批程序报送审批。

第十条 国务院发展改革部门会同国务院测绘行政主管部门，编制全国基础测绘年度计划。

县级以上地方人民政府发展改革部门会同同级测绘行政主管部门，编制本行政区域的基础测绘年度计划，并分别报上一级主管部门备案。

第十一条 县级以上人民政府测绘行政主管部门应当根据应对自然灾害等突发事件的需要，制定相应的基础测绘应急保障预案。

基础测绘应急保障预案的内容应当包括：应急保障组织体系，应急装备和器材配备，应急响应，基础地理信息数据的应急测制和更新等应急保障措施。

第三章　基础测绘项目的组织实施

第十二条 下列基础测绘项目，由国务院测绘行政主管部门组织实施：

（一）建立全国统一的测绘基准和测绘系统；

（二）建立和更新国家基础地理信息系统；

（三）组织实施国家基础航空摄影；

（四）获取国家基础地理信息遥感资料；

（五）测制和更新全国 1∶100 万至 1∶2.5 万国家基本比例尺地图、影像图和数字化产品；

（六）国家急需的其他基础测绘项目。

第十三条 下列基础测绘项目，由省、自治区、直辖市人民政府测绘行政主管部门组织实施：

（一）建立本行政区域内与国家测绘系统相统一的大地控制网和高程控制网；

（二）建立和更新地方基础地理信息系统；

（三）组织实施地方基础航空摄影；

（四）获取地方基础地理信息遥感资料；

（五）测制和更新本行政区域1∶1万至1∶5000国家基本比例尺地图、影像图和数字化产品。

第十四条 设区的市、县级人民政府依法组织实施1∶2000至1∶500比例尺地图、影像图和数字化产品的测制和更新以及地方性法规、地方政府规章确定由其组织实施的基础测绘项目。

第十五条 组织实施基础测绘项目，应当依据基础测绘规划和基础测绘年度计划，依法确定基础测绘项目承担单位。

第十六条 基础测绘项目承担单位应当具有与所承担的基础测绘项目相应等级的测绘资质，并不得超越其资质等级许可的范围从事基础测绘活动。

基础测绘项目承担单位应当具备健全的保密制度和完善的保密设施，严格执行有关保守国家秘密法律、法规的规定。

第十七条 从事基础测绘活动，应当使用全国统一的大地基准、高程基准、深度基准、重力基准，以及全国统一的大地坐标系统、平面坐标系统、高程系统、地心坐标系统、重力测量系统，执行国家规定的测绘技术规范和标准。

因建设、城市规划和科学研究的需要，确需建立相对独立的平面坐标系统的，应当与国家坐标系统相联系。

第十八条 县级以上人民政府及其有关部门应当遵循科学规划、合理布局、有效利用、兼顾当前与长远需要的原则，加强基础测绘设施建设，避免重复投资。

国家安排基础测绘设施建设资金，应当优先考虑航空摄影测量、卫星遥感、数据传输以及基础测绘应急保障的需要。

第十九条 国家依法保护基础测绘设施。

任何单位和个人不得侵占、损毁、拆除或者擅自移动基础测绘设施。基础测绘设施遭受破坏的，县级以上地方人民政府测绘行政主管部门应当及时采取措施，组织力量修复，确保基础测绘活动正常进行。

第二十条 县级以上人民政府测绘行政主管部门应当加强基础航空摄影和用于测绘的高分辨率卫星影像获取与分发的统筹协调，做好基础测绘应急保障工作，配备相应的装备和器材，组织开展培训和演练，不断提高基础测绘应急保障服务能力。

自然灾害等突发事件发生后，县级以上人民政府测绘行政主管部门应当立即启动基础测绘应急保障预案，采取有效措施，开展基础地理信息数据的应急测制和更新工作。

第四章　基础测绘成果的更新与利用

第二十一条 国家实行基础测绘成果定期更新制度。

基础测绘成果更新周期应当根据不同地区国民经济和社会发展的需要、测绘科学技术水平和测绘生产能力、基础地理信息变化情况等因素确定。其中，1∶100万至1∶5000国家基本比例尺地图、影像图和数字化产品至少5年更新一次；自然灾害多发地区以及国民经济、国防建设和社会发展急需的基础测绘成果应当及时更新。

基础测绘成果更新周期确定的具体办法，由国务院测绘行政主管部门会同军队测绘主管部门和国务院其他有关部门制定。

第二十二条 县级以上人民政府测绘行政主管部门应当及时收集有关行政区域界线、地名、水系、交通、居民点、植被等地理信息的变化情况，定期更新基础测绘成果。

县级以上人民政府其他有关部门和单位应当对测绘行政主管部门的信息收集工作予以支持和配合。

第二十三条 按照国家规定需要有关部门批准或者核准的测绘项目，有关部门在批准或者核准前应当书面征求同级测绘行政主管部门的意见，有适宜基础测绘成果的，应当充分利用已有的基础测绘成果，避免重复测绘。

第二十四条 县级以上人民政府测绘行政主管部门应当采取措施，加强对基础地理信息测制、加工、处理、提供的监督管理，确保基础测绘成果质量。

第二十五条 基础测绘项目承担单位应当建立健全基础测绘成果质量管理制度，严格执行国家规定的测绘技术规范和标准，对其完成的基础测绘成果质量负责。

第二十六条 基础测绘成果的利用，按照国务院有关规定执行。

第五章 法 律 责 任

第二十七条 违反本条例规定，县级以上人民政府测绘行政主管部门和其他有关主管部门将基础测绘项目确定由不具有测绘资质或者不具有相应等级测绘资质的单位承担的，责令限期改正，对负有直接责任的主管人员和其他直接责任人员，依法给予处分。

第二十八条 违反本条例规定，县级以上人民政府测绘行政主管部门和其他有关主管部门的工作人员利用职务上的便利收受他人财物、其他好处，或者玩忽职守，不依法履行监督管理职责，或者发现违法行为不予查处，造成严重后果，构成犯罪的，依法追究刑事责任；尚不构成犯罪的，依法给予处分。

第二十九条 违反本条例规定，未取得测绘资质证书从事基础测绘活动的，责令停止违法行为，没收违法所得和测绘成果，并处测绘约定报酬1倍以上2倍以下的罚款。

第三十条 违反本条例规定，基础测绘项目承担单位超越资质等级许可的范围从事基础测绘活动的，责令停止违法行为，没收违法所得和测绘成果，处测绘约定报酬1倍以上2倍以下的罚款，并可以责令停业整顿或者降低资质等级；情节严重的，吊销测绘资质证书。

第三十一条 违反本条例规定，实施基础测绘项目，不使用全国统一的测绘基准和测绘系统或者不执行国家规定的测绘技术规范和标准的，责令限期改正，给予警告，可以并处10万元以下罚款；对负有直接责任的主管人员和其他直接责任人员，依法给予处分。

第三十二条 违反本条例规定，侵占、损毁、拆除或者擅自移动基础测绘设施的，责令限期改正，给予警告，可以并处5万元以下罚款；造成损失的，依法承担赔偿责任；构成犯罪的，依法追究刑事责任；尚不构成犯罪的，对负有直接责任的主管人员和其他直接责任人员，依法给予处分。

第三十三条 违反本条例规定，基础测绘成果质量不合格的，责令基础测绘项目承担单位补测或者重测；情节严重的，责令停业整顿，降低资质等级直至吊销测绘资质证书；给用户造成损失的，依法承担赔偿责任。

第三十四条 本条例规定的降低资质等级、吊销测绘资质证书的行政处罚，由颁发资质证书的部门决定；其他行政处罚由县级以上人民政府测绘行政主管部门决定。

第六章 附 则

第三十五条 本条例自2009年8月1日起施行。

实际耕地与新增建设用地面积确定办法

(2007年9月5日 国土资发〔2007〕207号)

一、为客观评价各级人民政府履行土地管理和耕地保护责任落实情况，依据《中华人民共和国土地管理法》、《国务院关于加强土地调控有关问题的通知》(国发〔2006〕31号)等有关规定，制定本办法。

二、实际耕地面积是指在各省（区、市）、市（地、州）、县（区、市）行政辖区范围内当年实际耕地总数量。

三、新增建设用地面积是指当年依法批准的新增建设用地和未经依法批准的新增建设用地面积之和。

四、实际耕地面积与新增建设用地面积的确定以土地变更调查数据为依据。

五、依法批准的新增建设用地，按批准用地文件，将用地的范围标注到土地利用现状图上（以下简称上图），并填写《土地变更调查记录表》（以下简称上表）。

依法由国务院批准的城市建设用地，以省级人民政府审核同意的农用地转用和土地征收实施方案为依据，上图上表。

由省级人民政府批准农用地转用、国务院批准征收的土地，以土地征收批准文件为依据，上图上表。

六、未经依法批准的新增建设用地，按实际占地面积进行年度土地变更调查，上图上表。

七、农业结构调整、生态退耕、耕地灾毁等造成的耕地减少和土地开发整理等增加的耕地，按实地变化情况进行年度土地变更调查，上图上表。

八、实际耕地面积作为耕地保护责任目标考核的重要依据。

九、实际新增建设用地面积作为年度计划指标执行考核的重要依据，土地利用年度计划指标包括当年下发的计划指标和经依法批准结转使用的计划指标。

十、新增建设用地有偿使用费按当年批准用地的应缴额与未经依法批准的新增建设用地面积、相应等别和标准计算的应缴额之和进行考核，并限期追缴。

十一、国土资源部将利用遥感监测、抽查巡查等办法，对各省（区、市）当年耕地面积和实际新增建设用地面积数据进行核查。

十二、在土地变更调查中弄虚作假、虚报瞒报数据的行为，要依法依规追究有关人员的行政责任，触犯刑律的，依法追究刑事责任。

二 土地取得

中华人民共和国招标投标法

（1999年8月30日第九届全国人民代表大会常务委员会第十一次会议通过 根据2017年12月27日第十二届全国人民代表大会常务委员会第三十一次会议《关于修改〈中华人民共和国招标投标法〉、〈中华人民共和国计量法〉的决定》修正）

目 录

第一章 总　　则

第二章 招　　标

第三章 投　　标

第四章 开标、评标和中标

第五章 法律责任

第六章 附　　则

第一章 总　　则

第一条 【立法目的】为了规范招标投标活动，保护国家利益、社会公共利益和招标投标活动当事人的合法权益，提高经济效益，保证项目质量，制定本法。

第二条　【适用范围】在中华人民共和国境内进行招标投标活动，适用本法。

第三条　【必须进行招标的工程建设项目】在中华人民共和国境内进行下列工程建设项目包括项目的勘察、设计、施工、监理以及与工程建设有关的重要设备、材料等的采购，必须进行招标：

（一）大型基础设施、公用事业等关系社会公共利益、公众安全的项目；

（二）全部或者部分使用国有资金投资或者国家融资的项目；

（三）使用国际组织或者外国政府贷款、援助资金的项目。

前款所列项目的具体范围和规模标准，由国务院发展计划部门会同国务院有关部门制订，报国务院批准。

法律或者国务院对必须进行招标的其他项目的范围有规定的，依照其规定。

第四条　【禁止规避招标】任何单位和个人不得将依法必须进行招标的项目化整为零或者以其他任何方式规避招标。

第五条　【招投标活动的原则】招标投标活动应当遵循公开、公平、公正和诚实信用的原则。

第六条　【招投标活动不受地区或部门的限制】依法必须进行招标的项目，其招标投标活动不受地区或者部门的限制。任何单位和个人不得违法限制或者排斥本地区、本系统以外的法人或者其他组织参加投标，不得以任何方式非法干涉招标投标活动。

第七条　【对招投标活动的监督】招标投标活动及其当事人应当接受依法实施的监督。

有关行政监督部门依法对招标投标活动实施监督，依法查处招标投标活动中的违法行为。

对招标投标活动的行政监督及有关部门的具体职权划分，由国务院规定。

第二章 招　　标

第八条　【招标人】招标人是依照本法规定提出招标项目、进行招标的法人或者其他组织。

第九条　【招标项目应具备的主要条件】招标项目按照国家有关规定需要履行项目审批手续的，应当先履行审批手续，取得批准。

招标人应当有进行招标项目的相应资金或者资金来源已经落实，并应当在招标文件中如实载明。

第十条　【公开招标和邀请招标】招标分为公开招标和邀请招标。

公开招标，是指招标人以招标公告的方式邀请不特定的法人或者其他组织投标。

邀请招标，是指招标人以投标邀请书的方式邀请特定的法人或者其他组织投标。

第十一条　【适用邀请招标的情形】国务院发展计划部门确定的国家重点项目和省、自治区、直辖市人民政府确定的地方重点项目不适宜公开招标的，经国务院发展计划部门或者省、自治区、直辖市人民政府批准，可以进行邀请招标。

第十二条　【代理招标和自行招标】招标人有权自行选择招标代理机构，委托其办理招标事宜。任何单位和个人不得以任何方式为招标人指定招标代理机构。

招标人具有编制招标文件和组织评标能力的，可以自行办理招标事宜。任何单位和个人不得强制其委托招标代理机构办理招标事宜。

依法必须进行招标的项目，招标人自行办理招标事宜的，应当向有关行政监督部门备案。

第十三条　【招标代理机构及条件】招标代理机构是依法设立、从事招标代理业务并提供相关服务的社会中介组织。

招标代理机构应当具备下列条件：

（一）有从事招标代理业务的营业场所和相应资金；

（二）有能够编制招标文件和组织评标的相应专业力量。

第十四条 【招标代理机构不得与国家机关存在利益关系】招标代理机构与行政机关和其他国家机关不得存在隶属关系或者其他利益关系。

第十五条 【招标代理机构的代理范围】招标代理机构应当在招标人委托的范围内办理招标事宜，并遵守本法关于招标人的规定。

第十六条 【招标公告】招标人采用公开招标方式的，应当发布招标公告。依法必须进行招标的项目的招标公告，应当通过国家指定的报刊、信息网络或者其他媒介发布。

招标公告应当载明招标人的名称和地址、招标项目的性质、数量、实施地点和时间以及获取招标文件的办法等事项。

第十七条 【投标邀请书】招标人采用邀请招标方式的，应当向3个以上具备承担招标项目的能力、资信良好的特定的法人或者其他组织发出投标邀请书。

投标邀请书应当载明本法第十六条第二款规定的事项。

第十八条 【对潜在投标人的资格审查】招标人可以根据招标项目本身的要求，在招标公告或者投标邀请书中，要求潜在投标人提供有关资质证明文件和业绩情况，并对潜在投标人进行资格审查；国家对投标人的资格条件有规定的，依照其规定。

招标人不得以不合理的条件限制或者排斥潜在投标人，不得对潜在投标人实行歧视待遇。

第十九条 【招标文件】招标人应当根据招标项目的特点和需要编制招标文件。招标文件应当包括招标项目的技术要求、对投标人资格审查的标准、投标报价要求和评标标准等所有实质性要求和条件以及拟签订合同的主要条款。

国家对招标项目的技术、标准有规定的，招标人应当按照其规定在招标文件中提出相应要求。

招标项目需要划分标段、确定工期的，招标人应当合理划分标段、确定工期，并在招标文件中载明。

第二十条 【招标文件的限制】招标文件不得要求或者标明特定的生产供应者以及含有倾向或者排斥潜在投标人的其他内容。

第二十一条 【潜在投标人对项目现场的踏勘】招标人根据招标项目的具体情况，可以组织潜在投标人踏勘项目现场。

第二十二条 【招标人的保密义务】招标人不得向他人透露已获取招标文件的潜在投标人的名称、数量以及可能影响公平竞争的有关招标投标的其他情况。

招标人设有标底的，标底必须保密。

第二十三条 【招标文件的澄清或修改】招标人对已发出的招标文件进行必要的澄清或者修改的，应当在招标文件要求提交投标文件截止时间至少15日前，以书面形式通知所有招标文件收受人。该澄清或者修改的内容为招标文件的组成部分。

第二十四条 【编制投标文件的时间】招标人应当确定投标人编制投标文件所需要的合理时间；但是，依法必须进行招标的项目，自招标文件开始发出之日起至投标人提交投标文件截止之日止，最短不得少于20日。

第三章 投　　标

第二十五条 【投标人】投标人是响应招标、参加投标竞争的法人或者其他组织。

依法招标的科研项目允许个人参加投标的，投标的个人适用本法有关投标人的规定。

第二十六条 【投标人的资格条件】投标人应当具备承担招标项目的能力；国家有关规定对投标人资格条件或者招标文件对投标人资格条件有规定的，投标人应当具备规定的资格条件。

第二十七条　【投标文件的编制】投标人应当按照招标文件的要求编制投标文件。投标文件应当对招标文件提出的实质性要求和条件作出响应。

招标项目属于建设施工的，投标文件的内容应当包括拟派出的项目负责人与主要技术人员的简历、业绩和拟用于完成招标项目的机械设备等。

第二十八条　【投标文件的送达】投标人应当在招标文件要求提交投标文件的截止时间前，将投标文件送达投标地点。招标人收到投标文件后，应当签收保存，不得开启。投标人少于3个的，招标人应当依照本法重新招标。

在招标文件要求提交投标文件的截止时间后送达的投标文件，招标人应当拒收。

第二十九条　【投标文件的补充、修改、撤回】投标人在招标文件要求提交投标文件的截止时间前，可以补充、修改或者撤回已提交的投标文件，并书面通知招标人。补充、修改的内容为投标文件的组成部分。

第三十条　【投标文件对拟分包情况的说明】投标人根据招标文件载明的项目实际情况，拟在中标后将中标项目的部分非主体、非关键性工作进行分包的，应当在投标文件中载明。

第三十一条　【联合体投标】两个以上法人或者其他组织可以组成一个联合体，以一个投标人的身份共同投标。

联合体各方均应当具备承担招标项目的相应能力；国家有关规定或者招标文件对投标人资格条件有规定的，联合体各方均应当具备规定的相应资格条件。由同一专业的单位组成的联合体，按照资质等级较低的单位确定资质等级。

联合体各方应当签订共同投标协议，明确约定各方拟承担的工作和责任，并将共同投标协议连同投标文件一并提交招标人。联合体中标的，联合体各方应当共同与招标人签订合同，就中标项目向招标人承担连带责任。

招标人不得强制投标人组成联合体共同投标，不得限制投标人之间的竞争。

第三十二条 【串通投标的禁止】投标人不得相互串通投标报价，不得排挤其他投标人的公平竞争，损害招标人或者其他投标人的合法权益。

投标人不得与招标人串通投标，损害国家利益、社会公共利益或者他人的合法权益。

禁止投标人以向招标人或者评标委员会成员行贿的手段谋取中标。

第三十三条 【低于成本的报价竞标与骗取中标的禁止】投标人不得以低于成本的报价竞标，也不得以他人名义投标或者以其他方式弄虚作假，骗取中标。

第四章 开标、评标和中标

第三十四条 【开标的时间与地点】开标应当在招标文件确定的提交投标文件截止时间的同一时间公开进行；开标地点应当为招标文件中预先确定的地点。

第三十五条 【开标参加人】开标由招标人主持，邀请所有投标人参加。

第三十六条 【开标方式】开标时，由投标人或者其推选的代表检查投标文件的密封情况，也可以由招标人委托的公证机构检查并公证；经确认无误后，由工作人员当众拆封，宣读投标人名称、投标价格和投标文件的其他主要内容。

招标人在招标文件要求提交投标文件的截止时间前收到的所有投标文件，开标时都应当当众予以拆封、宣读。

开标过程应当记录，并存档备查。

第三十七条 【评标委员会】评标由招标人依法组建的评标委

员会负责。

依法必须进行招标的项目，其评标委员会由招标人的代表和有关技术、经济等方面的专家组成，成员人数为5人以上单数，其中技术、经济等方面的专家不得少于成员总数的2/3。

前款专家应当从事相关领域工作满8年并具有高级职称或者具有同等专业水平，由招标人从国务院有关部门或者省、自治区、直辖市人民政府有关部门提供的专家名册或者招标代理机构的专家库内的相关专业的专家名单中确定；一般招标项目可以采取随机抽取方式，特殊招标项目可以由招标人直接确定。

与投标人有利害关系的人不得进入相关项目的评标委员会；已经进入的应当更换。

评标委员会成员的名单在中标结果确定前应当保密。

第三十八条 【评标的保密】招标人应当采取必要的措施，保证评标在严格保密的情况下进行。

任何单位和个人不得非法干预、影响评标的过程和结果。

第三十九条 【投标人对投标文件的澄清或说明】评标委员会可以要求投标人对投标文件中含义不明确的内容作必要的澄清或者说明，但是澄清或者说明不得超出投标文件的范围或者改变投标文件的实质性内容。

第四十条 【评标】评标委员会应当按照招标文件确定的评标标准和方法，对投标文件进行评审和比较；设有标底的，应当参考标底。评标委员会完成评标后，应当向招标人提出书面评标报告，并推荐合格的中标候选人。

招标人根据评标委员会提出的书面评标报告和推荐的中标候选人确定中标人。招标人也可以授权评标委员会直接确定中标人。

国务院对特定招标项目的评标有特别规定的，从其规定。

第四十一条 【中标条件】中标人的投标应当符合下列条件之一：

（一）能够最大限度地满足招标文件中规定的各项综合评价标准；

（二）能够满足招标文件的实质性要求，并且经评审的投标价格最低；但是投标价格低于成本的除外。

第四十二条　【否决所有投标和重新招标】评标委员会经评审，认为所有投标都不符合招标文件要求的，可以否决所有投标。

依法必须进行招标的项目的所有投标被否决的，招标人应当依照本法重新招标。

第四十三条　【禁止与投标人进行实质性谈判】在确定中标人前，招标人不得与投标人就投标价格、投标方案等实质性内容进行谈判。

第四十四条　【评标委员会成员的义务】评标委员会成员应当客观、公正地履行职务，遵守职业道德，对所提出的评审意见承担个人责任。

评标委员会成员不得私下接触投标人，不得收受投标人的财物或者其他好处。

评标委员会成员和参与评标的有关工作人员不得透露对投标文件的评审和比较、中标候选人的推荐情况以及与评标有关的其他情况。

第四十五条　【中标通知书的发出】中标人确定后，招标人应当向中标人发出中标通知书，并同时将中标结果通知所有未中标的投标人。

中标通知书对招标人和中标人具有法律效力。中标通知书发出后，招标人改变中标结果的，或者中标人放弃中标项目的，应当依法承担法律责任。

第四十六条　【订立书面合同和提交履约保证金】招标人和中标人应当自中标通知书发出之日起30日内，按照招标文件和中标人的投标文件订立书面合同。招标人和中标人不得再行订立背离合同实质性内容的其他协议。

招标文件要求中标人提交履约保证金的，中标人应当提交。

第四十七条 【招投标情况的报告】依法必须进行招标的项目，招标人应当自确定中标人之日起 15 日内，向有关行政监督部门提交招标投标情况的书面报告。

第四十八条 【禁止转包和有条件分包】中标人应当按照合同约定履行义务，完成中标项目。中标人不得向他人转让中标项目，也不得将中标项目肢解后分别向他人转让。

中标人按照合同约定或者经招标人同意，可以将中标项目的部分非主体、非关键性工作分包给他人完成。接受分包的人应当具备相应的资格条件，并不得再次分包。

中标人应当就分包项目向招标人负责，接受分包的人就分包项目承担连带责任。

第五章 法 律 责 任

第四十九条 【必须进行招标的项目不招标的责任】违反本法规定，必须进行招标的项目而不招标的，将必须进行招标的项目化整为零或者以其他任何方式规避招标的，责令限期改正，可以处项目合同金额5‰以上10‰以下的罚款；对全部或者部分使用国有资金的项目，可以暂停项目执行或者暂停资金拨付；对单位直接负责的主管人员和其他直接责任人员依法给予处分。

第五十条 【招标代理机构的责任】招标代理机构违反本法规定，泄露应当保密的与招标投标活动有关的情况和资料的，或者与招标人、投标人串通损害国家利益、社会公共利益或者他人合法权益的，处五万元以上二十五万元以下的罚款，对单位直接负责的主管人员和其他直接责任人员处单位罚款数额百分之五以上百分之十以下的罚款；有违法所得的，并处没收违法所得；情节严重的，禁止其一年至二年内代理依法必须进行招标的项目并予以公告，直至由工商行政管理机关吊销营业执照；构成犯罪的，依法追究刑事责任。给他人造成损失的，依法承担赔偿责任。

前款所列行为影响中标结果的，中标无效。

第五十一条 【限制或排斥潜在投标人的责任】招标人以不合理的条件限制或者排斥潜在投标人的，对潜在投标人实行歧视待遇的，强制要求投标人组成联合体共同投标的，或者限制投标人之间竞争的，责令改正，可以处1万元以上5万元以下的罚款。

第五十二条 【泄露招投标活动有关秘密的责任】依法必须进行招标的项目的招标人向他人透露已获取招标文件的潜在投标人的名称、数量或者可能影响公平竞争的有关招标投标的其他情况的，或者泄露标底的，给予警告，可以并处1万元以上10万元以下的罚款；对单位直接负责的主管人员和其他直接责任人员依法给予处分；构成犯罪的，依法追究刑事责任。

前款所列行为影响中标结果的，中标无效。

第五十三条 【串通投标的责任】投标人相互串通投标或者与招标人串通投标的，投标人以向招标人或者评标委员会成员行贿的手段谋取中标的，中标无效，处中标项目金额5‰以上10‰以下的罚款，对单位直接负责的主管人员和其他直接责任人员处单位罚款数额5%以上10%以下的罚款；有违法所得的，并处没收违法所得；情节严重的，取消其1年至2年内参加依法必须进行招标的项目的投标资格并予以公告，直至由工商行政管理机关吊销营业执照；构成犯罪的，依法追究刑事责任。给他人造成损失的，依法承担赔偿责任。

第五十四条 【骗取中标的责任】投标人以他人名义投标或者以其他方式弄虚作假，骗取中标的，中标无效，给招标人造成损失的，依法承担赔偿责任；构成犯罪的，依法追究刑事责任。

依法必须进行招标的项目的投标人有前款所列行为尚未构成犯罪的，处中标项目金额5‰以上10‰以下的罚款，对单位直接负责的主管人员和其他直接责任人员处单位罚款数额5%以上10%以下的罚款；有违法所得的，并处没收违法所得；情节严重的，取消其

1年至3年内参加依法必须进行招标的项目的投标资格并予以公告，直至由工商行政管理机关吊销营业执照。

第五十五条 【招标人违规谈判的责任】依法必须进行招标的项目，招标人违反本法规定，与投标人就投标价格、投标方案等实质性内容进行谈判的，给予警告，对单位直接负责的主管人员和其他直接责任人员依法给予处分。

前款所列行为影响中标结果的，中标无效。

第五十六条 【评标委员会成员违法行为的责任】评标委员会成员收受投标人的财物或者其他好处的，评标委员会成员或者参加评标的有关工作人员向他人透露对投标文件的评审和比较、中标候选人的推荐以及与评标有关的其他情况的，给予警告，没收收受的财物，可以并处3000元以上5万元以下的罚款，对有所列违法行为的评标委员会成员取消担任评标委员会成员的资格，不得再参加任何依法必须进行招标的项目的评标；构成犯罪的，依法追究刑事责任。

第五十七条 【招标人在中标候选人之外确定中标人的责任】招标人在评标委员会依法推荐的中标候选人以外确定中标人的，依法必须进行招标的项目在所有投标被评标委员会否决后自行确定中标人的，中标无效。责令改正，可以处中标项目金额5‰以上10‰以下的罚款；对单位直接负责的主管人员和其他直接责任人员依法给予处分。

第五十八条 【中标人违法转包、分包的责任】中标人将中标项目转让给他人的，将中标项目肢解后分别转让给他人的，违反本法规定将中标项目的部分主体、关键性工作分包给他人的，或者分包人再次分包的，转让、分包无效，处转让、分包项目金额5‰以上10‰以下的罚款；有违法所得的，并处没收违法所得；可以责令停业整顿；情节严重的，由工商行政管理机关吊销营业执照。

第五十九条 【不按招投标文件订立合同的责任】招标人与中标人不按照招标文件和中标人的投标文件订立合同的，或者招人、中标人订立背离合同实质性内容的协议的，责令改正；可以处中标项目金额5‰以上10‰以下的罚款。

第六十条 【中标人不履行合同或不按合同履行义务的责任】中标人不履行与招标人订立的合同的，履约保证金不予退还，给招标人造成的损失超过履约保证金数额的，还应当对超过部分予以赔偿；没有提交履约保证金的，应当对招标人的损失承担赔偿责任。

中标人不按照与招标人订立的合同履行义务，情节严重的，取消其2年至5年内参加依法必须进行招标的项目的投标资格并予以公告，直至由工商行政管理机关吊销营业执照。

因不可抗力不能履行合同的，不适用前两款规定。

第六十一条 【行政处罚的决定】本章规定的行政处罚，由国务院规定的有关行政监督部门决定。本法已对实施行政处罚的机关作出规定的除外。

第六十二条 【干涉招投标活动的责任】任何单位违反本法规定，限制或者排斥本地区、本系统以外的法人或者其他组织参加投标的，为招标人指定招标代理机构的，强制招标人委托招标代理机构办理招标事宜的，或者以其他方式干涉招标投标活动的，责令改正；对单位直接负责的主管人员和其他直接责任人员依法给予警告、记过、记大过的处分，情节较重的，依法给予降级、撤职、开除的处分。

个人利用职权进行前款违法行为的，依照前款规定追究责任。

第六十三条 【行政监督机关工作人员的责任】对招标投标活动依法负有行政监督职责的国家机关工作人员徇私舞弊、滥用职权或者玩忽职守，构成犯罪的，依法追究刑事责任；不构成犯罪的，依法给予行政处分。

第六十四条 【中标无效的处理】依法必须进行招标的项目违反本法规定，中标无效的，应当依照本法规定的中标条件从其余投标人中重新确定中标人或者依照本法重新进行招标。

第六章　附　　则

第六十五条　【异议或投诉】投标人和其他利害关系人认为招标投标活动不符合本法有关规定的，有权向招标人提出异议或者依法向有关行政监督部门投诉。

第六十六条　【不进行招标的项目】涉及国家安全、国家秘密、抢险救灾或者属于利用扶贫资金实行以工代赈、需要使用农民工等特殊情况，不适宜进行招标的项目，按照国家有关规定可以不进行招标。

第六十七条　【适用除外】使用国际组织或者外国政府贷款、援助资金的项目进行招标，贷款方、资金提供方对招标投标的具体条件和程序有不同规定的，可以适用其规定，但违背中华人民共和国的社会公共利益的除外。

第六十八条　【施行日期】本法自2000年1月1日起施行。

中华人民共和国
招标投标法实施条例

（2011年12月20日中华人民共和国国务院令第613号公布　根据2017年3月1日《国务院关于修改和废止部分行政法规的决定》第一次修订　根据2018年3月19日《国务院关于修改和废止部分行政法规的决定》第二次修订　根据2019年3月2日《国务院关于修改部分行政法规的决定》第三次修订）

第一章　总　　则

第一条　为了规范招标投标活动，根据《中华人民共和国招标投标法》（以下简称招标投标法），制定本条例。

第二条 招标投标法第三条所称工程建设项目，是指工程以及与工程建设有关的货物、服务。

前款所称工程，是指建设工程，包括建筑物和构筑物的新建、改建、扩建及其相关的装修、拆除、修缮等；所称与工程建设有关的货物，是指构成工程不可分割的组成部分，且为实现工程基本功能所必需的设备、材料等；所称与工程建设有关的服务，是指为完成工程所需的勘察、设计、监理等服务。

第三条 依法必须进行招标的工程建设项目的具体范围和规模标准，由国务院发展改革部门会同国务院有关部门制订，报国务院批准后公布施行。

第四条 国务院发展改革部门指导和协调全国招标投标工作，对国家重大建设项目的工程招标投标活动实施监督检查。国务院工业和信息化、住房城乡建设、交通运输、铁道、水利、商务等部门，按照规定的职责分工对有关招标投标活动实施监督。

县级以上地方人民政府发展改革部门指导和协调本行政区域的招标投标工作。县级以上地方人民政府有关部门按照规定的职责分工，对招标投标活动实施监督，依法查处招标投标活动中的违法行为。县级以上地方人民政府对其所属部门有关招标投标活动的监督职责分工另有规定的，从其规定。

财政部门依法对实行招标投标的政府采购工程建设项目的政府采购政策执行情况实施监督。

监察机关依法对与招标投标活动有关的监察对象实施监察。

第五条 设区的市级以上地方人民政府可以根据实际需要，建立统一规范的招标投标交易场所，为招标投标活动提供服务。招标投标交易场所不得与行政监督部门存在隶属关系，不得以营利为目的。

国家鼓励利用信息网络进行电子招标投标。

第六条 禁止国家工作人员以任何方式非法干涉招标投标活动。

第二章 招　　标

第七条 按照国家有关规定需要履行项目审批、核准手续的依法必须进行招标的项目，其招标范围、招标方式、招标组织形式应当报项目审批、核准部门审批、核准。项目审批、核准部门应当及时将审批、核准确定的招标范围、招标方式、招标组织形式通报有关行政监督部门。

第八条 国有资金占控股或者主导地位的依法必须进行招标的项目，应当公开招标；但有下列情形之一的，可以邀请招标：

（一）技术复杂、有特殊要求或者受自然环境限制，只有少量潜在投标人可供选择；

（二）采用公开招标方式的费用占项目合同金额的比例过大。

有前款第二项所列情形，属于本条例第七条规定的项目，由项目审批、核准部门在审批、核准项目时作出认定；其他项目由招标人申请有关行政监督部门作出认定。

第九条 除招标投标法第六十六条规定的可以不进行招标的特殊情况外，有下列情形之一的，可以不进行招标：

（一）需要采用不可替代的专利或者专有技术；

（二）采购人依法能够自行建设、生产或者提供；

（三）已通过招标方式选定的特许经营项目投资人依法能够自行建设、生产或者提供；

（四）需要向原中标人采购工程、货物或者服务，否则将影响施工或者功能配套要求；

（五）国家规定的其他特殊情形。

招标人为适用前款规定弄虚作假的，属于招标投标法第四条规定的规避招标。

第十条 招标投标法第十二条第二款规定的招标人具有编制招标文件和组织评标能力，是指招标人具有与招标项目规模和复杂程度相适应的技术、经济等方面的专业人员。

第十一条 国务院住房城乡建设、商务、发展改革、工业和信息化等部门，按照规定的职责分工对招标代理机构依法实施监督管理。

第十二条 招标代理机构应当拥有一定数量的具备编制招标文件、组织评标等相应能力的专业人员。

第十三条 招标代理机构在招标人委托的范围内开展招标代理业务，任何单位和个人不得非法干涉。

招标代理机构代理招标业务，应当遵守招标投标法和本条例关于招标人的规定。招标代理机构不得在所代理的招标项目中投标或者代理投标，也不得为所代理的招标项目的投标人提供咨询。

第十四条 招标人应当与被委托的招标代理机构签订书面委托合同，合同约定的收费标准应当符合国家有关规定。

第十五条 公开招标的项目，应当依照招标投标法和本条例的规定发布招标公告、编制招标文件。

招标人采用资格预审办法对潜在投标人进行资格审查的，应当发布资格预审公告、编制资格预审文件。

依法必须进行招标的项目的资格预审公告和招标公告，应当在国务院发展改革部门依法指定的媒介发布。在不同媒介发布的同一招标项目的资格预审公告或者招标公告的内容应当一致。指定媒介发布依法必须进行招标的项目的境内资格预审公告、招标公告，不得收取费用。

编制依法必须进行招标的项目的资格预审文件和招标文件，应当使用国务院发展改革部门会同有关行政监督部门制定的标准文本。

第十六条 招标人应当按照资格预审公告、招标公告或者投标邀请书规定的时间、地点发售资格预审文件或者招标文件。资格预审文件或者招标文件的发售期不得少于 5 日。

招标人发售资格预审文件、招标文件收取的费用应当限于补偿印刷、邮寄的成本支出，不得以营利为目的。

第十七条 招标人应当合理确定提交资格预审申请文件的时间。依法必须进行招标的项目提交资格预审申请文件的时间，自资格预审文件停止发售之日起不得少于 5 日。

第十八条 资格预审应当按照资格预审文件载明的标准和方法进行。

国有资金占控股或者主导地位的依法必须进行招标的项目，招标人应当组建资格审查委员会审查资格预审申请文件。资格审查委员会及其成员应当遵守招标投标法和本条例有关评标委员会及其成员的规定。

第十九条 资格预审结束后，招标人应当及时向资格预审申请人发出资格预审结果通知书。未通过资格预审的申请人不具有投标资格。

通过资格预审的申请人少于 3 个的，应当重新招标。

第二十条 招标人采用资格后审办法对投标人进行资格审查的，应当在开标后由评标委员会按照招标文件规定的标准和方法对投标人的资格进行审查。

第二十一条 招标人可以对已发出的资格预审文件或者招标文件进行必要的澄清或者修改。澄清或者修改的内容可能影响资格预审申请文件或者投标文件编制的，招标人应当在提交资格预审申请文件截止时间至少 3 日前，或者投标截止时间至少 15 日前，以书面形式通知所有获取资格预审文件或者招标文件的潜在投标人；不足 3 日或者 15 日的，招标人应当顺延提交资格预审申请文件或者投标文件的截止时间。

第二十二条 潜在投标人或者其他利害关系人对资格预审文件

有异议的，应当在提交资格预审申请文件截止时间 2 日前提出；对招标文件有异议的，应当在投标截止时间 10 日前提出。招标人应当自收到异议之日起 3 日内作出答复；作出答复前，应当暂停招标投标活动。

第二十三条　招标人编制的资格预审文件、招标文件的内容违反法律、行政法规的强制性规定，违反公开、公平、公正和诚实信用原则，影响资格预审结果或者潜在投标人投标的，依法必须进行招标的项目的招标人应当在修改资格预审文件或者招标文件后重新招标。

第二十四条　招标人对招标项目划分标段的，应当遵守招标投标法的有关规定，不得利用划分标段限制或者排斥潜在投标人。依法必须进行招标的项目的招标人不得利用划分标段规避招标。

第二十五条　招标人应当在招标文件中载明投标有效期。投标有效期从提交投标文件的截止之日起算。

第二十六条　招标人在招标文件中要求投标人提交投标保证金的，投标保证金不得超过招标项目估算价的 2%。投标保证金有效期应当与投标有效期一致。

依法必须进行招标的项目的境内投标单位，以现金或者支票形式提交的投标保证金应当从其基本账户转出。

招标人不得挪用投标保证金。

第二十七条　招标人可以自行决定是否编制标底。一个招标项目只能有一个标底。标底必须保密。

接受委托编制标底的中介机构不得参加受托编制标底项目的投标，也不得为该项目的投标人编制投标文件或者提供咨询。

招标人设有最高投标限价的，应当在招标文件中明确最高投标限价或者最高投标限价的计算方法。招标人不得规定最低投标限价。

第二十八条　招标人不得组织单个或者部分潜在投标人踏勘项

目现场。

第二十九条　招标人可以依法对工程以及与工程建设有关的货物、服务全部或者部分实行总承包招标。以暂估价形式包括在总承包范围内的工程、货物、服务属于依法必须进行招标的项目范围且达到国家规定规模标准的，应当依法进行招标。

前款所称暂估价，是指总承包招标时不能确定价格而由招标人在招标文件中暂时估定的工程、货物、服务的金额。

第三十条　对技术复杂或者无法精确拟定技术规格的项目，招标人可以分两阶段进行招标。

第一阶段，投标人按照招标公告或者投标邀请书的要求提交不带报价的技术建议，招标人根据投标人提交的技术建议确定技术标准和要求，编制招标文件。

第二阶段，招标人向在第一阶段提交技术建议的投标人提供招标文件，投标人按照招标文件的要求提交包括最终技术方案和投标报价的投标文件。

招标人要求投标人提交投标保证金的，应当在第二阶段提出。

第三十一条　招标人终止招标的，应当及时发布公告，或者以书面形式通知被邀请的或者已经获取资格预审文件、招标文件的潜在投标人。已经发售资格预审文件、招标文件或者已经收取投标保证金的，招标人应当及时退还所收取的资格预审文件、招标文件的费用，以及所收取的投标保证金及银行同期存款利息。

第三十二条　招标人不得以不合理的条件限制、排斥潜在投标人或者投标人。

招标人有下列行为之一的，属于以不合理条件限制、排斥潜在投标人或者投标人：

（一）就同一招标项目向潜在投标人或者投标人提供有差别的项目信息；

（二）设定的资格、技术、商务条件与招标项目的具体特点和实际需要不相适应或者与合同履行无关；

（三）依法必须进行招标的项目以特定行政区域或者特定行业的业绩、奖项作为加分条件或者中标条件；

（四）对潜在投标人或者投标人采取不同的资格审查或者评标标准；

（五）限定或者指定特定的专利、商标、品牌、原产地或者供应商；

（六）依法必须进行招标的项目非法限定潜在投标人或者投标人的所有制形式或者组织形式；

（七）以其他不合理条件限制、排斥潜在投标人或者投标人。

第三章 投 标

第三十三条 投标人参加依法必须进行招标的项目的投标，不受地区或者部门的限制，任何单位和个人不得非法干涉。

第三十四条 与招标人存在利害关系可能影响招标公正性的法人、其他组织或者个人，不得参加投标。

单位负责人为同一人或者存在控股、管理关系的不同单位，不得参加同一标段投标或者未划分标段的同一招标项目投标。

违反前两款规定的，相关投标均无效。

第三十五条 投标人撤回已提交的投标文件，应当在投标截止时间前书面通知招标人。招标人已收取投标保证金的，应当自收到投标人书面撤回通知之日起 5 日内退还。

投标截止后投标人撤销投标文件的，招标人可以不退还投标保证金。

第三十六条 未通过资格预审的申请人提交的投标文件，以及逾期送达或者不按照招标文件要求密封的投标文件，招标人应当拒收。

招标人应当如实记载投标文件的送达时间和密封情况，并存档备查。

第三十七条 招标人应当在资格预审公告、招标公告或者投标邀请书中载明是否接受联合体投标。

招标人接受联合体投标并进行资格预审的，联合体应当在提交资格预审申请文件前组成。资格预审后联合体增减、更换成员的，其投标无效。

联合体各方在同一招标项目中以自己名义单独投标或者参加其他联合体投标的，相关投标均无效。

第三十八条 投标人发生合并、分立、破产等重大变化的，应当及时书面告知招标人。投标人不再具备资格预审文件、招标文件规定的资格条件或者其投标影响招标公正性的，其投标无效。

第三十九条 禁止投标人相互串通投标。

有下列情形之一的，属于投标人相互串通投标：

（一）投标人之间协商投标报价等投标文件的实质性内容；

（二）投标人之间约定中标人；

（三）投标人之间约定部分投标人放弃投标或者中标；

（四）属于同一集团、协会、商会等组织成员的投标人按照该组织要求协同投标；

（五）投标人之间为谋取中标或者排斥特定投标人而采取的其他联合行动。

第四十条 有下列情形之一的，视为投标人相互串通投标：

（一）不同投标人的投标文件由同一单位或者个人编制；

（二）不同投标人委托同一单位或者个人办理投标事宜；

（三）不同投标人的投标文件载明的项目管理成员为同一人；

（四）不同投标人的投标文件异常一致或者投标报价呈规律性差异；

（五）不同投标人的投标文件相互混装；

（六）不同投标人的投标保证金从同一单位或者个人的账户

转出。

第四十一条 禁止招标人与投标人串通投标。

有下列情形之一的，属于招标人与投标人串通投标：

（一）招标人在开标前开启投标文件并将有关信息泄露给其他投标人；

（二）招标人直接或者间接向投标人泄露标底、评标委员会成员等信息；

（三）招标人明示或者暗示投标人压低或者抬高投标报价；

（四）招标人授意投标人撤换、修改投标文件；

（五）招标人明示或者暗示投标人为特定投标人中标提供方便；

（六）招标人与投标人为谋求特定投标人中标而采取的其他串通行为。

第四十二条 使用通过受让或者租借等方式获取的资格、资质证书投标的，属于招标投标法第三十三条规定的以他人名义投标。

投标人有下列情形之一的，属于招标投标法第三十三条规定的以其他方式弄虚作假的行为：

（一）使用伪造、变造的许可证件；

（二）提供虚假的财务状况或者业绩；

（三）提供虚假的项目负责人或者主要技术人员简历、劳动关系证明；

（四）提供虚假的信用状况；

（五）其他弄虚作假的行为。

第四十三条 提交资格预审申请文件的申请人应当遵守招标投标法和本条例有关投标人的规定。

第四章　开标、评标和中标

第四十四条 招标人应当按照招标文件规定的时间、地点开标。

投标人少于3个的,不得开标;招标人应当重新招标。

投标人对开标有异议的,应当在开标现场提出,招标人应当当场作出答复,并制作记录。

第四十五条 国家实行统一的评标专家专业分类标准和管理办法。具体标准和办法由国务院发展改革部门会同国务院有关部门制定。

省级人民政府和国务院有关部门应当组建综合评标专家库。

第四十六条 除招标投标法第三十七条第三款规定的特殊招标项目外,依法必须进行招标的项目,其评标委员会的专家成员应当从评标专家库内相关专业的专家名单中以随机抽取方式确定。任何单位和个人不得以明示、暗示等任何方式指定或者变相指定参加评标委员会的专家成员。

依法必须进行招标的项目的招标人非因招标投标法和本条例规定的事由,不得更换依法确定的评标委员会成员。更换评标委员会的专家成员应当依照前款规定进行。

评标委员会成员与投标人有利害关系的,应当主动回避。

有关行政监督部门应当按照规定的职责分工,对评标委员会成员的确定方式、评标专家的抽取和评标活动进行监督。行政监督部门的工作人员不得担任本部门负责监督项目的评标委员会成员。

第四十七条 招标投标法第三十七条第三款所称特殊招标项目,是指技术复杂、专业性强或者国家有特殊要求,采取随机抽取方式确定的专家难以保证胜任评标工作的项目。

第四十八条 招标人应当向评标委员会提供评标所必需的信息,但不得明示或者暗示其倾向或者排斥特定投标人。

招标人应当根据项目规模和技术复杂程度等因素合理确定评标时间。超过三分之一的评标委员会成员认为评标时间不够的,招标人应当适当延长。

评标过程中,评标委员会成员有回避事由、擅离职守或者因健康等原因不能继续评标的，应当及时更换。被更换的评标委员会成员作出的评审结论无效，由更换后的评标委员会成员重新进行评审。

第四十九条 评标委员会成员应当依照招标投标法和本条例的规定，按照招标文件规定的评标标准和方法，客观、公正地对投标文件提出评审意见。招标文件没有规定的评标标准和方法不得作为评标的依据。

评标委员会成员不得私下接触投标人，不得收受投标人给予的财物或者其他好处，不得向招标人征询确定中标人的意向，不得接受任何单位或者个人明示或者暗示提出的倾向或者排斥特定投标人的要求，不得有其他不客观、不公正履行职务的行为。

第五十条 招标项目设有标底的，招标人应当在开标时公布。标底只能作为评标的参考，不得以投标报价是否接近标底作为中标条件，也不得以投标报价超过标底上下浮动范围作为否决投标的条件。

第五十一条 有下列情形之一的，评标委员会应当否决其投标：

（一）投标文件未经投标单位盖章和单位负责人签字；

（二）投标联合体没有提交共同投标协议；

（三）投标人不符合国家或者招标文件规定的资格条件；

（四）同一投标人提交两个以上不同的投标文件或者投标报价，但招标文件要求提交备选投标的除外；

（五）投标报价低于成本或者高于招标文件设定的最高投标限价；

（六）投标文件没有对招标文件的实质性要求和条件作出响应；

（七）投标人有串通投标、弄虚作假、行贿等违法行为。

第五十二条 投标文件中有含义不明确的内容、明显文字或者计算错误，评标委员会认为需要投标人作出必要澄清、说明的，应当书面通知该投标人。投标人的澄清、说明应当采用书面形式，并不得超出投标文件的范围或者改变投标文件的实质性内容。

评标委员会不得暗示或者诱导投标人作出澄清、说明，不得接受投标人主动提出的澄清、说明。

第五十三条 评标完成后，评标委员会应当向招标人提交书面评标报告和中标候选人名单。中标候选人应当不超过3个，并标明排序。

评标报告应当由评标委员会全体成员签字。对评标结果有不同意见的评标委员会成员应当以书面形式说明其不同意见和理由，评标报告应当注明该不同意见。评标委员会成员拒绝在评标报告上签字又不书面说明其不同意见和理由的，视为同意评标结果。

第五十四条 依法必须进行招标的项目，招标人应当自收到评标报告之日起3日内公示中标候选人，公示期不得少于3日。

投标人或者其他利害关系人对依法必须进行招标的项目的评标结果有异议的，应当在中标候选人公示期间提出。招标人应当自收到异议之日起3日内作出答复；作出答复前，应当暂停招标投标活动。

第五十五条 国有资金占控股或者主导地位的依法必须进行招标的项目，招标人应当确定排名第一的中标候选人为中标人。排名第一的中标候选人放弃中标、因不可抗力不能履行合同、不按照招标文件要求提交履约保证金，或者被查实存在影响中标结果的违法行为等情形，不符合中标条件的，招标人可以按照评标委员会提出的中标候选人名单排序依次确定其他中标候选人为中标人，也可以重新招标。

第五十六条 中标候选人的经营、财务状况发生较大变化或者存在违法行为，招标人认为可能影响其履约能力的，应当在发出中标通知书前由原评标委员会按照招标文件规定的标准和方法审查确认。

第五十七条 招标人和中标人应当依照招标投标法和本条例的规定签订书面合同，合同的标的、价款、质量、履行期限等主要条款应当与招标文件和中标人的投标文件的内容一致。招标人和中标人不得再行订立背离合同实质性内容的其他协议。

招标人最迟应当在书面合同签订后 5 日内向中标人和未中标的投标人退还投标保证金及银行同期存款利息。

第五十八条 招标文件要求中标人提交履约保证金的，中标人应当按照招标文件的要求提交。履约保证金不得超过中标合同金额的 10%。

第五十九条 中标人应当按照合同约定履行义务，完成中标项目。中标人不得向他人转让中标项目，也不得将中标项目肢解后分别向他人转让。

中标人按照合同约定或者经招标人同意，可以将中标项目的部分非主体、非关键性工作分包给他人完成。接受分包的人应当具备相应的资格条件，并不得再次分包。

中标人应当就分包项目向招标人负责，接受分包的人就分包项目承担连带责任。

第五章 投诉与处理

第六十条 投标人或者其他利害关系人认为招标投标活动不符合法律、行政法规规定的，可以自知道或者应当知道之日起 10 日内向有关行政监督部门投诉。投诉应当有明确的请求和必要的证明材料。

就本条例第二十二条、第四十四条、第五十四条规定事项投诉的，应当先向招标人提出异议，异议答复期间不计算在前款规定的期限内。

第六十一条 投诉人就同一事项向两个以上有权受理的行政监督部门投诉的，由最先收到投诉的行政监督部门负责处理。

行政监督部门应当自收到投诉之日起 3 个工作日内决定是否受理投诉，并自受理投诉之日起 30 个工作日内作出书面处理决定；需要检验、检测、鉴定、专家评审的，所需时间不计算在内。

投诉人捏造事实、伪造材料或者以非法手段取得证明材料进行投诉的，行政监督部门应当予以驳回。

第六十二条　行政监督部门处理投诉，有权查阅、复制有关文件、资料，调查有关情况，相关单位和人员应当予以配合。必要时，行政监督部门可以责令暂停招标投标活动。

行政监督部门的工作人员对监督检查过程中知悉的国家秘密、商业秘密，应当依法予以保密。

第六章　法律责任

第六十三条　招标人有下列限制或者排斥潜在投标人行为之一的，由有关行政监督部门依照招标投标法第五十一条的规定处罚：

（一）依法应当公开招标的项目不按照规定在指定媒介发布资格预审公告或者招标公告；

（二）在不同媒介发布的同一招标项目的资格预审公告或者招标公告的内容不一致，影响潜在投标人申请资格预审或者投标。

依法必须进行招标的项目的招标人不按照规定发布资格预审公告或者招标公告，构成规避招标的，依照招标投标法第四十九条的规定处罚。

第六十四条　招标人有下列情形之一的，由有关行政监督部门责令改正，可以处10万元以下的罚款：

（一）依法应当公开招标而采用邀请招标；

（二）招标文件、资格预审文件的发售、澄清、修改的时限，或者确定的提交资格预审申请文件、投标文件的时限不符合招标投标法和本条例规定；

（三）接受未通过资格预审的单位或者个人参加投标；

（四）接受应当拒收的投标文件。

招标人有前款第一项、第三项、第四项所列行为之一的，对单位直接负责的主管人员和其他直接责任人员依法给予处分。

第六十五条 招标代理机构在所代理的招标项目中投标、代理投标或者向该项目投标人提供咨询的，接受委托编制标底的中介机构参加受托编制标底项目的投标或者为该项目的投标人编制投标文件、提供咨询的，依照招标投标法第五十条的规定追究法律责任。

第六十六条 招标人超过本条例规定的比例收取投标保证金、履约保证金或者不按照规定退还投标保证金及银行同期存款利息的，由有关行政监督部门责令改正，可以处5万元以下的罚款；给他人造成损失的，依法承担赔偿责任。

第六十七条 投标人相互串通投标或者与招标人串通投标的，投标人向招标人或者评标委员会成员行贿谋取中标的，中标无效；构成犯罪的，依法追究刑事责任；尚不构成犯罪的，依照招标投标法第五十三条的规定处罚。投标人未中标的，对单位的罚款金额按照招标项目合同金额依照招标投标法规定的比例计算。

投标人有下列行为之一的，属于招标投标法第五十三条规定的情节严重行为，由有关行政监督部门取消其1年至2年内参加依法必须进行招标的项目的投标资格：

（一）以行贿谋取中标；

（二）3年内2次以上串通投标；

（三）串通投标行为损害招标人、其他投标人或者国家、集体、公民的合法利益，造成直接经济损失30万元以上；

（四）其他串通投标情节严重的行为。

投标人自本条第二款规定的处罚执行期限届满之日起3年内又有该款所列违法行为之一的，或者串通投标、以行贿谋取中标情节特别严重的，由工商行政管理机关吊销营业执照。

法律、行政法规对串通投标报价行为的处罚另有规定的，从其规定。

第六十八条 投标人以他人名义投标或者以其他方式弄虚作假骗取中标的，中标无效；构成犯罪的，依法追究刑事责任；尚不构成犯罪的，依照招标投标法第五十四条的规定处罚。依法必须进行招标的项目的投标人未中标，对单位的罚款金额按照招标项目合同金额依照招标投标法规定的比例计算。

投标人有下列行为之一的，属于招标投标法第五十四条规定的情节严重行为，由有关行政监督部门取消其 1 年至 3 年内参加依法必须进行招标的项目的投标资格：

（一）伪造、变造资格、资质证书或者其他许可证件骗取中标；

（二）3 年内 2 次以上使用他人名义投标；

（三）弄虚作假骗取中标给招标人造成直接经济损失 30 万元以上；

（四）其他弄虚作假骗取中标情节严重的行为。

投标人自本条第二款规定的处罚执行期限届满之日起 3 年内又有该款所列违法行为之一的，或者弄虚作假骗取中标情节特别严重的，由工商行政管理机关吊销营业执照。

第六十九条　出让或者出租资格、资质证书供他人投标的，依照法律、行政法规的规定给予行政处罚；构成犯罪的，依法追究刑事责任。

第七十条　依法必须进行招标的项目的招标人不按照规定组建评标委员会，或者确定、更换评标委员会成员违反招标投标法和本条例规定的，由有关行政监督部门责令改正，可以处 10 万元以下的罚款，对单位直接负责的主管人员和其他直接责任人员依法给予处分；违法确定或者更换的评标委员会成员作出的评审结论无效，依法重新进行评审。

国家工作人员以任何方式非法干涉选取评标委员会成员的，依照本条例第八十条的规定追究法律责任。

第七十一条　评标委员会成员有下列行为之一的，由有关行政监督部门责令改正；情节严重的，禁止其在一定期限内参加依法必须进行招标的项目的评标；情节特别严重的，取消其担任评标委员会成员的资格：

（一）应当回避而不回避；

（二）擅离职守；

（三）不按照招标文件规定的评标标准和方法评标；

（四）私下接触投标人；

（五）向招标人征询确定中标人的意向或者接受任何单位或者个人明示或者暗示提出的倾向或者排斥特定投标人的要求；

（六）对依法应当否决的投标不提出否决意见；

（七）暗示或者诱导投标人作出澄清、说明或者接受投标人主动提出的澄清、说明；

（八）其他不客观、不公正履行职务的行为。

第七十二条 评标委员会成员收受投标人的财物或者其他好处的，没收收受的财物，处3000元以上5万元以下的罚款，取消担任评标委员会成员的资格，不得再参加依法必须进行招标的项目的评标；构成犯罪的，依法追究刑事责任。

第七十三条 依法必须进行招标的项目的招标人有下列情形之一的，由有关行政监督部门责令改正，可以处中标项目金额10‰以下的罚款；给他人造成损失的，依法承担赔偿责任；对单位直接负责的主管人员和其他直接责任人员依法给予处分：

（一）无正当理由不发出中标通知书；

（二）不按照规定确定中标人；

（三）中标通知书发出后无正当理由改变中标结果；

（四）无正当理由不与中标人订立合同；

（五）在订立合同时向中标人提出附加条件。

第七十四条 中标人无正当理由不与招标人订立合同，在签订合同时向招标人提出附加条件，或者不按照招标文件要求提交履约保证金的，取消其中标资格，投标保证金不予退还。对依法必须进行招标的项目的中标人，由有关行政监督部门责令改正，可以处中标项目金额 10‰ 以下的罚款。

第七十五条 招标人和中标人不按照招标文件和中标人的投标文件订立合同,合同的主要条款与招标文件、中标人的投标文件的内容不一致,或者招标人、中标人订立背离合同实质性内容的协议的,由有关行政监督部门责令改正,可以处中标项目金额 5‰ 以上 10‰ 以下的罚款。

第七十六条 中标人将中标项目转让给他人的,将中标项目肢解后分别转让给他人的,违反招标投标法和本条例规定将中标项目的部分主体、关键性工作分包给他人的,或者分包人再次分包的,转让、分包无效,处转让、分包项目金额 5‰ 以上 10‰ 以下的罚款;有违法所得的,并处没收违法所得;可以责令停业整顿;情节严重的,由工商行政管理机关吊销营业执照。

第七十七条 投标人或者其他利害关系人捏造事实、伪造材料或者以非法手段取得证明材料进行投诉,给他人造成损失的,依法承担赔偿责任。

招标人不按照规定对异议作出答复,继续进行招标投标活动的,由有关行政监督部门责令改正,拒不改正或者不能改正并影响中标结果的,依照本条例第八十一条的规定处理。

第七十八条 国家建立招标投标信用制度。有关行政监督部门应当依法公告对招标人、招标代理机构、投标人、评标委员会成员等当事人违法行为的行政处理决定。

第七十九条 项目审批、核准部门不依法审批、核准项目招标范围、招标方式、招标组织形式的,对单位直接负责的主管人员和其他直接责任人员依法给予处分。

有关行政监督部门不依法履行职责,对违反招标投标法和本条例规定的行为不依法查处,或者不按照规定处理投诉、不依法公告对招标投标当事人违法行为的行政处理决定的,对直接负责的主管人员和其他直接责任人员依法给予处分。

项目审批、核准部门和有关行政监督部门的工作人员徇私舞弊、滥用职权、玩忽职守，构成犯罪的，依法追究刑事责任。

第八十条 国家工作人员利用职务便利，以直接或者间接、明示或者暗示等任何方式非法干涉招标投标活动，有下列情形之一的，依法给予记过或者记大过处分；情节严重的，依法给予降级或者撤职处分；情节特别严重的，依法给予开除处分；构成犯罪的，依法追究刑事责任：

（一）要求对依法必须进行招标的项目不招标，或者要求对依法应当公开招标的项目不公开招标；

（二）要求评标委员会成员或者招标人以其指定的投标人作为中标候选人或者中标人，或者以其他方式非法干涉评标活动，影响中标结果；

（三）以其他方式非法干涉招标投标活动。

第八十一条 依法必须进行招标的项目的招标投标活动违反招标投标法和本条例的规定，对中标结果造成实质性影响，且不能采取补救措施予以纠正的，招标、投标、中标无效，应当依法重新招标或者评标。

第七章　附　　则

第八十二条 招标投标协会按照依法制定的章程开展活动，加强行业自律和服务。

第八十三条 政府采购的法律、行政法规对政府采购货物、服务的招标投标另有规定的，从其规定。

第八十四条 本条例自2012年2月1日起施行。

中华人民共和国城镇国有土地使用权出让和转让暂行条例

（1990年5月19日中华人民共和国国务院令第55号发布　根据2020年11月29日《国务院关于修改和废止部分行政法规的决定》修订）

第一章　总　　则

第一条　为了改革城镇国有土地使用制度，合理开发、利用、经营土地，加强土地管理，促进城市建设和经济发展，制定本条例。

第二条　国家按照所有权与使用权分离的原则，实行城镇国有土地使用权出让、转让制度，但地下资源、埋藏物和市政公用设施除外。

前款所称城镇国有土地是指市、县城、建制镇、工矿区范围内属于全民所有的土地（以下简称土地）。

第三条　中华人民共和国境内外的公司、企业、其他组织和个人，除法律另有规定者外，均可依照本条例的规定取得土地使用权，进行土地开发、利用、经营。

第四条　依照本条例的规定取得土地使用权的土地使用者，其使用权在使用年限内可以转让、出租、抵押或者用于其他经济活动，合法权益受国家法律保护。

第五条　土地使用者开发、利用、经营土地的活动，应当遵守国家法律、法规的规定，并不得损害社会公共利益。

第六条　县级以上人民政府土地管理部门依法对土地使用权的出让、转让、出租、抵押、终止进行监督检查。

第七条 土地使用权出让、转让、出租、抵押、终止及有关的地上建筑物、其他附着物的登记，由政府土地管理部门、房产管理部门依照法律和国务院的有关规定办理。

登记文件可以公开查阅。

第二章 土地使用权出让

第八条 土地使用权出让是指国家以土地所有者的身份将土地使用权在一定年限内让与土地使用者，并由土地使用者向国家支付土地使用权出让金的行为。

土地使用权出让应当签订出让合同。

第九条 土地使用权的出让，由市、县人民政府负责，有计划、有步骤地进行。

第十条 土地使用权出让的地块、用途、年限和其他条件，由市、县人民政府土地管理部门会同城市规划和建设管理部门、房产管理部门共同拟定方案，按照国务院规定的批准权限报经批准后，由土地管理部门实施。

第十一条 土地使用权出让合同应当按照平等、自愿、有偿的原则，由市、县人民政府土地管理部门（以下简称出让方）与土地使用者签订。

第十二条 土地使用权出让最高年限按下列用途确定：

（一）居住用地七十年；

（二）工业用地五十年；

（三）教育、科技、文化、卫生、体育用地五十年；

（四）商业、旅游、娱乐用地四十年；

（五）综合或者其他用地五十年。

第十三条 土地使用权出让可以采取下列方式：

（一）协议；

（二）招标；

（三）拍卖。

依照前款规定方式出让土地使用权的具体程序和步骤，由省、自治区、直辖市人民政府规定。

第十四条 土地使用者应当在签订土地使用权出让合同后六十日内，支付全部土地使用权出让金。逾期未全部支付的，出让方有权解除合同，并可请求违约赔偿。

第十五条 出让方应当按照合同规定，提供出让的土地使用权。未按合同规定提供土地使用权的，土地使用者有权解除合同，并可请求违约赔偿。

第十六条 土地使用者在支付全部土地使用权出让金后，应当依照规定办理登记，领取土地使用证，取得土地使用权。

第十七条 土地使用者应当按照土地使用权出让合同的规定和城市规划的要求，开发、利用、经营土地。

未按合同规定的期限和条件开发、利用土地的，市、县人民政府土地管理部门应当予以纠正，并根据情节可以给予警告、罚款直至无偿收回土地使用权的处罚。

第十八条 土地使用者需要改变土地使用权出让合同规定的土地用途的，应当征得出让方同意并经土地管理部门和城市规划部门批准，依照本章的有关规定重新签订土地使用权出让合同，调整土地使用权出让金，并办理登记。

第三章　　土地使用权转让

第十九条 土地使用权转让是指土地使用者将土地使用权再转移的行为，包括出售、交换和赠与。

未按土地使用权出让合同规定的期限和条件投资开发、利用土地的，土地使用权不得转让。

第二十条 土地使用权转让应当签订转让合同。

第二十一条 土地使用权转让时，土地使用权出让合同和登记文件中所载明的权利、义务随之转移。

第二十二条 土地使用者通过转让方式取得的土地使用权，其使用年限为土地使用权出让合同规定的使用年限减去原土地使用者已使用年限后的剩余年限。

第二十三条 土地使用权转让时，其地上建筑物、其他附着物所有权随之转让。

第二十四条 地上建筑物、其他附着物的所有人或者共有人，享有该建筑物、附着物使用范围内的土地使用权。

土地使用者转让地上建筑物、其他附着物所有权时，其使用范围内的土地使用权随之转让，但地上建筑物、其他附着物作为动产转让的除外。

第二十五条 土地使用权和地上建筑物、其他附着物所有权转让，应当依照规定办理过户登记。

土地使用权和地上建筑物、其他附着物所有权分割转让的，应当经市、县人民政府土地管理部门和房产管理部门批准，并依照规定办理过户登记。

第二十六条 土地使用权转让价格明显低于市场价格的，市、县人民政府有优先购买权。

土地使用权转让的市场价格不合理上涨时，市、县人民政府可以采取必要的措施。

第二十七条 土地使用权转让后，需要改变土地使用权出让合同规定的土地用途的，依照本条例第十八条的规定办理。

第四章 土地使用权出租

第二十八条 土地使用权出租是指土地使用者作为出租人将土地使用权随同地上建筑物、其他附着物租赁给承租人使用，由承租人向出租人支付租金的行为。

未按土地使用权出让合同规定的期限和条件投资开发、利用土地的，土地使用权不得出租。

第二十九条　土地使用权出租，出租人与承租人应当签订租赁合同。

租赁合同不得违背国家法律、法规和土地使用权出让合同的规定。

第三十条　土地使用权出租后，出租人必须继续履行土地使用权出让合同。

第三十一条　土地使用权和地上建筑物、其他附着物出租，出租人应当依照规定办理登记。

第五章　土地使用权抵押

第三十二条　土地使用权可以抵押。

第三十三条　土地使用权抵押时，其地上建筑物、其他附着物随之抵押。

地上建筑物、其他附着物抵押时，其使用范围内的土地使用权随之抵押。

第三十四条　土地使用权抵押，抵押人与抵押权人应当签订抵押合同。

抵押合同不得违背国家法律、法规和土地使用权出让合同的规定。

第三十五条　土地使用权和地上建筑物、其他附着物抵押，应当依照规定办理抵押登记。

第三十六条　抵押人到期未能履行债务或者在抵押合同期间宣告解散、破产的，抵押权人有权依照国家法律、法规和抵押合同的规定处分抵押财产。

因处分抵押财产而取得土地使用权和地上建筑物、其他附着物所有权的，应当依照规定办理过户登记。

第三十七条　处分抵押财产所得，抵押权人有优先受偿权。

第三十八条　抵押权因债务清偿或者其他原因而消灭的，应当依照规定办理注销抵押登记。

第六章　土地使用权终止

第三十九条　土地使用权因土地使用权出让合同规定的使用年限届满、提前收回及土地灭失等原因而终止。

第四十条　土地使用权期满，土地使用权及其地上建筑物、其他附着物所有权由国家无偿取得。土地使用者应当交还土地使用证，并依照规定办理注销登记。

第四十一条　土地使用权期满，土地使用者可以申请续期。需要续期的，应当依照本条例第二章的规定重新签订合同，支付土地使用权出让金，并办理登记。

第四十二条　国家对土地使用者依法取得的土地使用权不提前收回。在特殊情况下，根据社会公共利益的需要，国家可以依照法律程序提前收回，并根据土地使用者已使用的年限和开发、利用土地的实际情况给予相应的补偿。

第七章　划拨土地使用权

第四十三条　划拨土地使用权是指土地使用者通过各种方式依法无偿取得的土地使用权。

前款土地使用者应当依照《中华人民共和国城镇土地使用税暂行条例》的规定缴纳土地使用税。

第四十四条　划拨土地使用权，除本条例第四十五条规定的情况外，不得转让、出租、抵押。

第四十五条　符合下列条件的，经市、县人民政府土地管理部门和房产管理部门批准，其划拨土地使用权和地上建筑物、其他附着物所有权可以转让、出租、抵押：

（一）土地使用者为公司、企业、其他经济组织和个人；

（二）领有国有土地使用证；

（三）具有地上建筑物、其他附着物合法的产权证明；

（四）依照本条例第二章的规定签订土地使用权出让合同，向当地市、县人民政府补交土地使用权出让金或者以转让、出租、抵押所获收益抵交土地使用权出让金。

转让、出租、抵押前款划拨土地使用权的，分别依照本条例第三章、第四章和第五章的规定办理。

第四十六条 对未经批准擅自转让、出租、抵押划拨土地使用权的单位和个人，市、县人民政府土地管理部门应当没收其非法收入，并根据情节处以罚款。

第四十七条 无偿取得划拨土地使用权的土地使用者，因迁移、解散、撤销、破产或者其他原因而停止使用土地的，市、县人民政府应当无偿收回其划拨土地使用权，并可依照本条例的规定予以出让。

对划拨土地使用权，市、县人民政府根据城市建设发展需要和城市规划的要求，可以无偿收回，并可依照本条例的规定予以出让。

无偿收回划拨土地使用权时，对其地上建筑物、其他附着物，市、县人民政府应当根据实际情况给予适当补偿。

第八章 附 则

第四十八条 依照本条例的规定取得土地使用权的个人，其土地使用权可以继承。

第四十九条 土地使用者应当依照国家税收法规的规定纳税。

第五十条 依照本条例收取的土地使用权出让金列入财政预算，作为专项基金管理，主要用于城市建设和土地开发。具体使用管理办法，由财政部另行制定。

第五十一条 各省、自治区、直辖市人民政府应当根据本条例的规定和当地的实际情况选择部分条件比较成熟的城镇先行试点。

第五十二条 本条例由国家土地管理局负责解释；实施办法由省、自治区、直辖市人民政府制定。

第五十三条 本条例自发布之日起施行。

国务院办公厅关于进一步做好房地产市场调控工作有关问题的通知

(2011年1月26日 国办发〔2011〕1号)

《国务院关于坚决遏制部分城市房价过快上涨的通知》（国发〔2010〕10号，以下简称国发10号文件）印发后，房地产市场出现了积极的变化，房价过快上涨的势头得到初步遏制。为巩固和扩大调控成果，进一步做好房地产市场调控工作，逐步解决城镇居民住房问题，促进房地产市场平稳健康发展，经国务院同意，现就有关问题通知如下：

一、进一步落实地方政府责任

地方政府要切实承担起促进房地产市场平稳健康发展的责任，严格执行国发10号文件及其相关配套政策，切实将房价控制在合理水平。2011年各城市人民政府要根据当地经济发展目标、人均可支配收入增长速度和居民住房支付能力，合理确定本地区年度新建住房价格控制目标，并于一季度向社会公布。各地要继续增加土地有效供应，进一步加大普通住房建设力度；继续完善严格的差别化住房信贷和税收政策，进一步有效遏制投机投资性购房；加快个人住房信息系统建设，逐步完善房地产统计基础数据；继续做好住房保障工作，全面落实好年内开工建设保障性住房和棚户区改造住房的目标任务。

二、加大保障性安居工程建设力度

2011年，全国建设保障性住房和棚户区改造住房1000万套。各地要通过新建、改建、购买、长期租赁等方式，多渠道筹集保障性住房房源，逐步扩大住房保障制度覆盖面。中央将加大对保障性安居工程建设的支持力度。地方人民政府要切实落实土地供应、资金投入和税费优惠等政策，引导房地产开发企业积极参与保障性住房建设和棚户区改造，确保完成计划任务。加强保障性住房管理，健全准入退出机制，切实做到公开、公平、公正。有条件的地区，可以把建制镇纳入住房保障工作范围。

要努力增加公共租赁住房供应。各地要在加大政府投入的同时，完善体制机制，运用土地供应、投资补助、财政贴息或注入资本金、税费优惠等政策措施，合理确定租金水平，吸引机构投资者参与公共租赁住房建设和运营。鼓励金融机构发放公共租赁住房建设和运营中长期贷款。要研究制定优惠政策，鼓励房地产开发企业在普通商品住房建设项目中配建一定比例的公共租赁住房，并持有、经营，或由政府回购。

三、调整完善相关税收政策，加强税收征管

调整个人转让住房营业税政策，对个人购买住房不足5年转手交易的，统一按其销售收入全额征税。税务部门要进一步采取措施，确保政策执行到位。加强对土地增值税征管情况的监督和检查，重点对定价明显超过周边房价水平的房地产开发项目，进行土地增值税清算和稽查。加大应用房地产价格评估技术加强存量房交易税收征管工作的试点和推广力度，坚决堵塞"阴阳合同"产生的税收漏洞。严格执行个人转让房地产所得税征收政策。

四、强化差别化住房信贷政策

对贷款购买第二套住房的家庭，首付款比例不低于60%，贷款利率不低于基准利率的1.1倍。人民银行各分支机构可根据当地人民政府新建住房价格控制目标和政策要求，在国家统一信贷政策的

基础上，提高第二套住房贷款的首付款比例和利率。银行业监管部门要加强对商业银行执行差别化住房信贷政策情况的监督检查，对违规行为要严肃处理。

五、严格住房用地供应管理

各地要增加土地有效供应，认真落实保障性住房、棚户区改造住房和中小套型普通商品住房用地不低于住房建设用地供应总量的70%的要求。在新增建设用地年度计划中，要单列保障性住房用地，做到应保尽保。今年的商品住房用地供应计划总量原则上不得低于前2年年均实际供应量。进一步完善土地出让方式，大力推广"限房价、竞地价"方式供应中低价位普通商品住房用地。房价高的城市要增加限价商品住房用地计划供应量。

加强对企业土地市场准入资格和资金来源的审查。参加土地竞买的单位或个人，必须说明资金来源并提供相应证明。对擅自改变保障性住房用地性质的，要坚决纠正和严肃查处。对已供房地产用地，超过两年没有取得施工许可证进行开工建设的，必须及时收回土地使用权，并处以闲置一年以上罚款。要依法查处非法转让土地使用权的行为，对房地产开发建设投资达不到25%以上的（不含土地价款），不得以任何方式转让土地及合同约定的土地开发项目。

六、合理引导住房需求

各直辖市、计划单列市、省会城市和房价过高、上涨过快的城市，在一定时期内，要从严制定和执行住房限购措施。原则上对已拥有1套住房的当地户籍居民家庭、能够提供当地一定年限纳税证明或社会保险缴纳证明的非当地户籍居民家庭，限购1套住房（含新建商品住房和二手住房）；对已拥有2套及以上住房的当地户籍居民家庭、拥有1套及以上住房的非当地户籍居民家庭、无法提供一定年限当地纳税证明或社会保险缴纳证明的非当地户籍居民家庭，要暂停在本行政区域内向其售房。

已采取住房限购措施的城市，凡与本通知要求不符的，要立即调整完善相关实施细则，并加强对购房人资格的审核工作，确保政策落实到位。尚未采取住房限购措施的直辖市、计划单列市、省会城市和房价过高、上涨过快的城市，要在2月中旬之前，出台住房限购实施细则。其他城市也要根据本地房地产市场出现的新情况，适时出台住房限购措施。

七、落实住房保障和稳定房价工作的约谈问责机制

国务院有关部门要加强对城市人民政府住房保障和稳定房价工作的监督和检查。对于新建住房价格出现过快上涨势头、土地出让中连续出现楼面地价超过同类地块历史最高价，以及保障性安居工程建设进度缓慢、租售管理和后期使用监管不力的，住房城乡建设部、国土资源部、监察部要会同有关部门，约谈省级及有关城市人民政府负责人。对未如期确定并公布本地区年度新建住房价格控制目标、新建住房价格上涨幅度超过年度控制目标、没有完成保障性安居工程目标任务的，相关省（区、市）人民政府要向国务院作出报告。监察部、住房城乡建设部等部门要视情况，根据有关规定对相关负责人进行问责。对于执行差别化住房信贷、税收政策不到位，房地产相关税收征管不力，以及个人住房信息系统建设滞后等问题，也要纳入约谈和问责范围。

省级人民政府及其有关部门，要参照上述规定，建立健全对辖区内城市落实住房保障和稳定房价工作的约谈问责机制。

八、坚持和强化舆论引导

新闻媒体要对各地稳定房价和住房保障工作好的做法和经验加大宣传力度，深入解读政策措施，引导居民从国情出发理性消费，为促进房地产市场平稳健康发展和加快推进住房保障体系建设提供有力的舆论支持，防止虚假信息或不负责任的猜测、评论误导消费预期。对制造、散布虚假消息的，要追究有关当事人的责任。

国土资源部关于坚持和完善土地招标拍卖挂牌出让制度的意见

(2011年5月11日 国土资发〔2011〕63号)

各省、自治区、直辖市国土资源厅（国土环境资源厅、国土资源局、国土资源和房屋管理局、规划和国土资源管理局），副省级城市国土资源主管部门，新疆生产建设兵团国土资源局：

去年以来，各地按照中央和部关于房地产市场调控政策要求，在坚持土地招标拍卖挂牌（以下简称招拍挂）制度基础上，积极探索创新城市住房用地出让政策，促进地价房价合理调整，取得了积极成效。为进一步落实《国务院办公厅关于进一步做好房地产市场调控工作有关问题的通知》（国办发〔2011〕1号）的要求，完善招拍挂的供地政策，加强土地出让政策在房地产市场调控中的积极作用，现提出以下意见。

一、正确把握土地招拍挂出让政策的调控作用

国有土地使用权招拍挂出让制度是市场配置国有经营性建设用地的基本制度。它充分体现了公开公平公正竞争和诚实信用的市场基本原则，建立了反映市场供求关系、资源稀缺程度、环境损害成本的价格形成机制，完全符合社会主义市场经济体制的基本方向。坚持国有经营性建设用地招拍挂出让制度和在房地产市场运行正常条件下按"价高者得"原则取得土地，符合市场优化配置土地资源的基本原则，符合法律政策要求，同时在抑制行政权力干预市场、从源头上防治土地出让领域腐败中发挥了重要作用。

当前，部分城市商品住房价格居高不下，户型结构和保障性安居工程用地布局不合理，少数规划的商品住房优质地块和二三线城市商品住房土地出让存在着地价非理性上涨的可能。为进一步落实中央关于房地产市场调控各项政策和工作要求，积极主动发挥招拍挂出让土地政策的稳定市场、优化结构、促进地价房价合理调整、保障住房用地的作用，当前和今后一个时期，各级国土资源主管部门必须从完善土地市场机制、健全土地宏观调控体系、实施节约优先战略的基本要求出发，以"保民生、促稳定"为重点，坚持土地招拍挂出让基本制度，创新和完善有效实现中央调控政策要求的土地出让政策和措施，主动解决商品住房建设项目供地、开发利用和监管中出现的新情况、新问题，实现土地经济效益与社会综合效益的统一、市场配置与宏观调控的统一，促进城市房地产市场健康发展。

二、完善住房用地招拍挂计划公示制度

市、县在向社会公布年度住房用地出让计划的基础上，建立计划出让地块开发建设的宗地条件公布机制，根据出让进度安排，进一步细化拟出让地块、地段的规划和土地使用条件，定期向社会发布细化的商品住房和保障性安居工程各类房屋建设用地信息，同时明确意向用地者申请用地的途径和方式，公开接受用地申请。单位和个人对列入出让计划的具体地块有使用意向并提出符合规定的申请后，应及时组织实施土地招拍挂出让。公示保障性安居工程项目划拨用地时，一并向社会公示申请用地单位，接受社会监督。

三、调整完善土地招拍挂出让政策

各地要根据当地土地市场、住房建设发展阶段，对需要出让的宗地，选择恰当的土地出让方式和政策，落实政府促进土地合理布局，节约集约利用，有效合理调整地价房价，保障民生，稳定市场预期的目标。

（一）限定房价或地价，以挂牌或拍卖方式出让政策性住房用地。

以"限房价、竞地价"方式出让土地使用权的，市、县国土资源主管部门应在土地出让前，会同住房建设、物价、规划行政主管部门，按相关政策规定确定住房销售条件，根据拟出让宗地所在区域商品住房销售价格水平，合理确定拟出让宗地的控制性房屋销售价格上限和住房套型面积标准，以此作为土地使用权转让的约束性条件，一并纳入土地出让方案，报经政府批准后，以挂牌、拍卖方式公开出让土地使用权，符合条件、承诺地价最高且不低于底价的为土地使用权竞得人。出让成交后，竞得人接受的宗地控制性房屋销售价格、成交地价、土地使用权转让条件及违约处罚条款等，均应在成交确认书和出让合同中明确。

以"限地价、竞房价"方式出让土地使用权的，市、县国土资源主管部门应在土地出让前，根据拟出让宗地的征地拆迁安置补偿费、土地前期开发成本、同一区域基准地价和市场地价水平、土地使用权转让条件、房屋销售价格和政府确定的房价控制目标等因素，综合确定拟出让宗地的出让价格，同时应确定房价的最高控制价（应低于同区域、同条件商品住房市场价），一并纳入土地出让方案，报经政府批准后，以挂牌、拍卖方式公开出让土地使用权，按照承诺销售房价最低者（开发商售房时的最高售价）确定为土地竞得人。招拍挂成交后，竞得人承诺的销售房价、成交地价、土地使用权转让条件及违约处罚条款等，均应在成交确认书和出让合同中明确。

（二）限定配建保障性住房建设面积，以挂牌或拍卖方式出让商品住房用地。

以"商品住房用地中配建保障性住房"方式出让土地使用权的，市、县国土资源主管部门应会同住房建设、规划、房屋管理和住房保障等部门确定拟出让宗地配建廉租房、经济适用房等保障性住房的面积、套数、建设进度、政府收回条件、回购价格及土地面积分摊办法等，纳入出让方案，经政府批准后，写入出让公告及文件，组织实施挂牌、拍卖。土地出让成交后，成交价款和竞得人承诺配建的保障性住房事项一并写入成交确认书和出让合同。

（三）对土地开发利用条件和出让地价进行综合评定，以招标方式确定土地使用权人。

以"土地利用综合条件最佳"为标准出让土地使用权，市、县国土资源主管部门应依据规划条件和土地使用标准按照宗地所在区域条件、政府对开发建设的要求，制定土地出让方案和评标标准，在依法确定土地出让底价的基础上，将土地价款及交付时间、开发建设周期、建设要求、土地节约集约程度、企业以往出让合同履行情况等影响土地开发利用的因素作为评标条件，合理确定各因素权重，会同有关部门制定标书，依法依纪，发布公告，组织招投标。经综合评标，以土地利用综合条件最佳确定土地使用者。确定中标人后，应向社会公示并将上述土地开发利用条件写入中标通知书和出让合同。

四、大力推进土地使用权出让网上运行

出让国有建设用地使用权涉及的出让公告、出让文件、竞买人资格、成交结果等，都应在部门户网站和各地国土资源主管部门的网上公开发布。积极推行国有经营性建设用地网上挂牌出让方式。市、县国土资源主管部门可以通过网上发布出让公告信息，明确土地开发利用、竞买人资格和违约处罚等条件，组织网上报价竞价并确定竞得人。网上挂牌出让成交后，市、县国土资源主管部门要按照国有土地招拍挂出让规范，及时与竞得人签订纸质件的成交确认书和出让合同。对竞得人需要进行相关资料审查的，建立网上成交后的审查制度，发现受让人存在违法违规行为或不具有竞买资格时，挂牌出让不成交，应重新组织出让，并对违规者进行处罚。

五、完善土地招拍挂出让合同

市、县国土资源主管部门要依据现行土地管理法律政策，对附加各类开发建设销售条件的政策性商品住房用地的出让，增加出让合同条款，完善出让合同内容，严格供后监管。政策性商品住房用地出让成交后，竞得人或中标人应当按照成交确认书或中标通知书的要求，按时与国土资源主管部门签订出让合同。建房套数、套型、面积比例、容积率、项目开竣工时间、销售对象条件、房屋销售价格上限、受让人承诺的销售房价、土地转让条件、配建要求等规划、建设、土地使用条件以及相应的违约责任，应当在土地出让合同或住房建设和销售合同中明确。

为保证政策性商品住房用地及时开发利用，市、县国土资源主管部门可以在出让合同中明确约定不得改变土地用途和性质、不得擅自提高或降低规定的建设标准、保障性住房先行建设和先行交付、不得违规转让土地使用权等内容，对违反规定或约定的，可在出让合同中增加"收回土地使用权并依法追究责任"等相关内容。

各地应当加强对政策性商品住房用地出让合同履行情况的监督检查，对违反合同约定的，应会同有关部门依法处罚，追究违约责任。

各省级国土资源主管部门要切实加强对市、县住房供地政策制度和组织实施工作的指导和监管，及时发现和解决出现的问题。也可按照本意见，探索其他用途土地出让方式和土地出让各环节的制度创新，进一步完善国有土地使用权招拍挂出让制度，保障和促进中央关于房地产市场调控政策的落实。

协议出让国有土地使用权规定

（2003年6月11日　国土资源部令第21号）

第一条　为加强国有土地资产管理，优化土地资源配置，规范协议出让国有土地使用权行为，根据《中华人民共和国城市房地产管理法》、《中华人民共和国土地管理法》和《中华人民共和国土地管理法实施条例》，制定本规定。

第二条　在中华人民共和国境内以协议方式出让国有土地使用权的，适用本规定。

本规定所称协议出让国有土地使用权，是指国家以协议方式将国有土地使用权在一定年限内出让给土地使用者，由土地使用者向国家支付土地使用权出让金的行为。

第三条　出让国有土地使用权，除依照法律、法规和规章的规定应当采用招标、拍卖或者挂牌方式外，方可采取协议方式。

第四条　协议出让国有土地使用权，应当遵循公开、公平、公正和诚实信用的原则。

以协议方式出让国有土地使用权的出让金不得低于按国家规定所确定的最低价。

第五条　协议出让最低价不得低于新增建设用地的土地有偿使用费、征地（拆迁）补偿费用以及按照国家规定应当缴纳的有关税费之和；有基准地价的地区，协议出让最低价不得低于出让地块所在级别基准地价的70%。

低于最低价时国有土地使用权不得出让。

第六条　省、自治区、直辖市人民政府国土资源行政主管部门应当依据本规定第五条的规定拟定协议出让最低价，报同级人民政府批准后公布，由市、县人民政府国土资源行政主管部门实施。

第七条　市、县人民政府国土资源行政主管部门应当根据经济社会发展计划、国家产业政策、土地利用总体规划、土地利用年度计划、城市规划和土地市场状况，编制国有土地使用权出让计划，报同级人民政府批准后组织实施。

国有土地使用权出让计划经批准后，市、县人民政府国土资源行政主管部门应当在土地有形市场等指定场所，或者通过报纸、互联网等媒介向社会公布。

因特殊原因，需要对国有土地使用权出让计划进行调整的，应当报原批准机关批准，并按照前款规定及时向社会公布。

国有土地使用权出让计划应当包括年度土地供应总量、不同用途土地供应面积、地段以及供地时间等内容。

第八条　国有土地使用权出让计划公布后，需要使用土地的单位和个人可以根据国有土地使用权出让计划，在市、县人民政府国土资源行政主管部门公布的时限内，向市、县人民政府国土资源行政主管部门提出意向用地申请。

市、县人民政府国土资源行政主管部门公布计划接受申请的时间不得少于30日。

第九条 在公布的地段上，同一地块只有一个意向用地者的，市、县人民政府国土资源行政主管部门方可按照本规定采取协议方式出让；但商业、旅游、娱乐和商品住宅等经营性用地除外。

同一地块有两个或者两个以上意向用地者的，市、县人民政府国土资源行政主管部门应当按照《招标拍卖挂牌出让国有土地使用权规定》，采取招标、拍卖或者挂牌方式出让。

第十条 对符合协议出让条件的，市、县人民政府国土资源行政主管部门会同城市规划等有关部门，依据国有土地使用权出让计划、城市规划和意向用地者申请的用地项目类型、规模等，制订协议出让土地方案。

协议出让土地方案应当包括拟出让地块的具体位置、界址、用途、面积、年限、土地使用条件、规划设计条件、供地时间等。

第十一条 市、县人民政府国土资源行政主管部门应当根据国家产业政策和拟出让地块的情况，按照《城镇土地估价规程》的规定，对拟出让地块的土地价格进行评估，经市、县人民政府国土资源行政主管部门集体决策，合理确定协议出让底价。

协议出让底价不得低于协议出让最低价。

协议出让底价确定后应当保密，任何单位和个人不得泄露。

第十二条 协议出让土地方案和底价经有批准权的人民政府批准后，市、县人民政府国土资源行政主管部门应当与意向用地者就土地出让价格等进行充分协商，协商一致且议定的出让价格不低于出让底价的，方可达成协议。

第十三条 市、县人民政府国土资源行政主管部门应当根据协议结果，与意向用地者签订《国有土地使用权出让合同》。

第十四条 《国有土地使用权出让合同》签订后 7 日内，市、县人民政府国土资源行政主管部门应当将协议出让结果在土地有形市场等指定场所，或者通过报纸、互联网等媒介向社会公布，接受社会监督。

公布协议出让结果的时间不得少于 15 日。

第十五条 土地使用者按照《国有土地使用权出让合同》的约定，付清土地使用权出让金、依法办理土地登记手续后，取得国有土地使用权。

第十六条 以协议出让方式取得国有土地使用权的土地使用者，需要将土地使用权出让合同约定的土地用途改变为商业、旅游、娱乐和商品住宅等经营性用途的，应当取得出让方和市、县人民政府城市规划部门的同意，签订土地使用权出让合同变更协议或者重新签订土地使用权出让合同，按变更后的土地用途，以变更时的土地市场价格补交相应的土地使用权出让金，并依法办理土地使用权变更登记手续。

第十七条 违反本规定，有下列行为之一的，对直接负责的主管人员和其他直接责任人员依法给予行政处分：

（一）不按照规定公布国有土地使用权出让计划或者协议出让结果的；

（二）确定出让底价时未经集体决策的；

（三）泄露出让底价的；

（四）低于协议出让最低价出让国有土地使用权的；

（五）减免国有土地使用权出让金的。

违反前款有关规定，情节严重构成犯罪的，依法追究刑事责任。

第十八条 国土资源行政主管部门工作人员在协议出让国有土地使用权活动中玩忽职守、滥用职权、徇私舞弊的，依法给予行政处分；构成犯罪的，依法追究刑事责任。

第十九条 采用协议方式租赁国有土地使用权的，参照本规定执行。

第二十条 本规定自 2003 年 8 月 1 日起施行。原国家土地管理局 1995 年 6 月 28 日发布的《协议出让国有土地使用权最低价确定办法》同时废止。

协议出让国有土地使用权规范（试行）

（2006 年 5 月 31 日　国土资发〔2006〕114 号）

前　　言

为完善国有土地使用权出让制度，规范国有土地使用权协议出让行为，统一程序和标准，加强国有土地资产管理，推进土地市场建设，根据《中华人民共和国土地管理法》、《中华人民共和国城市房地产管理法》、《中华人民共和国城镇国有土地使用权出让和转让暂行条例》、《协议出让国有土地使用权规定》等规定，制定本规范。

本规范的附录 A、附录 B 为协议出让活动中所需文本示范格式。

本规范由国土资源部提出并归口。

本规范起草单位：国土资源部土地利用管理司，国土资源部土地整理中心，辽宁省国土资源厅，黑龙江省国土资源厅，江苏省国土资源厅。

本规范主要起草人员：廖永林、冷宏志、岳晓武、雷爱先、高永、谢量雄、吴迪、宋玉波、牟傲风、叶卫东、钟松钇、林立淼、申亮、陈梅英、周旭、沈飞、张昉。

本规范参加起草人员（以姓氏笔画为序）：于世专、马尚、王薇、车长志、邓岳方、叶元蓬、叶东、任钊洪、关文荣、刘显祺、刘祥元、刘瑞平、朱育德、闫洪溪、严政、吴永高、吴海洋、张万中、张英奇、李延荣、李晓娟、李晓斌、束克欣、杨玉芳、杨江正、肖建军、陈永真、陈国庆、林君衡、罗演广、祝军、胡立兵、胡红兵、赵春华、郝吉虎、高志云、徐建设、涂高坤、秦水龙、钱友根、梁红、黄文波、韩建国、韩洪伟、靳薇、潘洪嵩、魏成、魏莉华。

本规范由国土资源部负责解释。

1 适用范围

在中华人民共和国境内以协议方式出让国有土地使用权，适用本规范；以协议方式租赁国有土地使用权、出让国有土地他项权利，参照本规范执行。

2 引用的标准和文件

下列标准和文件所包含的条文，通过在本规范中引用而构成本规范的条文。本规范颁布时，所示版本均为有效。使用本规范的各方应使用下列各标准和文件的最新版本。

GB/T 18508-2001 《城镇土地估价规程》

国土资发〔2000〕303号 《国有土地使用权出让合同示范文本》

国土资发〔2001〕255号 《全国土地分类》

国土资发〔2004〕232号 《工业建设项目用地控制指标》

3 依 据

（1）《中华人民共和国土地管理法》

（2）《中华人民共和国城市房地产管理法》

(3)《中华人民共和国城市规划法》

(4)《中华人民共和国行政许可法》

(5)《中华人民共和国合同法》

(6)《中华人民共和国城镇国有土地使用权出让和转让暂行条例》

(7)《建立健全教育、制度、监督并重的惩治和预防腐败体系实施纲要》(中发〔2005〕3号)

(8)《国务院关于加强国有土地资产管理的通知》(国发〔2001〕15号)

(9)《国务院关于深化改革严格土地管理的决定》(国发〔2004〕28号)

(10)《协议出让国有土地使用权规定》(国土资源部令第21号)

4 总 则

4.1 协议出让国有土地使用权内涵

本规范所称协议出让国有土地使用权,是指市、县国土资源管理部门以协议方式将国有土地使用权在一定年限内出让给土地使用者,由土地使用者支付土地使用权出让金的行为。

4.2 协议出让国有土地使用权原则

(1)公开、公平、公正;

(2)诚实信用。

4.3 协议出让国有土地使用权范围

出让国有土地使用权,除依照法律、法规和规章的规定应当采用招标、拍卖或者挂牌方式外,方可采取协议方式,主要包括以下情况:

(1)供应商业、旅游、娱乐和商品住宅等各类经营性用地以外用途的土地,其供地计划公布后同一宗地只有一个意向用地者的;

(2)原划拨、承租土地使用权人申请办理协议出让,经依法批准，可以采取协议方式，但《国有土地划拨决定书》、《国有土地租赁合同》、法律、法规、行政规定等明确应当收回土地使用权重新公开出让的除外；

（3）划拨土地使用权转让申请办理协议出让，经依法批准，可以采取协议方式，但《国有土地划拨决定书》、法律、法规、行政规定等明确应当收回土地使用权重新公开出让的除外；

（4）出让土地使用权人申请续期，经审查准予续期的，可以采用协议方式；

（5）法律、法规、行政规定明确可以协议出让的其他情形。

4.4 协议出让国有土地使用权组织管理

国有土地使用权协议出让由市、县国土资源管理部门组织实施。

国有土地使用权出让实行集体决策。市、县国土资源管理部门可根据实际情况成立国有土地使用权出让协调决策机构，负责协调解决出让中的相关问题，集体确定有关事项。

4.5 协议出让价格争议裁决

对于经营性基础设施、矿业开采等具有独占性和排他性的用地，应当建立协议出让价格争议裁决机制。此类用地协议出让过程中，意向用地者与出让方在出让价格方面有争议难以达成一致，意向用地者认为出让方提出的出让价格明显高于土地市场价格的，可提请出让方的上一级国土资源管理部门进行出让价格争议裁决。

4.6 地方补充规定

地方可对本规范做出补充规定或实施细则，并报上一级国土资源管理部门备案。

5 供地环节的协议出让

5.1 供地环节协议出让国有土地使用权的一般程序

（1）公开出让信息，接受用地申请，确定供地方式；

（2）编制协议出让方案；

（3）地价评估，确定底价；

（4）协议出让方案、底价报批；

（5）协商，签订意向书；

（6）公示；

（7）签订出让合同，公布出让结果；

（8）核发《建设用地批准书》，交付土地；

（9）办理土地登记；

（10）资料归档。

5.2 公开出让信息，接受用地申请，确定供地方式

5.2.1 市、县国土资源管理部门应当将经批准的国有土地使用权出让计划向社会公布。有条件的地方可以根据供地进度安排，分阶段将国有土地使用权出让计划细化落实到地段、地块，并将相关信息及时向社会公布。国有土地使用权出让计划以及细化的地段、地块信息应当同时通过中国土地市场网（www.landchina.com）公布。

5.2.2 市、县国土资源管理部门公布国有土地使用权出让计划、细化的地段、地块信息，应当同时明确用地者申请用地的途径和方式，公开接受用地申请。

5.2.3 需要使用土地的单位和个人（以下简称意向用地者）应当根据公布的国有土地使用权出让计划、细化的地段、地块信息以及自身用地需求，向市、县国土资源管理部门提出用地申请。

5.2.4 在规定时间内，同一地块只有一个意向用地者的，市、县国土资源管理部门方可采取协议方式出让，但属于商业、旅游、娱乐和商品住宅等经营性用地除外。对不能确定是否符合协议出让范围的具体宗地，可由国有土地使用权出让协调决策机构集体认定。

5.3 编制协议出让方案

市、县国土资源管理部门应当会同规划等部门，依据国有土地

使用权出让计划、城市规划和意向用地者申请的用地类型、规模等，编制国有土地使用权协议出让方案。

协议出让方案应当包括：拟出让地块的位置、四至、用途、面积、年限、土地使用条件、供地时间、供地方式等。

5.4 地价评估，确定底价

5.4.1 地价评估

市、县国土资源管理部门应当根据拟出让地块的条件和土地市场情况，按照《城镇土地估价规程》，组织对拟出让地块的正常土地市场价格进行评估。

地价评估由市、县国土资源管理部门或其所属事业单位组织进行，根据需要也可以委托具有土地估价资质的土地或不动产评估机构进行评估。

5.4.2 确定底价

市、县国土资源管理部门或国有土地使用权出让协调决策机构应当根据土地估价结果、产业政策和土地市场情况等，集体决策，综合确定协议出让底价。

协议出让底价不得低于拟出让地块所在区域的协议出让最低价。

出让底价确定后，在出让活动结束之前应当保密，任何单位和个人不得泄露。

5.5 协议出让方案、底价报批

市、县国土资源管理部门应当按规定将协议出让方案、底价报有批准权的人民政府批准。

5.6 协商，签订意向书

市、县国土资源管理部门依据经批准的协议出让方案和底价，与意向用地者就土地出让价格等进行充分协商、谈判。协商谈判时，国土资源管理部门参加谈判的代表应当不少于2人。

双方协商、谈判达成一致，并且议定的出让价格不低于底价的,市、县国土资源管理部门应当与意向用地者签订《国有土地使用权出让意向书》。

5.7 公示

5.7.1 《国有土地使用权出让意向书》签订后,市、县国土资源管理部门将意向出让地块的位置、用途、面积、出让年限、土地使用条件、意向用地者、拟出让价格等内容在当地土地有形市场等指定场所以及中国土地市场网进行公示,并注明意见反馈途径和方式。公示时间不得少于5日。

5.7.2 公示期间,有异议且经市、县国土资源管理部门审查发现确实存在违反法律法规行为的,协议出让程序终止。

5.8 签订出让合同,公布出让结果

公示期满,无异议或虽有异议但经市、县国土资源管理部门审查没有发现存在违反法律法规行为的,市、县国土资源管理部门应当按照《国有土地使用权出让意向书》约定,与意向用地者签订《国有土地使用权出让合同》。

《国有土地使用权出让合同》签订后7日内,市、县国土资源管理部门将协议出让结果通过中国土地市场网以及土地有形市场等指定场所向社会公布,接受社会监督。

公布出让结果应当包括土地位置、面积、用途、开发程度、土地级别、容积率、出让年限、供地方式、受让人、成交价格和成交时间等内容。

5.9 核发《建设用地批准书》,交付土地

市、县国土资源管理部门向受让人核发《建设用地批准书》,并按照《国有土地使用权出让合同》、《建设用地批准书》约定的时间和条件将出让土地交付给受让人。

5.10 办理土地登记

受让人按照《国有土地使用权出让合同》约定付清全部国有土地使用权出让金,依法申请办理土地登记手续,领取《国有土地使用证》，取得土地使用权。

5.11 资料归档

协议出让手续全部办结后，市、县国土资源管理部门应当对宗地出让过程中的出让信息公布、用地申请、审批、谈判、公示、签订合同等各环节相关资料、文件进行整理，并按规定归档。应归档的宗地出让资料包括：

（1）用地申请材料；

（2）宗地条件、宗地规划指标要求；

（3）宗地评估报告；

（4）宗地出让底价及集体决策记录；

（5）协议出让方案；

（6）出让方案批复文件；

（7）谈判记录；

（8）《协议出让意向书》；

（9）协议出让公示资料；

（10）《国有土地使用权出让合同》；

（11）协议出让结果公告资料；

（12）核发建设用地批准书与交付土地的相关资料；

（13）其他应归档的材料。

6 原划拨、承租土地使用权人申请办理协议出让

6.1 原划拨、承租土地使用权人申请办理协议出让的，分别按下列情形处理：

（1）不需要改变原土地用途等土地使用条件，且符合规划的，报经市、县人民政府批准后，可以采取协议出让手续；

（2）经规划管理部门同意可以改变土地用途等土地使用条件的，报经市、县人民政府批准，可以办理协议出让手续，但《国有

土地划拨决定书》、《国有土地租赁合同》、法律、法规、行政规定等明确应当收回划拨土地使用权公开出让的除外。

6.2 申请与受理

6.2.1 原划拨、承租土地使用权拟申请办理出让手续的，应由原土地使用权人持下列有关材料，向市、县国土资源管理部门提出申请：

（1）申请书；

（2）《国有土地使用证》、《国有土地划拨决定书》或《国有土地租赁合同》；

（3）地上建筑物、构筑物及其他附着物的产权证明；

（4）原土地使用权人有效身份证明文件；

（5）改变用途的应当提交规划管理部门的批准文件；

（6）法律、法规、行政规定明确应提交的其他相关材料。

6.2.2 市、县国土资源管理部门接到申请后，应当对申请人提交的申请材料进行初审，决定是否受理。

6.3 审查，确定协议出让方案

6.3.1 审查

市、县国土资源管理部门受理申请后，应当依据相关规定对申请人提交的申请材料进行审查，并就申请地块的土地用途等征询规划管理部门意见。经审查，申请地块用途符合规划，并且符合办理协议出让手续条件的，市、县国土资源管理部门应当组织地价评估，确定应缴纳的土地出让金额，拟订协议出让方案。

6.3.2 地价评估

市、县国土资源管理部门应当组织对申请地块的出让土地使用权市场价格和划拨土地使用权权益价格或承租土地使用权市场价格进行评估，估价基准期日为拟出让时点。改变土地用途等土地使用条件的，出让土地使用权价格应当按照新的土地使用条件评估。

6.3.3　核定出让金额，拟订出让方案

市、县国土资源管理部门或国有土地使用权出让协调决策机构应当根据土地估价结果、产业政策和土地市场情况等，集体决策、综合确定协议出让金额，并拟订协议出让方案。

6.3.3.1　申请人应缴纳土地使用权出让金额分别按下列公式核定：

（1）不改变用途等土地使用条件的

应缴纳的土地使用权出让金额＝拟出让时的出让土地使用权市场价格－拟出让时的划拨土地使用权权益价格或承租土地使用权市场价格

（2）改变用途等土地使用条件的

应缴纳的土地使用权出让金额＝拟出让时的新土地使用条件下出让土地使用权市场价格－拟出让时的原土地使用条件下划拨土地使用权权益价格或承租土地使用权市场价格

6.3.3.2　协议出让方案应当包括：拟办理出让手续的地块位置、四至、用途、面积、年限、拟出让时间和应缴纳的出让金额等。

6.4　出让方案报批

市、县国土资源管理部门应当按照规定，将协议出让方案报市、县人民政府审批。

6.5　签订出让合同，公布出让结果

市、县人民政府批准后，国土资源管理部门应当按照批准的协议出让方案，依法收回原土地使用权人的《国有土地划拨决定书》或解除《国有土地租赁合同》，注销土地登记，收回原土地证书，并与申请人签订《国有土地使用权出让合同》。

《国有土地使用权出让合同》签订后，市、县国土资源管理部门应当按照5.8的规定公布协议出让结果。

6.6　办理土地登记

按5.10规定办理。

6.7 资料归档

协议出让手续全部办结后,市、县国土资源管理部门应当对宗地出让过程中的用地申请、审批、签订合同等各环节相关资料、文件进行整理,并按规定归档。应归档的宗地出让资料包括:

(1) 申请人的申请材料;
(2) 宗地条件及相关资料;
(3) 土地评估资料;
(4) 出让金额确定资料;
(5) 协议出让方案;
(6) 出让方案批复文件;
(7)《国有土地使用权出让合同》;
(8) 协议出让公告资料;
(9) 其他应归档的材料。

7 划拨土地使用权转让中的协议出让

7.1 划拨土地使用权申请转让,经市、县人民政府批准,可以由受让人办理协议出让,但《国有土地划拨决定书》、法律、法规、行政规定等明确应当收回划拨土地使用权重新公开出让的除外。

7.2 申请与受理

7.2.1 原土地使用权人应当持下列有关材料,向市、县国土资源管理部门提出划拨土地使用权转让申请:

(1) 申请书;
(2)《国有土地使用证》、《国有土地划拨决定书》;
(3) 地上建筑物、构筑物及其他附着物的产权证明;
(4) 原土地使用权人有效身份证明文件;
(5) 共有房地产,应提供共有人书面同意的意见;
(6) 法律、法规、行政规定明确应提交的其他相关材料。

7.2.2 市、县国土资源管理部门接到申请后，应当对申请人提交的申请材料进行初审，决定是否受理。

7.3 审查，确定协议出让方案

7.3.1 审查

市、县国土资源管理部门受理申请后，应当依据相关规定对申请人提交的申请材料进行审查，并就申请地块的土地用途等征询规划管理部门意见。经审查，申请地块用途符合规划，并且符合办理协议出让手续条件的，市、县国土资源管理部门应当组织地价评估，确定应缴纳的土地出让金额，拟订协议出让方案。

7.3.2 地价评估

市、县国土资源管理部门应当组织对申请转让地块的出让土地使用权市场价格和划拨土地使用权权益价格进行评估，估价基准期日为拟出让时点。

7.3.3 核定出让金额，拟订出让方案

市、县国土资源管理部门或国有土地使用权出让协调决策机构应当根据土地估价结果、产业政策和土地市场情况等，集体决策、综合确定办理出让手续时应缴纳土地使用权出让金额，并拟订协议出让方案。

7.3.3.1 应缴纳土地使用权出让金额应当按下式核定：

（1）转让后不改变用途等土地使用条件的

应缴纳的土地使用权出让金额＝拟出让时的出让土地使用权市场价格－拟出让时的划拨土地使用权权益价格

（2）转让后改变用途等土地使用条件的

应缴纳的土地使用权出让金额＝拟出让时的新土地使用条件下出让土地使用权市场价格－拟出让时的原土地使用条件下划拨土地使用权权益价格

7.3.3.2 协议出让方案应当包括：拟办理出让手续的地块位置、四至、用途、面积、年限、土地使用条件、拟出让时间和出让时应缴纳的出让金额等。

7.4　出让方案报批

市、县国土资源管理部门应当按照规定,将协议出让方案报市、县人民政府审批。

7.5　公开交易

协议出让方案批准后,市、县国土资源管理部门应向申请人发出《划拨土地使用权准予转让通知书》。

《划拨土地使用权准予转让通知书》应当包括准予转让的标的、原土地使用权人、转让确定受让人的要求、受让人的权利、义务、应缴纳的土地出让金等。

取得《划拨土地使用权准予转让通知书》的申请人,应当将拟转让的土地使用权在土地有形市场等场所公开交易,确定受让人和成交价款。

7.6　签订出让合同,公布出让结果

通过公开交易确定受让方和成交价款后,转让人应当与受让人签订转让合同,约定双方的权利和义务,明确划拨土地使用权转让价款。

受让人应在达成交易后10日内,持转让合同、原《国有土地使用证》、《划拨土地使用权准予转让通知书》、转让方和受让方的身份证明材料等,向市、县国土资源管理部门申请办理土地出让手续。

市、县国土资源管理部门应当按照批准的协议出让方案、公开交易情况等,依法收回原土地使用权人的《国有土地划拨决定书》,注销土地登记,收回原土地证书,与受让方签订《国有土地使用权出让合同》。

市、县国土资源管理部门应当按照5.8有关规定公布协议出让结果。

7.7　办理土地登记

按5.10规定办理。

7.8 资料归档

出让手续办结后，市、县国土资源管理部门应当对宗地出让过程中的用地申请、审批、交易、签订合同等各环节相关资料、文件进行整理，并按规定归档。应归档的宗地出让资料包括：

（1）申请人的申请材料；

（2）宗地条件及相关资料；

（3）土地评估资料；

（4）出让金额确定资料；

（5）协议出让方案；

（6）出让方案批复文件；

（7）《划拨土地使用权准予转让通知书》等相关资料；

（8）公开交易资料及转让合同等资料；

（9）《国有土地使用权出让合同》；

（10）协议出让公告资料；

（11）其他应归档的材料。

8 出让土地改变用途等土地使用条件的处理

出让土地申请改变用途等土地使用条件，经出让方和规划管理部门同意，原土地使用权人可以与市、县国土资源管理部门签订《国有土地使用权出让合同变更协议》或重新签订《国有土地使用权出让合同》，调整国有土地使用权出让金，但《国有土地使用权出让合同》、法律、法规、行政规定等明确应当收回土地使用权重新公开出让的除外。原土地使用权人应当按照国有土地使用权出让合同变更协议或重新签订的国有土地使用权出让合同约定，及时补缴土地使用权出让金额，并按规定办理土地登记。

调整国有土地使用权出让金额应当根据批准改变用途等土地使用条件时的土地市场价格水平，按下式确定：

应当补缴的土地出让金额＝批准改变时的新土地使用条件下土

地使用权市场价格-批准改变时原土地使用条件下剩余年期土地使用权市场价格

  附录A 国有土地使用权出让意向书示范文本格式（略）

  附录B 划拨土地使用权准予转让通知书示范文本格式（略）

招标拍卖挂牌出让国有土地使用权规范（试行）

（2006年5月31日 国土资发〔2006〕114号）

前　言

  为完善国有土地使用权出让制度，规范国有土地使用权招标拍卖挂牌出让行为，统一程序和标准，优化土地资源配置，推进土地市场建设，根据《中华人民共和国土地管理法》、《中华人民共和国城市房地产管理法》、《中华人民共和国城镇国有土地使用权出让和转让暂行条例》、《招标拍卖挂牌出让国有土地使用权规定》等规定，制定本规范。

  本规范的附录B为招标拍卖挂牌出让公告应当使用的文本格式，附录A、附录C、附录D、附录E、附录F、附录G、附录H、附录I、附录J为招标拍卖挂牌出让活动中所需其他文本的示范格式。

  本规范由国土资源部提出并归口。

  本规范起草单位：国土资源部土地利用管理司，国土资源部土地整理中心，辽宁省国土资源厅，江苏省国土资源厅，福建省国土资源厅，山东省国土资源厅，广东省国土资源厅，深圳市国土资源和房产管理局。

  本规范主要起草人员：廖永林、冷宏志、岳晓武、雷爱先、高永、谢量雄、宋玉波、黄启才、潘光明、涂高坤、王联珠、牟傲风、叶卫东、钟松钇、林立淼、申亮、陈梅英、周旭、沈飞、张昉。

本规范参加起草人员（以姓氏笔画为序）：于世专、马尚、王薇、车长志、邓岳方、叶元蓬、叶东、任钊洪、关文荣、刘显祺、刘祥元、刘瑞平、朱育德、闫洪溪、严政、吴永高、吴迪、吴海洋、张万中、张英奇、李延荣、李晓娟、李晓斌、束克欣、杨玉芳、杨江正、肖建军、陈永真、陈国庆、林君衡、罗演广、祝军、胡立兵、胡红兵、赵春华、郝吉虎、高志云、徐建设、秦水龙、钱友根、梁红、黄文波、韩建国、韩洪伟、靳薇、潘洪嵩、魏成、魏莉华。

本规范由国土资源部负责解释。

1 适用范围

在中华人民共和国境内以招标、拍卖或者挂牌方式出让国有土地使用权，适用本规范；以招标、拍卖或者挂牌方式租赁国有土地使用权、出让国有土地他项权利，参照本规范执行。

以招标、拍卖或者挂牌方式转让国有土地使用权，以及依法以招标、拍卖或者挂牌方式流转农民集体建设用地使用权，可参照本规范执行。

2 引用的标准和文件

下列标准和文件所包含的条文，通过在本规范中引用而构成本规范的条文。本规范颁布时，所示版本均为有效。使用本规范的各方应使用下列各标准和文件的最新版本。

GB/T 18508-2001　　　　《城镇土地估价规程》

国土资发〔2000〕303号　《国有土地使用权出让合同示范文本》

国土资发〔2001〕255 号　　《全国土地分类》
国土资发〔2004〕232 号　　《工业建设项目用地控制指标》

3　依　　据

(1)《中华人民共和国土地管理法》

(2)《中华人民共和国城市房地产管理法》

(3)《中华人民共和国城市规划法》

(4)《中华人民共和国行政许可法》

(5)《中华人民共和国合同法》

(6)《中华人民共和国城镇国有土地使用权出让和转让暂行条例》

(7)《建立健全教育、制度、监督并重的惩治和预防腐败体系实施纲要》(中发〔2005〕3 号)

(8)《国务院关于加强国有土地资产管理的通知》(国发〔2001〕15 号)

(9)《国务院关于深化改革严格土地管理的决定》(国发〔2004〕28 号)

(10)《中共中央纪委监察部关于领导干部利用职权违反规定干预和插手建设工程招投标、经营性土地使用权出让、房地产开发与经营等市场经济活动，为个人和亲友谋取私利的处理规定》(中纪发〔2004〕3 号)

(11)《招标拍卖挂牌出让国有土地使用权规定》(国土资源部令第 11 号)

4　总　　则

4.1　招标拍卖挂牌出让国有土地使用权内涵

本规范所称招标出让国有土地使用权，是指市、县国土资源管理部门发布招标公告或者发出投标邀请书，邀请特定或者不特定的法人、自然人和其他组织参加国有土地使用权投标，根据投标结果确定土地使用者的行为。

本规范所称拍卖出让国有土地使用权，是指市、县国土资源管理部门发布拍卖公告，由竞买人在指定时间、地点进行公开竞价，根据出价结果确定土地使用者的行为。

本规范所称挂牌出让国有土地使用权，是指市、县国土资源管理部门发布挂牌公告，按公告规定的期限将拟出让宗地的交易条件在指定的土地交易场所挂牌公布，接受竞买人的报价申请并更新挂牌价格，根据挂牌期限截止时的出价结果或现场竞价结果确定土地使用者的行为。

4.2 招标拍卖挂牌出让国有土地使用权原则

（1）公开、公平、公正；

（2）诚实信用。

4.3 招标拍卖挂牌出让国有土地使用权范围

（1）供应商业、旅游、娱乐和商品住宅等各类经营性用地以及有竞争要求的工业用地；

（2）其他土地供地计划公布后同一宗地有两个或者两个以上意向用地者的；

（3）划拨土地使用权改变用途，《国有土地划拨决定书》或法律、法规、行政规定等明确应当收回土地使用权，实行招标拍卖挂牌出让的；

（4）划拨土地使用权转让，《国有土地划拨决定书》或法律、法规、行政规定等明确应当收回土地使用权，实行招标拍卖挂牌出让的；

（5）出让土地使用权改变用途，《国有土地使用权出让合同》约定或法律、法规、行政规定等明确应当收回土地使用权，实行招标拍卖挂牌出让的；

（6）法律、法规、行政规定明确应当招标拍卖挂牌出让的其他情形。

4.4 招标拍卖挂牌出让国有土地使用权组织实施

4.4.1 实施主体

国有土地使用权招标拍卖挂牌出让由市、县国土资源管理部门组织实施。

4.4.2 组织方式

市、县国土资源管理部门实施招标拍卖挂牌出让国有土地使用权活动，可以根据实际情况选择以下方式：

（1）市、县国土资源管理部门自行办理；

（2）市、县国土资源管理部门指定或授权下属事业单位具体承办；

（3）市、县国土资源管理部门委托具有相应资质的交易代理中介机构承办。

4.4.3 协调决策机构

国有土地使用权出让实行集体决策。市、县国土资源管理部门根据实际情况，可以成立国有土地使用权出让协调决策机构，负责协调解决出让中的相关问题，集体确定有关事项。

4.4.4 土地招标拍卖挂牌主持人

国有土地使用权招标拍卖挂牌出让活动，应当由符合国土资源部确定的土地招标拍卖挂牌主持人条件并取得资格的人员主持进行。

4.4.5 招标拍卖挂牌出让程序

（1）公布出让计划，确定供地方式；

（2）编制、确定出让方案；

（3）地价评估，确定出让底价；

（4）编制出让文件；

（5）发布出让公告；

（6）申请和资格审查；

（7）招标拍卖挂牌活动实施；

（8）签订出让合同，公布出让结果；
（9）核发《建设用地批准书》，交付土地；
（10）办理土地登记；
（11）资料归档。

4.5 地方补充规定

地方可对本规范做出补充规定或实施细则，并报上一级国土资源管理部门备案。

5 公布出让计划，确定供地方式

5.1 市、县国土资源管理部门应当将经批准的国有土地使用权出让计划向社会公布。有条件的地方可以根据供地进度安排，分阶段将国有土地使用权出让计划细化落实到地段、地块，并将相关信息及时向社会公布。国有土地使用权出让计划以及细化的地段、地块信息应当同时在中国土地市场网（www.landchina.com）上公布。

5.2 市、县国土资源管理部门公布国有土地使用权出让计划、细化的地段、地块信息，应当同时明确用地者申请用地的途径和方式，公开接受用地申请。

5.3 需要使用土地的单位和个人（以下简称意向用地者）应当根据公布的国有土地使用权出让计划、细化的地段、地块信息以及自身用地需求，向市、县国土资源管理部门提出用地申请。

5.4 用地预申请

为充分了解市场需求情况，科学合理安排供地规模和进度，有条件的地方，可以建立用地预申请制度。单位和个人对列入招标拍卖挂牌出让计划内的具体地块有使用意向的，可以提出用地预申请，并承诺愿意支付的土地价格。市、县国土资源管理部门认为其承诺的土地价格和条件可以接受的，应当根据土地出让计划和土地市场情况，适时组织实施招标拍卖挂牌出让活动，并通知提出该宗地用地预申请的单位或个人参加。提出用地预申请的单位、个人，应当参加该宗地竞投或竞买，且报价不得低于其承诺的土地价格。

5.5 根据意向用地者申请情况，符合4.3规定条件的土地使用权出让，应当采取招标拍卖挂牌方式。对不能确定是否符合4.3规定条件的具体宗地，可由国有土地使用权出让协调决策机构集体认定。

对具有综合目标或特定社会、公益建设条件、开发建设要求较高、仅有少数单位和个人可能有受让意向的土地使用权出让，可以采取招标方式，按照综合条件最佳者得的原则确定受让人；其他的土地使用权出让，应当采取招标、拍卖或挂牌方式，按照价高者得的原则确定受让人。

采用招标方式出让国有土地使用权的，应当采取公开招标方式。对土地使用者有严格的限制和特别要求的，可以采用邀请招标方式。

6 编制、确定出让方案

6.1 编制招标拍卖挂牌出让方案

市、县国土资源管理部门应当会同城市规划管理等有关部门，依据国有土地使用权出让计划、城市规划等，编制国有土地使用权招标拍卖挂牌出让方案。

国有土地使用权招标拍卖挂牌出让方案应当包括：拟出让地块的具体位置、四至、用途、面积、年限、土地使用条件、供地时间、供地方式、建设时间等。属于综合用地的，应明确各类具体用途、所占面积及其各自的出让年期。对于各用途不动产之间可以分割，最终使用者为不同单位、个人的，应当按照综合用地所包含的具体土地用途分别确定出让年期；对于多种用途很难分割、最终使用者唯一的，也可以统一按照综合用地最高出让年限50年确定出让年期。

6.2 招标拍卖挂牌出让方案报批

国有土地使用权招标拍卖挂牌出让方案应按规定报市、县人民政府批准。

7 地价评估，确定出让底价

7.1 地价评估

市、县国土资源管理部门应当根据拟出让地块的条件和土地市场情况，依据《城镇土地估价规程》，组织对拟出让地块的正常土地市场价格进行评估。

地价评估由市、县国土资源管理部门或其所属事业单位组织进行，根据需要也可以委托具有土地估价资质的土地或不动产评估机构进行。

7.2 确定底价

有底价出让的，市、县国土资源管理部门或国有土地使用权出让协调决策机构应当根据土地估价结果、产业政策和土地市场情况等，集体决策，综合确定出让底价和投标、竞买保证金。招标出让的，应当同时确定标底；拍卖和挂牌出让的，应当同时确定起叫价、起始价等。

标底、底价确定后，在出让活动结束之前应当保密，任何单位和个人不得泄露。

8 编制出让文件

市、县国土资源管理部门应当根据经批准的招标拍卖挂牌出让方案，组织编制国有土地使用权招标拍卖挂牌出让文件。

8.1 招标出让文件应当包括：

（1）招标出让公告或投标邀请书
（2）招标出让须知
（3）标书
（4）投标申请书
（5）宗地界址图
（6）宗地规划指标要求

（7）中标通知书

（8）国有土地使用权出让合同

（9）其他相关文件

8.2 拍卖出让文件应当包括：

（1）拍卖出让公告

（2）拍卖出让须知

（3）竞买申请书

（4）宗地界址图

（5）宗地规划指标要求

（6）成交确认书

（7）国有土地使用权出让合同

（8）其他相关文件

8.3 挂牌出让文件应当包括：

（1）挂牌出让公告

（2）挂牌出让须知

（3）竞买申请书

（4）挂牌竞买报价单

（5）宗地界址图

（6）宗地规划指标要求

（7）成交确认书

（8）国有土地使用权出让合同

（9）其他相关文件

9 发布出让公告

9.1 发布公告

国有土地使用权招标拍卖挂牌出让公告应当由市、县国土资源管理部门发布。出让公告应当通过中国土地市场网和当地土地有形市场发布，也可同时通过报刊、电视台等媒体公开发布。

出让公告应当至少在招标拍卖挂牌活动开始前20日发布，以首次发布的时间为起始日。

经批准的出让方案已明确招标、拍卖、挂牌具体方式的，应当发布具体的"国有土地使用权招标出让公告"、"国有土地使用权拍卖出让公告"或"国有土地使用权挂牌出让公告"；经批准的出让方案未明确招标、拍卖、挂牌具体方式的，可以发布"国有土地使用权公开出让公告"，发布公开出让公告的，应当明确根据申请截止时的申请情况确定具体的招标、拍卖或挂牌方式。

出让公告可以是单宗地的公告，也可以是多宗地的联合公告。

9.2 公告内容

9.2.1 招标出让公告应当包括以下内容：

（1）出让人的名称、地址、联系电话等，授权或指定下属事业单位以及委托代理机构进行招标的，还应注明其机构的名称、地址和联系电话等；

（2）招标地块的位置、面积、用途、开发程度、规划指标要求、土地使用年限和建设时间等；

（3）投标人的资格要求及申请取得投标资格的办法；

（4）获取招标文件的时间、地点及方式；

（5）招标活动实施时间、地点，投标期限、地点和方式等；

（6）确定中标人的标准和方法；

（7）支付投标保证金的数额、方式和期限；

（8）其他需要公告的事项。

9.2.2 拍卖出让公告应当包括以下内容：

（1）出让人的名称、地址、联系电话等，授权或指定下属事业单位以及委托代理机构进行拍卖的，还应注明其名称、地址和联系电话等；

（2）拍卖地块的位置、面积、用途、开发程度、规划指标要求、土地使用年限和建设时间等；

（3）竞买人的资格要求及申请取得竞买资格的办法；

（4）获取拍卖文件的时间、地点及方式；

（5）拍卖会的地点、时间和竞价方式；

（6）支付竞买保证金的数额、方式和期限；

（7）其他需要公告的事项。

9.2.3 挂牌出让公告应当包括以下内容：

（1）出让人的名称、地址、联系电话等，授权或指定下属事业单位以及委托代理机构进行挂牌的，还应注明其机构名称、地址和联系电话等；

（2）挂牌地块的位置、面积、用途、开发程度、规划指标要求、土地使用年限和建设时间等；

（3）竞买人的资格要求及申请取得竞买资格的办法；

（4）获取挂牌文件的时间、地点及方式；

（5）挂牌地点和起止时间；

（6）支付竞买保证金的数额、方式和期限；

（7）其他需要公告的事项。

9.3 公告调整

公告期间，出让公告内容发生变化的，市、县国土资源管理部门应当按原公告发布渠道及时发布补充公告。涉及土地使用条件变更等影响土地价格的重大变动，补充公告发布时间距招标拍卖挂牌活动开始时间少于20日的，招标拍卖挂牌活动相应顺延。

发布补充公告的，市、县国土资源管理部门应当书面通知已报名的申请人。

10 申请和资格审查

10.1 申请人

国有土地使用权招标拍卖挂牌出让的申请人，可以是中华人民共和国境内外的法人、自然人和其他组织，但法律法规对申请人另有限制的除外。

申请人可以单独申请，也可以联合申请。

10.2 申请

申请人应在公告规定期限内交纳出让公告规定的投标、竞买保证金，并根据申请人类型，持相应文件向出让人提出竞买、竞投申请：

（1）法人申请的，应提交下列文件：

① 申请书；

② 法人单位有效证明文件；

③ 法定代表人的有效身份证明文件；

④ 申请人委托他人办理的，应提交授权委托书及委托代理人的有效身份证明文件；

⑤ 保证金交纳凭证；

⑥ 招标拍卖挂牌文件规定需要提交的其他文件。

（2）自然人申请的，应提交下列文件：

① 申请书；

② 申请人有效身份证明文件；

③ 申请人委托他人办理的，应提交授权委托书及委托代理人的身份证明文件；

④ 保证金交纳凭证；

⑤ 招标拍卖挂牌文件规定需要提交的其他文件。

（3）其他组织申请的，应提交下列文件：

① 申请书；

② 表明该组织合法存在的文件或有效证明；

③ 表明该组织负责人身份的有效证明文件；

④ 申请人委托他人办理的，应提交授权委托书及委托代理人的身份证明文件；

⑤ 保证金交纳凭证；

⑥招标拍卖挂牌文件规定需要提交的其他文件。

（4）境外申请人申请的，应提交下列文件：

①申请书；

②境外法人、自然人、其他组织的有效身份证明文件；

③申请人委托他人办理的，应提交授权委托书及委托代理人的有效身份证明文件；

④保证金交纳凭证；

⑤招标拍卖挂牌文件规定需要提交的其他文件。

上述文件中，申请书必须用中文书写，其他文件可以使用其他语言，但必须附中文译本，所有文件的解释以中文译本为准。

（5）联合申请的，应提交下列文件：

①联合申请各方共同签署的申请书；

②联合申请各方的有效身份证明文件；

③联合竞买、竞投协议，协议要规定联合各方的权利、义务，包括联合各方的出资比例，并明确签订《国有土地使用权出让合同》时的受让人；

④申请人委托他人办理的，应提交授权委托书及委托代理人的有效身份证明文件；

⑤保证金交纳凭证；

⑥招标拍卖挂牌文件规定需要提交的其他文件。

（6）申请人竞得土地后，拟成立新公司进行开发建设的，应在申请书中明确新公司的出资构成、成立时间等内容。出让人可以根据招标拍卖挂牌出让结果，先与竞得人签订《国有土地使用权出让合同》，在竞得人按约定办理完新公司注册登记手续后，再与新公司签订《国有土地使用权出让合同变更协议》；也可按约定直接与新公司签订《国有土地使用权出让合同》。

10.3 受理申请及资格审查

出让人应当对出让公告规定的时间内收到的申请进行审查。

经审查，有下列情形之一的，为无效申请：
(1) 申请人不具备竞买资格的；
(2) 未按规定交纳保证金的；
(3) 申请文件不齐全或不符合规定的；
(4) 委托他人代理但委托文件不齐全或不符合规定的；
(5) 法律法规规定的其他情形。

经审查，符合规定条件的，应当确认申请人的投标或竞买资格，并通知其参加招标拍卖挂牌活动。采用招标或拍卖方式的，取得投标或竞买资格者不得少于3个。

10.4 出让人应当对申请人的情况进行保密。

10.5 申请人对招标拍卖挂牌文件有疑问的，可以书面或者口头方式向出让人咨询，出让人应当为申请人咨询以及查询出让地块有关情况提供便利。根据需要，出让人可以组织申请人对拟出让地块进行现场踏勘。

11 招标拍卖挂牌活动实施——招标

11.1 投标

市、县国土资源管理部门应当按照出让公告规定的时间、地点组织招标投标活动。投标活动应当由土地招标拍卖挂牌主持人主持进行。

投标开始前，招标主持人应当现场组织开启标箱，检查标箱情况后加封。

投标人应当在规定的时间将标书及其他文件送达指定的投标地点，经招标人登记后，将标书投入标箱。

招标公告允许邮寄投标文件的，投标人可以邮寄，但以招标人在投标截止时间前收到的方为有效。招标人登记后，负责在投标截止时间前将标书投入标箱。

投标人投标后，不可撤回投标文件，并对投标文件和有关书面承诺承担责任。投标人可以对已提交的投标文件进行补充说明,但应在招标文件要求提交投标文件的截止时间前书面通知招标人并将补充文件送达至投标地点。

11.2 开标

招标人按照招标出让公告规定的时间、地点开标,邀请所有投标人参加。开标应当由土地招标拍卖挂牌主持人主持进行。招标主持人邀请投标人或其推选的代表检查标箱的密封情况,当众开启标箱。

标箱开启后,招标主持人应当组织逐一检查标箱内的投标文件,经确认无误后,由工作人员当众拆封,宣读投标人名称、投标价格和投标文件的其他主要内容。

开标过程应当记录。

11.3 评标

按照价高者得的原则确定中标人的,可以不成立评标小组。按照综合条件最佳者得的原则确定中标人的,招标人应当成立评标小组进行评标。

11.3.1 评标小组由出让人、有关专家组成,成员人数为5人以上的单数。有条件的地方,可建立土地评标专家库,每次评标前随机从专家库中抽取评标小组专家成员。

11.3.2 招标人应当采取必要的措施,保证评标在严格保密的情况下进行。

11.3.3 评标小组可以要求投标人对投标文件中含义不明确的内容做出必要的澄清或者说明,但澄清或者说明不得超出投标文件的范围或者改变投标文件的实质性内容。

11.3.4 评标小组对投标文件进行有效性审查。有下列情形之一的,为无效投标文件:

(1)投标文件未密封的;

(2)投标文件未加盖投标人印鉴,也未经法定代表人签署的;

（3）投标文件不齐备、内容不全或不符合规定的；

（4）投标人对同一个标的有两个或两个以上报价的；

（5）委托投标但委托文件不齐全或不符合规定的；

（6）评标小组认为投标文件无效的其他情形。

11.3.5 评标要求

评标小组应当按照招标文件确定的评标标准和方法，对投标文件进行综合评分，根据综合评分结果确定中标候选人。

评标小组应当根据评标结果，按照综合评分高低确定中标候选人排序，但低于底价或标底者除外。同时有两个或两个以上申请人的综合评分相同的，按报价高低排名，报价也相同的，可以由综合评分相同的申请人通过现场竞价确定排名顺序。投标人的投标价均低于底价或投标条件均不能够满足标底要求的，投标活动终止。

11.4 定标

招标人应当根据评标小组推荐的中标候选人确定中标人。招标人也可以授权评标小组直接确定中标人。

按照价高者得的原则确定中标人的，由招标主持人根据开标结果，直接宣布报价最高且不低于底价者为中标人。有两个或两个以上申请人的报价相同且同为最高报价的，可以由相同报价的申请人在限定时间内再行报价，或者采取现场竞价方式确定中标人。

11.5 发出《中标通知书》

确定中标人后，招标人应当向中标人发出《中标通知书》，并同时将中标结果通知其他投标人。

《中标通知书》应包括招标人与中标人的名称、出让标的、成交时间、地点、价款，以及双方签订《国有土地使用权出让合同》的时间、地点等内容。

《中标通知书》对招标人和中标人具有法律效力，招标人改变中标结果，或者中标人不按约定签订《国有土地使用权出让合同》、放弃中标宗地的，应当承担法律责任。

12　招标拍卖挂牌活动实施——拍卖

12.1　市、县国土资源管理部门应当按照出让公告规定的时间、地点组织拍卖活动。拍卖活动应当由土地招标拍卖挂牌主持人主持进行。

12.2　拍卖会按下列程序进行：

（1）拍卖主持人宣布拍卖会开始；

（2）拍卖主持人宣布竞买人到场情况；

设有底价的，出让人应当现场将密封的拍卖底价交给拍卖主持人，拍卖主持人现场开启密封件。

（3）拍卖主持人介绍拍卖地块的位置、面积、用途、使用年限、规划指标要求、建设时间等；

（4）拍卖主持人宣布竞价规则

拍卖主持人宣布拍卖宗地的起叫价、增价规则和增价幅度，并明确提示是否设有底价。在拍卖过程中，拍卖主持人可根据现场情况调整增价幅度。

（5）拍卖主持人报出起叫价，宣布竞价开始；

（6）竞买人举牌应价或者报价；

（7）拍卖主持人确认该竞买人应价或者报价后继续竞价；

（8）拍卖主持人连续三次宣布同一应价或报价而没有人再应价或出价，且该价格不低于底价的，拍卖主持人落槌表示拍卖成交，拍卖主持人宣布最高应价者为竞得人。成交结果对拍卖人、竞得人和出让人均具有法律效力。最高应价或报价低于底价的，拍卖主持人宣布拍卖终止。

12.3　签订《成交确认书》

确定竞得人后，拍卖人与竞得人当场签订《成交确认书》。拍卖人或竞得人不按规定签订《成交确认书》的，应当承担法律责任。竞得人拒绝签订《成交确认书》也不能对抗拍卖成交结果的法律效力。

《成交确认书》应包括拍卖人与竞得人的名称，出让标的，成交时间、地点、价款，以及双方签订《国有土地使用权出让合同》的时间、地点等内容。

《成交确认书》对拍卖人和竞得人具有法律效力，拍卖人改变拍卖结果的，或者竞得人不按约定签订《国有土地使用权出让合同》、放弃竞得宗地的，应当承担法律责任。

拍卖过程应当制作拍卖笔录。

13 招标拍卖挂牌活动实施——挂牌

市、县国土资源管理部门应当按照出让公告规定的时间、地点组织挂牌活动。挂牌活动应当由土地招标拍卖挂牌主持人主持进行。

13.1 公布挂牌信息

在挂牌公告规定的挂牌起始日，挂牌人将挂牌宗地的位置、面积、用途、使用年期、规划指标要求、起始价、增价规则及增价幅度等，在挂牌公告规定的土地交易地点挂牌公布。挂牌时间不得少于10个工作日。

13.2 竞买人报价

符合条件的竞买人应当填写报价单报价。有条件的地方，可以采用计算机系统报价。

竞买人报价有下列情形之一的，为无效报价：

（1）报价单未在挂牌期限内收到的；

（2）不按规定填写报价单的；

（3）报价单填写人与竞买申请文件不符的；

（4）报价不符合报价规则的；

（5）报价不符合挂牌文件规定的其他情形。

13.3 确认报价

挂牌主持人确认该报价后，更新显示挂牌价格，继续接受新的报价。有两个或两个以上竞买人报价相同的，先提交报价单者为该挂牌价格的出价人。

13.4 挂牌截止

挂牌截止应当由挂牌主持人主持确定。设有底价的，出让人应当在挂牌截止前将密封的挂牌底价交给挂牌主持人，挂牌主持人现场打开密封件。在公告规定的挂牌截止时间，竞买人应当出席挂牌现场，挂牌主持人宣布最高报价及其报价者，并询问竞买人是否愿意继续竞价。

13.4.1 挂牌主持人连续三次报出最高挂牌价格，没有竞买人表示愿意继续竞价的，挂牌主持人宣布挂牌活动结束，并按下列规定确定挂牌结果：

（1）最高挂牌价格不低于底价的，挂牌主持人宣布挂牌出让成交，最高挂牌价格的出价人为竞得人；

（2）最高挂牌价格低于底价的，挂牌主持人宣布挂牌出让不成交。

13.4.2 有竞买人表示愿意继续竞价的，即属于挂牌截止时有两个或两个以上竞买人要求报价的情形，挂牌主持人应当宣布挂牌出让转入现场竞价，并宣布现场竞价的时间和地点，通过现场竞价确定竞得人。

13.5 现场竞价

现场竞价应当由土地招标拍卖挂牌主持人主持进行，取得该宗地挂牌竞买资格的竞买人均可参加现场竞价。现场竞价按下列程序举行：

（1）挂牌主持人应当宣布现场竞价的起始价、竞价规则和增价幅度，并宣布现场竞价开始。现场竞价的起始价为挂牌活动截止时的最高报价增加一个加价幅度后的价格。

（2）参加现场竞价的竞买人按照竞价规则应价或报价。

（3）挂牌主持人确认该竞买人应价或者报价后继续竞价。

（4）挂牌主持人连续三次宣布同一应价或报价而没有人再应价

或出价,且该价格不低于底价的,挂牌主持人落槌表示现场竞价成交,宣布最高应价或报价者为竞得人。成交结果对竞得人和出让人均具有法律效力。最高应价或报价低于底价的,挂牌主持人宣布现场竞价终止。

在现场竞价中无人参加竞买或无人应价或出价的,以挂牌截止时出价最高者为竞得人,但低于挂牌出让底价者除外。

13.6 签订《成交确认书》

确定竞得人后,挂牌人与竞得人当场签订《成交确认书》。挂牌人或竞得人不按规定签订《成交确认书》的,应当承担法律责任。竞得人拒绝签订《成交确认书》也不能对抗挂牌成交结果的法律效力。

《成交确认书》应包括挂牌人与竞得人的名称,出让标的,成交时间、地点、价款,以及双方签订《国有土地使用权出让合同》的时间、地点等内容。

《成交确认书》对挂牌人和竞得人具有法律效力,挂牌人改变挂牌结果的,或者竞得人不按规定签订《国有土地使用权出让合同》、放弃竞得宗地的,应当承担法律责任。

挂牌过程应当制作挂牌笔录。

14 签订出让合同,公布出让结果

14.1 签订《国有土地使用权出让合同》

招标拍卖挂牌出让活动结束后,中标人、竞得人应按照《中标通知书》或《成交确认书》的约定,与出让人签订《国有土地使用权出让合同》。

14.2 中标人、竞得人支付的投标、竞买保证金,在中标或竞得后转作受让地块的定金。其他投标人、竞买人交纳的投标、竞买保证金,出让人应在招标拍卖挂牌活动结束后5个工作日内予以退还,不计利息。

14.3 公布出让结果

招标拍卖挂牌活动结束后 10 个工作日内，出让人应当将招标拍卖挂牌出让结果通过中国土地市场网以及土地有形市场等指定场所向社会公布。

公布出让结果应当包括土地位置、面积、用途、开发程度、土地级别、容积率、出让年限、供地方式、受让人、成交价格和成交时间等内容。

出让人公布出让结果，不得向受让人收取费用。

15 核发《建设用地批准书》，交付土地

市、县国土资源管理部门向受让人核发《建设用地批准书》，并按照《国有土地使用权出让合同》、《建设用地批准书》确定的时间和条件将出让土地交付给受让人。

16 办理土地登记

受让人按照《国有土地使用权出让合同》约定付清全部国有土地使用权出让金，依法申请办理土地登记，领取《国有土地使用证》，取得国有土地使用权。

17 资料归档

出让手续全部办结后，市、县国土资源管理部门应当对宗地出让过程中的用地申请、审批、招标拍卖挂牌活动、签订合同等各环节相关资料、文件进行整理，并按规定归档。应归档的宗地出让资料包括：

（1）申请人的申请材料；
（2）宗地条件及相关资料；
（3）宗地评估资料；
（4）宗地出让底价及集体决策记录；

（5）宗地招标拍卖挂牌出让方案；

（6）宗地出让方案批复文件；

（7）招标拍卖挂牌出让文件；

（8）招标拍卖挂牌活动实施过程的记录资料

（9）《中标通知书》或《成交确认书》

（10）《国有土地使用权出让合同》及出让结果公布资料

（11）其他应归档的材料。

附录（略）

招标拍卖挂牌出让国有建设用地使用权规定

（2007年9月28日　国土资源部令第39号）

第一条　为规范国有建设用地使用权出让行为，优化土地资源配置，建立公开、公平、公正的土地使用制度，根据《中华人民共和国物权法》、《中华人民共和国土地管理法》、《中华人民共和国城市房地产管理法》和《中华人民共和国土地管理法实施条例》，制定本规定。

第二条　在中华人民共和国境内以招标、拍卖或者挂牌出让方式在土地的地表、地上或者地下设立国有建设用地使用权的，适用本规定。

本规定所称招标出让国有建设用地使用权，是指市、县人民政府国土资源行政主管部门（以下简称出让人）发布招标公告，邀请特定或者不特定的自然人、法人和其他组织参加国有建设用地使用权投标，根据投标结果确定国有建设用地使用权人的行为。

本规定所称拍卖出让国有建设用地使用权，是指出让人发布拍卖公告，由竞买人在指定时间、地点进行公开竞价，根据出价结果确定国有建设用地使用权人的行为。

本规定所称挂牌出让国有建设用地使用权，是指出让人发布挂牌公告，按公告规定的期限将拟出让宗地的交易条件在指定的土地交易场所挂牌公布，接受竞买人的报价申请并更新挂牌价格，根据挂牌期限截止时的出价结果或者现场竞价结果确定国有建设用地使用权人的行为。

第三条 招标、拍卖或者挂牌出让国有建设用地使用权，应当遵循公开、公平、公正和诚信的原则。

第四条 工业、商业、旅游、娱乐和商品住宅等经营性用地以及同一宗地有两个以上意向用地者的，应当以招标、拍卖或者挂牌方式出让。

前款规定的工业用地包括仓储用地，但不包括采矿用地。

第五条 国有建设用地使用权招标、拍卖或者挂牌出让活动，应当有计划地进行。

市、县人民政府国土资源行政主管部门根据经济社会发展计划、产业政策、土地利用总体规划、土地利用年度计划、城市规划和土地市场状况，编制国有建设用地使用权出让年度计划，报经同级人民政府批准后，及时向社会公开发布。

第六条 市、县人民政府国土资源行政主管部门应当按照出让年度计划，会同城市规划等有关部门共同拟订拟招标拍卖挂牌出让地块的出让方案，报经市、县人民政府批准后，由市、县人民政府国土资源行政主管部门组织实施。

前款规定的出让方案应当包括出让地块的空间范围、用途、年限、出让方式、时间和其他条件等。

第七条 出让人应当根据招标拍卖挂牌出让地块的情况，编制招标拍卖挂牌出让文件。

招标拍卖挂牌出让文件应当包括出让公告、投标或者竞买须知、土地使用条件、标书或者竞买申请书、报价单、中标通知书或者成交确认书、国有建设用地使用权出让合同文本。

第八条 出让人应当至少在投标、拍卖或者挂牌开始日前20日，在土地有形市场或者指定的场所、媒介发布招标、拍卖或者挂牌公告，公布招标拍卖挂牌出让宗地的基本情况和招标拍卖挂牌的时间、地点。

第九条 招标拍卖挂牌公告应当包括下列内容：

（一）出让人的名称和地址；

（二）出让宗地的面积、界址、空间范围、现状、使用年期、用途、规划指标要求；

（三）投标人、竞买人的资格要求以及申请取得投标、竞买资格的办法；

（四）索取招标拍卖挂牌出让文件的时间、地点和方式；

（五）招标拍卖挂牌时间、地点、投标挂牌期限、投标和竞价方式等；

（六）确定中标人、竞得人的标准和方法；

（七）投标、竞买保证金；

（八）其他需要公告的事项。

第十条 市、县人民政府国土资源行政主管部门应当根据土地估价结果和政府产业政策综合确定标底或者底价。

标底或者底价不得低于国家规定的最低价标准。

确定招标标底，拍卖和挂牌的起叫价、起始价、底价，投标、竞买保证金，应当实行集体决策。

招标标底和拍卖挂牌的底价，在招标开标前和拍卖挂牌出让活动结束之前应当保密。

第十一条 中华人民共和国境内外的自然人、法人和其他组织，除法律、法规另有规定外，均可申请参加国有建设用地使用权招标拍卖挂牌出让活动。

出让人在招标拍卖挂牌出让公告中不得设定影响公平、公正竞争的限制条件。挂牌出让的，出让公告中规定的申请截止时间，应当为挂牌出让结束日前2天。对符合招标拍卖挂牌公告规定条件的申请人，出让人应当通知其参加招标拍卖挂牌活动。

第十二条 市、县人民政府国土资源行政主管部门应当为投标人、竞买人查询拟出让土地的有关情况提供便利。

第十三条 投标、开标依照下列程序进行：

（一）投标人在投标截止时间前将标书投入标箱。招标公告允许邮寄标书的，投标人可以邮寄，但出让人在投标截止时间前收到的方为有效。

标书投入标箱后，不可撤回。投标人应当对标书和有关书面承诺承担责任。

（二）出让人按照招标公告规定的时间、地点开标，邀请所有投标人参加。由投标人或者其推选的代表检查标箱的密封情况，当众开启标箱，点算标书。投标人少于三人的，出让人应当终止招标活动。投标人不少于三人的，应当逐一宣布投标人名称、投标价格和投标文件的主要内容。

（三）评标小组进行评标。评标小组由出让人代表、有关专家组成，成员人数为五人以上的单数。

评标小组可以要求投标人对投标文件作出必要的澄清或者说明，但是澄清或者说明不得超出投标文件的范围或者改变投标文件的实质性内容。

评标小组应当按照招标文件确定的评标标准和方法，对投标文件进行评审。

（四）招标人根据评标结果，确定中标人。

按照价高者得的原则确定中标人的，可以不成立评标小组，由招标主持人根据开标结果，确定中标人。

第十四条 对能够最大限度地满足招标文件中规定的各项综合

评价标准，或者能够满足招标文件的实质性要求且价格最高的投标人，应当确定为中标人。

第十五条 拍卖会依照下列程序进行：

（一）主持人点算竞买人；

（二）主持人介绍拍卖宗地的面积、界址、空间范围、现状、用途、使用年期、规划指标要求、开工和竣工时间以及其他有关事项；

（三）主持人宣布起叫价和增价规则及增价幅度。没有底价的，应当明确提示；

（四）主持人报出起叫价；

（五）竞买人举牌应价或者报价；

（六）主持人确认该应价或者报价后继续竞价；

（七）主持人连续三次宣布同一应价或者报价而没有再应价或者报价的，主持人落槌表示拍卖成交；

（八）主持人宣布最高应价或者报价者为竞得人。

第十六条 竞买人的最高应价或者报价未达到底价时，主持人应当终止拍卖。

拍卖主持人在拍卖中可以根据竞买人竞价情况调整拍卖增价幅度。

第十七条 挂牌依照以下程序进行：

（一）在挂牌公告规定的挂牌起始日，出让人将挂牌宗地的面积、界址、空间范围、现状、用途、使用年期、规划指标要求、开工时间和竣工时间、起始价、增价规则及增价幅度等，在挂牌公告规定的土地交易场所挂牌公布；

（二）符合条件的竞买人填写报价单报价；

（三）挂牌主持人确认该报价后，更新显示挂牌价格；

（四）挂牌主持人在挂牌公告规定的挂牌截止时间确定竞得人。

第十八条 挂牌时间不得少于10日。挂牌期间可根据竞买人竞价情况调整增价幅度。

第十九条 挂牌截止应当由挂牌主持人主持确定。挂牌期限届满，挂牌主持人现场宣布最高报价及其报价者，并询问竞买人是否愿意继续竞价。有竞买人表示愿意继续竞价的，挂牌出让转入现场竞价，通过现场竞价确定竞得人。挂牌主持人连续三次报出最高挂牌价格，没有竞买人表示愿意继续竞价的，按照下列规定确定是否成交：

（一）在挂牌期限内只有一个竞买人报价，且报价不低于底价，并符合其他条件的，挂牌成交；

（二）在挂牌期限内有两个或者两个以上的竞买人报价的，出价最高者为竞得人；报价相同的，先提交报价单者为竞得人，但报价低于底价者除外；

（三）在挂牌期限内无应价者或者竞买人的报价均低于底价或者均不符合其他条件的，挂牌不成交。

第二十条 以招标、拍卖或者挂牌方式确定中标人、竞得人后，中标人、竞得人支付的投标、竞买保证金，转作受让地块的定金。出让人应当向中标人发出中标通知书或者与竞得人签订成交确认书。

中标通知书或者成交确认书应当包括出让人和中标人或者竞得人的名称，出让标的，成交时间、地点、价款以及签订国有建设用地使用权出让合同的时间、地点等内容。

中标通知书或者成交确认书对出让人和中标人或者竞得人具有法律效力。出让人改变竞得结果，或者中标人、竞得人放弃中标宗地、竞得宗地的，应当依法承担责任。

第二十一条 中标人、竞得人应当按照中标通知书或者成交确认书约定的时间，与出让人签订国有建设用地使用权出让合同。中标人、竞得人支付的投标、竞买保证金抵作土地出让价款；其他投标人、竞买人支付的投标、竞买保证金，出让人必须在招标拍卖挂牌活动结束后 5 个工作日内予以退还，不计利息。

第二十二条 招标拍卖挂牌活动结束后，出让人应在 10 个工作日内将招标拍卖挂牌出让结果在土地有形市场或者指定的场所、媒介公布。

出让人公布出让结果，不得向受让人收取费用。

第二十三条 受让人依照国有建设用地使用权出让合同的约定付清全部土地出让价款后，方可申请办理土地登记，领取国有建设用地使用权证书。未按出让合同约定缴清全部土地出让价款的，不得发放国有建设用地使用权证书，也不得按出让价款缴纳比例分割发放国有建设用地使用权证书。

第二十四条 应当以招标拍卖挂牌方式出让国有建设用地使用权而擅自采用协议方式出让的，对直接负责的主管人员和其他直接责任人员依法给予处分；构成犯罪的，依法追究刑事责任。

第二十五条 中标人、竞得人有下列行为之一的，中标、竞得结果无效；造成损失的，应当依法承担赔偿责任：

（一）提供虚假文件隐瞒事实的；

（二）采取行贿、恶意串通等非法手段中标或者竞得的。

第二十六条 国土资源行政主管部门的工作人员在招标拍卖挂牌出让活动中玩忽职守、滥用职权、徇私舞弊的，依法给予处分；构成犯罪的，依法追究刑事责任。

第二十七条 以招标拍卖挂牌方式租赁国有建设用地使用权的，参照本规定执行。

第二十八条 本规定自 2007 年 11 月 1 日起施行。

建设用地审查报批管理办法

(1999年3月2日国土资源部令第3号发布 2010年11月30日国土资源部令第49号第一次修正 根据2016年11月29日国土资源部令第69号《国土资源部关于修改〈建设用地审查报批管理办法〉的决定》第二次修正)

第一条 为加强土地管理,规范建设用地审查报批工作,根据《中华人民共和国土地管理法》(以下简称《土地管理法》)、《中华人民共和国土地管理法实施条例》(以下简称《土地管理法实施条例》),制定本办法。

第二条 依法应当报国务院和省、自治区、直辖市人民政府批准的建设用地的申请、审查、报批和实施,适用本办法。

第三条 县级以上国土资源主管部门负责建设用地的申请受理、审查、报批工作。

第四条 在建设项目审批、核准、备案阶段,建设单位应当向建设项目批准机关的同级国土资源主管部门提出建设项目用地预审申请。

受理预审申请的国土资源主管部门应当依据土地利用总体规划、土地使用标准和国家土地供应政策,对建设项目的有关事项进行预审,出具建设项目用地预审意见。

第五条 在土地利用总体规划确定的城市建设用地范围外单独选址的建设项目使用土地的,建设单位应当向土地所在地的市、县国土资源主管部门提出用地申请。

建设单位提出用地申请时,应当填写《建设用地申请表》,并附具下列材料:

（一）建设项目用地预审意见；

（二）建设项目批准、核准或者备案文件；

（三）建设项目初步设计批准或者审核文件。

建设项目拟占用耕地的，还应当提出补充耕地方案；建设项目位于地质灾害易发区的，还应当提供地质灾害危险性评估报告。

第六条 国家重点建设项目中的控制工期的单体工程和因工期紧或者受季节影响急需动工建设的其他工程，可以由省、自治区、直辖市国土资源主管部门向国土资源部申请先行用地。

申请先行用地，应当提交下列材料：

（一）省、自治区、直辖市国土资源主管部门先行用地申请；

（二）建设项目用地预审意见；

（三）建设项目批准、核准或者备案文件；

（四）建设项目初步设计批准文件、审核文件或者有关部门确认工程建设的文件；

（五）国土资源部规定的其他材料。

经批准先行用地的，应当在规定期限内完成用地报批手续。

第七条 市、县国土资源主管部门对材料齐全、符合条件的建设用地申请，应当受理，并在收到申请之日起30日内拟订农用地转用方案、补充耕地方案、征收土地方案和供地方案，编制建设项目用地呈报说明书，经同级人民政府审核同意后，报上一级国土资源主管部门审查。

第八条 在土地利用总体规划确定的城市建设用地范围内，为实施城市规划占用土地的，由市、县国土资源主管部门拟订农用地转用方案、补充耕地方案和征收土地方案，编制建设项目用地呈报说明书，经同级人民政府审核同意后，报上一级国土资源主管部门审查。

在土地利用总体规划确定的村庄和集镇建设用地范围内，为实施村庄和集镇规划占用土地的，由市、县国土资源主管部门拟订农用地转用方案、补充耕地方案，编制建设项目用地呈报说明书，经同级人民政府审核同意后，报上一级国土资源主管部门审查。

报国务院批准的城市建设用地，农用地转用方案、补充耕地方案和征收土地方案可以合并编制，一年申报一次；国务院批准城市建设用地后，由省、自治区、直辖市人民政府对设区的市人民政府分期分批申报的农用地转用和征收土地实施方案进行审核并回复。

第九条 建设只占用国有农用地的，市、县国土资源主管部门只需拟订农用地转用方案、补充耕地方案和供地方案。

建设只占用农民集体所有建设用地的，市、县国土资源主管部门只需拟订征收土地方案和供地方案。

建设只占用国有未利用地，按照《土地管理法实施条例》第二十四条规定应由国务院批准的，市、县国土资源主管部门只需拟订供地方案；其他建设项目使用国有未利用地的，按照省、自治区、直辖市的规定办理。

第十条 建设项目用地呈报说明书应当包括用地安排情况、拟使用土地情况等，并应附具下列材料：

（一）经批准的市、县土地利用总体规划图和分幅土地利用现状图，占用基本农田的，同时提供乡级土地利用总体规划图；

（二）有资格的单位出具的勘测定界图及勘测定界技术报告书；

（三）地籍资料或者其他土地权属证明材料；

（四）为实施城市规划和村庄、集镇规划占用土地的，提供城市规划图和村庄、集镇规划图。

第十一条 农用地转用方案，应当包括占用农用地的种类、面积、质量等，以及符合规划计划、基本农田占用补划等情况。

补充耕地方案，应当包括补充耕地的位置、面积、质量，补充的期限，资金落实情况等，以及补充耕地项目备案信息。

征收土地方案，应当包括征收土地的范围、种类、面积、权属，土地补偿费和安置补助费标准，需要安置人员的安置途径等。

供地方案，应当包括供地方式、面积、用途等。

第十二条 有关国土资源主管部门收到上报的建设项目用地呈报说明书和有关方案后，对材料齐全、符合条件的，应当在5日内报经同级人民政府审核。同级人民政府审核同意后，逐级上报有批准权的人民政府，并将审查所需的材料及时送该级国土资源主管部门审查。

对依法应由国务院批准的建设项目用地呈报说明书和有关方案，省、自治区、直辖市人民政府必须提出明确的审查意见，并对报送材料的真实性、合法性负责。

省、自治区、直辖市人民政府批准农用地转用、国务院批准征收土地的，省、自治区、直辖市人民政府批准农用地转用方案后，应当将批准文件和下级国土资源主管部门上报的材料一并上报。

第十三条 有批准权的国土资源主管部门应当自收到上报的农用地转用方案、补充耕地方案、征收土地方案和供地方案并按规定征求有关方面意见后30日内审查完毕。

建设用地审查应当实行国土资源主管部门内部会审制度。

第十四条 农用地转用方案和补充耕地方案符合下列条件的，国土资源主管部门方可报人民政府批准：

（一）符合土地利用总体规划的；

（二）确属必需占用农用地且符合土地利用年度计划确定的控制指标；

（三）占用耕地的，补充耕地方案符合土地整理开发专项规划且面积、质量符合规定要求；

（四）单独办理农用地转用的，必须符合单独选址条件。

第十五条 征收土地方案符合下列条件的，国土资源主管部门方可报人民政府批准：

（一）被征收土地界址、地类、面积清楚，权属无争议的；

（二）被征收土地的补偿标准符合法律、法规规定的；

（三）被征收土地上需要安置人员的安置途径切实可行。

建设项目施工和地质勘查需要临时使用农民集体所有的土地的，依法签订临时使用土地合同并支付临时使用土地补偿费，不得办理土地征收。

第十六条　供地方案符合下列条件的，国土资源主管部门方可报人民政府批准：

（一）符合国家的土地供应政策；

（二）申请用地面积符合建设用地标准和集约用地的要求；

（三）只占用国有未利用地的，符合规划、界址清楚、面积准确。

第十七条　农用地转用方案、补充耕地方案、征收土地方案和供地方案经有批准权的人民政府批准后，同级国土资源主管部门应当在收到批件后5日内将批复发出。

未按规定缴纳新增建设用地土地有偿使用费的，不予批复建设用地。其中，报国务院批准的城市建设用地，省、自治区、直辖市人民政府在设区的市人民政府按照有关规定缴纳新增建设用地土地有偿使用费后办理回复文件。

第十八条　经批准的农用地转用方案、补充耕地方案、征收土地方案和供地方案，由土地所在地的市、县人民政府组织实施。

第十九条　建设项目补充耕地方案经批准下达后，在土地利用总体规划确定的城市建设用地范围外单独选址的建设项目，由市、县国土资源主管部门负责监督落实；在土地利用总体规划确定的城市和村庄、集镇建设用地范围内，为实施城市规划和村庄、集镇规划占用土地的，由省、自治区、直辖市国土资源主管部门负责监督落实。

第二十条　征收土地公告和征地补偿、安置方案公告，按照《征收土地公告办法》的有关规定执行。

征地补偿、安置方案确定后，市、县国土资源主管部门应当依照征地补偿、安置方案向被征收土地的农村集体经济组织和农民支付土地补偿费、地上附着物和青苗补偿费，并落实需要安置农业人口的安置途径。

第二十一条 在土地利用总体规划确定的城市建设用地范围内，为实施城市规划占用土地的，经依法批准后，市、县国土资源主管部门应当公布规划要求，设定使用条件，确定使用方式，并组织实施。

第二十二条 以有偿使用方式提供国有土地使用权的，由市、县国土资源主管部门与土地使用者签订土地有偿使用合同，并向建设单位颁发《建设用地批准书》。土地使用者缴纳土地有偿使用费后，依照规定办理土地登记。

以划拨方式提供国有土地使用权的，由市、县国土资源主管部门向建设单位颁发《国有土地划拨决定书》和《建设用地批准书》，依照规定办理土地登记。《国有土地划拨决定书》应当包括划拨土地面积、土地用途、土地使用条件等内容。

建设项目施工期间，建设单位应当将《建设用地批准书》公示于施工现场。

市、县国土资源主管部门应当将提供国有土地的情况定期予以公布。

第二十三条 各级国土资源主管部门应当对建设用地进行跟踪检查。

对违反本办法批准建设用地或者未经批准非法占用土地的，应当依法予以处罚。

第二十四条 本办法自发布之日起施行。

建设项目用地预审管理办法

（2001年7月25日国土资源部令第7号公布 2004年11月1日国土资源部令第27号修订 2008年11月29日国土资源部令第42号第一次修正 2016年11月29日国土资源部令第68号第二次修正）

第一条 为保证土地利用总体规划的实施，充分发挥土地供应的宏观调控作用，控制建设用地总量，根据《中华人民共和国土地管理法》、《中华人民共和国土地管理法实施条例》和《国务院关于深化改革严格土地管理的决定》，制定本办法。

第二条 本办法所称建设项目用地预审，是指国土资源主管部门在建设项目审批、核准、备案阶段，依法对建设项目涉及的土地利用事项进行的审查。

第三条 预审应当遵循下列原则：

（一）符合土地利用总体规划；

（二）保护耕地，特别是基本农田；

（三）合理和集约节约利用土地；

（四）符合国家供地政策。

第四条 建设项目用地实行分级预审。

需人民政府或有批准权的人民政府发展和改革等部门审批的建设项目，由该人民政府的国土资源主管部门预审。

需核准和备案的建设项目，由与核准、备案机关同级的国土资源主管部门预审。

第五条 需审批的建设项目在可行性研究阶段，由建设用地单位提出预审申请。

需核准的建设项目在项目申请报告核准前，由建设单位提出用地预审申请。

需备案的建设项目在办理备案手续后，由建设单位提出用地预审申请。

第六条 依照本办法第四条规定应当由国土资源部预审的建设项目，国土资源部委托项目所在地的省级国土资源主管部门受理，但建设项目占用规划确定的城市建设用地范围内土地的，委托市级国土资源主管部门受理。受理后，提出初审意见，转报国土资源部。

涉密军事项目和国务院批准的特殊建设项目用地，建设用地单位可直接向国土资源部提出预审申请。

应当由国土资源部负责预审的输电线塔基、钻探井位、通讯基站等小面积零星分散建设项目用地，由省级国土资源主管部门预审，并报国土资源部备案。

第七条 申请用地预审的项目建设单位，应当提交下列材料：

（一）建设项目用地预审申请表；

（二）建设项目用地预审申请报告，内容包括拟建项目的基本情况、拟选址占地情况、拟用地是否符合土地利用总体规划、拟用地面积是否符合土地使用标准、拟用地是否符合供地政策等；

（三）审批项目建议书的建设项目提供项目建议书批复文件，直接审批可行性研究报告或者需核准的建设项目提供建设项目列入相关规划或者产业政策的文件。

前款规定的用地预审申请表样式由国土资源部制定。

第八条 建设单位应当对单独选址建设项目是否位于地质灾害易发区、是否压覆重要矿产资源进行查询核实；位于地质灾害易发区或者压覆重要矿产资源的，应当依据相关法律法规的规定，在办理用地预审手续后，完成地质灾害危险性评估、压覆矿产资源登记等。

第九条 负责初审的国土资源主管部门在转报用地预审申请时，应当提供下列材料：

（一）依据本办法第十一条有关规定，对申报材料作出的初步审查意见；

（二）标注项目用地范围的土地利用总体规划图、土地利用现状图及其他相关图件；

（三）属于《土地管理法》第二十六条规定情形，建设项目用地需修改土地利用总体规划的，应当出具规划修改方案。

第十条 符合本办法第七条规定的预审申请和第九条规定的初审转报件，国土资源主管部门应当受理和接收。不符合的，应当场或在五日内书面通知申请人和转报人，逾期不通知的，视为受理和接收。

受国土资源部委托负责初审的国土资源主管部门应当自受理之日起二十日内完成初审工作，并转报国土资源部。

第十一条 预审应当审查以下内容：

（一）建设项目用地是否符合国家供地政策和土地管理法律、法规规定的条件；

（二）建设项目选址是否符合土地利用总体规划，属《土地管理法》第二十六条规定情形，建设项目用地需修改土地利用总体规划的，规划修改方案是否符合法律、法规的规定；

（三）建设项目用地规模是否符合有关土地使用标准的规定；对国家和地方尚未颁布土地使用标准和建设标准的建设项目，以及确需突破土地使用标准确定的规模和功能分区的建设项目，是否已组织建设项目节地评价并出具评审论证意见。

占用基本农田或者其他耕地规模较大的建设项目，还应当审查是否已经组织踏勘论证。

第十二条 国土资源主管部门应当自受理预审申请或者收到转报材料之日起二十日内，完成审查工作，并出具预审意见。二十日内不能出具预审意见的，经负责预审的国土资源主管部门负责人批准，可以延长十日。

第十三条 预审意见应当包括对本办法第十一条规定内容的结论性意见和对建设用地单位的具体要求。

第十四条 预审意见是有关部门审批项目可行性研究报告、核准项目申请报告的必备文件。

第十五条 建设项目用地预审文件有效期为三年，自批准之日起计算。已经预审的项目，如需对土地用途、建设项目选址等进行重大调整的，应当重新申请预审。

未经预审或者预审未通过的，不得批复可行性研究报告、核准项目申请报告；不得批准农用地转用、土地征收，不得办理供地手续。预审审查的相关内容在建设用地报批时，未发生重大变化的，不再重复审查。

第十六条 本办法自2009年1月1日起施行。

三 土地权属

中华人民共和国民法典（节录）

（2020年5月28日第十三届全国人民代表大会第三次会议通过 2020年5月28日中华人民共和国主席令第45号公布 自2021年1月1日起施行）

……

第二编 物 权

第一分编 通 则

第一章 一般规定

第二百零五条 本编调整因物的归属和利用产生的民事关系。

第二百零六条 国家坚持和完善公有制为主体、多种所有制经济共同发展，按劳分配为主体、多种分配方式并存，社会主义市场经济体制等社会主义基本经济制度。

国家巩固和发展公有制经济，鼓励、支持和引导非公有制经济的发展。

国家实行社会主义市场经济，保障一切市场主体的平等法律地位和发展权利。

第二百零七条 国家、集体、私人的物权和其他权利人的物权受法律平等保护，任何组织或者个人不得侵犯。

第二百零八条 不动产物权的设立、变更、转让和消灭，应当依照法律规定登记。动产物权的设立和转让，应当依照法律规定交付。

第二章 物权的设立、变更、转让和消灭

第一节 不动产登记

第二百零九条 不动产物权的设立、变更、转让和消灭，经依法登记，发生效力；未经登记，不发生效力，但是法律另有规定的除外。

依法属于国家所有的自然资源，所有权可以不登记。

第二百一十条 不动产登记，由不动产所在地的登记机构办理。

国家对不动产实行统一登记制度。统一登记的范围、登记机构和登记办法，由法律、行政法规规定。

第二百一十一条 当事人申请登记，应当根据不同登记事项提供权属证明和不动产界址、面积等必要材料。

第二百一十二条 登记机构应当履行下列职责：

（一）查验申请人提供的权属证明和其他必要材料；

（二）就有关登记事项询问申请人；

（三）如实、及时登记有关事项；

（四）法律、行政法规规定的其他职责。

申请登记的不动产的有关情况需要进一步证明的，登记机构可以要求申请人补充材料，必要时可以实地查看。

第二百一十三条 登记机构不得有下列行为：

（一）要求对不动产进行评估；
（二）以年检等名义进行重复登记；
（三）超出登记职责范围的其他行为。

第二百一十四条 不动产物权的设立、变更、转让和消灭，依照法律规定应当登记的，自记载于不动产登记簿时发生效力。

第二百一十五条 当事人之间订立有关设立、变更、转让和消灭不动产物权的合同，除法律另有规定或者当事人另有约定外，自合同成立时生效；未办理物权登记的，不影响合同效力。

第二百一十六条 不动产登记簿是物权归属和内容的根据。

不动产登记簿由登记机构管理。

第二百一十七条 不动产权属证书是权利人享有该不动产物权的证明。不动产权属证书记载的事项，应当与不动产登记簿一致；记载不一致的，除有证据证明不动产登记簿确有错误外，以不动产登记簿为准。

第二百一十八条 权利人、利害关系人可以申请查询、复制不动产登记资料，登记机构应当提供。

第二百一十九条 利害关系人不得公开、非法使用权利人的不动产登记资料。

第二百二十条 权利人、利害关系人认为不动产登记簿记载的事项错误的，可以申请更正登记。不动产登记簿记载的权利人书面同意更正或者有证据证明登记确有错误的，登记机构应当予以更正。

不动产登记簿记载的权利人不同意更正的，利害关系人可以申请异议登记。登记机构予以异议登记，申请人自异议登记之日起十五日内不提起诉讼的，异议登记失效。异议登记不当，造成权利人损害的，权利人可以向申请人请求损害赔偿。

第二百二十一条 当事人签订买卖房屋的协议或者签订其他不动产物权的协议，为保障将来实现物权，按照约定可以向登记机构申请预告登记。预告登记后,未经预告登记的权利人同意,处分该不动产的,不发生物权效力。

预告登记后,债权消灭或者自能够进行不动产登记之日起九十日内未申请登记的,预告登记失效。

第二百二十二条 当事人提供虚假材料申请登记,造成他人损害的,应当承担赔偿责任。

因登记错误,造成他人损害的,登记机构应当承担赔偿责任。登记机构赔偿后,可以向造成登记错误的人追偿。

第二百二十三条 不动产登记费按件收取,不得按照不动产的面积、体积或者价款的比例收取。

第二节 动产交付

第二百二十四条 动产物权的设立和转让,自交付时发生效力,但是法律另有规定的除外。

第二百二十五条 船舶、航空器和机动车等的物权的设立、变更、转让和消灭,未经登记,不得对抗善意第三人。

第二百二十六条 动产物权设立和转让前,权利人已经占有该动产的,物权自民事法律行为生效时发生效力。

第二百二十七条 动产物权设立和转让前,第三人占有该动产的,负有交付义务的人可以通过转让请求第三人返还原物的权利代替交付。

第二百二十八条 动产物权转让时,当事人又约定由出让人继续占有该动产的,物权自该约定生效时发生效力。

第三节 其他规定

第二百二十九条 因人民法院、仲裁机构的法律文书或者人民政府的征收决定等,导致物权设立、变更、转让或者消灭的,自法律文书或者征收决定等生效时发生效力。

第二百三十条 因继承取得物权的,自继承开始时发生效力。

第二百三十一条 因合法建造、拆除房屋等事实行为设立或者消灭物权的,自事实行为成就时发生效力。

第二百三十二条 处分依照本节规定享有的不动产物权,依照法律规定需要办理登记的,未经登记,不发生物权效力。

第三章 物权的保护

第二百三十三条 物权受到侵害的,权利人可以通过和解、调解、仲裁、诉讼等途径解决。

第二百三十四条 因物权的归属、内容发生争议的,利害关系人可以请求确认权利。

第二百三十五条 无权占有不动产或者动产的,权利人可以请求返还原物。

第二百三十六条 妨害物权或者可能妨害物权的,权利人可以请求排除妨害或者消除危险。

第二百三十七条 造成不动产或者动产毁损的,权利人可以依法请求修理、重作、更换或者恢复原状。

第二百三十八条 侵害物权,造成权利人损害的,权利人可以依法请求损害赔偿,也可以依法请求承担其他民事责任。

第二百三十九条 本章规定的物权保护方式,可以单独适用,也可以根据权利被侵害的情形合并适用。

第二分编 所 有 权

第四章 一 般 规 定

第二百四十条 所有权人对自己的不动产或者动产,依法享有占有、使用、收益和处分的权利。

第二百四十一条 所有权人有权在自己的不动产或者动产上设立用益物权和担保物权。用益物权人、担保物权人行使权利,不得损害所有权人的权益。

第二百四十二条　法律规定专属于国家所有的不动产和动产，任何组织或者个人不能取得所有权。

第二百四十三条　为了公共利益的需要，依照法律规定的权限和程序可以征收集体所有的土地和组织、个人的房屋以及其他不动产。

征收集体所有的土地，应当依法及时足额支付土地补偿费、安置补助费以及农村村民住宅、其他地上附着物和青苗等的补偿费用，并安排被征地农民的社会保障费用，保障被征地农民的生活，维护被征地农民的合法权益。

征收组织、个人的房屋以及其他不动产，应当依法给予征收补偿，维护被征收人的合法权益；征收个人住宅的，还应当保障被征收人的居住条件。

任何组织或者个人不得贪污、挪用、私分、截留、拖欠征收补偿费等费用。

第二百四十四条　国家对耕地实行特殊保护，严格限制农用地转为建设用地，控制建设用地总量。不得违反法律规定的权限和程序征收集体所有的土地。

第二百四十五条　因抢险救灾、疫情防控等紧急需要，依照法律规定的权限和程序可以征用组织、个人的不动产或者动产。被征用的不动产或者动产使用后，应当返还被征用人。组织、个人的不动产或者动产被征用或者征用后毁损、灭失的，应当给予补偿。

第五章　国家所有权和集体所有权、私人所有权

第二百四十六条　法律规定属于国家所有的财产，属于国家所有即全民所有。

国有财产由国务院代表国家行使所有权。法律另有规定的，依照其规定。

第二百四十七条 矿藏、水流、海域属于国家所有。

第二百四十八条 无居民海岛属于国家所有,国务院代表国家行使无居民海岛所有权。

第二百四十九条 城市的土地,属于国家所有。法律规定属于国家所有的农村和城市郊区的土地,属于国家所有。

第二百五十条 森林、山岭、草原、荒地、滩涂等自然资源,属于国家所有,但是法律规定属于集体所有的除外。

第二百五十一条 法律规定属于国家所有的野生动植物资源,属于国家所有。

第二百五十二条 无线电频谱资源属于国家所有。

第二百五十三条 法律规定属于国家所有的文物,属于国家所有。

第二百五十四条 国防资产属于国家所有。

铁路、公路、电力设施、电信设施和油气管道等基础设施,依照法律规定为国家所有的,属于国家所有。

第二百五十五条 国家机关对其直接支配的不动产和动产,享有占有、使用以及依照法律和国务院的有关规定处分的权利。

第二百五十六条 国家举办的事业单位对其直接支配的不动产和动产,享有占有、使用以及依照法律和国务院的有关规定收益、处分的权利。

第二百五十七条 国家出资的企业,由国务院、地方人民政府依照法律、行政法规规定分别代表国家履行出资人职责,享有出资人权益。

第二百五十八条 国家所有的财产受法律保护,禁止任何组织或者个人侵占、哄抢、私分、截留、破坏。

第二百五十九条 履行国有财产管理、监督职责的机构及其工作人员,应当依法加强对国有财产的管理、监督,促进国有财产保值增值,防止国有财产损失;滥用职权,玩忽职守,造成国有财产损失的，应当依法承担法律责任。

违反国有财产管理规定，在企业改制、合并分立、关联交易等过程中，低价转让、合谋私分、擅自担保或者以其他方式造成国有财产损失的，应当依法承担法律责任。

第二百六十条 集体所有的不动产和动产包括：

（一）法律规定属于集体所有的土地和森林、山岭、草原、荒地、滩涂；

（二）集体所有的建筑物、生产设施、农田水利设施；

（三）集体所有的教育、科学、文化、卫生、体育等设施；

（四）集体所有的其他不动产和动产。

第二百六十一条 农民集体所有的不动产和动产，属于本集体成员集体所有。

下列事项应当依照法定程序经本集体成员决定：

（一）土地承包方案以及将土地发包给本集体以外的组织或者个人承包；

（二）个别土地承包经营权人之间承包地的调整；

（三）土地补偿费等费用的使用、分配办法；

（四）集体出资的企业的所有权变动等事项；

（五）法律规定的其他事项。

第二百六十二条 对于集体所有的土地和森林、山岭、草原、荒地、滩涂等，依照下列规定行使所有权：

（一）属于村农民集体所有的，由村集体经济组织或者村民委员会依法代表集体行使所有权；

（二）分别属于村内两个以上农民集体所有的，由村内各该集体经济组织或者村民小组依法代表集体行使所有权；

（三）属于乡镇农民集体所有的，由乡镇集体经济组织代表集体行使所有权。

第二百六十三条 城镇集体所有的不动产和动产，依照法律、行政法规的规定由本集体享有占有、使用、收益和处分的权利。

第二百六十四条 农村集体经济组织或者村民委员会、村民小组应当依照法律、行政法规以及章程、村规民约向本集体成员公布集体财产的状况。集体成员有权查阅、复制相关资料。

第二百六十五条 集体所有的财产受法律保护,禁止任何组织或者个人侵占、哄抢、私分、破坏。

农村集体经济组织、村民委员会或者其负责人作出的决定侵害集体成员合法权益的,受侵害的集体成员可以请求人民法院予以撤销。

第二百六十六条 私人对其合法的收入、房屋、生活用品、生产工具、原材料等不动产和动产享有所有权。

第二百六十七条 私人的合法财产受法律保护,禁止任何组织或者个人侵占、哄抢、破坏。

第二百六十八条 国家、集体和私人依法可以出资设立有限责任公司、股份有限公司或者其他企业。国家、集体和私人所有的不动产或者动产投到企业的,由出资人按照约定或者出资比例享有资产收益、重大决策以及选择经营管理者等权利并履行义务。

第二百六十九条 营利法人对其不动产和动产依照法律、行政法规以及章程享有占有、使用、收益和处分的权利。

营利法人以外的法人,对其不动产和动产的权利,适用有关法律、行政法规以及章程的规定。

第二百七十条 社会团体法人、捐助法人依法所有的不动产和动产,受法律保护。

第六章 业主的建筑物区分所有权

第二百七十一条 业主对建筑物内的住宅、经营性用房等专有部分享有所有权,对专有部分以外的共有部分享有共有和共同管理的权利。

第二百七十二条 业主对其建筑物专有部分享有占有、使用、收益和处分的权利。业主行使权利不得危及建筑物的安全，不得损害其他业主的合法权益。

第二百七十三条 业主对建筑物专有部分以外的共有部分，享有权利，承担义务；不得以放弃权利为由不履行义务。

业主转让建筑物内的住宅、经营性用房，其对共有部分享有的共有和共同管理的权利一并转让。

第二百七十四条 建筑区划内的道路，属于业主共有，但是属于城镇公共道路的除外。建筑区划内的绿地，属于业主共有，但是属于城镇公共绿地或者明示属于个人的除外。建筑区划内的其他公共场所、公用设施和物业服务用房，属于业主共有。

第二百七十五条 建筑区划内，规划用于停放汽车的车位、车库的归属，由当事人通过出售、附赠或者出租等方式约定。

占用业主共有的道路或者其他场地用于停放汽车的车位，属于业主共有。

第二百七十六条 建筑区划内，规划用于停放汽车的车位、车库应当首先满足业主的需要。

第二百七十七条 业主可以设立业主大会，选举业主委员会。业主大会、业主委员会成立的具体条件和程序，依照法律、法规的规定。

地方人民政府有关部门、居民委员会应当对设立业主大会和选举业主委员会给予指导和协助。

第二百七十八条 下列事项由业主共同决定：

（一）制定和修改业主大会议事规则；

（二）制定和修改管理规约；

（三）选举业主委员会或者更换业主委员会成员；

（四）选聘和解聘物业服务企业或者其他管理人；

（五）使用建筑物及其附属设施的维修资金；

（六）筹集建筑物及其附属设施的维修资金；

（七）改建、重建建筑物及其附属设施；

（八）改变共有部分的用途或者利用共有部分从事经营活动；

（九）有关共有和共同管理权利的其他重大事项。

业主共同决定事项，应当由专有部分面积占比三分之二以上的业主且人数占比三分之二以上的业主参与表决。决定前款第六项至第八项规定的事项，应当经参与表决专有部分面积四分之三以上的业主且参与表决人数四分之三以上的业主同意。决定前款其他事项，应当经参与表决专有部分面积过半数的业主且参与表决人数过半数的业主同意。

第二百七十九条 业主不得违反法律、法规以及管理规约，将住宅改变为经营性用房。业主将住宅改变为经营性用房的，除遵守法律、法规以及管理规约外，应当经有利害关系的业主一致同意。

第二百八十条 业主大会或者业主委员会的决定，对业主具有法律约束力。

业主大会或者业主委员会作出的决定侵害业主合法权益的，受侵害的业主可以请求人民法院予以撤销。

第二百八十一条 建筑物及其附属设施的维修资金，属于业主共有。经业主共同决定，可以用于电梯、屋顶、外墙、无障碍设施等共有部分的维修、更新和改造。建筑物及其附属设施的维修资金的筹集、使用情况应当定期公布。

紧急情况下需要维修建筑物及其附属设施的，业主大会或者业主委员会可以依法申请使用建筑物及其附属设施的维修资金。

第二百八十二条 建设单位、物业服务企业或者其他管理人等利用业主的共有部分产生的收入，在扣除合理成本之后，属于业主共有。

第二百八十三条 建筑物及其附属设施的费用分摊、收益分配等事项，有约定的，按照约定；没有约定或者约定不明确的，按照业主专有部分面积所占比例确定。

第二百八十四条 业主可以自行管理建筑物及其附属设施,也可以委托物业服务企业或者其他管理人管理。

对建设单位聘请的物业服务企业或者其他管理人,业主有权依法更换。

第二百八十五条 物业服务企业或者其他管理人根据业主的委托,依照本法第三编有关物业服务合同的规定管理建筑区划内的建筑物及其附属设施,接受业主的监督,并及时答复业主对物业服务情况提出的询问。

物业服务企业或者其他管理人应当执行政府依法实施的应急处置措施和其他管理措施,积极配合开展相关工作。

第二百八十六条 业主应当遵守法律、法规以及管理规约,相关行为应当符合节约资源、保护生态环境的要求。对于物业服务企业或者其他管理人执行政府依法实施的应急处置措施和其他管理措施,业主应当依法予以配合。

业主大会或者业主委员会,对任意弃置垃圾、排放污染物或者噪声、违反规定饲养动物、违章搭建、侵占通道、拒付物业费等损害他人合法权益的行为,有权依照法律、法规以及管理规约,请求行为人停止侵害、排除妨碍、消除危险、恢复原状、赔偿损失。

业主或者其他行为人拒不履行相关义务的,有关当事人可以向有关行政主管部门报告或者投诉,有关行政主管部门应当依法处理。

第二百八十七条 业主对建设单位、物业服务企业或者其他管理人以及其他业主侵害自己合法权益的行为,有权请求其承担民事责任。

第七章 相 邻 关 系

第二百八十八条 不动产的相邻权利人应当按照有利生产、方便生活、团结互助、公平合理的原则，正确处理相邻关系。

第二百八十九条　法律、法规对处理相邻关系有规定的，依照其规定；法律、法规没有规定的，可以按照当地习惯。

第二百九十条　不动产权利人应当为相邻权利人用水、排水提供必要的便利。

对自然流水的利用，应当在不动产的相邻权利人之间合理分配。对自然流水的排放，应当尊重自然流向。

第二百九十一条　不动产权利人对相邻权利人因通行等必须利用其土地的，应当提供必要的便利。

第二百九十二条　不动产权利人因建造、修缮建筑物以及铺设电线、电缆、水管、暖气和燃气管线等必须利用相邻土地、建筑物的，该土地、建筑物的权利人应当提供必要的便利。

第二百九十三条　建造建筑物，不得违反国家有关工程建设标准，不得妨碍相邻建筑物的通风、采光和日照。

第二百九十四条　不动产权利人不得违反国家规定弃置固体废物，排放大气污染物、水污染物、土壤污染物、噪声、光辐射、电磁辐射等有害物质。

第二百九十五条　不动产权利人挖掘土地、建造建筑物、铺设管线以及安装设备等，不得危及相邻不动产的安全。

第二百九十六条　不动产权利人因用水、排水、通行、铺设管线等利用相邻不动产的，应当尽量避免对相邻的不动产权利人造成损害。

第八章　共　　有

第二百九十七条　不动产或者动产可以由两个以上组织、个人共有。共有包括按份共有和共同共有。

第二百九十八条　按份共有人对共有的不动产或者动产按照其份额享有所有权。

第二百九十九条 共同共有人对共有的不动产或者动产共同享有所有权。

第三百条 共有人按照约定管理共有的不动产或者动产；没有约定或者约定不明确的，各共有人都有管理的权利和义务。

第三百零一条 处分共有的不动产或者动产以及对共有的不动产或者动产作重大修缮、变更性质或者用途的，应当经占份额三分之二以上的按份共有人或者全体共同共有人同意，但是共有人之间另有约定的除外。

第三百零二条 共有人对共有物的管理费用以及其他负担，有约定的，按照其约定；没有约定或者约定不明确的，按份共有人按照其份额负担，共同共有人共同负担。

第三百零三条 共有人约定不得分割共有的不动产或者动产，以维持共有关系的，应当按照约定，但是共有人有重大理由需要分割的，可以请求分割；没有约定或者约定不明确的，按份共有人可以随时请求分割，共同共有人在共有的基础丧失或者有重大理由需要分割时可以请求分割。因分割造成其他共有人损害的，应当给予赔偿。

第三百零四条 共有人可以协商确定分割方式。达不成协议，共有的不动产或者动产可以分割且不会因分割减损价值的，应当对实物予以分割；难以分割或者因分割会减损价值的，应当对折价或者拍卖、变卖取得的价款予以分割。

共有人分割所得的不动产或者动产有瑕疵的，其他共有人应当分担损失。

第三百零五条 按份共有人可以转让其享有的共有的不动产或者动产份额。其他共有人在同等条件下享有优先购买的权利。

第三百零六条 按份共有人转让其享有的共有的不动产或者动产份额的，应当将转让条件及时通知其他共有人。其他共有人应当在合理期限内行使优先购买权。

两个以上其他共有人主张行使优先购买权的，协商确定各自的购买比例；协商不成的，按照转让时各自的共有份额比例行使优先购买权。

第三百零七条 因共有的不动产或者动产产生的债权债务，在对外关系上，共有人享有连带债权、承担连带债务，但是法律另有规定或者第三人知道共有人不具有连带债权债务关系的除外；在共有人内部关系上，除共有人另有约定外，按份共有人按照份额享有债权、承担债务，共同共有人共同享有债权、承担债务。偿还债务超过自己应当承担份额的按份共有人，有权向其他共有人追偿。

第三百零八条 共有人对共有的不动产或者动产没有约定为按份共有或者共同共有，或者约定不明确的，除共有人具有家庭关系等外，视为按份共有。

第三百零九条 按份共有人对共有的不动产或者动产享有的份额，没有约定或者约定不明确的，按照出资额确定；不能确定出资额的，视为等额享有。

第三百一十条 两个以上组织、个人共同享有用益物权、担保物权的，参照适用本章的有关规定。

第九章　所有权取得的特别规定

第三百一十一条 无处分权人将不动产或者动产转让给受让人的，所有权人有权追回；除法律另有规定外，符合下列情形的，受让人取得该不动产或者动产的所有权：

（一）受让人受让该不动产或者动产时是善意；

（二）以合理的价格转让；

（三）转让的不动产或者动产依照法律规定应当登记的已经登记，不需要登记的已经交付给受让人。

受让人依据前款规定取得不动产或者动产的所有权的，原所有权人有权向无处分权人请求损害赔偿。

当事人善意取得其他物权的，参照适用前两款规定。

第三百一十二条 所有权人或者其他权利人有权追回遗失物。该遗失物通过转让被他人占有的，权利人有权向无处分权人请求损害赔偿，或者自知道或者应当知道受让人之日起二年内向受让人请求返还原物；但是，受让人通过拍卖或者向具有经营资格的经营者购得该遗失物的，权利人请求返还原物时应当支付受让人所付的费用。权利人向受让人支付所付费用后，有权向无处分权人追偿。

第三百一十三条 善意受让人取得动产后，该动产上的原有权利消灭。但是，善意受让人在受让时知道或者应当知道该权利的除外。

第三百一十四条 拾得遗失物，应当返还权利人。拾得人应当及时通知权利人领取，或者送交公安等有关部门。

第三百一十五条 有关部门收到遗失物，知道权利人的，应当及时通知其领取；不知道的，应当及时发布招领公告。

第三百一十六条 拾得人在遗失物送交有关部门前，有关部门在遗失物被领取前，应当妥善保管遗失物。因故意或者重大过失致使遗失物毁损、灭失的，应当承担民事责任。

第三百一十七条 权利人领取遗失物时，应当向拾得人或者有关部门支付保管遗失物等支出的必要费用。

权利人悬赏寻找遗失物的，领取遗失物时应当按照承诺履行义务。

拾得人侵占遗失物的，无权请求保管遗失物等支出的费用，也无权请求权利人按照承诺履行义务。

第三百一十八条 遗失物自发布招领公告之日起一年内无人认领的，归国家所有。

第三百一十九条 拾得漂流物、发现埋藏物或者隐藏物的，参照适用拾得遗失物的有关规定。法律另有规定的，依照其规定。

第三百二十条 主物转让的，从物随主物转让，但是当事人另有约定的除外。

第三百二十一条　天然孳息，由所有权人取得；既有所有权人又有用益物权人的，由用益物权人取得。当事人另有约定的，按照其约定。

法定孳息，当事人有约定的，按照约定取得；没有约定或者约定不明确的，按照交易习惯取得。

第三百二十二条　因加工、附合、混合而产生的物的归属，有约定的，按照约定；没有约定或者约定不明确的，依照法律规定；法律没有规定的，按照充分发挥物的效用以及保护无过错当事人的原则确定。因一方当事人的过错或者确定物的归属造成另一方当事人损害的，应当给予赔偿或者补偿。

第三分编　用益物权

第十章　一般规定

第三百二十三条　用益物权人对他人所有的不动产或者动产，依法享有占有、使用和收益的权利。

第三百二十四条　国家所有或者国家所有由集体使用以及法律规定属于集体所有的自然资源，组织、个人依法可以占有、使用和收益。

第三百二十五条　国家实行自然资源有偿使用制度，但是法律另有规定的除外。

第三百二十六条　用益物权人行使权利，应当遵守法律有关保护和合理开发利用资源、保护生态环境的规定。所有权人不得干涉用益物权人行使权利。

第三百二十七条　因不动产或者动产被征收、征用致使用益物权消灭或者影响用益物权行使的，用益物权人有权依据本法第二百四十三条、第二百四十五条的规定获得相应补偿。

第三百二十八条 依法取得的海域使用权受法律保护。

第三百二十九条 依法取得的探矿权、采矿权、取水权和使用水域、滩涂从事养殖、捕捞的权利受法律保护。

第十一章　土地承包经营权

第三百三十条 农村集体经济组织实行家庭承包经营为基础、统分结合的双层经营体制。

农民集体所有和国家所有由农民集体使用的耕地、林地、草地以及其他用于农业的土地，依法实行土地承包经营制度。

第三百三十一条 土地承包经营权人依法对其承包经营的耕地、林地、草地等享有占有、使用和收益的权利，有权从事种植业、林业、畜牧业等农业生产。

第三百三十二条 耕地的承包期为三十年。草地的承包期为三十年至五十年。林地的承包期为三十年至七十年。

前款规定的承包期限届满，由土地承包经营权人依照农村土地承包的法律规定继续承包。

第三百三十三条 土地承包经营权自土地承包经营权合同生效时设立。

登记机构应当向土地承包经营权人发放土地承包经营权证、林权证等证书，并登记造册，确认土地承包经营权。

第三百三十四条 土地承包经营权人依照法律规定，有权将土地承包经营权互换、转让。未经依法批准，不得将承包地用于非农建设。

第三百三十五条 土地承包经营权互换、转让的，当事人可以向登记机构申请登记；未经登记，不得对抗善意第三人。

第三百三十六条 承包期内发包人不得调整承包地。

因自然灾害严重毁损承包地等特殊情形，需要适当调整承包的耕地和草地的，应当依照农村土地承包的法律规定办理。

第三百三十七条 承包期内发包人不得收回承包地。法律另有规定的，依照其规定。

第三百三十八条 承包地被征收的，土地承包经营权人有权依据本法第二百四十三条的规定获得相应补偿。

第三百三十九条 土地承包经营权人可以自主决定依法采取出租、入股或者其他方式向他人流转土地经营权。

第三百四十条 土地经营权人有权在合同约定的期限内占有农村土地，自主开展农业生产经营并取得收益。

第三百四十一条 流转期限为五年以上的土地经营权，自流转合同生效时设立。当事人可以向登记机构申请土地经营权登记；未经登记，不得对抗善意第三人。

第三百四十二条 通过招标、拍卖、公开协商等方式承包农村土地，经依法登记取得权属证书的，可以依法采取出租、入股、抵押或者其他方式流转土地经营权。

第三百四十三条 国家所有的农用地实行承包经营的，参照适用本编的有关规定。

第十二章　建设用地使用权

第三百四十四条 建设用地使用权人依法对国家所有的土地享有占有、使用和收益的权利，有权利用该土地建造建筑物、构筑物及其附属设施。

第三百四十五条 建设用地使用权可以在土地的地表、地上或者地下分别设立。

第三百四十六条 设立建设用地使用权，应当符合节约资源、保护生态环境的要求，遵守法律、行政法规关于土地用途的规定，不得损害已经设立的用益物权。

第三百四十七条 设立建设用地使用权，可以采取出让或者划拨等方式。

工业、商业、旅游、娱乐和商品住宅等经营性用地以及同一土地有两个以上意向用地者的，应当采取招标、拍卖等公开竞价的方式出让。

严格限制以划拨方式设立建设用地使用权。

第三百四十八条 通过招标、拍卖、协议等出让方式设立建设用地使用权的，当事人应当采用书面形式订立建设用地使用权出让合同。

建设用地使用权出让合同一般包括下列条款：

（一）当事人的名称和住所；

（二）土地界址、面积等；

（三）建筑物、构筑物及其附属设施占用的空间；

（四）土地用途、规划条件；

（五）建设用地使用权期限；

（六）出让金等费用及其支付方式；

（七）解决争议的方法。

第三百四十九条 设立建设用地使用权的，应当向登记机构申请建设用地使用权登记。建设用地使用权自登记时设立。登记机构应当向建设用地使用权人发放权属证书。

第三百五十条 建设用地使用权人应当合理利用土地，不得改变土地用途；需要改变土地用途的，应当依法经有关行政主管部门批准。

第三百五十一条 建设用地使用权人应当依照法律规定以及合同约定支付出让金等费用。

第三百五十二条 建设用地使用权人建造的建筑物、构筑物及其附属设施的所有权属于建设用地使用权人，但是有相反证据证明的除外。

第三百五十三条 建设用地使用权人有权将建设用地使用权转让、互换、出资、赠与或者抵押，但是法律另有规定的除外。

第三百五十四条　建设用地使用权转让、互换、出资、赠与或者抵押的，当事人应当采用书面形式订立相应的合同。使用期限由当事人约定，但是不得超过建设用地使用权的剩余期限。

第三百五十五条　建设用地使用权转让、互换、出资或者赠与的，应当向登记机构申请变更登记。

第三百五十六条　建设用地使用权转让、互换、出资或者赠与的，附着于该土地上的建筑物、构筑物及其附属设施一并处分。

第三百五十七条　建筑物、构筑物及其附属设施转让、互换、出资或者赠与的，该建筑物、构筑物及其附属设施占用范围内的建设用地使用权一并处分。

第三百五十八条　建设用地使用权期限届满前，因公共利益需要提前收回该土地的，应当依据本法第二百四十三条的规定对该土地上的房屋以及其他不动产给予补偿，并退还相应的出让金。

第三百五十九条　住宅建设用地使用权期限届满的，自动续期。续期费用的缴纳或者减免，依照法律、行政法规的规定办理。

非住宅建设用地使用权期限届满后的续期，依照法律规定办理。该土地上的房屋以及其他不动产的归属，有约定的，按照约定；没有约定或者约定不明确的，依照法律、行政法规的规定办理。

第三百六十条　建设用地使用权消灭的，出让人应当及时办理注销登记。登记机构应当收回权属证书。

第三百六十一条　集体所有的土地作为建设用地的，应当依照土地管理的法律规定办理。

第十三章　宅基地使用权

第三百六十二条　宅基地使用权人依法对集体所有的土地享有占有和使用的权利，有权依法利用该土地建造住宅及其附属设施。

第三百六十三条　宅基地使用权的取得、行使和转让，适用土地管理的法律和国家有关规定。

第三百六十四条 宅基地因自然灾害等原因灭失的，宅基地使用权消灭。对失去宅基地的村民，应当依法重新分配宅基地。

第三百六十五条 已经登记的宅基地使用权转让或者消灭的，应当及时办理变更登记或者注销登记。

第十四章 居 住 权

第三百六十六条 居住权人有权按照合同约定，对他人的住宅享有占有、使用的用益物权，以满足生活居住的需要。

第三百六十七条 设立居住权，当事人应当采用书面形式订立居住权合同。

居住权合同一般包括下列条款：

（一）当事人的姓名或者名称和住所；
（二）住宅的位置；
（三）居住的条件和要求；
（四）居住权期限；
（五）解决争议的方法。

第三百六十八条 居住权无偿设立，但是当事人另有约定的除外。设立居住权的，应当向登记机构申请居住权登记。居住权自登记时设立。

第三百六十九条 居住权不得转让、继承。设立居住权的住宅不得出租，但是当事人另有约定的除外。

第三百七十条 居住权期限届满或者居住权人死亡的，居住权消灭。居住权消灭的，应当及时办理注销登记。

第三百七十一条 以遗嘱方式设立居住权的，参照适用本章的有关规定。

第十五章 地 役 权

第三百七十二条 地役权人有权按照合同约定，利用他人的不动产，以提高自己的不动产的效益。

前款所称他人的不动产为供役地，自己的不动产为需役地。

第三百七十三条 设立地役权，当事人应当采用书面形式订立地役权合同。

地役权合同一般包括下列条款：

（一）当事人的姓名或者名称和住所；

（二）供役地和需役地的位置；

（三）利用目的和方法；

（四）地役权期限；

（五）费用及其支付方式；

（六）解决争议的方法。

第三百七十四条 地役权自地役权合同生效时设立。当事人要求登记的，可以向登记机构申请地役权登记；未经登记，不得对抗善意第三人。

第三百七十五条 供役地权利人应当按照合同约定，允许地役权人利用其不动产，不得妨害地役权人行使权利。

第三百七十六条 地役权人应当按照合同约定的利用目的和方法利用供役地，尽量减少对供役地权利人物权的限制。

第三百七十七条 地役权期限由当事人约定；但是，不得超过土地承包经营权、建设用地使用权等用益物权的剩余期限。

第三百七十八条 土地所有权人享有地役权或者负担地役权的，设立土地承包经营权、宅基地使用权等用益物权时，该用益物权人继续享有或者负担已经设立的地役权。

第三百七十九条 土地上已经设立土地承包经营权、建设用地使用权、宅基地使用权等用益物权的，未经用益物权人同意，土地所有权人不得设立地役权。

第三百八十条 地役权不得单独转让。土地承包经营权、建设用地使用权等转让的，地役权一并转让，但是合同另有约定的除外。

第三百八十一条 地役权不得单独抵押。土地经营权、建设用地使用权等抵押的,在实现抵押权时,地役权一并转让。

第三百八十二条 需役地以及需役地上的土地承包经营权、建设用地使用权等部分转让时,转让部分涉及地役权的,受让人同时享有地役权。

第三百八十三条 供役地以及供役地上的土地承包经营权、建设用地使用权等部分转让时,转让部分涉及地役权的,地役权对受让人具有法律约束力。

第三百八十四条 地役权人有下列情形之一的,供役地权利人有权解除地役权合同,地役权消灭:

(一)违反法律规定或者合同约定,滥用地役权;

(二)有偿利用供役地,约定的付款期限届满后在合理期限内经两次催告未支付费用。

第三百八十五条 已经登记的地役权变更、转让或者消灭的,应当及时办理变更登记或者注销登记。

第四分编　担保物权

第十六章　一般规定

第三百八十六条 担保物权人在债务人不履行到期债务或者发生当事人约定的实现担保物权的情形,依法享有就担保财产优先受偿的权利,但是法律另有规定的除外。

第三百八十七条 债权人在借贷、买卖等民事活动中,为保障实现其债权,需要担保的,可以依照本法和其他法律的规定设立担保物权。

第三人为债务人向债权人提供担保的,可以要求债务人提供反担保。反担保适用本法和其他法律的规定。

第三百八十八条 设立担保物权,应当依照本法和其他法律的规定订立担保合同。担保合同包括抵押合同、质押合同和其他具有担保功能的合同。担保合同是主债权债务合同的从合同。主债权债务合同无效的,担保合同无效,但是法律另有规定的除外。

担保合同被确认无效后,债务人、担保人、债权人有过错的,应当根据其过错各自承担相应的民事责任。

第三百八十九条 担保物权的担保范围包括主债权及其利息、违约金、损害赔偿金、保管担保财产和实现担保物权的费用。当事人另有约定的,按照其约定。

第三百九十条 担保期间,担保财产毁损、灭失或者被征收等,担保物权人可以就获得的保险金、赔偿金或者补偿金等优先受偿。被担保债权的履行期限未届满的,也可以提存该保险金、赔偿金或者补偿金等。

第三百九十一条 第三人提供担保,未经其书面同意,债权人允许债务人转移全部或者部分债务的,担保人不再承担相应的担保责任。

第三百九十二条 被担保的债权既有物的担保又有人的担保的,债务人不履行到期债务或者发生当事人约定的实现担保物权的情形,债权人应当按照约定实现债权;没有约定或者约定不明确,债务人自己提供物的担保的,债权人应当先就该物的担保实现债权;第三人提供物的担保的,债权人可以就物的担保实现债权,也可以请求保证人承担保证责任。提供担保的第三人承担担保责任后,有权向债务人追偿。

第三百九十三条 有下列情形之一的,担保物权消灭:

(一)主债权消灭;

(二)担保物权实现;

(三)债权人放弃担保物权;

(四)法律规定担保物权消灭的其他情形。

第十七章 抵 押 权

第一节 一般抵押权

第三百九十四条 为担保债务的履行，债务人或者第三人不转移财产的占有，将该财产抵押给债权人的，债务人不履行到期债务或者发生当事人约定的实现抵押权的情形，债权人有权就该财产优先受偿。

前款规定的债务人或者第三人为抵押人，债权人为抵押权人，提供担保的财产为抵押财产。

第三百九十五条 债务人或者第三人有权处分的下列财产可以抵押：

（一）建筑物和其他土地附着物；

（二）建设用地使用权；

（三）海域使用权；

（四）生产设备、原材料、半成品、产品；

（五）正在建造的建筑物、船舶、航空器；

（六）交通运输工具；

（七）法律、行政法规未禁止抵押的其他财产。

抵押人可以将前款所列财产一并抵押。

第三百九十六条 企业、个体工商户、农业生产经营者可以将现有的以及将有的生产设备、原材料、半成品、产品抵押，债务人不履行到期债务或者发生当事人约定的实现抵押权的情形，债权人有权就抵押财产确定时的动产优先受偿。

第三百九十七条 以建筑物抵押的，该建筑物占用范围内的建设用地使用权一并抵押。以建设用地使用权抵押的，该土地上的建筑物一并抵押。

抵押人未依据前款规定一并抵押的，未抵押的财产视为一并抵押。

第三百九十八条 乡镇、村企业的建设用地使用权不得单独抵押。以乡镇、村企业的厂房等建筑物抵押的，其占用范围内的建设用地使用权一并抵押。

第三百九十九条 下列财产不得抵押：

（一）土地所有权；

（二）宅基地、自留地、自留山等集体所有土地的使用权，但是法律规定可以抵押的除外；

（三）学校、幼儿园、医疗机构等为公益目的成立的非营利法人的教育设施、医疗卫生设施和其他公益设施；

（四）所有权、使用权不明或者有争议的财产；

（五）依法被查封、扣押、监管的财产；

（六）法律、行政法规规定不得抵押的其他财产。

第四百条 设立抵押权，当事人应当采用书面形式订立抵押合同。

抵押合同一般包括下列条款：

（一）被担保债权的种类和数额；

（二）债务人履行债务的期限；

（三）抵押财产的名称、数量等情况；

（四）担保的范围。

第四百零一条 抵押权人在债务履行期限届满前，与抵押人约定债务人不履行到期债务时抵押财产归债权人所有的，只能依法就抵押财产优先受偿。

第四百零二条 以本法第三百九十五条第一款第一项至第三项规定的财产或者第五项规定的正在建造的建筑物抵押的，应当办理抵押登记。抵押权自登记时设立。

第四百零三条 以动产抵押的，抵押权自抵押合同生效时设立；未经登记，不得对抗善意第三人。

第四百零四条　以动产抵押的，不得对抗正常经营活动中已经支付合理价款并取得抵押财产的买受人。

第四百零五条　抵押权设立前，抵押财产已经出租并转移占有的，原租赁关系不受该抵押权的影响。

第四百零六条　抵押期间，抵押人可以转让抵押财产。当事人另有约定的，按照其约定。抵押财产转让的，抵押权不受影响。

抵押人转让抵押财产的，应当及时通知抵押权人。抵押权人能够证明抵押财产转让可能损害抵押权的，可以请求抵押人将转让所得的价款向抵押权人提前清偿债务或者提存。转让的价款超过债权数额的部分归抵押人所有，不足部分由债务人清偿。

第四百零七条　抵押权不得与债权分离而单独转让或者作为其他债权的担保。债权转让的，担保该债权的抵押权一并转让，但是法律另有规定或者当事人另有约定的除外。

第四百零八条　抵押人的行为足以使抵押财产价值减少的，抵押权人有权请求抵押人停止其行为；抵押财产价值减少的，抵押权人有权请求恢复抵押财产的价值，或者提供与减少的价值相应的担保。抵押人不恢复抵押财产的价值，也不提供担保的，抵押权人有权请求债务人提前清偿债务。

第四百零九条　抵押权人可以放弃抵押权或者抵押权的顺位。抵押权人与抵押人可以协议变更抵押权顺位以及被担保的债权数额等内容。但是，抵押权的变更未经其他抵押权人书面同意的，不得对其他抵押权人产生不利影响。

债务人以自己的财产设定抵押，抵押权人放弃该抵押权、抵押权顺位或者变更抵押权的，其他担保人在抵押权人丧失优先受偿权益的范围内免除担保责任，但是其他担保人承诺仍然提供担保的除外。

第四百一十条　债务人不履行到期债务或者发生当事人约定的实现抵押权的情形，抵押权人可以与抵押人协议以抵押财产折价或者以拍卖、变卖该抵押财产所得的价款优先受偿。协议损害其他债权人利益的，其他债权人可以请求人民法院撤销该协议。

抵押权人与抵押人未就抵押权实现方式达成协议的，抵押权人可以请求人民法院拍卖、变卖抵押财产。

抵押财产折价或者变卖的，应当参照市场价格。

第四百一十一条 依据本法第三百九十六条规定设定抵押的，抵押财产自下列情形之一发生时确定：

（一）债务履行期限届满，债权未实现；

（二）抵押人被宣告破产或者解散；

（三）当事人约定的实现抵押权的情形；

（四）严重影响债权实现的其他情形。

第四百一十二条 债务人不履行到期债务或者发生当事人约定的实现抵押权的情形，致使抵押财产被人民法院依法扣押的，自扣押之日起，抵押权人有权收取该抵押财产的天然孳息或者法定孳息，但是抵押权人未通知应当清偿法定孳息义务人的除外。

前款规定的孳息应当先充抵收取孳息的费用。

第四百一十三条 抵押财产折价或者拍卖、变卖后，其价款超过债权数额的部分归抵押人所有，不足部分由债务人清偿。

第四百一十四条 同一财产向两个以上债权人抵押的，拍卖、变卖抵押财产所得的价款依照下列规定清偿：

（一）抵押权已经登记的，按照登记的时间先后确定清偿顺序；

（二）抵押权已经登记的先于未登记的受偿；

（三）抵押权未登记的，按照债权比例清偿。

其他可以登记的担保物权，清偿顺序参照适用前款规定。

第四百一十五条 同一财产既设立抵押权又设立质权的，拍卖、变卖该财产所得的价款按照登记、交付的时间先后确定清偿顺序。

第四百一十六条 动产抵押担保的主债权是抵押物的价款，标的物交付后十日内办理抵押登记的，该抵押权人优先于抵押物买受人的其他担保物权人受偿，但是留置权人除外。

第四百一十七条 建设用地使用权抵押后，该土地上新增的建筑物不属于抵押财产。该建设用地使用权实现抵押权时，应当将该土地上新增的建筑物与建设用地使用权一并处分。但是，新增建筑物所得的价款，抵押权人无权优先受偿。

第四百一十八条 以集体所有土地的使用权依法抵押的，实现抵押权后，未经法定程序，不得改变土地所有权的性质和土地用途。

第四百一十九条 抵押权人应当在主债权诉讼时效期间行使抵押权；未行使的，人民法院不予保护。

第二节 最高额抵押权

第四百二十条 为担保债务的履行，债务人或者第三人对一定期间内将要连续发生的债权提供担保财产的，债务人不履行到期债务或者发生当事人约定的实现抵押权的情形，抵押权人有权在最高债权额限度内就该担保财产优先受偿。

最高额抵押权设立前已经存在的债权，经当事人同意，可以转入最高额抵押担保的债权范围。

第四百二十一条 最高额抵押担保的债权确定前，部分债权转让的，最高额抵押权不得转让，但是当事人另有约定的除外。

第四百二十二条 最高额抵押担保的债权确定前，抵押权人与抵押人可以通过协议变更债权确定的期间、债权范围以及最高债权额。但是，变更的内容不得对其他抵押权人产生不利影响。

第四百二十三条 有下列情形之一的，抵押权人的债权确定：

（一）约定的债权确定期间届满；

（二）没有约定债权确定期间或者约定不明确，抵押权人或者抵押人自最高额抵押权设立之日起满二年后请求确定债权；

（三）新的债权不可能发生；

（四）抵押权人知道或者应当知道抵押财产被查封、扣押；

（五）债务人、抵押人被宣告破产或者解散；

（六）法律规定债权确定的其他情形。

第四百二十四条 最高额抵押权除适用本节规定外，适用本章第一节的有关规定。

第十八章 质 权

第一节 动 产 质 权

第四百二十五条 为担保债务的履行，债务人或者第三人将其动产出质给债权人占有的，债务人不履行到期债务或者发生当事人约定的实现质权的情形，债权人有权就该动产优先受偿。

前款规定的债务人或者第三人为出质人，债权人为质权人，交付的动产为质押财产。

第四百二十六条 法律、行政法规禁止转让的动产不得出质。

第四百二十七条 设立质权，当事人应当采用书面形式订立质押合同。

质押合同一般包括下列条款：

（一）被担保债权的种类和数额；

（二）债务人履行债务的期限；

（三）质押财产的名称、数量等情况；

（四）担保的范围；

（五）质押财产交付的时间、方式。

第四百二十八条 质权人在债务履行期限届满前，与出质人约定债务人不履行到期债务时质押财产归债权人所有的，只能依法就质押财产优先受偿。

第四百二十九条 质权自出质人交付质押财产时设立。

第四百三十条 质权人有权收取质押财产的孳息,但是合同另有约定的除外。

前款规定的孳息应当先充抵收取孳息的费用。

第四百三十一条 质权人在质权存续期间,未经出质人同意,擅自使用、处分质押财产,造成出质人损害的,应当承担赔偿责任。

第四百三十二条 质权人负有妥善保管质押财产的义务;因保管不善致使质押财产毁损、灭失的,应当承担赔偿责任。

质权人的行为可能使质押财产毁损、灭失的,出质人可以请求质权人将质押财产提存,或者请求提前清偿债务并返还质押财产。

第四百三十三条 因不可归责于质权人的事由可能使质押财产毁损或者价值明显减少,足以危害质权人权利的,质权人有权请求出质人提供相应的担保;出质人不提供的,质权人可以拍卖、变卖质押财产,并与出质人协议将拍卖、变卖所得的价款提前清偿债务或者提存。

第四百三十四条 质权人在质权存续期间,未经出质人同意转质,造成质押财产毁损、灭失的,应当承担赔偿责任。

第四百三十五条 质权人可以放弃质权。债务人以自己的财产出质,质权人放弃该质权的,其他担保人在质权人丧失优先受偿权益的范围内免除担保责任,但是其他担保人承诺仍然提供担保的除外。

第四百三十六条 债务人履行债务或者出质人提前清偿所担保的债权的,质权人应当返还质押财产。

债务人不履行到期债务或者发生当事人约定的实现质权的情形,质权人可以与出质人协议以质押财产折价,也可以就拍卖、变卖质押财产所得的价款优先受偿。

质押财产折价或者变卖的,应当参照市场价格。

第四百三十七条 出质人可以请求质权人在债务履行期限届满

后及时行使质权；质权人不行使的，出质人可以请求人民法院拍卖、变卖质押财产。

出质人请求质权人及时行使质权，因质权人怠于行使权利造成出质人损害的，由质权人承担赔偿责任。

第四百三十八条 质押财产折价或者拍卖、变卖后，其价款超过债权数额的部分归出质人所有，不足部分由债务人清偿。

第四百三十九条 出质人与质权人可以协议设立最高额质权。

最高额质权除适用本节有关规定外，参照适用本编第十七章第二节的有关规定。

第二节 权利质权

第四百四十条 债务人或者第三人有权处分的下列权利可以出质：

（一）汇票、本票、支票；

（二）债券、存款单；

（三）仓单、提单；

（四）可以转让的基金份额、股权；

（五）可以转让的注册商标专用权、专利权、著作权等知识产权中的财产权；

（六）现有的以及将有的应收账款；

（七）法律、行政法规规定可以出质的其他财产权利。

第四百四十一条 以汇票、本票、支票、债券、存款单、仓单、提单出质的，质权自权利凭证交付质权人时设立；没有权利凭证的，质权自办理出质登记时设立。法律另有规定的，依照其规定。

第四百四十二条 汇票、本票、支票、债券、存款单、仓单、提单的兑现日期或者提货日期先于主债权到期的，质权人可以兑现或者提货，并与出质人协议将兑现的价款或者提取的货物提前清偿债务或者提存。

第四百四十三条 以基金份额、股权出质的，质权自办理出质登记时设立。

基金份额、股权出质后，不得转让，但是出质人与质权人协商同意的除外。出质人转让基金份额、股权所得的价款，应当向质权人提前清偿债务或者提存。

第四百四十四条 以注册商标专用权、专利权、著作权等知识产权中的财产权出质的，质权自办理出质登记时设立。

知识产权中的财产权出质后，出质人不得转让或者许可他人使用，但是出质人与质权人协商同意的除外。出质人转让或者许可他人使用出质的知识产权中的财产权所得的价款，应当向质权人提前清偿债务或者提存。

第四百四十五条 以应收账款出质的，质权自办理出质登记时设立。

应收账款出质后，不得转让，但是出质人与质权人协商同意的除外。出质人转让应收账款所得的价款，应当向质权人提前清偿债务或者提存。

第四百四十六条 权利质权除适用本节规定外，适用本章第一节的有关规定。

第十九章　留　置　权

第四百四十七条 债务人不履行到期债务，债权人可以留置已经合法占有的债务人的动产，并有权就该动产优先受偿。

前款规定的债权人为留置权人，占有的动产为留置财产。

第四百四十八条 债权人留置的动产，应当与债权属于同一法律关系，但是企业之间留置的除外。

第四百四十九条 法律规定或者当事人约定不得留置的动产，不得留置。

第四百五十条 留置财产为可分物的，留置财产的价值应当相当于债务的金额。

第四百五十一条 留置权人负有妥善保管留置财产的义务；因保管不善致使留置财产毁损、灭失的，应当承担赔偿责任。

第四百五十二条 留置权人有权收取留置财产的孳息。

前款规定的孳息应当先充抵收取孳息的费用。

第四百五十三条 留置权人与债务人应当约定留置财产后的债务履行期限；没有约定或者约定不明确的，留置权人应当给债务人六十日以上履行债务的期限，但是鲜活易腐等不易保管的动产除外。债务人逾期未履行的，留置权人可以与债务人协议以留置财产折价，也可以就拍卖、变卖留置财产所得的价款优先受偿。

留置财产折价或者变卖的，应当参照市场价格。

第四百五十四条 债务人可以请求留置权人在债务履行期限届满后行使留置权；留置权人不行使的，债务人可以请求人民法院拍卖、变卖留置财产。

第四百五十五条 留置财产折价或者拍卖、变卖后，其价款超过债权数额的部分归债务人所有，不足部分由债务人清偿。

第四百五十六条 同一动产上已经设立抵押权或者质权，该动产又被留置的，留置权人优先受偿。

第四百五十七条 留置权人对留置财产丧失占有或者留置权人接受债务人另行提供担保的，留置权消灭。

第五分编 占 有

第二十章 占 有

第四百五十八条 基于合同关系等产生的占有，有关不动产或者动产的使用、收益、违约责任等，按照合同约定；合同没有约定或者约定不明确的，依照有关法律规定。

第四百五十九条 占有人因使用占有的不动产或者动产，致使该不动产或者动产受到损害的，恶意占有人应当承担赔偿责任。

第四百六十条 不动产或者动产被占有人占有的，权利人可以请求返还原物及其孳息；但是，应当支付善意占有人因维护该不动产或者动产支出的必要费用。

第四百六十一条 占有的不动产或者动产毁损、灭失，该不动产或者动产的权利人请求赔偿的，占有人应当将因毁损、灭失取得的保险金、赔偿金或者补偿金等返还给权利人；权利人的损害未得到足够弥补的，恶意占有人还应当赔偿损失。

第四百六十二条 占有的不动产或者动产被侵占的，占有人有权请求返还原物；对妨害占有的行为，占有人有权请求排除妨害或者消除危险；因侵占或者妨害造成损害的，占有人有权依法请求损害赔偿。

占有人返还原物的请求权，自侵占发生之日起一年内未行使的，该请求权消灭。

……

最高人民法院关于适用《中华人民共和国民法典》物权编的解释（一）

（2020年12月25日最高人民法院审判委员会第1825次会议通过 2020年12月29日最高人民法院公告公布 自2021年1月1日起施行 法释〔2020〕24号）

为正确审理物权纠纷案件，根据《中华人民共和国民法典》等相关法律规定，结合审判实践，制定本解释。

第一条 因不动产物权的归属，以及作为不动产物权登记基础的买卖、赠与、抵押等产生争议，当事人提起民事诉讼的，应当依法受理。当事人已经在行政诉讼中申请一并解决上述民事争议，且人民法院一并审理的除外。

第二条 当事人有证据证明不动产登记簿的记载与真实权利状态不符、其为该不动产物权的真实权利人，请求确认其享有物权的，应予支持。

第三条 异议登记因民法典第二百二十条第二款规定的事由失效后，当事人提起民事诉讼，请求确认物权归属的，应当依法受理。异议登记失效不影响人民法院对案件的实体审理。

第四条 未经预告登记的权利人同意，转让不动产所有权等物权，或者设立建设用地使用权、居住权、地役权、抵押权等其他物权的，应当依照民法典第二百二十一条第一款的规定，认定其不发生物权效力。

第五条 预告登记的买卖不动产物权的协议被认定无效、被撤销，或者预告登记的权利人放弃债权的，应当认定为民法典第二百二十一条第二款所称的"债权消灭"。

第六条 转让人转让船舶、航空器和机动车等所有权，受让人已经支付合理价款并取得占有，虽未经登记，但转让人的债权人主张其为民法典第二百二十五条所称的"善意第三人"的，不予支持，法律另有规定的除外。

第七条 人民法院、仲裁机构在分割共有不动产或者动产等案件中作出并依法生效的改变原有物权关系的判决书、裁决书、调解书，以及人民法院在执行程序中作出的拍卖成交裁定书、变卖成交裁定书、以物抵债裁定书，应当认定为民法典第二百二十九条所称导致物权设立、变更、转让或者消灭的人民法院、仲裁机构的法律文书。

第八条 依据民法典第二百二十九条至第二百三十一条规定享有物权，但尚未完成动产交付或者不动产登记的权利人，依据民法典第二百三十五条至第二百三十八条的规定，请求保护其物权的，应予支持。

第九条 共有份额的权利主体因继承、遗赠等原因发生变化时，其他按份共有人主张优先购买的，不予支持，但按份共有人之间另有约定的除外。

第十条 民法典第三百零五条所称的"同等条件"，应当综合共有份额的转让价格、价款履行方式及期限等因素确定。

第十一条 优先购买权的行使期间，按份共有人之间有约定的，按照约定处理；没有约定或者约定不明的，按照下列情形确定：

（一）转让人向其他按份共有人发出的包含同等条件内容的通知中载明行使期间的，以该期间为准；

（二）通知中未载明行使期间，或者载明的期间短于通知送达之日起十五日的，为十五日；

（三）转让人未通知的，为其他按份共有人知道或者应当知道最终确定的同等条件之日起十五日；

（四）转让人未通知，且无法确定其他按份共有人知道或者应当知道最终确定的同等条件的，为共有份额权属转移之日起六个月。

第十二条 按份共有人向共有人之外的人转让其份额，其他按份共有人根据法律、司法解释规定，请求按照同等条件优先购买该共有份额的，应予支持。其他按份共有人的请求具有下列情形之一的，不予支持：

（一）未在本解释第十一条规定的期间内主张优先购买，或者虽主张优先购买，但提出减少转让价款、增加转让人负担等实质性变更要求的；

（二）以其优先购买权受到侵害为由，仅请求撤销共有份额转让合同或者认定该合同无效的。

第十三条 按份共有人之间转让共有份额，其他按份共有人主张依据民法典第三百零五条规定优先购买的，不予支持，但按份共有人之间另有约定的除外。

第十四条 受让人受让不动产或者动产时，不知道转让人无处分权，且无重大过失的，应当认定受让人为善意。

真实权利人主张受让人不构成善意的，应当承担举证证明责任。

第十五条 具有下列情形之一的，应当认定不动产受让人知道转让人无处分权：

（一）登记簿上存在有效的异议登记；

（二）预告登记有效期内，未经预告登记的权利人同意；

（三）登记簿上已经记载司法机关或者行政机关依法裁定、决定查封或者以其他形式限制不动产权利的有关事项；

（四）受让人知道登记簿上记载的权利主体错误；

（五）受让人知道他人已经依法享有不动产物权。

真实权利人有证据证明不动产受让人应当知道转让人无处分权的，应当认定受让人具有重大过失。

第十六条 受让人受让动产时，交易的对象、场所或者时机等不符合交易习惯的，应当认定受让人具有重大过失。

第十七条 民法典第三百一十一条第一款第一项所称的"受让人受让该不动产或者动产时"，是指依法完成不动产物权转移登记或者动产交付之时。

当事人以民法典第二百二十六条规定的方式交付动产的，转让动产民事法律行为生效时为动产交付之时；当事人以民法典第二百二十七条规定的方式交付动产的，转让人与受让人之间有关转让返还原物请求权的协议生效时为动产交付之时。

法律对不动产、动产物权的设立另有规定的，应当按照法律规定的时间认定权利人是否为善意。

第十八条 民法典第三百一十一条第一款第二项所称"合理的

价格",应当根据转让标的物的性质、数量以及付款方式等具体情况,参考转让时交易地市场价格以及交易习惯等因素综合认定。

第十九条 转让人将民法典第二百二十五条规定的船舶、航空器和机动车等交付给受让人的,应当认定符合民法典第三百一十一条第一款第三项规定的善意取得的条件。

第二十条 具有下列情形之一,受让人主张依据民法典第三百一十一条规定取得所有权的,不予支持:

(一)转让合同被认定无效;

(二)转让合同被撤销。

第二十一条 本解释自2021年1月1日起施行。

不动产登记暂行条例

(2014年11月24日中华人民共和国国务院令第656号公布 根据2019年3月24日《国务院关于修改部分行政法规的决定》修订)

第一章 总 则

第一条 为整合不动产登记职责,规范登记行为,方便群众申请登记,保护权利人合法权益,根据《中华人民共和国物权法》等法律,制定本条例。

第二条 本条例所称不动产登记,是指不动产登记机构依法将不动产权利归属和其他法定事项记载于不动产登记簿的行为。

本条例所称不动产,是指土地、海域以及房屋、林木等定着物。

第三条 不动产首次登记、变更登记、转移登记、注销登记、更正登记、异议登记、预告登记、查封登记等,适用本条例。

第四条 国家实行不动产统一登记制度。

不动产登记遵循严格管理、稳定连续、方便群众的原则。

不动产权利人已经依法享有的不动产权利,不因登记机构和登记程序的改变而受到影响。

第五条 下列不动产权利,依照本条例的规定办理登记:

(一)集体土地所有权;

(二)房屋等建筑物、构筑物所有权;

(三)森林、林木所有权;

(四)耕地、林地、草地等土地承包经营权;

(五)建设用地使用权;

(六)宅基地使用权;

(七)海域使用权;

(八)地役权;

(九)抵押权;

(十)法律规定需要登记的其他不动产权利。

第六条 国务院国土资源主管部门负责指导、监督全国不动产登记工作。

县级以上地方人民政府应当确定一个部门为本行政区域的不动产登记机构,负责不动产登记工作,并接受上级人民政府不动产登记主管部门的指导、监督。

第七条 不动产登记由不动产所在地的县级人民政府不动产登记机构办理;直辖市、设区的市人民政府可以确定本级不动产登记机构统一办理所属各区的不动产登记。

跨县级行政区域的不动产登记,由所跨县级行政区域的不动产登记机构分别办理。不能分别办理的,由所跨县级行政区域的不动产登记机构协商办理;协商不成的,由共同的上一级人民政府不动产登记主管部门指定办理。

国务院确定的重点国有林区的森林、林木和林地,国务院批准项目用海、用岛，中央国家机关使用的国有土地等不动产登记，由国务院国土资源主管部门会同有关部门规定。

第二章 不动产登记簿

第八条 不动产以不动产单元为基本单位进行登记。不动产单元具有唯一编码。

不动产登记机构应当按照国务院国土资源主管部门的规定设立统一的不动产登记簿。

不动产登记簿应当记载以下事项：

（一）不动产的坐落、界址、空间界限、面积、用途等自然状况；

（二）不动产权利的主体、类型、内容、来源、期限、权利变化等权属状况；

（三）涉及不动产权利限制、提示的事项；

（四）其他相关事项。

第九条 不动产登记簿应当采用电子介质，暂不具备条件的，可以采用纸质介质。不动产登记机构应当明确不动产登记簿唯一、合法的介质形式。

不动产登记簿采用电子介质的，应当定期进行异地备份，并具有唯一、确定的纸质转化形式。

第十条 不动产登记机构应当依法将各类登记事项准确、完整、清晰地记载于不动产登记簿。任何人不得损毁不动产登记簿，除依法予以更正外不得修改登记事项。

第十一条 不动产登记工作人员应当具备与不动产登记工作相适应的专业知识和业务能力。

不动产登记机构应当加强对不动产登记工作人员的管理和专业技术培训。

第十二条 不动产登记机构应当指定专人负责不动产登记簿的

保管,并建立健全相应的安全责任制度。

采用纸质介质不动产登记簿的,应当配备必要的防盗、防火、防渍、防有害生物等安全保护设施。

采用电子介质不动产登记簿的,应当配备专门的存储设施,并采取信息网络安全防护措施。

第十三条 不动产登记簿由不动产登记机构永久保存。不动产登记簿损毁、灭失的,不动产登记机构应当依据原有登记资料予以重建。

行政区域变更或者不动产登记机构职能调整的,应当及时将不动产登记簿移交相应的不动产登记机构。

第三章 登记程序

第十四条 因买卖、设定抵押权等申请不动产登记的,应当由当事人双方共同申请。

属于下列情形之一的,可以由当事人单方申请:

(一)尚未登记的不动产首次申请登记的;

(二)继承、接受遗赠取得不动产权利的;

(三)人民法院、仲裁委员会生效的法律文书或者人民政府生效的决定等设立、变更、转让、消灭不动产权利的;

(四)权利人姓名、名称或者自然状况发生变化,申请变更登记的;

(五)不动产灭失或者权利人放弃不动产权利,申请注销登记的;

(六)申请更正登记或者异议登记的;

(七)法律、行政法规规定可以由当事人单方申请的其他情形。

第十五条 当事人或者其代理人应当向不动产登记机构申请不动产登记。

不动产登记机构将申请登记事项记载于不动产登记簿前,申请人可以撤回登记申请。

第十六条　申请人应当提交下列材料，并对申请材料的真实性负责：

（一）登记申请书；

（二）申请人、代理人身份证明材料、授权委托书；

（三）相关的不动产权属来源证明材料、登记原因证明文件、不动产权属证书；

（四）不动产界址、空间界限、面积等材料；

（五）与他人利害关系的说明材料；

（六）法律、行政法规以及本条例实施细则规定的其他材料。

不动产登记机构应当在办公场所和门户网站公开申请登记所需材料目录和示范文本等信息。

第十七条　不动产登记机构收到不动产登记申请材料，应当分别按照下列情况办理：

（一）属于登记职责范围，申请材料齐全、符合法定形式，或者申请人按照要求提交全部补正申请材料的，应当受理并书面告知申请人；

（二）申请材料存在可以当场更正的错误的，应当告知申请人当场更正，申请人当场更正后，应当受理并书面告知申请人；

（三）申请材料不齐全或者不符合法定形式的，应当当场书面告知申请人不予受理并一次性告知需要补正的全部内容；

（四）申请登记的不动产不属于本机构登记范围的，应当当场书面告知申请人不予受理并告知申请人向有登记权的机构申请。

不动产登记机构未当场书面告知申请人不予受理的，视为受理。

第十八条　不动产登记机构受理不动产登记申请的，应当按照下列要求进行查验：

（一）不动产界址、空间界限、面积等材料与申请登记的不动产状况是否一致；

（二）有关证明材料、文件与申请登记的内容是否一致；

（三）登记申请是否违反法律、行政法规规定。

第十九条 属于下列情形之一的，不动产登记机构可以对申请登记的不动产进行实地查看：

（一）房屋等建筑物、构筑物所有权首次登记；

（二）在建建筑物抵押权登记；

（三）因不动产灭失导致的注销登记；

（四）不动产登记机构认为需要实地查看的其他情形。

对可能存在权属争议，或者可能涉及他人利害关系的登记申请，不动产登记机构可以向申请人、利害关系人或者有关单位进行调查。

不动产登记机构进行实地查看或者调查时，申请人、被调查人应当予以配合。

第二十条 不动产登记机构应当自受理登记申请之日起30个工作日内办结不动产登记手续，法律另有规定的除外。

第二十一条 登记事项自记载于不动产登记簿时完成登记。

不动产登记机构完成登记，应当依法向申请人核发不动产权属证书或者登记证明。

第二十二条 登记申请有下列情形之一的，不动产登记机构应当不予登记，并书面告知申请人：

（一）违反法律、行政法规规定的；

（二）存在尚未解决的权属争议的；

（三）申请登记的不动产权利超过规定期限的；

（四）法律、行政法规规定不予登记的其他情形。

第四章　登记信息共享与保护

第二十三条 国务院国土资源主管部门应当会同有关部门建立

统一的不动产登记信息管理基础平台。

各级不动产登记机构登记的信息应当纳入统一的不动产登记信息管理基础平台，确保国家、省、市、县四级登记信息的实时共享。

第二十四条 不动产登记有关信息与住房城乡建设、农业、林业、海洋等部门审批信息、交易信息等应当实时互通共享。

不动产登记机构能够通过实时互通共享取得的信息，不得要求不动产登记申请人重复提交。

第二十五条 国土资源、公安、民政、财政、税务、工商、金融、审计、统计等部门应当加强不动产登记有关信息互通共享。

第二十六条 不动产登记机构、不动产登记信息共享单位及其工作人员应当对不动产登记信息保密；涉及国家秘密的不动产登记信息，应当依法采取必要的安全保密措施。

第二十七条 权利人、利害关系人可以依法查询、复制不动产登记资料，不动产登记机构应当提供。

有关国家机关可以依照法律、行政法规的规定查询、复制与调查处理事项有关的不动产登记资料。

第二十八条 查询不动产登记资料的单位、个人应当向不动产登记机构说明查询目的，不得将查询获得的不动产登记资料用于其他目的；未经权利人同意，不得泄露查询获得的不动产登记资料。

第五章　法　律　责　任

第二十九条 不动产登记机构登记错误给他人造成损害，或者当事人提供虚假材料申请登记给他人造成损害的，依照《中华人民共和国物权法》的规定承担赔偿责任。

第三十条 不动产登记机构工作人员进行虚假登记，损毁、伪造不动产登记簿，擅自修改登记事项，或者有其他滥用职权、玩忽职守行为的，依法给予处分；给他人造成损害的，依法承担赔偿责任；构成犯罪的，依法追究刑事责任。

第三十一条 伪造、变造不动产权属证书、不动产登记证明，或者买卖、使用伪造、变造的不动产权属证书、不动产登记证明的，由不动产登记机构或者公安机关依法予以收缴；有违法所得的，没收违法所得；给他人造成损害的，依法承担赔偿责任；构成违反治安管理行为的，依法给予治安管理处罚；构成犯罪的，依法追究刑事责任。

第三十二条 不动产登记机构、不动产登记信息共享单位及其工作人员，查询不动产登记资料的单位或者个人违反国家规定，泄露不动产登记资料、登记信息，或者利用不动产登记资料、登记信息进行不正当活动，给他人造成损害的，依法承担赔偿责任；对有关责任人员依法给予处分；有关责任人员构成犯罪的，依法追究刑事责任。

第六章 附 则

第三十三条 本条例施行前依法颁发的各类不动产权属证书和制作的不动产登记簿继续有效。

不动产统一登记过渡期内，农村土地承包经营权的登记按照国家有关规定执行。

第三十四条 本条例实施细则由国务院国土资源主管部门会同有关部门制定。

第三十五条 本条例自 2015 年 3 月 1 日起施行。本条例施行前公布的行政法规有关不动产登记的规定与本条例规定不一致的，以本条例规定为准。

不动产登记暂行条例实施细则

（2016年1月1日国土资源部令第63号公布　根据2019年7月16日自然资源部第2次部务会《自然资源部关于废止和修改的第一批部门规章的决定》修正　2019年7月24日自然资源部令第5号公布　自公布之日起施行）

第一章　总　　则

第一条　为规范不动产登记行为，细化不动产统一登记制度，方便人民群众办理不动产登记，保护权利人合法权益，根据《不动产登记暂行条例》（以下简称《条例》），制定本实施细则。

第二条　不动产登记应当依照当事人的申请进行，但法律、行政法规以及本实施细则另有规定的除外。

房屋等建筑物、构筑物和森林、林木等定着物应当与其所依附的土地、海域一并登记，保持权利主体一致。

第三条　不动产登记机构依照《条例》第七条第二款的规定，协商办理或者接受指定办理跨县级行政区域不动产登记的，应当在登记完毕后将不动产登记簿记载的不动产权利人以及不动产坐落、界址、面积、用途、权利类型等登记结果告知不动产所跨区域的其他不动产登记机构。

第四条　国务院确定的重点国有林区的森林、林木和林地，由自然资源部受理并会同有关部门办理，依法向权利人核发不动产权属证书。

国务院批准的项目用海、用岛的登记，由自然资源部受理，依法向权利人核发不动产权属证书。

第二章　不动产登记簿

第五条　《条例》第八条规定的不动产单元,是指权属界线封闭且具有独立使用价值的空间。

没有房屋等建筑物、构筑物以及森林、林木定着物的,以土地、海域权属界线封闭的空间为不动产单元。

有房屋等建筑物、构筑物以及森林、林木定着物的,以该房屋等建筑物、构筑物以及森林、林木定着物与土地、海域权属界线封闭的空间为不动产单元。

前款所称房屋,包括独立成幢、权属界线封闭的空间,以及区分套、层、间等可以独立使用、权属界线封闭的空间。

第六条　不动产登记簿以宗地或者宗海为单位编成,一宗地或者一宗海范围内的全部不动产单元编入一个不动产登记簿。

第七条　不动产登记机构应当配备专门的不动产登记电子存储设施,采取信息网络安全防护措施,保证电子数据安全。

任何单位和个人不得擅自复制或者篡改不动产登记簿信息。

第八条　承担不动产登记审核、登簿的不动产登记工作人员应当熟悉相关法律法规,具备与其岗位相适应的不动产登记等方面的专业知识。

自然资源部会同有关部门组织开展对承担不动产登记审核、登簿的不动产登记工作人员的考核培训。

第三章　登记程序

第九条　申请不动产登记的,申请人应当填写登记申请书,并提交身份证明以及相关申请材料。

申请材料应当提供原件。因特殊情况不能提供原件的,可以提供复印件,复印件应当与原件保持一致。

第十条　处分共有不动产申请登记的,应当经占份额三分之二以上的按份共有人或者全体共同共有人共同申请，但共有人另有约定的除外。

按份共有人转让其享有的不动产份额，应当与受让人共同申请转移登记。

建筑区划内依法属于全体业主共有的不动产申请登记，依照本实施细则第三十六条的规定办理。

第十一条 无民事行为能力人、限制民事行为能力人申请不动产登记的，应当由其监护人代为申请。

监护人代为申请登记的，应当提供监护人与被监护人的身份证或者户口簿、有关监护关系等材料；因处分不动产而申请登记的，还应当提供为被监护人利益的书面保证。

父母之外的监护人处分未成年人不动产的，有关监护关系材料可以是人民法院指定监护的法律文书、经过公证的对被监护人享有监护权的材料或者其他材料。

第十二条 当事人可以委托他人代为申请不动产登记。

代理申请不动产登记的，代理人应当向不动产登记机构提供被代理人签字或者盖章的授权委托书。

自然人处分不动产，委托代理人申请登记的，应当与代理人共同到不动产登记机构现场签订授权委托书，但授权委托书经公证的除外。

境外申请人委托他人办理处分不动产登记的，其授权委托书应当按照国家有关规定办理认证或者公证。

第十三条 申请登记的事项记载于不动产登记簿前，全体申请人提出撤回登记申请的，登记机构应当将登记申请书以及相关材料退还申请人。

第十四条 因继承、受遗赠取得不动产，当事人申请登记的，应当提交死亡证明材料、遗嘱或者全部法定继承人关于不动产分配的协议以及与被继承人的亲属关系材料等，也可以提交经公证的材料或者生效的法律文书。

第十五条 不动产登记机构受理不动产登记申请后,还应当对下列内容进行查验:

(一)申请人、委托代理人身份证明材料以及授权委托书与申请主体是否一致;

(二)权属来源材料或者登记原因文件与申请登记的内容是否一致;

(三)不动产界址、空间界限、面积等权籍调查成果是否完备,权属是否清楚、界址是否清晰、面积是否准确;

(四)法律、行政法规规定的完税或者缴费凭证是否齐全。

第十六条 不动产登记机构进行实地查看,重点查看下列情况:

(一)房屋等建筑物、构筑物所有权首次登记,查看房屋坐落及其建造完成等情况;

(二)在建建筑物抵押权登记,查看抵押的在建建筑物坐落及其建造等情况;

(三)因不动产灭失导致的注销登记,查看不动产灭失等情况。

第十七条 有下列情形之一的,不动产登记机构应当在登记事项记载于登记簿前进行公告,但涉及国家秘密的除外:

(一)政府组织的集体土地所有权登记;

(二)宅基地使用权及房屋所有权,集体建设用地使用权及建筑物、构筑物所有权,土地承包经营权等不动产权利的首次登记;

(三)依职权更正登记;

(四)依职权注销登记;

(五)法律、行政法规规定的其他情形。

公告应当在不动产登记机构门户网站以及不动产所在地等指定场所进行,公告期不少于15个工作日。公告所需时间不计算在登记办理期限内。公告期满无异议或者异议不成立的,应当及时记载于不动产登记簿。

第十八条 不动产登记公告的主要内容包括：

（一）拟予登记的不动产权利人的姓名或者名称；

（二）拟予登记的不动产坐落、面积、用途、权利类型等；

（三）提出异议的期限、方式和受理机构；

（四）需要公告的其他事项。

第十九条 当事人可以持人民法院、仲裁委员会的生效法律文书或者人民政府的生效决定单方申请不动产登记。

有下列情形之一的，不动产登记机构直接办理不动产登记：

（一）人民法院持生效法律文书和协助执行通知书要求不动产登记机构办理登记的；

（二）人民检察院、公安机关依据法律规定持协助查封通知书要求办理查封登记的；

（三）人民政府依法做出征收或者收回不动产权利决定生效后，要求不动产登记机构办理注销登记的；

（四）法律、行政法规规定的其他情形。

不动产登记机构认为登记事项存在异议的，应当依法向有关机关提出审查建议。

第二十条 不动产登记机构应当根据不动产登记簿，填写并核发不动产权属证书或者不动产登记证明。

除办理抵押权登记、地役权登记和预告登记、异议登记，向申请人核发不动产登记证明外，不动产登记机构应当依法向权利人核发不动产权属证书。

不动产权属证书和不动产登记证明，应当加盖不动产登记机构登记专用章。

不动产权属证书和不动产登记证明样式，由自然资源部统一规定。

第二十一条 申请共有不动产登记的，不动产登记机构向全体共有人合并发放一本不动产权属证书；共有人申请分别持证的，可以为共有人分别发放不动产权属证书。

共有不动产权属证书应当注明共有情况，并列明全体共有人。

第二十二条 不动产权属证书或者不动产登记证明污损、破损的，当事人可以向不动产登记机构申请换发。符合换发条件的，不动产登记机构应当予以换发，并收回原不动产权属证书或者不动产登记证明。

不动产权属证书或者不动产登记证明遗失、灭失，不动产权利人申请补发的，由不动产登记机构在其门户网站上刊发不动产权利人的遗失、灭失声明15个工作日后，予以补发。

不动产登记机构补发不动产权属证书或者不动产登记证明的，应当将补发不动产权属证书或者不动产登记证明的事项记载于不动产登记簿，并在不动产权属证书或者不动产登记证明上注明"补发"字样。

第二十三条 因不动产权利灭失等情形，不动产登记机构需要收回不动产权属证书或者不动产登记证明的，应当在不动产登记簿上将收回不动产权属证书或者不动产登记证明的事项予以注明；确实无法收回的，应当在不动产登记机构门户网站或者当地公开发行的报刊上公告作废。

第四章 不动产权利登记

第一节 一般规定

第二十四条 不动产首次登记，是指不动产权利第一次登记。

未办理不动产首次登记的，不得办理不动产其他类型登记，但法律、行政法规另有规定的除外。

第二十五条 市、县人民政府可以根据情况对本行政区域内未登记的不动产，组织开展集体土地所有权、宅基地使用权、集体建设用地使用权、土地承包经营权的首次登记。

依照前款规定办理首次登记所需的权属来源、调查等登记材料，由人民政府有关部门组织获取。

第二十六条　下列情形之一的，不动产权利人可以向不动产登记机构申请变更登记：

（一）权利人的姓名、名称、身份证明类型或者身份证明号码发生变更的；

（二）不动产的坐落、界址、用途、面积等状况变更的；

（三）不动产权利期限、来源等状况发生变化的；

（四）同一权利人分割或者合并不动产的；

（五）抵押担保的范围、主债权数额、债务履行期限、抵押权顺位发生变化的；

（六）最高额抵押担保的债权范围、最高债权额、债权确定期间等发生变化的；

（七）地役权的利用目的、方法等发生变化的；

（八）共有性质发生变更的；

（九）法律、行政法规规定的其他不涉及不动产权利转移的变更情形。

第二十七条　因下列情形导致不动产权利转移的，当事人可以向不动产登记机构申请转移登记：

（一）买卖、互换、赠与不动产的；

（二）以不动产作价出资（入股）的；

（三）法人或者其他组织因合并、分立等原因致使不动产权利发生转移的；

（四）不动产分割、合并导致权利发生转移的；

（五）继承、受遗赠导致权利发生转移的；

（六）共有人增加或者减少以及共有不动产份额变化的；

（七）因人民法院、仲裁委员会的生效法律文书导致不动产权利发生转移的；

（八）因主债权转移引起不动产抵押权转移的；

（九）因需役地不动产权利转移引起地役权转移的；

（十）法律、行政法规规定的其他不动产权利转移情形。

第二十八条 有下列情形之一的，当事人可以申请办理注销登记：

（一）不动产灭失的；

（二）权利人放弃不动产权利的；

（三）不动产被依法没收、征收或者收回的；

（四）人民法院、仲裁委员会的生效法律文书导致不动产权利消灭的；

（五）法律、行政法规规定的其他情形。

不动产上已经设立抵押权、地役权或者已经办理预告登记，所有权人、使用权人因放弃权利申请注销登记的，申请人应当提供抵押权人、地役权人、预告登记权利人同意的书面材料。

第二节 集体土地所有权登记

第二十九条 集体土地所有权登记，依照下列规定提出申请：

（一）土地属于村农民集体所有的，由村集体经济组织代为申请，没有集体经济组织的，由村民委员会代为申请；

（二）土地分别属于村内两个以上农民集体所有的，由村内各集体经济组织代为申请，没有集体经济组织的，由村民小组代为申请；

（三）土地属于乡（镇）农民集体所有的，由乡（镇）集体经济组织代为申请。

第三十条 申请集体土地所有权首次登记的，应当提交下列材料：

（一）土地权属来源材料；

（二）权籍调查表、宗地图以及宗地界址点坐标；

（三）其他必要材料。

第三十一条 农民集体因互换、土地调整等原因导致集体土地所有权转移，申请集体土地所有权转移登记的，应当提交下列材料：

（一）不动产权属证书；

（二）互换、调整协议等集体土地所有权转移的材料；

（三）本集体经济组织三分之二以上成员或者三分之二以上村民代表同意的材料；

（四）其他必要材料。

第三十二条 申请集体土地所有权变更、注销登记的，应当提交下列材料：

（一）不动产权属证书；

（二）集体土地所有权变更、消灭的材料；

（三）其他必要材料。

第三节 国有建设用地使用权及房屋所有权登记

第三十三条 依法取得国有建设用地使用权，可以单独申请国有建设用地使用权登记。

依法利用国有建设用地建造房屋的，可以申请国有建设用地使用权及房屋所有权登记。

第三十四条 申请国有建设用地使用权首次登记，应当提交下列材料：

（一）土地权属来源材料；

（二）权籍调查表、宗地图以及宗地界址点坐标；

（三）土地出让价款、土地租金、相关税费等缴纳凭证；

（四）其他必要材料。

前款规定的土地权属来源材料，根据权利取得方式的不同，包括国有建设用地划拨决定书、国有建设用地使用权出让合同、国有建设用地使用权租赁合同以及国有建设用地使用权作价出资（入股）、授权经营批准文件。

申请在地上或者地下单独设立国有建设用地使用权登记的，按照本条规定办理。

第三十五条　申请国有建设用地使用权及房屋所有权首次登记的，应当提交下列材料：

（一）不动产权属证书或者土地权属来源材料；

（二）建设工程符合规划的材料；

（三）房屋已经竣工的材料；

（四）房地产调查或者测绘报告；

（五）相关税费缴纳凭证；

（六）其他必要材料。

第三十六条　办理房屋所有权首次登记时，申请人应当将建筑区划内依法属于业主共有的道路、绿地、其他公共场所、公用设施和物业服务用房及其占用范围内的建设用地使用权一并申请登记为业主共有。业主转让房屋所有权的，其对共有部分享有的权利依法一并转让。

第三十七条　申请国有建设用地使用权及房屋所有权变更登记的，应当根据不同情况，提交下列材料：

（一）不动产权属证书；

（二）发生变更的材料；

（三）有批准权的人民政府或者主管部门的批准文件；

（四）国有建设用地使用权出让合同或者补充协议；

（五）国有建设用地使用权出让价款、税费等缴纳凭证；

（六）其他必要材料。

第三十八条　申请国有建设用地使用权及房屋所有权转移登记的，应当根据不同情况，提交下列材料：

（一）不动产权属证书；

（二）买卖、互换、赠与合同；

（三）继承或者受遗赠的材料；

（四）分割、合并协议；

（五）人民法院或者仲裁委员会生效的法律文书；

（六）有批准权的人民政府或者主管部门的批准文件；

（七）相关税费缴纳凭证；

（八）其他必要材料。

不动产买卖合同依法应当备案的，申请人申请登记时须提交经备案的买卖合同。

第三十九条 具有独立利用价值的特定空间以及码头、油库等其他建筑物、构筑物所有权的登记，按照本实施细则中房屋所有权登记有关规定办理。

第四节 宅基地使用权及房屋所有权登记

第四十条 依法取得宅基地使用权，可以单独申请宅基地使用权登记。

依法利用宅基地建造住房及其附属设施的，可以申请宅基地使用权及房屋所有权登记。

第四十一条 申请宅基地使用权及房屋所有权首次登记的，应当根据不同情况，提交下列材料：

（一）申请人身份证和户口簿；

（二）不动产权属证书或者有批准权的人民政府批准用地的文件等权属来源材料；

（三）房屋符合规划或者建设的相关材料；

（四）权籍调查表、宗地图、房屋平面图以及宗地界址点坐标等有关不动产界址、面积等材料；

（五）其他必要材料。

第四十二条 因依法继承、分家析产、集体经济组织内部互换房屋等导致宅基地使用权及房屋所有权发生转移申请登记的，申请人应当根据不同情况，提交下列材料：

（一）不动产权属证书或者其他权属来源材料；

（二）依法继承的材料；

（三）分家析产的协议或者材料；

（四）集体经济组织内部互换房屋的协议；

（五）其他必要材料。

第四十三条 申请宅基地等集体土地上的建筑物区分所有权登记的，参照国有建设用地使用权及建筑物区分所有权的规定办理登记。

第五节 集体建设用地使用权及建筑物、构筑物所有权登记

第四十四条 依法取得集体建设用地使用权，可以单独申请集体建设用地使用权登记。

依法利用集体建设用地兴办企业，建设公共设施，从事公益事业等的，可以申请集体建设用地使用权及地上建筑物、构筑物所有权登记。

第四十五条 申请集体建设用地使用权及建筑物、构筑物所有权首次登记的，申请人应当根据不同情况，提交下列材料：

（一）有批准权的人民政府批准用地的文件等土地权属来源材料；

（二）建设工程符合规划的材料；

（三）权籍调查表、宗地图、房屋平面图以及宗地界址点坐标等有关不动产界址、面积等材料；

（四）建设工程已竣工的材料；

（五）其他必要材料。

集体建设用地使用权首次登记完成后，申请人申请建筑物、构筑物所有权首次登记的，应当提交享有集体建设用地使用权的不动产权属证书。

第四十六条 申请集体建设用地使用权及建筑物、构筑物所有权变更登记、转移登记、注销登记的，申请人应当根据不同情况，提交下列材料：

（一）不动产权属证书；

（二）集体建设用地使用权及建筑物、构筑物所有权变更、转移、消灭的材料；

（三）其他必要材料。

因企业兼并、破产等原因致使集体建设用地使用权及建筑物、构筑物所有权发生转移的，申请人应当持相关协议及有关部门的批准文件等相关材料，申请不动产转移登记。

第六节 土地承包经营权登记

第四十七条 承包农民集体所有的耕地、林地、草地、水域、滩涂以及荒山、荒沟、荒丘、荒滩等农用地，或者国家所有依法由农民集体使用的农用地从事种植业、林业、畜牧业、渔业等农业生产的，可以申请土地承包经营权登记；地上有森林、林木的，应当在申请土地承包经营权登记时一并申请登记。

第四十八条 依法以承包方式在土地上从事种植业或者养殖业生产活动的，可以申请土地承包经营权的首次登记。

以家庭承包方式取得的土地承包经营权的首次登记，由发包方持土地承包经营合同等材料申请。

以招标、拍卖、公开协商等方式承包农村土地的，由承包方持土地承包经营合同申请土地承包经营权首次登记。

第四十九条 已经登记的土地承包经营权有下列情形之一的，承包方应当持原不动产权属证书以及其他证实发生变更事实的材料，申请土地承包经营权变更登记：

（一）权利人的姓名或者名称等事项发生变化的；

（二）承包土地的坐落、名称、面积发生变化的；

（三）承包期限依法变更的；

（四）承包期限届满，土地承包经营权人按照国家有关规定继续承包的；

（五）退耕还林、退耕还湖、退耕还草导致土地用途改变的；

（六）森林、林木的种类等发生变化的；

（七）法律、行政法规规定的其他情形。

第五十条 已经登记的土地承包经营权发生下列情形之一的，当事人双方应当持互换协议、转让合同等材料，申请土地承包经营权的转移登记：

（一）互换；

（二）转让；

（三）因家庭关系、婚姻关系变化等原因导致土地承包经营权分割或者合并的；

（四）依法导致土地承包经营权转移的其他情形。

以家庭承包方式取得的土地承包经营权，采取转让方式流转的，还应当提供发包方同意的材料。

第五十一条 已经登记的土地承包经营权发生下列情形之一的，承包方应当持不动产权属证书、证实灭失的材料等，申请注销登记：

（一）承包经营的土地灭失的；

（二）承包经营的土地被依法转为建设用地的；

（三）承包经营权人丧失承包经营资格或者放弃承包经营权的；

（四）法律、行政法规规定的其他情形。

第五十二条 以承包经营以外的合法方式使用国有农用地的国有农场、草场，以及使用国家所有的水域、滩涂等农用地进行农业生产，申请国有农用地的使用权登记的，参照本实施细则有关规定办理。

国有农场、草场申请国有未利用地登记的，依照前款规定办理。

第五十三条　国有林地使用权登记，应当提交有批准权的人民政府或者主管部门的批准文件，地上森林、林木一并登记。

第七节　海域使用权登记

第五十四条　依法取得海域使用权，可以单独申请海域使用权登记。

依法使用海域，在海域上建造建筑物、构筑物的，应当申请海域使用权及建筑物、构筑物所有权登记。

申请无居民海岛登记的，参照海域使用权登记有关规定办理。

第五十五条　申请海域使用权首次登记的，应当提交下列材料：

（一）项目用海批准文件或者海域使用权出让合同；

（二）宗海图以及界址点坐标；

（三）海域使用金缴纳或者减免凭证；

（四）其他必要材料。

第五十六条　有下列情形之一的，申请人应当持不动产权属证书、海域使用权变更的文件等材料，申请海域使用权变更登记：

（一）海域使用权人姓名或者名称改变的；

（二）海域坐落、名称发生变化的；

（三）改变海域使用位置、面积或者期限的；

（四）海域使用权续期的；

（五）共有性质变更的；

（六）法律、行政法规规定的其他情形。

第五十七条　有下列情形之一的，申请人可以申请海域使用权转移登记：

（一）因企业合并、分立或者与他人合资、合作经营、作价入股导致海域使用权转移的；

（二）依法转让、赠与、继承、受遗赠海域使用权的；

（三）因人民法院、仲裁委员会生效法律文书导致海域使用权转移的；

（四）法律、行政法规规定的其他情形。

第五十八条 申请海域使用权转移登记的，申请人应当提交下列材料：

（一）不动产权属证书；

（二）海域使用权转让合同、继承材料、生效法律文书等材料；

（三）转让批准取得的海域使用权，应当提交原批准用海的海洋行政主管部门批准转让的文件；

（四）依法需要补交海域使用金的，应当提交海域使用金缴纳的凭证；

（五）其他必要材料。

第五十九条 申请海域使用权注销登记的，申请人应当提交下列材料：

（一）原不动产权属证书；

（二）海域使用权消灭的材料；

（三）其他必要材料。

因围填海造地等导致海域灭失的，申请人应当在围填海造地等工程竣工后，依照本实施细则规定申请国有土地使用权登记，并办理海域使用权注销登记。

第八节 地役权登记

第六十条 按照约定设定地役权，当事人可以持需役地和供役地的不动产权属证书、地役权合同以及其他必要文件，申请地役权首次登记。

第六十一条 经依法登记的地役权发生下列情形之一的，当事人应当持地役权合同、不动产登记证明和证实变更的材料等必要材料，申请地役权变更登记：

（一）地役权当事人的姓名或者名称等发生变化；
（二）共有性质变更的；
（三）需役地或者供役地自然状况发生变化；
（四）地役权内容变更的；
（五）法律、行政法规规定的其他情形。

供役地分割转让办理登记，转让部分涉及地役权的，应当由受让人与地役权人一并申请地役权变更登记。

第六十二条 已经登记的地役权因土地承包经营权、建设用地使用权转让发生转移的，当事人应当持不动产登记证明、地役权转移合同等必要材料，申请地役权转移登记。

申请需役地转移登记的，或者需役地分割转让，转让部分涉及已登记的地役权的，当事人应当一并申请地役权转移登记，但当事人另有约定的除外。当事人拒绝一并申请地役权转移登记的，应当出具书面材料。不动产登记机构办理转移登记时，应当同时办理地役权注销登记。

第六十三条 已经登记的地役权，有下列情形之一的，当事人可以持不动产登记证明、证实地役权发生消灭的材料等必要材料，申请地役权注销登记：

（一）地役权期限届满；
（二）供役地、需役地归于同一人；
（三）供役地或者需役地灭失；
（四）人民法院、仲裁委员会的生效法律文书导致地役权消灭；
（五）依法解除地役权合同；
（六）其他导致地役权消灭的事由。

第六十四条 地役权登记，不动产登记机构应当将登记事项分别记载于需役地和供役地登记簿。

供役地、需役地分属不同不动产登记机构管辖的，当事人应当向供役地所在地的不动产登记机构申请地役权登记。供役地所在地不动产登记机构完成登记后，应当将相关事项通知需役地所在地不动产登记机构，并由其记载于需役地登记簿。

地役权设立后，办理首次登记前发生变更、转移的，当事人应当提交相关材料，就已经变更或者转移的地役权，直接申请首次登记。

第九节　抵押权登记

第六十五条　对下列财产进行抵押的，可以申请办理不动产抵押登记：

（一）建设用地使用权；

（二）建筑物和其他土地附着物；

（三）海域使用权；

（四）以招标、拍卖、公开协商等方式取得的荒地等土地承包经营权；

（五）正在建造的建筑物；

（六）法律、行政法规未禁止抵押的其他不动产。

以建设用地使用权、海域使用权抵押的，该土地、海域上的建筑物、构筑物一并抵押；以建筑物、构筑物抵押的，该建筑物、构筑物占用范围内的建设用地使用权、海域使用权一并抵押。

第六十六条　自然人、法人或者其他组织为保障其债权的实现，依法以不动产设定抵押的，可以由当事人持不动产权属证书、抵押合同与主债权合同等必要材料，共同申请办理抵押登记。

抵押合同可以是单独订立的书面合同，也可以是主债权合同中的抵押条款。

第六十七条　同一不动产上设立多个抵押权的，不动产登记机构应当按照受理时间的先后顺序依次办理登记,并记载于不动产登记簿。当事人对抵押权顺位另有约定的,从其规定办理登记。

第六十八条 有下列情形之一的,当事人应当持不动产权属证书、不动产登记证明、抵押权变更等必要材料,申请抵押权变更登记:

(一)抵押人、抵押权人的姓名或者名称变更的;

(二)被担保的主债权数额变更的;

(三)债务履行期限变更的;

(四)抵押权顺位变更的;

(五)法律、行政法规规定的其他情形。

因被担保债权主债权的种类及数额、担保范围、债务履行期限、抵押权顺位发生变更申请抵押权变更登记时,如果该抵押权的变更将对其他抵押权人产生不利影响的,还应当提交其他抵押权人书面同意的材料与身份证或者户口簿等材料。

第六十九条 因主债权转让导致抵押权转让的,当事人可以持不动产权属证书、不动产登记证明、被担保主债权的转让协议、债权人已经通知债务人的材料等相关材料,申请抵押权的转移登记。

第七十条 有下列情形之一的,当事人可以持不动产登记证明、抵押权消灭的材料等必要材料,申请抵押权注销登记:

(一)主债权消灭;

(二)抵押权已经实现;

(三)抵押权人放弃抵押权;

(四)法律、行政法规规定抵押权消灭的其他情形。

第七十一条 设立最高额抵押权的,当事人应当持不动产权属证书、最高额抵押合同与一定期间内将要连续发生的债权的合同或者其他登记原因材料等必要材料,申请最高额抵押权首次登记。

当事人申请最高额抵押权首次登记时,同意将最高额抵押权设立前已经存在的债权转入最高额抵押担保的债权范围的,还应当提交已存在债权的合同以及当事人同意将该债权纳入最高额抵押权担保范围的书面材料。

第七十二条 有下列情形之一的,当事人应当持不动产登记证明、最高额抵押权发生变更的材料等必要材料,申请最高额抵押权变更登记:

(一)抵押人、抵押权人的姓名或者名称变更的;

(二)债权范围变更的;

(三)最高债权额变更的;

(四)债权确定的期间变更的;

(五)抵押权顺位变更的;

(六)法律、行政法规规定的其他情形。

因最高债权额、债权范围、债务履行期限、债权确定的期间发生变更申请最高额抵押权变更登记时,如果该变更将对其他抵押权人产生不利影响的,当事人还应当提交其他抵押权人的书面同意文件与身份证或者户口簿等。

第七十三条 当发生导致最高额抵押权担保的债权被确定的事由,从而使最高额抵押权转变为一般抵押权时,当事人应当持不动产登记证明、最高额抵押权担保的债权已确定的材料等必要材料,申请办理确定最高额抵押权的登记。

第七十四条 最高额抵押权发生转移的,应当持不动产登记证明、部分债权转移的材料、当事人约定最高额抵押权随同部分债权的转让而转移的材料等必要材料,申请办理最高额抵押权转移登记。

债权人转让部分债权,当事人约定最高额抵押权随同部分债权的转让而转移的,应当分别申请下列登记:

(一)当事人约定原抵押权人与受让人共同享有最高额抵押权的,应当申请最高额抵押权的转移登记;

（二）当事人约定受让人享有一般抵押权、原抵押权人就扣减已转移的债权数额后继续享有最高额抵押权的，应当申请一般抵押权的首次登记以及最高额抵押权的变更登记；

（三）当事人约定原抵押权人不再享有最高额抵押权的，应当一并申请最高额抵押权确定登记以及一般抵押权转移登记。

最高额抵押权担保的债权确定前，债权人转让部分债权的，除当事人另有约定外，不动产登记机构不得办理最高额抵押权转移登记。

第七十五条 以建设用地使用权以及全部或者部分在建建筑物设定抵押的，应当一并申请建设用地使用权以及在建建筑物抵押权的首次登记。

当事人申请在建建筑物抵押权首次登记时，抵押财产不包括已经办理预告登记的预购商品房和已经办理预售备案的商品房。

前款规定的在建建筑物，是指正在建造、尚未办理所有权首次登记的房屋等建筑物。

第七十六条 申请在建建筑物抵押权首次登记的，当事人应当提交下列材料：

（一）抵押合同与主债权合同；

（二）享有建设用地使用权的不动产权属证书；

（三）建设工程规划许可证；

（四）其他必要材料。

第七十七条 在建建筑物抵押权变更、转移或者消灭的，当事人应当提交下列材料，申请变更登记、转移登记、注销登记：

（一）不动产登记证明；

（二）在建建筑物抵押权发生变更、转移或者消灭的材料；

（三）其他必要材料。

在建建筑物竣工，办理建筑物所有权首次登记时，当事人应当申请将在建建筑物抵押权登记转为建筑物抵押权登记。

第七十八条 申请预购商品房抵押登记，应当提交下列材料：

（一）抵押合同与主债权合同；

（二）预购商品房预告登记材料；

（三）其他必要材料。

预购商品房办理房屋所有权登记后，当事人应当申请将预购商品房抵押预告登记转为商品房抵押权首次登记。

第五章 其他登记

第一节 更正登记

第七十九条 权利人、利害关系人认为不动产登记簿记载的事项有错误，可以申请更正登记。

权利人申请更正登记的，应当提交下列材料：

（一）不动产权属证书；

（二）证实登记确有错误的材料；

（三）其他必要材料。

利害关系人申请更正登记的，应当提交利害关系材料、证实不动产登记簿记载错误的材料以及其他必要材料。

第八十条 不动产权利人或者利害关系人申请更正登记，不动产登记机构认为不动产登记簿记载确有错误的，应当予以更正；但在错误登记之后已经办理了涉及不动产权利处分的登记、预告登记和查封登记的除外。

不动产权属证书或者不动产登记证明填制错误以及不动产登记机构在办理更正登记中，需要更正不动产权属证书或者不动产登记证明内容的，应当书面通知权利人换发，并把换发不动产权属证书或者不动产登记证明的事项记载于登记簿。

不动产登记簿记载无误的，不动产登记机构不予更正，并书面通知申请人。

第八十一条 不动产登记机构发现不动产登记簿记载的事项错误，应当通知当事人在 30 个工作日内办理更正登记。当事人逾期不办理的，不动产登记机构应当在公告 15 个工作日后，依法予以更正；但在错误登记之后已经办理了涉及不动产权利处分的登记、预告登记和查封登记的除外。

第二节 异议登记

第八十二条 利害关系人认为不动产登记簿记载的事项错误，权利人不同意更正的，利害关系人可以申请异议登记。

利害关系人申请异议登记的，应当提交下列材料：

（一）证实对登记的不动产权利有利害关系的材料；

（二）证实不动产登记簿记载的事项错误的材料；

（三）其他必要材料。

第八十三条 不动产登记机构受理异议登记申请的，应当将异议事项记载于不动产登记簿，并向申请人出具异议登记证明。

异议登记申请人应当在异议登记之日起 15 日内，提交人民法院受理通知书、仲裁委员会受理通知书等提起诉讼、申请仲裁的材料；逾期不提交的，异议登记失效。

异议登记失效后，申请人就同一事项以同一理由再次申请异议登记的，不动产登记机构不予受理。

第八十四条 异议登记期间，不动产登记簿上记载的权利人以及第三人因处分权利申请登记的，不动产登记机构应当书面告知申请人该权利已经存在异议登记的有关事项。申请人申请继续办理的，应当予以办理，但申请人应当提供知悉异议登记存在并自担风险的书面承诺。

第三节 预告登记

第八十五条 有下列情形之一的，当事人可以按照约定申请不动产预告登记：

（一）商品房等不动产预售的；

（二）不动产买卖、抵押的；

（三）以预购商品房设定抵押权的；

（四）法律、行政法规规定的其他情形。

预告登记生效期间，未经预告登记的权利人书面同意，处分该不动产权利申请登记的，不动产登记机构应当不予办理。

预告登记后，债权未消灭且自能够进行相应的不动产登记之日起3个月内，当事人申请不动产登记的，不动产登记机构应当按照预告登记事项办理相应的登记。

第八十六条 申请预购商品房的预告登记，应当提交下列材料：

（一）已备案的商品房预售合同；

（二）当事人关于预告登记的约定；

（三）其他必要材料。

预售人和预购人订立商品房买卖合同后，预售人未按照约定与预购人申请预告登记，预购人可以单方申请预告登记。

预购人单方申请预购商品房预告登记，预售人与预购人在商品房预售合同中对预告登记附有条件和期限的，预购人应当提交相应材料。

申请预告登记的商品房已经办理在建建筑物抵押权首次登记的，当事人应当一并申请在建建筑物抵押权注销登记，并提交不动产权属转移材料、不动产登记证明。不动产登记机构应当先办理在建建筑物抵押权注销登记，再办理预告登记。

第八十七条 申请不动产转移预告登记的，当事人应当提交下列材料：

（一）不动产转让合同；

（二）转让方的不动产权属证书；

（三）当事人关于预告登记的约定；

（四）其他必要材料。

第八十八条 抵押不动产，申请预告登记的，当事人应当提交下列材料：

（一）抵押合同与主债权合同；

（二）不动产权属证书；

（三）当事人关于预告登记的约定；

（四）其他必要材料。

第八十九条 预告登记未到期，有下列情形之一的，当事人可以持不动产登记证明、债权消灭或者权利人放弃预告登记的材料，以及法律、行政法规规定的其他必要材料申请注销预告登记：

（一）预告登记的权利人放弃预告登记的；

（二）债权消灭的；

（三）法律、行政法规规定的其他情形。

第四节 查封登记

第九十条 人民法院要求不动产登记机构办理查封登记的，应当提交下列材料：

（一）人民法院工作人员的工作证；

（二）协助执行通知书；

（三）其他必要材料。

第九十一条 两个以上人民法院查封同一不动产的，不动产登记机构应当为先送达协助执行通知书的人民法院办理查封登记，对后送达协助执行通知书的人民法院办理轮候查封登记。

轮候查封登记的顺序按照人民法院协助执行通知书送达不动产登记机构的时间先后进行排列。

第九十二条 查封期间，人民法院解除查封的，不动产登记机构应当及时根据人民法院协助执行通知书注销查封登记。

不动产查封期限届满，人民法院未续封的，查封登记失效。

第九十三条 人民检察院等其他国家有权机关依法要求不动产登记机构办理查封登记的，参照本节规定办理。

第六章 不动产登记资料的查询、保护和利用

第九十四条 不动产登记资料包括：

（一）不动产登记簿等不动产登记结果；

（二）不动产登记原始资料，包括不动产登记申请书、申请人身份材料、不动产权属来源、登记原因、不动产权籍调查成果等材料以及不动产登记机构审核材料。

不动产登记资料由不动产登记机构管理。不动产登记机构应当建立不动产登记资料管理制度以及信息安全保密制度，建设符合不动产登记资料安全保护标准的不动产登记资料存放场所。

不动产登记资料中属于归档范围的，按照相关法律、行政法规的规定进行归档管理，具体办法由自然资源部会同国家档案主管部门另行制定。

第九十五条 不动产登记机构应当加强不动产登记信息化建设，按照统一的不动产登记信息管理基础平台建设要求和技术标准，做好数据整合、系统建设和信息服务等工作，加强不动产登记信息产品开发和技术创新，提高不动产登记的社会综合效益。

各级不动产登记机构应当采取措施保障不动产登记信息安全。任何单位和个人不得泄露不动产登记信息。

第九十六条 不动产登记机构、不动产交易机构建立不动产登记信息与交易信息互联共享机制，确保不动产登记与交易有序衔接。

不动产交易机构应当将不动产交易信息及时提供给不动产登记机构。不动产登记机构完成登记后，应当将登记信息及时提供给不动产交易机构。

第九十七条 国家实行不动产登记资料依法查询制度。

权利人、利害关系人按照《条例》第二十七条规定依法查询、复制不动产登记资料的，应当到具体办理不动产登记的不动产登记机构申请。

权利人可以查询、复制其不动产登记资料。

因不动产交易、继承、诉讼等涉及的利害关系人可以查询、复制不动产自然状况、权利人及其不动产查封、抵押、预告登记、异议登记等状况。

人民法院、人民检察院、国家安全机关、监察机关等可以依法查询、复制与调查和处理事项有关的不动产登记资料。

其他有关国家机关执行公务依法查询、复制不动产登记资料的，依照本条规定办理。

涉及国家秘密的不动产登记资料的查询，按照保守国家秘密法的有关规定执行。

第九十八条 权利人、利害关系人申请查询、复制不动产登记资料应当提交下列材料：

（一）查询申请书；

（二）查询目的的说明；

（三）申请人的身份材料；

（四）利害关系人查询的，提交证实存在利害关系的材料。

权利人、利害关系人委托他人代为查询的，还应当提交代理人的身份证明材料、授权委托书。权利人查询其不动产登记资料无需提供查询目的的说明。

有关国家机关查询的，应当提供本单位出具的协助查询材料、工作人员的工作证。

第九十九条 有下列情形之一的，不动产登记机构不予查询，并书面告知理由：

（一）申请查询的不动产不属于不动产登记机构管辖范围的；

（二）查询人提交的申请材料不符合规定的；

（三）申请查询的主体或者查询事项不符合规定的；

（四）申请查询的目的不合法的；

（五）法律、行政法规规定的其他情形。

第一百条 对符合本实施细则规定的查询申请，不动产登记机构应当当场提供查询；因情况特殊，不能当场提供查询的，应当在5个工作日内提供查询。

第一百零一条 查询人查询不动产登记资料，应当在不动产登记机构设定的场所进行。

不动产登记原始资料不得带离设定的场所。

查询人在查询时应当保持不动产登记资料的完好，严禁遗失、拆散、调换、抽取、污损登记资料，也不得损坏查询设备。

第一百零二条 查询人可以查阅、抄录不动产登记资料。查询人要求复制不动产登记资料的，不动产登记机构应当提供复制。

查询人要求出具查询结果证明的，不动产登记机构应当出具查询结果证明。查询结果证明应注明查询目的及日期，并加盖不动产登记机构查询专用章。

第七章 法律责任

第一百零三条 不动产登记机构工作人员违反本实施细则规定，有下列行为之一，依法给予处分；构成犯罪的，依法追究刑事责任：

（一）对符合登记条件的登记申请不予登记，对不符合登记条件的登记申请予以登记；

（二）擅自复制、篡改、毁损、伪造不动产登记簿；

（三）泄露不动产登记资料、登记信息；

（四）无正当理由拒绝申请人查询、复制登记资料；

（五）强制要求权利人更换新的权属证书。

第一百零四条 当事人违反本实施细则规定，有下列行为之一，构成违反治安管理行为的，依法给予治安管理处罚；给他人造成损失的，依法承担赔偿责任；构成犯罪的，依法追究刑事责任：

（一）采用提供虚假材料等欺骗手段申请登记；

（二）采用欺骗手段申请查询、复制登记资料；

（三）违反国家规定，泄露不动产登记资料、登记信息；

（四）查询人遗失、拆散、调换、抽取、污损登记资料的；

（五）擅自将不动产登记资料带离查询场所、损坏查询设备的。

第八章 附 则

第一百零五条 本实施细则施行前，依法核发的各类不动产权属证书继续有效。不动产权利未发生变更、转移的，不动产登记机构不得强制要求不动产权利人更换不动产权属证书。

不动产登记过渡期内，农业部会同自然资源部等部门负责指导农村土地承包经营权的统一登记工作，按照农业部有关规定办理耕地的土地承包经营权登记。不动产登记过渡期后，由自然资源部负责指导农村土地承包经营权登记工作。

第一百零六条 不动产信托依法需要登记的，由自然资源部会同有关部门另行规定。

第一百零七条 军队不动产登记，其申请材料经军队不动产主管部门审核后，按照本实施细则规定办理。

第一百零八条 自然资源部委托北京市规划和自然资源委员会直接办理在京中央国家机关的不动产登记。

在京中央国家机关申请不动产登记时，应当提交《不动产登记暂行条例》及本实施细则规定的材料和有关机关事务管理局出具的不动产登记审核意见。不动产权属资料不齐全的，还应当提交由有关机关事务管理局确认盖章的不动产权属来源说明函。不动产权籍调查由有关机关事务管理局会同北京市规划和自然资源委员会组织进行的，还应当提交申请登记不动产单元的不动产权籍调查资料。

北京市规划和自然资源委员会办理在京中央国家机关不动产登记时，应当使用自然资源部制发的"自然资源部不动产登记专用章"。

第一百零九条 本实施细则自公布之日起施行。

国土资源部、财政部、农业部关于加快推进农村集体土地确权登记发证工作的通知

(2011年5月6日 国土资发〔2011〕60号)

各省、自治区、直辖市国土资源厅（国土环境资源厅、国土资源局、国土资源和房屋管理局、规划和国土资源管理局）、财政厅（局）、农业（农牧、农村经济）厅（局、委、办），新疆生产建设兵团国土资源局、财务局、农业局：

为贯彻落实十七届三中全会精神和《中共中央国务院关于加大统筹城乡发展力度进一步夯实农业农村发展基础的若干意见》（中发〔2010〕1号，以下简称中央1号文件）有关要求，切实加快推进农村集体土地确权登记发证工作，现将有关事项通知如下：

一、充分认识加快农村集体土地确权登记发证的重要意义

《土地管理法》实施以来，各地按照国家法律法规和政策积极开展土地登记工作，取得了显著的成绩，对推进土地市场建设，维护土地权利人合法权益，促进经济社会发展发挥了重要作用。但是，受当时条件的限制，农村集体土地确权登记发证工作总体滞后，有的地区登记发证率还很低，已颁证的农村集体土地所有权大部分只确权登记到行政村农民集体一级，没有确认到每一个具有所有权的农民集体，这与中央的要求和农村经济社会发展的现实需求

不相适应。明晰集体土地财产权，加快推进农村集体土地确权登记发证工作任务十分紧迫繁重。

（一）加快推进农村集体土地确权登记发证工作是维护农民权益、促进农村社会和谐稳定的现实需要。通过农村集体土地确权登记发证，有效解决农村集体土地权属纠纷，化解农村社会矛盾，依法确认农民土地权利，强化农民特别是全社会的土地物权意识，有助于在城镇化、工业化和农业现代化推进过程中，切实维护农民权益。

（二）加快推进农村集体土地确权登记发证工作是落实最严格的耕地保护制度和节约用地制度、提高土地管理和利用水平的客观需要。土地确权登记发证的过程，是进一步查清宗地的权属、面积、用途、空间位置，建立土地登记簿的过程，也是摸清土地利用情况的过程，从而改变农村土地管理基础薄弱的状况，夯实管理和改革的基础，确认农民集体、农民与土地长期稳定的产权关系，将农民与土地物权紧密联系起来，可以进一步激发农民保护耕地、节约集约用地的积极性。

（三）加快推进农村集体土地确权登记发证工作是夯实农业农村发展基础、促进城乡统筹发展的迫切需要。加快农村集体土地确权登记发证，依法确认和保障农民的土地物权，进而通过深化改革，还权赋能，最终形成产权明晰、权能明确、权益保障、流转顺畅、分配合理的农村集体土地产权制度，是建设城乡统一的土地市场的前提，是促进农村经济社会发展、实现城乡统筹的动力源泉。

二、切实加快农村集体土地确权登记发证工作，强化成果应用

各地要认真落实中央1号文件精神，加快农村集体土地所有权、宅基地使用权、集体建设用地使用权等确权登记发证工作，力争到2012年底把全国范围内的农村集体土地所有权证确认到每个具有所有权的集体经济组织，做到农村集体土地确权登记发证全覆

盖。要按照土地总登记模式，集中人员、时间和地点开展工作，坚持依法依规、便民高效、因地制宜、急需优先和全面覆盖的原则，注重解决难点问题。

（一）完善相关政策。认真总结在农村集体土地确权登记发证工作方面的经验，围绕地籍调查、土地确权、争议调处、登记发证工作中存在的问题，深入研究，创新办法，细化和完善加快农村集体土地确权登记发证的政策。严禁通过土地登记将违法违规用地合法化。

（二）加快地籍调查。地籍调查是土地登记发证的前提，各地要加快地籍调查，严格按照地籍调查有关规程规范的要求，开展农村集体土地所有权、宅基地使用权、集体建设用地使用权调查工作，查清农村每一宗土地的权属、界址、面积和用途等基本情况。有条件的地方要制作农村集体土地所有权地籍图，以大比例尺地籍调查为基础，制作农村集体土地使用权，特别是建设用地使用权、宅基地使用权地籍图。县级以上城镇以及有条件的一般建制镇、村庄，要建立地籍信息系统，将地籍调查成果上图入库，纳入规范化管理，在此基础上，开展土地总登记及初始登记和变更登记。建立地籍成果动态更新机制，以土地登记为切入点，动态更新地籍调查成果资料，保持调查成果的现势性，确保土地登记结果的准确性。

（三）加强争议调处。要及时调处土地权属争议，建立土地权属争议调处信息库，及时掌握集体土地所有权、宅基地使用权和集体建设用地使用权权属争议动态，有效化解争议，为确权创造条件。

（四）规范已有成果。结合全国土地登记规范化和土地权属争议调处检查工作，凡是农村集体土地所有权证没有确认到具有所有权的农民集体经济组织的，应当确认到具有所有权的农民集体经济组织；已经登记发证的宗地缺失档案资料以及不规范的，尽快补正完善；已经登记的宗地测量精度不够的，及时进行修补测；对于发现登记错误的，及时予以更正。

（五）加强信息化建设。把农村集体土地确权登记发证同地籍信息化建设结合起来，在应用现代信息技术加快确权登记发证的同时，一并将地籍档案数字化，实现确权登记发证成果的信息化管理。建设全国土地登记信息动态监管查询系统，逐步实现土地登记资料网上实时更新，动态管理，建立共享机制，全面提高地籍管理水平，大幅度提高地籍工作的社会化服务程度。

（六）强化证书应用。实行凭证管地用地制度。土地权利证书要发放到权利人手中，严禁以统一保管等名义扣留、延缓发放土地权利证书。各地根据当地实际，可以要求凡被征收的农村集体所有土地，在办理征地手续之前，必须完成农村集体土地确权登记发证，在征地拆迁时，要依据农村集体土地所有证和农村集体土地使用证进行补偿；凡是依法进入市场流转的经营性集体建设用地使用权，必须经过确权登记，做到产权明晰、四至清楚、没有纠纷，没有经过确权登记的集体建设用地使用权一律禁止流转；农用地流转需与集体土地所有权确权登记工作做好衔接，确保承包地流转前后的集体所有性质不改变，土地用途不改变，农民土地承包权益不受损害；对新农村建设和农村建设用地整治涉及宅基地调整的，必须以确权登记发证为前提。

充分发挥农村土地确权登记发证工作成果在规划、耕保、利用、执法等国土资源管理各个环节的基础作用。农村集体土地登记发证与集体建设用地流转、城乡建设用地增减挂钩、农用地流转、土地征收等各项重点工作挂钩。凡是到2012年底未按时完成农村集体土地所有权登记发证工作的，农转用、土地征收审批暂停，农村土地整治项目不予立项。

三、加强组织领导，强化督促落实

（一）加强组织领导。国土资源部会同财政部、农业部成立全国加快推进农村集体土地确权登记发证工作领导小组，办公室设在国土资源部地籍管理司,由成员单位有关方面负责人、联络员及工作人员组成,具体负责推进农村集体土地确权登记发证的日常工作。省级人民政府国土资源部门要牵头成立相应的领导小组,负责本地区工作的组织和实施。市(县)政府是农村集体土地登记的法定主体,市(县)成立以政府领导为组长的工作领导小组,国土资源部门承担领导小组的日常工作,负责编制实施方案,分解任务,落实责任,明确进度,定期检查,抓好落实。农村集体土地所有权确权登记发证应当覆盖到本行政区内全部集体土地。

(二)周密部署安排。各省要抓紧摸清本地区集体土地确权登记发证现状,研究制定具体工作方案,明确年度工作目标和任务,加强人员培训,落实责任制,加快农村集体土地所有权、宅基地使用权、集体建设用地使用权等确权登记颁证工作,2012年底基本完成把农村集体土地所有权证确认到每个具有所有权的农民集体经济组织的任务。

建立全国农村集体土地确权登记发证工作进度汇总统计分析和通报制度。请省级领导小组办公室于2011年6月底将本地区农村集体土地确权登记发证工作进展情况报办公室,此后按季度定期上报工作进度情况,并逐步建立网上动态上报机制,办公室将采取多种方式加强督促检查。

(三)切实保障经费。相关地方政府要按照中央1号文件要求,统筹安排,将农村集体土地确权登记发证有关工作经费足额纳入财政预算,保障工作开展。

(四)加强土地登记代理机构队伍建设。借助土地登记代理机构等专业力量,提高确权登记发证的效率和规范化程度。

(五)宣传动员群众。各地要通过报纸、电视、广播、网络等媒体,大力宣传农村集体土地确权登记发证的重要意义、工作目标和法律政策,创造良好的舆论环境和工作氛围。争取广大农民群众和社会各界的理解支持，充分发挥农村基层组织在登记申报、土地确权、纠纷调处等工作中的重要作用，调动广大农民群众参与的积极性。国土资源部将适时召开加快推进农村集体土地确权登记发证工作现场会，总结、推广、宣传典型经验，为全国提供示范典型。

四 农村土地承包与宅基地

中华人民共和国农村土地承包法

（2002年8月29日第九届全国人民代表大会常务委员会第二十九次会议通过 根据2009年8月27日第十一届全国人民代表大会常务委员会第十次会议《关于修改部分法律的决定》第一次修正 根据2018年12月29日第十三届全国人民代表大会常务委员会第七次会议《关于修改〈中华人民共和国农村土地承包法〉的决定》第二次修正）

目　录

第一章　总　　则

第二章　家庭承包

　第一节　发包方和承包方的权利和义务

　第二节　承包的原则和程序

　第三节　承包期限和承包合同

　第四节　土地承包经营权的保护和互换、转让

　第五节　土地经营权

第三章　其他方式的承包

第四章　争议的解决和法律责任

第五章　附　　则

第一章 总　则

第一条　【立法目的】为了巩固和完善以家庭承包经营为基础、统分结合的双层经营体制，保持农村土地承包关系稳定并长久不变，维护农村土地承包经营当事人的合法权益，促进农业、农村经济发展和农村社会和谐稳定，根据宪法，制定本法。

第二条　【农村土地范围】本法所称农村土地，是指农民集体所有和国家所有依法由农民集体使用的耕地、林地、草地，以及其他依法用于农业的土地。

第三条　【农村土地承包经营制度】国家实行农村土地承包经营制度。

农村土地承包采取农村集体经济组织内部的家庭承包方式，不宜采取家庭承包方式的荒山、荒沟、荒丘、荒滩等农村土地，可以采取招标、拍卖、公开协商等方式承包。

第四条　【农村土地承包后土地所有权性质不变】农村土地承包后，土地的所有权性质不变。承包地不得买卖。

第五条　【承包权的主体及对承包权的保护】农村集体经济组织成员有权依法承包由本集体经济组织发包的农村土地。

任何组织和个人不得剥夺和非法限制农村集体经济组织成员承包土地的权利。

第六条　【土地承包经营权男女平等】农村土地承包，妇女与男子享有平等的权利。承包中应当保护妇女的合法权益，任何组织和个人不得剥夺、侵害妇女应当享有的土地承包经营权。

第七条　【公开、公平、公正原则】农村土地承包应当坚持公开、公平、公正的原则，正确处理国家、集体、个人三者的利益关系。

第八条　【集体土地所有者和承包方合法权益的保护】国家保护集体土地所有者的合法权益，保护承包方的土地承包经营权，任何组织和个人不得侵犯。

第九条 【"三权"分置】承包方承包土地后，享有土地承包经营权，可以自己经营，也可以保留土地承包权，流转其承包地的土地经营权，由他人经营。

第十条 【土地经营权流转的保护】国家保护承包方依法、自愿、有偿流转土地经营权，保护土地经营权人的合法权益，任何组织和个人不得侵犯。

第十一条 【土地资源的保护】农村土地承包经营应当遵守法律、法规，保护土地资源的合理开发和可持续利用。未经依法批准不得将承包地用于非农建设。

国家鼓励增加对土地的投入，培肥地力，提高农业生产能力。

第十二条 【土地承包管理部门】国务院农业农村、林业和草原主管部门分别依照国务院规定的职责负责全国农村土地承包经营及承包经营合同管理的指导。

县级以上地方人民政府农业农村、林业和草原等主管部门分别依照各自职责，负责本行政区域内农村土地承包经营及承包经营合同管理。

乡（镇）人民政府负责本行政区域内农村土地承包经营及承包经营合同管理。

第二章 家庭承包

第一节 发包方和承包方的权利和义务

第十三条 【发包主体】农民集体所有的土地依法属于村农民集体所有的，由村集体经济组织或者村民委员会发包；已经分别属于村内两个以上农村集体经济组织的农民集体所有的，由村内各该农村集体经济组织或者村民小组发包。村集体经济组织或者村民委员会发包的，不得改变村内各集体经济组织农民集体所有的土地的所有权。

国家所有依法由农民集体使用的农村土地,由使用该土地的农村集体经济组织、村民委员会或者村民小组发包。

第十四条 【发包方的权利】发包方享有下列权利:

(一)发包本集体所有的或者国家所有依法由本集体使用的农村土地;

(二)监督承包方依照承包合同约定的用途合理利用和保护土地;

(三)制止承包方损害承包地和农业资源的行为;

(四)法律、行政法规规定的其他权利。

第十五条 【发包方的义务】发包方承担下列义务:

(一)维护承包方的土地承包经营权,不得非法变更、解除承包合同;

(二)尊重承包方的生产经营自主权,不得干涉承包方依法进行正常的生产经营活动;

(三)依照承包合同约定为承包方提供生产、技术、信息等服务;

(四)执行县、乡(镇)土地利用总体规划,组织本集体经济组织内的农业基础设施建设;

(五)法律、行政法规规定的其他义务。

第十六条 【承包主体和家庭成员平等享有权益】家庭承包的承包方是本集体经济组织的农户。

农户内家庭成员依法平等享有承包土地的各项权益。

第十七条 【承包方的权利】承包方享有下列权利:

(一)依法享有承包地使用、收益的权利,有权自主组织生产经营和处置产品;

(二)依法互换、转让土地承包经营权;

(三)依法流转土地经营权;

（四）承包地被依法征收、征用、占用的，有权依法获得相应的补偿；

（五）法律、行政法规规定的其他权利。

第十八条　【承包方的义务】承包方承担下列义务：

（一）维持土地的农业用途，未经依法批准不得用于非农建设；

（二）依法保护和合理利用土地，不得给土地造成永久性损害；

（三）法律、行政法规规定的其他义务。

第二节　承包的原则和程序

第十九条　【土地承包的原则】土地承包应当遵循以下原则：

（一）按照规定统一组织承包时，本集体经济组织成员依法平等地行使承包土地的权利，也可以自愿放弃承包土地的权利；

（二）民主协商，公平合理；

（三）承包方案应当按照本法第十三条的规定，依法经本集体经济组织成员的村民会议三分之二以上成员或者三分之二以上村民代表的同意；

（四）承包程序合法。

第二十条　【土地承包的程序】土地承包应当按照以下程序进行：

（一）本集体经济组织成员的村民会议选举产生承包工作小组；

（二）承包工作小组依照法律、法规的规定拟订并公布承包方案；

（三）依法召开本集体经济组织成员的村民会议，讨论通过承包方案；

（四）公开组织实施承包方案；

（五）签订承包合同。

第三节　承包期限和承包合同

第二十一条　【承包期限】耕地的承包期为三十年。草地的承包期为三十年至五十年。林地的承包期为三十年至七十年。

前款规定的耕地承包期届满后再延长三十年，草地、林地承包期届满后依照前款规定相应延长。

第二十二条 【承包合同】发包方应当与承包方签订书面承包合同。

承包合同一般包括以下条款：

（一）发包方、承包方的名称，发包方负责人和承包方代表的姓名、住所；

（二）承包土地的名称、坐落、面积、质量等级；

（三）承包期限和起止日期；

（四）承包土地的用途；

（五）发包方和承包方的权利和义务；

（六）违约责任。

第二十三条 【承包合同的生效】承包合同自成立之日起生效。承包方自承包合同生效时取得土地承包经营权。

第二十四条 【土地承包经营权登记】国家对耕地、林地和草地等实行统一登记，登记机构应当向承包方颁发土地承包经营权证或者林权证等证书，并登记造册，确认土地承包经营权。

土地承包经营权证或者林权证等证书应当将具有土地承包经营权的全部家庭成员列入。

登记机构除按规定收取证书工本费外，不得收取其他费用。

第二十五条 【承包合同的稳定性】承包合同生效后，发包方不得因承办人或者负责人的变动而变更或者解除，也不得因集体经济组织的分立或者合并而变更或者解除。

第二十六条 【严禁国家机关及其工作人员利用职权干涉农村土地承包或者变更、解除承包合同】国家机关及其工作人员不得利用职权干涉农村土地承包或者变更、解除承包合同。

第四节　土地承包经营权的保护和互换、转让

第二十七条　【承包期内承包地的交回和收回】承包期内，发包方不得收回承包地。

国家保护进城农户的土地承包经营权。不得以退出土地承包经营权作为农户进城落户的条件。

承包期内，承包农户进城落户的，引导支持其按照自愿有偿原则依法在本集体经济组织内转让土地承包经营权或者将承包地交回发包方，也可以鼓励其流转土地经营权。

承包期内，承包方交回承包地或者发包方依法收回承包地时，承包方对其在承包地上投入而提高土地生产能力的，有权获得相应的补偿。

第二十八条　【承包期内承包地的调整】承包期内，发包方不得调整承包地。

承包期内，因自然灾害严重毁损承包地等特殊情形对个别农户之间承包的耕地和草地需要适当调整的，必须经本集体经济组织成员的村民会议三分之二以上成员或者三分之二以上村民代表的同意，并报乡（镇）人民政府和县级人民政府农业农村、林业和草原等主管部门批准。承包合同中约定不得调整的，按照其约定。

第二十九条　【用于调整承包土地或者承包给新增人口的土地】下列土地应当用于调整承包土地或者承包给新增人口：

（一）集体经济组织依法预留的机动地；

（二）通过依法开垦等方式增加的；

（三）发包方依法收回和承包方依法、自愿交回的。

第三十条　【承包期内承包方自愿将承包地交回发包方的处理】承包期内，承包方可以自愿将承包地交回发包方。承包方自愿交回承包地的，可以获得合理补偿，但是应当提前半年以书面形式

通知发包方。承包方在承包期内交回承包地的，在承包期内不得再要求承包土地。

第三十一条　【妇女婚姻关系变动对土地承包的影响】承包期内，妇女结婚，在新居住地未取得承包地的，发包方不得收回其原承包地；妇女离婚或者丧偶，仍在原居住地生活或者不在原居住地生活但在新居住地未取得承包地的，发包方不得收回其原承包地。

第三十二条　【承包收益和林地承包权的继承】承包人应得的承包收益，依照继承法的规定继承。

林地承包的承包人死亡，其继承人可以在承包期内继续承包。

第三十三条　【土地承包经营权的互换】承包方之间为方便耕种或者各自需要，可以对属于同一集体经济组织的土地的土地承包经营权进行互换，并向发包方备案。

第三十四条　【土地承包经营权的转让】经发包方同意，承包方可以将全部或者部分的土地承包经营权转让给本集体经济组织的其他农户，由该农户同发包方确立新的承包关系，原承包方与发包方在该土地上的承包关系即行终止。

第三十五条　【土地承包经营权互换、转让的登记】土地承包经营权互换、转让的，当事人可以向登记机构申请登记。未经登记，不得对抗善意第三人。

第五节　土地经营权

第三十六条　【土地经营权设立】承包方可以自主决定依法采取出租（转包）、入股或者其他方式向他人流转土地经营权，并向发包方备案。

第三十七条　【土地经营权人的基本权利】土地经营权人有权在合同约定的期限内占有农村土地，自主开展农业生产经营并取得收益。

第三十八条 【土地经营权流转的原则】土地经营权流转应当遵循以下原则：

（一）依法、自愿、有偿，任何组织和个人不得强迫或者阻碍土地经营权流转；

（二）不得改变土地所有权的性质和土地的农业用途，不得破坏农业综合生产能力和农业生态环境；

（三）流转期限不得超过承包期的剩余期限；

（四）受让方须有农业经营能力或者资质；

（五）在同等条件下，本集体经济组织成员享有优先权。

第三十九条 【土地经营权流转价款】土地经营权流转的价款，应当由当事人双方协商确定。流转的收益归承包方所有，任何组织和个人不得擅自截留、扣缴。

第四十条 【土地经营权流转合同】土地经营权流转，当事人双方应当签订书面流转合同。

土地经营权流转合同一般包括以下条款：

（一）双方当事人的姓名、住所；

（二）流转土地的名称、坐落、面积、质量等级；

（三）流转期限和起止日期；

（四）流转土地的用途；

（五）双方当事人的权利和义务；

（六）流转价款及支付方式；

（七）土地被依法征收、征用、占用时有关补偿费的归属；

（八）违约责任。

承包方将土地交由他人代耕不超过一年的，可以不签订书面合同。

第四十一条 【土地经营权流转的登记】土地经营权流转期限为五年以上的，当事人可以向登记机构申请土地经营权登记。未经登记，不得对抗善意第三人。

第四十二条 【土地经营权流转合同单方解除权】承包方不得单方解除土地经营权流转合同，但受让方有下列情形之一的除外：

（一）擅自改变土地的农业用途；

（二）弃耕抛荒连续两年以上；

（三）给土地造成严重损害或者严重破坏土地生态环境；

（四）其他严重违约行为。

第四十三条 【土地经营权受让方依法投资并获得补偿】经承包方同意，受让方可以依法投资改良土壤，建设农业生产附属、配套设施，并按照合同约定对其投资部分获得合理补偿。

第四十四条 【承包方流转土地经营权后与发包方承包关系不变】承包方流转土地经营权的，其与发包方的承包关系不变。

第四十五条 【建立社会资本取得土地经营权的资格审查等制度】县级以上地方人民政府应当建立工商企业等社会资本通过流转取得土地经营权的资格审查、项目审核和风险防范制度。

工商企业等社会资本通过流转取得土地经营权的，本集体经济组织可以收取适量管理费用。

具体办法由国务院农业农村、林业和草原主管部门规定。

第四十六条 【土地经营权的再流转】经承包方书面同意，并向本集体经济组织备案，受让方可以再流转土地经营权。

第四十七条 【土地经营权融资担保】承包方可以用承包地的土地经营权向金融机构融资担保，并向发包方备案。受让方通过流转取得的土地经营权，经承包方书面同意并向发包方备案，可以向金融机构融资担保。

担保物权自融资担保合同生效时设立。当事人可以向登记机构申请登记；未经登记，不得对抗善意第三人。

实现担保物权时，担保物权人有权就土地经营权优先受偿。

土地经营权融资担保办法由国务院有关部门规定。

第三章　其他方式的承包

第四十八条 【其他承包方式】不宜采取家庭承包方式的荒山、荒沟、荒丘、荒滩等农村土地，通过招标、拍卖、公开协商等方式承包的，适用本章规定。

第四十九条 【以其他方式承包农村土地时承包合同的签订】以其他方式承包农村土地的，应当签订承包合同，承包方取得土地经营权。当事人的权利和义务、承包期限等，由双方协商确定。以招标、拍卖方式承包的，承包费通过公开竞标、竞价确定；以公开协商等方式承包的，承包费由双方议定。

第五十条 【荒山、荒沟、荒丘、荒滩等的承包经营方式】荒山、荒沟、荒丘、荒滩等可以直接通过招标、拍卖、公开协商等方式实行承包经营，也可以将土地经营权折股分给本集体经济组织成员后，再实行承包经营或者股份合作经营。

承包荒山、荒沟、荒丘、荒滩的，应当遵守有关法律、行政法规的规定，防止水土流失，保护生态环境。

第五十一条 【本集体经济组织成员有权优先承包】以其他方式承包农村土地，在同等条件下，本集体经济组织成员有权优先承包。

第五十二条 【将农村土地发包给本集体经济组织以外的单位或者个人承包的程序】发包方将农村土地发包给本集体经济组织以外的单位或者个人承包，应当事先经本集体经济组织成员的村民会议三分之二以上成员或者三分之二以上村民代表的同意，并报乡（镇）人民政府批准。

由本集体经济组织以外的单位或者个人承包的，应当对承包方的资信情况和经营能力进行审查后，再签订承包合同。

第五十三条 【以其他方式承包农村土地后，土地经营权的流转】通过招标、拍卖、公开协商等方式承包农村土地，经依法登记取得权属证书的，可以依法采取出租、入股、抵押或者其他方式流转土地经营权。

第五十四条 【以其他方式取得的土地承包经营权的继承】依照本章规定通过招标、拍卖、公开协商等方式取得土地经营权的，该承包人死亡，其应得的承包收益，依照继承法的规定继承；在承包期内，其继承人可以继续承包。

第四章 争议的解决和法律责任

第五十五条 【土地承包经营纠纷的解决方式】因土地承包经营发生纠纷的，双方当事人可以通过协商解决，也可以请求村民委员会、乡（镇）人民政府等调解解决。

当事人不愿协商、调解或者协商、调解不成的，可以向农村土地承包仲裁机构申请仲裁，也可以直接向人民法院起诉。

第五十六条 【侵害土地承包经营权、土地经营权应当承担民事责任】任何组织和个人侵害土地承包经营权、土地经营权的，应当承担民事责任。

第五十七条 【发包方的民事责任】发包方有下列行为之一的，应当承担停止侵害、排除妨碍、消除危险、返还财产、恢复原状、赔偿损失等民事责任：

（一）干涉承包方依法享有的生产经营自主权；

（二）违反本法规定收回、调整承包地；

（三）强迫或者阻碍承包方进行土地承包经营权的互换、转让或者土地经营权流转；

（四）假借少数服从多数强迫承包方放弃或者变更土地承包经营权；

（五）以划分"口粮田"和"责任田"等为由收回承包地搞招标承包；

（六）将承包地收回抵顶欠款；

（七）剥夺、侵害妇女依法享有的土地承包经营权；

（八）其他侵害土地承包经营权的行为。

第五十八条 【承包合同中无效的约定】承包合同中违背承包方意愿或者违反法律、行政法规有关不得收回、调整承包地等强制性规定的约定无效。

第五十九条 【违约责任】当事人一方不履行合同义务或者履行义务不符合约定的，应当依法承担违约责任。

第六十条 【无效的土地承包经营权互换、转让或土地经营权流转】任何组织和个人强迫进行土地承包经营权互换、转让或者土地经营权流转的，该互换、转让或者流转无效。

第六十一条 【擅自截留、扣缴土地承包经营权互换、转让或土地经营权流转收益的处理】任何组织和个人擅自截留、扣缴土地承包经营权互换、转让或者土地经营权流转收益的，应当退还。

第六十二条 【非法征收、征用、占用土地或者贪污、挪用土地征收、征用补偿费用的法律责任】违反土地管理法规，非法征收、征用、占用土地或者贪污、挪用土地征收、征用补偿费用，构成犯罪的，依法追究刑事责任；造成他人损害的，应当承担损害赔偿等责任。

第六十三条 【违法将承包地用于非农建设或者给承包地造成永久性损害的法律责任】承包方、土地经营权人违法将承包地用于非农建设的，由县级以上地方人民政府有关主管部门依法予以处罚。

承包方给承包地造成永久性损害的，发包方有权制止，并有权要求赔偿由此造成的损失。

第六十四条 【土地经营权人的民事责任】土地经营权人擅自改变土地的农业用途、弃耕抛荒连续两年以上、给土地造成严重损害或者严重破坏土地生态环境，承包方在合理期限内不解除土地经营权流转合同的，发包方有权要求终止土地经营权流转合同。土地经营权人对土地和土地生态环境造成的损害应当予以赔偿。

第六十五条 【国家机关及其工作人员利用职权侵害土地承包经营权、土地经营权行为的法律责任】国家机关及其工作人员有利用职权干涉农村土地承包经营，变更、解除承包经营合同，干涉承包经营当事人依法享有的生产经营自主权，强迫、阻碍承包经营当事人进行土地承包经营权互换、转让或者土地经营权流转等侵害土地承包经营权、土地经营权的行为，给承包经营当事人造成损失的，应当承担损害赔偿等责任；情节严重的，由上级机关或者所在单位给予直接责任人员处分；构成犯罪的，依法追究刑事责任。

第五章 附　则

第六十六条 【本法实施前的农村土地承包继续有效】本法实施前已经按照国家有关农村土地承包的规定承包，包括承包期限长于本法规定的，本法实施后继续有效，不得重新承包土地。未向承包方颁发土地承包经营权证或者林权证等证书的，应当补发证书。

第六十七条 【机动地的预留】本法实施前已经预留机动地的，机动地面积不得超过本集体经济组织耕地总面积的百分之五。不足百分之五的，不得再增加机动地。

本法实施前未留机动地的，本法实施后不得再留机动地。

第六十八条 【实施办法的制定】各省、自治区、直辖市人民代表大会常务委员会可以根据本法，结合本行政区域的实际情况，制定实施办法。

第六十九条 【农村集体经济组织成员身份的确认】确认农村集体经济组织成员身份的原则、程序等，由法律、法规规定。

第七十条 【施行时间】本法自2003年3月1日起施行。

中华人民共和国农村土地承包经营纠纷调解仲裁法

(2009年6月27日第十一届全国人民代表大会常务委员会第九次会议通过 2009年6月27日中华人民共和国主席令第14号公布 自2010年1月1日起施行)

目 录

第一章 总 则
第二章 调 解
第三章 仲 裁
 第一节 仲裁委员会和仲裁员
 第二节 申请和受理
 第三节 仲裁庭的组成
 第四节 开庭和裁决
第四章 附 则

第一章 总 则

第一条 【立法宗旨】为了公正、及时解决农村土地承包经营纠纷,维护当事人的合法权益,促进农村经济发展和社会稳定,制定本法。

第二条 【调整范围】农村土地承包经营纠纷调解和仲裁,适用本法。

农村土地承包经营纠纷包括:

(一)因订立、履行、变更、解除和终止农村土地承包合同发生的纠纷;

（二）因农村土地承包经营权转包、出租、互换、转让、入股等流转发生的纠纷；

（三）因收回、调整承包地发生的纠纷；

（四）因确认农村土地承包经营权发生的纠纷；

（五）因侵害农村土地承包经营权发生的纠纷；

（六）法律、法规规定的其他农村土地承包经营纠纷。

因征收集体所有的土地及其补偿发生的纠纷，不属于农村土地承包仲裁委员会的受理范围，可以通过行政复议或者诉讼等方式解决。

第三条 【和解、调解途径】发生农村土地承包经营纠纷的，当事人可以自行和解，也可以请求村民委员会、乡（镇）人民政府等调解。

第四条 【仲裁、诉讼途径】当事人和解、调解不成或者不愿和解、调解的，可以向农村土地承包仲裁委员会申请仲裁，也可以直接向人民法院起诉。

第五条 【基本原则】农村土地承包经营纠纷调解和仲裁，应当公开、公平、公正，便民高效，根据事实，符合法律，尊重社会公德。

第六条 【指导部门】县级以上人民政府应当加强对农村土地承包经营纠纷调解和仲裁工作的指导。

县级以上人民政府农村土地承包管理部门及其他有关部门应当依照职责分工，支持有关调解组织和农村土地承包仲裁委员会依法开展工作。

第二章 调　　解

第七条 【调解工作】村民委员会、乡（镇）人民政府应当加强农村土地承包经营纠纷的调解工作，帮助当事人达成协议解决纠纷。

第八条 【调解申请】当事人申请农村土地承包经营纠纷调解可以书面申请，也可以口头申请。口头申请的，由村民委员会或者乡（镇）人民政府当场记录申请人的基本情况、申请调解的纠纷事项、理由和时间。

第九条 【调解方式】调解农村土地承包经营纠纷，村民委员会或者乡（镇）人民政府应当充分听取当事人对事实和理由的陈述，讲解有关法律以及国家政策，耐心疏导，帮助当事人达成协议。

第十条 【调解协议书】经调解达成协议的，村民委员会或者乡（镇）人民政府应当制作调解协议书。

调解协议书由双方当事人签名、盖章或者按指印，经调解人员签名并加盖调解组织印章后生效。

第十一条 【仲裁调解】仲裁庭对农村土地承包经营纠纷应当进行调解。调解达成协议的，仲裁庭应当制作调解书；调解不成的，应当及时作出裁决。

调解书应当写明仲裁请求和当事人协议的结果。调解书由仲裁员签名，加盖农村土地承包仲裁委员会印章，送达双方当事人。

调解书经双方当事人签收后，即发生法律效力。在调解书签收前当事人反悔的，仲裁庭应当及时作出裁决。

第三章 仲 裁

第一节 仲裁委员会和仲裁员

第十二条 【农村土地承包仲裁委员会的设立】农村土地承包仲裁委员会，根据解决农村土地承包经营纠纷的实际需要设立。农村土地承包仲裁委员会可以在县和不设区的市设立，也可以在设区的市或者其市辖区设立。

农村土地承包仲裁委员会在当地人民政府指导下设立。设立农村土地承包仲裁委员会的，其日常工作由当地农村土地承包管理部门承担。

第十三条 【农村土地承包仲裁委员会的组成】 农村土地承包仲裁委员会由当地人民政府及其有关部门代表、有关人民团体代表、农村集体经济组织代表、农民代表和法律、经济等相关专业人员兼任组成，其中农民代表和法律、经济等相关专业人员不得少于组成人员的二分之一。

农村土地承包仲裁委员会设主任一人、副主任一至二人和委员若干人。主任、副主任由全体组成人员选举产生。

第十四条 【农村土地承包仲裁委员会的职责】 农村土地承包仲裁委员会依法履行下列职责：

（一）聘任、解聘仲裁员；

（二）受理仲裁申请；

（三）监督仲裁活动。

农村土地承包仲裁委员会应当依照本法制定章程，对其组成人员的产生方式及任期、议事规则等作出规定。

第十五条 【仲裁员的选任】 农村土地承包仲裁委员会应当从公道正派的人员中聘任仲裁员。

仲裁员应当符合下列条件之一：

（一）从事农村土地承包管理工作满五年；

（二）从事法律工作或者人民调解工作满五年；

（三）在当地威信较高，并熟悉农村土地承包法律以及国家政策的居民。

第十六条 【仲裁员的培训】 农村土地承包仲裁委员会应当对仲裁员进行农村土地承包法律以及国家政策的培训。

省、自治区、直辖市人民政府农村土地承包管理部门应当制定仲裁员培训计划，加强对仲裁员培训工作的组织和指导。

第十七条 【仲裁人员禁止行为】 农村土地承包仲裁委员会组

成人员、仲裁员应当依法履行职责，遵守农村土地承包仲裁委员会章程和仲裁规则，不得索贿受贿、徇私舞弊，不得侵害当事人的合法权益。

仲裁员有索贿受贿、徇私舞弊、枉法裁决以及接受当事人请客送礼等违法违纪行为的，农村土地承包仲裁委员会应当将其除名；构成犯罪的，依法追究刑事责任。

县级以上地方人民政府及有关部门应当受理对农村土地承包仲裁委员会组成人员、仲裁员违法违纪行为的投诉和举报，并依法组织查处。

第二节 申请和受理

第十八条 【仲裁时效】农村土地承包经营纠纷申请仲裁的时效期间为二年，自当事人知道或者应当知道其权利被侵害之日起计算。

第十九条 【仲裁参与人】农村土地承包经营纠纷仲裁的申请人、被申请人为当事人。家庭承包的，可以由农户代表人参加仲裁。当事人一方人数众多的，可以推选代表人参加仲裁。

与案件处理结果有利害关系的，可以申请作为第三人参加仲裁，或者由农村土地承包仲裁委员会通知其参加仲裁。

当事人、第三人可以委托代理人参加仲裁。

第二十条 【申请仲裁的条件】申请农村土地承包经营纠纷仲裁应当符合下列条件：

（一）申请人与纠纷有直接的利害关系；

（二）有明确的被申请人；

（三）有具体的仲裁请求和事实、理由；

（四）属于农村土地承包仲裁委员会的受理范围。

第二十一条 【仲裁申请】当事人申请仲裁，应当向纠纷涉及的土地所在地的农村土地承包仲裁委员会递交仲裁申请书。仲裁申请书可以邮寄或者委托他人代交。仲裁申请书应当载明申请人和被申请人的基本情况，仲裁请求和所根据的事实、理由，并提供相应的证据和证据来源。

书面申请确有困难的，可以口头申请，由农村土地承包仲裁委员会记入笔录，经申请人核实后由其签名、盖章或者按指印。

第二十二条 【仲裁申请的审查受理】农村土地承包仲裁委员会应当对仲裁申请予以审查，认为符合本法第二十条规定的，应当受理。有下列情形之一的，不予受理；已受理的，终止仲裁程序：

（一）不符合申请条件；

（二）人民法院已受理该纠纷；

（三）法律规定该纠纷应当由其他机构处理；

（四）对该纠纷已有生效的判决、裁定、仲裁裁决、行政处理决定等。

第二十三条 【仲裁申请处理程序】农村土地承包仲裁委员会决定受理的，应当自收到仲裁申请之日起五个工作日内，将受理通知书、仲裁规则和仲裁员名册送达申请人；决定不予受理或者终止仲裁程序的，应当自收到仲裁申请或者发现终止仲裁程序情形之日起五个工作日内书面通知申请人，并说明理由。

第二十四条 【送达】农村土地承包仲裁委员会应当自受理仲裁申请之日起五个工作日内，将受理通知书、仲裁申请书副本、仲裁规则和仲裁员名册送达被申请人。

第二十五条 【仲裁答辩】被申请人应当自收到仲裁申请书副本之日起十日内向农村土地承包仲裁委员会提交答辩书；书面答辩确有困难的，可以口头答辩，由农村土地承包仲裁委员会记入笔录，经被申请人核实后由其签名、盖章或者按指印。农村土地承包仲裁委员会应当自收到答辩书之日起五个工作日内将答辩书副本送达申请人。被申请人未答辩的，不影响仲裁程序的进行。

第二十六条 【财产保全】一方当事人因另一方当事人的行为

或者其他原因，可能使裁决不能执行或者难以执行的，可以申请财产保全。

当事人申请财产保全的，农村土地承包仲裁委员会应当将当事人的申请提交被申请人住所地或者财产所在地的基层人民法院。

申请有错误的，申请人应当赔偿被申请人因财产保全所遭受的损失。

第三节 仲裁庭的组成

第二十七条 【仲裁员的选定】 仲裁庭由三名仲裁员组成，首席仲裁员由当事人共同选定，其他二名仲裁员由当事人各自选定；当事人不能选定的，由农村土地承包仲裁委员会主任指定。

事实清楚、权利义务关系明确、争议不大的农村土地承包经营纠纷，经双方当事人同意，可以由一名仲裁员仲裁。仲裁员由当事人共同选定或者由农村土地承包仲裁委员会主任指定。

农村土地承包仲裁委员会应当自仲裁庭组成之日起二个工作日内将仲裁庭组成情况通知当事人。

第二十八条 【回避】 仲裁员有下列情形之一的，必须回避，当事人也有权以口头或者书面方式申请其回避：

（一）是本案当事人或者当事人、代理人的近亲属；

（二）与本案有利害关系；

（三）与本案当事人、代理人有其他关系，可能影响公正仲裁；

（四）私自会见当事人、代理人，或者接受当事人、代理人的请客送礼。

当事人提出回避申请，应当说明理由，在首次开庭前提出。回避事由在首次开庭后知道的，可以在最后一次开庭终结前提出。

第二十九条 【回避决定】 农村土地承包仲裁委员会对回避申请应当及时作出决定，以口头或者书面方式通知当事人，并说明理由。

仲裁员是否回避，由农村土地承包仲裁委员会主任决定；农村土地承包仲裁委员会主任担任仲裁员时，由农村土地承包仲裁委员会集体决定。

仲裁员因回避或者其他原因不能履行职责的，应当依照本法规定重新选定或者指定仲裁员。

第四节　开庭和裁决

第三十条　【仲裁方式】农村土地承包经营纠纷仲裁应当开庭进行。

开庭可以在纠纷涉及的土地所在地的乡（镇）或者村进行，也可以在农村土地承包仲裁委员会所在地进行。当事人双方要求在乡（镇）或者村开庭的，应当在该乡（镇）或者村开庭。

开庭应当公开，但涉及国家秘密、商业秘密和个人隐私以及当事人约定不公开的除外。

第三十一条　【开庭事宜通知】仲裁庭应当在开庭五个工作日前将开庭的时间、地点通知当事人和其他仲裁参与人。

当事人有正当理由的，可以向仲裁庭请求变更开庭的时间、地点。是否变更，由仲裁庭决定。

第三十二条　【仲裁和解】当事人申请仲裁后，可以自行和解。达成和解协议的，可以请求仲裁庭根据和解协议作出裁决书，也可以撤回仲裁申请。

第三十三条　【仲裁请求】申请人可以放弃或者变更仲裁请求。被申请人可以承认或者反驳仲裁请求，有权提出反请求。

第三十四条　【撤回仲裁申请】仲裁庭作出裁决前，申请人撤回仲裁申请的，除被申请人提出反请求的外，仲裁庭应当终止仲裁。

第三十五条　【缺席裁决】申请人经书面通知，无正当理由不到庭或者未经仲裁庭许可中途退庭的，可以视为撤回仲裁申请。

被申请人经书面通知，无正当理由不到庭或者未经仲裁庭许可中途退庭的，可以缺席裁决。

第三十六条　【仲裁庭审】当事人在开庭过程中有权发表意见、陈述事实和理由、提供证据、进行质证和辩论。对不通晓当地通用语言文字的当事人，农村土地承包仲裁委员会应当为其提供翻译。

第三十七条　【证据规则】当事人应当对自己的主张提供证据。与纠纷有关的证据由作为当事人一方的发包方等掌握管理的，该当事人应当在仲裁庭指定的期限内提供，逾期不提供的，应当承担不利后果。

第三十八条　【证据收集】仲裁庭认为有必要收集的证据，可以自行收集。

第三十九条　【鉴定】仲裁庭对专门性问题认为需要鉴定的，可以交由当事人约定的鉴定机构鉴定；当事人没有约定的，由仲裁庭指定的鉴定机构鉴定。

根据当事人的请求或者仲裁庭的要求，鉴定机构应当派鉴定人参加开庭。当事人经仲裁庭许可，可以向鉴定人提问。

第四十条　【质证】证据应当在开庭时出示，但涉及国家秘密、商业秘密和个人隐私的证据不得在公开开庭时出示。

仲裁庭应当依照仲裁规则的规定开庭，给予双方当事人平等陈述、辩论的机会，并组织当事人进行质证。

经仲裁庭查证属实的证据，应当作为认定事实的根据。

第四十一条　【证据保全】在证据可能灭失或者以后难以取得的情况下，当事人可以申请证据保全。当事人申请证据保全的，农村土地承包仲裁委员会应当将当事人的申请提交证据所在地的基层人民法院。

第四十二条　【先行裁定】对权利义务关系明确的纠纷，经当事人申请，仲裁庭可以先行裁定维持现状、恢复农业生产以及停止取土、占地等行为。

一方当事人不履行先行裁定的，另一方当事人可以向人民法院申请执行，但应当提供相应的担保。

第四十三条 【开庭笔录】仲裁庭应当将开庭情况记入笔录，由仲裁员、记录人员、当事人和其他仲裁参与人签名、盖章或者按指印。

当事人和其他仲裁参与人认为对自己陈述的记录有遗漏或者差错的，有权申请补正。如果不予补正，应当记录该申请。

第四十四条 【仲裁裁决】仲裁庭应当根据认定的事实和法律以及国家政策作出裁决并制作裁决书。

裁决应当按照多数仲裁员的意见作出，少数仲裁员的不同意见可以记入笔录。仲裁庭不能形成多数意见时，裁决应当按照首席仲裁员的意见作出。

第四十五条 【裁决书】裁决书应当写明仲裁请求、争议事实、裁决理由、裁决结果、裁决日期以及当事人不服仲裁裁决的起诉权利、期限，由仲裁员签名，加盖农村土地承包仲裁委员会印章。

农村土地承包仲裁委员会应当在裁决作出之日起三个工作日内将裁决书送达当事人，并告知当事人不服仲裁裁决的起诉权利、期限。

第四十六条 【独立仲裁原则】仲裁庭依法独立履行职责，不受行政机关、社会团体和个人的干涉。

第四十七条 【仲裁时限】仲裁农村土地承包经营纠纷，应当自受理仲裁申请之日起六十日内结束；案情复杂需要延长的，经农村土地承包仲裁委员会主任批准可以延长，并书面通知当事人，但延长期限不得超过三十日。

第四十八条 【裁决效力】当事人不服仲裁裁决的，可以自收到裁决书之日起三十日内向人民法院起诉。逾期不起诉的，裁决书即发生法律效力。

第四十九条 【申请执行】当事人对发生法律效力的调解书、裁决书，应当依照规定的期限履行。一方当事人逾期不履行的，另一方当事人可以向被申请人住所地或者财产所在地的基层人民法院申请执行。受理申请的人民法院应当依法执行。

第四章 附 则

第五十条 【农村土地界定】本法所称农村土地，是指农民集体所有和国家所有依法由农民集体使用的耕地、林地、草地，以及其他依法用于农业的土地。

第五十一条 【仲裁规则等的制定】农村土地承包经营纠纷仲裁规则和农村土地承包仲裁委员会示范章程，由国务院农业、林业行政主管部门依照本法规定共同制定。

第五十二条 【仲裁不收费】农村土地承包经营纠纷仲裁不得向当事人收取费用，仲裁工作经费纳入财政预算予以保障。

第五十三条 【施行日期】本法自2010年1月1日起施行。

国务院办公厅关于引导农村产权流转交易市场健康发展的意见

(2014年12月30日 国办发〔2014〕71号)

近年来，随着农村劳动力持续转移和农村改革不断深化，农户承包土地经营权、林权等各类农村产权流转交易需求明显增长，许多地方建立了多种形式的农村产权流转交易市场和服务平台，为农村产权流转交易提供了有效服务。但是，各地农村产权流转交易市场发展不平衡，其设立、运行、监管有待规范。引导农村产权流转交易市场健康发展，事关农村改革发展稳定大局，有利于保障农民和农村集体经济组织的财产权益，有利于提高农村要素资源配置和利用效率，有利于加快推进农业现代化。为此，经国务院同意，现提出以下意见。

一、总体要求

（一）指导思想。以邓小平理论、"三个代表"重要思想、科学发展观为指导，深入贯彻习近平总书记系列重要讲话精神，全面落实党的十八大和十八届三中、四中全会精神，按照党中央、国务院决策部署，以坚持和完善农村基本经营制度为前提，以保障农民和农村集体经济组织的财产权益为根本，以规范流转交易行为和完善服务功能为重点，扎实做好农村产权流转交易市场建设工作。

（二）基本原则。

——坚持公益性为主。必须坚持为农服务宗旨，突出公益性，不以盈利为目的，引导、规范和扶持农村产权流转交易市场发展，充分发挥其服务农村改革发展的重要作用。

——坚持公开公正规范。必须坚持公开透明、自主交易、公平竞争、规范有序，逐步探索形成符合农村实际和农村产权流转交易特点的市场形式、交易规则、服务方式和监管办法。

——坚持因地制宜。是否设立市场、设立什么样的市场、覆盖多大范围等，都要从各地实际出发，统筹规划、合理布局，不能搞强迫命令，不能搞行政瞎指挥。

——坚持稳步推进。充分利用和完善现有农村产权流转交易市场，在有需求、有条件的地方积极探索新的市场形式，稳妥慎重、循序渐进，不急于求成，不片面追求速度和规模。

二、定位和形式

（三）性质。农村产权流转交易市场是为各类农村产权依法流转交易提供服务的平台，包括现有的农村土地承包经营权流转服务中心、农村集体资产管理交易中心、林权管理服务中心和林业产权交易所，以及各地探索建立的其他形式农村产权流转交易市场。现阶段通过市场流转交易的农村产权包括承包到户的和农村集体统一经营管理的资源性资产、经营性资产等，以农户承包土地经营权、集体林地经营权为主，不涉及农村集体土地所有权和依法以家庭承包方式承包的集体土地承包权，具有明显的资产使用权租赁市场的特征。流转交易以服务农户、农民合作社、农村集体经济组织为主，流转交易目的以从事农业生产经营为主，具有显著的农业农村特色。流转交易行为主要发生在县、乡范围内，区域差异较大，具有鲜明的地域特点。

（四）功能。农村产权流转交易市场既要发挥信息传递、价格发现、交易中介的基本功能，又要注意发挥贴近"三农"，为农户、农民合作社、农村集体经济组织等主体流转交易产权提供便利和制度保障的特殊功能。适应交易主体、目的和方式多样化的需求，不断拓展服务功能，逐步发展成集信息发布、产权交易、法律咨询、资产评估、抵押融资等为一体的为农服务综合平台。

（五）设立。农村产权流转交易市场是政府主导、服务"三农"的非盈利性机构，可以是事业法人，也可以是企业法人。设立农村产权流转交易市场，要经过科学论证，由当地政府审批。当地政府要成立由相关部门组成的农村产权流转交易监督管理委员会，承担组织协调、政策制定等方面职责，负责对市场运行进行指导和监管。

（六）构成。县、乡农村土地承包经营权和林权等流转服务平台，是现阶段农村产权流转交易市场的主要形式和重要组成部分。利用好现有的各类农村产权流转服务平台，充分发挥其植根农村、贴近农户、熟悉农情的优势，做好县、乡范围内的农村产权流转交易服务工作。现阶段市场建设应以县域为主。确有需要的地方，可以设立覆盖地（市）乃至省（区、市）地域范围的市场，承担更大范围的信息整合发布和大额流转交易。各地要加强统筹协调，理顺县、乡农村产权流转服务平台与更高层级农村产权流转交易市场的关系，可以采取多种形式合作共建，也可以实行一体化运营，推动实现资源共享、优势互补、协同发展。

（七）形式。鼓励各地探索符合农村产权流转交易实际需要的多种市场形式，既要搞好交易所式的市场建设，也要有效利用电子交易网络平台。鼓励有条件的地方整合各类流转服务平台，建立提供综合服务的市场。农村产权流转交易市场可以是独立的交易场所，也可以利用政务服务大厅等场所，形成"一个屋顶之下、多个服务窗口、多品种产权交易"的综合平台。

三、运行和监管

（八）交易品种。农村产权类别较多，权属关系复杂，承载功能多样，适用规则不同，应实行分类指导。法律没有限制的品种均可以入市流转交易，流转交易的方式、期限和流转交易后的开发利用要遵循相关法律、法规和政策。现阶段的交易品种主要包括：

1. 农户承包土地经营权。是指以家庭承包方式承包的耕地、草地、养殖水面等经营权，可以采取出租、入股等方式流转交易，流转期限由流转双方在法律规定范围内协商确定。

2. 林权。是指集体林地经营权和林木所有权、使用权，可以采取出租、转让、入股、作价出资或合作等方式流转交易，流转期限不能超过法定期限。

3. "四荒"使用权。是指农村集体所有的荒山、荒沟、荒丘、荒滩使用权。采取家庭承包方式取得的，按照农户承包土地经营权有关规定进行流转交易。以其他方式承包的，其承包经营权可以采取转让、出租、入股、抵押等方式进行流转交易。

4. 农村集体经营性资产。是指由农村集体统一经营管理的经营性资产（不含土地）的所有权或使用权，可以采取承包、租赁、出让、入股、合资、合作等方式流转交易。

5. 农业生产设施设备。是指农户、农民合作组织、农村集体和涉农企业等拥有的农业生产设施设备，可以采取转让、租赁、拍卖等方式流转交易。

6. 小型水利设施使用权。是指农户、农民合作组织、农村集体和涉农企业等拥有的小型水利设施使用权，可以采取承包、租赁、转让、抵押、股份合作等方式流转交易。

7. 农业类知识产权。是指涉农专利、商标、版权、新品种、新技术等，可以采取转让、出租、股份合作等方式流转交易。

8. 其他。农村建设项目招标、产业项目招商和转让等。

（九）交易主体。凡是法律、法规和政策没有限制的法人和自然人均可以进入市场参与流转交易，具体准入条件按照相关法律、法规和政策执行。现阶段市场流转交易主体主要有农户、农民合作社、农村集体经济组织、涉农企业和其他投资者。农户拥有的产权是否入市流转交易由农户自主决定。任何组织和个人不得强迫或妨碍自主交易。一定标的额以上的农村集体资产流转必须进入市场公开交易，防止暗箱操作。农村产权流转交易市场要依法对各类市场主体的资格进行审查核实、登记备案。产权流转交易的出让方必须是产权权利人，或者受产权权利人委托的受托人。除农户宅基地使用权、农民住房财产权、农户持有的集体资产股权之外，流转交易的受让方原则上没有资格限制（外资企业和境外投资者按照有关法律、法规执行）。对工商企业进入市场流转交易，要依据相关法律、法规和政策，加强准入监管和风险防范。

（十）服务内容。农村产权流转交易市场都应提供发布交易信息、受理交易咨询和申请、协助产权查询、组织交易、出具产权流转交易鉴证书，协助办理产权变更登记和资金结算手续等基本服务；可以根据自身条件，开展资产评估、法律服务、产权经纪、项目推介、抵押融资等配套服务，还可以引入财会、法律、资产评估等中介服务组织以及银行、保险等金融机构和担保公司，为农村产权流转交易提供专业化服务。

（十一）管理制度。农村产权流转交易市场要建立健全规范的市场管理制度和交易规则，对市场运行、服务规范、中介行为、纠纷调处、收费标准等作出具体规定。实行统一规范的业务受理、信息发布、交易签约、交易中（终）止、交易（合同）鉴证、档案管理等制度，流转交易的产权应无争议，发布信息应真实、准确、完整，交易品种和方式应符合相应法律、法规和政策，交易过程应公开公正，交易服务应方便农民群众。

（十二）监督管理。农村产权流转交易监督管理委员会和市场主管部门要强化监督管理，加强定期检查和动态监测，促进交易公平，防范交易风险，确保市场规范运行。及时查处各类违法违规交易行为，严禁隐瞒信息、暗箱操作、操纵交易。耕地、林地、草地、水利设施等产权流转交易后的开发利用，不能改变用途，不能破坏农业综合生产能力，不能破坏生态功能，有关部门要加强监管。

（十三）行业自律。探索建立农村产权流转交易市场行业协会，充分发挥其推动行业发展和行业自律的积极作用。协会要推进行业规范、交易制度和服务标准建设，加强经验交流、政策咨询、人员培训等服务；增强行业自律意识，自觉维护行业形象，提升市场公信力。

四、保障措施

（十四）扶持政策。各地要稳步推进农村集体产权制度改革，扎实做好土地承包经营权、集体建设用地使用权、农户宅基地使用权、林权等确权登记颁证工作。实行市场建设和运营财政补贴等优惠政策，通过采取购买社会化服务或公益性岗位等措施，支持充分利用现代信息技术建立农村产权流转交易和管理信息网络平台，完善服务功能和手段。组织从业人员开展业务培训，积极培育市场中介服务组织，逐步提高专业化水平。

（十五）组织领导。各地要加强领导，健全工作机制，严格执行相关法律、法规和政策；从本地实际出发，根据农村产权流转交易需要，制定管理办法和实施方案。农村工作综合部门和科技、财政、国土资源、住房城乡建设、农业、水利、林业、金融等部门要密切配合，加强指导，及时研究解决工作中的困难和问题。

中央农村工作领导小组办公室、农业农村部关于进一步加强农村宅基地管理的通知

（2019年9月11日　中农发〔2019〕11号）

各省、自治区、直辖市和新疆生产建设兵团党委农办，农业农村（农牧）厅（局、委）：

宅基地是保障农民安居乐业和农村社会稳定的重要基础。加强宅基地管理，对于保护农民权益、推进美丽乡村建设和实施乡村振兴战略具有十分重要的意义。由于多方面原因，当前农村宅基地管理比较薄弱，一些地方存在超标准占用宅基地、违法违规买卖宅基地、侵占耕地建设住宅等问题，损害农民合法权益的现象时有发生。按照本轮机构改革和新修订的土地管理法规定，农业农村部门负责宅基地改革和管理有关工作，为切实加强农村宅基地管理，现就有关要求通知如下。

一、切实履行部门职责

农村宅基地管理和改革是党和国家赋予农业农村部门的重要职责，具体承担指导宅基地分配、使用、流转、纠纷仲裁管理和宅基地合理布局、用地标准、违法用地查处，指导闲置宅基地和闲置农房利用等工作。各级农业农村部门要充分认识加强宅基地管理工作的重要意义，在党委政府的统一领导下，主动担当，做好工作衔接，健全机构队伍，落实保障条件，系统谋划工作，创新方式方

法，全面履职尽责，保持工作的连续性、稳定性，防止出现弱化宅基地管理的情况。要主动加强与自然资源、住房城乡建设等部门的沟通协调，落实宅基地用地指标，建立国土空间规划、村庄规划、宅基地确权登记颁证、农房建设等资源信息共享机制，做好宅基地审批管理与农房建设、不动产登记等工作的有序衔接。

二、依法落实基层政府属地责任

建立部省指导、市县主导、乡镇主责、村级主体的宅基地管理机制。宅基地管理工作的重心在基层，县乡政府承担属地责任，农业农村部门负责行业管理，具体工作由农村经营管理部门承担。随着农村改革发展的不断深入，基层农村经营管理部门的任务越来越重，不仅承担农村土地承包管理、新型农业经营主体培育、集体经济发展和资产财务管理等常规工作，还肩负着农村土地制度、集体产权制度和经营制度的改革创新等重要职责，本轮机构改革后，又增加了宅基地管理、乡村治理等重要任务。但是，当前基层农村经营管理体系不健全、队伍不稳定、力量不匹配、保障不到位等问题十分突出。这支队伍有没有、强不强直接决定着农村改革能否落实落地和农民合法权益能否得到切实维护。县乡政府要强化组织领导，切实加强基层农村经营管理体系的建设，加大支持力度，充实力量，落实经费，改善条件，确保工作有人干、责任有人负。

按照新修订的土地管理法规定，农村村民住宅用地由乡镇政府审核批准。乡镇政府要因地制宜探索建立宅基地统一管理机制，依托基层农村经营管理部门，统筹协调相关部门宅基地用地审查、乡村建设规划许可、农房建设监管等职责，推行一个窗口对外受理、多部门内部联动运行，建立宅基地和农房乡镇联审联办制度，为农民群众提供便捷高效的服务。要加强对宅基地申请、审批、使用的全程监管，落实宅基地申请审查到场、批准后丈量批放到场、住宅建成后核查到场等"三到场"要求。要开展农村宅基地动态巡查，及时发现和处置涉及宅基地的各类违法行为，防止产生新的违法违规占地现象。要指导村级组织完善宅基地民主管理程序，探索设立村级宅基地协管员。

三、严格落实"一户一宅"规定

宅基地是农村村民用于建造住宅及其附属设施的集体建设用地，包括住房、附属用房和庭院等用地。农村村民一户只能拥有一处宅基地，面积不得超过本省、自治区、直辖市规定的标准。农村村民应严格按照批准面积和建房标准建设住宅，禁止未批先建、超面积占用宅基地。经批准易地建造住宅的，应严格按照"建新拆旧"要求，将原宅基地交还村集体。农村村民出卖、出租、赠与住宅后，再申请宅基地的，不予批准。对历史形成的宅基地面积超标和"一户多宅"等问题，要按照有关政策规定分类进行认定和处置。人均土地少、不能保障一户拥有一处宅基地的地区，县级人民政府在充分尊重农民意愿的基础上，可以采取措施，按照省、自治区、直辖市规定的标准保障农村村民实现户有所居。

四、鼓励节约集约利用宅基地

严格落实土地用途管制，农村村民建住宅应当符合乡（镇）土地利用总体规划、村庄规划。合理安排宅基地用地，严格控制新增宅基地占用农用地，不得占用永久基本农田；涉及占用农用地的，应当依法先行办理农用地转用手续。城镇建设用地规模范围外的村庄，要通过优先安排新增建设用地计划指标、村庄整治、废旧宅基地腾退等多种方式，增加宅基地空间，满足符合宅基地分配条件农户的建房需求。城镇建设用地规模范围内，可以通过建设农民公寓、农民住宅小区等方式，满足农民居住需要。

五、鼓励盘活利用闲置宅基地和闲置住宅

鼓励村集体和农民盘活利用闲置宅基地和闲置住宅，通过自主经营、合作经营、委托经营等方式，依法依规发展农家乐、民宿、乡村旅游等。城镇居民、工商资本等租赁农房居住或开展经营的，要严格遵守合同法的规定，租赁合同的期限不得超过二十年。合同到期后，双方可以另行约定。在尊重农民意愿并符合规划的前提下，鼓励村集体积极稳妥开展闲置宅基地整治，整治出的土地优先用于满足农民新增宅基地需求、村庄建设和乡村产业发展。闲置宅基地盘活利用产生的土地增值收益要全部用于农业农村。在征得宅基地所有权人同意的前提下，鼓励农村村民在本集体经济组织内部向符合宅基地申请条件的农户转让宅基地。各地可探索通过制定宅基地转让示范合同等方式，引导规范转让行为。转让合同生效后，应及时办理宅基地使用权变更手续。对进城落户的农村村民，各地可以多渠道筹集资金，探索通过多种方式鼓励其自愿有偿退出宅基地。

六、依法保护农民合法权益

要充分保障宅基地农户资格权和农民房屋财产权。不得以各种名义违背农民意愿强制流转宅基地和强迫农民"上楼"，不得违法收回农户合法取得的宅基地，不得以退出宅基地作为农民进城落户的条件。严格控制整村撤并，规范实施程序，加强监督管理。宅基地是农村村民的基本居住保障，严禁城镇居民到农村购买宅基地，严禁下乡利用农村宅基地建设别墅大院和私人会馆。严禁借流转之名违法违规圈占、买卖宅基地。

七、做好宅基地基础工作

各级农业农村部门要结合国土调查、宅基地使用权确权登记颁证等工作，推动建立农村宅基地统计调查制度，组织开展宅基地和农房利用现状调查，全面摸清宅基地规模、布局和利用情况。逐步建立宅基地基础信息数据库和管理信息系统，推进宅基地申请、审批、流转、退出、违法用地查处等的信息化管理。要加强调查研究，及时研究解决宅基地管理和改革过程中出现的新情况新问题，注意总结基层和农民群众创造的好经验好做法，落实新修订的土地管理法规定，及时修订完善各地宅基地管理办法。要加强组织领导，强化自身建设，加大法律政策培训力度，以工作促体系建队伍，切实做好宅基地管理工作。

国土资源部、财政部、住房和城乡建设部、农业部、国家林业局关于进一步加快推进宅基地和集体建设用地使用权确权登记发证工作的通知

（2014年8月1日 国土资发〔2014〕101号）

各省、自治区、直辖市及副省级城市国土资源主管部门、财政厅（局）、住房城乡建设厅（建委、建交委）、农业（农牧、农村经济）厅（局、委、办），林业厅（局）、新疆生产建设兵团国土资源局、财务局、建设局、农业局、林业局，解放军土地管理局：

为落实十八届三中全会关于"赋予农民更多财产权利，保障农户宅基地用益物权，改革完善农村宅基地制度；建立城乡统一的建设用地市场，在符合规划和用途管制前提下，允许集体经营性建设用地实行与国有土地同等入市、同权同价"改革精神，认真贯彻《关于全面深化农村改革 加快推进农业现代化的若干意见》（中发〔2014〕1号）和《2014年政府工作报告》，结合国家建立和实施不动产统一登记制度的有关要求，进一步加快推进宅基地和集体建设用地使用权确权登记发证工作，现将有关事项通知如下：

一、结合新形势，充分认识宅基地和集体建设用地使用权确权登记发证工作的重要意义

（一）加快推进宅基地和集体建设用地使用权确权登记发证是维护农民合法权益，促进农村社会秩序和谐稳定的重要措施。宅基地和集体建设用地使用权是农民及农民集体重要的财产权利，直接关系到每个农户的切身利益，通过宅基地和集体建设用地确权登记发证，依法确认农民的宅基地和集体建设用地使用权，可以有效解

决土地权属纠纷，化解农村社会矛盾，为农民维护土地权益提供有效保障，从而进一步夯实农业农村发展基础，促进农村社会秩序的稳定与和谐。

（二）宅基地和集体建设用地使用权确权登记发证是深化农村改革，促进城乡统筹发展的产权基础。通过加快推进宅基地和集体建设用地确权登记发证，使农民享有的宅基地和集体建设用地使用权依法得到法律的确认和保护，是改革完善宅基地制度，实行集体经营性建设用地与国有土地同等入市、同权同价，建立城乡统一的建设用地市场等农村改革的基础和前提，也为下一步赋予农民更多财产权利，促进城乡统筹发展提供了产权基础和法律依据。

（三）宅基地和集体建设用地使用权登记发证是建立实施不动产统一登记制度的基本内容。党的十八届二中全会和十二届全国人大一次会议审议通过的《国务院机构改革和职能转变方案》明确建立不动产统一登记制度，为避免增加群众负担，减少重复建设和资金浪费，在宅基地和集体建设用地使用权登记发证工作中将农房等集体建设用地上建筑物、构筑物一并纳入，有助于建立健全不动产登记制度，形成覆盖城乡房地一体的不动产登记体系，进一步提高政府行政效能和监管水平。

二、因地制宜，全面加快推进宅基地和集体建设用地使用权确权登记发证工作

各地要以登记发证为主线，因地制宜，采用符合实际的调查方法，将农房等集体建设用地上的建筑物、构筑物纳入工作范围，建立健全不动产统一登记制度，实现统一调查、统一确权登记、统一发证，力争尽快完成房地一体的全国农村宅基地和集体建设用地使用权确权登记发证工作。

（一）全面加快农村地籍调查，统筹推进农房等集体建设用地上的建筑物、构筑物补充调查工作。各地要以服务和支撑登记发证工作为切入点，兼顾集体建设用地流转、改革完善宅基地制度等土地制度改革、不动产统一登记建设的实际需要，按照《农村地籍和房屋调查技术方案（试行）》（见附件）的要求，积极稳妥推进本地区的农村地籍调查工作，并将农房等集体建设用地上的建筑物、构筑物纳入工作范围。

各地要统筹考虑基础条件、工作需求和经济技术可行性，避免重复投入，因事、因地、因物，审慎科学地选择符合本地区实际的调查方法。可按照"百衲衣"的方式，同一地区内采用多种不同调查方法开展工作，以满足登记发证工作的基本需要。

（二）制定和完善宅基地和集体建设用地使用权确权登记发证相关政策。各地要认真研究分析当前工作存在的问题，全面总结行之有效的经验和做法，在国土资发〔2011〕60号、国土资发〔2011〕178号及国家有关要求的基础上，根据本地实际，进一步细化农村宅基地和集体建设用地使用权确权登记发证的政策，积极探索，勇于突破，尽快出台或完善有关政策或指导意见，为推进工作提供政策支撑。

各地在制定政策或指导意见时，应以化解矛盾、应发尽发为原则，要坚持农村违法宅基地和集体建设用地必须依法补办用地批准手续后，方可进行登记发证。在权属调查和纠纷处理工作中，要充分发挥基层群众自治组织和农村集体经济组织的作用，建立健全农村土地权属纠纷调处工作机制，在登记发证工作中注重保护农村妇女土地权益，切实保护群众合法利益。

（三）进一步加快推进宅基地和集体建设用地使用权确权登记发证工作。各地要按照不动产统一登记制度建设和宅基地制度改革的要求，全面落实宅基地、集体建设用地使用权以及农房等集体建设用地上的建筑物、构筑物确权登记发证工作，做到应发尽发。要从工作现状出发，尽快制定或调整工作计划，将农房等集体建设用地上的建筑物、构筑物纳入工作范围，按年度细化工作目标、任务和措施，明确完成时限。在完成农村地籍调查和农房调查的基础上，省级国土资源主管部门要尽量选择房地合一的地区开展房地一体的登记发证试点，为全面铺开工作积累经验。

计划在 2014 年底完成宅基地和集体建设用地使用权确权登记发证的省（区、市），应根据实际情况尽快调整工作计划，增加农房调查等工作任务，并制定补充调查方案；做出新的调整，增加农房等集体建设用地上的建筑物、构筑物可能造成不利影响的，今年可以先按原计划继续推进，今后再逐步开展补充调查，或结合日常变更登记逐步补充完善房屋及附属设施信息。各省（区、市）应按照工作计划，积极推进确权登记发证工作，本级财政给予必要的支持。

（四）进一步加强登记规范化和信息化建设。已完成宅基地和集体建设用地使用权确权登记发证工作的省份，要进一步规范已有登记成果，提高成果质量。各地要继续推进农村集体土地登记信息化数据库建设，逐步建立数据库共享机制，实现数据实时更新，在满足现有工作需求基础上，统筹考虑与不动产统一登记制度信息化建设的衔接，实现登记发证成果的数字化管理和信息化应用。

三、采取有效措施，切实保障宅基地和集体建设用地使用权确权登记发证顺利进行

（一）加强组织领导。地方各级集体土地确权登记发证领导小组办公室继续负责本地区确权登记发证工作的组织和实施。根据《国务院办公厅关于落实中共中央国务院关于全面深化农村改革加快推进农业现代化的若干意见有关政策措施分工的通知》（国办函〔2014〕31 号）要求，相应增加或调整领导小组成员单位。依靠各级党委、政府，特别是市（县）党委、政府强有力的组织、协调和保障，各级国土资源部门要牵头负责，与同级财政、住建、农业、林业部门密切合作，确保宅基地和集体建设用地使用权确权登记发证工作积极稳妥、规范有序推进。严格执行已有工作机制和制度，认真落实月报季报等有关制度。省级国土资源主管部门要在 2014 年 8 月 31 日前将相关工作计划报国土资源部备案。

（二）切实保障经费落实。相关地方政府要按照2013年、2014年中发1号文件要求将确权登记颁证工作经费纳入财政预算，切实保障工作开展。

（三）加强正面宣传引导。各地应结合建立和实施不动产统一登记制度建设的要求，通过报纸、电视、广播、网络等媒体，加强宣传宅基地和集体建设用地使用权及农房等集体建设用地上的建筑物、构筑物确权登记发证工作的重要意义、工作目标和法律政策，争取广大农民群众和社会各界的理解支持，创造良好的舆论环境和工作氛围。

（四）加强督促指导及验收。全国加快推进农村集体土地确权登记发证工作领导小组办公室将继续实行"一省一策"、"分片包干"、"定期上报"等工作制度，加强督促检查，对工作进度缓慢、工作质量不高的地区，进行重点督导。省级国土资源主管部门应在本省（区、市）基本完成宅基地和集体建设用地使用权确权登记发证工作的基础上，对尚未完成工作任务的地区，进一步加强督促和指导，集中研究解决难题，限时完成工作目标，同时组织好验收总结，切实保证工作成果质量。

附件：农村地籍和房屋调查技术方案（试行）（略）

农村土地承包合同管理办法

（2023年2月17日农业农村部令2023年第1号公布　自2023年5月1日起施行）

第一章　总　则

第一条　为了规范农村土地承包合同的管理，维护承包合同当事人的合法权益，维护农村社会和谐稳定，根据《中华人民共和国农村土地承包法》等法律及有关规定，制定本办法。

第二条　农村土地承包经营应当巩固和完善以家庭承包经营为基础、统分结合的双层经营体制，保持农村土地承包关系稳定并长久不变。农村土地承包经营，不得改变土地的所有权性质。

第三条　农村土地承包经营应当依法签订承包合同。土地承包经营权自承包合同生效时设立。

承包合同订立、变更和终止的，应当开展土地承包经营权调查。

第四条　农村土地承包合同管理应当遵守法律、法规，保护土地资源的合理开发和可持续利用，依法落实耕地利用优先序。发包方和承包方应当依法履行保护农村土地的义务。

第五条　农村土地承包合同管理应当充分维护农民的财产权益，任何组织和个人不得剥夺和非法限制农村集体经济组织成员承包土地的权利。妇女与男子享有平等的承包农村土地的权利。

承包方承包土地后，享有土地承包经营权，可以自己经营，也可以保留土地承包权，流转其承包地的土地经营权，由他人经营。

第六条　农业农村部负责全国农村土地承包合同管理的指导。

县级以上地方人民政府农业农村主管（农村经营管理）部门负责本行政区域内农村土地承包合同管理。

乡（镇）人民政府负责本行政区域内农村土地承包合同管理。

第二章　承包方案

第七条　本集体经济组织成员的村民会议依法选举产生的承包工作小组，应当依照法律、法规的规定拟订承包方案，并在本集体经济组织范围内公示不少于十五日。

承包方案应当依法经本集体经济组织成员的村民会议三分之二以上成员或者三分之二以上村民代表的同意。

承包方案由承包工作小组公开组织实施。

第八条　承包方案应当符合下列要求：

（一）内容合法；
（二）程序规范；
（三）保障农村集体经济组织成员合法权益；
（四）不得违法收回、调整承包地；
（五）法律、法规和规章规定的其他要求。

第九条 县级以上地方人民政府农业农村主管（农村经营管理）部门、乡（镇）人民政府农村土地承包管理部门应当指导制定承包方案，并对承包方案的实施进行监督，发现问题的，应当及时予以纠正。

第三章 承包合同的订立、变更和终止

第十条 承包合同应当符合下列要求：
（一）文本规范；
（二）内容合法；
（三）双方当事人签名、盖章或者按指印；
（四）法律、法规和规章规定的其他要求。

县级以上地方人民政府农业农村主管（农村经营管理）部门、乡（镇）人民政府农村土地承包管理部门应当依法指导发包方和承包方订立、变更或者终止承包合同，并对承包合同实施监督，发现不符合前款要求的，应当及时通知发包方更正。

第十一条 发包方和承包方应当采取书面形式签订承包合同。
承包合同一般包括以下条款：
（一）发包方、承包方的名称，发包方负责人和承包方代表的姓名、住所；
（二）承包土地的名称、坐落、面积、质量等级；
（三）承包方家庭成员信息；
（四）承包期限和起止日期；
（五）承包土地的用途；

（六）发包方和承包方的权利和义务；

（七）违约责任。

承包合同示范文本由农业农村部制定。

第十二条 承包合同自双方当事人签名、盖章或者按指印时成立。

第十三条 承包期内，出现下列情形之一的，承包合同变更：

（一）承包方依法分立或者合并的；

（二）发包方依法调整承包地的；

（三）承包方自愿交回部分承包地的；

（四）土地承包经营权互换的；

（五）土地承包经营权部分转让的；

（六）承包地被部分征收的；

（七）法律、法规和规章规定的其他情形。

承包合同变更的，变更后的承包期限不得超过承包期的剩余期限。

第十四条 承包期内，出现下列情形之一的，承包合同终止：

（一）承包方消亡的；

（二）承包方自愿交回全部承包地的；

（三）土地承包经营权全部转让的；

（四）承包地被全部征收的；

（五）法律、法规和规章规定的其他情形。

第十五条 承包地被征收、发包方依法调整承包地或者承包方消亡的，发包方应当变更或者终止承包合同。

除前款规定的情形外，承包合同变更、终止的，承包方向发包方提出申请，并提交以下材料：

（一）变更、终止承包合同的书面申请；

（二）原承包合同；

（三）承包方分立或者合并的协议，交回承包地的书面通知或者协议、土地承包经营权互换合同、转让合同等其他相关证明材料；

（四）具有土地承包经营权的全部家庭成员同意变更、终止承包合同的书面材料；

（五）法律、法规和规章规定的其他材料。

第十六条 省级人民政府农业农村主管部门可以根据本行政区域实际依法制定承包方分立、合并、消亡而导致承包合同变更、终止的具体规定。

第十七条 承包期内，因自然灾害严重毁损承包地等特殊情形对个别农户之间承包地需要适当调整的，发包方应当制定承包地调整方案，并应当经本集体经济组织成员的村民会议三分之二以上成员或者三分之二以上村民代表的同意。承包合同中约定不得调整的，按照其约定。

调整方案通过之日起二十个工作日内，发包方应当将调整方案报乡（镇）人民政府和县级人民政府农业农村主管（农村经营管理）部门批准。

乡（镇）人民政府应当于二十个工作日内完成调整方案的审批，并报县级人民政府农业农村主管（农村经营管理）部门；县级人民政府农业农村主管（农村经营管理）部门应当于二十个工作日内完成调整方案的审批。乡（镇）人民政府、县级人民政府农业农村主管（农村经营管理）部门对违反法律、法规和规章规定的调整方案，应当及时通知发包方予以更正，并重新申请批准。

调整方案未经乡（镇）人民政府和县级人民政府农业农村主管（农村经营管理）部门批准的，发包方不得调整承包地。

第十八条 承包方自愿将部分或者全部承包地交回发包方的，承包方与发包方在该土地上的承包关系终止，承包期内其土地承包经营权部分或者全部消灭，并不得再要求承包土地。

承包方自愿交回承包地的，应当提前半年以书面形式通知发包方。承包方对其在承包地上投入而提高土地生产能力的，有权获得相应的补偿。交回承包地的其他补偿，由发包方和承包方协商确定。

第十九条 为了方便耕种或者各自需要，承包方之间可以互换属于同一集体经济组织的不同承包地块的土地承包经营权。

土地承包经营权互换的，应当签订书面合同，并向发包方备案。

承包方提交备案的互换合同，应当符合下列要求：

（一）互换双方是属于同一集体经济组织的农户；

（二）互换后的承包期限不超过承包期的剩余期限；

（三）法律、法规和规章规定的其他事项。

互换合同备案后，互换双方应当与发包方变更承包合同。

第二十条 经承包方申请和发包方同意，承包方可以将部分或者全部土地承包经营权转让给本集体经济组织的其他农户。

承包方转让土地承包经营权的，应当以书面形式向发包方提交申请。发包方同意转让的，承包方与受让方应当签订书面合同；发包方不同意转让的，应当于七日内向承包方书面说明理由。发包方无法定理由的，不得拒绝同意承包方的转让申请。未经发包方同意的，土地承包经营权转让合同无效。

土地承包经营权转让合同，应当符合下列要求：

（一）受让方是本集体经济组织的农户；

（二）转让后的承包期限不超过承包期的剩余期限；

（三）法律、法规和规章规定的其他事项。

土地承包经营权转让后，受让方应当与发包方签订承包合同。原承包方与发包方在该土地上的承包关系终止，承包期内其土地承包经营权部分或者全部消灭，并不得再要求承包土地。

第四章 承包档案和信息管理

第二十一条 承包合同管理工作中形成的，对国家、社会和个人有保存价值的文字、图表、声像、数据等各种形式和载体的材料，应当纳入农村土地承包档案管理。

县级以上地方人民政府农业农村主管（农村经营管理）部门、乡（镇）人民政府农村土地承包管理部门应当制定工作方案、健全档案工作管理制度、落实专项经费、指定工作人员、配备必要设施设备，确保农村土地承包档案完整与安全。

发包方应当将农村土地承包档案纳入村级档案管理。

第二十二条 承包合同管理工作中产生、使用和保管的数据，包括承包地权属数据、地理信息数据和其他相关数据等，应当纳入农村土地承包数据管理。

县级以上地方人民政府农业农村主管（农村经营管理）部门负责本行政区域内农村土地承包数据的管理，组织开展数据采集、使用、更新、保管和保密等工作，并向上级业务主管部门提交数据。

鼓励县级以上地方人民政府农业农村主管（农村经营管理）部门通过数据交换接口、数据抄送等方式与相关部门和机构实现承包合同数据互通共享，并明确使用、保管和保密责任。

第二十三条 县级以上地方人民政府农业农村主管（农村经营管理）部门应当加强农村土地承包合同管理信息化建设，按照统一标准和技术规范建立国家、省、市、县等互联互通的农村土地承包信息应用平台。

第二十四条 县级以上地方人民政府农业农村主管（农村经营管理）部门、乡（镇）人民政府农村土地承包管理部门应当利用农村土地承包信息应用平台，组织开展承包合同网签。

第二十五条 承包方、利害关系人有权依法查询、复制农村土地承包档案和农村土地承包数据的相关资料，发包方、乡（镇）人民政府农村土地承包管理部门、县级以上地方人民政府农业农村主管（农村经营管理）部门应当依法提供。

第五章 土地承包经营权调查

第二十六条 土地承包经营权调查，应当查清发包方、承包方的名称，发包方负责人和承包方代表的姓名、身份证号码、住所，承包方家庭成员，承包地块的名称、坐落、面积、质量等级、土地用途等信息。

第二十七条 土地承包经营权调查应当按照农村土地承包经营权调查规程实施，一般包括准备工作、权属调查、地块测量、审核公示、勘误修正、结果确认、信息入库、成果归档等。

农村土地承包经营权调查规程由农业农村部制定。

第二十八条 土地承包经营权调查的成果，应当符合农村土地承包经营权调查规程的质量要求，并纳入农村土地承包信息应用平台统一管理。

第二十九条 县级以上地方人民政府农业农村主管（农村经营管理）部门、乡（镇）人民政府农村土地承包管理部门依法组织开展本行政区域内的土地承包经营权调查。

土地承包经营权调查可以依法聘请具有相应资质的单位开展。

第六章 法律责任

第三十条 国家机关及其工作人员利用职权干涉承包合同的订立、变更、终止，给承包方造成损失的，应当依法承担损害赔偿等责任；情节严重的，由上级机关或者所在单位给予直接责任人员处分；构成犯罪的，依法追究刑事责任。

第三十一条 土地承包经营权调查、农村土地承包档案管理、农村土地承包数据管理和使用过程中发生的违法行为，根据相关法律法规的规定予以处罚；构成犯罪的，依法追究刑事责任。

第七章 附　则

第三十二条 本办法所称农村土地，是指除林地、草地以外的，农民集体所有和国家所有依法由农民集体使用的耕地和其他依法用于农业的土地。

本办法所称承包合同,是指在家庭承包方式中,发包方和承包方依法签订的土地承包经营权合同。

第三十三条 本办法施行以前依法签订的承包合同继续有效。

第三十四条 本办法自 2023 年 5 月 1 日起施行。农业部 2003 年 11 月 14 日发布的《中华人民共和国农村土地承包经营权证管理办法》(农业部令第 33 号)同时废止。

农业部关于做好当前农村土地承包经营权流转管理和服务工作的通知

(2008 年 12 月 5 日 农经发〔2008〕10 号)

各省、自治区、直辖市农业(农林、农牧)厅(局、委、办):

党的十七届三中全会作出的《中共中央关于推进农村改革发展若干重大问题的决定》(以下简称《决定》),是新时期推进农村改革发展的纲领性文件。《决定》把加强土地承包经营权流转管理和服务作为稳定和完善农村基本经营制度、健全严格规范的农村土地管理制度的重要内容,意义重大而深远。各级农业部门要深刻领会,全面贯彻。为切实做好当前农村土地承包经营权流转管理和服务工作,现通知如下:

一、充分认识做好农村土地承包经营权流转管理和服务工作的重要性

在坚持农村基本经营制度和充分尊重农民土地承包经营权的前提下,允许农村土地承包经营权依法自愿有偿流转,是农业发展的客观要求,符合党在农村的一贯政策。平稳有序地流转土地承包经营权,有利于完善农民土地承包经营权权能,发展好实现好农民土地承包权益;有利于合理配置和充分利用土地资源,促进适度规模经营和现代农业发展；有利于解除农村劳动力非农就业的后顾之忧，促进农村劳动力转移，防止土地抛荒和粗放经营。近些年来，各级农业部门特别是农村经营管理部门为正确引导和规范农村土地承包经营权流转做了大量工作，发挥了重要作用。目前我国农村土地承包经营权流转总体是平稳健康的。但必须看到，随着土地承包经营权流转规模扩大、速度加快、流转对象和利益关系日趋多元，迫切需要加强管理和服务，以防止发生违背农民意愿强行流转、侵害农民土地承包权益、改变土地用途出现"非农化"与"非粮化"以及流转不规范引发纠纷等问题。各级农业部门要充分认识做好当前土地承包经营权流转管理和服务工作的重要性和紧迫性，增强责任感和使命感，把流转管理和服务作为新形势下维护农民土地承包权益，加强农村土地承包管理的重要任务，正确指导农村土地承包经营权流转平稳健康发展。

二、把握总体要求和原则，正确指导农村土地承包经营权规范有序流转

加强农村土地承包经营权流转管理和服务工作，必须深入贯彻落实科学发展观，按照党的十七大和十七届三中全会要求，坚持依法自愿有偿原则，严格执行农村土地承包法律政策，切实维护农民土地承包权益和流转主体地位，以实施流转合同制和备案制为重点，全面建立健全农村土地流转规范管理工作制度、工作机制和工作规程，确保流转规范有序；以建立流转服务组织和网络为平台，逐步完善和加强土地流转信息提供、法律政策咨询、流转价格评估、合同签订指导、利益关系协调等服务，优化流转外部环境，不断健全流转市场；以逐步依法建立纠纷仲裁体系为依托，不断健全流转纠纷调处机制，确保流转纠纷及时化解。

在指导农村土地承包经营权流转工作中，要正确把握流转的主体是农民而不是干部，流转的机制是市场而不是政府，流转的前提是依法自愿有偿，流转的形式可以在法律允许范围内多种多样，流转的底线是不得改变土地集体所有性质、不得改变土地用途、不得损害农民土地承包权益。不得改变土地所有权性质，就是在流转中不能改变土地所有权属性和权属关系。不得改变土地用途，就是农地流转只能用于农业生产，不能用于非农开发和建设。不得损害农民土地承包经营权益，就是土地是否流转和以何种方式流转，完全由农民自己作主，并确保农民的土地流转收益不受侵害。

三、全面落实好农民土地承包经营权，为土地承包经营权流转创造前提

落实和明晰土地承包经营权是进行土地承包经营权流转的基本条件，是健全土地承包经营权流转市场的基础性工作。当前要按照党的十七届三中全会《决定》提出的"现有土地承包关系要保持稳定并长久不变"的要求，抓紧抓好延包后续完善工作，妥善解决一些地方存在的延包遗留问题，将土地承包经营权证书全面发放到户，认真清理、规范整理和永久管理好土地承包档案资料，逐步实现土地承包档案管理信息化，积极探索并建立健全土地承包经营权登记制度。同时，要适应"长久不变"的要求，深入研究并尽快提出完善土地承包政策法律的措施建议。

四、依法规范流转行为，切实解决好土地承包经营权流转中的突出问题

加强农村土地承包经营权流转管理，关键是要依法规范流转行为，确保流转平稳有序进行。流转形式要严格遵循法律和政策规定，采取法定的转包、出租、转让、互换、股份合作等方式进行，有条件的地方可以发展专业大户、家庭农场、农民专业合作社等规模经营主体。各地开展土地流转试点、试验，探索建立健全土地承包经营权流转市场应在法律政策允许的范围内进行，超越现行法律政策规定的试验要依法审批、严格管理。流转的农用地不得改变农业用途，属于基本农田的，流转后不得改变基本农田性质，不得从事种树、挖鱼塘、建造永久性固定设施等破坏耕

作层的活动。正确引导和扶持规模经营主体发展粮食生产，促使流转土地向种粮方向发展。要加强与纪检、监察、纠风、司法、信访、国土等部门的沟通协作，完善农村土地突出问题专项治理工作机制，重点纠正和查处严重侵害农民土地承包权益和非法改变流转土地农业用途等问题。

五、以实施流转合同制和备案制为重点，建立健全规范化的流转管理工作制度和规程

全面落实《农村土地承包经营权流转管理办法》（农业部令第47号）的各项规定，推行流转合同规范文本。各省、自治区、直辖市农业部门要抓紧制定规范统一的流转合同文本，争取尽早使用由省级统一规范的流转合同文本。要根据农民的需要，及时指导合同签订。要把指导合同签订同开展流转法律政策宣传、流转咨询、流转价格评估等多项服务结合起来，指导流转双方在充分自主协商的基础上，依法建立合理的流转关系和利益关系，签订规范的流转合同。积极开展流转合同鉴证。乡（镇）农村土地承包管理部门要建立流转合同鉴证制度，明确专人负责这项工作。对流转当事人提出的流转合同鉴证申请，要及时予以办理。在开展鉴证工作中，发现流转双方有违反法律政策的约定，要及时提供咨询，帮助纠正。要重视对流转土地用途的审查，防止改变农业用途。健全登记备案制度。乡（镇）农村土地承包管理部门要对流转合同及有关资料进行归案并妥善保管，建立流转情况登记册，及时记载和反映流转情况。对以转包、出租或其他方式流转的，及时办理相关备案登记；对以转让、互换方式流转的，及时办理有关承包合同和土地承包经营权证变更手续。

六、积极开展流转服务，培育良好的流转市场环境

开展流转服务是健全土地承包经营权流转市场的重要内容。要积极鼓励支持有条件的地方依托基层农村经营管理部门建立流转服务组织，为流转提供有关法律政策宣传、流转信息、流转咨询、价格评估、合同签订指导、利益关系协调、纠纷调处等服务，逐步建立完善流转服务平台和网络，不断健全流转机制。没有建立流转服务组织的地方，也要在搞好流转管理工作的基础上，因地制宜搞好流转服务，把开展流转管理与提供流转服务结合起来，寓管理于服务之中，通过提供服务，培育良好的流转市场环境。

七、健全纠纷调处机制，及时有效解决流转纠纷

已经开展农村土地承包纠纷仲裁试点的地方，要进一步探索完善仲裁程序、仲裁方法和仲裁制度，不断提高工作水平和调处流转纠纷能力。没有开展仲裁试点的地方，要积极创造条件，争取通过试点逐步开展好这项工作。加强与纪检监察、司法、信访等部门的沟通协作，建立起多部门协调解决流转重大问题的工作联动机制，并推动包括协商、调解、信访、仲裁、司法等多渠道调处流转纠纷的调处机制不断健全。

当前，要高度重视解决涉及农民工返乡可能出现的土地承包和流转纠纷，依法维护农民工合法的土地承包权益。各地农业部门要加强对农民工返乡情况的监测，及时了解和掌握涉及农民工的土地承包和流转纠纷发生与调处情况，积极做好工作预案。要畅通纠纷解决渠道，加强宣传教育，引导农民工依法理性地反映问题。因土地承包经营发生纠纷，当事人应当协商解决，协商不成的，可以通过乡村调解，也可以通过仲裁和诉讼解决。

八、加强领导，确保农村土地流转管理和服务工作全面推进

加强土地承包经营权流转管理和服务工作，是一项长期而艰巨的任务。做好这方面的工作，对于稳定和完善农村基本经营制度、维护农民土地承包权益和促进现代农业发展，具有十分重要的意义。各级农业部门特别是农村经营管理部门要积极争取当地党委和政府领导的重视和支持，在当地党委和政府的领导下开展好土地承包经营权流转管理和服务工作。农业部门的主要领导要亲自过问和关心这项工作，要明确一位分管领导具体负责抓。要

配备专门人员和力量开展流转管理和服务工作，并建立起明确的工作责任制和经常化、制度化、规范化的工作机制工作规程，把流转管理和服务的各项工作落到实处。要全面掌握土地流转动态，及时总结交流农民群众在土地流转实践中创造的好形式，注重研究土地流转中的新情况、新问题，加强工作指导，不断提高流转管理和服务工作水平。要加强培训，不断提高流转管理和服务工作人员的整体素质和工作能力。积极为基层开展流转管理和服务提供必要的工作条件，不断改进和强化工作手段，保障流转管理和服务工作顺利开展。

贯彻执行本《通知》的情况，要及时向当地党委和政府报告，并向我部反映。

国土资源部、财政部关于加快编制和实施土地整治规划大力推进高标准基本农田建设的通知

（2012年4月6日 国土资发〔2012〕63号）

各省、自治区、直辖市及计划单列市国土资源主管部门、财政厅（局），新疆生产建设兵团国土资源局、财务局：

党中央、国务院高度重视土地整治工作，明确提出"要推进农村土地整治，加快农村土地整理复垦，着力提高耕地质量建设，大规模建设旱涝保收高标准农田，夯实农业现代化基础"。按照国务院关于"制定并实施全国土地整治规划，加快建设高标准基本农田，力争'十二五'期间再建成4亿亩旱涝保收的高标准基本农田"的要求，国土资源部会同国务院有关部门编制了《全国土地整治规划（2011~2015年）》（以下简称《全国规划》），并经国务

院批准印发各地实施。为了贯彻落实《全国规划》，确保4亿亩高标准基本农田建设等目标任务的实现，迫切需要加快编制和实施地方各级土地整治规划，大力推进土地整治特别是旱涝保收高标准基本农田建设。现就有关事项通知如下：

一、充分认识编制和实施土地整治规划，大力推进高标准基本农田建设的重要意义

土地整治是优化土地利用结构、促进耕地保护、提高节约集约用地水平的重要手段，是统筹经济社会发展和土地资源保护、落实最严格土地管理制度的重要举措。大力推进土地整治，加快建设4亿亩旱涝保收高标准基本农田，是国务院赋予地方各级人民政府、国土资源部及国务院相关部门的重要职责，是当前各级国土资源管理部门服务"三农"、保障和促进经济社会又好又快发展的首要任务。各级国土资源管理部门和财政部门务必高度重视、提高认识，千方百计做好工作，全力推进土地整治和高标准基本农田建设。

土地整治规划是开展土地整治和建设旱涝保收高标准基本农田的基本依据，是保障土地整治科学、有序开展的重要前提。各级国土资源管理部门和财政部门要充分认识编制和实施土地整治规划的重要性和紧迫性，在地方人民政府的领导下，会同有关部门，精心组织、周密部署，加快推进地方各级土地整治规划编制，切实落实《全国规划》确定的土地整治目标任务。

二、加快推进各级土地整治规划编制，切实提高规划的科学性、可行性和可操作性

《全国规划》提出了土地整治的方针政策和总体目标，明确了4亿亩旱涝保收高标准基本农田建设任务，确定了土地整治的重点区域、重大工程和示范建设任务。地方各级土地整治规划，要以促进农业现代化和城乡统筹发展为出发点和落脚点，以建设4亿亩高标准基本农田为重点，统筹安排农田和村庄土地整治、损毁土地复垦和宜耕后备土地开发，同时，安排好城乡建设用地增减挂钩、工

矿废弃地复垦调整利用、低丘缓坡荒滩土地开发利用、旧城镇旧厂矿改造和城市土地二次开发等各项活动，逐级分解《全国规划》确定的目标任务。工矿废弃地集中的县（市、区），可结合实际组织编制土地复垦专项规划。

省级规划重点分解下达土地整治特别是高标准基本农田建设任务，确定重点工程和投资方向；市级规划重点提出土地整治的规模、结构和区域布局，分解落实高标准基本农田建设任务，确定重点项目和资金安排；县级规划重点确定土地整治和高标准基本农田建设的项目、布局和工程措施，明确实施时序，提出资金安排计划。规划编制所需经费由同级财政部门安排。

土地整治规划编制，要以土地利用总体规划为依据，并做好与城乡建设、农业发展、产业布局、水利建设、生态环境保护等相关规划的协调衔接；要按照有关技术规范的要求，充分利用已有土地调查研究成果，摸清各类土地资源特别是高标准基本农田现状，科学分析土地整治潜力，深入开展重大专题研究，为规划编制奠定坚实基础；要坚持自上而下、上下结合，坚持公众参与、科学决策，切实做好规划协调论证，广泛征求专家和公众意见。

本次土地整治规划以 2010 年为规划基期，以 2015 年为规划目标年，展望到 2020 年。规划成果报经上一级国土资源管理部门审核，并做好衔接后，由同级人民政府批准，报上一级国土资源管理部门备案。省级土地整治规划编制工作要在 2012 年 6 月前完成，市、县级土地整治规划要在 2012 年年底前全面完成。没有编制土地整治规划的，不得安排土地整治项目。

三、抓紧编制年度计划和实施方案，落实好高标准基本农田建设任务

要按照编制规划、制定计划、安排项目统一部署并同步推进的要求，以高标准基本农田建设为重点，抓紧制定和分解下达年度计划，编制实施方案，安排落实项目，确保按时、保质、全面完成各项土地整治任务。

国土资源部会同财政部每年依据《全国规划》总体安排，按照统筹兼顾、突出重点、先易后难、分类实施的原则，综合考虑各省（区、市）基本农田数量和质量状况、土地整治资金征收入库情况，以及土地整治重大工程和示范省建设布局、高标准基本农田示范县安排情况，制订全国高标准基本农田建设计划，下达各省（区、市）年度高标准基本农田建设任务。《2012年全国高标准基本农田建设计划》见附件。

各省（区、市）要依据《全国规划》和全国高标准基本农田建设年度计划，结合土地整治规划编制和基本农田划定，应用第二次土地调查基本农田上图及农用地分等定级等成果，在全面摸清已建成和通过不同整治措施能够达到《高标准基本农田建设规范（试行）》（以下简称《建设规范》）要求的各类基本农田面积的基础上，综合考虑建设条件和资金保障能力等，制订高标准基本农田建设年度实施方案，分解落实国家下达的年度计划。实施方案分解落实年度计划要坚持"相对集中，连片推进"原则，建一片成一片，避免因分散建设影响高标准基本农田生产经营效果。已建成的高标准基本农田不得充作新建任务。

实施方案要落实年度高标准基本农田建设的目标任务，明确通过各级各类土地整治项目及各种途径能够建成高标准基本农田的面积，落实高标准基本农田示范县及具体建设任务，并对资金需求进行合理测算，提出具体保障措施。各省（区、市）在资金分配和项目安排时，要重点向高标准基本农田示范县倾斜。各省级国土资源主管部门应在2012年6月底前把本年度实施方案报部，以后每年2月底前报当年度的实施方案。

四、以土地整治重大工程和示范省建设为重点，扎实推进高标准基本农田建设

各地要按照土地整治规划和实施方案，以建成高标准基本农田作为主要目标，以土地整治项目为载体，着力推进土地整治示范省、土地整治重大工程和高标准基本农田示范县建设，打造土地整治和高标准基本农田建设示范项目，充分发挥典型示范和带动作用。要加快推进在建的土地整治重大工程和示范省建设，土地整治重大工程要按照规定的期限加快实施，土地整治示范省建设要按照部省协议要求在 2012 年内按时保质保量完成，并认真做好总结验收等工作。今年，各地要以高标准基本农田建设为引领，在认真总结评估 116 个示范区工作的基础上，重点做好 500 个示范县特别是已纳入土地整治重大工程和示范省建设范围的市县土地整治项目安排和工程组织实施，按照《建设规范》要求和"缺什么、补什么"的原则，抓紧实施一批新的以高标准基本农田建设为重点的土地整治项目，并同步准备下一批项目，滚动开展高标准基本农田建设。项目安排优先考虑建设条件好、地方积极性高、项目实施进展快的地区。

各级各类土地整治项目必须严格执行《建设规范》及有关工程建设和预算定额标准，认真做好项目立项审批、规划设计、工程实施、资金使用、竣工验收等工作。鼓励各地积极探索高标准基本农田建设的实施方式，在强化政府主导和完善制度、明确责任、监管到位的前提下，优化、简化项目申报和前期工作程序。有条件的地方，省级国土资源主管部门可会同财政部门制定具体办法，探索"以补代投、以补促建"，鼓励农村集体经济组织和农民依据土地整治规划开展高标准基本农田建设。对确需通过招投标方式确定施工单位的，要严格履行程序，并把施工单位能否安排当地农民参与工程项目实施作为综合评标条件之一。

五、加强土地整治中的权属管理，维护好农民群众合法权益

各地在实施农村土地整治项目中，要按照中央有关充分尊重农民意愿、切实维护农民权益的要求，认真做好地籍调查和权属管理工作。

土地整治前，要按照确权在先的原则，做到四至界址清楚、地类面积准确、权属手续合法，没有产权纠纷。土地整治中，整治项目涉及土地权属调整的，要在尊重权利人意愿的前提下，及时编制、公告和报批土地权属调整方案，组织签订权属调整协议，并确保调整结果公开、公平、公正，切实维护当事人的土地权益，促进社会和谐稳定。土地整治完成后，要根据权属调整方案和调整协议，依法确定土地所有权、使用权等土地相关权利，及时办理变更登记手续，更新地籍调查等相关图件、数据库和统计台帐，建立新的地籍档案并上图入库，确保地籍信息系统的现势性和完整性。

六、采取有力措施，确保高标准基本农田建设等各项任务的完成

（一）加强组织领导。地方各级国土资源管理部门和财政部门要主动争取地方党委、政府的支持，在地方政府统一领导下，加强与发展改革、农业、水利、农业综合开发等机构沟通协调，调动各方面积极性，建立"政府主导、农村集体经济组织和农民为主体、国土搭台、部门参与、统筹规划、整合资金"的工作机制，合力推进土地整治规划编制、实施和高标准基本农田建设工作。

（二）落实资金保障。在保持现有渠道和用途不变的前提下，以新增建设用地土地有偿使用费（以下简称"新增费"）为主体，引导和聚合相关涉农资金，共同投入高标准基本农田建设，发挥综合效益。中央分成新增费按照"集中资金，重点投入"的原则，支持各地开展高标准基本农田建设，并在分配时与各地上年度高标准基本农田建设计划执行情况挂钩。使用新增费开展高标准基本农田建设，可不受有关新增耕地率规定的限制。要结合土地流转，鼓励民间资金投入高标准基本农田建设，不断拓宽资金渠道。

（三）加强信息化管理。要按照国土资源遥感监测"一张图"和综合监管平台建设的总体部署，同步建设土地整治规划与实施管理数据库。要充分利用农村土地整治监测监管系统，对高标准基本农田建设情况进行集中统一、全面全程监管，在线实时报备工作，切实做到底数清、情况明、数据准、现势性强。要会同有关部门做好高标准基本农田质量监测和绩效评价，将高标准基本农田建设的年度完成情况纳入年度耕地保护责任目标考核内容，并根据考核情况实行奖优罚劣。

（四）强化高标准基本农田建后管护。各级国土资源管理部门要明确高标准基本农田管护主体，落实管护责任，对已建成和新建的高标准基本农田及时划界、设立标志、上图入库，实行永久保护。要充分利用农用地分等定级、土地质量地球化学评估等成果，对建成的高标准基本农田进行质量等级评定。

（五）正确引导社会舆论。要充分运用各种宣传媒体，加大对土地整治规划编制、实施和重大示范项目、高标准基本农田建设的宣传力度，及时解读相关文件和工作方案，总结宣传典型经验和先进事迹，营造良好的舆论氛围。

附件：2012年全国高标准基本农田建设计划（略）

最高人民法院关于审理涉及农村土地承包纠纷案件适用法律问题的解释

（2005年3月29日最高人民法院审判委员会第1346次会议通过 根据2020年12月23日最高人民法院审判委员会第1823次会议通过的《最高人民法院关于修改〈最高人民法院关于在民事审判工作中适用《中华人民共和国工会法》若干问题的解释〉等二十七件民事类司法解释的决定》修正）

为正确审理农村土地承包纠纷案件，依法保护当事人的合法权益，根据《中华人民共和国民法典》《中华人民共和国农村土地承包法》《中华人民共和国土地管理法》《中华人民共和国民事诉讼法》等法律的规定，结合民事审判实践，制定本解释。

一、受理与诉讼主体

第一条 下列涉及农村土地承包民事纠纷，人民法院应当依法受理：

（一）承包合同纠纷；

（二）承包经营权侵权纠纷；

（三）土地经营权侵权纠纷；

（四）承包经营权互换、转让纠纷；

（五）土地经营权流转纠纷；

（六）承包地征收补偿费用分配纠纷；

（七）承包经营权继承纠纷；

（八）土地经营权继承纠纷。

农村集体经济组织成员因未实际取得土地承包经营权提起民事诉讼的，人民法院应当告知其向有关行政主管部门申请解决。

农村集体经济组织成员就用于分配的土地补偿费数额提起民事诉讼的，人民法院不予受理。

第二条 当事人自愿达成书面仲裁协议的，受诉人民法院应当参照《最高人民法院关于适用〈中华人民共和国民事诉讼法〉的解释》第二百一十五条、第二百一十六条的规定处理。

当事人未达成书面仲裁协议，一方当事人向农村土地承包仲裁机构申请仲裁，另一方当事人提起诉讼的，人民法院应予受理，并书面通知仲裁机构。但另一方当事人接受仲裁管辖后又起诉的，人民法院不予受理。

当事人对仲裁裁决不服并在收到裁决书之日起三十日内提起诉讼的，人民法院应予受理。

第三条 承包合同纠纷,以发包方和承包方为当事人。

前款所称承包方是指以家庭承包方式承包本集体经济组织农村土地的农户,以及以其他方式承包农村土地的组织或者个人。

第四条 农户成员为多人的,由其代表人进行诉讼。

农户代表人按照下列情形确定:

(一)土地承包经营权证等证书上记载的人;

(二)未依法登记取得土地承包经营权证等证书的,为在承包合同上签名的人;

(三)前两项规定的人死亡、丧失民事行为能力或者因其他原因无法进行诉讼的,为农户成员推选的人。

二、家庭承包纠纷案件的处理

第五条 承包合同中有关收回、调整承包地的约定违反农村土地承包法第二十七条、第二十八条、第三十一条规定的,应当认定该约定无效。

第六条 因发包方违法收回、调整承包地,或者因发包方收回承包方弃耕、撂荒的承包地产生的纠纷,按照下列情形,分别处理:

(一)发包方未将承包地另行发包,承包方请求返还承包地的,应予支持;

(二)发包方已将承包地另行发包给第三人,承包方以发包方和第三人为共同被告,请求确认其所签订的承包合同无效、返还承包地并赔偿损失的,应予支持。但属于承包方弃耕、撂荒情形的,对其赔偿损失的诉讼请求,不予支持。

前款第(二)项所称的第三人,请求受益方补偿其在承包地上的合理投入的,应予支持。

第七条 承包合同约定或者土地承包经营权证等证书记载的承包期限短于农村土地承包法规定的期限,承包方请求延长的,应予支持。

第八条 承包方违反农村土地承包法第十八条规定，未经依法批准将承包地用于非农建设或者对承包地造成永久性损害，发包方请求承包方停止侵害、恢复原状或者赔偿损失的，应予支持。

第九条 发包方根据农村土地承包法第二十七条规定收回承包地前，承包方已经以出租、入股或者其他形式将其土地经营权流转给第三人，且流转期限尚未届满，因流转价款收取产生的纠纷，按照下列情形，分别处理：

（一）承包方已经一次性收取了流转价款，发包方请求承包方返还剩余流转期限的流转价款的，应予支持；

（二）流转价款为分期支付，发包方请求第三人按照流转合同的约定支付流转价款的，应予支持。

第十条 承包方交回承包地不符合农村土地承包法第三十条规定程序的，不得认定其为自愿交回。

第十一条 土地经营权流转中，本集体经济组织成员在流转价款、流转期限等主要内容相同的条件下主张优先权的，应予支持。但下列情形除外：

（一）在书面公示的合理期限内未提出优先权主张的；

（二）未经书面公示，在本集体经济组织以外的人开始使用承包地两个月内未提出优先权主张的。

第十二条 发包方胁迫承包方将土地经营权流转给第三人，承包方请求撤销其与第三人签订的流转合同的，应予支持。

发包方阻碍承包方依法流转土地经营权，承包方请求排除妨碍、赔偿损失的，应予支持。

第十三条 承包方未经发包方同意，转让其土地承包经营权的，转让合同无效。但发包方无法定理由不同意或者拖延表态的除外。

第十四条 承包方依法采取出租、入股或者其他方式流转土经营权，发包方仅以该土地经营权流转合同未报其备案为由，请求确认合同无效的，不予支持。

第十五条 因承包方不收取流转价款或者向对方支付费用的约定产生纠纷，当事人协商变更无法达成一致，且继续履行又显失公平的，人民法院可以根据发生变更的客观情况，按照公平原则处理。

第十六条 当事人对出租地流转期限没有约定或者约定不明的，参照民法典第七百三十条规定处理。除当事人另有约定或者属于林地承包经营外，承包地交回的时间应当在农作物收获期结束后或者下一耕种期开始前。

对提高土地生产能力的投入，对方当事人请求承包方给予相应补偿的，应予支持。

第十七条 发包方或者其他组织、个人擅自截留、扣缴承包收益或者土地经营权流转收益，承包方请求返还的，应予支持。

发包方或者其他组织、个人主张抵销的，不予支持。

三、其他方式承包纠纷的处理

第十八条 本集体经济组织成员在承包费、承包期限等主要内容相同的条件下主张优先承包的，应予支持。但在发包方将农村土地发包给本集体经济组织以外的组织或者个人，已经法律规定的民主议定程序通过，并由乡（镇）人民政府批准后主张优先承包的，不予支持。

第十九条 发包方就同一土地签订两个以上承包合同，承包方均主张取得土地经营权的，按照下列情形，分别处理：

（一）已经依法登记的承包方，取得土地经营权；

（二）均未依法登记的，生效在先合同的承包方取得土地经营权；

（三）依前两项规定无法确定的，已经根据承包合同合法占有使用承包地的人取得土地经营权，但争议发生后一方强行先占承包地的行为和事实，不得作为确定土地经营权的依据。

四、土地征收补偿费用分配及土地承包经营权继承纠纷的处理

第二十条 承包地被依法征收，承包方请求发包方给付已经收到的地上附着物和青苗的补偿费的，应予支持。

承包方已将土地经营权以出租、入股或者其他方式流转给第三人的，除当事人另有约定外，青苗补偿费归实际投入人所有，地上附着物补偿费归附着物所有人所有。

第二十一条 承包地被依法征收，放弃统一安置的家庭承包方，请求发包方给付已经收到的安置补助费的，应予支持。

第二十二条 农村集体经济组织或者村民委员会、村民小组，可以依照法律规定的民主议定程序，决定在本集体经济组织内部分配已经收到的土地补偿费。征地补偿安置方案确定时已经具有本集体经济组织成员资格的人，请求支付相应份额的，应予支持。但已报全国人大常委会、国务院备案的地方性法规、自治条例和单行条例、地方政府规章对土地补偿费在农村集体经济组织内部的分配办法另有规定的除外。

第二十三条 林地家庭承包中，承包方的继承人请求在承包期内继续承包的，应予支持。

其他方式承包中，承包方的继承人或者权利义务承受者请求在承包期内继续承包的，应予支持。

五、其他规定

第二十四条 人民法院在审理涉及本解释第五条、第六条第一款第（二）项及第二款、第十五条的纠纷案件时，应当着重进行调解。必要时可以委托人民调解组织进行调解。

第二十五条 本解释自 2005 年 9 月 1 日起施行。施行后受理

的第一审案件，适用本解释的规定。

施行前已经生效的司法解释与本解释不一致的，以本解释为准。

最高人民法院关于审理涉及农村土地承包经营纠纷调解仲裁案件适用法律若干问题的解释

（2013年12月27日最高人民法院审判委员会第1601次会议通过 根据2020年12月23日最高人民法院审判委员会第1823次会议通过的《最高人民法院关于修改〈最高人民法院关于在民事审判工作中适用《中华人民共和国工会法》若干问题的解释〉等二十七件民事类司法解释的决定》修正 2020年12月29日最高人民法院公告公布 自2021年1月1日起施行 法释〔2020〕17号）

为正确审理涉及农村土地承包经营纠纷调解仲裁案件，根据《中华人民共和国农村土地承包法》《中华人民共和国农村土地承包经营纠纷调解仲裁法》《中华人民共和国民事诉讼法》等法律的规定，结合民事审判实践，就审理涉及农村土地承包经营纠纷调解仲裁案件适用法律的若干问题，制定本解释。

第一条 农村土地承包仲裁委员会根据农村土地承包经营纠纷调解仲裁法第十八条规定，以超过申请仲裁的时效期间为由驳回申请后，当事人就同一纠纷提起诉讼的，人民法院应予受理。

第二条 当事人在收到农村土地承包仲裁委员会作出的裁决书之日起三十日后或者签收农村土地承包仲裁委员会作出的调解书后，就同一纠纷向人民法院提起诉讼的，裁定不予受理；已经受理的，裁定驳回起诉。

第三条　当事人在收到农村土地承包仲裁委员会作出的裁决书之日起三十日内，向人民法院提起诉讼，请求撤销仲裁裁决的，人民法院应当告知当事人就原纠纷提起诉讼。

第四条　农村土地承包仲裁委员会依法向人民法院提交当事人财产保全申请的，申请财产保全的当事人为申请人。

农村土地承包仲裁委员会应当提交下列材料：

（一）财产保全申请书；

（二）农村土地承包仲裁委员会发出的受理案件通知书；

（三）申请人的身份证明；

（四）申请保全财产的具体情况。

人民法院采取保全措施，可以责令申请人提供担保，申请人不提供担保的，裁定驳回申请。

第五条　人民法院对农村土地承包仲裁委员会提交的财产保全申请材料，应当进行审查。符合前条规定的，应予受理；申请材料不齐全或不符合规定的，人民法院应当告知农村土地承包仲裁委员会需要补齐的内容。

人民法院决定受理的，应当于三日内向当事人送达受理通知书并告知农村土地承包仲裁委员会。

第六条　人民法院受理财产保全申请后，应当在十日内作出裁定。因特殊情况需要延长的，经本院院长批准，可以延长五日。

人民法院接受申请后，对情况紧急的，必须在四十八小时内作出裁定；裁定采取保全措施的，应当立即开始执行。

第七条　农村土地承包经营纠纷仲裁中采取的财产保全措施，在申请保全的当事人依法提起诉讼后，自动转为诉讼中的财产保全措施，并适用《最高人民法院关于适用〈中华人民共和国民事诉讼法〉的解释》第四百八十七条关于查封、扣押、冻结期限的规定。

第八条　农村土地承包仲裁委员会依法向人民法院提交当事人

证据保全申请的，应当提供下列材料：

（一）证据保全申请书；

（二）农村土地承包仲裁委员会发出的受理案件通知书；

（三）申请人的身份证明；

（四）申请保全证据的具体情况。

对证据保全的具体程序事项，适用本解释第五、六、七条关于财产保全的规定。

第九条 农村土地承包仲裁委员会作出先行裁定后，一方当事人依法向被执行人住所地或者被执行的财产所在地基层人民法院申请执行的，人民法院应予受理和执行。

申请执行先行裁定的，应当提供以下材料：

（一）申请执行书；

（二）农村土地承包仲裁委员会作出的先行裁定书；

（三）申请执行人的身份证明；

（四）申请执行人提供的担保情况；

（五）其他应当提交的文件或证件。

第十条 当事人根据农村土地承包经营纠纷调解仲裁法第四十九条规定，向人民法院申请执行调解书、裁决书，符合《最高人民法院关于人民法院执行工作若干问题的规定（试行）》第十六条规定条件的，人民法院应予受理和执行。

第十一条 当事人因不服农村土地承包仲裁委员会作出的仲裁裁决向人民法院提起诉讼的，起诉期从其收到裁决书的次日起计算。

第十二条 本解释施行后，人民法院尚未审结的一审、二审案件适用本解释规定。本解释施行前已经作出生效裁判的案件，本解释施行后依法再审的，不适用本解释规定。

五 土地征收与安置、补偿

划拨用地目录

（2001年10月22日 国土资源部令第9号）

一、根据《中华人民共和国土地管理法》和《中华人民共和国城市房地产管理法》的规定，制定本目录。

二、符合本目录的建设用地项目，由建设单位提出申请，经有批准权的人民政府批准，可以划拨方式提供土地使用权。

三、对国家重点扶持的能源、交通、水利等基础设施用地项目，可以以划拨方式提供土地使用权。对以营利为目的，非国家重点扶持的能源、交通、水利等基础设施用地项目，应当以有偿方式提供土地使用权。

四、以划拨方式取得的土地使用权，因企业改制、土地使用权转让或者改变土地用途等不再符合本目录的，应当实行有偿使用。

五、本目录施行后，法律、行政法规和国务院的有关政策另有规定的，按有关规定执行。

六、本目录自发布之日起施行。原国家土地管理局颁布的《划拨用地项目目录》同时废止。

国家机关用地和军事用地

（一）党政机关和人民团体用地

1. 办公用地

2. 安全、保密、通讯等特殊专用设施。

（二）军事用地

1. 指挥机关、地面和地下的指挥工程、作战工程。

2. 营区、训练场、试验场。

3. 军用公路、铁路专用线、机场、港口、码头。

4. 军用洞库、仓库、输电、输油、输气管线。

5. 军用通信、通讯线路、侦察、观测台站和测量、导航标志。

6. 国防军品科研、试验设施。

7. 其他军事设施。

城市基础设施用地和公益事业用地

（三）城市基础设施用地

1. 供水设施：包括水源地、取水工程、净水厂、输配水工程、水质检测中心、调度中心、控制中心。

2. 燃气供应设施：包括人工煤气生产设施、液化石油气气化站、液化石油气储配站、天然气输配气设施。

3. 供热设施：包括热电厂、热力网设施。

4. 公共交通设施：包括城市轻轨、地下铁路线路、公共交通车辆停车场、首末站（总站）、调度中心、整流站、车辆保养场。

5. 环境卫生设施：包括雨水处理设施、污水处理厂、垃圾（粪便）处理设施、其他环卫设施。

6. 道路广场：包括市政道路、市政广场。

7. 绿地：包括公共绿地（住宅小区、工程建设项目的配套绿地除外）、防护绿地。

（四）非营利性邮政设施用地

1. 邮件处理中心、邮政支局（所）。

2. 邮政运输、物流配送中心。

3. 邮件转运站。

4. 国际邮件互换局、交换站。

5. 集装容器（邮袋、报皮）维护调配处理场。

（五）非营利性教育设施用地

1. 学校教学、办公、实验、科研及校内文化体育设施。

2. 高等、中等、职业学校的学生宿舍、食堂、教学实习及训练基地。

3. 托儿所、幼儿园的教学、办公、园内活动场地。

4. 特殊教育学校（盲校、聋哑学校、弱智学校）康复、技能训练设施。

（六）公益性科研机构用地

1. 科学研究、调查、观测、实验、试验（站、场、基地）设施。

2. 科研机构办公设施。

（七）非营利性体育设施用地

1. 各类体育运动项目专业比赛和专业训练场（馆）、配套设施（高尔夫球场除外）。

2. 体育信息、科研、兴奋剂检测设施。

3. 全民健身运动设施（住宅小区、企业单位内配套的除外）。

（八）非营利性公共文化设施用地

1. 图书馆。

2. 博物馆。

3. 文化馆。

4. 青少年宫、青少年科技馆、青少年（儿童）活动中心。

（九）非营利性医疗卫生设施用地

1. 医院、门诊部（所）、急救中心（站）、城乡卫生院。

2. 各级政府所属的卫生防疫站（疾病控制中心）、健康教育所、专科疾病防治所（站）。

3. 各级政府所属的妇幼保健所（院、站）、母婴保健机构、儿童保健机构、血站（血液中心、中心血站）。

（十）非营利性社会福利设施用地

1. 福利性住宅。

2. 综合性社会福利设施。

3. 老年人社会福利设施。

4. 儿童社会福利设施。

5. 残疾人社会福利设施。

6. 收容遣送设施。

7. 殡葬设施。

国家重点扶持的能源、交通、水利等基础设施用地

（十一）石油天然气设施用地

1. 油（气、水）井场及作业配套设施。

2. 油（气、汽、水）计量站、转接站、增压站、热采站、处理厂（站）、联合站、注水（气、汽、化学助剂）站、配气（水）站、原油（气）库、海上油气陆上终端。

3. 防腐、防砂、钻井泥浆、三次采油制剂厂（站）材料配制站（厂、车间）、预制厂（车间）。

4. 油（气）田机械、设备、仪器、管材加工和维修设施。

5. 油、气（汽）、水集输和长输管道、专用交通运输设施。

6. 油（气）田物资仓库（站）、露天货场、废旧料场、成品油（气）库（站）、液化气站。

7. 供排水设施、供配电设施、通讯设施。

8. 环境保护检测、污染治理、废旧料（物）综合处理设施。

9. 消防、安全、保卫设施。

（十二）煤炭设施用地

1. 矿井、露天矿、煤炭加工设施，共伴生矿物开采与加工场地。

2. 矿井通风、抽放瓦斯、煤层气开采、防火灌浆、井下热害防治设施。

3. 采掘场与疏干设施（含控制站）。

4. 自备发电厂、热电站、输变电设施。

5. 矿区内煤炭机电设备、仪器仪表、配件、器材供应与维修设施。

6. 矿区生产供水、供电、燃气、供气、通讯设施。

7. 矿山救护、消防防护设施。

8. 中心试验站。

9. 专用交通、运输设施。

（十三）电力设施用地

1. 发（变）电主厂房设施及配套库房设施。

2. 发（变）电厂（站）的专用交通设施。

3. 配套环保、安全防护设施。

4. 火力发电工程配电装置、网控楼、通信楼、微波塔。

5. 火力发电工程循环水管（沟）、冷却塔（池）、阀门井水工设施。

6. 火力发电工程燃料供应、供热设施，化学楼、输煤综合楼，启动锅炉房、空压机房。

7. 火力发电工程乙炔站、制氢（氧）站，化学水处理设施。

8. 核能发电工程应急给水储存室、循环水泵房、安全用水泵房、循环水进排水口及管沟、加氯间、配电装置。

9. 核能发电工程燃油储运及油处理设施。

10. 核能发电工程制氢站及相应设施。

11. 核能发电工程淡水水源设施，净水设施、污水、废水处理装置。

12. 新能源发电工程电机、厢变、输电（含专用送出工程）、变电站设施，资源观测设施。

13. 输配电线路塔（杆）、巡线站、线路工区，线路维护、检修道路。

14. 变（配）电装置，直流输电换流站及接地极。

15. 输变电、配电工程给排水、水处理等水工设施。

16. 输变电工区、高压工区。

（十四）水利设施用地

1. 水利工程用地：包括挡水、泄水建筑物、引水系统、尾水系统、分洪道及其附属建筑物，附属道路、交通设施，供电、供水、供风、供热及制冷设施。

2. 水库淹没区。

3. 堤防工程。

4. 河道治理工程。

5. 水闸、泵站、涵洞、桥梁、道路工程及其管护设施。

6. 蓄滞洪区、防护林带、滩区安全建设工程。

7. 取水系统：包括水闸、堰、进水口、泵站、机电井及其管护设施。

8. 输（排）水设施（含明渠、暗渠、隧道、管道、桥、渡槽、倒虹、调蓄水库、水池等）、压（抽、排）泵站、水厂。

9. 防汛抗旱通信设施，水文、气象测报设施。

10. 水土保持管理站、科研技术推广所（站）、试验地设施。

（十五）铁路交通设施用地

1. 铁路线路、车站及站场设施。

2. 铁路运输生产及维修、养护设施。

3. 铁路防洪、防冻、防雪、防风沙设施（含苗圃及植被保护带）、生产防疫、环保、水保设施。

4. 铁路给排水、供电、供暖、制冷、节能、专用通信、信号、信息系统设施。

5. 铁路轮渡、码头及相应的防风、防浪堤、护岸、栈桥、渡船整备设施。

6. 铁路专用物资仓储库（场）。

7. 铁路安全守备、消防、战备设施。

（十六）公路交通设施用地

1. 公路线路、桥梁、交叉工程、隧道和渡口。

2. 公路通信、监控、安全设施。

3. 高速公路服务区（区内经营性用地除外）。

4. 公路养护道班（工区）。

5. 公路线路用地界外设置的公路防护、排水、防洪、防雪、防波、防风沙设施及公路环境保护、监测设施。

（十七）水路交通设施用地

1. 码头、栈桥、防波堤、防沙导流堤、引堤、护岸、围堰水工工程。

2. 人工开挖的航道、港池、锚地及停泊区工程。

3. 港口生产作业区。

4. 港口机械设备停放场地及维修设施。

5. 港口专用铁路、公路、管道设施。

6. 港口给排水、供电、供暖、节能、防洪设施。

7. 水上安全监督（包括沿海和内河）、救助打捞、港航消防设施。

8. 通讯导航设施、环境保护设施。

9. 内河航运管理设施、内河航运枢纽工程、通航建筑物及管理维修区。

（十八）民用机场设施用地

1. 机场飞行区。

2. 公共航空运输客、货业务设施：包括航站楼、机场场区内的货运库（站）、特殊货物（危险品）业务仓库。

3. 空中交通管理系统。

4. 航材供应、航空器维修、适航检查及校验设施。

5. 机场地面专用设备、特种车辆保障设施。

6. 油料运输、中转、储油及加油设施。

7. 消防、应急救援、安全检查、机场公用设施。

8. 环境保护设施：包括污水处理、航空垃圾处理、环保监测、防噪声设施。

9. 训练机场、通用航空机场、公共航运机场中的通用航空业务配套设施。

法律、行政法规规定的其他用地

（十九）特殊用地

1. 监狱。

2. 劳教所。

3. 戒毒所、看守所、治安拘留所、收容教育所。

国务院办公厅转发劳动保障部关于做好被征地农民就业培训和社会保障工作指导意见的通知

（2006年4月10日　国办发〔2006〕29号）

各省、自治区、直辖市人民政府，国务院各部委、各直属机构：

劳动保障部《关于做好被征地农民就业培训和社会保障工作的指导意见》已经国务院同意，现转发给你们，请认真贯彻执行。

关于做好被征地农民就业培训和社会保障工作的指导意见

随着我国城镇化的发展，部分集体土地被征用，被征地农民的就业和社会保障问题日益突出，直接影响了被征地农民的切身利益和社会稳定。为妥善解决被征地农民的基本生活和长远生计问题，维护其合法权益,保持社会稳定,促进城镇化健康发展,根据《国务院关于深化改革严格土地管理的决定》(国发〔2004〕28号)的有关要求,现就做好被征地农民就业培训和社会保障工作提出以下指导意见:

一、基本思路和原则要求

(一)将做好被征地农民就业培训和社会保障工作作为征地制度改革的重要内容。地方各级人民政府要从统筹城乡经济社会和谐发展的高度,加强就业培训和社会保障工作,将被征地农民的就业问题纳入政府经济和社会发展规划及年度计划,尽快建立适合被征地农民特点与需求的社会保障制度,采取有效措施落实就业培训和社会保障资金,促进被征地农民实现就业和融入城镇社会,确保被征地农民生活水平不因征地而降低,长远生计有保障。

(二)明确范围,突出重点,统筹兼顾。被征地农民就业培训和社会保障工作的对象,主要是因政府统一征收农村集体土地而导致失去全部或大部分土地,且在征地时享有农村集体土地承包权的在册农业人口,具体对象由各地确定。做好被征地农民就业培训和社会保障工作要以新被征地农民为重点人群,以劳动年龄段内的被征地农民为就业培训重点对象,以大龄和老龄人群为社会保障重点对象。在实施过程中,各地要结合本地实际,充分考虑地方政府财政、村集体和农民承受能力,统筹考虑同一地区新老被征地农民就业培训和社会保障问题。对符合条件的新被征地农民,政府应在征地的同时即做出就业培训安排并落实相应的社会保障政策。对原已被征地农民的就业培训和社会保障问题,也要统筹考虑需要与可能、新老政策相互衔接等因素,予以妥善解决。

(三)根据城市规划区内外不同情况实行分类指导。各地应根据实际情况,妥善解决被征地农民的就业培训和社会保障问题。在城市规划区内,当地人民政府应将被征地农民纳入城镇就业体系,并建立社会保障制度。在城市规划区外,应保证在本行政区域内为被征地农民留有必要的耕地或安排相应的工作岗位,并纳入农村社会保障体系；对不具备生产生活条件地区的被征地农民，要异地移民安置，并纳入安置地的社会保障体系。

二、努力促进被征地农民就业

（四）促进被征地农民就业。坚持市场导向的就业机制，统筹城乡就业，多渠道开发就业岗位，改善就业环境，鼓励引导各类企业、事业单位、社区吸纳被征地农民就业，支持被征地农民自谋职业和自主创业。在城市规划区内，要将被征地农民纳入统一的失业登记制度和城镇就业服务体系。未就业的被征地农民可到当地公共就业服务机构办理失业登记，公共就业服务机构要及时办理，并积极为被征地农民提供就业咨询、就业指导、就业培训、职业介绍等服务，促进在劳动年龄段内有就业愿望的被征地农民尽快实现就业。在劳动年龄段内尚未就业且有就业愿望的，可按规定享受促进就业再就业的相关扶持政策。

（五）落实被征地农民就业安置责任。政府要积极开发公益性岗位安置就业困难的被征地农民就业，督促指导用地单位优先安置被征地农民就业。就业安置可以采取用地单位直接提供就业岗位并与符合就业条件的安置对象签订劳动合同的方式，也可以采取用地单位、就业服务机构和被征地农民三方签订合同委托安置的方式。

（六）加强对被征地农民的培训工作。在城市规划区内，各地要有针对性地制定适合被征地农民特点的职业培训计划，通过订单式培训等多种方式帮助被征地农民实现就业。在城市规划区外，各地要针对被征地农民的特点积极开展职业培训，提高被征地农民的就业竞争能力和创业能力。

三、积极做好被征地农民社会保障工作

（七）明确保障对象。被征地农民社会保障对象的确定，要严格按规定程序核准并予以公告后，报县（市）人民政府有关部门备案。具体办法由各省、自治区、直辖市人民政府制定。

（八）保障基本生活和长远生计。各地要从实际出发，采取多种方式保障被征地农民的基本生活和长远生计。对城市规划区内的被征地农民，应根据当地经济发展水平和被征地农民不同年龄段，制定保持基本生活水平不下降的办法和养老保障办法。对符合享受城市居民最低生活保障条件的，应按规定纳入城市居民最低生活保障范围。已开展城市医疗救助制度试点的地区，对符合医疗救助条件的要按规定纳入救助范围。有条件的地区可将被征地农民纳入城镇职工养老、医疗、失业等社会保险参保范围，通过现行城镇社会保障体系解决其基本生活保障问题。对城市规划区外的被征地农民，凡已经建立农村社会养老保险制度、开展新型农村合作医疗制度试点和实行农村最低生活保障制度的地区，要按有关规定将其纳入相应的保障范围。没有建立上述制度的地区，可由当地人民政府根据实际情况采取多种形式保障被征地农民的基本生活，提供必要的养老和医疗服务，并将符合条件的人员纳入当地的社会救助范围。

（九）合理确定保障水平。各地要按照统筹城乡就业和社会保障制度建设的要求，根据适应当地经济社会发展水平、政策可衔接、政府财力能承受、被征地农民生活水平不降低、简便易行等原则，合理确定被征地农民的社会保障水平。被征地农民基本生活和养老保障水平，应不低于当地最低生活保障标准。

四、落实被征地农民就业培训和社会保障资金

（十）落实就业培训和社会保障资金。开展被征地农民就业培训所需资金从当地财政列支；社会保障所需资金从当地政府批准提高的安置补助费和用于被征地农户的土地补偿费中统一安排，两项费用尚不足以支付的，由当地政府从国有土地有偿使用收入中解决。有条件的地区，地方财政和集体经济要加大扶持力度，支持和引导被征地农民参加城乡社会保险。被征地农民社会保障资金筹集办法，由各省、自治区、直辖市人民政府制定。

（十一）严格资金管理。政府承担的被征地农民就业培训和社会保障所需资金由当地有关部门在征地过程中统一划拨。各地政府要严格执行各项财务管理规定，加强资金监督和管理，确保资金的安全和增值，任何单位和个人不得挤占、截留或挪用。

五、加强领导，精心组织

（十二）高度重视被征地农民就业培训和社会保障工作。地方各级人民政府和有关部门要充分认识做好被征地农民就业培训和社会保障工作的必要性、紧迫性和艰巨性，将其列入重要议事日程，实行一把手负责制，建立责任追究制度。要广泛深入宣传开展被征地农民就业培训和社会保障工作的重要意义和有关政策。劳动保障部门作为被征地农民就业培训和社会保障工作的主管部门，要切实履行职责，地方各级人民政府要确保必要的人员和工作经费，务必把工作做细做实，切忌简单化。

（十三）制订具体实施办法。各省、自治区、直辖市人民政府要根据国发〔2004〕28号文件和本指导意见，结合本地实际情况制订切实可行的实施办法。要本着先试点、再推开的原则，及时研究和解决工作中出现的新情况、新问题，不断完善有关政策措施。各有关部门要通力协作，密切配合，积极稳妥地做好被征地农民的就业培训和社会保障工作。

劳动和社会保障部、国土资源部关于切实做好被征地农民社会保障工作有关问题的通知

（2007年4月28日　劳社部发〔2007〕14号）

各省、自治区、直辖市劳动和社会保障厅（局），国土资源厅（国土环境资源厅、国土资源局、国土资源和房屋管理局、房屋土地资源管理局）：

党中央、国务院高度重视被征地农民就业培训和社会保障问题，近年来先后下发了一系列重要文件，将做好被征地农民社会保障工作作为改革征地制度、完善社会保障体系的重要内容，摆在了突出位置，提出了明确要求。最近颁布的《物权法》，对安排被征地农民的社会保障费用作出了规定。许多地区开展了被征地农民社会保障工作，对维护被征地农民合法权益、促进社会稳定发挥了积极作用，但部分地区工作进展缓慢，亟待加快进度、完善政策、规范管理。为进一步贯彻落实《国务院关于加强土地调控有关问题的通知》（国发〔2006〕31号，以下简称国发31号文件）关于"社会保障费用不落实的不得批准征地"的精神，切实做好被征地农民社会保障工作，现就有关问题通知如下：

一、进一步明确被征地农民社会保障工作责任

为贯彻国发31号文件和《国务院办公厅转发劳动保障部关于做好被征地农民就业培训和社会保障工作指导意见的通知》（国办发〔2006〕29号，以下简称国办发29号文件）关于"实行一把手负责制，建立责任追究制度"和"严格实行问责制"的精神，地方各级人民政府主要负责人要对被征地农民社会保障工作负总责，劳动保障部门、国土资源部门要按照职能各负其责，制定切实可行的计划，加强工作调度和督促检查，切实做好本行政区域内被征地农民的社会保障工作。

各地要尽快建立被征地农民社会保障制度。按照国办发29号文件要求，已经出台实施办法的省份，要认真总结经验，完善政策和措施，提高管理水平，加强对市县工作的指导；其他省份要抓紧研究，争取在今年年底前出台实施办法。要严格按国办发29号文件关于保障项目和标准的要求，尽快将被征地农民纳入社会保障体系，确保被征地农民原有生活水平不降低、长远生计有保障，并建立相应的调整机制。

二、确保被征地农民社会保障所需资金

各地在制订被征地农民社会保障实施办法中，要明确和落实社会保障资金渠道。被征地农民社会保障所需资金，原则上由农民个人、农村集体、当地政府共同承担，具体比例、数额结合当地实际确定。根据国办发29号文件和《国务院办公厅关于规范国有土地使用权出让收支管理的通知》（国办发〔2006〕100号，以下简称国办发100号文件）规定，被征地农民社会保障所需资金从当地政府批准提高的安置补助费和用于被征地农户的土地补偿费中统一安排，两项费用尚不足以支付的，由当地政府从国有土地有偿使用收入中解决；地方人民政府可以从土地出让收入中安排一部分资金用于补助被征地农民社会保障支出，逐步建立被征地农民生活保障的长效机制。

各市县征地统一年产值标准和区片综合地价公布实施前，被征地农民社会保障所需资金的个人缴费部分，可以从其所得的土地补偿费、安置补助费中直接缴纳；各市县征地统一年产值标准和区片综合地价公布实施后，要及时确定征地补偿安置费用在农民个人、农村集体之间的分配办法，被征地农民社会保障个人缴费部分在农民个人所得中直接缴纳。

三、严格征地中对农民社会保障落实情况的审查

要严格执行国发31号文件关于"社会保障费用不落实的不得批准征地"的规定，加强对被征地农民社会保障措施落实情况的审查。被征地农民社会保障对象、项目、标准以及费用筹集办法等情况，要纳入征地报批前告知、听证等程序，维护被征地农民知情、参与等民主权利。市县人民政府在呈报征地报批材料时，应就上述情况作出说明。

劳动保障部门、国土资源部门要加强沟通协作，共同把好被征地农民社会保障落实情况审查关。需报省级政府批准征地的，上述说明材料由市（地、州）级劳动保障部门提出审核意见；需报国务院批准征地的，由省级劳动保障部门提出审核意见。有关说明材料和审核意见作为必备要件随建设用地报批资料同时上报。对没有出台被征地农民社会保障实施办法、被征地农民社会保障费用不落实、没有按规定履行征地报批前有关程序的，一律不予报批征地。

四、规范被征地农民社会保障资金管理

根据国办发 100 号文件规定，国有土地使用权出让收入全部缴入地方国库，支出一律通过地方基金预算从土地出让收入中予以安排。被征地农民社会保障所需费用，应在征地补偿安置方案批准之日起 3 个月内，按标准足额划入"被征地农民社会保障资金专户"，按规定记入个人账户或统筹账户。劳动保障部门负责被征地农民社会保障待遇核定和资金发放管理，具体工作由各级劳动保障部门的社保经办机构办理。

各地要制订被征地农民社会保障资金管理办法，加强对资金收支情况的监管，定期向社会公布，接受社会和被征地农民的监督。各地要按照国办发 29 号文件规定，确保必要的人员和工作经费。要加强被征地农民统计工作，做好对征地面积、征地涉及农业人口以及被征地农民社会保障参保人数、享受待遇人员、资金收支等情况的统计；加强对被征地农民社会保障工作的考核。

五、加强被征地农民社会保障工作的监督检查

根据中共中央办公厅、国务院办公厅《关于加强农村基层党风廉政建设的意见》（中办发〔2006〕32 号）的要求，地方各级劳动保障部门、国土资源部门要认真贯彻落实有关方针政策，在对农村土地征收征用情况的监督检查中，切实搞好对被征地农民社会保障工作情况的监督检查，纠正征地过程中损害农民权益问题。

被征地农民社会保障资金要专款专用，独立核算，任何部门、单位和个人都不得挤占、截留、挪用、转借或擅自将资金用于任何形式的直接投资。被征地农民社会保障资金未能足额到位、及时发放的，要追究有关人员的责任。国家工作人员在被征地农民社会保障资金管理工作中玩忽职守、滥用职权、徇私舞弊的，要依照有关规定追究行政责任；构成犯罪的，依法追究刑事责任。

国有土地上房屋征收与补偿条例

(2011年1月19日国务院第141次常务会议通过 2011年1月21日中华人民共和国国务院令第590号公布 自公布之日起施行)

第一章 总 则

第一条 【立法目的】为了规范国有土地上房屋征收与补偿活动，维护公共利益，保障被征收房屋所有权人的合法权益，制定本条例。

第二条 【适用范围】为了公共利益的需要，征收国有土地上单位、个人的房屋，应当对被征收房屋所有权人（以下称被征收人）给予公平补偿。

第三条 【基本原则】房屋征收与补偿应当遵循决策民主、程序正当、结果公开的原则。

第四条 【行政管辖】市、县级人民政府负责本行政区域的房屋征收与补偿工作。

市、县级人民政府确定的房屋征收部门（以下称房屋征收部门）组织实施本行政区域的房屋征收与补偿工作。

市、县级人民政府有关部门应当依照本条例的规定和本级人民政府规定的职责分工，互相配合，保障房屋征收与补偿工作的顺利进行。

第五条 【房屋征收实施单位】房屋征收部门可以委托房屋征收实施单位，承担房屋征收与补偿的具体工作。房屋征收实施单位不得以营利为目的。

房屋征收部门对房屋征收实施单位在委托范围内实施的房屋征收与补偿行为负责监督，并对其行为后果承担法律责任。

第六条　【主管部门】上级人民政府应当加强对下级人民政府房屋征收与补偿工作的监督。

国务院住房城乡建设主管部门和省、自治区、直辖市人民政府住房城乡建设主管部门应当会同同级财政、国土资源、发展改革等有关部门，加强对房屋征收与补偿实施工作的指导。

第七条　【举报与监察】任何组织和个人对违反本条例规定的行为，都有权向有关人民政府、房屋征收部门和其他有关部门举报。接到举报的有关人民政府、房屋征收部门和其他有关部门对举报应当及时核实、处理。

监察机关应当加强对参与房屋征收与补偿工作的政府和有关部门或者单位及其工作人员的监察。

第二章　征收决定

第八条　【征收情形】为了保障国家安全、促进国民经济和社会发展等公共利益的需要，有下列情形之一，确需征收房屋的，由市、县级人民政府作出房屋征收决定：

（一）国防和外交的需要；

（二）由政府组织实施的能源、交通、水利等基础设施建设的需要；

（三）由政府组织实施的科技、教育、文化、卫生、体育、环境和资源保护、防灾减灾、文物保护、社会福利、市政公用等公共事业的需要；

（四）由政府组织实施的保障性安居工程建设的需要；

（五）由政府依照城乡规划法有关规定组织实施的对危房集中、基础设施落后等地段进行旧城区改建的需要；

（六）法律、行政法规规定的其他公共利益的需要。

第九条 【征收相关建设的要求】依照本条例第八条规定，确需征收房屋的各项建设活动，应当符合国民经济和社会发展规划、土地利用总体规划、城乡规划和专项规划。保障性安居工程建设、旧城区改建，应当纳入市、县级国民经济和社会发展年度计划。

制定国民经济和社会发展规划、土地利用总体规划、城乡规划和专项规划，应当广泛征求社会公众意见，经过科学论证。

第十条 【征收补偿方案】房屋征收部门拟定征收补偿方案，报市、县级人民政府。

市、县级人民政府应当组织有关部门对征收补偿方案进行论证并予以公布，征求公众意见。征求意见期限不得少于30日。

第十一条 【旧城区改建】市、县级人民政府应当将征求意见情况和根据公众意见修改的情况及时公布。

因旧城区改建需要征收房屋，多数被征收人认为征收补偿方案不符合本条例规定的，市、县级人民政府应当组织由被征收人和公众代表参加的听证会，并根据听证会情况修改方案。

第十二条 【社会稳定风险评估】市、县级人民政府作出房屋征收决定前，应当按照有关规定进行社会稳定风险评估；房屋征收决定涉及被征收人数量较多的，应当经政府常务会议讨论决定。

作出房屋征收决定前，征收补偿费用应当足额到位、专户存储、专款专用。

第十三条 【征收公告】市、县级人民政府作出房屋征收决定后应当及时公告。公告应当载明征收补偿方案和行政复议、行政诉讼权利等事项。

市、县级人民政府及房屋征收部门应当做好房屋征收与补偿的宣传、解释工作。

房屋被依法征收的，国有土地使用权同时收回。

第十四条 【征收复议与诉讼】被征收人对市、县级人民政府作出的房屋征收决定不服的，可以依法申请行政复议，也可以依法提起行政诉讼。

第十五条 【征收调查登记】房屋征收部门应当对房屋征收范围内房屋的权属、区位、用途、建筑面积等情况组织调查登记，被征收人应当予以配合。调查结果应当在房屋征收范围内向被征收人公布。

第十六条 【房屋征收范围确定】房屋征收范围确定后，不得在房屋征收范围内实施新建、扩建、改建房屋和改变房屋用途等不当增加补偿费用的行为；违反规定实施的，不予补偿。

房屋征收部门应当将前款所列事项书面通知有关部门暂停办理相关手续。暂停办理相关手续的书面通知应当载明暂停期限。暂停期限最长不得超过1年。

第三章 补　　偿

第十七条 【征收补偿范围】作出房屋征收决定的市、县级人民政府对被征收人给予的补偿包括：

（一）被征收房屋价值的补偿；

（二）因征收房屋造成的搬迁、临时安置的补偿；

（三）因征收房屋造成的停产停业损失的补偿。

市、县级人民政府应当制定补助和奖励办法，对被征收人给予补助和奖励。

第十八条 【涉及住房保障情形的征收】征收个人住宅，被征收人符合住房保障条件的，作出房屋征收决定的市、县级人民政府应当优先给予住房保障。具体办法由省、自治区、直辖市制定。

第十九条 【被征收房屋价值的补偿】对被征收房屋价值的补偿，不得低于房屋征收决定公告之日被征收房屋类似房地产的市场价格。被征收房屋的价值，由具有相应资质的房地产价格评估机构按照房屋征收评估办法评估确定。

对评估确定的被征收房屋价值有异议的，可以向房地产价格评估机构申请复核评估。对复核结果有异议的，可以向房地产价格评估专家委员会申请鉴定。

房屋征收评估办法由国务院住房城乡建设主管部门制定，制定过程中，应当向社会公开征求意见。

第二十条 【房地产价格评估机构】房地产价格评估机构由被征收人协商选定；协商不成的，通过多数决定、随机选定等方式确定，具体办法由省、自治区、直辖市制定。

房地产价格评估机构应当独立、客观、公正地开展房屋征收评估工作，任何单位和个人不得干预。

第二十一条 【产权调换】被征收人可以选择货币补偿，也可以选择房屋产权调换。

被征收人选择房屋产权调换的，市、县级人民政府应当提供用于产权调换的房屋，并与被征收人计算、结清被征收房屋价值与用于产权调换房屋价值的差价。

因旧城区改建征收个人住宅，被征收人选择在改建地段进行房屋产权调换的，作出房屋征收决定的市、县级人民政府应当提供改建地段或者就近地段的房屋。

第二十二条 【搬迁与临时安置】因征收房屋造成搬迁的，房屋征收部门应当向被征收人支付搬迁费；选择房屋产权调换的，产权调换房屋交付前，房屋征收部门应当向被征收人支付临时安置费或者提供周转用房。

第二十三条 【停产停业损失的补偿】对因征收房屋造成停产停业损失的补偿，根据房屋被征收前的效益、停产停业期限等因素确定。具体办法由省、自治区、直辖市制定。

第二十四条 【临时建筑】市、县级人民政府及其有关部门应当依法加强对建设活动的监督管理，对违反城乡规划进行建设的，依法予以处理。

市、县级人民政府作出房屋征收决定前，应当组织有关部门依法对征收范围内未经登记的建筑进行调查、认定和处理。对认定为合法建筑和未超过批准期限的临时建筑的，应当给予补偿；对认定为违法建筑和超过批准期限的临时建筑的，不予补偿。

第二十五条 【补偿协议】房屋征收部门与被征收人依照本条例的规定，就补偿方式、补偿金额和支付期限、用于产权调换房屋的地点和面积、搬迁费、临时安置费或者周转用房、停产停业损失、搬迁期限、过渡方式和过渡期限等事项，订立补偿协议。

补偿协议订立后，一方当事人不履行补偿协议约定的义务的，另一方当事人可以依法提起诉讼。

第二十六条 【补偿决定】房屋征收部门与被征收人在征收补偿方案确定的签约期限内达不成补偿协议，或者被征收房屋所有权人不明确的，由房屋征收部门报请作出房屋征收决定的市、县级人民政府依照本条例的规定，按照征收补偿方案作出补偿决定，并在房屋征收范围内予以公告。

补偿决定应当公平，包括本条例第二十五条第一款规定的有关补偿协议的事项。

被征收人对补偿决定不服的，可以依法申请行政复议，也可以依法提起行政诉讼。

第二十七条 【先补偿后搬迁】实施房屋征收应当先补偿、后搬迁。

作出房屋征收决定的市、县级人民政府对被征收人给予补偿后，被征收人应当在补偿协议约定或者补偿决定确定的搬迁期限内完成搬迁。

任何单位和个人不得采取暴力、威胁或者违反规定中断供水、供热、供气、供电和道路通行等非法方式迫使被征收人搬迁。禁止建设单位参与搬迁活动。

第二十八条 【依法申请法院强制执行】被征收人在法定期限内不申请行政复议或者不提起行政诉讼，在补偿决定规定的期限内又不搬迁的，由作出房屋征收决定的市、县级人民政府依法申请人民法院强制执行。

强制执行申请书应当附具补偿金额和专户存储账号、产权调换房屋和周转用房的地点和面积等材料。

第二十九条　【征收补偿档案与审计监督】房屋征收部门应当依法建立房屋征收补偿档案，并将分户补偿情况在房屋征收范围内向被征收人公布。

审计机关应当加强对征收补偿费用管理和使用情况的监督，并公布审计结果。

第四章　法律责任

第三十条　【玩忽职守等法律责任】市、县级人民政府及房屋征收部门的工作人员在房屋征收与补偿工作中不履行本条例规定的职责，或者滥用职权、玩忽职守、徇私舞弊的，由上级人民政府或者本级人民政府责令改正，通报批评；造成损失的，依法承担赔偿责任；对直接负责的主管人员和其他直接责任人员，依法给予处分；构成犯罪的，依法追究刑事责任。

第三十一条　【暴力等非法搬迁法律责任】采取暴力、威胁或者违反规定中断供水、供热、供气、供电和道路通行等非法方式迫使被征收人搬迁，造成损失的，依法承担赔偿责任；对直接负责的主管人员和其他直接责任人员，构成犯罪的，依法追究刑事责任；尚不构成犯罪的，依法给予处分；构成违反治安管理行为的，依法给予治安管理处罚。

第三十二条　【非法阻碍征收与补偿工作法律责任】采取暴力、威胁等方法阻碍依法进行的房屋征收与补偿工作，构成犯罪的，依法追究刑事责任；构成违反治安管理行为的，依法给予治安管理处罚。

第三十三条　【贪污、挪用等法律责任】贪污、挪用、私分、截留、拖欠征收补偿费用的，责令改正，追回有关款项，限期退还违法所得，对有关责任单位通报批评、给予警告；造成损失的，依法承担赔偿责任；对直接负责的主管人员和其他直接责任人员，构成犯罪的，依法追究刑事责任；尚不构成犯罪的，依法给予处分。

第三十四条　【违法评估法律责任】房地产价格评估机构或者房地产估价师出具虚假或者有重大差错的评估报告的，由发证机关责令限期改正，给予警告，对房地产价格评估机构并处5万元以上20万元以下罚款，对房地产估价师并处1万元以上3万元以下罚款，并记入信用档案；情节严重的，吊销资质证书、注册证书；造成损失的，依法承担赔偿责任；构成犯罪的，依法追究刑事责任。

第五章　附　　则

第三十五条　【施行日期】本条例自公布之日起施行。2001年6月13日国务院公布的《城市房屋拆迁管理条例》同时废止。本条例施行前已依法取得房屋拆迁许可证的项目，继续沿用原有的规定办理，但政府不得责成有关部门强制拆迁。

最高人民法院关于办理申请人民法院强制执行国有土地上房屋征收补偿决定案件若干问题的规定

（2012年2月27日最高人民法院审判委员会第1543次会议通过　2012年3月26日最高人民法院公告公布　自2012年4月10日起施行　法释〔2012〕4号）

为依法正确办理市、县级人民政府申请人民法院强制执行国有土地上房屋征收补偿决定（以下简称征收补偿决定）案件，维护公共利益，保障被征收房屋所有权人的合法权益，根据《中华人民共和国行政诉讼法》、《中华人民共和国行政强制法》、《国有土地上房屋征收与补偿条例》（以下简称《条例》）等有关法律、行政法规规定，结合审判实际，制定本规定。

第一条 申请人民法院强制执行征收补偿决定案件，由房屋所在地基层人民法院管辖，高级人民法院可以根据本地实际情况决定管辖法院。

第二条 申请机关向人民法院申请强制执行，除提供《条例》第二十八条规定的强制执行申请书及附具材料外，还应当提供下列材料：

（一）征收补偿决定及相关证据和所依据的规范性文件；

（二）征收补偿决定送达凭证、催告情况及房屋被征收人、直接利害关系人的意见；

（三）社会稳定风险评估材料；

（四）申请强制执行的房屋状况；

（五）被执行人的姓名或者名称、住址及与强制执行相关的财产状况等具体情况；

（六）法律、行政法规规定应当提交的其他材料。

强制执行申请书应当由申请机关负责人签名，加盖申请机关印章，并注明日期。

强制执行的申请应当自被执行人的法定起诉期限届满之日起三个月内提出；逾期申请的，除有正当理由外，人民法院不予受理。

第三条 人民法院认为强制执行的申请符合形式要件且材料齐全的，应当在接到申请后五日内立案受理，并通知申请机关；不符合形式要件或者材料不全的应当限期补正，并在最终补正的材料提供后五日内立案受理；不符合形式要件或者逾期无正当理由不补正材料的，裁定不予受理。

申请机关对不予受理的裁定有异议的，可以自收到裁定之日起十五日内向上一级人民法院申请复议，上一级人民法院应当自收到复议申请之日起十五日内作出裁定。

第四条 人民法院应当自立案之日起三十日内作出是否准予执行的裁定；有特殊情况需要延长审查期限的，由高级人民法院批准。

第五条 人民法院在审查期间，可以根据需要调取相关证据、询问当事人、组织听证或者进行现场调查。

第六条 征收补偿决定存在下列情形之一的，人民法院应当裁定不准予执行：

（一）明显缺乏事实根据；

（二）明显缺乏法律、法规依据；

（三）明显不符合公平补偿原则，严重损害被执行人合法权益，或者使被执行人基本生活、生产经营条件没有保障；

（四）明显违反行政目的，严重损害公共利益；

（五）严重违反法定程序或者正当程序；

（六）超越职权；

（七）法律、法规、规章等规定的其他不宜强制执行的情形。

人民法院裁定不准予执行的，应当说明理由，并在五日内将裁定送达申请机关。

第七条 申请机关对不准予执行的裁定有异议的，可以自收到裁定之日起十五日内向上一级人民法院申请复议，上一级人民法院应当自收到复议申请之日起三十日内作出裁定。

第八条 人民法院裁定准予执行的，应当在五日内将裁定送达申请机关和被执行人，并可以根据实际情况建议申请机关依法采取必要措施，保障征收与补偿活动顺利实施。

第九条 人民法院裁定准予执行的，一般由作出征收补偿决定的市、县级人民政府组织实施，也可以由人民法院执行。

第十条 《条例》施行前已依法取得房屋拆迁许可证的项目，

人民法院裁定准予执行房屋拆迁裁决的，参照本规定第九条精神办理。

第十一条 最高人民法院以前所作的司法解释与本规定不一致的，按本规定执行。

最高人民法院关于严格执行法律法规和司法解释依法妥善办理征收拆迁案件的通知

（2012年6月13日 法〔2012〕148号）

各省、自治区、直辖市高级人民法院，新疆维吾尔自治区高级人民法院生产建设兵团分院：

自《中华人民共和国行政强制法》（以下简称《行政强制法》）、《国有土地上房屋征收与补偿条例》（以下简称《条例》）和《最高人民法院关于办理申请人民法院强制执行国有土地上房屋征收补偿决定案件若干问题的规定》（以下简称《规定》）颁布实施以来，依法文明和谐征收拆迁得到社会广泛肯定。但是，今春以来，一些地区违法征收拆迁的恶性事件又屡有发生，并呈上升势头。为防范和遏制类似事件的继续发生，为党的十八大胜利召开营造良好的社会环境，现就有关问题通知如下：

一、加强相关法律法规和司法解释的学习培训

各级人民法院的领导和相关审判执行人员要认真学习领会《行政强制法》、《条例》和《规定》，全面理解掌握法律法规和司法解释的立法背景及具体规定精神，认真学习理解《最高人民法院关于坚决防止土地征收、房屋拆迁强制执行引发恶性事件的紧急通知》和《关于认真贯彻执行〈关于办理申请人民法院强制执行国有土地

上房屋征收补偿决定案件若干问题的规定〉的通知》，特别是要组织基层人民法院搞好专门培训，切实把思想认识和工作思路统一到法律、法规、司法解释和最高人民法院的要求上来，在立案、审查和执行等工作中严格贯彻落实，不得擅自变通和随意解读。

二、抓紧对征收拆迁案件进行一次全面排查

各地法院近期要对已经受理或将要受理的征收拆迁诉讼案件和非诉执行案件进行一次全面排查，提前预测、主动应对和有效消除可能影响社会稳定的隐患。同时，对法律法规和司法解释颁布施行后的执法情况进行一次检查，在自查的基础上，上级人民法院要派出督查组对排查工作进行监督指导，特别是对近期发生征收拆迁恶性事件的地区和城郊结合部、城中村改造、违法违章建筑拆除等领域，要进行重点检查。坚决防止因工作失误、执法不规范或者滥用强制手段导致矛盾激化，造成人员伤亡或财产严重损失等恶性后果以及引发大规模群体性事件。

三、认真研究解决征收拆迁案件的新情况新问题

当前征收拆迁主要问题集中在违法征收土地和房屋、补偿标准偏低、实施程序不规范、滥用强制手段和工作方法简单粗暴等方面。各级人民法院要结合当地实际，认真研究受案范围、立案条件、审理标准、执行方式等具体法律适用问题，着力解决群众反映强烈的补偿标准过低、补偿不到位、行政权力滥用等突出问题。对于审判执行工作中的重大问题，要及时向当地党委汇报取得支持，加强与政府的沟通互动，积极探索创新社会管理方式，疏通行政争议化解渠道，努力实现保护人民群众合法权益与维护公共利益的有机统一，保障促进社会和谐稳定。

四、规范司法行为，强化审判执行监督

各级人民法院在办理征收拆迁案件过程中，立案、审查、执行机构要注意加强沟通配合，创新工作机制，共同研究解决办案中的重大疑难问题。对行政机关申请强制执行国有土地上房屋征收补偿

决定（或拆迁裁决）的案件，要严格按照《规定》及最高人民法院相关通知精神办理，严把立案、审查、执行关，切实体现"裁执分离"的原则，不得与地方政府搞联合执行、委托执行。要依法受理被执行人及利害关系人因行政机关强制执行过程中具体行政行为违法而提起的行政诉讼或者行政赔偿诉讼；对申请先予执行的案件，原则上不得准许；凡由人民法院强制执行的，须报经上一级人民法院审查批准方可采取强制手段；对涉及面广、社会影响大、社会关注度高的案件，上级人民法院应当加强监督指导，防范和制止下级人民法院强制执行中的违法行为和危害社会稳定的情形发生。

五、建立完善信息和舆情报告制度

为便于了解掌握各级人民法院办理征收拆迁案件的信息和情况，要建立和完善征收拆迁案件信息和舆情报告制度，特别是在十八大召开前夕和会议期间，各高级人民法院要按月搜集掌握辖区法院办理征收拆迁诉讼案件和非诉执行案件的情况。凡在办案中出现影响社会稳定重大隐患或事件的，有关人民法院必须立即向当地党委和上级人民法院如实报告有关情况，做到信息准确、反映迅速。上下级人民法院要畅通信息沟通渠道，随时掌握相关重要舆情动态，及时调查了解事实真相并采取应对措施，回应社会关切。要严格执行重大信息报告制度，对隐瞒不报、歪曲事实、造成严重负面影响的，严肃追究有关领导和直接责任人员的责任，并予以曝光通报。

六 土地开发整理

土地复垦条例

(2011年2月22日国务院第145次常务会议通过 2011年3月5日中华人民共和国国务院令第592号公布 自公布之日起施行)

第一章 总 则

第一条 为了落实十分珍惜、合理利用土地和切实保护耕地的基本国策,规范土地复垦活动,加强土地复垦管理,提高土地利用的社会效益、经济效益和生态效益,根据《中华人民共和国土地管理法》,制定本条例。

第二条 本条例所称土地复垦,是指对生产建设活动和自然灾害损毁的土地,采取整治措施,使其达到可供利用状态的活动。

第三条 生产建设活动损毁的土地,按照"谁损毁,谁复垦"的原则,由生产建设单位或者个人(以下称土地复垦义务人)负责复垦。但是,由于历史原因无法确定土地复垦义务人的生产建设活动损毁的土地(以下称历史遗留损毁土地),由县级以上人民政府负责组织复垦。

自然灾害损毁的土地,由县级以上人民政府负责组织复垦。

第四条 生产建设活动应当节约集约利用土地,不占或者少占耕地；对依法占用的土地应当采取有效措施，减少土地损毁面积，降低土地损毁程度。

土地复垦应当坚持科学规划、因地制宜、综合治理、经济可行、合理利用的原则。复垦的土地应当优先用于农业。

第五条 国务院国土资源主管部门负责全国土地复垦的监督管理工作。县级以上地方人民政府国土资源主管部门负责本行政区域土地复垦的监督管理工作。

县级以上人民政府其他有关部门依照本条例的规定和各自的职责做好土地复垦有关工作。

第六条 编制土地复垦方案、实施土地复垦工程、进行土地复垦验收等活动，应当遵守土地复垦国家标准；没有国家标准的，应当遵守土地复垦行业标准。

制定土地复垦国家标准和行业标准，应当根据土地损毁的类型、程度、自然地理条件和复垦的可行性等因素，分类确定不同类型损毁土地的复垦方式、目标和要求等。

第七条 县级以上地方人民政府国土资源主管部门应当建立土地复垦监测制度，及时掌握本行政区域土地资源损毁和土地复垦效果等情况。

国务院国土资源主管部门和省、自治区、直辖市人民政府国土资源主管部门应当建立健全土地复垦信息管理系统，收集、汇总和发布土地复垦数据信息。

第八条 县级以上人民政府国土资源主管部门应当依据职责加强对土地复垦情况的监督检查。被检查的单位或者个人应当如实反映情况，提供必要的资料。

任何单位和个人不得扰乱、阻挠土地复垦工作，破坏土地复垦工程、设施和设备。

第九条 国家鼓励和支持土地复垦科学研究和技术创新，推广先进的土地复垦技术。

对在土地复垦工作中作出突出贡献的单位和个人，由县级以上人民政府给予表彰。

第二章 生产建设活动损毁土地的复垦

第十条 下列损毁土地由土地复垦义务人负责复垦：

（一）露天采矿、烧制砖瓦、挖沙取土等地表挖掘所损毁的土地；

（二）地下采矿等造成地表塌陷的土地；

（三）堆放采矿剥离物、废石、矿渣、粉煤灰等固体废弃物压占的土地；

（四）能源、交通、水利等基础设施建设和其他生产建设活动临时占用所损毁的土地。

第十一条 土地复垦义务人应当按照土地复垦标准和国务院国土资源主管部门的规定编制土地复垦方案。

第十二条 土地复垦方案应当包括下列内容：

（一）项目概况和项目区土地利用状况；

（二）损毁土地的分析预测和土地复垦的可行性评价；

（三）土地复垦的目标任务；

（四）土地复垦应当达到的质量要求和采取的措施；

（五）土地复垦工程和投资估（概）算；

（六）土地复垦费用的安排；

（七）土地复垦工作计划与进度安排；

（八）国务院国土资源主管部门规定的其他内容。

第十三条 土地复垦义务人应当在办理建设用地申请或者采矿权申请手续时，随有关报批材料报送土地复垦方案。

土地复垦义务人未编制土地复垦方案或者土地复垦方案不符合要求的，有批准权的人民政府不得批准建设用地，有批准权的国土资源主管部门不得颁发采矿许可证。

本条例施行前已经办理建设用地手续或者领取采矿许可证，本条例施行后继续从事生产建设活动造成土地损毁的，土地复垦义务人应当按照国务院国土资源主管部门的规定补充编制土地复垦方案。

第十四条 土地复垦义务人应当按照土地复垦方案开展土地复垦工作。矿山企业还应当对土地损毁情况进行动态监测和评价。

生产建设周期长、需要分阶段实施复垦的，土地复垦义务人应当对土地复垦工作与生产建设活动统一规划、统筹实施，根据生产建设进度确定各阶段土地复垦的目标任务、工程规划设计、费用安排、工程实施进度和完成期限等。

第十五条 土地复垦义务人应当将土地复垦费用列入生产成本或者建设项目总投资。

第十六条 土地复垦义务人应当建立土地复垦质量控制制度，遵守土地复垦标准和环境保护标准，保护土壤质量与生态环境，避免污染土壤和地下水。

土地复垦义务人应当首先对拟损毁的耕地、林地、牧草地进行表土剥离，剥离的表土用于被损毁土地的复垦。

禁止将重金属污染物或者其他有毒有害物质用作回填或者充填材料。受重金属污染物或者其他有毒有害物质污染的土地复垦后，达不到国家有关标准的，不得用于种植食用农作物。

第十七条 土地复垦义务人应当于每年12月31日前向县级以上地方人民政府国土资源主管部门报告当年的土地损毁情况、土地复垦费用使用情况以及土地复垦工程实施情况。

县级以上地方人民政府国土资源主管部门应当加强对土地复垦义务人使用土地复垦费用和实施土地复垦工程的监督。

第十八条 土地复垦义务人不复垦，或者复垦验收中经整改仍不合格的，应当缴纳土地复垦费，由有关国土资源主管部门代为组织复垦。

确定土地复垦费的数额，应当综合考虑损毁前的土地类型、实际损毁面积、损毁程度、复垦标准、复垦用途和完成复垦任务所需的工程量等因素。土地复垦费的具体征收使用管理办法，由国务院财政、价格主管部门商国务院有关部门制定。

土地复垦义务人缴纳的土地复垦费专项用于土地复垦。任何单位和个人不得截留、挤占、挪用。

第十九条　土地复垦义务人对在生产建设活动中损毁的由其他单位或者个人使用的国有土地或者农民集体所有的土地，除负责复垦外，还应当向遭受损失的单位或者个人支付损失补偿费。

损失补偿费由土地复垦义务人与遭受损失的单位或者个人按照造成的实际损失协商确定；协商不成的，可以向土地所在地人民政府国土资源主管部门申请调解或者依法向人民法院提起民事诉讼。

第二十条　土地复垦义务人不依法履行土地复垦义务的，在申请新的建设用地时，有批准权的人民政府不得批准；在申请新的采矿许可证或者申请采矿许可证延续、变更、注销时，有批准权的国土资源主管部门不得批准。

第三章　历史遗留损毁土地和自然灾害损毁土地的复垦

第二十一条　县级以上人民政府国土资源主管部门应当对历史遗留损毁土地和自然灾害损毁土地进行调查评价。

第二十二条　县级以上人民政府国土资源主管部门应当在调查评价的基础上，根据土地利用总体规划编制土地复垦专项规划，确定复垦的重点区域以及复垦的目标任务和要求，报本级人民政府批准后组织实施。

第二十三条　对历史遗留损毁土地和自然灾害损毁土地，县级以上人民政府应当投入资金进行复垦，或者按照"谁投资，谁受益"的原则，吸引社会投资进行复垦。土地权利人明确的，可以采取扶持、优惠措施，鼓励土地权利人自行复垦。

第二十四条　国家对历史遗留损毁土地和自然灾害损毁土地的复垦按项目实施管理。

县级以上人民政府国土资源主管部门应当根据土地复垦专项规划和年度土地复垦资金安排情况确定年度复垦项目。

第二十五条　政府投资进行复垦的，负责组织实施土地复垦项目的国土资源主管部门应当组织编制土地复垦项目设计书，明确复垦项目的位置、面积、目标任务、工程规划设计、实施进度及完成期限等。

土地权利人自行复垦或者社会投资进行复垦的，土地权利人或者投资单位、个人应当组织编制土地复垦项目设计书，并报负责组织实施土地复垦项目的国土资源主管部门审查同意后实施。

第二十六条　政府投资进行复垦的，有关国土资源主管部门应当依照招标投标法律法规的规定，通过公开招标的方式确定土地复垦项目的施工单位。

土地权利人自行复垦或者社会投资进行复垦的，土地复垦项目的施工单位由土地权利人或者投资单位、个人依法自行确定。

第二十七条　土地复垦项目的施工单位应当按照土地复垦项目设计书进行复垦。

负责组织实施土地复垦项目的国土资源主管部门应当健全项目管理制度，加强项目实施中的指导、管理和监督。

第四章　土地复垦验收

第二十八条　土地复垦义务人按照土地复垦方案的要求完成土地复垦任务后，应当按照国务院国土资源主管部门的规定向所在地县级以上地方人民政府国土资源主管部门申请验收，接到申请的国土资源主管部门应当会同同级农业、林业、环境保护等有关部门进行验收。

进行土地复垦验收，应当邀请有关专家进行现场踏勘，查验复垦后的土地是否符合土地复垦标准以及土地复垦方案的要求,核实复垦后的土地类型、面积和质量等情况,并将初步验收结果公告,听取相关权利人的意见。相关权利人对土地复垦完成情况提出异议的,国土资源主管部门应当会同有关部门进一步核查,并将核查情况向相关权利人反馈;情况属实的,应当向土地复垦义务人提出整改意见。

第二十九条　负责组织验收的国土资源主管部门应当会同有关部门在接到土地复垦验收申请之日起 60 个工作日内完成验收,经验收合格的,向土地复垦义务人出具验收合格确认书;经验收不合格的,向土地复垦义务人出具书面整改意见,列明需要整改的事项,由土地复垦义务人整改完成后重新申请验收。

第三十条　政府投资的土地复垦项目竣工后,负责组织实施土地复垦项目的国土资源主管部门应当依照本条例第二十八条第二款的规定进行初步验收。初步验收完成后,负责组织实施土地复垦项目的国土资源主管部门应当按照国务院国土资源主管部门的规定向上级人民政府国土资源主管部门申请最终验收。上级人民政府国土资源主管部门应当会同有关部门及时组织验收。

土地权利人自行复垦或者社会投资进行复垦的土地复垦项目竣工后,由负责组织实施土地复垦项目的国土资源主管部门会同有关部门进行验收。

第三十一条　复垦为农用地的,负责组织验收的国土资源主管部门应当会同有关部门在验收合格后的 5 年内对土地复垦效果进行跟踪评价,并提出改善土地质量的建议和措施。

第五章　土地复垦激励措施

第三十二条　土地复垦义务人在规定的期限内将生产建设活动损毁的耕地、林地、牧草地等农用地复垦恢复原状的,依照国家有关税收法律法规的规定退还已经缴纳的耕地占用税。

第三十三条　社会投资复垦的历史遗留损毁土地或者自然灾害

损毁土地，属于无使用权人的国有土地的，经县级以上人民政府依法批准，可以确定给投资单位或者个人长期从事种植业、林业、畜牧业或者渔业生产。

社会投资复垦的历史遗留损毁土地或者自然灾害损毁土地，属于农民集体所有土地或者有使用权人的国有土地的，有关国土资源主管部门应当组织投资单位或者个人与土地权利人签订土地复垦协议，明确复垦的目标任务以及复垦后的土地使用和收益分配。

第三十四条 历史遗留损毁和自然灾害损毁的国有土地的使用权人，以及历史遗留损毁和自然灾害损毁的农民集体所有土地的所有权人、使用权人，自行将损毁土地复垦为耕地的，由县级以上地方人民政府给予补贴。

第三十五条 县级以上地方人民政府将历史遗留损毁和自然灾害损毁的建设用地复垦为耕地的，按照国家有关规定可以作为本省、自治区、直辖市内进行非农建设占用耕地时的补充耕地指标。

第六章 法 律 责 任

第三十六条 负有土地复垦监督管理职责的部门及其工作人员有下列行为之一的，对直接负责的主管人员和其他直接责任人员，依法给予处分；直接负责的主管人员和其他直接责任人员构成犯罪的，依法追究刑事责任：

（一）违反本条例规定批准建设用地或者批准采矿许可证及采矿许可证的延续、变更、注销的；

（二）截留、挤占、挪用土地复垦费的；

（三）在土地复垦验收中弄虚作假的；

（四）不依法履行监督管理职责或者对发现的违反本条例的行为不依法查处的；

（五）在审查土地复垦方案、实施土地复垦项目、组织土地复垦验收以及实施监督检查过程中，索取、收受他人财物或者谋取其他利益的；

（六）其他徇私舞弊、滥用职权、玩忽职守行为。

第三十七条　本条例施行前已经办理建设用地手续或者领取采矿许可证，本条例施行后继续从事生产建设活动造成土地损毁的土地复垦义务人未按照规定补充编制土地复垦方案的，由县级以上地方人民政府国土资源主管部门责令限期改正；逾期不改正的，处10万元以上20万元以下的罚款。

第三十八条　土地复垦义务人未按照规定将土地复垦费用列入生产成本或者建设项目总投资的，由县级以上地方人民政府国土资源主管部门责令限期改正；逾期不改正的，处10万元以上50万元以下的罚款。

第三十九条　土地复垦义务人未按照规定对拟损毁的耕地、林地、牧草地进行表土剥离，由县级以上地方人民政府国土资源主管部门责令限期改正；逾期不改正的，按照应当进行表土剥离的土地面积处每公顷1万元的罚款。

第四十条　土地复垦义务人将重金属污染物或者其他有毒有害物质用作回填或者充填材料的，由县级以上地方人民政府环境保护主管部门责令停止违法行为，限期采取治理措施，消除污染，处10万元以上50万元以下的罚款；逾期不采取治理措施的，环境保护主管部门可以指定有治理能力的单位代为治理，所需费用由违法者承担。

第四十一条　土地复垦义务人未按照规定报告土地损毁情况、土地复垦费使用情况或者土地复垦工程实施情况的，由县级以上地方人民政府国土资源主管部门责令限期改正；逾期不改正的，处2万元以上5万元以下的罚款。

第四十二条　土地复垦义务人依照本条例规定应当缴纳土地复垦费而不缴纳的，由县级以上地方人民政府国土资源主管部门责令限期缴纳；逾期不缴纳的，处应缴纳土地复垦费1倍以上2倍以下的罚款，土地复垦义务人为矿山企业的，由颁发采矿许可证的机关吊销采矿许可证。

第四十三条 土地复垦义务人拒绝、阻碍国土资源主管部门监督检查，或者在接受监督检查时弄虚作假的，由国土资源主管部门责令改正，处2万元以上5万元以下的罚款；有关责任人员构成违反治安管理行为的，由公安机关依法予以治安管理处罚；有关责任人员构成犯罪的，依法追究刑事责任。

破坏土地复垦工程、设施和设备，构成违反治安管理行为的，由公安机关依法予以治安管理处罚；构成犯罪的，依法追究刑事责任。

第七章 附 则

第四十四条 本条例自公布之日起施行。1988年11月8日国务院发布的《土地复垦规定》同时废止。

土地复垦条例实施办法

（2012年12月27日国土资源部第56号令公布 2019年7月24日自然资源部令第5号修正）

第一章 总 则

第一条 为保证土地复垦的有效实施，根据《土地复垦条例》（以下简称条例），制定本办法。

第二条 土地复垦应当综合考虑复垦后土地利用的社会效益、经济效益和生态效益。

生产建设活动造成耕地损毁的，能够复垦为耕地的，应当优先复垦为耕地。

第三条 县级以上自然资源主管部门应当明确专门机构并配备专职人员负责土地复垦监督管理工作。

县级以上自然资源主管部门应当加强与发展改革、财政、铁路、交通、水利、环保、农业、林业等部门的协同配合和行业指导监督。

上级自然资源主管部门应当加强对下级自然资源主管部门土地复垦工作的监督和指导。

第四条 除条例第六条规定外，开展土地复垦调查评价、编制土地复垦规划设计、确定土地复垦工程建设和造价、实施土地复垦工程质量控制、进行土地复垦评价等活动，也应当遵守有关国家标准和土地管理行业标准。

省级自然资源主管部门可以结合本地实际情况，补充制定本行政区域内土地复垦工程建设和造价等标准。

第五条 县级以上自然资源主管部门应当建立土地复垦信息管理系统，利用国土资源综合监管平台，对土地复垦情况进行动态监测，及时收集、汇总、分析和发布本行政区域内土地损毁、土地复垦等数据信息。

第二章 生产建设活动损毁土地的复垦

第六条 属于条例第十条规定的生产建设项目，土地复垦义务人应当在办理建设用地申请或者采矿权申请手续时，依据自然资源部《土地复垦方案编制规程》的要求，组织编制土地复垦方案，随有关报批材料报送有关自然资源主管部门审查。

具体承担相应建设用地审查和采矿权审批的自然资源主管部门负责对土地复垦义务人报送的土地复垦方案进行审查。

第七条 条例施行前已经办理建设用地手续或者领取采矿许可证，条例施行后继续从事生产建设活动造成土地损毁的，土地复垦义务人应当在本办法实施之日起一年内完成土地复垦方案的补充编制工作，报有关自然资源主管部门审查。

第八条 土地复垦方案分为土地复垦方案报告书和土地复垦方案报告表。

依法由省级以上人民政府审批建设用地的建设项目，以及由省级以上自然资源主管部门审批登记的采矿项目，应当编制土地复垦方案报告书。其他项目可以编制土地复垦方案报告表。

第九条 生产建设周期长、需要分阶段实施土地复垦的生产建设项目，土地复垦方案应当包含阶段土地复垦计划和年度实施计划。

跨县（市、区）域的生产建设项目，应当在土地复垦方案中附具以县（市、区）为单位的土地复垦实施方案。

阶段土地复垦计划和以县（市、区）为单位的土地复垦实施方案应当明确土地复垦的目标、任务、位置、主要措施、投资概算、工程规划设计等。

第十条 有关自然资源主管部门受理土地复垦方案审查申请后，应当组织专家进行论证。

根据论证所需专业知识结构，从土地复垦专家库中选取专家。专家与土地复垦方案申请人或者申请项目有利害关系的，应当主动要求回避。土地复垦方案申请人也可以向有关自然资源主管部门申请专家回避。

土地复垦方案申请人或者相关利害关系人可以按照《政府信息公开条例》的规定，向有关自然资源主管部门申请查询专家意见。有关自然资源主管部门应当依法提供查询结果。

第十一条 土地复垦方案经专家论证通过后，由有关自然资源主管部门进行最终审查。符合下列条件的，方可通过审查：

（一）土地利用现状明确；

（二）损毁土地的分析预测科学；

（三）土地复垦目标、任务和利用方向合理，措施可行；

（四）土地复垦费用测算合理，预存与使用计划清晰并符合本办法规定要求；

（五）土地复垦计划安排科学、保障措施可行；

（六）土地复垦方案已经征求意见并采纳合理建议。

第十二条　土地复垦方案通过审查的，有关自然资源主管部门应当向土地复垦义务人出具土地复垦方案审查意见书。土地复垦方案审查意见书应当包含本办法第十一条规定的有关内容。

土地复垦方案未通过审查的，有关自然资源主管部门应当书面告知土地复垦义务人补正。逾期不补正的，不予办理建设用地或者采矿审批相关手续。

第十三条　土地复垦义务人因生产建设项目的用地位置、规模等发生变化，或者采矿项目发生扩大变更矿区范围等重大内容变化的，应当在三个月内对原土地复垦方案进行修改，报原审查的自然资源主管部门审查。

第十四条　土地复垦义务人不按照本办法第七条、第十三条规定补充编制或者修改土地复垦方案的，依照条例第二十条规定处理。

第十五条　土地复垦义务人在实施土地复垦工程前，应当依据审查通过的土地复垦方案进行土地复垦规划设计，将土地复垦方案和土地复垦规划设计一并报所在地县级自然资源主管部门备案。

第十六条　土地复垦义务人应当按照条例第十五条规定的要求，与损毁土地所在地县级自然资源主管部门在双方约定的银行建立土地复垦费用专门账户，按照土地复垦方案确定的资金数额，在土地复垦费用专门账户中足额预存土地复垦费用。

预存的土地复垦费用遵循"土地复垦义务人所有，自然资源主管部门监管，专户储存专款使用"的原则。

第十七条　土地复垦义务人应当与损毁土地所在地县级自然资源主管部门、银行共同签订土地复垦费用使用监管协议，按照本办法规定的原则明确土地复垦费用预存和使用的时间、数额、程序、条件和违约责任等。

土地复垦费用使用监管协议对当事人具有法律效力。

第十八条　土地复垦义务人应当在项目动工前一个月内预存土地复垦费用。

土地复垦义务人按照本办法第七条规定补充编制土地复垦方案的，应当在土地复垦方案通过审查后一个月内预存土地复垦费用。

土地复垦义务人按照本办法第十三条规定修改土地复垦方案后，已经预存的土地复垦费用不足的，应当在土地复垦方案通过审查后一个月内补齐差额费用。

第十九条　土地复垦费用预存实行一次性预存和分期预存两种方式。

生产建设周期在三年以下的项目，应当一次性全额预存土地复垦费用。

生产建设周期在三年以上的项目，可以分期预存土地复垦费用，但第一次预存的数额不得少于土地复垦费用总金额的百分之二十。余额按照土地复垦方案确定的土地复垦费用预存计划预存，在生产建设活动结束前一年预存完毕。

第二十条　采矿生产项目的土地复垦费用预存，统一纳入矿山地质环境治理恢复基金进行管理。

条例实施前，采矿生产项目按照有关规定向自然资源主管部门缴存的矿山地质环境治理恢复保证金中已经包含了土地复垦费用的，土地复垦义务人可以向所在地自然资源主管部门提出申请，经审核属实的，可以不再预存相应数额的土地复垦费用。

第二十一条　土地复垦义务人应当按照土地复垦方案确定的工作计划和土地复垦费用使用计划，向损毁土地所在地县级自然资源主管部门申请出具土地复垦费用支取通知书。县级自然资源主管部门应当在七日内出具土地复垦费用支取通知书。

土地复垦义务人凭土地复垦费用支取通知书，从土地复垦费用专门账户中支取土地复垦费用，专项用于土地复垦。

第二十二条　土地复垦义务人应当按照条例第十七条规定于每年12月31日前向所在地县级自然资源主管部门报告当年土地复垦义务履行情况，包括下列内容：

（一）年度土地损毁情况，包括土地损毁方式、地类、位置、权属、面积、程度等；

（二）年度土地复垦费用预存、使用和管理等情况；

（三）年度土地复垦实施情况，包括复垦地类、位置、面积、权属、主要复垦措施、工程量等；

（四）自然资源主管部门规定的其他年度报告内容。

县级自然资源主管部门应当加强对土地复垦义务人报告事项履行情况的监督核实，并可以根据情况将土地复垦义务履行情况年度报告在门户网站上公开。

第二十三条 县级自然资源主管部门应当加强对土地复垦义务人使用土地复垦费用的监督管理，发现有不按照规定使用土地复垦费用的，可以按照土地复垦费用使用监管协议的约定依法追究土地复垦义务人的违约责任。

第二十四条 土地复垦义务人在生产建设活动中应当遵循"保护、预防和控制为主，生产建设与复垦相结合"的原则，采取下列预防控制措施：

（一）对可能被损毁的耕地、林地、草地等，应当进行表土剥离，分层存放，分层回填，优先用于复垦土地的土壤改良。表土剥离厚度应当依据相关技术标准，根据实际情况确定。表土剥离应当在生产工艺和施工建设前进行或者同步进行；

（二）露天采矿、烧制砖瓦、挖沙取土、采石、修建铁路、公路、水利工程等，应当合理确定取土的位置、范围、深度和堆放的位置、高度等；

（三）地下采矿或者疏干抽排地下水等施工，对易造成地面塌陷或者地面沉降等特殊地段应当采取充填、设置保护支柱等工程技术方法以及限制、禁止开采地下水等措施；

（四）禁止不按照规定排放废气、废水、废渣、粉灰、废油等。

第二十五条 土地复垦义务人应当对生产建设活动损毁土地的

规模、程度和复垦过程中土地复垦工程质量、土地复垦效果等实施全程控制，并对验收合格后的复垦土地采取管护措施，保证土地复垦效果。

第二十六条 土地复垦义务人依法转让采矿权或者土地使用权的，土地复垦义务同时转移。但原土地复垦义务人应当完成的土地复垦义务未履行完成的除外。

原土地复垦义务人已经预存的土地复垦费用以及未履行完成的土地复垦义务，由原土地复垦义务人与新的土地复垦义务人在转让合同中约定。

新的土地复垦义务人应当重新与损毁土地所在地自然资源主管部门、银行签订土地复垦费用使用监管协议。

第三章 历史遗留损毁土地和自然灾害损毁土地的复垦

第二十七条 历史遗留损毁土地和自然灾害损毁土地调查评价，应当包括下列内容：

（一）损毁土地现状调查，包括地类、位置、面积、权属、损毁类型、损毁特征、损毁原因、损毁时间、污染情况、自然条件、社会经济条件等；

（二）损毁土地复垦适宜性评价，包括损毁程度、复垦潜力、利用方向及生态环境影响等；

（三）土地复垦效益分析，包括社会、经济、生态等效益。

第二十八条 符合下列条件的土地，所在地的县级自然资源主管部门应当认定为历史遗留损毁土地：

（一）土地复垦义务人灭失的生产建设活动损毁的土地；

（二）《土地复垦规定》实施以前生产建设活动损毁的土地。

第二十九条 县级自然资源主管部门应当将历史遗留损毁土地认定结果予以公告，公告期间不少于三十日。土地复垦义务人对认定结果有异议的，可以向县级自然资源主管部门申请复核。

县级自然资源主管部门应当自收到复核申请之日起三十日内做出答复。土地复垦义务人不服的，可以向上一级自然资源主管部门申请裁定。

上一级自然资源主管部门发现县级自然资源主管部门做出的认定结果不符合规定的，可以责令县级自然资源主管部门重新认定。

第三十条　土地复垦专项规划应当包括下列内容：

（一）土地复垦潜力分析；

（二）土地复垦的原则、目标、任务和计划安排；

（三）土地复垦重点区域和复垦土地利用方向；

（四）土地复垦项目的划定，复垦土地的利用布局和工程布局；

（五）土地复垦资金的测算，资金筹措方式和资金安排；

（六）预期经济、社会和生态等效益；

（七）土地复垦的实施保障措施。

土地复垦专项规划可以根据实际情况纳入土地整治规划。

土地复垦专项规划的修改应当按照条例第二十二条的规定报本级人民政府批准。

第三十一条　县级以上地方自然资源主管部门应当依据土地复垦专项规划制定土地复垦年度计划，分年度、有步骤地组织开展土地复垦工作。

第三十二条　条例第二十三条规定的历史遗留损毁土地和自然灾害损毁土地的复垦资金来源包括下列资金：

（一）土地复垦费；

（二）耕地开垦费；

（三）新增建设用地土地有偿使用费；

（四）用于农业开发的土地出让收入；

（五）可以用于土地复垦的耕地占用税地方留成部分；

（六）其他可以用于土地复垦的资金。

第四章　土地复垦验收

第三十三条　土地复垦义务人完成土地复垦任务后，应当组织自查，向项目所在地县级自然资源主管部门提出验收书面申请，并提供下列材料：

（一）验收调查报告及相关图件；

（二）规划设计执行报告；

（三）质量评估报告；

（四）检测等其他报告。

第三十四条　生产建设周期五年以上的项目，土地复垦义务人可以分阶段提出验收申请，负责组织验收的自然资源主管部门实行分级验收

阶段验收由项目所在地县级自然资源主管部门负责组织，总体验收由审查通过土地复垦方案的自然资源主管部门负责组织或者委托有关自然资源主管部门组织。

第三十五条　负责组织验收的自然资源主管部门应当会同同级农业、林业、环境保护等有关部门，组织邀请有关专家和农村集体经济组织代表，依据土地复垦方案、阶段土地复垦计划，对下列内容进行验收：

（一）土地复垦计划目标与任务完成情况；

（二）规划设计执行情况；

（三）复垦工程质量和耕地质量等级；

（四）土地权属管理、档案资料管理情况；

（五）工程管护措施。

第三十六条　土地复垦阶段验收和总体验收形成初步验收结果后，负责组织验收的自然资源主管部门应当在项目所在地公告，听取相关权利人的意见。公告时间不少于三十日。

相关土地权利人对验收结果有异议的，可以在公告期内向负责

组织验收的自然资源主管部门书面提出。

自然资源主管部门应当在接到书面异议之日起十五日内，会同同级农业、林业、环境保护等有关部门核查，形成核查结论反馈相关土地权利人。异议情况属实的，还应当向土地复垦义务人提出整改意见，限期整改。

第三十七条 土地复垦工程经阶段验收或者总体验收合格的，负责验收的自然资源主管部门应当依照条例第二十九条规定出具阶段或者总体验收合格确认书。验收合格确认书应当载明下列事项：

（一）土地复垦工程概况；

（二）损毁土地情况；

（三）土地复垦完成情况；

（四）土地复垦中存在的问题和整改建议、处理意见；

（五）验收结论。

第三十八条 土地复垦义务人在申请新的建设用地、申请新的采矿许可证或者申请采矿许可证延续、变更、注销时，应当一并提供按照本办法规定到期完工土地复垦项目的验收合格确认书或者土地复垦费缴费凭据。未提供相关材料的，按照条例第二十条规定，有关自然资源主管部门不得通过审查和办理相关手续。

第三十九条 政府投资的土地复垦项目竣工后，由负责组织实施土地复垦项目的自然资源主管部门进行初步验收，验收程序和要求除依照本办法规定外，按照资金来源渠道及相应的项目管理办法执行。

初步验收完成后，依照条例第三十条规定进行最终验收，并依照本办法第三十七条规定出具验收合格确认书。

自然资源主管部门代复垦的项目竣工后，依照本条规定进行验收。

第四十条 土地权利人自行复垦或者社会投资进行复垦的土地复垦项目竣工后，由项目所在地县级自然资源主管部门进行验收，验收程序和要求依照本办法规定执行。

第五章　土地复垦激励措施

第四十一条　土地复垦义务人将生产建设活动损毁的耕地、林地、牧草地等农用地复垦恢复为原用途的，可以依照条例第三十二条规定，凭验收合格确认书向所在地县级自然资源主管部门提出出具退还耕地占用税意见的申请。

经审核属实的，县级自然资源主管部门应当在十五日内向土地复垦义务人出具意见。土地复垦义务人凭自然资源主管部门出具的意见向有关部门申请办理退还耕地占用税手续。

第四十二条　由社会投资将历史遗留损毁和自然灾害损毁土地复垦为耕地的，除依照条例第三十三条规定办理外，对属于将非耕地复垦为耕地的，经验收合格并报省级自然资源主管部门复核同意后，可以作为本省、自治区、直辖市的补充耕地指标，市、县政府可以出资购买指标。

第四十三条　由县级以上地方人民政府投资将历史遗留损毁和自然灾害损毁的建设用地复垦为耕地的，经验收合格并报省级自然资源主管部门复核同意后，依照条例第三十五条规定可以作为本省、自治区、直辖市的补充耕地指标。但使用新增建设用地有偿使用费复垦的耕地除外。

属于农民集体所有的土地，复垦后应当交给农民集体使用。

第六章　土地复垦监督管理

第四十四条　县级以上自然资源主管部门应当采取年度检查、专项核查、例行稽查、在线监管等形式，对本行政区域内的土地复垦活动进行监督检查，并可以采取下列措施：

（一）要求被检查当事人如实反映情况和提供相关的文件、资料和电子数据；

（二）要求被检查当事人就土地复垦有关问题做出说明；

（三）进入土地复垦现场进行勘查；

（四）责令被检查当事人停止违反条例的行为。

第四十五条　县级以上自然资源主管部门应当在门户网站上及时向社会公开本行政区域内的土地复垦管理规定、技术标准、土地复垦规划、土地复垦项目安排计划以及土地复垦方案审查结果、土地复垦工程验收结果等重大事项。

第四十六条　县级以上地方自然资源主管部门应当通过国土资源主干网等按年度将本行政区域内的土地损毁情况、土地复垦工作开展情况等逐级上报。

上级自然资源主管部门对下级自然资源主管部门落实土地复垦法律法规情况、土地复垦义务履行情况、土地复垦效果等进行绩效评价。

第四十七条　县级以上自然资源主管部门应当对土地复垦档案实行专门管理，将土地复垦方案、土地复垦资金使用监管协议、土地复垦验收有关材料和土地复垦项目计划书、土地复垦实施情况报告等资料和电子数据进行档案存储与管理。

第四十八条　复垦后的土地权属和用途发生变更的，应当依法办理土地登记相关手续。

第七章　法律责任

第四十九条　条例第三十六条第六项规定的其他徇私舞弊、滥用职权、玩忽职守行为，包括下列行为：

（一）违反本办法第二十一条规定，对不符合规定条件的土地复垦义务人出具土地复垦费用支取通知书，或者对符合规定条件的土地复垦义务人无正当理由未在规定期限内出具土地复垦费用支取通知书的；

（二）违反本办法第四十一条规定，对不符合规定条件的申请人出具退还耕地占用税的意见，或者对符合规定条件的申请人无正当理由未在规定期限内出具退还耕地占用税的意见的；

（三）其他违反条例和本办法规定的行为。

第五十条 土地复垦义务人未按照本办法第十五条规定将土地复垦方案、土地复垦规划设计报所在地县级自然资源主管部门备案的，由县级以上地方自然资源主管部门责令限期改正；逾期不改正的，依照条例第四十一条规定处罚。

第五十一条 土地复垦义务人未按照本办法第十六条、第十七条、第十八条、第十九条规定预存土地复垦费用的，由县级以上自然资源主管部门责令限期改正；逾期不改正的，依照条例第三十八条规定处罚。

第五十二条 土地复垦义务人未按照本办法第二十五条规定开展土地复垦质量控制和采取管护措施的，由县级以上地方自然资源主管部门责令限期改正；逾期不改正的，依照条例第四十一条规定处罚。

第五十三条 铀矿等放射性采矿项目的土地复垦具体办法，由自然资源部另行制定。

第五十四条 本办法自 2013 年 3 月 1 日起施行。

退耕还林条例

（2002 年 12 月 14 日中华人民共和国国务院令第 367 号公布 根据 2016 年 2 月 6 日《国务院关于修改部分行政法规的决定》修订）

第一章 总 则

第一条 为了规范退耕还林活动，保护退耕还林者的合法权益，巩固退耕还林成果，优化农村产业结构，改善生态环境，制定本条例。

第二条 国务院批准规划范围内的退耕还林活动，适用本条例。

第三条 各级人民政府应当严格执行"退耕还林、封山绿化、以粮代赈、个体承包"的政策措施。

第四条 退耕还林必须坚持生态优先。退耕还林应当与调整农村产业结构、发展农村经济，防治水土流失、保护和建设基本农田、提高粮食单产，加强农村能源建设，实施生态移民相结合。

第五条 退耕还林应当遵循下列原则：

（一）统筹规划、分步实施、突出重点、注重实效；

（二）政策引导和农民自愿退耕相结合，谁退耕、谁造林、谁经营、谁受益；

（三）遵循自然规律，因地制宜，宜林则林，宜草则草，综合治理；

（四）建设与保护并重，防止边治理边破坏；

（五）逐步改善退耕还林者的生活条件。

第六条 国务院西部开发工作机构负责退耕还林工作的综合协调，组织有关部门研究制定退耕还林有关政策、办法，组织和协调退耕还林总体规划的落实；国务院林业行政主管部门负责编制退耕还林总体规划、年度计划，主管全国退耕还林的实施工作，负责退耕还林工作的指导和监督检查；国务院发展计划部门会同有关部门负责退耕还林总体规划的审核、计划的汇总、基建年度计划的编制和综合平衡；国务院财政主管部门负责退耕还林中央财政补助资金的安排和监督管理；国务院农业行政主管部门负责已垦草场的退耕还草以及天然草场的恢复和建设有关规划、计划的编制，以及技术指导和监督检查；国务院水行政主管部门负责退耕还林还草地区小流域治理、水土保持等相关工作的技术指导和监督检查；国务院粮食行政管理部门负责粮源的协调和调剂工作。

县级以上地方人民政府林业、计划、财政、农业、水利、粮食等部门在本级人民政府的统一领导下,按照本条例和规定的职责分工,负责退耕还林的有关工作。

第七条 国家对退耕还林实行省、自治区、直辖市人民政府负责制。省、自治区、直辖市人民政府应当组织有关部门采取措施,保证退耕还林中央补助资金的专款专用,组织落实补助粮食的调运和供应,加强退耕还林的复查工作,按期完成国家下达的退耕还林任务,并逐级落实目标责任,签订责任书,实现退耕还林目标。

第八条 退耕还林实行目标责任制。

县级以上地方各级人民政府有关部门应当与退耕还林工程项目负责人和技术负责人签订责任书,明确其应当承担的责任。

第九条 国家支持退耕还林应用技术的研究和推广,提高退耕还林科学技术水平。

第十条 国务院有关部门和地方各级人民政府应当组织开展退耕还林活动的宣传教育,增强公民的生态建设和保护意识。

在退耕还林工作中做出显著成绩的单位和个人,由国务院有关部门和地方各级人民政府给予表彰和奖励。

第十一条 任何单位和个人都有权检举、控告破坏退耕还林的行为。

有关人民政府及其有关部门接到检举、控告后,应当及时处理。

第十二条 各级审计机关应当加强对退耕还林资金和粮食补助使用情况的审计监督。

第二章 规划和计划

第十三条 退耕还林应当统筹规划。

退耕还林总体规划由国务院林业行政主管部门编制,经国务院西部开发工作机构协调、国务院发展计划部门审核后,报国务院批准实施。

省、自治区、直辖市人民政府林业行政主管部门根据退耕还林总体规划会同有关部门编制本行政区域的退耕还林规划，经本级人民政府批准，报国务院有关部门备案。

第十四条 退耕还林规划应当包括下列主要内容：

（一）范围、布局和重点；

（二）年限、目标和任务；

（三）投资测算和资金来源；

（四）效益分析和评价；

（五）保障措施。

第十五条 下列耕地应当纳入退耕还林规划，并根据生态建设需要和国家财力有计划地实施退耕还林：

（一）水土流失严重的；

（二）沙化、盐碱化、石漠化严重的；

（三）生态地位重要、粮食产量低而不稳的。

江河源头及其两侧、湖库周围的陡坡耕地以及水土流失和风沙危害严重等生态地位重要区域的耕地，应当在退耕还林规划中优先安排。

第十六条 基本农田保护范围内的耕地和生产条件较好、实际粮食产量超过国家退耕还林补助粮食标准并且不会造成水土流失的耕地，不得纳入退耕还林规划；但是，因生态建设特殊需要，经国务院批准并依照有关法律、行政法规规定的程序调整基本农田保护范围后，可以纳入退耕还林规划。

制定退耕还林规划时，应当考虑退耕农民长期的生计需要。

第十七条 退耕还林规划应当与国民经济和社会发展规划、农村经济发展总体规划、土地利用总体规划相衔接，与环境保护、水土保持、防沙治沙等规划相协调。

第十八条 退耕还林必须依照经批准的规划进行。未经原批准机关同意，不得擅自调整退耕还林规划。

第十九条 省、自治区、直辖市人民政府林业行政主管部门根据退耕还林规划，会同有关部门编制本行政区域下一年度退耕还林计划建议，由本级人民政府发展计划部门审核，并经本级人民政府批准后，于每年8月31日前报国务院西部开发工作机构、林业、发展计划等有关部门。国务院林业行政主管部门汇总编制全国退耕还林年度计划建议，经国务院西部开发工作机构协调，国务院发展计划部门审核和综合平衡，报国务院批准后，由国务院发展计划部门会同有关部门于10月31日前联合下达。

省、自治区、直辖市人民政府发展计划部门会同有关部门根据全国退耕还林年度计划，于11月30日前将本行政区域下一年度退耕还林计划分解下达到有关县（市）人民政府，并将分解下达情况报国务院有关部门备案。

第二十条 省、自治区、直辖市人民政府林业行政主管部门根据国家下达的下一年度退耕还林计划，会同有关部门编制本行政区域内的年度退耕还林实施方案，报本级人民政府批准实施。

县级人民政府林业行政主管部门可以根据批准后的省级退耕还林年度实施方案，编制本行政区域内的退耕还林年度实施方案，报本级人民政府批准后实施，并报省、自治区、直辖市人民政府林业行政主管部门备案。

第二十一条 年度退耕还林实施方案，应当包括下列主要内容：

（一）退耕还林的具体范围；

（二）生态林与经济林比例；

（三）树种选择和植被配置方式；

（四）造林模式；

（五）种苗供应方式；

（六）植被管护和配套保障措施；

（七）项目和技术负责人。

第二十二条 县级人民政府林业行政主管部门应当根据年度退耕还林实施方案组织专业人员或者有资质的设计单位编制乡镇作业设计，把实施方案确定的内容落实到具体地块和土地承包经营权人。

编制作业设计时，干旱、半干旱地区应当以种植耐旱灌木（草）、恢复原有植被为主；以间作方式植树种草的，应当间作多年生植物，主要林木的初植密度应当符合国家规定的标准。

第二十三条 退耕土地还林营造的生态林面积，以县为单位核算，不得低于退耕土地还林面积的80%。

退耕还林营造的生态林，由县级以上地方人民政府林业行政主管部门根据国务院林业行政主管部门制定的标准认定。

第三章 造林、管护与检查验收

第二十四条 县级人民政府或者其委托的乡级人民政府应当与有退耕还林任务的土地承包经营权人签订退耕还林合同。

退耕还林合同应当包括下列主要内容：

（一）退耕土地还林范围、面积和宜林荒山荒地造林范围、面积；

（二）按照作业设计确定的退耕还林方式；

（三）造林成活率及其保存率；

（四）管护责任；

（五）资金和粮食的补助标准、期限和给付方式；

（六）技术指导、技术服务的方式和内容；

（七）种苗来源和供应方式；

（八）违约责任；

（九）合同履行期限。

退耕还林合同的内容不得与本条例以及国家其他有关退耕还林

的规定相抵触。

第二十五条 退耕还林需要的种苗，可以由县级人民政府根据本地区实际组织集中采购，也可以由退耕还林者自行采购。集中采购的，应当征求退耕还林者的意见，并采用公开竞价方式，签订书面合同，超过国家种苗造林补助费标准的，不得向退耕还林者强行收取超出部分的费用。

任何单位和个人不得为退耕还林者指定种苗供应商。

禁止垄断经营种苗和哄抬种苗价格。

第二十六条 退耕还林所用种苗应当就地培育、就近调剂，优先选用乡土树种和抗逆性强树种的良种壮苗。

第二十七条 林业、农业行政主管部门应当加强种苗培育的技术指导和服务的管理工作，保证种苗质量。

销售、供应的退耕还林种苗应当经县级人民政府林业、农业行政主管部门检验合格，并附具标签和质量检验合格证；跨县调运的，还应当依法取得检疫合格证。

第二十八条 省、自治区、直辖市人民政府应当根据本行政区域的退耕还林规划，加强种苗生产与采种基地的建设。

国家鼓励企业和个人采取多种形式培育种苗，开展产业化经营。

第二十九条 退耕还林者应当按照作业设计和合同的要求植树种草。

禁止林粮间作和破坏原有林草植被的行为。

第三十条 退耕还林者在享受资金和粮食补助期间，应当按照作业设计和合同的要求在宜林荒山荒地造林。

第三十一条 县级人民政府应当建立退耕还林植被管护制度，落实管护责任。

退耕还林者应当履行管护义务。

禁止在退耕还林项目实施范围内复耕和从事滥采、乱挖等破坏地表植被的活动。

第三十二条　地方各级人民政府及其有关部门应当组织技术推广单位或者技术人员，为退耕还林提供技术指导和技术服务。

第三十三条　县级人民政府林业行政主管部门应当按照国务院林业行政主管部门制定的检查验收标准和办法，对退耕还林建设项目进行检查验收，经验收合格的，方可发给验收合格证明。

第三十四条　省、自治区、直辖市人民政府应当对县级退耕还林检查验收结果进行复查，并根据复查结果对县级人民政府和有关责任人员进行奖惩。

国务院林业行政主管部门应当对省级复查结果进行核查，并将核查结果上报国务院。

第四章　资金和粮食补助

第三十五条　国家按照核定的退耕还林实际面积，向土地承包经营权人提供补助粮食、种苗造林补助费和生活补助费。具体补助标准和补助年限按照国务院有关规定执行。

第三十六条　尚未承包到户和休耕的坡耕地退耕还林的，以及纳入退耕还林规划的宜林荒山荒地造林，只享受种苗造林补助费。

第三十七条　种苗造林补助费和生活补助费由国务院计划、财政、林业部门按照有关规定及时下达、核拨。

第三十八条　补助粮食应当就近调运，减少供应环节，降低供应成本。粮食补助费按照国家有关政策处理。

粮食调运费用由地方财政承担，不得向供应补助粮食的企业和退耕还林者分摊。

第三十九条　省、自治区、直辖市人民政府应当根据当地口粮消费习惯和农作物种植习惯以及当地粮食库存实际情况合理确定补助粮食的品种。

补助粮食必须达到国家规定的质量标准。不符合国家质量标准的，不得供应给退耕还林者。

第四十条 退耕土地还林的第一年，该年度补助粮食可以分两次兑付，每次兑付的数量由省、自治区、直辖市人民政府确定。

从退耕土地还林第二年起，在规定的补助期限内，县级人民政府应当组织有关部门和单位及时向持有验收合格证明的退耕还林者一次兑付该年度补助粮食。

第四十一条 兑付的补助粮食，不得折算成现金或者代金券。供应补助粮食的企业不得回购退耕还林补助粮食。

第四十二条 种苗造林补助费应当用于种苗采购，节余部分可以用于造林补助和封育管护。

退耕还林者自行采购种苗的，县级人民政府或者其委托的乡级人民政府应当在退耕还林合同生效时一次付清种苗造林补助费。

集中采购种苗的，退耕还林验收合格后，种苗采购单位应当与退耕还林者结算种苗造林补助费。

第四十三条 退耕土地还林后，在规定的补助期限内，县级人民政府应当组织有关部门及时向持有验收合格证明的退耕还林者一次付清该年度生活补助费。

第四十四条 退耕还林资金实行专户存储、专款专用，任何单位和个人不得挤占、截留、挪用和克扣。

任何单位和个人不得弄虚作假、虚报冒领补助资金和粮食。

第四十五条 退耕还林所需前期工作和科技支撑等费用，国家按照退耕还林基本建设投资的一定比例给予补助，由国务院发展计划部门根据工程情况在年度计划中安排。

退耕还林地方所需检查验收、兑付等费用，由地方财政承担。中央有关部门所需核查等费用，由中央财政承担。

第四十六条 实施退耕还林的乡（镇）、村应当建立退耕还林公示制度，将退耕还林者的退耕还林面积、造林树种、成活率以及资金和粮食补助发放等情况进行公示。

第五章 其他保障措施

第四十七条 国家保护退耕还林者享有退耕土地上的林木（草）所有权。自行退耕还林的，土地承包经营权人享有退耕土地上的林木（草）所有权；委托他人还林或者与他人合作还林的，退耕土地上的林木（草）所有权由合同约定。

退耕土地还林后，由县级以上人民政府依照森林法、草原法的有关规定发放林（草）权属证书，确认所有权和使用权，并依法办理土地变更登记手续。土地承包经营合同应当作相应调整。

第四十八条 退耕土地还林后的承包经营权期限可以延长到70年。承包经营权到期后，土地承包经营权人可以依照有关法律、法规的规定继续承包。

退耕还林土地和荒山荒地造林后的承包经营权可以依法继承、转让。

第四十九条 退耕还林者按照国家有关规定享受税收优惠，其中退耕还林（草）所取得的农业特产收入，依照国家规定免征农业特产税。

退耕还林的县（市）农业税收因灾减收部分，由上级财政以转移支付的方式给予适当补助；确有困难的，经国务院批准，由中央财政以转移支付的方式给予适当补助。

第五十条 资金和粮食补助期满后，在不破坏整体生态功能的前提下，经有关主管部门批准，退耕还林者可以依法对其所有的林木进行采伐。

第五十一条 地方各级人民政府应当加强基本农田和农业基础设施建设，增加投入，改良土壤，改造坡耕地，提高地力和单位粮食产量，解决退耕还林者的长期口粮需求。

第五十二条 地方各级人民政府应当根据实际情况加强沼气、小水电、太阳能、风能等农村能源建设，解决退耕还林者对能源的需求。

第五十三条　地方各级人民政府应当调整农村产业结构，扶持龙头企业，发展支柱产业，开辟就业门路，增加农民收入，加快小城镇建设，促进农业人口逐步向城镇转移。

第五十四条　国家鼓励在退耕还林过程中实行生态移民，并对生态移民农户的生产、生活设施给予适当补助。

第五十五条　退耕还林后，有关地方人民政府应当采取封山禁牧、舍饲圈养等措施，保护退耕还林成果。

第五十六条　退耕还林应当与扶贫开发、农业综合开发和水土保持等政策措施相结合，对不同性质的项目资金应当在专款专用的前提下统筹安排，提高资金使用效益。

第六章　法　律　责　任

第五十七条　国家工作人员在退耕还林活动中违反本条例的规定，有下列行为之一的，依照刑法关于贪污罪、受贿罪、挪用公款罪或者其他罪的规定，依法追究刑事责任；尚不够刑事处罚的，依法给予行政处分：

（一）挤占、截留、挪用退耕还林资金或者克扣补助粮食的；

（二）弄虚作假、虚报冒领补助资金和粮食的；

（三）利用职务上的便利收受他人财物或者其他好处的。

国家工作人员以外的其他人员有前款第（二）项行为的，依照刑法关于诈骗罪或者其他罪的规定，依法追究刑事责任；尚不够刑事处罚的，由县级以上人民政府林业行政主管部门责令退回所冒领的补助资金和粮食，处以冒领资金额 2 倍以上 5 倍以下的罚款。

第五十八条　国家机关工作人员在退耕还林活动中违反本条例的规定，有下列行为之一的，由其所在单位或者上一级主管部门责令限期改正，退还分摊的和多收取的费用，对直接负责的主管人员和其他直接责任人员，依照刑法关于滥用职权罪、玩忽职守罪或者其他罪的规定，依法追究刑事责任；尚不够刑事处罚的，依法给予行政处分：

（一）未及时处理有关破坏退耕还林活动的检举、控告的；

（二）向供应补助粮食的企业和退耕还林者分摊粮食调运费用的；

（三）不及时向持有验收合格证明的退耕还林者发放补助粮食和生活补助费的；

（四）在退耕还林合同生效时，对自行采购种苗的退耕还林者未一次付清种苗造林补助费的；

（五）集中采购种苗的，在退耕还林验收合格后，未与退耕还林者结算种苗造林补助费的；

（六）集中采购的种苗不合格的；

（七）集中采购种苗的，向退耕还林者强行收取超出国家规定种苗造林补助费标准的种苗费的；

（八）为退耕还林者指定种苗供应商的；

（九）批准粮食企业向退耕还林者供应不符合国家质量标准的补助粮食或者将补助粮食折算成现金、代金券支付的；

（十）其他不依照本条例规定履行职责的。

第五十九条 采用不正当手段垄断种苗市场，或者哄抬种苗价格的，依照刑法关于非法经营罪、强迫交易罪或者其他罪的规定，依法追究刑事责任；尚不够刑事处罚的，由工商行政管理机关依照反不正当竞争法的规定处理；反不正当竞争法未作规定的，由工商行政管理机关处以非法经营额2倍以上5倍以下的罚款。

第六十条 销售、供应未经检验合格的种苗或者未附具标签、质量检验合格证、检疫合格证的种苗的，依照刑法关于生产、销售伪劣种子罪或者其他罪的规定，依法追究刑事责任；尚不够刑事处罚的，由县级以上人民政府林业、农业行政主管部门或者工商行政管理机关依照种子法的规定处理；种子法未作规定的，由县级以上人民政府林业、农业行政主管部门依据职权处以非法经营额 2 倍以上 5 倍以下的罚款。

第六十一条 供应补助粮食的企业向退耕还林者供应不符合国家质量标准的补助粮食的,由县级以上人民政府粮食行政管理部门责令限期改正,可以处非法供应的补助粮食数量乘以标准口粮单价 1 倍以下的罚款。

供应补助粮食的企业将补助粮食折算成现金或者代金券支付的,或者回购补助粮食的,由县级以上人民政府粮食行政管理部门责令限期改正,可以处折算现金额、代金券额或者回购粮食价款 1 倍以下的罚款。

第六十二条 退耕还林者擅自复耕,或者林粮间作、在退耕还林项目实施范围内从事滥采、乱挖等破坏地表植被的活动的,依照刑法关于非法占用农用地罪、滥伐林木罪或者其他罪的规定,依法追究刑事责任;尚不够刑事处罚的,由县级以上人民政府林业、农业、水利行政主管部门依照森林法、草原法、水土保持法的规定处罚。

第七章 附 则

第六十三条 已垦草场退耕还草和天然草场恢复与建设的具体实施,依照草原法和国务院有关规定执行。

退耕还林还草地区小流域治理、水土保持等相关工作的具体实施,依照水土保持法和国务院有关规定执行。

第六十四条 国务院批准的规划范围外的土地,地方各级人民政府决定实施退耕还林的,不享受本条例规定的中央政策补助。

第六十五条 本条例自 2003 年 1 月 20 日起施行。

节约集约利用土地规定

(2014年5月22日国土资源部令第61号公布 根据2019年7月24日自然资源部令第5号修正)

第一章 总 则

第一条 为贯彻十分珍惜、合理利用土地和切实保护耕地的基本国策，落实最严格的耕地保护制度和最严格的节约集约用地制度，提升土地资源对经济社会发展的承载能力，促进生态文明建设，根据《中华人民共和国土地管理法》和《国务院关于促进节约集约用地的通知》，制定本规定。

第二条 本规定所称节约集约利用土地，是指通过规模引导、布局优化、标准控制、市场配置、盘活利用等手段，达到节约土地、减量用地、提升用地强度、促进低效废弃地再利用、优化土地利用结构和布局、提高土地利用效率的各项行为与活动。

第三条 土地管理和利用应当遵循下列原则：

（一）坚持节约优先的原则，各项建设少占地、不占或者少占耕地，珍惜和合理利用每一寸土地；

（二）坚持合理使用的原则，严控总量、盘活存量、优化结构、提高效率；

（三）坚持市场配置的原则，妥善处理好政府与市场的关系，充分发挥市场在土地资源配置中的决定性作用；

（四）坚持改革创新的原则，探索土地管理新机制，创新节约集约用地新模式。

第四条 县级以上地方自然资源主管部门应当加强与发展改革、财政、环境保护等部门的沟通协调，将土地节约集约利用的目标和政策措施纳入地方经济社会发展总体框架、相关规划和考核评价体系。

第五条 自然资源主管部门应当建立节约集约用地制度，开展节约集约用地活动，组织制定节地标准体系和相关标准规范，探索节约集约用地新机制，鼓励采用节约集约用地新技术和新模式，促进土地利用效率的提高。

第六条 在节约集约用地方面成效显著的市、县人民政府，由自然资源部按照有关规定给予表彰和奖励。

第二章 规模引导

第七条 国家通过土地利用总体规划，确定建设用地的规模、布局、结构和时序安排，对建设用地实行总量控制。

土地利用总体规划确定的约束性指标和分区管制规定不得突破。

下级土地利用总体规划不得突破上级土地利用总体规划确定的约束性指标。

第八条 土地利用总体规划对各区域、各行业发展用地规模和布局具有统筹作用。

产业发展、城乡建设、基础设施布局、生态环境建设等相关规划，应当与土地利用总体规划相衔接，所确定的建设用地规模和布局必须符合土地利用总体规划的安排。

相关规划超出土地利用总体规划确定的建设用地规模的，应当及时调整或者修改，核减用地规模，调整用地布局。

第九条 自然资源主管部门应当通过规划、计划、用地标准、市场引导等手段，有效控制特大城市新增建设用地规模，适度增加集约用地程度高、发展潜力大的地区和中小城市、县城建设用地供给，合理保障民生用地需求。

第三章 布 局 优 化

第十条 城乡土地利用应当体现布局优化的原则。引导工业向开发区集中、人口向城镇集中、住宅向社区集中，推动农村人口向中心村、中心镇集聚，产业向功能区集中，耕地向适度规模经营集中。

禁止在土地利用总体规划和城乡规划确定的城镇建设用地范围之外设立各类城市新区、开发区和工业园区。

鼓励线性基础设施并线规划和建设，促进集约布局和节约用地。

第十一条 自然资源主管部门应当在土地利用总体规划中划定城市开发边界和禁止建设的边界，实行建设用地空间管制。

城市建设用地应当因地制宜采取组团式、串联式、卫星城式布局，避免占用优质耕地特别是永久基本农田。

第十二条 市、县自然资源主管部门应当促进现有城镇用地内部结构调整优化，控制生产用地，保障生活用地，提高生态用地的比例，加大城镇建设使用存量用地的比例，促进城镇用地效率的提高。

第十三条 鼓励建设项目用地优化设计、分层布局，鼓励充分利用地上、地下空间。

建设用地使用权在地上、地下分层设立的，其取得方式和使用年期参照在地表设立的建设用地使用权的相关规定。

出让分层设立的建设用地使用权，应当根据当地基准地价和不动产实际交易情况，评估确定分层出让的建设用地最低价标准。

第十四条 县级以上自然资源主管部门统筹制定土地综合开发用地政策，鼓励大型基础设施等建设项目综合开发利用土地，促进功能适度混合、整体设计、合理布局。

不同用途高度关联、需要整体规划建设、确实难以分割供应的综合用途建设项目，市、县自然资源主管部门可以确定主用途并按照一宗土地实行整体出让供应，综合确定出让底价；需要通过招标拍卖挂牌的方式出让的，整宗土地应当采用招标拍卖挂牌的方式出让。

第四章 标 准 控 制

第十五条 国家实行建设项目用地标准控制制度。

自然资源部会同有关部门制定工程建设项目用地控制指标、工业项目建设用地控制指标、房地产开发用地宗地规模和容积率等建设项目用地控制标准。

地方自然资源主管部门可以根据本地实际，制定和实施更加节约集约的地方性建设项目用地控制标准。

第十六条 建设项目应当严格按照建设项目用地控制标准进行测算、设计和施工。

市、县自然资源主管部门应当加强对用地者和勘察设计单位落实建设项目用地控制标准的督促和指导。

第十七条 建设项目用地审查、供应和使用，应当符合建设项目用地控制标准和供地政策。

对违反建设项目用地控制标准和供地政策使用土地的，县级以上自然资源主管部门应当责令纠正，并依法予以处理。

第十八条 国家和地方尚未出台建设项目用地控制标准的建设项目，或者因安全生产、特殊工艺、地形地貌等原因，确实需要超标准建设的项目，县级以上自然资源主管部门应当组织开展建设项目用地评价，并将其作为建设用地供应的依据。

第十九条 自然资源部会同有关部门根据国家经济社会发展状况、宏观产业政策和土壤污染风险防控需求等，制定《禁止用地项目目录》和《限制用地项目目录》，促进土地节约集约利用。

自然资源主管部门为限制用地的建设项目办理建设用地供应手

续必须符合规定的条件；不得为禁止用地的建设项目办理建设用地供应手续。

第五章　市场配置

第二十条　各类有偿使用的土地供应应当充分贯彻市场配置的原则，通过运用土地租金和价格杠杆，促进土地节约集约利用。

第二十一条　国家扩大国有土地有偿使用范围，减少非公益性用地划拨。

除军事、保障性住房和涉及国家安全和公共秩序的特殊用地可以以划拨方式供应外，国家机关办公和交通、能源、水利等基础设施（产业）、城市基础设施以及各类社会事业用地中的经营性用地，实行有偿使用。

国家根据需要，可以一定年期的国有土地使用权作价后授权给经国务院批准设立的国家控股公司、作为国家授权投资机构的国有独资公司和集团公司经营管理。

第二十二条　经营性用地应当以招标拍卖挂牌的方式确定土地使用者和土地价格。

各类有偿使用的土地供应不得低于国家规定的用地最低价标准。

禁止以土地换项目、先征后返、补贴、奖励等形式变相减免土地出让价款。

第二十三条　市、县自然资源主管部门可以采取先出租后出让、在法定最高年期内实行缩短出让年期等方式出让土地。

采取先出租后出让方式供应工业用地的，应当符合自然资源部规定的行业目录。

第二十四条　鼓励土地使用者在符合规划的前提下，通过厂房加层、厂区改造、内部用地整理等途径提高土地利用率。

在符合规划、不改变用途的前提下，现有工业用地提高土地利用率和增加容积率的，不再增收土地价款。

第二十五条　符合节约集约用地要求、属于国家鼓励产业的用地，可以实行差别化的地价政策和建设用地管理政策。

分期建设的大中型工业项目，可以预留规划范围，根据建设进度，实行分期供地。

具体办法由自然资源部另行规定。

第二十六条　市、县自然资源主管部门供应工业用地，应当将投资强度、容积率、建筑系数、绿地率、非生产设施占地比例等控制性指标以及自然资源开发利用水平和生态保护要求纳入出让合同。

第二十七条　市、县自然资源主管部门在有偿供应各类建设用地时，应当在建设用地使用权出让、出租合同中明确节约集约用地的规定。

在供应住宅用地时，应当将最低容积率限制、单位土地面积的住房建设套数和住宅建设套型等规划条件写入建设用地使用权出让合同。

第六章　盘活利用

第二十八条　县级以上自然资源主管部门在分解下达新增建设用地计划时，应当与批而未供和闲置土地处置数量相挂钩，对批而未供、闲置土地数量较多和处置不力的地区，减少其新增建设用地计划安排。

自然资源部和省级自然资源主管部门负责城镇低效用地再开发的政策制定。对于纳入低效用地再开发范围的项目，可以制定专项用地政策。

第二十九条　县级以上地方自然资源主管部门应当会同有关部门，依据相关规划，开展全域国土综合整治，对农用地、农村建设用地、工矿用地、灾害损毁土地等进行整理复垦，优化土地空间布局，提高土地利用效率和效益，促进土地节约集约利用。

第三十条 农用地整治应当促进耕地集中连片，增加有效耕地面积，提升耕地质量，改善生产条件和生态环境，优化用地结构和布局。

宜农未利用地开发，应当根据环境和资源承载能力，坚持有利于保护和改善生态环境的原则，因地制宜适度开展。

第三十一条 县级以上地方自然资源主管部门可以依据国家有关规定，统筹开展农村建设用地整治、历史遗留工矿废弃地和自然灾害毁损土地的整治，提高建设用地利用效率和效益，改善人民群众生产生活条件和生态环境。

第三十二条 县级以上地方自然资源主管部门在本级人民政府的领导下，会同有关部门建立城镇低效用地再开发、废弃地再利用的激励机制，对布局散乱、利用粗放、用途不合理、闲置浪费等低效用地进行再开发，对因采矿损毁、交通改线、居民点搬迁、产业调整形成的废弃地实行复垦再利用，促进土地优化利用。

鼓励社会资金参与城镇低效用地、废弃地再开发和利用。鼓励土地使用者自行开发或者合作开发。

第七章 监督考评

第三十三条 县级以上自然资源主管部门应当加强土地市场动态监测与监管，对建设用地批准和供应后的开发情况实行全程监管，定期在门户网站上公布土地供应、合同履行、欠缴土地价款等情况，接受社会监督。

第三十四条 省级自然资源主管部门应当对本行政区域内的节约集约用地情况进行监督，在用地审批、土地供应和土地使用等环节加强用地准入条件、功能分区、用地规模、用地标准、投入产出强度等方面的检查，依据法律法规对浪费土地的行为和责任主体予以处理并公开通报。

第三十五条 县级以上自然资源主管部门应当组织开展本行政区域内的建设用地利用情况普查，全面掌握建设用地开发利用和投入产出情况、集约利用程度、潜力规模与空间分布等情况，并将其作为土地管理和节约集约用地评价的基础。

第三十六条 县级以上自然资源主管部门应当根据建设用地利用情况普查，组织开展区域、城市和开发区节约集约用地评价，并将评价结果向社会公开。

第八章 法律责任

第三十七条 县级以上自然资源主管部门及其工作人员违反本规定，有下列情形之一的，对有关责任人员依法给予处分；构成犯罪的，依法追究刑事责任：

（一）违反本规定第十七条规定，为不符合建设项目用地标准和供地政策的建设项目供地的；

（二）违反本规定第十九条规定，为禁止或者不符合限制用地条件的建设项目办理建设用地供应手续的；

（三）违反本规定第二十二条规定，低于国家规定的工业用地最低价标准供应工业用地的；

（四）其他徇私舞弊、滥用职权和玩忽职守的行为。

第九章 附 则

第三十八条 本规定自2014年9月1日起实施。

七 土地使用

国务院关于促进节约集约用地的通知

（2008年1月3日　国发〔2008〕3号）

我国人多地少，耕地资源稀缺，当前又正处于工业化、城镇化快速发展时期，建设用地供需矛盾十分突出。切实保护耕地，大力促进节约集约用地，走出一条建设占地少、利用效率高的符合我国国情的土地利用新路子，是关系民族生存根基和国家长远利益的大计，是全面贯彻落实科学发展观的具体要求，是我国必须长期坚持的一条根本方针。现就有关问题通知如下：

一、按照节约集约用地原则，审查调整各类相关规划和用地标准

（一）强化土地利用总体规划的整体控制作用。各类与土地利用相关的规划要与土地利用总体规划相衔接，所确定的建设用地规模必须符合土地利用总体规划的安排，年度用地安排也必须控制在土地利用年度计划之内。不符合土地利用总体规划和年度计划安排的，必须及时调整和修改，核减用地规模。

（二）切实加强重大基础设施和基础产业的科学规划。要按照合理布局、经济可行、控制时序的原则，统筹协调各类交通、能源、水利等基础设施和基础产业建设规划，避免盲目投资、过度超前和低水平重复建设浪费土地资源。

（三）从严控制城市用地规模。城市规划要按照循序渐进、节约土地、集约发展、合理布局的原则，科学确定城市定位、功能目标和发展规模，增强城市综合承载能力。要按照节约集约用地的要求，加快城市规划相关技术标准的制定和修订。尽快出台新修订的人均用地、用地结构等城市规划控制标准，合理确定各项建设建筑密度、容积率、绿地率，严格按国家标准进行各项市政基础设施和生态绿化建设。严禁规划建设脱离实际需要的宽马路、大广场和绿化带。

（四）严格土地使用标准。要健全各类建设用地标准体系，抓紧编制公共设施和公益事业建设用地标准。要按照节约集约用地的原则，在满足功能和安全要求的前提下，重新审改现有各类工程项目建设用地标准。凡与土地使用标准不一致的建设标准和设计规范，要及时修订。要采取先进节地技术、降低路基高度、提高桥隧比例等措施，降低公路、铁路等基础设施工程用地和取弃土用地标准。建设项目设计、施工和建设用地审批必须严格执行用地标准，对超标准用地的，要核减用地面积。今后，各地区、各部门不得开展涉及用地标准并有悖于节约集约用地原则的达标评比活动，已经部署开展的相关活动要坚决停下来。

二、充分利用现有建设用地，大力提高建设用地利用效率

（五）开展建设用地普查评价。各地要在第二次土地调查的基础上，认真组织开展建设用地普查评价，对现有建设用地的开发利用和投入产出情况做出评估，并按照法律法规和政策规定，处理好建设用地开发利用中存在的问题。今后各项建设要优先开发利用空闲、废弃、闲置和低效利用的土地，努力提高建设用地利用效率。

（六）严格执行闲置土地处置政策。土地闲置满两年、依法应当无偿收回的，坚决无偿收回，重新安排使用；不符合法定收回条件的，也应采取改变用途、等价置换、安排临时使用、纳入政府储

备等途径及时处置、充分利用。土地闲置满一年不满两年的，按出让或划拨土地价款的20%征收土地闲置费。对闲置土地特别是闲置房地产用地要征缴增值地价，国土资源部要会同有关部门抓紧研究制订具体办法。2008年6月底前，各省、自治区、直辖市人民政府要将闲置土地清理处置情况向国务院做出专题报告。

（七）积极引导使用未利用地和废弃地。国土资源部门要对适宜开发的未利用地做出规划，引导和鼓励将适宜建设的未利用地开发成建设用地。积极复垦利用废弃地，对因单位撤销、迁移等原因停止使用，以及经核准报废的公路、铁路、机场、矿场等使用的原划拨土地，应依法及时收回，重新安排使用；除可以继续划拨使用的以外，经依法批准由原土地使用者自行开发的，按市场价补缴土地价款。今后，要严格落实被损毁土地的复垦责任，在批准建设用地或发放采矿权许可证时，责任单位应依法及时足额缴纳土地复垦费。

（八）鼓励开发利用地上地下空间。对现有工业用地，在符合规划、不改变用途的前提下，提高土地利用率和增加容积率的，不再增收土地价款；对新增工业用地，要进一步提高工业用地控制指标，厂房建筑面积高于容积率控制指标的部分，不再增收土地价款。财政、税务部门要严格落实和完善鼓励节约集约用地的税收政策。国土资源部要会同有关部门，依照《中华人民共和国物权法》的有关规定，抓紧研究制订土地空间权利设定和登记的具体办法。

（九）鼓励开发区提高土地利用效率。国土资源部要研究建立土地利用状况、用地效益和土地管理绩效等评价指标体系，加快开发区土地节约集约利用评估工作。凡土地利用评估达到要求并通过国家审核公告的开发区，确需扩区的，可以申请整合依法依规设立的开发区，或者利用符合规划的现有建设用地扩区。对符合"布局集中、产业集聚、用地集约"要求的国家级开发区，优先安排建设用地指标。

三、充分发挥市场配置土地资源基础性作用，健全节约集约用地长效机制

（十）深入推进土地有偿使用制度改革。国土资源部要严格限定划拨用地范围，及时调整划拨用地目录。今后除军事、社会保障性住房和特殊用地等可以继续以划拨方式取得土地外，对国家机关办公和交通、能源、水利等基础设施（产业）、城市基础设施以及各类社会事业用地要积极探索实行有偿使用，对其中的经营性用地先行实行有偿使用。其他建设用地应严格实行市场配置，有偿使用。要加强建设用地税收征管，抓紧研究各类建设用地的财税政策。

（十一）完善建设用地储备制度。储备建设用地必须符合规划、计划，并将现有未利用的建设用地优先纳入储备。储备土地出让前，应当处理好土地的产权、安置补偿等法律经济关系，完成必要的前期开发，缩短开发周期，防止形成新的闲置土地。土地前期开发要引入市场机制，按照有关规定，通过公开招标方式选择实施单位。经过前期开发的土地，依法由市、县人民政府国土资源部门统一组织出让。

（十二）合理确定出让土地的宗地规模。土地出让前要制订控制性详细规划和土地供应方案，明确容积率、绿地率和建筑密度等规划条件。规划条件一经确定，不得擅自调整。合理确定出让土地的宗地规模，督促及时开发利用，形成有效供给，确保节约集约利用每宗土地。未按合同约定缴清全部土地价款的，不得发放土地证书，也不得按土地价款缴纳比例分割发放土地证书。

（十三）严格落实工业和经营性用地招标拍卖挂牌出让制度。工业用地和商业、旅游、娱乐、商品住宅等经营性用地（包括配套的办公、科研、培训等用地），以及同一宗土地有两个以上意向用地者的，都必须实行招标拍卖挂牌等方式公开出让。国土资源部门要会同发展改革、城市规划、建设、水利、环保等部门制订工业用

地招标拍卖挂牌出让计划，拟定出让地块的产业类型、项目建议、规划条件、环保要求等内容，作为工业用地出让的前置条件。工业和经营性用地出让必须以招标拍卖挂牌方式确定土地使用者和土地价格。严禁用地者与农村集体经济组织或个人签订协议圈占土地，通过补办用地手续规避招标拍卖挂牌出让。

（十四）强化用地合同管理。土地出让合同和划拨决定书要严格约定建设项目投资额、开竣工时间、规划条件、价款、违约责任等内容。对非经营性用地改变为经营性用地的，应当约定或明确政府可以收回土地使用权，重新依法出让。

（十五）优化住宅用地结构。合理安排住宅用地，继续停止别墅类房地产开发项目的土地供应。供应住宅用地要将最低容积率限制、单位土地面积的住房建设套数和住宅建设套型等规划条件写入土地出让合同或划拨决定书，确保不低于70%的住宅用地用于廉租房、经济适用房、限价房和90平方米以下中小套型普通商品房的建设，防止大套型商品房多占土地。

四、强化农村土地管理，稳步推进农村集体建设用地节约集约利用

（十六）高度重视农村集体建设用地的规划管理。要按照统筹城乡发展、节约集约用地的原则，指导、督促编制好乡（镇）土地利用总体规划和镇规划、乡规划、村庄规划，划定村镇发展和撤并复垦范围。利用农民集体所有土地进行非农建设，必须符合规划，纳入年度计划，并依法审批。严格禁止擅自将农用地转为建设用地，严格禁止"以租代征"将农用地转为非农业用地。

（十七）鼓励提高农村建设用地的利用效率。要在坚持尊重农民意愿、保障农民权益的原则下，依法盘活利用农村集体建设用地。按规划稳妥开展农村集体建设用地整理，改善农民生产生活条件。农民住宅建设要符合镇规划、乡规划和村庄规划，住宅建设用地要先行安排利用村内空闲地、闲置宅基地。对村民自愿腾退宅基地或符合宅基地申请条件购买空闲住宅的，当地政府可给予奖励或补助。

（十八）严格执行农村一户一宅政策。各地要结合本地实际完善人均住宅面积等相关标准，控制农民超用地标准建房，逐步清理历史遗留的一户多宅问题，坚决防止产生超面积占用宅基地和新的一户多宅现象。

五、加强监督检查，全面落实节约集约用地责任

（十九）建立健全土地市场动态监测制度。要对土地出让合同、划拨决定书的执行实施全程监管，及时向社会公开供地计划、结果及实际开发利用情况等动态信息。国土资源部门要对土地供应和开发利用情况进行定期评价分析，研究完善加强土地调控、促进节约集约用地的政策措施。

（二十）完善建设项目竣工验收制度。要将建设项目依法用地和履行土地出让合同、划拨决定书的情况，作为建设项目竣工验收的一项内容。没有国土资源部门的检查核验意见，或者检查核验不合格的，不得通过竣工验收。

（二十一）加强各类土地变化状况的监测。运用遥感等现代技术手段，做好年度土地变更调查，建立土地利用现状数据库，全面掌握各类土地变化状况。国家每年选择若干个省级行政区，进行全行政区域的土地利用状况监测。重点监测各地新增建设用地、耕地减少和违法用地等情况，监测结果要向社会公开。

（二十二）加强对节约集约用地工作的监管。国土资源部要会同监察部等有关部门持续开展用地情况的执法检查，重点查处严重破坏、浪费、闲置土地资源的违法违规案件，依法依纪追究有关人员的责任。要将企业违法用地、闲置土地等信息纳入有关部门信用信息基础数据库。金融机构对房地产项目超过土地出让合同约定的动工开发日期满一年，完成土地开发面积不足 1/3 或投资不足 1/4 的企业，应审慎贷款和核准融资，从严控制展期贷款或滚动授信；

对违法用地项目不得提供贷款和上市融资，违规提供贷款和核准融资的，要追究相关责任人的责任。

（二十三）建立节约集约用地考核制度。制定单位 GDP 和固定资产投资规模增长的新增建设用地消耗考核办法。实行上一级人民政府对下一级人民政府分级考核，考核结果由国土资源部门定期公布，作为下达土地利用年度计划的依据。

各地区、各部门要充分认识节约集约用地的重要性和紧迫性，增强节约集约用地的责任感，切实转变用地观念，转变经济发展方式，调整优化经济结构，将节约集约用地的要求落实在政府决策中，落实到各项建设中，科学规划用地，着力内涵挖潜，以节约集约用地的实际行动全面落实科学发展观，实现经济社会的可持续发展。

基本农田保护条例

（1998 年 12 月 27 日中华人民共和国国务院令第 257 号发布　根据 2011 年 1 月 8 日《国务院关于废止和修改部分行政法规的决定》修订）

第一章　总　　则

第一条　为了对基本农田实行特殊保护，促进农业生产和社会经济的可持续发展，根据《中华人民共和国农业法》和《中华人民共和国土地管理法》，制定本条例。

第二条　国家实行基本农田保护制度。

本条例所称基本农田，是指按照一定时期人口和社会经济发展对农产品的需求，依据土地利用总体规划确定的不得占用的耕地。

本条例所称基本农田保护区，是指为对基本农田实行特殊保护而依据土地利用总体规划和依照法定程序确定的特定保护区域。

第三条 基本农田保护实行全面规划、合理利用、用养结合、严格保护的方针。

第四条 县级以上地方各级人民政府应当将基本农田保护工作纳入国民经济和社会发展计划，作为政府领导任期目标责任制的一项内容，并由上一级人民政府监督实施。

第五条 任何单位和个人都有保护基本农田的义务，并有权检举、控告侵占、破坏基本农田和其他违反本条例的行为。

第六条 国务院土地行政主管部门和农业行政主管部门按照国务院规定的职责分工，依照本条例负责全国的基本农田保护管理工作。

县级以上地方各级人民政府土地行政主管部门和农业行政主管部门按照本级人民政府规定的职责分工，依照本条例负责本行政区域内的基本农田保护管理工作。

乡（镇）人民政府负责本行政区域内的基本农田保护管理工作。

第七条 国家对在基本农田保护工作中取得显著成绩的单位和个人，给予奖励。

第二章 划　　定

第八条 各级人民政府在编制土地利用总体规划时，应当将基本农田保护作为规划的一项内容，明确基本农田保护的布局安排、数量指标和质量要求。

县级和乡（镇）土地利用总体规划应当确定基本农田保护区。

第九条 省、自治区、直辖市划定的基本农田应当占本行政区域内耕地总面积的80%以上，具体数量指标根据全国土地利用总体规划逐级分解下达。

第十条 下列耕地应当划入基本农田保护区，严格管理：

（一）经国务院有关主管部门或者县级以上地方人民政府批准确定的粮、棉、油生产基地内的耕地；

（二）有良好的水利与水土保持设施的耕地，正在实施改造计划以及可以改造的中、低产田；

（三）蔬菜生产基地；

（四）农业科研、教学试验田。

根据土地利用总体规划，铁路、公路等交通沿线，城市和村庄、集镇建设用地区周边的耕地，应当优先划入基本农田保护区；需要退耕还林、还牧、还湖的耕地，不应当划入基本农田保护区。

第十一条 基本农田保护区以乡（镇）为单位划区定界，由县级人民政府土地行政主管部门会同同级农业行政主管部门组织实施。

划定的基本农田保护区，由县级人民政府设立保护标志，予以公告，由县级人民政府土地行政主管部门建立档案，并抄送同级农业行政主管部门。任何单位和个人不得破坏或者擅自改变基本农田保护区的保护标志。

基本农田划区定界后，由省、自治区、直辖市人民政府组织土地行政主管部门和农业行政主管部门验收确认，或者由省、自治区人民政府授权设区的市、自治州人民政府组织土地行政主管部门和农业行政主管部门验收确认。

第十二条 划定基本农田保护区时，不得改变土地承包者的承包经营权。

第十三条 划定基本农田保护区的技术规程，由国务院土地行政主管部门会同国务院农业行政主管部门制定。

第三章 保　　护

第十四条 地方各级人民政府应当采取措施，确保土地利用总体规划确定的本行政区域内基本农田的数量不减少。

第十五条 基本农田保护区经依法划定后,任何单位和个人不得改变或者占用。国家能源、交通、水利、军事设施等重点建设项目选址确实无法避开基本农田保护区,需要占用基本农田,涉及农用地转用或者征收土地的,必须经国务院批准。

第十六条 经国务院批准占用基本农田的,当地人民政府应当按照国务院的批准文件修改土地利用总体规划,并补充划入数量和质量相当的基本农田。占用单位应当按照占多少、垦多少的原则,负责开垦与所占基本农田的数量与质量相当的耕地;没有条件开垦或者开垦的耕地不符合要求的,应当按照省、自治区、直辖市的规定缴纳耕地开垦费,专款用于开垦新的耕地。

占用基本农田的单位应当按照县级以上地方人民政府的要求,将所占用基本农田耕作层的土壤用于新开垦耕地、劣质地或者其他耕地的土壤改良。

第十七条 禁止任何单位和个人在基本农田保护区内建窑、建房、建坟、挖砂、采石、采矿、取土、堆放固体废弃物或者进行其他破坏基本农田的活动。

禁止任何单位和个人占用基本农田发展林果业和挖塘养鱼。

第十八条 禁止任何单位和个人闲置、荒芜基本农田。经国务院批准的重点建设项目占用基本农田的,满1年不使用而又可以耕种并收获的,应当由原耕种该幅基本农田的集体或者个人恢复耕种,也可以由用地单位组织耕种;1年以上未动工建设的,应当按照省、自治区、直辖市的规定缴纳闲置费;连续2年未使用的,经国务院批准,由县级以上人民政府无偿收回用地单位的土地使用权;该幅土地原为农民集体所有的,应当交由原农村集体经济组织恢复耕种,重新划入基本农田保护区。

承包经营基本农田的单位或者个人连续2年弃耕抛荒的,原发包单位应当终止承包合同,收回发包的基本农田。

第十九条 国家提倡和鼓励农业生产者对其经营的基本农田施

用有机肥料，合理施用化肥和农药。利用基本农田从事农业生产的单位和个人应当保持和培肥地力。

第二十条　县级人民政府应当根据当地实际情况制定基本农田地力分等定级办法，由农业行政主管部门会同土地行政主管部门组织实施，对基本农田地力分等定级，并建立档案。

第二十一条　农村集体经济组织或者村民委员会应当定期评定基本农田地力等级。

第二十二条　县级以上地方各级人民政府农业行政主管部门应当逐步建立基本农田地力与施肥效益长期定位监测网点，定期向本级人民政府提出基本农田地力变化状况报告以及相应的地力保护措施，并为农业生产者提供施肥指导服务。

第二十三条　县级以上人民政府农业行政主管部门应当会同同级环境保护行政主管部门对基本农田环境污染进行监测和评价，并定期向本级人民政府提出环境质量与发展趋势的报告。

第二十四条　经国务院批准占用基本农田兴建国家重点建设项目的，必须遵守国家有关建设项目环境保护管理的规定。在建设项目环境影响报告书中，应当有基本农田环境保护方案。

第二十五条　向基本农田保护区提供肥料和作为肥料的城市垃圾、污泥的，应当符合国家有关标准。

第二十六条　因发生事故或者其他突然性事件，造成或者可能造成基本农田环境污染事故的，当事人必须立即采取措施处理，并向当地环境保护行政主管部门和农业行政主管部门报告，接受调查处理。

第四章　监督管理

第二十七条　在建立基本农田保护区的地方，县级以上地方人民政府应当与下一级人民政府签订基本农田保护责任书；乡（镇）人民政府应当根据与县级人民政府签订的基本农田保护责任书的要求，与农村集体经济组织或者村民委员会签订基本农田保护责任书。

基本农田保护责任书应当包括下列内容：

（一）基本农田的范围、面积、地块；

（二）基本农田的地力等级；

（三）保护措施；

（四）当事人的权利与义务；

（五）奖励与处罚。

第二十八条 县级以上地方人民政府应当建立基本农田保护监督检查制度，定期组织土地行政主管部门、农业行政主管部门以及其他有关部门对基本农田保护情况进行检查，将检查情况书面报告上一级人民政府。被检查的单位和个人应当如实提供有关情况和资料，不得拒绝。

第二十九条 县级以上地方人民政府土地行政主管部门、农业行政主管部门对本行政区域内发生的破坏基本农田的行为，有权责令纠正。

第五章 法 律 责 任

第三十条 违反本条例规定，有下列行为之一的，依照《中华人民共和国土地管理法》和《中华人民共和国土地管理法实施条例》的有关规定，从重给予处罚：

（一）未经批准或者采取欺骗手段骗取批准，非法占用基本农田的；

（二）超过批准数量，非法占用基本农田的；

（三）非法批准占用基本农田的；

（四）买卖或者以其他形式非法转让基本农田的。

第三十一条 违反本条例规定，应当将耕地划入基本农田保护区而不划入的，由上一级人民政府责令限期改正；拒不改正的，对直接负责的主管人员和其他直接责任人员依法给予行政处分或者纪律处分。

第三十二条　违反本条例规定，破坏或者擅自改变基本农田保护区标志的，由县级以上地方人民政府土地行政主管部门或者农业行政主管部门责令恢复原状，可以处 1000 元以下罚款。

第三十三条　违反本条例规定，占用基本农田建窑、建房、建坟、挖砂、采石、采矿、取土、堆放固体废弃物或者从事其他活动破坏基本农田，毁坏种植条件的，由县级以上人民政府土地行政主管部门责令改正或者治理，恢复原种植条件，处占用基本农田的耕地开垦费 1 倍以上 2 倍以下的罚款；构成犯罪的，依法追究刑事责任。

第三十四条　侵占、挪用基本农田的耕地开垦费，构成犯罪的，依法追究刑事责任；尚不构成犯罪的，依法给予行政处分或者纪律处分。

第六章　附　　则

第三十五条　省、自治区、直辖市人民政府可以根据当地实际情况，将其他农业生产用地划为保护区。保护区内的其他农业生产用地的保护和管理，可以参照本条例执行。

第三十六条　本条例自 1999 年 1 月 1 日起施行。1994 年 8 月 18 日国务院发布的《基本农田保护条例》同时废止。

国土资源部关于严格土地利用
总体规划实施管理的通知

（2012 年 2 月 22 日　国土资发〔2012〕2 号）

各省、自治区、直辖市国土资源主管部门，新疆生产建设兵团国土资源局，各派驻地方的国家土地督察局，部有关直属单位，部机关各司局：

国务院批准《全国土地利用总体规划纲要（2006-2020年）》（以下简称《纲要》）以来，各省（区、市）根据《纲要》确定的各项土地利用目标和要求，积极推进地方各级土地利用总体规划修编和审批工作。目前，地方各级土地利用总体规划修编工作已基本完成，大部分规划已批准实施。从2012年4月1日起，土地管理各项相关工作以经批准的新一轮土地利用总体规划和数据库为依据。为严格实施土地利用总体规划，充分发挥土地利用总体规划的统筹管控作用，落实最严格的土地管理制度，保障和促进科学发展，现就有关事项通知如下：

一、充分认识严格实施土地利用总体规划的重要意义

土地利用总体规划是指导土地管理的纲领性文件，是落实土地宏观调控和土地用途管制的重要依据，事关国家和人民长远利益。各级国土资源主管部门要充分认识土地利用总体规划在土地管理工作中的基础地位和引领作用，切实做好土地利用总体规划实施管理工作，不断提高土地资源对经济社会全面协调可持续发展的保障能力。

土地利用总体规划一经批准，具有法定效力，任何单位和个人不得违反。各级国土资源主管部门要严格依据土地利用总体规划，从严审查各地区、各部门、各行业编制的城乡建设、区域发展、产业布局、基础设施建设、生态环境建设等相关规划，不得以任何名义改变土地利用总体规划确定的用地规模、结构和布局安排，确保各类规划在土地利用上与土地利用总体规划相衔接。凡不符合土地利用总体规划的，必须及时调整和修改，核减用地规模，调整用地布局，强化土地利用总体规划对土地利用的整体管控作用。

二、严格依据规划划定和保护基本农田

（一）及时划定基本农田。各地要严格按照土地利用总体规划确定的基本农田保护目标、保护区布局及管制规则，在土地利用总体规划批准之后 3 个月内完成基本农田划定工作。基本农田划定后，实行永久保护，任何单位和个人未经批准不得改变或者占用。

（二）完善基本农田保护区管理。列入县、乡级土地利用总体规划设定的交通廊道内，或已列入土地利用总体规划重点建设项目清单的民生、环保等特殊项目，在不突破多划基本农田面积额度的前提下，占用基本农田保护区中规划多划的基本农田时，按一般耕地办理建设用地审批手续，不需另外补划基本农田，但用地单位必须落实补充耕地任务，按占用基本农田标准缴纳税费和对农民进行补偿。未在土地利用总体规划设定的交通廊道内，未列入土地利用总体规划项目清单的民生、环保等特殊项目，或超出多划基本农田面积额度的，均按占用基本农田认定。

（三）建立基本农田建设集中投入制度。各级国土资源主管部门要将新增建设用地土地有偿使用费、耕地开垦费、土地复垦费、土地出让收入用于农业开发部分等土地整治专项资金向基本农田保护区、集中区和整备区倾斜，积极试点探索"以奖代投、以补促建"模式，加快建设旱涝保收高标准基本农田，改善基本农田生产条件，提高基本农田质量，引导基本农田整备区内建设用地等其他土地逐步退出，将零星分散的基本农田集中布局，形成集中连片、高标准农产品生产基地。

三、强化建设用地空间管制

（一）落实建设用地管制边界和管制区域。各地要严格按照土地利用总体规划划定的"三界四区"（即城乡建设用地规模边界、扩展边界和禁止建设边界，允许建设区、有条件建设区、限制建设区和禁止建设区），尽快将城镇建设用地管制边界和管制区域落到实地，明确四至范围，确定管制边界的拐点坐标，在主要拐点设置标识，并向社会公告，防止城镇建设无序蔓延扩张。

（二）认真执行各项空间管制规则。城乡建设用地允许建设区在面积不改变的前提下，空间布局可在有条件建设区内进行形态调整,但不得突破建设用地扩展边界。城乡建设用地规模边界的调整,须经规划原批准机关的同级国土资源主管部门批准。城乡建设用地扩展边界原则上不得调整,如需调整,应按规划修改程序报规划原批准机关批准。禁止建设用地边界,除法律法规另有规定外,不得进行调整。

四、严格土地利用总体规划实施

(一)加强土地利用计划调控。土地利用计划是实施土地利用总体规划的重要手段,各地要依据土地利用年度计划,严格建设用地审批。凡不符合国家产业政策和供地政策的建设项目,不得安排计划指标,没有计划指标的不得批准用地。要积极推进计划差别化、精细化管理,努力化解土地供需矛盾,保障科学发展用地。

各地要采取措施,加强土地利用计划执行监管,认真做好土地利用计划安排使用登记统计,落实计划安排使用网络直报制度,实时监控计划执行情况。要加强土地利用计划执行考核,全面落实计划指标奖罚,提高计划的约束力,确保计划有效执行。

(二)严格建设项目用地预审。强化建设项目用地规划审查,凡不符合法律规定和土地利用总体规划的,不得通过建设项目用地预审。做好经营性和工业项目出让土地的用地预审,在项目审批(核准)前,必须先按程序进行用地预审,预审意见提出的要求,要作为出让条件纳入出让方案。

加强对部委托建设项目用地预审的管理,除法律法规规章明确的项目用地外,对部有关政策性文件明确的灾后重建等特殊地区的项目用地委托预审事宜,实行一事一报制度。

(三)严格依据规划审查各类用地。单独选址建设项目,已列入土地利用总体规划重点建设项目清单,在土地利用总体规划设定的交通廊道内,或选址在土地利用总体规划确定的独立工矿区的,要按照规定及时审查报批用地;未列入土地利用总体规划,但符合《土地管理法》第26条规定的,要按照有关规定,根据国务院和省级人民政府对项目的批准文件，及时修改规划，并将规划修改方案与建设用地报批资料一并报批；未列入土地利用总体规划，也不符合《土地管理法》第 26 条规定的，不得批准用地，确需建设的项目，需先修改规划，按规定程序报规划原批准机关批准后才能审批用地。

城镇村建设用地，在土地利用总体规划确定的城乡建设用地允许建设区内选址的，按照规定审查报批用地。需要改变允许建设区的空间布局形态，在有条件建设区进行选址建设的，要在确保允许建设区规模不增加的前提下，编制规划布局调整方案，经规划原批准机关的同级国土资源主管部门批准后才能审批用地。因城镇化进程加快，超过规划城镇建设用地规模，需要在允许建设区规模之外使用有条件建设区的，必须在对规划进行定期评估后，在确保耕地保有量和基本农田保护面积不减少、质量有提高，建设用地规模不增加、布局更合理的前提下，编制规划布局调整方案，经规划原批准机关同级国土资源主管部门批准后才能审批用地。

围填海造地，涉及围填海的规模、用途和布局符合土地利用总体规划的，要按照规定审查报批；未纳入土地利用总体规划的，要编制规划修改方案，经规划原批准机关批准后审查报批。

土地整治项目，应当优先在土地利用总体规划及土地整治规划确定的土地整治重点区域、重大工程、示范区和基本农田保护区、集中区、整备区内安排。

（四）严格中心城区规划控制范围的管控。各级国土资源主管部门要严格控制中心城区规划控制范围内、中心城区规划建设用地扩展边界外的规划修改，国务院批准的城市土地利用总体规划确定的中心城区规划控制范围内、中心城区规划建设用地扩展边界外的规划修改，须报国土资源部备案。

（五）规范土地利用总体规划评估修改。经国务院批准的大型能源、交通、水利、矿山、军事设施等建设项目，需要改变土地利用总体规划的,根据国务院的批准文件修改土地利用总体规划;经省、自治区、直辖市人民政府批准的能源、交通、水利、矿山、军事设施等建设项目,需要改变土地利用总体规划的,属于省级人民政府土地利用总体规划批准权限内的,根据省级人民政府的批准文件修改土地利用总体规划。

建立土地利用总体规划实施定期评估和适时修改机制,严格规范土地利用总体规划修改。对土地利用总体规划的修改,必须就修改的必要性、合理性和合法性等进行评估,组织专家论证,依法组织听证,并向社会公示。规划实施评估报告经规划原批准机关同级国土资源主管部门同意后,方可开展规划修改。凡涉及改变城乡建设用地扩展边界、禁止建设用地边界,改变约束性指标,调整重大布局等原则性修改,必须经规划原批准机关批准。严禁擅自通过修改下级土地利用总体规划,扩大建设用地规模和改变建设用地布局,降低耕地保有量和基本农田保护面积。

(六)补充和深化土地利用总体规划安排。在土地利用总体规划的控制和指导下,积极推进地方各级土地整治规划编制工作;县(区、市)可根据当地实际,编制土地复垦规划、后备土地资源开发规划、建设用地再开发规划,补充和深化土地利用总体规划安排。今后,凡开展土地整治、低丘缓坡荒滩等未利用地开发利用、工矿废弃地复垦调整利用等相关工作,必须符合土地利用总体规划、土地整治规划和相关专项规划。

五、保障土地利用总体规划有效实施

(一)加快推进土地利用规划数据库建设。建立与土地利用总体规划编制审批实施相适应的数据库建设、维护和更新长效机制。省级国土资源主管部门要加强对地方各级土地利用总体规划数据库建库、维护和更新的组织指导,严格规范数据的检查和汇交,保障成果质量,保证规划数据库建设各项工作与规划同步完成,并按统一标准和规定时限将数据库成果汇交到部。开展城乡建设用地增减挂钩、低丘缓坡荒滩等未利用土地开发利用、工矿废弃地复垦调整利用等试点的地方，必须将项目区信息上图入库，按规定时限汇交到部。各类规划数据库均纳入部"一张图"和综合监管平台进行统一管理。今后，土地审批和执法督察等工作中审核、审查是否符合土地利用总体规划和专项规划，均以纳入部"一张图"和综合监管平台的相关数据为准。

（二）制订完善土地利用总体规划管理的地方配套法规。各地要根据《土地管理法》及其配套条例、规章，结合各地实际，制订和完善土地利用规划管理的地方配套法规，规范土地利用总体规划各项管理工作，维护土地利用总体规划的严肃性和权威性。

（三）加大土地利用总体规划宣传力度。经批准的土地利用总体规划，应当依法公告，采用网络、报纸发布和张贴布告、设立公告牌等形式，对规划主要内容进行广泛宣传和解读，让全社会了解规划、监督规划的有效实施。

（四）加强土地利用总体规划实施动态监管。通过"一张图"和综合监管平台，加大土地利用总体规划实施情况的监测，及时发现、制止违反土地利用总体规划的行为。加大执法力度，对违法修改土地利用总体规划的行为要严肃查处，限期改正，并依法追究相关责任人的责任。对违反规划批地用地的行为，坚决依法查处。非法占用土地，违反土地利用总体规划的，责令限期拆除违法占地新建建筑物，拒不执行的，依法申请人民法院强制执行。

（五）发挥国家土地督察机构的监督作用。市、县、乡级土地利用总体规划经依法批准后一个月内，省级国土资源主管部门须将土地利用总体规划文本、图件和批准文件送派驻地方的国家土地督察局备案。各派驻地方的国家土地督察局在对地方人民政府土地利用和管理情况的监督检查中，要加强对土地利用总体规划批准、备案和实施情况的监督检查，发现问题后及时向有关地方人民政府和省级国土资源主管部门提出督察意见，并向国家土地总督察报告。

（六）加强土地利用规划专业人才队伍建设。各级国土资源主管部门要加强土地利用规划专业人才队伍建设，采取专业技术知识更新培训、学历学位教育、实践锻炼等多种方式，不断提高专业人才队伍的政治素质和业务素质。严格规范土地利用规划甲级机构管理，进一步稳定、扩大土地利用规划编制机构队伍。省级国土资源主管部门可参照土地利用规划甲级机构审查要求，结合实际，指导省级土地学会积极开展土地利用规划乙级机构的申报认定工作，健全、充实和稳定土地利用规划技术队伍。

闲置土地处置办法

（2012年6月1日国土资源部令第53号公布 自2012年7月1日起施行）

第一章 总 则

第一条 为有效处置和充分利用闲置土地，规范土地市场行为，促进节约集约用地，根据《中华人民共和国土地管理法》、《中华人民共和国城市房地产管理法》及有关法律、行政法规，制定本办法。

第二条 本办法所称闲置土地，是指国有建设用地使用权人超过国有建设用地使用权有偿使用合同或者划拨决定书约定、规定的动工开发日期满一年未动工开发的国有建设用地。

已动工开发但开发建设用地面积占应动工开发建设用地总面积不足三分之一或者已投资额占总投资额不足百分之二十五，中止开发建设满一年的国有建设用地，也可以认定为闲置土地。

第三条 闲置土地处置应当符合土地利用总体规划和城乡规

划，遵循依法依规、促进利用、保障权益、信息公开的原则。

第四条　市、县国土资源主管部门负责本行政区域内闲置土地的调查认定和处置工作的组织实施。

上级国土资源主管部门对下级国土资源主管部门调查认定和处置闲置土地工作进行监督管理。

第二章　调查和认定

第五条　市、县国土资源主管部门发现有涉嫌构成本办法第二条规定的闲置土地的，应当在三十日内开展调查核实，向国有建设用地使用权人发出《闲置土地调查通知书》。

国有建设用地使用权人应当在接到《闲置土地调查通知书》之日起三十日内，按照要求提供土地开发利用情况、闲置原因以及相关说明等材料。

第六条　《闲置土地调查通知书》应当包括下列内容：

（一）国有建设用地使用权人的姓名或者名称、地址；

（二）涉嫌闲置土地的基本情况；

（三）涉嫌闲置土地的事实和依据；

（四）调查的主要内容及提交材料的期限；

（五）国有建设用地使用权人的权利和义务；

（六）其他需要调查的事项。

第七条　市、县国土资源主管部门履行闲置土地调查职责，可以采取下列措施：

（一）询问当事人及其他证人；

（二）现场勘测、拍照、摄像；

（三）查阅、复制与被调查人有关的土地资料；

（四）要求被调查人就有关土地权利及使用问题作出说明。

第八条　有下列情形之一，属于政府、政府有关部门的行为造成动工开发延迟的，国有建设用地使用权人应当向市、县国土资源主管部门提供土地闲置原因说明材料，经审核属实的，依照本办法第十二条和第十三条规定处置：

（一）因未按照国有建设用地使用权有偿使用合同或者划拨决定书约定、规定的期限、条件将土地交付给国有建设用地使用权人，致使项目不具备动工开发条件的；

（二）因土地利用总体规划、城乡规划依法修改，造成国有建设用地使用权人不能按照国有建设用地使用权有偿使用合同或者划拨决定书约定、规定的用途、规划和建设条件开发的；

（三）因国家出台相关政策，需要对约定、规定的规划和建设条件进行修改的；

（四）因处置土地上相关群众信访事项等无法动工开发的；

（五）因军事管制、文物保护等无法动工开发的；

（六）政府、政府有关部门的其他行为。

因自然灾害等不可抗力导致土地闲置的，依照前款规定办理。

第九条 经调查核实，符合本办法第二条规定条件，构成闲置土地的，市、县国土资源主管部门应当向国有建设用地使用权人下达《闲置土地认定书》。

第十条 《闲置土地认定书》应当载明下列事项：

（一）国有建设用地使用权人的姓名或者名称、地址；

（二）闲置土地的基本情况；

（三）认定土地闲置的事实、依据；

（四）闲置原因及认定结论；

（五）其他需要说明的事项。

第十一条 《闲置土地认定书》下达后，市、县国土资源主管部门应当通过门户网站等形式向社会公开闲置土地的位置、国有建设用地使用权人名称、闲置时间等信息；属于政府或者政府有关部门的行为导致土地闲置的，应当同时公开闲置原因，并书面告知有关政府或者政府部门。

上级国土资源主管部门应当及时汇总下级国土资源主管部门上报的闲置土地信息，并在门户网站上公开。

闲置土地在没有处置完毕前，相关信息应当长期公开。闲置土地处置完毕后，应当及时撤销相关信息。

第三章 处置和利用

第十二条 因本办法第八条规定情形造成土地闲置的，市、县国土资源主管部门应当与国有建设用地使用权人协商，选择下列方式处置：

（一）延长动工开发期限。签订补充协议，重新约定动工开发、竣工期限和违约责任。从补充协议约定的动工开发日期起，延长动工开发期限最长不得超过一年；

（二）调整土地用途、规划条件。按照新用途或者新规划条件重新办理相关用地手续，并按照新用途或者新规划条件核算、收缴或者退还土地价款。改变用途后的土地利用必须符合土地利用总体规划和城乡规划；

（三）由政府安排临时使用。待原项目具备开发建设条件，国有建设用地使用权人重新开发建设。从安排临时使用之日起，临时使用期限最长不得超过两年；

（四）协议有偿收回国有建设用地使用权；

（五）置换土地。对已缴清土地价款、落实项目资金，且因规划依法修改造成闲置的，可以为国有建设用地使用权人置换其他价值相当、用途相同的国有建设用地进行开发建设。涉及出让土地的，应当重新签订土地出让合同，并在合同中注明为置换土地；

（六）市、县国土资源主管部门还可以根据实际情况规定其他处置方式。

除前款第四项规定外，动工开发时间按照新约定、规定的时间重新起算。

符合本办法第二条第二款规定情形的闲置土地，依照本条规定的方式处置。

第十三条 市、县国土资源主管部门与国有建设用地使用权人协商一致后，应当拟订闲置土地处置方案，报本级人民政府批准后实施。

闲置土地设有抵押权的，市、县国土资源主管部门在拟订闲置土地处置方案时，应当书面通知相关抵押权人。

第十四条 除本办法第八条规定情形外，闲置土地按照下列方式处理：

（一）未动工开发满一年的，由市、县国土资源主管部门报经本级人民政府批准后，向国有建设用地使用权人下达《征缴土地闲置费决定书》，按照土地出让或者划拨价款的百分之二十征缴土地闲置费。土地闲置费不得列入生产成本；

（二）未动工开发满两年的，由市、县国土资源主管部门按照《中华人民共和国土地管理法》第三十七条和《中华人民共和国城市房地产管理法》第二十六条的规定，报经有批准权的人民政府批准后，向国有建设用地使用权人下达《收回国有建设用地使用权决定书》，无偿收回国有建设用地使用权。闲置土地设有抵押权的，同时抄送相关土地抵押权人。

第十五条 市、县国土资源主管部门在依照本办法第十四条规定作出征缴土地闲置费、收回国有建设用地使用权决定前，应当书面告知国有建设用地使用权人有申请听证的权利。国有建设用地使用权人要求举行听证的，市、县国土资源主管部门应当依照《国土资源听证规定》依法组织听证。

第十六条 《征缴土地闲置费决定书》和《收回国有建设用地使用权决定书》应当包括下列内容：

（一）国有建设用地使用权人的姓名或者名称、地址；

（二）违反法律、法规或者规章的事实和证据；

（三）决定的种类和依据；

（四）决定的履行方式和期限；

（五）申请行政复议或者提起行政诉讼的途径和期限；

（六）作出决定的行政机关名称和作出决定的日期；

（七）其他需要说明的事项。

第十七条 国有建设用地使用权人应当自《征缴土地闲置费决定书》送达之日起三十日内，按照规定缴纳土地闲置费；自《收回国有建设用地使用权决定书》送达之日起三十日内，到市、县国土资源主管部门办理国有建设用地使用权注销登记，交回土地权利证书。

国有建设用地使用权人对《征缴土地闲置费决定书》和《收回国有建设用地使用权决定书》不服的，可以依法申请行政复议或者提起行政诉讼。

第十八条 国有建设用地使用权人逾期不申请行政复议、不提起行政诉讼，也不履行相关义务的，市、县国土资源主管部门可以采取下列措施：

（一）逾期不办理国有建设用地使用权注销登记，不交回土地权利证书的，直接公告注销国有建设用地使用权登记和土地权利证书；

（二）申请人民法院强制执行。

第十九条 对依法收回的闲置土地，市、县国土资源主管部门可以采取下列方式利用：

（一）依据国家土地供应政策，确定新的国有建设用地使用权人开发利用；

（二）纳入政府土地储备；

（三）对耕作条件未被破坏且近期无法安排建设项目的，由市、县国土资源主管部门委托有关农村集体经济组织、单位或者个人组织恢复耕种。

第二十条 闲置土地依法处置后土地权属和土地用途发生变化的，应当依据实地现状在当年土地变更调查中进行变更，并依照有关规定办理土地变更登记。

第四章 预防和监管

第二十一条 市、县国土资源主管部门供应土地应当符合下列要求，防止因政府、政府有关部门的行为造成土地闲置：

（一）土地权利清晰；

（二）安置补偿落实到位；

（三）没有法律经济纠纷；

（四）地块位置、使用性质、容积率等规划条件明确；

（五）具备动工开发所必需的其他基本条件。

第二十二条 国有建设用地使用权有偿使用合同或者划拨决定书应当就项目动工开发、竣工时间和违约责任等作出明确约定、规定。约定、规定动工开发时间应当综合考虑办理动工开发所需相关手续的时限规定和实际情况，为动工开发预留合理时间。

因特殊情况，未约定、规定动工开发日期，或者约定、规定不明确的，以实际交付土地之日起一年为动工开发日期。实际交付土地日期以交地确认书确定的时间为准。

第二十三条 国有建设用地使用权人应当在项目开发建设期间，及时向市、县国土资源主管部门报告项目动工开发、开发进度、竣工等情况。

国有建设用地使用权人应当在施工现场设立建设项目公示牌，公布建设用地使用权人、建设单位、项目动工开发、竣工时间和土地开发利用标准等。

第二十四条 国有建设用地使用权人违反法律法规规定和合同约定、划拨决定书规定恶意囤地、炒地的，依照本办法规定处理完毕前，市、县国土资源主管部门不得受理该国有建设用地使用权人新的用地申请，不得办理被认定为闲置土地的转让、出租、抵押和变更登记。

第二十五条 市、县国土资源主管部门应当将本行政区域内的闲置土地信息按宗录入土地市场动态监测与监管系统备案。闲置土地按照规定处置完毕后，市、县国土资源主管部门应当及时更新该宗土地相关信息。

闲置土地未按照规定备案的，不得采取本办法第十二条规定的方式处置。

第二十六条 市、县国土资源主管部门应当将国有建设用地使用权人闲置土地的信息抄送金融监管等部门。

第二十七条 省级以上国土资源主管部门可以根据情况，对闲置土地情况严重的地区，在土地利用总体规划、土地利用年度计划、建设用地审批、土地供应等方面采取限制新增加建设用地、促进闲置土地开发利用的措施。

第五章 法律责任

第二十八条 市、县国土资源主管部门未按照国有建设用地使用权有偿使用合同或者划拨决定书约定、规定的期限、条件将土地交付给国有建设用地使用权人，致使项目不具备动工开发条件的，应当依法承担违约责任。

第二十九条 县级以上国土资源主管部门及其工作人员违反本办法规定，有下列情形之一的，依法给予处分；构成犯罪的，依法追究刑事责任：

（一）违反本办法第二十一条的规定供应土地的；

（二）违反本办法第二十四条的规定受理用地申请和办理土地登记的；

（三）违反本办法第二十五条的规定处置闲置土地的；

（四）不依法履行闲置土地监督检查职责，在闲置土地调查、认定和处置工作中徇私舞弊、滥用职权、玩忽职守的。

第六章 附 则

第三十条 本办法中下列用语的含义：

动工开发：依法取得施工许可证后，需挖深基坑的项目，基坑开挖完毕；使用桩基的项目，打入所有基础桩；其他项目，地基施工完成三分之一。

已投资额、总投资额：均不含国有建设用地使用权出让价款、划拨价款和向国家缴纳的相关税费。

第三十一条 集体所有建设用地闲置的调查、认定和处置，参照本办法有关规定执行。

第三十二条 本办法自 2012 年 7 月 1 日起施行。

国土资源部关于进一步加强和改进建设用地备案工作的通知

（2007 年 12 月 28 日 国土资发 2007〔326〕号）

各省、自治区、直辖市国土资源厅（国土环境资源厅、国土资源局、国土资源和房屋资源局、房屋土地资源管理局），新疆生产建设兵团国土资源局：

为进一步发挥建设用地备案在土地批后监管中的作用，切实掌握各地建设用地审批、供应和供后利用情况，不断提高运用土地政策参与宏观调控的能力，现就进一步加强建设用地备案工作的有关问题通知如下：

一、充分认识建设用地备案工作在土地调控中的重要作用

建设用地备案是土地管理的一项基础性工作，是国家掌握各地建设用地审批、供应和利用情况的重要途径，是加强和改进土地批后监管、主动参与宏观调控的重要手段。2000年以来，特别是2003年电子备案制度实施以来，大部分省（区、市）国土资源部门能够按要求将审批建设用地情况和供应情况进行备案，为国家有效掌控新增建设用地的数量和节奏提供了依据。但是，与加强土地管理、增强调控能力的要求相比，建设用地审批备案制度还不完善，备案工作还需进一步加强。为此，各地要进一步提高对建设用地备案工作重要性的认识，进一步理顺工作程序、健全工作机制，将其作为当前严格土地管理的一项重要工作抓紧抓好。

二、改进建设用地备案的内容和范围

按照适应强化监管的需要，建设用地备案进一步细化了指标；增加了使用建设用地的国民经济行业分类指标和项目的位置坐标等；在土地供应中新增了存量用地和土地利用开发要求等指标，进一步强化了对全程监管的要求。

1. 省级人民政府批准建设用地备案。

各省（区、市）国土资源管理部门将本省（区、市）政府批准的建设项目用地报国土资源部备案，填写"省级人民政府批准的建设项目用地备案表"（见附件1）。省级人民政府授权市批准的建设项目用地由各省（区、市）国土资源管理部门组织备案。

2. 国务院批准的城市建设用地农用地转用和土地征收实施方案备案。

各省（区、市）国土资源管理部门将本省（区、市）政府审核同意的国务院批准的城市建设用地农用地转用和土地征收实施方案报国土资源部备案，填写"国务院批准的城市建设用地农用地转用和土地征收实施方案备案表"（见附件2）。

3. 建设用地供应备案。

报国务院批准城市建设用地的城市国土资源管理部门，将市政府供应的国有建设用地报国土资源部和省（区、市）国土资源管理部门备案，填写"国有建设用地供应情况备案表"（见附件3）。

三、建设用地备案的方式和时间要求

为适应宏观调控需要，建立土地审批情况和供应情况的快速反应机制，从2008年1月1日起实行建设用地动态备案。各省（区、市）国土资源管理部门在建设项目用地批准后10日内，将有关数据利用"省级人民政府批准建设用地备案系统"，通过国土资源管理业务网报送至国土资源部；在国务院批准的城市建设用地农用地转用和土地征收实施方案审核同意后10日内，将有关数据利用"国务院批准城市用地实施方案备案系统"，通过国土资源管理业务网报送至国土资源部；报国务院批准建设用地的城市国土资源管理部门在办理国有建设用地供应手续、签订土地出让（租赁）合同或核发划拨决定书后10日内，将有关数据利用"建设用地供应备案系统"，通过国土资源管理业务网分别报送至国土资源部和省（区、市）国土资源管理部门。

省级人民政府批准建设用地备案系统、国务院批准城市用地实施方案备案系统和建设用地供应备案系统可从国土资源部门户网站的"下载服务"栏目下载。

四、加强建设用地备案数据的分析应用

各省（区、市）国土资源管理部门要充分利用建设用地审批和供应的相关数据，积极开展分析工作，实时掌握新增建设用地的规模、节奏、产业分布和用途结构等情况，建立建设用地备案数据的分析机制，为加强土地调控提供依据。同时，要探索本地区土地供应的趋势和规律，逐步建立符合国家宏观调控和产业政策的土地供应模式。

各省（区、市）在对备案数据分析的基础上，按季度和年度定期形成分析报告，有条件的可形成月度报告，在每季度第一个月15日前将上季度分析报告报国土资源部（年度分析报告在第二年的1月15日前报部）。

五、健全建设用地备案的工作机制

各省（区、市）要切实加强对建设用地备案工作的领导，建立良好的工作运行机制，明确专人负责，保障网络连接和硬件设备，建立稳定的工作队伍和环境。

部将继续执行建设用地备案的通报制度，定期在国土资源部门户网站主页、中国国土资源报和中国土地市场网上对建设用地备案情况进行通报。通过遥感监测、实地核查等手段对建设用地备案情况进行核查，对于未按要求及时报部备案或在备案中弄虚作假的，暂停受理其报国务院批准农用地转用和土地征收报件。

此前关于建设用地备案有关规定与本《通知》不一致的，按本《通知》执行。

附件：1. 省级人民政府批准的建设项目用地备案表（略）

2. 国务院批准的城市建设用地农用地转用和土地征收实施方案备案表（略）

3. 国有建设用地供应情况备案表（略）

国土资源部关于严格建设用地
管理促进批而未用土地利用的通知

（2009年8月11日 国土资发〔2009〕106号）

各省、自治区、直辖市国土资源厅（国土环境资源厅、国土资源局、国土资源和房屋管理局、规划和国土资源管理局），新疆生产建设兵团国土资源局，各派驻地方的国家土地督察局：

为促进城市新增建设用地及时有效供应并得到充分利用，进一步加强建设用地管理，依法纠正和遏制违法违规使用农村集体土地等行为，现就有关工作事宜通知如下：

一、加快城市建设用地审批和土地征收实施

各级国土资源管理部门要切实增强主动工作意识，提高工作效率，积极采取有效措施，对国务院批准的2007、2008年度城市建设用地，凡未上报或审核同意实施方案的，省级国土资源管理部门要督促城市人民政府尽快编制和上报实施方案，并尽快向省（区、市）人民政府汇报，在9月底前完成审核工作。

省级国土资源管理部门要加强对地方的指导，督促各地加快征地实施工作进度，确保已批准的城市建设用地能够及时形成供地条件，保障扩内需、保增长、调结构用地的供应。

省级国土资源管理部门要加强对城市建设用地批后实施的跟踪管理和督促。国务院批准的城市建设用地，自省级人民政府审核同意实施方案后满两年未实施具体征地或用地行为的，该部分土地的农用地转用失效，并应以适当方式予以公告。

二、切实抓好批而未征土地的处理

各地要按照《关于在保增长保红线行动中加快处理批而未用土地等工作的通知》（国土资电发〔2009〕44号）的部署，在全面清理、摸清底数的基础上，及时制订批而未征、征而未供、供而未用、用而未尽土地的处理意见和整改方案，并认真抓好落实。省级国土资源管理部门要加强对城市建设用地批后实施情况的调查研究，帮助市、县协调解决工作中的困难和问题。

允许在一定条件下适当调整建设用地区位。国务院批准的2007、2008年度城市建设用地，至今未实施征地，但各种原因确需对原批准的建设用地区位进行调整的，且拟调整用地在符合土地利用总体规划和城市规划、不突破国务院批准的城市总用地和新增建设用地规模、"三类住房"等民生用地面积不减少的条件下，允许适当调整。城市人民政府应在申报实施方案时连同调整方案一并报省级人民政府审核。城市人民政府申报调整方案时应明确拟调整土地的具体位置、图幅图斑号、地类、面积等情况。凡涉及区位调整

的，经省级人民政府批准后，应及时将相关批准文件报部备案，并抄送派驻地方的国家土地督察局。省级人民政府审批的城市建设用地满足上述条件的，可参照执行。

三、进一步规范和加强建设项目用地管理

规范城市基础设施等用地的供地手续。城市公共道路、公共绿地、公共污水雨水排放管线、公共休憩广场等基础设施、公用设施用地等，凡以建设项目运作实施的，必须严格依法办理供地手续，颁发《建设用地批准书》和《国有建设用地划拨决定书》，及时通过电子备案系统进行备案；对用地主体不明确，且已实际使用土地进行开发建设的，可视为已供地予以备案，待竣工后通过土地变更进行登记，用地主体确定为城市人民政府。

完善工业用地出让备案制度。对以招标拍卖挂牌方式确定使用权的工业项目用地，可在签订《成交确认书》后通过电子备案系统进行预备案，待正式签订《国有建设用地出让合同》后再规范填报供地备案；若后期因未取得其他相关部门批准手续而放弃土地使用权的，应及时在电子备案系统中注销预备案。

采取切实措施促进建设用地的有效利用。对已完成土地征收和前期土地开发，原意向项目不落实的，应及时调整给其他用地者。对因城市规划调整造成已供地项目不能落地的，应允许用地者报经批准后改变土地具体用途，或者通过协商调整安排给其他符合规划的项目，但应依法办理相关供地手续。对取得土地后满 2 年未动工的建设项目用地，应依照闲置土地的处置政策依法处置，促进尽快利用。

四、坚决查处违法批地和用地行为

各级国土资源管理部门要继续加大土地执法工作力度。当前，要围绕保增长、保民生、保稳定和社会关注的热点问题，切实抓好违法用地案件的查处。

加强土地执法监察。要通过进一步建立健全动态巡查、举报等制度，对苗头性、倾向性问题早发现、早制止、早处置，及时纠正

和查处以预审代审批、通过办理临时用地方式变相开工建设等未批先用、批而不用、批少占多等违法违规用地行为。

严肃查处违反土地管理法律法规新建"小产权房"和高尔夫球场项目用地。必须严格按照《土地管理法》和《关于严格执行有关农村集体建设用地法律和政策的通知》（国办发〔2007〕71号）的规定执行。对在建在售的以新农村建设、村庄改造、农民新居建设和设施农业、观光农业等名义占用农村集体土地兴建商品住宅，在地方政府统一组织协调下，必须采取强力措施，坚决叫停管住并予以严肃查处。

五、加强建设用地批后监管

健全建设用地动态监管制度。加快运行建设用地"批、供、用、补、查"综合监管平台，重点对土地利用规划和计划执行、土地审批及土地征收、土地供应、项目用地开发利用等情况进行动态监管，切实预防和防止未批即用、批而未征、征而未供、供而未用等现象的发生。省级国土资源管理部门要认真做好建设用地审批备案工作，适时掌握国务院批准城市用地的农用地转用、土地征收方案实施情况和省级人民政府审批建设用地情况。市、县国土资源管理部门要全面运行土地市场动态监测与监管系统。建设用地供应，必须通过系统填报并由系统生成配电子编号和条形码的《国有建设用地出让合同》、《国有建设用地划拨决定书》，并对执行情况实施全程监管，及时向社会公开供地计划、供应结果和实际开发利用情况动态信息。

各派驻地方的国家土地督察局要加强对建设用地审批事项的督察，将城市建设用地批后实施作为督察重点，特别是对调整用地区位的建设用地要加大抽查力度。把违法违规使用农村集体土地建设纳入专项督察范围，对问题严重地区发出整改意见，督促地方政府纠正整改。

八 土地税费

中华人民共和国耕地占用税法

（2018年12月29日第十三届全国人民代表大会常务委员会第七次会议通过 2018年12月29日中华人民共和国主席令第18号公布 自2019年9月1日起施行）

第一条 为了合理利用土地资源，加强土地管理，保护耕地，制定本法。

第二条 在中华人民共和国境内占用耕地建设建筑物、构筑物或者从事非农业建设的单位和个人，为耕地占用税的纳税人，应当依照本法规定缴纳耕地占用税。

占用耕地建设农田水利设施的，不缴纳耕地占用税。

本法所称耕地，是指用于种植农作物的土地。

第三条 耕地占用税以纳税人实际占用的耕地面积为计税依据，按照规定的适用税额一次性征收，应纳税额为纳税人实际占用的耕地面积（平方米）乘以适用税额。

第四条 耕地占用税的税额如下：

（一）人均耕地不超过一亩的地区（以县、自治县、不设区的市、市辖区为单位，下同），每平方米为十元至五十元；

（二）人均耕地超过一亩但不超过二亩的地区，每平方米为八元至四十元；

（三）人均耕地超过二亩但不超过三亩的地区，每平方米为六元至三十元；

（四）人均耕地超过三亩的地区，每平方米为五元至二十五元。

各地区耕地占用税的适用税额，由省、自治区、直辖市人民政府根据人均耕地面积和经济发展等情况，在前款规定的税额幅度内提出，报同级人民代表大会常务委员会决定，并报全国人民代表大会常务委员会和国务院备案。各省、自治区、直辖市耕地占用税适用税额的平均水平，不得低于本法所附《各省、自治区、直辖市耕地占用税平均税额表》规定的平均税额。

第五条　在人均耕地低于零点五亩的地区，省、自治区、直辖市可以根据当地经济发展情况，适当提高耕地占用税的适用税额，但提高的部分不得超过本法第四条第二款确定的适用税额的百分之五十。具体适用税额按照本法第四条第二款规定的程序确定。

第六条　占用基本农田的，应当按照本法第四条第二款或者第五条确定的当地适用税额，加按百分之一百五十征收。

第七条　军事设施、学校、幼儿园、社会福利机构、医疗机构占用耕地，免征耕地占用税。

铁路线路、公路线路、飞机场跑道、停机坪、港口、航道、水利工程占用耕地，减按每平方米二元的税额征收耕地占用税。

农村居民在规定用地标准以内占用耕地新建自用住宅，按照当地适用税额减半征收耕地占用税；其中农村居民经批准搬迁，新建自用住宅占用耕地不超过原宅基地面积的部分，免征耕地占用税。

农村烈士遗属、因公牺牲军人遗属、残疾军人以及符合农村最低生活保障条件的农村居民，在规定用地标准以内新建自用住宅，免征耕地占用税。

根据国民经济和社会发展的需要，国务院可以规定免征或者减征耕地占用税的其他情形，报全国人民代表大会常务委员会备案。

第八条　依照本法第七条第一款、第二款规定免征或者减征耕地占用税后，纳税人改变原占地用途，不再属于免征或者减征耕地占用税情形的，应当按照当地适用税额补缴耕地占用税。

第九条　耕地占用税由税务机关负责征收。

第十条　耕地占用税的纳税义务发生时间为纳税人收到自然资源主管部门办理占用耕地手续的书面通知的当日。纳税人应当自纳税义务发生之日起三十日内申报缴纳耕地占用税。

自然资源主管部门凭耕地占用税完税凭证或者免税凭证和其他有关文件发放建设用地批准书。

第十一条　纳税人因建设项目施工或者地质勘查临时占用耕地，应当依照本法的规定缴纳耕地占用税。纳税人在批准临时占用耕地期满之日起一年内依法复垦，恢复种植条件的，全额退还已经缴纳的耕地占用税。

第十二条　占用园地、林地、草地、农田水利用地、养殖水面、渔业水域滩涂以及其他农用地建设建筑物、构筑物或者从事非农业建设的，依照本法的规定缴纳耕地占用税。

占用前款规定的农用地的，适用税额可以适当低于本地区按照本法第四条第二款确定的适用税额，但降低的部分不得超过百分之五十。具体适用税额由省、自治区、直辖市人民政府提出，报同级人民代表大会常务委员会决定，并报全国人民代表大会常务委员会和国务院备案。

占用本条第一款规定的农用地建设直接为农业生产服务的生产设施的，不缴纳耕地占用税。

第十三条　税务机关应当与相关部门建立耕地占用税涉税信息共享机制和工作配合机制。县级以上地方人民政府自然资源、农业农村、水利等相关部门应当定期向税务机关提供农用地转用、临时占地等信息，协助税务机关加强耕地占用税征收管理。

税务机关发现纳税人的纳税申报数据资料异常或者纳税人未按

照规定期限申报纳税的，可以提请相关部门进行复核，相关部门应当自收到税务机关复核申请之日起三十日内向税务机关出具复核意见。

第十四条　耕地占用税的征收管理，依照本法和《中华人民共和国税收征收管理法》的规定执行。

第十五条　纳税人、税务机关及其工作人员违反本法规定的，依照《中华人民共和国税收征收管理法》和有关法律法规的规定追究法律责任。

第十六条　本法自2019年9月1日起施行。2007年12月1日国务院公布的《中华人民共和国耕地占用税暂行条例》同时废止。

附：

各省、自治区、直辖市耕地占用税平均税额表

省、自治区、直辖市	平均税额（元/平方米）
上海	45
北京	40
天津	35
江苏、浙江、福建、广东	30
辽宁、湖北、湖南	25
河北、安徽、江西、山东、河南、重庆、四川	22.5
广西、海南、贵州、云南、陕西	20
山西、吉林、黑龙江	17.5
内蒙古、西藏、甘肃、青海、宁夏、新疆	12.5

中华人民共和国耕地占用税法实施办法

（2019年8月29日财政部、税务总局、自然资源部、农业农村部、生态环境部公告2019年第81号发布　自2019年9月1日起施行）

第一条　为了贯彻实施《中华人民共和国耕地占用税法》（以下简称税法），制定本办法。

第二条　经批准占用耕地的，纳税人为农用地转用审批文件中标明的建设用地人；农用地转用审批文件中未标明建设用地人的，纳税人为用地申请人，其中用地申请人为各级人民政府的，由同级土地储备中心、自然资源主管部门或政府委托的其他部门、单位履行耕地占用税申报纳税义务。

未经批准占用耕地的，纳税人为实际用地人。

第三条　实际占用的耕地面积，包括经批准占用的耕地面积和未经批准占用的耕地面积。

第四条　基本农田，是指依据《基本农田保护条例》划定的基本农田保护区范围内的耕地。

第五条　免税的军事设施，具体范围为《中华人民共和国军事设施保护法》规定的军事设施。

第六条　免税的学校，具体范围包括县级以上人民政府教育行政部门批准成立的大学、中学、小学，学历性职业教育学校和特殊教育学校，以及经省级人民政府或其人力资源社会保障行政部门批准成立的技工院校。

学校内经营性场所和教职工住房占用耕地的，按照当地适用税额缴纳耕地占用税。

第七条 免税的幼儿园，具体范围限于县级以上人民政府教育行政部门批准成立的幼儿园内专门用于幼儿保育、教育的场所。

第八条 免税的社会福利机构，具体范围限于依法登记的养老服务机构、残疾人服务机构、儿童福利机构、救助管理机构、未成年人救助保护机构内，专门为老年人、残疾人、未成年人、生活无着的流浪乞讨人员提供养护、康复、托管等服务的场所。

第九条 免税的医疗机构，具体范围限于县级以上人民政府卫生健康行政部门批准设立的医疗机构内专门从事疾病诊断、治疗活动的场所及其配套设施。

医疗机构内职工住房占用耕地的，按照当地适用税额缴纳耕地占用税。

第十条 减税的铁路线路，具体范围限于铁路路基、桥梁、涵洞、隧道及其按照规定两侧留地、防火隔离带。

专用铁路和铁路专用线占用耕地的，按照当地适用税额缴纳耕地占用税。

第十一条 减税的公路线路，具体范围限于经批准建设的国道、省道、县道、乡道和属于农村公路的村道的主体工程以及两侧边沟或者截水沟。

专用公路和城区内机动车道占用耕地的，按照当地适用税额缴纳耕地占用税。

第十二条 减税的飞机场跑道、停机坪，具体范围限于经批准建设的民用机场专门用于民用航空器起降、滑行、停放的场所。

第十三条 减税的港口，具体范围限于经批准建设的港口内供船舶进出、停靠以及旅客上下、货物装卸的场所。

第十四条 减税的航道，具体范围限于在江、河、湖泊、港湾等水域内供船舶安全航行的通道。

第十五条 减税的水利工程，具体范围限于经县级以上人民政府水行政主管部门批准建设的防洪、排涝、灌溉、引（供）水、滩涂治理、水土保持、水资源保护等各类工程及其配套和附属工程的建筑物、构筑物占压地和经批准的管理范围用地。

第十六条 纳税人符合税法第七条规定情形，享受免征或者减征耕地占用税的，应当留存相关证明资料备查。

第十七条 根据税法第八条的规定，纳税人改变原占地用途，不再属于免征或减征情形的，应自改变用途之日起30日内申报补缴税款，补缴税款按改变用途的实际占用耕地面积和改变用途时当地适用税额计算。

第十八条 临时占用耕地，是指经自然资源主管部门批准，在一般不超过2年内临时使用耕地并且没有修建永久性建筑物的行为。

依法复垦应由自然资源主管部门会同有关行业管理部门认定并出具验收合格确认书。

第十九条 因挖损、采矿塌陷、压占、污染等损毁耕地属于税法所称的非农业建设，应依照税法规定缴纳耕地占用税；自自然资源、农业农村等相关部门认定损毁耕地之日起3年内依法复垦或修复，恢复种植条件的，比照税法第十一条规定办理退税。

第二十条 园地，包括果园、茶园、橡胶园、其他园地。

前款的其他园地包括种植桑树、可可、咖啡、油棕、胡椒、药材等其他多年生作物的园地。

第二十一条 林地，包括乔木林地、竹林地、红树林地、森林沼泽、灌木林地、灌丛沼泽、其他林地，不包括城镇村庄范围内的绿化林木用地，铁路、公路征地范围内的林木用地，以及河流、沟渠的护堤林用地。

前款的其他林地包括疏林地、未成林地、迹地、苗圃等林地。

第二十二条 草地，包括天然牧草地、沼泽草地、人工牧草地，以及用于农业生产并已由相关行政主管部门发放使用权证的草地。

第二十三条 农田水利用地，包括农田排灌沟渠及相应附属设施用地。

第二十四条 养殖水面，包括人工开挖或者天然形成的用于水产养殖的河流水面、湖泊水面、水库水面、坑塘水面及相应附属设施用地。

第二十五条 渔业水域滩涂，包括专门用于种植或者养殖水生动植物的海水潮浸地带和滩地，以及用于种植芦苇并定期进行人工养护管理的苇田。

第二十六条 直接为农业生产服务的生产设施，是指直接为农业生产服务而建设的建筑物和构筑物。具体包括：储存农用机具和种子、苗木、木材等农业产品的仓储设施；培育、生产种子、种苗的设施；畜禽养殖设施；木材集材道、运材道；农业科研、试验、示范基地；野生动植物保护、护林、森林病虫害防治、森林防火、木材检疫的设施；专为农业生产服务的灌溉排水、供水、供电、供热、供气、通讯基础设施；农业生产者从事农业生产必需的食宿和管理设施；其他直接为农业生产服务的生产设施。

第二十七条 未经批准占用耕地的，耕地占用税纳税义务发生时间为自然资源主管部门认定的纳税人实际占用耕地的当日。

因挖损、采矿塌陷、压占、污染等损毁耕地的纳税义务发生时间为自然资源、农业农村等相关部门认定损毁耕地的当日。

第二十八条 纳税人占用耕地，应当在耕地所在地申报纳税。

第二十九条 在农用地转用环节，用地申请人能证明建设用地人符合税法第七条第一款规定的免税情形的，免征用地申请人的耕地占用税；在供地环节，建设用地人使用耕地用途符合税法第七条第一款规定的免税情形的，由用地申请人和建设用地人共同申请，按退税管理的规定退还用地申请人已经缴纳的耕地占用税。

第三十条 县级以上地方人民政府自然资源、农业农村、水利、生态环境等相关部门向税务机关提供的农用地转用、临时占地等信息，包括农用地转用信息、城市和村庄集镇按批次建设用地转而未供信息、经批准临时占地信息、改变原占地用途信息、未批先占农用地查处信息、土地损毁信息、土壤污染信息、土地复垦信息、草场使用和渔业养殖权证发放信息等。

各省、自治区、直辖市人民政府应当建立健全本地区跨部门耕地占用税部门协作和信息交换工作机制。

第三十一条 纳税人占地类型、占地面积和占地时间等纳税申报数据材料以自然资源等相关部门提供的相关材料为准；未提供相关材料或者材料信息不完整的，经主管税务机关提出申请，由自然资源等相关部门自收到申请之日起 30 日内出具认定意见。

第三十二条 纳税人的纳税申报数据资料异常或者纳税人未按照规定期限申报纳税的，包括下列情形：

（一）纳税人改变原占地用途，不再属于免征或者减征耕地占用税情形，未按照规定进行申报的；

（二）纳税人已申请用地但尚未获得批准先行占地开工，未按照规定进行申报的；

（三）纳税人实际占用耕地面积大于批准占用耕地面积，未按照规定进行申报的；

（四）纳税人未履行报批程序擅自占用耕地，未按照规定进行申报的；

（五）其他应提请相关部门复核的情形。

第三十三条 本办法自 2019 年 9 月 1 日起施行。

中华人民共和国城镇
土地使用税暂行条例

（1988年9月27日中华人民共和国国务院令第17号发布 根据2006年12月31日《国务院关于修改〈中华人民共和国城镇土地使用税暂行条例〉的决定》第一次修订 根据2011年1月8日《国务院关于废止和修改部分行政法规的决定》第二次修订 根据2013年12月7日《国务院关于修改部分行政法规的决定》第三次修订 根据2019年3月2日《国务院关于修改部分行政法规的决定》第四次修订）

第一条 为了合理利用城镇土地，调节土地级差收入，提高土地使用效益，加强土地管理，制定本条例。

第二条 在城市、县城、建制镇、工矿区范围内使用土地的单位和个人，为城镇土地使用税（以下简称土地使用税）的纳税人，应当依照本条例的规定缴纳土地使用税。

前款所称单位，包括国有企业、集体企业、私营企业、股份制企业、外商投资企业、外国企业以及其他企业和事业单位、社会团体、国家机关、军队以及其他单位；所称个人，包括个体工商户以及其他个人。

第三条 土地使用税以纳税人实际占用的土地面积为计税依据，依照规定税额计算征收。

前款土地占用面积的组织测量工作，由省、自治区、直辖市人民政府根据实际情况确定。

第四条 土地使用税每平方米年税额如下：

（一）大城市1.5元至30元；

（二）中等城市1.2元至24元；

（三）小城市0.9元至18元；

（四）县城、建制镇、工矿区0.6元至12元。

第五条 省、自治区、直辖市人民政府，应当在本条例第四条规定的税额幅度内，根据市政建设状况、经济繁荣程度等条件，确定所辖地区的适用税额幅度。

市、县人民政府应当根据实际情况，将本地区土地划分为若干等级，在省、自治区、直辖市人民政府确定的税额幅度内，制定相应的适用税额标准，报省、自治区、直辖市人民政府批准执行。

经省、自治区、直辖市人民政府批准，经济落后地区土地使用税的适用税额标准可以适当降低，但降低额不得超过本条例第四条规定最低税额的30%。经济发达地区土地使用税的适用税额标准可以适当提高，但须报经财政部批准。

第六条 下列土地免缴土地使用税：

（一）国家机关、人民团体、军队自用的土地；

（二）由国家财政部门拨付事业经费的单位自用的土地；

（三）宗教寺庙、公园、名胜古迹自用的土地；

（四）市政街道、广场、绿化地带等公共用地；

（五）直接用于农、林、牧、渔业的生产用地；

（六）经批准开山填海整治的土地和改造的废弃土地，从使用的月份起免缴土地使用税5年至10年；

（七）由财政部另行规定免税的能源、交通、水利设施用地和其他用地。

第七条 除本条例第六条规定外，纳税人缴纳土地使用税确有困难需要定期减免的，由县以上税务机关批准。

第八条 土地使用税按年计算、分期缴纳。缴纳期限由省、自治区、直辖市人民政府确定。

第九条 新征收的土地,依照下列规定缴纳土地使用税:

(一)征收的耕地,自批准征收之日起满 1 年时开始缴纳土地使用税;

(二)征收的非耕地,自批准征收次月起缴纳土地使用税。

第十条 土地使用税由土地所在地的税务机关征收。土地管理机关应当向土地所在地的税务机关提供土地使用权属资料。

第十一条 土地使用税的征收管理,依照《中华人民共和国税收征收管理法》及本条例的规定执行。

第十二条 土地使用税收入纳入财政预算管理。

第十三条 本条例的实施办法由省、自治区、直辖市人民政府制定。

第十四条 本条例自 1988 年 11 月 1 日起施行,各地制定的土地使用费办法同时停止执行。

中华人民共和国土地增值税暂行条例

(1993 年 12 月 13 日国务院令第 138 号发布 根据 2011 年 1 月 8 日《国务院关于废止或修改部分行政法规的决定》修订)

第一条 为了规范土地、房地产市场交易秩序,合理调节土地增值收益,维护国家权益,制定本条例。

第二条 转让国有土地使用权、地上的建筑物及其附着物(以下简称转让房地产)并取得收入的单位和个人,为土地增值税的纳税义务人(以下简称纳税人),应当依照本条例缴纳土地增值税。

第三条 土地增值税按照纳税人转让房地产所取得的增值额和

本条例第七条规定的税率计算征收。

第四条 纳税人转让房地产所取得的收入减除本条例第六条规定扣除项目金额后的余额，为增值额。

第五条 纳税人转让房地产所取得的收入，包括货币收入、实物收入和其他收入。

第六条 计算增值额的扣除项目：

（一）取得土地使用权所支付的金额；

（二）开发土地的成本、费用；

（三）新建房及配套设施的成本、费用，或者旧房及建筑物的评估价格；

（四）与转让房地产有关的税金；

（五）财政部规定的其他扣除项目。

第七条 土地增值税实行四级超率累进税率：

增值额未超过扣除项目金额50%的部分，税率为30%。

增值额超过扣除项目金额50%、未超过扣除项目金额100%的部分，税率为40%。

增值额超过扣除项目金额100%、未超过扣除项目金额200%的部分，税率为50%。

增值额超过扣除项目金额200%的部分，税率为60%。

第八条 有下列情形之一的，免征土地增值税：

（一）纳税人建造普通标准住宅出售，增值额未超过扣除项目金额20%的；

（二）因国家建设需要依法征收、收回的房地产。

第九条 纳税人有下列情形之一的，按照房地产评估价格计算征收：

（一）隐瞒、虚报房地产成交价格的；

（二）提供扣除项目金额不实的；

（三）转让房地产的成交价格低于房地产评估价格，又无正当理由的。

第十条 纳税人应当自转让房地产合同签订之日起7日内向房地产所在地主管税务机关办理纳税申报,并在税务机关核定的期限内缴纳土地增值税。

第十一条 土地增值税由税务机关征收。土地管理部门、房产管理部门应当向税务机关提供有关资料,并协助税务机关依法征收土地增值税。

第十二条 纳税人未按照本条例缴纳土地增值税的,土地管理部门、房产管理部门不得办理有关的权属变更手续。

第十三条 土地增值税的征收管理,依据《中华人民共和国税收征收管理法》及本条例有关规定执行。

第十四条 本条例由财政部负责解释,实施细则由财政部制定。

第十五条 本条例自1994年1月1日起施行。各地区的土地增值费征收办法,与本条例相抵触的,同时停止执行。

国家税务总局关于土地增值税清算有关问题的通知

(2010年5月19日 国税函〔2010〕220号)

各省、自治区、直辖市地方税务局,宁夏、西藏、青海省(自治区)国家税务局:

为了进一步做好土地增值税清算工作,根据《中华人民共和国土地增值税暂行条例》及实施细则的规定,现将土地增值税清算工作中有关问题通知如下:

一、关于土地增值税清算时收入确认的问题

土地增值税清算时,已全额开具商品房销售发票的,按照发票所载金额确认收入；未开具发票或未全额开具发票的，以交易双方签订的销售合同所载的售房金额及其他收益确认收入。销售合同所载商品房面积与有关部门实际测量面积不一致，在清算前已发生补、退房款的，应在计算土地增值税时予以调整。

二、房地产开发企业未支付的质量保证金，其扣除项目金额的确定问题

房地产开发企业在工程竣工验收后，根据合同约定，扣留建筑安装施工企业一定比例的工程款，作为开发项目的质量保证金，在计算土地增值税时，建筑安装施工企业就质量保证金对房地产开发企业开具发票的，按发票所载金额予以扣除；未开具发票的，扣留的质保金不得计算扣除。

三、房地产开发费用的扣除问题

（一）财务费用中的利息支出，凡能够按转让房地产项目计算分摊并提供金融机构证明的，允许据实扣除，但最高不能超过按商业银行同类同期贷款利率计算的金额。其他房地产开发费用，在按照"取得土地使用权所支付的金额"与"房地产开发成本"金额之和的5%以内计算扣除。

（二）凡不能按转让房地产项目计算分摊利息支出或不能提供金融机构证明的，房地产开发费用在按"取得土地使用权所支付的金额"与"房地产开发成本"金额之和的10%以内计算扣除。

全部使用自有资金，没有利息支出的，按照以上方法扣除。

上述具体适用的比例按省级人民政府此前规定的比例执行。

（三）房地产开发企业既向金融机构借款，又有其他借款的，其房地产开发费用计算扣除时不能同时适用本条（一）、（二）项所述两种办法。

（四）土地增值税清算时，已经计入房地产开发成本的利息支出，应调整至财务费用中计算扣除。

四、房地产企业逾期开发缴纳的土地闲置费的扣除问题

房地产开发企业逾期开发缴纳的土地闲置费不得扣除。

五、房地产开发企业取得土地使用权时支付的契税的扣除问题

房地产开发企业为取得土地使用权所支付的契税,应视同"按国家统一规定交纳的有关费用",计入"取得土地使用权所支付的金额"中扣除。

六、关于拆迁安置土地增值税计算问题

(一)房地产企业用建造的本项目房地产安置回迁户的,安置用房视同销售处理,按《国家税务总局关于房地产开发企业土地增值税清算管理有关问题的通知》(国税发〔2006〕187号)第三条第(一)款规定确认收入,同时将此确认为房地产开发项目的拆迁补偿费。房地产开发企业支付给回迁户的补差价款,计入拆迁补偿费;回迁户支付给房地产开发企业的补差价款,应抵减本项目拆迁补偿费。

(二)开发企业采取异地安置,异地安置的房屋属于自行开发建造的,房屋价值按国税发〔2006〕187号第三条第(一)款的规定计算,计入本项目的拆迁补偿费;异地安置的房屋属于购入的,以实际支付的购房支出计入拆迁补偿费。

(三)货币安置拆迁的,房地产开发企业凭合法有效凭据计入拆迁补偿费。

七、关于转让旧房准予扣除项目的加计问题

《财政部 国家税务总局关于土地增值税若干问题的通知》(财税〔2006〕21号)第二条第一款规定"纳税人转让旧房及建筑物,凡不能取得评估价格,但能提供购房发票的,经当地税务部门确认,《条例》第六条第(一)、(三)项规定的扣除项目的金额,可按发票所载金额并从购买年度起至转让年度止每年加计5%计算"。计算扣除项目时"每年"按购房发票所载日期起至售房发票开具之日止,每满12个月计一年;超过一年,未满12个月但超过6个月的,可以视同为一年。

八、土地增值税清算后应补缴的土地增值税加收滞纳金问题

纳税人按规定预缴土地增值税后,清算补缴的土地增值税,在主管税务机关规定的期限内补缴的,不加收滞纳金。

国家税务总局关于加强土地增值税征管工作的通知

(2010年5月25日 国税发〔2010〕53号)

各省、自治区、直辖市和计划单列市地方税务局,西藏、宁夏、青海省(自治区)国家税务局:

为深入贯彻《国务院关于坚决遏制部分城市房价过快上涨的通知》(国发〔2010〕10号)精神,促进房地产行业健康发展,合理调节房地产开发收益,充分发挥土地增值税调控作用,现就加强土地增值税征收管理工作通知如下:

一、统一思想认识,全面加强土地增值税征管工作

土地增值税是保障收入公平分配、促进房地产市场健康发展的有力工具。各级税务机关要认真贯彻落实国务院通知精神,高度重视土地增值税征管工作,进一步加强土地增值税清算,强化税收调节作用。

各级税务机关要在当地政府支持下,与国土资源、住房建设等有关部门协调配合,进一步加强对土地增值税征收管理工作的组织领导,强化征管手段,配备业务骨干,集中精力加强管理。要组织开展督导检查,推进本地区土地增值税清算工作开展;摸清本地区土地增值税税源状况,健全和完善房地产项目管理制度;完善土地增值税预征和清算制度,科学实施预征,全面组织清算,充分发挥土地增值税的调节作用。

还没有全面组织清算、管理比较松懈的地区，要转变观念、提高认识，将思想统一到国发〔2010〕10号文件精神上来，坚决、全面、深入的推进本地区土地增值税清算工作，不折不扣地将国发〔2010〕10号文件精神落到实处。

二、科学合理制定预征率，加强土地增值税预征工作

预征是土地增值税征收管理工作的基础，是实现土地增值税调节功能、保障税收收入均衡入库的重要手段。各级税务机关要全面加强土地增值税的预征工作，把土地增值税预征和房地产项目管理工作结合起来，把土地增值税预征和销售不动产营业税结合起来；把预征率的调整和土地增值税清算的实际税负结合起来；把预征率的调整与房价上涨的情况结合起来，使预征率更加接近实际税负水平，改变目前部分地区存在的预征率偏低，与房价快速上涨不匹配的情况。通过科学、精细的测算，研究预征率调整与房价上涨的挂钩机制。

为了发挥土地增值税在预征阶段的调节作用，各地须对目前的预征率进行调整。除保障性住房外，东部地区省份预征率不得低于2%，中部和东北地区省份不得低于1.5%，西部地区省份不得低于1%，各地要根据不同类型房地产确定适当的预征率（地区的划分按照国务院有关文件的规定执行）。对尚未预征或暂缓预征的地区，应切实按照税收法律法规开展预征，确保土地增值税在预征阶段及时、充分发挥调节作用。

三、深入贯彻《土地增值税清算管理规程》，提高清算工作水平

土地增值税清算是纳税人应尽的法定义务。组织土地增值税清算工作是实现土地增值税调控功能的关键环节。各级税务机关要克服畏难情绪，切实加强土地增值税清算工作。要按照《土地增值税清算管理规程》的要求，结合本地实际，进一步细化操作办法，完

善清算流程，严格审核房地产开发项目的收入和扣除项目，提升清算水平。有条件的地区，要充分发挥中介机构作用，提高清算效率。各地税务师管理中心要配合当地税务机关加强对中介机构的管理，对清算中弄虚作假的中介机构进行严肃惩治。

各级税务机关要全面开展土地增值税清算审核工作。要对已经达到清算条件的项目，全面进行梳理、统计，制定切实可行的工作计划，提出清算进度的具体指标；要加强土地增值税税收法规和政策的宣传辅导，加强纳税服务，要求企业及时依法进行清算，按照《土地增值税清算管理规程》的规定和时限进行申报；对未按照税收法律法规要求及时进行清算的纳税人，要依法进行处罚；对审核中发现重大疑点的，要及时移交税务稽查部门进行稽查；对涉及偷逃土地增值税税款的重大稽查案件要及时向社会公布案件处理情况。

各级税务机关要将全面推进工作和重点清算审核结合起来，按照国发〔2010〕10号文件精神，有针对性地选择3-5个定价过高、涨幅过快的项目，作为重点清算审核对象，以点带面推动本地区清算工作。

各地要在6月底前将本地区的清算工作计划（包括本地区组织企业进行清算的具体措施和年内完成的目标等内容，具体数据见附表）和重点清算项目名单上报税务总局，税务总局将就各地对重点项目的清算情况进行抽查。

四、规范核定征收，堵塞税收征管漏洞

核定征收必须严格依照税收法律法规规定的条件进行，任何单位和个人不得擅自扩大核定征收范围，严禁在清算中出现"以核定为主、一核了之"、"求快图省"的做法。凡擅自将核定征收作为本地区土地增值税清算主要方式的，必须立即纠正。对确需核定征收的，要严格按照税收法律法规的要求，从严、从高确定核定征收率。为了规范核定工作，核定征收率原则上不得低于5%，各省级税务机关要结合本地实际，区分不同房地产类型制定核定征收率。

五、加强督导检查，建立问责机制

各级税务机关要按照国发〔2010〕10号文件关于建立考核问责机制的要求，把土地增值税清算工作列入年度考核内容，对清算工作开展情况和清算质量提出具体要求。要根据《国家税务总局关于进一步开展土地增值税清算工作的通知》（国税函〔2008〕318号）的要求，对清算工作开展情况进行有力的督导检查，积极推动土地增值税清算工作，提高土地增值税征管水平。国家税务总局将继续组织督导检查组，对各地土地增值税贯彻执行情况和清算工作开展情况进行系统深入的督导检查。国家税务总局已经督导检查过的地区，要针对检查中发现的问题，进行认真整改，督导检查组将对整改情况择时择地进行复查。

各省、自治区、直辖市和计划单列市地方税务局要在6月底前将本通知的贯彻落实情况向税务总局上报。

附件：土地增值税清算计划统计表（略）

国家税务总局关于房地产开发企业土地增值税清算管理有关问题的通知

（2006年12月28日国税发〔2006〕187号公布　根据2018年6月15日《国家税务总局关于修改部分税收规范性文件的公告》修正）

各省、自治区、直辖市和计划单列市地方税务局，西藏、宁夏自治区国家税务局：

为进一步加强房地产开发企业土地增值税清算管理工作，根据

《中华人民共和国税收征收管理法》、《中华人民共和国土地增值税暂行条例》及有关规定，现就有关问题通知如下：

一、土地增值税的清算单位

土地增值税以国家有关部门审批的房地产开发项目为单位进行清算，对于分期开发的项目，以分期项目为单位清算。

开发项目中同时包含普通住宅和非普通住宅的，应分别计算增值额。

二、土地增值税的清算条件

（一）符合下列情形之一的，纳税人应进行土地增值税的清算：

1. 房地产开发项目全部竣工、完成销售的；

2. 整体转让未竣工决算房地产开发项目的；

3. 直接转让土地使用权的。

（二）符合下列情形之一的，主管税务机关可要求纳税人进行土地增值税清算：

1. 已竣工验收的房地产开发项目，已转让的房地产建筑面积占整个项目可售建筑面积的比例在85%以上，或该比例虽未超过85%，但剩余的可售建筑面积已经出租或自用的；

2. 取得销售（预售）许可证满三年仍未销售完毕的；

3. 纳税人申请注销税务登记但未办理土地增值税清算手续的；

4. 省税务机关规定的其他情况。

三、非直接销售和自用房地产的收入确定

（一）房地产开发企业将开发产品用于职工福利、奖励、对外投资、分配给股东或投资人、抵偿债务、换取其他单位和个人的非货币性资产等，发生所有权转移时应视同销售房地产，其收入按下列方法和顺序确认：

1. 按本企业在同一地区、同一年度销售的同类房地产的平均价格确定；

2. 由主管税务机关参照当地当年、同类房地产的市场价格或评估价值确定。

（二）房地产开发企业将开发的部分房地产转为企业自用或用于出租等商业用途时，如果产权未发生转移，不征收土地增值税，在税款清算时不列收入，不扣除相应的成本和费用。

四、土地增值税的扣除项目

（一）房地产开发企业办理土地增值税清算时计算与清算项目有关的扣除项目金额，应根据土地增值税暂行条例第六条及其实施细则第七条的规定执行。除另有规定外，扣除取得土地使用权所支付的金额、房地产开发成本、费用及与转让房地产有关税金，须提供合法有效凭证；不能提供合法有效凭证的，不予扣除。

（二）房地产开发企业办理土地增值税清算所附送的前期工程费、建筑安装工程费、基础设施费、开发间接费用的凭证或资料不符合清算要求或不实的，税务机关可参照当地建设工程造价管理部门公布的建安造价定额资料，结合房屋结构、用途、区位等因素，核定上述四项开发成本的单位面积金额标准，并据以计算扣除。具体核定方法由省税务机关确定。

（三）房地产开发企业开发建造的与清算项目配套的居委会和派出所用房、会所、停车场（库）、物业管理场所、变电站、热力站、水厂、文体场馆、学校、幼儿园、托儿所、医院、邮电通讯等公共设施，按以下原则处理：

1. 建成后产权属于全体业主所有的，其成本、费用可以扣除；

2. 建成后无偿移交给政府、公用事业单位用于非营利性社会公共事业的，其成本、费用可以扣除；

3. 建成后有偿转让的，应计算收入，并准予扣除成本、费用。

（四）房地产开发企业销售已装修的房屋，其装修费用可以计入房地产开发成本。

房地产开发企业的预提费用，除另有规定外，不得扣除。

（五）属于多个房地产项目共同的成本费用，应按清算项目可售建筑面积占多个项目可售总建筑面积的比例或其他合理的方法，计算确定清算项目的扣除金额。

五、土地增值税清算应报送的资料

符合本通知第二条第（一）项规定的纳税人，须在满足清算条件之日起90日内到主管税务机关办理清算手续；符合本通知第二条第（二）项规定的纳税人，须在主管税务机关限定的期限内办理清算手续。

纳税人办理土地增值税清算应报送以下资料：

（一）房地产开发企业清算土地增值税书面申请、土地增值税纳税申报表；

（二）项目竣工决算报表、取得土地使用权所支付的地价款凭证、国有土地使用权出让合同、银行贷款利息结算通知单、项目工程合同结算单、商品房购销合同统计表等与转让房地产的收入、成本和费用有关的证明资料；

（三）主管税务机关要求报送的其他与土地增值税清算有关的证明资料等。

纳税人委托税务中介机构审核鉴证的清算项目，还应报送中介机构出具的《土地增值税清算税款鉴证报告》。

六、土地增值税清算项目的审核鉴证

税务中介机构受托对清算项目审核鉴证时，应按税务机关规定的格式对审核鉴证情况出具鉴证报告。对符合要求的鉴证报告，税务机关可以采信。

税务机关要对从事土地增值税清算鉴证工作的税务中介机构在准入条件、工作程序、鉴证内容、法律责任等方面提出明确要求，并做好必要的指导和管理工作。

七、土地增值税的核定征收

房地产开发企业有下列情形之一的，税务机关可以参照与其开发规模和收入水平相近的当地企业的土地增值税税负情况，按不低于预征率的征收率核定征收土地增值税：

（一）依照法律、行政法规的规定应当设置但未设置账簿的；

（二）擅自销毁账簿或者拒不提供纳税资料的；

（三）虽设置账簿，但账目混乱或者成本资料、收入凭证、费用凭证残缺不全，难以确定转让收入或扣除项目金额的；

（四）符合土地增值税清算条件，未按照规定的期限办理清算手续，经税务机关责令限期清算，逾期仍不清算的；

（五）申报的计税依据明显偏低，又无正当理由的。

八、清算后再转让房地产的处理

在土地增值税清算时未转让的房地产，清算后销售或有偿转让的，纳税人应按规定进行土地增值税的纳税申报，扣除项目金额按清算时的单位建筑面积成本费用乘以销售或转让面积计算。

单位建筑面积成本费用=清算时的扣除项目总金额÷清算的总建筑面积

本通知自2007年2月1日起执行。各省税务机关可依据本通知的规定并结合当地实际情况制定具体清算管理办法。

国家税务总局、财政部、国土资源部 关于加强土地税收管理的通知

（2005年7月1日国税发〔2005〕111号公布　根据2018年6月15日《税务总局关于修改部分税收规范性文件的公告》修订）

各省、自治区、直辖市和计划单列市财政厅（局）、地方税务局、国土资源厅（局），扬州税务进修学院，新疆生产建设兵团国土管理局：

为了贯彻落实国务院关于加强和改善宏观调控的方针政策，进一步强化土地税收（包括城镇土地使用税、土地增值税、契税和耕地占用税，下同）管理，充分发挥税收的经济调节作用，促进土地的节约和集约利用，加强部门协作，现将有关问题通知如下：

一、各级税务、财政和国土资源管理部门，要认真贯彻执行国家土地税收和土地管理的法律、法规和政策规定，共同研究强化土地税收征管的办法和措施，通过信息共享、情况通报、联合办公、联席会议等多种形式沟通情况和信息，加强部门间的协作配合。各级税务、财政部门要主动与当地的国土资源管理部门取得联系，积极研究强化征管的措施、信息共享方式、协作配合办法。

二、各级国土资源管理部门应根据当地税务、财政部门的需要，提供现有的地籍资料和相关地价资料，包括权利人名称、土地权属状况、等级、价格等情况资料，以便税务部门掌握土地的占有和使用情况，加强土地税收的管理。对于通过征用或者出让、转让方式取得的土地，以及出租土地使用权或变更土地登记的，国土资源管理部门在办理用地手续后，应及时把有关信息告知当地的税务、财政部门。各级税务、财政部门对从国土资源管理部门获取的地籍资料和相关地价资料，只能用于征税之目的，并有责任按照国土资源管理部门的要求予以保密。

三、各级税务、财政部门要充分利用地籍资料和相关地价资料，加强土地税收的管理。建立健全土地税收税源登记档案和税源数据库，并根据变化情况及时更新税源登记档案和土地税收数据库内的信息。要定期将从国土资源管理部门取得的地籍资料等相关信息与房地产税收征管的有关信息进行比对，查找漏征税的土地，分析征管中存在的问题及原因，提出解决问题的意见和办法，并进一步规范土地税收的征收管理办法，做到应收尽收。各级税务、财政部门在征管工作中，如发现纳税人没有办理用地手续或未进行土地登记的，应及时将有关信息告知当地国土资源管理部门，以便国土资源管理部门加强土地管理。

四、各级国土资源管理部门在办理土地使用权权属登记时，应按照《中华人民共和国契税暂行条例》、《中华人民共和国土地增值税暂行条例》的规定，在纳税人出具完税（或减免税）凭证后，再办理土地登记手续；对于未出具完税（或减免税）凭证的，不予办理相关的手续。办理土地登记后，应将完税（或减免税）凭证一联与权属登记资料一并归档备查。

五、为了方便纳税人，各级税务、财政部门和国土资源管理部门要积极协商，创造条件，在土地登记、审批场所设立税收征收窗口。各级国土资源管理部门在进行用地情况检查和查处土地违法案件中，发现擅自转让（受让）土地的，除按有关规定进行处理外，还应查验土地使用人的完税（或减免税）凭证，对于不能出具完税（或减免税）凭证的，应将有关情况及时通报税务、财政部门。要切实做好地价评估动态监测及基准地价确定更新等基础工作，规范土地市场交易行为和涉税评估行为，防止国家税收流失。税务、财政部门应积极配合国土资源管理部门开展土地管理方面的检查。

六、各级税务、财政部门要充分利用国土资源管理部门已有的城镇土地分等定级、基准地价成果，合理划分和调整城镇土地使用税的等级和税额标准，更好地发挥税收调节经济和土地收益的作用。要大力支持国土资源管理部门做好土地分等定级与基准地价更新工作，及时提供现有税源登记档案及税源数据库中有关房地产价值等信息。省税务部门应根据国土资源管理部门提供的土地分等的资料，对全省范围内的城镇土地使用税分等定级和确定适用税额的情况进行研究分析，报经省级人民政府批准后，对各市、县、镇的税额标准进行综合平衡，使城镇土地使用税的分等定级和确定的税额标准能够客观反映各地间地价和土地收益的差别。各市、县、镇的税务部门应根据国土资源管理部门提供的土地定级资料，对本地区城镇土地使用税等级划分和适用税额情况进行研究分析，对等级划分不合理或城镇土地使用税税额偏低的,按照税收管理权限报经批准后适时做出调整。

七、对于国土资源管理部门配合土地税收管理增加的支出,地方财政部门应给予必要的经费支持。

八、各地区税务、财政部门和国土资源管理部门要结合本地情况,共同协商研究制定贯彻落实本通知的具体办法,并抄报国家税务总局、财政部和国土资源部。

财政部、国家税务总局关于房产税、城镇土地使用税有关政策的通知

(2006年12月25日 财税〔2006〕186号)

各省、自治区、直辖市、计划单列市财政厅(局)、地方税务局,新疆生产建设兵团财务局:

经研究,现对房产税、城镇土地使用税有关政策明确如下:

一、关于居民住宅区内业主共有的经营性房产缴纳房产税问题

对居民住宅区内业主共有的经营性房产,由实际经营(包括自营和出租)的代管人或使用人缴纳房产税。其中自营的,依照房产原值减除10%至30%后的余值计征,没有房产原值或不能将业主共有房产与其他房产的原值准确划分开的,由房产所在地地方税务机关参照同类房产核定房产原值;出租的,依照租金收入计征。

二、关于有偿取得土地使用权城镇土地使用税纳税义务发生时间问题

以出让或转让方式有偿取得土地使用权的,应由受让方从合同约定交付土地时间的次月起缴纳城镇土地使用税;合同未约定交付

土地时间的，由受让方从合同签订的次月起缴纳城镇土地使用税。

国家税务总局《关于房产税 城镇土地使用税有关政策规定的通知》（国税发〔2003〕89号）第二条第四款中有关房地产开发企业城镇土地使用税纳税义务发生时间的规定同时废止。

三、关于经营采摘、观光农业的单位和个人征免城镇土地使用税问题

在城镇土地使用税征收范围内经营采摘、观光农业的单位和个人，其直接用于采摘、观光的种植、养殖、饲养的土地，根据《中华人民共和国城镇土地使用税暂行条例》第六条中"直接用于农、林、牧、渔业的生产用地"的规定，免征城镇土地使用税。

四、关于林场中度假村等休闲娱乐场所征免城镇土地使用税问题

在城镇土地使用税征收范围内，利用林场土地兴建度假村等休闲娱乐场所，其经营、办公和生活用地，应按规定征收城镇土地使用税。

五、本通知自2007年1月1日起执行。

国家税务总局关于进一步加强城镇土地使用税和土地增值税征收管理工作的通知

（2004年8月5日 国税发〔2004〕100号）

各省、自治区、直辖市和计划单列市地方税务局：

今年以来，针对国民经济发展中存在的一些行业、地区固定资产投资增长过快问题，党中央、国务院采取了多项宏观调控措施加以解决。其中严格土地管理，制止乱占滥用土地，促进土地合理利

用是一项重要内容。为配合国家开展土地市场的治理整顿，发挥税收的调节作用，为国家经济发展大局服务，必须进一步加强城镇土地使用税和土地增值税的征收管理工作。

城镇土地使用税和土地增值税开征以来，征管工作总体情况是好的。特别是去年全国地方税管理工作会议以后，在加强征管和组织收入等方面，各地做了大量工作，取得了一定成效，但仍存在一些问题。主要是一些地方对小税种的征管不够重视，认为征收成本高，部门配合难度大，因而管理上比较粗放，一些地方还存在对减免税控制不严和越权减免税等问题；还有一些地方未能随着城镇的发展变化及时调整土地等级和土地使用税单位税额，致使收入规模长期偏低，未能有效地发挥土地使用税的作用。为认真做好城镇土地使用税和土地增值税的征收管理工作，充分发挥其促进合理利用城镇土地、调节土地级差收入、提高土地使用效益的作用，现就进一步加强城镇土地使用税和土地增值税征收管理工作提出以下要求：

一、要重视和加强城镇土地使用税和土地增值税的征收工作。这两个税种收入规模小，征收难度大，但其在规范和引导土地市场健康、有序发展，贯彻国家产业政策方面具有积极的作用。各地要进一步加强基础征管工作，查找税源管理中的薄弱环节与漏洞，深入挖掘增收的潜力，完善管理办法和操作规程，不断提高这两个税种的征管质量和精细化管理水平。

二、要严格按照减免税的管理权限和减免税审批程序办事。根据国家宏观调控的要求和清理整顿工作重点，认真清理、从严控制各类开发区、各类园区用地和属于国家产业政策限制发展行业用地的减免税。本通知下发后各地要全面清理城镇土地使用税的减免规定，属于越权减免的要立即纠正并恢复征税；除经批准开发建设经济适用房的用地外，对各类房地产开发用地一律不得减免城镇土地使用税。1994年1月1日前签订开发及转让合同的房地产免征土地增值税的优惠政策已经到期，对仍未按规定恢复征税的要立即纠正。

三、要针对本地区土地等级划分不合理，城镇土地使用税单位税额偏低，增量不足的状况，借鉴兄弟省市的工作经验，认真调查研究，充分运用城镇土地使用税税源数据库更新后的数据资料，及时、合理地调整土地等级，适当提高单位税额，以充分发挥其调节土地级差收入的作用，增加地方收入。

四、要进一步建立健全土地增值税的税源登记和纳税申报制度，规范房地产转让收入、扣除项目金额的确定和评估管理办法，搞好委托代征，特别要注意完善土地增值税的预征办法，结合各地实际及不同类型房地产开发转让的土地增值收益情况，科学合理地确定预征率，在房地产转让后，要予以清算，多退少补。

五、要加强城镇土地使用税和土地增值税政策执行情况的调研，对政策执行中的有关情况和问题要认真研究、及时反馈、提出建议，以便完善相关政策规定；对征管工作中遇到的新情况、新问题，要及时采取措施，提出解决的意见和办法，进一步规范征收管理。

国家税务总局关于加强土地增值税管理工作的通知

（2004年8月2日国税函〔2004〕938号公布　根据2018年6月15日《税务总局关于修改部分税收规范性文件的公告》修订）

各省、自治区、直辖市和计划单列市地方税务局：

为了简化行政审批手续，进一步方便纳税人和加强税收管理，经研究，现对土地增值税纳税人定期进行纳税申报的问题做如下解释和规定：

一、取消《中华人民共和国土地增值税暂行条例实施细则》第十五条第一款对土地增值税纳税人因经常发生房地产转让而难以在每次转让后申报的，定期进行纳税申报须经税务机关审核同意的规定。

二、纳税人因经常发生房地产转让而难以在每次转让后申报，是指房地产开发企业开发建造的房地产、因分次转让而频繁发生纳税义务、难以在每次转让后申报纳税的情况，土地增值税可按月或按省、自治区、直辖市和计划单列市税务局规定的期限申报缴纳。

三、纳税人选择定期申报方式的，应向纳税所在地的税务机关备案。定期申报方式确定后，一年之内不得变更。

四、各省、自治区、直辖市和计划单列市税务局应根据本通知精神，结合本地的实际情况，制定具体的操作办法，并告知土地增值税纳税人。

五、各地税务机关要加强土地增值税的宣传解释、纳税辅导及纳税检查等工作。采取有效措施，做好土地增值税按次或定期申报纳税、预征和税款结算等征收管理工作。

六、本通知自 2004 年 7 月 1 日起执行。

九 争议与救济

中华人民共和国行政复议法

（1999年4月29日第九届全国人民代表大会常务委员会第九次会议通过 根据2009年8月27日第十一届全国人民代表大会常务委员会第十次会议《关于修改部分法律的决定》第一次修正 根据2017年9月1日第十二届全国人民代表大会常务委员会第二十九次会议《关于修改〈中华人民共和国法官法〉等八部法律的决定》第二次修正 2023年9月1日第十四届全国人民代表大会常务委员会第五次会议修订 2023年9月1日中华人民共和国主席令第9号公布 自2024年1月1日起施行）

第一章 总 则

第一条 【立法目的】为了防止和纠正违法的或者不当的行政行为，保护公民、法人和其他组织的合法权益，监督和保障行政机关依法行使职权，发挥行政复议化解行政争议的主渠道作用，推进法治政府建设，根据宪法，制定本法。

第二条 【适用范围】公民、法人或者其他组织认为行政机关的行政行为侵犯其合法权益，向行政复议机关提出行政复议申请，行政复议机关办理行政复议案件，适用本法。

前款所称行政行为，包括法律、法规、规章授权的组织的行政行为。

第三条 【工作原则】行政复议工作坚持中国共产党的领导。

行政复议机关履行行政复议职责，应当遵循合法、公正、公开、高效、便民、为民的原则，坚持有错必纠，保障法律、法规的正确实施。

第四条 【行政复议机关、机构及其职责】县级以上各级人民政府以及其他依照本法履行行政复议职责的行政机关是行政复议机关。

行政复议机关办理行政复议事项的机构是行政复议机构。行政复议机构同时组织办理行政复议机关的行政应诉事项。

行政复议机关应当加强行政复议工作，支持和保障行政复议机构依法履行职责。上级行政复议机构对下级行政复议机构的行政复议工作进行指导、监督。

国务院行政复议机构可以发布行政复议指导性案例。

第五条 【行政复议调解】行政复议机关办理行政复议案件，可以进行调解。

调解应当遵循合法、自愿的原则，不得损害国家利益、社会公共利益和他人合法权益，不得违反法律、法规的强制性规定。

第六条 【行政复议人员】国家建立专业化、职业化行政复议人员队伍。

行政复议机构中初次从事行政复议工作的人员，应当通过国家统一法律职业资格考试取得法律职业资格，并参加统一职前培训。

国务院行政复议机构应当会同有关部门制定行政复议人员工作规范，加强对行政复议人员的业务考核和管理。

第七条 【行政复议保障】行政复议机关应当确保行政复议机构的人员配备与所承担的工作任务相适应，提高行政复议人员专业素质，根据工作需要保障办案场所、装备等设施。县级以上各级人民政府应当将行政复议工作经费列入本级预算。

第八条　【行政复议信息化建设】行政复议机关应当加强信息化建设，运用现代信息技术，方便公民、法人或者其他组织申请、参加行政复议，提高工作质量和效率。

第九条　【表彰和奖励】对在行政复议工作中做出显著成绩的单位和个人，按照国家有关规定给予表彰和奖励。

第十条　【行政复议与诉讼衔接】公民、法人或者其他组织对行政复议决定不服的，可以依照《中华人民共和国行政诉讼法》的规定向人民法院提起行政诉讼，但是法律规定行政复议决定为最终裁决的除外。

第二章　行政复议申请

第一节　行政复议范围

第十一条　【行政复议范围】有下列情形之一的，公民、法人或者其他组织可以依照本法申请行政复议：

（一）对行政机关作出的行政处罚决定不服；

（二）对行政机关作出的行政强制措施、行政强制执行决定不服；

（三）申请行政许可，行政机关拒绝或者在法定期限内不予答复，或者对行政机关作出的有关行政许可的其他决定不服；

（四）对行政机关作出的确认自然资源的所有权或者使用权的决定不服；

（五）对行政机关作出的征收征用决定及其补偿决定不服；

（六）对行政机关作出的赔偿决定或者不予赔偿决定不服；

（七）对行政机关作出的不予受理工伤认定申请的决定或者工伤认定结论不服；

（八）认为行政机关侵犯其经营自主权或者农村土地承包经营

权、农村土地经营权；

（九）认为行政机关滥用行政权力排除或者限制竞争；

（十）认为行政机关违法集资、摊派费用或者违法要求履行其他义务；

（十一）申请行政机关履行保护人身权利、财产权利、受教育权利等合法权益的法定职责，行政机关拒绝履行、未依法履行或者不予答复；

（十二）申请行政机关依法给付抚恤金、社会保险待遇或者最低生活保障等社会保障，行政机关没有依法给付；

（十三）认为行政机关不依法订立、不依法履行、未按照约定履行或者违法变更、解除政府特许经营协议、土地房屋征收补偿协议等行政协议；

（十四）认为行政机关在政府信息公开工作中侵犯其合法权益；

（十五）认为行政机关的其他行政行为侵犯其合法权益。

第十二条　【不属于行政复议范围的事项】下列事项不属于行政复议范围：

（一）国防、外交等国家行为；

（二）行政法规、规章或者行政机关制定、发布的具有普遍约束力的决定、命令等规范性文件；

（三）行政机关对行政机关工作人员的奖惩、任免等决定；

（四）行政机关对民事纠纷作出的调解。

第十三条　【行政复议附带审查申请范围】公民、法人或者其他组织认为行政机关的行政行为所依据的下列规范性文件不合法，在对行政行为申请行政复议时，可以一并向行政复议机关提出对该规范性文件的附带审查申请：

（一）国务院部门的规范性文件；

（二）县级以上地方各级人民政府及其工作部门的规范性文件；

（三）乡、镇人民政府的规范性文件；

（四）法律、法规、规章授权的组织的规范性文件。

前款所列规范性文件不含规章。规章的审查依照法律、行政法规办理。

第二节 行政复议参加人

第十四条 【申请人】依照本法申请行政复议的公民、法人或者其他组织是申请人。

有权申请行政复议的公民死亡的，其近亲属可以申请行政复议。有权申请行政复议的法人或者其他组织终止的，其权利义务承受人可以申请行政复议。

有权申请行政复议的公民为无民事行为能力人或者限制民事行为能力人的，其法定代理人可以代为申请行政复议。

第十五条 【代表人】同一行政复议案件申请人人数众多的，可以由申请人推选代表人参加行政复议。

代表人参加行政复议的行为对其所代表的申请人发生效力，但是代表人变更行政复议请求、撤回行政复议申请、承认第三人请求的，应当经被代表的申请人同意。

第十六条 【第三人】申请人以外的同被申请行政复议的行政行为或者行政复议案件处理结果有利害关系的公民、法人或者其他组织，可以作为第三人申请参加行政复议，或者由行政复议机构通知其作为第三人参加行政复议。

第三人不参加行政复议，不影响行政复议案件的审理。

第十七条 【委托代理人】申请人、第三人可以委托一至二名律师、基层法律服务工作者或者其他代理人代为参加行政复议。

申请人、第三人委托代理人的，应当向行政复议机构提交授权委托书、委托人及被委托人的身份证明文件。授权委托书应当载明委托事项、权限和期限。申请人、第三人变更或者解除代理人权限的，应当书面告知行政复议机构。

第十八条 【法律援助】符合法律援助条件的行政复议申请人申请法律援助的，法律援助机构应当依法为其提供法律援助。

第十九条 【被申请人】公民、法人或者其他组织对行政行为不服申请行政复议的，作出行政行为的行政机关或者法律、法规、规章授权的组织是被申请人。

两个以上行政机关以共同的名义作出同一行政行为的，共同作出行政行为的行政机关是被申请人。

行政机关委托的组织作出行政行为的，委托的行政机关是被申请人。

作出行政行为的行政机关被撤销或者职权变更的，继续行使其职权的行政机关是被申请人。

第三节 申请的提出

第二十条 【申请期限】公民、法人或者其他组织认为行政行为侵犯其合法权益的，可以自知道或者应当知道该行政行为之日起六十日内提出行政复议申请；但是法律规定的申请期限超过六十日的除外。

因不可抗力或者其他正当理由耽误法定申请期限的，申请期限自障碍消除之日起继续计算。

行政机关作出行政行为时，未告知公民、法人或者其他组织申请行政复议的权利、行政复议机关和申请期限的，申请期限自公民、法人或者其他组织知道或者应当知道申请行政复议的权利、行政复议机关和申请期限之日起计算，但是自知道或者应当知道行政行为内容之日起最长不得超过一年。

第二十一条 【不动产行政复议申请期限】因不动产提出的行政复议申请自行政行为作出之日起超过二十年，其他行政复议申请自行政行为作出之日起超过五年的，行政复议机关不予受理。

第二十二条 【申请形式】申请人申请行政复议，可以书面申请；书面申请有困难的，也可以口头申请。

书面申请的，可以通过邮寄或者行政复议机关指定的互联网渠道等方式提交行政复议申请书，也可以当面提交行政复议申请书。行政机关通过互联网渠道送达行政行为决定书的，应当同时提供提交行政复议申请书的互联网渠道。

口头申请的，行政复议机关应当当场记录申请人的基本情况、行政复议请求、申请行政复议的主要事实、理由和时间。

申请人对两个以上行政行为不服的，应当分别申请行政复议。

第二十三条 【行政复议前置】有下列情形之一的，申请人应当先向行政复议机关申请行政复议，对行政复议决定不服的，可以再依法向人民法院提起行政诉讼：

（一）对当场作出的行政处罚决定不服；

（二）对行政机关作出的侵犯其已经依法取得的自然资源的所有权或者使用权的决定不服；

（三）认为行政机关存在本法第十一条规定的未履行法定职责情形；

（四）申请政府信息公开，行政机关不予公开；

（五）法律、行政法规规定应当先向行政复议机关申请行政复议的其他情形。

对前款规定的情形，行政机关在作出行政行为时应当告知公民、法人或者其他组织先向行政复议机关申请行政复议。

第四节 行政复议管辖

第二十四条 【县级以上地方人民政府管辖】县级以上地方各级人民政府管辖下列行政复议案件：

（一）对本级人民政府工作部门作出的行政行为不服的；

（二）对下一级人民政府作出的行政行为不服的；

（三）对本级人民政府依法设立的派出机关作出的行政行为不

服的；

（四）对本级人民政府或者其工作部门管理的法律、法规、规章授权的组织作出的行政行为不服的。

除前款规定外，省、自治区、直辖市人民政府同时管辖对本机关作出的行政行为不服的行政复议案件。

省、自治区人民政府依法设立的派出机关参照设区的市级人民政府的职责权限，管辖相关行政复议案件。

对县级以上地方各级人民政府工作部门依法设立的派出机构依照法律、法规、规章规定，以派出机构的名义作出的行政行为不服的行政复议案件，由本级人民政府管辖；其中，对直辖市、设区的市人民政府工作部门按照行政区划设立的派出机构作出的行政行为不服的，也可以由其所在地的人民政府管辖。

第二十五条　【国务院部门管辖】国务院部门管辖下列行政复议案件：

（一）对本部门作出的行政行为不服的；

（二）对本部门依法设立的派出机构依照法律、行政法规、部门规章规定，以派出机构的名义作出的行政行为不服的；

（三）对本部门管理的法律、行政法规、部门规章授权的组织作出的行政行为不服的。

第二十六条　【原级行政复议决定的救济途径】对省、自治区、直辖市人民政府依照本法第二十四条第二款的规定、国务院部门依照本法第二十五条第一项的规定作出的行政复议决定不服的，可以向人民法院提起行政诉讼；也可以向国务院申请裁决，国务院依照本法的规定作出最终裁决。

第二十七条　【垂直领导行政机关等管辖】对海关、金融、外汇管理等实行垂直领导的行政机关、税务和国家安全机关的行政行为不服的，向上一级主管部门申请行政复议。

第二十八条　【司法行政部门的管辖】对履行行政复议机构职

责的地方人民政府司法行政部门的行政行为不服的，可以向本级人民政府申请行政复议，也可以向上一级司法行政部门申请行政复议。

第二十九条 【行政复议和行政诉讼的选择】公民、法人或者其他组织申请行政复议，行政复议机关已经依法受理的，在行政复议期间不得向人民法院提起行政诉讼。

公民、法人或者其他组织向人民法院提起行政诉讼，人民法院已经依法受理的，不得申请行政复议。

第三章 行政复议受理

第三十条 【受理条件】行政复议机关收到行政复议申请后，应当在五日内进行审查。对符合下列规定的，行政复议机关应当予以受理：

（一）有明确的申请人和符合本法规定的被申请人；

（二）申请人与被申请行政复议的行政行为有利害关系；

（三）有具体的行政复议请求和理由；

（四）在法定申请期限内提出；

（五）属于本法规定的行政复议范围；

（六）属于本机关的管辖范围；

（七）行政复议机关未受理过该申请人就同一行政行为提出的行政复议申请，并且人民法院未受理过该申请人就同一行政行为提起的行政诉讼。

对不符合前款规定的行政复议申请，行政复议机关应当在审查期限内决定不予受理并说明理由；不属于本机关管辖的，还应当在不予受理决定中告知申请人有管辖权的行政复议机关。

行政复议申请的审查期限届满，行政复议机关未作出不予受理决定的，审查期限届满之日起视为受理。

第三十一条 【申请材料补正】行政复议申请材料不齐全或者

表述不清楚，无法判断行政复议申请是否符合本法第三十条第一款规定的，行政复议机关应当自收到申请之日起五日内书面通知申请人补正。补正通知应当一次性载明需要补正的事项。

申请人应当自收到补正通知之日起十日内提交补正材料。有正当理由不能按期补正的，行政复议机关可以延长合理的补正期限。无正当理由逾期不补正的，视为申请人放弃行政复议申请，并记录在案。

行政复议机关收到补正材料后，依照本法第三十条的规定处理。

第三十二条 【部分案件的复核处理】对当场作出或者依据电子技术监控设备记录的违法事实作出的行政处罚决定不服申请行政复议的，可以通过作出行政处罚决定的行政机关提交行政复议申请。

行政机关收到行政复议申请后，应当及时处理；认为需要维持行政处罚决定的，应当自收到行政复议申请之日起五日内转送行政复议机关。

第三十三条 【程序性驳回】行政复议机关受理行政复议申请后，发现该行政复议申请不符合本法第三十条第一款规定的，应当决定驳回申请并说明理由。

第三十四条 【复议前置等情形的诉讼衔接】法律、行政法规规定应当先向行政复议机关申请行政复议、对行政复议决定不服再向人民法院提起行政诉讼的，行政复议机关决定不予受理、驳回申请或者受理后超过行政复议期限不作答复的，公民、法人或者其他组织可以自收到决定书之日起或者行政复议期限届满之日起十五日内，依法向人民法院提起行政诉讼。

第三十五条 【对行政复议受理的监督】公民、法人或者其他组织依法提出行政复议申请，行政复议机关无正当理由不予受理、驳回申请或者受理后超过行政复议期限不作答复的，申请人有权向上级行政机关反映，上级行政机关应当责令其纠正；必要时，上级行政复议机关可以直接受理。

第四章 行政复议审理

第一节 一般规定

第三十六条 【审理程序及要求】行政复议机关受理行政复议申请后，依照本法适用普通程序或者简易程序进行审理。行政复议机构应当指定行政复议人员负责办理行政复议案件。

行政复议人员对办理行政复议案件过程中知悉的国家秘密、商业秘密和个人隐私，应当予以保密。

第三十七条 【审理依据】行政复议机关依照法律、法规、规章审理行政复议案件。

行政复议机关审理民族自治地方的行政复议案件，同时依照该民族自治地方的自治条例和单行条例。

第三十八条 【提级审理】上级行政复议机关根据需要，可以审理下级行政复议机关管辖的行政复议案件。

下级行政复议机关对其管辖的行政复议案件，认为需要由上级行政复议机关审理的，可以报请上级行政复议机关决定。

第三十九条 【中止情形】行政复议期间有下列情形之一的，行政复议中止：

（一）作为申请人的公民死亡，其近亲属尚未确定是否参加行政复议；

（二）作为申请人的公民丧失参加行政复议的行为能力，尚未确定法定代理人参加行政复议；

（三）作为申请人的公民下落不明；

（四）作为申请人的法人或者其他组织终止，尚未确定权利义务承受人；

（五）申请人、被申请人因不可抗力或者其他正当理由，不能参加行政复议；

（六）依照本法规定进行调解、和解，申请人和被申请人同意中止；

（七）行政复议案件涉及的法律适用问题需要有权机关作出解释或者确认；

（八）行政复议案件审理需要以其他案件的审理结果为依据，而其他案件尚未审结；

（九）有本法第五十六条或者第五十七条规定的情形；

（十）需要中止行政复议的其他情形。

行政复议中止的原因消除后，应当及时恢复行政复议案件的审理。

行政复议机关中止、恢复行政复议案件的审理，应当书面告知当事人。

第四十条　【对无正当理由中止的监督】行政复议期间，行政复议机关无正当理由中止行政复议的，上级行政机关应当责令其恢复审理。

第四十一条　【终止情形】行政复议期间有下列情形之一的，行政复议机关决定终止行政复议：

（一）申请人撤回行政复议申请，行政复议机构准予撤回；

（二）作为申请人的公民死亡，没有近亲属或者其近亲属放弃行政复议权利；

（三）作为申请人的法人或者其他组织终止，没有权利义务承受人或者其权利义务承受人放弃行政复议权利；

（四）申请人对行政拘留或者限制人身自由的行政强制措施不服申请行政复议后，因同一违法行为涉嫌犯罪，被采取刑事强制措施；

（五）依照本法第三十九条第一款第一项、第二项、第四项的规定中止行政复议满六十日，行政复议中止的原因仍未消除。

第四十二条 【行政行为停止执行情形】行政复议期间行政行为不停止执行；但是有下列情形之一的，应当停止执行：

（一）被申请人认为需要停止执行；

（二）行政复议机关认为需要停止执行；

（三）申请人、第三人申请停止执行，行政复议机关认为其要求合理，决定停止执行；

（四）法律、法规、规章规定停止执行的其他情形。

第二节 行政复议证据

第四十三条 【行政复议证据种类】行政复议证据包括：

（一）书证；

（二）物证；

（三）视听资料；

（四）电子数据；

（五）证人证言；

（六）当事人的陈述；

（七）鉴定意见；

（八）勘验笔录、现场笔录。

以上证据经行政复议机构审查属实，才能作为认定行政复议案件事实的根据。

第四十四条 【举证责任分配】被申请人对其作出的行政行为的合法性、适当性负有举证责任。

有下列情形之一的，申请人应当提供证据：

（一）认为被申请人不履行法定职责的，提供曾经要求被申请人履行法定职责的证据，但是被申请人应当依职权主动履行法定职责或者申请人因正当理由不能提供的除外；

（二）提出行政赔偿请求的，提供受行政行为侵害而造成损害的证据，但是因被申请人原因导致申请人无法举证的，由被申请人承担举证责任；

（三）法律、法规规定需要申请人提供证据的其他情形。

第四十五条　【行政复议机关调查取证】行政复议机关有权向有关单位和个人调查取证，查阅、复制、调取有关文件和资料，向有关人员进行询问。

调查取证时，行政复议人员不得少于两人，并应当出示行政复议工作证件。

被调查取证的单位和个人应当积极配合行政复议人员的工作，不得拒绝或者阻挠。

第四十六条　【被申请人收集和补充证据限制】行政复议期间，被申请人不得自行向申请人和其他有关单位或者个人收集证据；自行收集的证据不作为认定行政行为合法性、适当性的依据。

行政复议期间，申请人或者第三人提出被申请行政复议的行政行为作出时没有提出的理由或者证据的，经行政复议机构同意，被申请人可以补充证据。

第四十七条　【申请人等查阅、复制权利】行政复议期间，申请人、第三人及其委托代理人可以按照规定查阅、复制被申请人提出的书面答复、作出行政行为的证据、依据和其他有关材料，除涉及国家秘密、商业秘密、个人隐私或者可能危及国家安全、公共安全、社会稳定的情形外，行政复议机构应当同意。

第三节　普通程序

第四十八条　【被申请人书面答复】行政复议机构应当自行政复议申请受理之日起七日内，将行政复议申请书副本或者行政复议申请笔录复印件发送被申请人。被申请人应当自收到行政复议申请书副本或者行政复议申请笔录复印件之日起十日内，提出书面答复，并提交作出行政行为的证据、依据和其他有关材料。

第四十九条 【听取意见程序】适用普通程序审理的行政复议案件,行政复议机构应当当面或者通过互联网、电话等方式听取当事人的意见,并将听取的意见记录在案。因当事人原因不能听取意见的,可以书面审理。

第五十条 【听证情形和人员组成】审理重大、疑难、复杂的行政复议案件,行政复议机构应当组织听证。

行政复议机构认为有必要听证,或者申请人请求听证的,行政复议机构可以组织听证。

听证由一名行政复议人员任主持人,两名以上行政复议人员任听证员,一名记录员制作听证笔录。

第五十一条 【听证程序和要求】行政复议机构组织听证的,应当于举行听证的五日前将听证的时间、地点和拟听证事项书面通知当事人。

申请人无正当理由拒不参加听证的,视为放弃听证权利。

被申请人的负责人应当参加听证。不能参加的,应当说明理由并委托相应的工作人员参加听证。

第五十二条 【行政复议委员会组成和职责】县级以上各级人民政府应当建立相关政府部门、专家、学者等参与的行政复议委员会,为办理行政复议案件提供咨询意见,并就行政复议工作中的重大事项和共性问题研究提出意见。行政复议委员会的组成和开展工作的具体办法,由国务院行政复议机构制定。

审理行政复议案件涉及下列情形之一的,行政复议机构应当提请行政复议委员会提出咨询意见:

(一)案情重大、疑难、复杂;

(二)专业性、技术性较强;

(三)本法第二十四条第二款规定的行政复议案件;

(四)行政复议机构认为有必要。

行政复议机构应当记录行政复议委员会的咨询意见。

第四节 简易程序

第五十三条 【简易程序适用情形】行政复议机关审理下列行政复议案件，认为事实清楚、权利义务关系明确、争议不大的，可以适用简易程序：

（一）被申请行政复议的行政行为是当场作出；

（二）被申请行政复议的行政行为是警告或者通报批评；

（三）案件涉及款额三千元以下；

（四）属于政府信息公开案件。

除前款规定以外的行政复议案件，当事人各方同意适用简易程序的，可以适用简易程序。

第五十四条 【简易程序书面答复】适用简易程序审理的行政复议案件，行政复议机构应当自受理行政复议申请之日起三日内，将行政复议申请书副本或者行政复议申请笔录复印件发送被申请人。被申请人应当自收到行政复议申请书副本或者行政复议申请笔录复印件之日起五日内，提出书面答复，并提交作出行政行为的证据、依据和其他有关材料。

适用简易程序审理的行政复议案件，可以书面审理。

第五十五条 【简易程序向普通程序转换】适用简易程序审理的行政复议案件，行政复议机构认为不宜适用简易程序的，经行政复议机构的负责人批准，可以转为普通程序审理。

第五节 行政复议附带审查

第五十六条 【规范性文件审查处理】申请人依照本法第十三条的规定提出对有关规范性文件的附带审查申请，行政复议机关有权处理的，应当在三十日内依法处理；无权处理的，应当在七日内转送有权处理的行政机关依法处理。

第五十七条 【行政行为依据审查处理】行政复议机关在对被申请人作出的行政行为进行审查时，认为其依据不合法，本机关有权处理的，应当在三十日内依法处理；无权处理的，应当在七日内转送有权处理的国家机关依法处理。

第五十八条 【附带审查处理程序】行政复议机关依照本法第五十六条、第五十七条的规定有权处理有关规范性文件或者依据的，行政复议机构应当自行政复议中止之日起三日内，书面通知规范性文件或者依据的制定机关就相关条款的合法性提出书面答复。制定机关应当自收到书面通知之日起十日内提交书面答复及相关材料。

行政复议机构认为必要时，可以要求规范性文件或者依据的制定机关当面说明理由，制定机关应当配合。

第五十九条 【附带审查处理结果】行政复议机关依照本法第五十六条、第五十七条的规定有权处理有关规范性文件或者依据，认为相关条款合法的，在行政复议决定书中一并告知；认为相关条款超越权限或者违反上位法的，决定停止该条款的执行，并责令制定机关予以纠正。

第六十条 【接受转送机关的职责】依照本法第五十六条、第五十七条的规定接受转送的行政机关、国家机关应当自收到转送之日起六十日内，将处理意见回复转送的行政复议机关。

第五章 行政复议决定

第六十一条 【行政复议决定程序】行政复议机关依照本法审理行政复议案件，由行政复议机构对行政行为进行审查，提出意见，经行政复议机关的负责人同意或者集体讨论通过后，以行政复议机关的名义作出行政复议决定。

经过听证的行政复议案件，行政复议机关应当根据听证笔录、审查认定的事实和证据，依照本法作出行政复议决定。

提请行政复议委员会提出咨询意见的行政复议案件，行政复议机关应当将咨询意见作为作出行政复议决定的重要参考依据。

第六十二条 【行政复议审理期限】适用普通程序审理的行政复议案件,行政复议机关应当自受理申请之日起六十日内作出行政复议决定;但是法律规定的行政复议期限少于六十日的除外。情况复杂,不能在规定期限内作出行政复议决定的,经行政复议机构的负责人批准,可以适当延长,并书面告知当事人;但是延长期限最多不得超过三十日。

适用简易程序审理的行政复议案件,行政复议机关应当自受理申请之日起三十日内作出行政复议决定。

第六十三条 【变更决定】行政行为有下列情形之一的,行政复议机关决定变更该行政行为:

(一)事实清楚,证据确凿,适用依据正确,程序合法,但是内容不适当;

(二)事实清楚,证据确凿,程序合法,但是未正确适用依据;

(三)事实不清、证据不足,经行政复议机关查清事实和证据。

行政复议机关不得作出对申请人更为不利的变更决定,但是第三人提出相反请求的除外。

第六十四条 【撤销或者部分撤销、责令重作】行政行为有下列情形之一的,行政复议机关决定撤销或者部分撤销该行政行为,并可以责令被申请人在一定期限内重新作出行政行为:

(一)主要事实不清、证据不足;

(二)违反法定程序;

(三)适用的依据不合法;

(四)超越职权或者滥用职权。

行政复议机关责令被申请人重新作出行政行为的,被申请人不得以同一事实和理由作出与被申请行政复议的行政行为相同或者基本相同的行政行为,但是行政复议机关以违反法定程序为由决定撤销或者部分撤销的除外。

第六十五条 【确认违法】行政行为有下列情形之一的,行政复议机关不撤销该行政行为，但是确认该行政行为违法：

（一）依法应予撤销，但是撤销会给国家利益、社会公共利益造成重大损害；

（二）程序轻微违法，但是对申请人权利不产生实际影响。

行政行为有下列情形之一，不需要撤销或者责令履行的，行政复议机关确认该行政行为违法：

（一）行政行为违法，但是不具有可撤销内容；

（二）被申请人改变原违法行政行为，申请人仍要求撤销或者确认该行政行为违法；

（三）被申请人不履行或者拖延履行法定职责，责令履行没有意义。

第六十六条 【责令履行】被申请人不履行法定职责的，行政复议机关决定被申请人在一定期限内履行。

第六十七条 【确认无效】行政行为有实施主体不具有行政主体资格或者没有依据等重大且明显违法情形，申请人申请确认行政行为无效的，行政复议机关确认该行政行为无效。

第六十八条 【维持决定】行政行为认定事实清楚，证据确凿，适用依据正确，程序合法，内容适当的，行政复议机关决定维持该行政行为。

第六十九条 【驳回行政复议请求】行政复议机关受理申请人认为被申请人不履行法定职责的行政复议申请后，发现被申请人没有相应法定职责或者在受理前已经履行法定职责的，决定驳回申请人的行政复议请求。

第七十条 【被申请人不提交书面答复等情形的处理】被申请人不按照本法第四十八条、第五十四条的规定提出书面答复、提交作出行政行为的证据、依据和其他有关材料的，视为该行政行为没有证据、依据，行政复议机关决定撤销、部分撤销该行政行为，确认该行政行为违法、无效或者决定被申请人在一定期限内履行，但是行政行为涉及第三人合法权益，第三人提供证据的除外。

第七十一条　【行政协议案件处理】被申请人不依法订立、不依法履行、未按照约定履行或者违法变更、解除行政协议的，行政复议机关决定被申请人承担依法订立、继续履行、采取补救措施或者赔偿损失等责任。

被申请人变更、解除行政协议合法，但是未依法给予补偿或者补偿不合理的，行政复议机关决定被申请人依法给予合理补偿。

第七十二条　【行政复议期间赔偿请求的处理】申请人在申请行政复议时一并提出行政赔偿请求，行政复议机关对依照《中华人民共和国国家赔偿法》的有关规定应当不予赔偿的，在作出行政复议决定时，应当同时决定驳回行政赔偿请求；对符合《中华人民共和国国家赔偿法》的有关规定应当给予赔偿的，在决定撤销或者部分撤销、变更行政行为或者确认行政行为违法、无效时，应当同时决定被申请人依法给予赔偿；确认行政行为违法的，还可以同时责令被申请人采取补救措施。

申请人在申请行政复议时没有提出行政赔偿请求的，行政复议机关在依法决定撤销或者部分撤销、变更罚款，撤销或者部分撤销违法集资、没收财物、征收征用、摊派费用以及对财产的查封、扣押、冻结等行政行为时，应当同时责令被申请人返还财产，解除对财产的查封、扣押、冻结措施，或者赔偿相应的价款。

第七十三条　【行政复议调解处理】当事人经调解达成协议的，行政复议机关应当制作行政复议调解书，经各方当事人签字或者签章，并加盖行政复议机关印章，即具有法律效力。

调解未达成协议或者调解书生效前一方反悔的，行政复议机关应当依法审查或者及时作出行政复议决定。

第七十四条　【行政复议和解处理】当事人在行政复议决定作出前可以自愿达成和解，和解内容不得损害国家利益、社会公共利益和他人合法权益，不得违反法律、法规的强制性规定。

当事人达成和解后，由申请人向行政复议机构撤回行政复议申请。行政复议机构准予撤回行政复议申请、行政复议机关决定终止行政复议的，申请人不得再以同一事实和理由提出行政复议申请。但是，申请人能够证明撤回行政复议申请违背其真实意愿的除外。

第七十五条　【行政复议决定书】行政复议机关作出行政复议决定，应当制作行政复议决定书，并加盖行政复议机关印章。

行政复议决定书一经送达，即发生法律效力。

第七十六条　【行政复议意见书】行政复议机关在办理行政复议案件过程中，发现被申请人或者其他下级行政机关的有关行政行为违法或者不当的，可以向其制发行政复议意见书。有关机关应当自收到行政复议意见书之日起六十日内，将纠正相关违法或者不当行政行为的情况报送行政复议机关。

第七十七条　【被申请人履行义务】被申请人应当履行行政复议决定书、调解书、意见书。

被申请人不履行或者无正当理由拖延履行行政复议决定书、调解书、意见书的，行政复议机关或者有关上级行政机关应当责令其限期履行，并可以约谈被申请人的有关负责人或者予以通报批评。

第七十八条　【行政复议决定书、调解书的强制执行】申请人、第三人逾期不起诉又不履行行政复议决定书、调解书的，或者不履行最终裁决的行政复议决定的，按照下列规定分别处理：

（一）维持行政行为的行政复议决定书，由作出行政行为的行政机关依法强制执行，或者申请人民法院强制执行；

（二）变更行政行为的行政复议决定书，由行政复议机关依法强制执行，或者申请人民法院强制执行；

（三）行政复议调解书，由行政复议机关依法强制执行，或者申请人民法院强制执行。

第七十九条　【行政复议决定书公开和文书抄告】行政复议机关根据被申请行政复议的行政行为的公开情况，按照国家有关规定将行政复议决定书向社会公开。

县级以上地方各级人民政府办理以本级人民政府工作部门为被申请人的行政复议案件,应当将发生法律效力的行政复议决定书、意见书同时抄告被申请人的上一级主管部门。

第六章 法 律 责 任

第八十条 【行政复议机关不依法履职的法律责任】行政复议机关不依照本法规定履行行政复议职责,对负有责任的领导人员和直接责任人员依法给予警告、记过、记大过的处分;经有权监督的机关督促仍不改正或者造成严重后果的,依法给予降级、撤职、开除的处分。

第八十一条 【行政复议机关工作人员法律责任】行政复议机关工作人员在行政复议活动中,徇私舞弊或者有其他渎职、失职行为的,依法给予警告、记过、记大过的处分;情节严重的,依法给予降级、撤职、开除的处分;构成犯罪的,依法追究刑事责任。

第八十二条 【被申请人不书面答复等行为的法律责任】被申请人违反本法规定,不提出书面答复或者不提交作出行政行为的证据、依据和其他有关材料,或者阻挠、变相阻挠公民、法人或者其他组织依法申请行政复议的,对负有责任的领导人员和直接责任人员依法给予警告、记过、记大过的处分;进行报复陷害的,依法给予降级、撤职、开除的处分;构成犯罪的,依法追究刑事责任。

第八十三条 【被申请人不履行有关文书的法律责任】被申请人不履行或者无正当理由拖延履行行政复议决定书、调解书、意见书的,对负有责任的领导人员和直接责任人员依法给予警告、记过、记大过的处分;经责令履行仍拒不履行的,依法给予降级、撤职、开除的处分。

第八十四条 【拒绝、阻挠调查取证等行为的法律责任】拒绝、阻挠行政复议人员调查取证,故意扰乱行政复议工作秩序的,依法给予处分、治安管理处罚；构成犯罪的，依法追究刑事责任。

第八十五条　【违法事实材料移送】行政机关及其工作人员违反本法规定的，行政复议机关可以向监察机关或者公职人员任免机关、单位移送有关人员违法的事实材料，接受移送的监察机关或者公职人员任免机关、单位应当依法处理。

第八十六条　【职务违法犯罪线索移送】行政复议机关在办理行政复议案件过程中，发现公职人员涉嫌贪污贿赂、失职渎职等职务违法或者职务犯罪的问题线索，应当依照有关规定移送监察机关，由监察机关依法调查处置。

第七章　附　　则

第八十七条　【受理申请不收费】行政复议机关受理行政复议申请，不得向申请人收取任何费用。

第八十八条　【期间计算和文书送达】行政复议期间的计算和行政复议文书的送达，本法没有规定的，依照《中华人民共和国民事诉讼法》关于期间、送达的规定执行。

本法关于行政复议期间有关"三日"、"五日"、"七日"、"十日"的规定是指工作日，不含法定休假日。

第八十九条　【外国人等法律适用】外国人、无国籍人、外国组织在中华人民共和国境内申请行政复议，适用本法。

第九十条　【施行日期】本法自2024年1月1日起施行。

中华人民共和国行政诉讼法

（1989年4月4日第七届全国人民代表大会第二次会议通过　根据2014年11月1日第十二届全国人民代表大会常务委员会第十一次会议《关于修改〈中华人民共和国行政诉讼法〉的决定》第一次修正　根据2017年6月27日第十二届全国人民代表大会常务委员会第二十八次会议《关于修改〈中华人民共和国民事诉讼法〉和〈中华人民共和国行政诉讼法〉的决定》第二次修正）

目　录

第一章　总　　则
第二章　受案范围
第三章　管　　辖
第四章　诉讼参加人
第五章　证　　据
第六章　起诉和受理
第七章　审理和判决
　第一节　一般规定
　第二节　第一审普通程序
　第三节　简易程序
　第四节　第二审程序
　第五节　审判监督程序
第八章　执　　行
第九章　涉外行政诉讼
第十章　附　　则

第一章 总 则

第一条 【立法目的】为保证人民法院公正、及时审理行政案件，解决行政争议，保护公民、法人和其他组织的合法权益，监督行政机关依法行使职权，根据宪法，制定本法。

第二条 【诉权】公民、法人或者其他组织认为行政机关和行政机关工作人员的行政行为侵犯其合法权益，有权依照本法向人民法院提起诉讼。

前款所称行政行为，包括法律、法规、规章授权的组织作出的行政行为。

第三条 【行政机关负责人出庭应诉】人民法院应当保障公民、法人和其他组织的起诉权利，对应当受理的行政案件依法受理。

行政机关及其工作人员不得干预、阻碍人民法院受理行政案件。

被诉行政机关负责人应当出庭应诉。不能出庭的，应当委托行政机关相应的工作人员出庭。

第四条 【独立行使审判权】人民法院依法对行政案件独立行使审判权，不受行政机关、社会团体和个人的干涉。

人民法院设行政审判庭，审理行政案件。

第五条 【以事实为根据，以法律为准绳原则】人民法院审理行政案件，以事实为根据，以法律为准绳。

第六条 【合法性审查原则】人民法院审理行政案件，对行政行为是否合法进行审查。

第七条 【合议、回避、公开审判和两审终审原则】人民法院审理行政案件，依法实行合议、回避、公开审判和两审终审制度。

第八条 【法律地位平等原则】当事人在行政诉讼中的法律地位平等。

第九条 【本民族语言文字原则】各民族公民都有用本民族语言、文字进行行政诉讼的权利。

在少数民族聚居或者多民族共同居住的地区，人民法院应当用当地民族通用的语言、文字进行审理和发布法律文书。

人民法院应当对不通晓当地民族通用的语言、文字的诉讼参与人提供翻译。

第十条　【辩论原则】当事人在行政诉讼中有权进行辩论。

第十一条　【法律监督原则】人民检察院有权对行政诉讼实行法律监督。

第二章　受案范围

第十二条　【行政诉讼受案范围】人民法院受理公民、法人或者其他组织提起的下列诉讼：

（一）对行政拘留、暂扣或者吊销许可证和执照、责令停产停业、没收违法所得、没收非法财物、罚款、警告等行政处罚不服的；

（二）对限制人身自由或者对财产的查封、扣押、冻结等行政强制措施和行政强制执行不服的；

（三）申请行政许可，行政机关拒绝或者在法定期限内不予答复，或者对行政机关作出的有关行政许可的其他决定不服的；

（四）对行政机关作出的关于确认土地、矿藏、水流、森林、山岭、草原、荒地、滩涂、海域等自然资源的所有权或者使用权的决定不服的；

（五）对征收、征用决定及其补偿决定不服的；

（六）申请行政机关履行保护人身权、财产权等合法权益的法定职责，行政机关拒绝履行或者不予答复的；

（七）认为行政机关侵犯其经营自主权或者农村土地承包经营权、农村土地经营权的；

（八）认为行政机关滥用行政权力排除或者限制竞争的；

（九）认为行政机关违法集资、摊派费用或者违法要求履行其他义务的；

（十）认为行政机关没有依法支付抚恤金、最低生活保障待遇或者社会保险待遇的；

（十一）认为行政机关不依法履行、未按照约定履行或者违法变更、解除政府特许经营协议、土地房屋征收补偿协议等协议的；

（十二）认为行政机关侵犯其他人身权、财产权等合法权益的。

除前款规定外，人民法院受理法律、法规规定可以提起诉讼的其他行政案件。

第十三条　【受案范围的排除】人民法院不受理公民、法人或者其他组织对下列事项提起的诉讼：

（一）国防、外交等国家行为；

（二）行政法规、规章或者行政机关制定、发布的具有普遍约束力的决定、命令；

（三）行政机关对行政机关工作人员的奖惩、任免等决定；

（四）法律规定由行政机关最终裁决的行政行为。

第三章　管　　辖

第十四条　【基层人民法院管辖第一审行政案件】基层人民法院管辖第一审行政案件。

第十五条　【中级人民法院管辖的第一审行政案件】中级人民法院管辖下列第一审行政案件：

（一）对国务院部门或者县级以上地方人民政府所作的行政行为提起诉讼的案件；

（二）海关处理的案件；

（三）本辖区内重大、复杂的案件；

（四）其他法律规定由中级人民法院管辖的案件。

第十六条　【高级人民法院管辖的第一审行政案件】高级人民

法院管辖本辖区内重大、复杂的第一审行政案件。

第十七条 【最高人民法院管辖的第一审行政案件】最高人民法院管辖全国范围内重大、复杂的第一审行政案件。

第十八条 【一般地域管辖和法院跨行政区域管辖】行政案件由最初作出行政行为的行政机关所在地人民法院管辖。经复议的案件，也可以由复议机关所在地人民法院管辖。

经最高人民法院批准，高级人民法院可以根据审判工作的实际情况，确定若干人民法院跨行政区域管辖行政案件。

第十九条 【限制人身自由行政案件的管辖】对限制人身自由的行政强制措施不服提起的诉讼，由被告所在地或者原告所在地人民法院管辖。

第二十条 【不动产行政案件的管辖】因不动产提起的行政诉讼，由不动产所在地人民法院管辖。

第二十一条 【选择管辖】两个以上人民法院都有管辖权的案件，原告可以选择其中一个人民法院提起诉讼。原告向两个以上有管辖权的人民法院提起诉讼的，由最先立案的人民法院管辖。

第二十二条 【移送管辖】人民法院发现受理的案件不属于本院管辖的，应当移送有管辖权的人民法院，受移送的人民法院应当受理。受移送的人民法院认为受移送的案件按照规定不属于本院管辖的，应当报请上级人民法院指定管辖，不得再自行移送。

第二十三条 【指定管辖】有管辖权的人民法院由于特殊原因不能行使管辖权的，由上级人民法院指定管辖。

人民法院对管辖权发生争议，由争议双方协商解决。协商不成的，报它们的共同上级人民法院指定管辖。

第二十四条 【管辖权转移】上级人民法院有权审理下级人民法院管辖的第一审行政案件。

下级人民法院对其管辖的第一审行政案件，认为需要由上级人民法院审理或者指定管辖的，可以报请上级人民法院决定。

第四章 诉讼参加人

第二十五条 【原告资格】行政行为的相对人以及其他与行政行为有利害关系的公民、法人或者其他组织，有权提起诉讼。

有权提起诉讼的公民死亡，其近亲属可以提起诉讼。

有权提起诉讼的法人或者其他组织终止，承受其权利的法人或者其他组织可以提起诉讼。

人民检察院在履行职责中发现生态环境和资源保护、食品药品安全、国有财产保护、国有土地使用权出让等领域负有监督管理职责的行政机关违法行使职权或者不作为，致使国家利益或者社会公共利益受到侵害的，应当向行政机关提出检察建议，督促其依法履行职责。行政机关不依法履行职责的，人民检察院依法向人民法院提起诉讼。

第二十六条 【被告资格】公民、法人或者其他组织直接向人民法院提起诉讼的，作出行政行为的行政机关是被告。

经复议的案件，复议机关决定维持原行政行为的，作出原行政行为的行政机关和复议机关是共同被告；复议机关改变原行政行为的，复议机关是被告。

复议机关在法定期限内未作出复议决定，公民、法人或者其他组织起诉原行政行为的，作出原行政行为的行政机关是被告；起诉复议机关不作为的，复议机关是被告。

两个以上行政机关作出同一行政行为的，共同作出行政行为的行政机关是共同被告。

行政机关委托的组织所作的行政行为，委托的行政机关是被告。

行政机关被撤销或者职权变更的，继续行使其职权的行政机关是被告。

第二十七条 【共同诉讼】当事人一方或者双方为二人以上，

因同一行政行为发生的行政案件,或者因同类行政行为发生的行政案件、人民法院认为可以合并审理并经当事人同意的,为共同诉讼。

第二十八条 【代表人诉讼】当事人一方人数众多的共同诉讼,可以由当事人推选代表人进行诉讼。代表人的诉讼行为对其所代表的当事人发生效力,但代表人变更、放弃诉讼请求或者承认对方当事人的诉讼请求,应当经被代表的当事人同意。

第二十九条 【诉讼第三人】公民、法人或者其他组织同被诉行政行为有利害关系但没有提起诉讼,或者同案件处理结果有利害关系的,可以作为第三人申请参加诉讼,或者由人民法院通知参加诉讼。

人民法院判决第三人承担义务或者减损第三人权益的,第三人有权依法提起上诉。

第三十条 【法定代理人】没有诉讼行为能力的公民,由其法定代理人代为诉讼。法定代理人互相推诿代理责任的,由人民法院指定其中一人代为诉讼。

第三十一条 【委托代理人】当事人、法定代理人,可以委托一至二人作为诉讼代理人。

下列人员可以被委托为诉讼代理人:

(一)律师、基层法律服务工作者;

(二)当事人的近亲属或者工作人员;

(三)当事人所在社区、单位以及有关社会团体推荐的公民。

第三十二条 【当事人及诉讼代理人权利】代理诉讼的律师,有权按照规定查阅、复制本案有关材料,有权向有关组织和公民调查,收集与本案有关的证据。对涉及国家秘密、商业秘密和个人隐私的材料,应当依照法律规定保密。

当事人和其他诉讼代理人有权按照规定查阅、复制本案庭审材料,但涉及国家秘密、商业秘密和个人隐私的内容除外。

第五章 证 据

第三十三条 【证据种类】证据包括：

（一）书证；

（二）物证；

（三）视听资料；

（四）电子数据；

（五）证人证言；

（六）当事人的陈述；

（七）鉴定意见；

（八）勘验笔录、现场笔录。

以上证据经法庭审查属实，才能作为认定案件事实的根据。

第三十四条 【被告举证责任】被告对作出的行政行为负有举证责任，应当提供作出该行政行为的证据和所依据的规范性文件。

被告不提供或者无正当理由逾期提供证据，视为没有相应证据。但是，被诉行政行为涉及第三人合法权益，第三人提供证据的除外。

第三十五条 【行政机关收集证据的限制】在诉讼过程中，被告及其诉讼代理人不得自行向原告、第三人和证人收集证据。

第三十六条 【被告延期提供证据和补充证据】被告在作出行政行为时已经收集了证据，但因不可抗力等正当事由不能提供的，经人民法院准许，可以延期提供。

原告或者第三人提出了其在行政处理程序中没有提出的理由或者证据的，经人民法院准许，被告可以补充证据。

第三十七条 【原告可以提供证据】原告可以提供证明行政行为违法的证据。原告提供的证据不成立的，不免除被告的举证责任。

第三十八条 【原告举证责任】在起诉被告不履行法定职责的案件中，原告应当提供其向被告提出申请的证据。但有下列情形之一的除外：

（一）被告应当依职权主动履行法定职责的；

（二）原告因正当理由不能提供证据的。

在行政赔偿、补偿的案件中，原告应当对行政行为造成的损害提供证据。因被告的原因导致原告无法举证的，由被告承担举证责任。

第三十九条 【法院要求当事人提供或者补充证据】人民法院有权要求当事人提供或者补充证据。

第四十条 【法院调取证据】人民法院有权向有关行政机关以及其他组织、公民调取证据。但是，不得为证明行政行为的合法性调取被告作出行政行为时未收集的证据。

第四十一条 【申请法院调取证据】与本案有关的下列证据，原告或者第三人不能自行收集的，可以申请人民法院调取：

（一）由国家机关保存而须由人民法院调取的证据；

（二）涉及国家秘密、商业秘密和个人隐私的证据；

（三）确因客观原因不能自行收集的其他证据。

第四十二条 【证据保全】在证据可能灭失或者以后难以取得的情况下，诉讼参加人可以向人民法院申请保全证据，人民法院也可以主动采取保全措施。

第四十三条 【证据适用规则】证据应当在法庭上出示，并由当事人互相质证。对涉及国家秘密、商业秘密和个人隐私的证据，不得在公开开庭时出示。

人民法院应当按照法定程序，全面、客观地审查核实证据。对未采纳的证据应当在裁判文书中说明理由。

以非法手段取得的证据，不得作为认定案件事实的根据。

第六章 起诉和受理

第四十四条 【行政复议与行政诉讼的关系】对属于人民法院

受案范围的行政案件，公民、法人或者其他组织可以先向行政机关申请复议，对复议决定不服的，再向人民法院提起诉讼；也可以直接向人民法院提起诉讼。

法律、法规规定应当先向行政机关申请复议，对复议决定不服再向人民法院提起诉讼的，依照法律、法规的规定。

第四十五条 【经行政复议的起诉期限】公民、法人或者其他组织不服复议决定的，可以在收到复议决定书之日起十五日内向人民法院提起诉讼。复议机关逾期不作决定的，申请人可以在复议期满之日起十五日内向人民法院提起诉讼。法律另有规定的除外。

第四十六条 【起诉期限】公民、法人或者其他组织直接向人民法院提起诉讼的，应当自知道或者应当知道作出行政行为之日起六个月内提出。法律另有规定的除外。

因不动产提起诉讼的案件自行政行为作出之日起超过二十年，其他案件自行政行为作出之日起超过五年提起诉讼的，人民法院不予受理。

第四十七条 【行政机关不履行法定职责的起诉期限】公民、法人或者其他组织申请行政机关履行保护其人身权、财产权等合法权益的法定职责，行政机关在接到申请之日起两个月内不履行的，公民、法人或者其他组织可以向人民法院提起诉讼。法律、法规对行政机关履行职责的期限另有规定的，从其规定。

公民、法人或者其他组织在紧急情况下请求行政机关履行保护其人身权、财产权等合法权益的法定职责，行政机关不履行的，提起诉讼不受前款规定期限的限制。

第四十八条 【起诉期限的扣除和延长】公民、法人或者其他组织因不可抗力或者其他不属于其自身的原因耽误起诉期限的，被耽误的时间不计算在起诉期限内。

公民、法人或者其他组织因前款规定以外的其他特殊情况耽误起诉期限的，在障碍消除后十日内，可以申请延长期限，是否准许由人民法院决定。

第四十九条 【起诉条件】提起诉讼应当符合下列条件：

（一）原告是符合本法第二十五条规定的公民、法人或者其他组织；

（二）有明确的被告；

（三）有具体的诉讼请求和事实根据；

（四）属于人民法院受案范围和受诉人民法院管辖。

第五十条 【起诉方式】起诉应当向人民法院递交起诉状，并按照被告人数提出副本。

书写起诉状确有困难的，可以口头起诉，由人民法院记入笔录，出具注明日期的书面凭证，并告知对方当事人。

第五十一条 【登记立案】人民法院在接到起诉状时对符合本法规定的起诉条件的，应当登记立案。

对当场不能判定是否符合本法规定的起诉条件的，应当接收起诉状，出具注明收到日期的书面凭证，并在七日内决定是否立案。不符合起诉条件的，作出不予立案的裁定。裁定书应当载明不予立案的理由。原告对裁定不服的，可以提起上诉。

起诉状内容欠缺或者有其他错误的，应当给予指导和释明，并一次性告知当事人需要补正的内容。不得未经指导和释明即以起诉不符合条件为由不接收起诉状。

对于不接收起诉状、接收起诉状后不出具书面凭证，以及不一次性告知当事人需要补正的起诉状内容的，当事人可以向上级人民法院投诉，上级人民法院应当责令改正，并对直接负责的主管人员和其他直接责任人员依法给予处分。

第五十二条 【法院不立案的救济】人民法院既不立案，又不作出不予立案裁定的，当事人可以向上一级人民法院起诉。上一级人民法院认为符合起诉条件的，应当立案、审理，也可以指定其他下级人民法院立案、审理。

第五十三条 【规范性文件的附带审查】公民、法人或者其他组织认为行政行为所依据的国务院部门和地方人民政府及其部门制定的规范性文件不合法,在对行政行为提起诉讼时,可以一并请求对该规范性文件进行审查。

前款规定的规范性文件不含规章。

第七章 审理和判决

第一节 一般规定

第五十四条 【公开审理原则】人民法院公开审理行政案件,但涉及国家秘密、个人隐私和法律另有规定的除外。

涉及商业秘密的案件,当事人申请不公开审理的,可以不公开审理。

第五十五条 【回避】当事人认为审判人员与本案有利害关系或者有其他关系可能影响公正审判,有权申请审判人员回避。

审判人员认为自己与本案有利害关系或者有其他关系,应当申请回避。

前两款规定,适用于书记员、翻译人员、鉴定人、勘验人。

院长担任审判长时的回避,由审判委员会决定;审判人员的回避,由院长决定;其他人员的回避,由审判长决定。当事人对决定不服的,可以申请复议一次。

第五十六条 【诉讼不停止执行】诉讼期间,不停止行政行为的执行。但有下列情形之一的,裁定停止执行:

(一)被告认为需要停止执行的;

(二)原告或者利害关系人申请停止执行,人民法院认为该行政行为的执行会造成难以弥补的损失,并且停止执行不损害国家利益、社会公共利益的;

(三)人民法院认为该行政行为的执行会给国家利益、社会公共利益造成重大损害的；

（四）法律、法规规定停止执行的。

当事人对停止执行或者不停止执行的裁定不服的，可以申请复议一次。

第五十七条 【先予执行】人民法院对起诉行政机关没有依法支付抚恤金、最低生活保障金和工伤、医疗社会保险金的案件，权利义务关系明确、不先予执行将严重影响原告生活的，可以根据原告的申请，裁定先予执行。

当事人对先予执行裁定不服的，可以申请复议一次。复议期间不停止裁定的执行。

第五十八条 【拒不到庭或中途退庭的法律后果】经人民法院传票传唤，原告无正当理由拒不到庭，或者未经法庭许可中途退庭的，可以按照撤诉处理；被告无正当理由拒不到庭，或者未经法庭许可中途退庭的，可以缺席判决。

第五十九条 【妨害行政诉讼强制措施】诉讼参与人或者其他人有下列行为之一的，人民法院可以根据情节轻重，予以训诫、责令具结悔过或者处一万元以下的罚款、十五日以下的拘留；构成犯罪的，依法追究刑事责任：

（一）有义务协助调查、执行的人，对人民法院的协助调查决定、协助执行通知书，无故推拖、拒绝或者妨碍调查、执行的；

（二）伪造、隐藏、毁灭证据或者提供虚假证明材料，妨碍人民法院审理案件的；

（三）指使、贿买、胁迫他人作伪证或者威胁、阻止证人作证的；

（四）隐藏、转移、变卖、毁损已被查封、扣押、冻结的财产的；

（五）以欺骗、胁迫等非法手段使原告撤诉的；

（六）以暴力、威胁或者其他方法阻碍人民法院工作人员执行职务，或者以哄闹、冲击法庭等方法扰乱人民法院工作秩序的；

（七）对人民法院审判人员或者其他工作人员、诉讼参与人、协助调查和执行的人员恐吓、侮辱、诽谤、诬陷、殴打、围攻或者打击报复的。

人民法院对有前款规定的行为之一的单位，可以对其主要负责人或者直接责任人员依照前款规定予以罚款、拘留；构成犯罪的，依法追究刑事责任。

罚款、拘留须经人民法院院长批准。当事人不服的，可以向上一级人民法院申请复议一次。复议期间不停止执行。

第六十条　【调解】人民法院审理行政案件，不适用调解。但是，行政赔偿、补偿以及行政机关行使法律、法规规定的自由裁量权的案件可以调解。

调解应当遵循自愿、合法原则，不得损害国家利益、社会公共利益和他人合法权益。

第六十一条　【民事争议和行政争议交叉】在涉及行政许可、登记、征收、征用和行政机关对民事争议所作的裁决的行政诉讼中，当事人申请一并解决相关民事争议的，人民法院可以一并审理。

在行政诉讼中，人民法院认为行政案件的审理需以民事诉讼的裁判为依据的，可以裁定中止行政诉讼。

第六十二条　【撤诉】人民法院对行政案件宣告判决或者裁定前，原告申请撤诉的，或者被告改变其所作的行政行为，原告同意并申请撤诉的，是否准许，由人民法院裁定。

第六十三条　【审理依据】人民法院审理行政案件，以法律和行政法规、地方性法规为依据。地方性法规适用于本行政区域内发生的行政案件。

人民法院审理民族自治地方的行政案件，并以该民族自治地方的自治条例和单行条例为依据。

人民法院审理行政案件，参照规章。

第六十四条 【规范性文件审查和处理】人民法院在审理行政案件中，经审查认为本法第五十三条规定的规范性文件不合法的，不作为认定行政行为合法的依据，并向制定机关提出处理建议。

第六十五条 【裁判文书公开】人民法院应当公开发生法律效力的判决书、裁定书，供公众查阅，但涉及国家秘密、商业秘密和个人隐私的内容除外。

第六十六条 【有关行政机关工作人员和被告的处理】人民法院在审理行政案件中，认为行政机关的主管人员、直接责任人员违法违纪的，应当将有关材料移送监察机关、该行政机关或者其上一级行政机关；认为有犯罪行为的，应当将有关材料移送公安、检察机关。

人民法院对被告经传票传唤无正当理由拒不到庭，或者未经法庭许可中途退庭的，可以将被告拒不到庭或者中途退庭的情况予以公告，并可以向监察机关或者被告的上一级行政机关提出依法给予其主要负责人或者直接责任人员处分的司法建议。

第二节 第一审普通程序

第六十七条 【发送起诉状和提出答辩状】人民法院应当在立案之日起五日内，将起诉状副本发送被告。被告应当在收到起诉状副本之日起十五日内向人民法院提交作出行政行为的证据和所依据的规范性文件，并提出答辩状。人民法院应当在收到答辩状之日起五日内，将答辩状副本发送原告。

被告不提出答辩状的，不影响人民法院审理。

第六十八条 【审判组织形式】人民法院审理行政案件，由审判员组成合议庭，或者由审判员、陪审员组成合议庭。合议庭的成员，应当是三人以上的单数。

第六十九条 【驳回原告诉讼请求判决】行政行为证据确凿，

适用法律、法规正确，符合法定程序的，或者原告申请被告履行法定职责或者给付义务理由不成立的，人民法院判决驳回原告的诉讼请求。

第七十条 【撤销判决和重作判决】行政行为有下列情形之一的，人民法院判决撤销或者部分撤销，并可以判决被告重新作出行政行为：

（一）主要证据不足的；

（二）适用法律、法规错误的；

（三）违反法定程序的；

（四）超越职权的；

（五）滥用职权的；

（六）明显不当的。

第七十一条 【重作判决对被告的限制】人民法院判决被告重新作出行政行为的，被告不得以同一的事实和理由作出与原行政行为基本相同的行政行为。

第七十二条 【履行判决】人民法院经过审理，查明被告不履行法定职责的，判决被告在一定期限内履行。

第七十三条 【给付判决】人民法院经过审理，查明被告依法负有给付义务的，判决被告履行给付义务。

第七十四条 【确认违法判决】行政行为有下列情形之一的，人民法院判决确认违法，但不撤销行政行为：

（一）行政行为依法应当撤销，但撤销会给国家利益、社会公共利益造成重大损害的；

（二）行政行为程序轻微违法，但对原告权利不产生实际影响的。

行政行为有下列情形之一，不需要撤销或者判决履行的，人民法院判决确认违法：

（一）行政行为违法，但不具有可撤销内容的；

（二）被告改变原违法行政行为，原告仍要求确认原行政行为违法的；

（三）被告不履行或者拖延履行法定职责，判决履行没有意义的。

第七十五条 【确认无效判决】行政行为有实施主体不具有行政主体资格或者没有依据等重大且明显违法情形，原告申请确认行政行为无效的，人民法院判决确认无效。

第七十六条 【确认违法和无效判决的补充规定】人民法院判决确认违法或者无效的，可以同时判决责令被告采取补救措施；给原告造成损失的，依法判决被告承担赔偿责任。

第七十七条 【变更判决】行政处罚明显不当，或者其他行政行为涉及对款额的确定、认定确有错误的，人民法院可以判决变更。

人民法院判决变更，不得加重原告的义务或者减损原告的权益。但利害关系人同为原告，且诉讼请求相反的除外。

第七十八条 【行政协议履行及补偿判决】被告不依法履行、未按照约定履行或者违法变更、解除本法第十二条第一款第十一项规定的协议的，人民法院判决被告承担继续履行、采取补救措施或者赔偿损失等责任。

被告变更、解除本法第十二条第一款第十一项规定的协议合法，但未依法给予补偿的，人民法院判决给予补偿。

第七十九条 【复议决定和原行政行为一并裁判】复议机关与作出原行政行为的行政机关为共同被告的案件，人民法院应当对复议决定和原行政行为一并作出裁判。

第八十条 【公开宣判】人民法院对公开审理和不公开审理的案件，一律公开宣告判决。

当庭宣判的，应当在十日内发送判决书；定期宣判的，宣判后立即发给判决书。

宣告判决时，必须告知当事人上诉权利、上诉期限和上诉的人民法院。

第八十一条 【第一审审限】人民法院应当在立案之日起六个月内作出第一审判决。有特殊情况需要延长的，由高级人民法院批准，高级人民法院审理第一审案件需要延长的，由最高人民法院批准。

第三节 简易程序

第八十二条 【简易程序适用情形】人民法院审理下列第一审行政案件，认为事实清楚、权利义务关系明确、争议不大的，可以适用简易程序：

（一）被诉行政行为是依法当场作出的；

（二）案件涉及款额二千元以下的；

（三）属于政府信息公开案件的。

除前款规定以外的第一审行政案件，当事人各方同意适用简易程序的，可以适用简易程序。

发回重审、按照审判监督程序再审的案件不适用简易程序。

第八十三条 【简易程序的审判组织形式和审限】适用简易程序审理的行政案件，由审判员一人独任审理，并应当在立案之日起四十五日内审结。

第八十四条 【简易程序与普通程序的转换】人民法院在审理过程中，发现案件不宜适用简易程序的，裁定转为普通程序。

第四节 第二审程序

第八十五条 【上诉】当事人不服人民法院第一审判决的，有权在判决书送达之日起十五日内向上一级人民法院提起上诉。当事人不服人民法院第一审裁定的，有权在裁定书送达之日起十日内向上一级人民法院提起上诉。逾期不提起上诉的，人民法院的第一审判决或者裁定发生法律效力。

第八十六条 【二审审理方式】人民法院对上诉案件，应当组成合议庭，开庭审理。经过阅卷、调查和询问当事人，对没有提出新的事实、证据或者理由，合议庭认为不需要开庭审理的，也可以不开庭审理。

第八十七条 【二审审查范围】人民法院审理上诉案件，应当对原审人民法院的判决、裁定和被诉行政行为进行全面审查。

第八十八条 【二审审限】人民法院审理上诉案件，应当在收到上诉状之日起三个月内作出终审判决。有特殊情况需要延长的，由高级人民法院批准，高级人民法院审理上诉案件需要延长的，由最高人民法院批准。

第八十九条 【二审裁判】人民法院审理上诉案件，按照下列情形，分别处理：

（一）原判决、裁定认定事实清楚，适用法律、法规正确的，判决或者裁定驳回上诉，维持原判决、裁定；

（二）原判决、裁定认定事实错误或者适用法律、法规错误的，依法改判、撤销或者变更；

（三）原判决认定基本事实不清、证据不足的，发回原审人民法院重审，或者查清事实后改判；

（四）原判决遗漏当事人或者违法缺席判决等严重违反法定程序的，裁定撤销原判决，发回原审人民法院重审。

原审人民法院对发回重审的案件作出判决后，当事人提起上诉的，第二审人民法院不得再次发回重审。

人民法院审理上诉案件，需要改变原审判决的，应当同时对被诉行政行为作出判决。

第五节 审判监督程序

第九十条 【当事人申请再审】当事人对已经发生法律效力的判决、裁定，认为确有错误的，可以向上一级人民法院申请再审，但判决、裁定不停止执行。

第九十一条 【再审事由】当事人的申请符合下列情形之一的，人民法院应当再审：

（一）不予立案或者驳回起诉确有错误的；

（二）有新的证据，足以推翻原判决、裁定的；

（三）原判决、裁定认定事实的主要证据不足、未经质证或者系伪造的；

（四）原判决、裁定适用法律、法规确有错误的；

（五）违反法律规定的诉讼程序，可能影响公正审判的；

（六）原判决、裁定遗漏诉讼请求的；

（七）据以作出原判决、裁定的法律文书被撤销或者变更的；

（八）审判人员在审理该案件时有贪污受贿、徇私舞弊、枉法裁判行为的。

第九十二条 【人民法院依职权再审】各级人民法院院长对本院已经发生法律效力的判决、裁定，发现有本法第九十一条规定情形之一，或者发现调解违反自愿原则或者调解书内容违法，认为需要再审的，应当提交审判委员会讨论决定。

最高人民法院对地方各级人民法院已经发生法律效力的判决、裁定，上级人民法院对下级人民法院已经发生法律效力的判决、裁定，发现有本法第九十一条规定情形之一，或者发现调解违反自愿原则或者调解书内容违法的，有权提审或者指令下级人民法院再审。

第九十三条 【抗诉和检察建议】最高人民检察院对各级人民法院已经发生法律效力的判决、裁定，上级人民检察院对下级人民法院已经发生法律效力的判决、裁定，发现有本法第九十一条规定情形之一，或者发现调解书损害国家利益、社会公共利益的，应当提出抗诉。

地方各级人民检察院对同级人民法院已经发生法律效力的判

决、裁定,发现有本法第九十一条规定情形之一,或者发现调解书损害国家利益、社会公共利益的,可以向同级人民法院提出检察建议,并报上级人民检察院备案;也可以提请上级人民检察院向同级人民法院提出抗诉。

各级人民检察院对审判监督程序以外的其他审判程序中审判人员的违法行为,有权向同级人民法院提出检察建议。

第八章 执 行

第九十四条 【生效裁判和调解书的执行】当事人必须履行人民法院发生法律效力的判决、裁定、调解书。

第九十五条 【申请强制执行和执行管辖】公民、法人或者其他组织拒绝履行判决、裁定、调解书的,行政机关或者第三人可以向第一审人民法院申请强制执行,或者由行政机关依法强制执行。

第九十六条 【对行政机关拒绝履行的执行措施】行政机关拒绝履行判决、裁定、调解书的,第一审人民法院可以采取下列措施:

(一)对应当归还的罚款或者应当给付的款额,通知银行从该行政机关的账户内划拨;

(二)在规定期限内不履行的,从期满之日起,对该行政机关负责人按日处五十元至一百元的罚款;

(三)将行政机关拒绝履行的情况予以公告;

(四)向监察机关或者该行政机关的上一级行政机关提出司法建议。接受司法建议的机关,根据有关规定进行处理,并将处理情况告知人民法院;

(五)拒不履行判决、裁定、调解书,社会影响恶劣的,可以对该行政机关直接负责的主管人员和其他直接责任人员予以拘留;情节严重,构成犯罪的,依法追究刑事责任。

第九十七条 【非诉执行】公民、法人或者其他组织对行政行为在法定期限内不提起诉讼又不履行的,行政机关可以申请人民法院强制执行,或者依法强制执行。

第九章　涉外行政诉讼

第九十八条　【涉外行政诉讼的法律适用原则】外国人、无国籍人、外国组织在中华人民共和国进行行政诉讼,适用本法。法律另有规定的除外。

第九十九条　【同等与对等原则】外国人、无国籍人、外国组织在中华人民共和国进行行政诉讼,同中华人民共和国公民、组织有同等的诉讼权利和义务。

外国法院对中华人民共和国公民、组织的行政诉讼权利加以限制的,人民法院对该国公民、组织的行政诉讼权利,实行对等原则。

第一百条　【中国律师代理】外国人、无国籍人、外国组织在中华人民共和国进行行政诉讼,委托律师代理诉讼的,应当委托中华人民共和国律师机构的律师。

第十章　附　　则

第一百零一条　【适用民事诉讼法规定】人民法院审理行政案件,关于期间、送达、财产保全、开庭审理、调解、中止诉讼、终结诉讼、简易程序、执行等,以及人民检察院对行政案件受理、审理、裁判、执行的监督,本法没有规定的,适用《中华人民共和国民事诉讼法》的相关规定。

第一百零二条　【诉讼费用】人民法院审理行政案件,应当收取诉讼费用。诉讼费用由败诉方承担,双方都有责任的由双方分担。收取诉讼费用的具体办法另行规定。

第一百零三条　【施行日期】本法自1990年10月1日起施行。

自然资源行政复议规定

（2019年7月19日自然资源部令第3号公布　自2019年9月1日起施行）

第一条　为规范自然资源行政复议工作，及时高效化解自然资源行政争议，保护公民、法人和其他组织的合法权益，推进自然资源法治建设，根据《中华人民共和国行政复议法》和《中华人民共和国行政复议法实施条例》，制定本规定。

第二条　县级以上自然资源主管部门依法办理行政复议案件，履行行政复议决定，指导和监督行政复议工作，适用本规定。

第三条　自然资源部对全国自然资源行政复议工作进行指导和监督。

上级自然资源主管部门对下级自然资源主管部门的行政复议工作进行指导和监督。

第四条　本规定所称行政复议机关，是指依据法律法规规定履行行政复议职责的自然资源主管部门。

本规定所称行政复议机构，是指自然资源主管部门的法治工作机构。

行政复议机关可以委托所属事业单位承担有关行政复议的事务性工作。

第五条　行政复议机关可以根据工作需要设立行政复议委员会，审议重大、复杂、疑难的行政复议案件，研究行政复议工作中的重大问题。

第六条　行政复议工作人员应当具备与履行职责相适应的政治素质、法治素养和业务能力，忠于宪法和法律，清正廉洁，恪尽职守。

初次从事行政复议的人员,应当通过国家统一法律职业资格考试取得法律职业资格。

第七条 行政复议机关应当依照有关规定配备专职行政复议人员,并定期组织培训,保障其每年参加专业培训的时间不少于三十六个学时。

行政复议机关应当保障行政复议工作经费、装备和其他必要的工作条件。

第八条 行政复议机关应当定期对行政复议工作情况、行政复议决定履行情况以及典型案例等进行统计、分析、通报,并将有关情况向上一级自然资源主管部门报告。

行政复议机关应当建立行政复议信息管理系统,提高案件办理、卷宗管理、统计分析、便民服务的信息化水平。

第九条 县级以上自然资源主管部门应当将行政复议工作情况纳入本部门考核内容,考核结果作为评价领导班子、评先表彰、干部使用的重要依据。

第十条 行政复议机构统一受理行政复议申请。

行政复议机关的其他机构收到行政复议申请的,应当自收到之日起1个工作日内将申请材料转送行政复议机构。

行政复议机构应当对收到的行政复议申请进行登记。

第十一条 行政复议机构收到申请人提出的批评、意见、建议、控告、检举、投诉等信访请求的,应当将相关材料转交信访纪检等工作机构处理,告知申请人并做好记录。

第十二条 行政复议机构认为行政复议申请材料不齐全、表述不清楚或者不符合法定形式的,应当自收到该行政复议申请书之日起5个工作日内,一次性书面通知申请人补正。

补正通知书应当载明下列事项:

(一)需要更改、补充的具体内容;

（二）需要补正的材料、证据；

（三）合理的补正期限；

（四）无正当理由逾期未补正的法律后果。

无正当理由逾期未提交补正材料的，视为申请人放弃行政复议申请。补正申请材料所用时间不计入复议审理期限。

第十三条 有下列情形之一的，行政复议机关不予受理：

（一）未按照本规定第十二条规定的补正通知要求提供补正材料的；

（二）对下级自然资源主管部门作出的行政复议决定或者行政复议告知不服，申请行政复议的；

（三）其他不符合法定受理条件的。

对同一申请人以基本相同的事实和理由重复提出同一行政复议申请的，行政复议机关不再重复受理。

第十四条 对政府信息公开答复不服申请行政复议，有下列情形之一，被申请人已经履行法定告知义务或者说明理由的，行政复议机关可以驳回行政复议申请：

（一）要求提供已经主动公开的政府信息，或者要求公开申请人已经知晓的政府信息，自然资源主管部门依法作出处理、答复的；

（二）要求自然资源主管部门制作、搜集政府信息和对已有政府信息进行汇总、分析、加工等，自然资源主管部门依法作出处理、答复的；

（三）申请人以政府信息公开申请的形式进行信访、投诉、举报等活动，自然资源主管部门告知申请人不作为政府信息公开申请处理的；

（四）申请人的政府信息公开申请符合《中华人民共和国政府信息公开条例》第三十六条第三、五、六、七项规定，自然资源主管部门依法作出处理、答复的；

（五）法律法规规定的其他情形。

符合前款规定情形的，行政复议机关可以不要求被申请人提供书面答复及证据、依据。

第十五条　对投诉、举报、检举和反映问题等事项的处理不服申请行政复议的，属于下列情形之一，自然资源主管部门已经将处理情况予以告知，且告知行为未对申请人的实体权利义务产生不利影响的，行政复议机关可以不予受理或者受理审查后驳回行政复议申请：

（一）信访处理意见、复查意见、复核意见，或者未履行信访法定职责的行为；

（二）履行内部层级监督职责作出的处理、答复，或者未履行该职责的行为；

（三）对明显不具有事务、地域或者级别管辖权的投诉举报事项作出的处理、答复，或者未作处理、答复的行为；

（四）未设定申请人权利义务的重复处理行为、说明性告知行为及过程性行为。

第十六条　行政复议机构应当自受理行政复议申请之日起 7 个工作日内，向被申请人发出答复通知书，并将行政复议申请书副本或者申请笔录复印件一并发送被申请人。

第十七条　行政复议机构认为申请人以外的公民、法人或者其他组织与被复议的行政行为有利害关系的，可以通知其作为第三人参加行政复议。

申请人以外的公民、法人或者其他组织也可以向行政复议机构提出申请，并提交有利害关系的证明材料，经审查同意后作为第三人参加行政复议。

第十八条　自然资源部为被申请人的，由行政行为的承办机构提出书面答复，报分管部领导审定。

地方自然资源主管部门为被申请人的，由行政行为的承办机构提出书面答复，报本部门负责人签发，并加盖本部门印章。

难以确定行政复议答复承办机构的，由本部门行政复议机构确定。承办机构有异议的，由行政复议机构报本部门负责人确定。

行政行为的承办机构应当指定1至2名代理人参加行政复议。

第十九条 被申请人应当提交行政复议答复书及作出原行政行为的证据、依据和其他有关材料，并对其提交的证据材料分类编号，对证据材料的来源、证明对象和内容作简要说明。涉及国家秘密的，应当作出明确标识。

被申请人未按期提交行政复议答复书及证据材料的，视为原行政行为没有证据、依据，行政复议机关应当作出撤销该行政行为的行政复议决定。

第二十条 被申请人应当自收到答复通知书之日起10日内，提交行政复议答复书。

行政复议答复书应当载明下列事项：

（一）被申请人的名称、地址、法定代表人的姓名、职务；

（二）委托代理人的姓名、单位、职务、联系方式；

（三）作出行政行为的事实和有关证据；

（四）作出行政行为所依据的法律、法规、规章和规范性文件的具体条款和内容；

（五）对申请人复议请求的意见和理由；

（六）作出答复的日期。

第二十一条 行政复议机关应当为申请人、第三人及其代理人查阅行政复议案卷材料提供必要的便利条件。

申请人、第三人申请查阅行政复议案卷材料的，应当出示身份证件；代理人申请查阅行政复议案卷材料的，应当出示身份证件及授权委托书。申请人、第三人及其代理人查阅行政复议案卷材料时，行政复议机构工作人员应当在场。

第二十二条 对受理的行政复议案件，行政复议机构可以根据案件审理的需要，征求本行政复议机关相关机构的意见。

相关机构应当按照本机构职责范围，按期对行政复议案件提出明确意见，并说明理由。

第二十三条 行政复议案件以书面审理为主。必要时，行政复议机构可以采取实地调查、审查会、听证会、专家论证等方式审理行政复议案件。

重大、复杂、疑难的行政复议案件，行政复议机构应当提请行政复议委员会审议。

第二十四条 申请人对自然资源主管部门作出的同一行政行为或者内容基本相同的行政行为，提出多个行政复议申请的，行政复议机构可以合并审理。

已经作出过行政复议决定，其他申请人以基本相同的事实和理由，对同一行政行为再次提出行政复议申请的，行政复议机构可以简化审理程序。

第二十五条 行政复议期间有下列情形之一的，行政复议中止：

（一）双方当事人书面提出协商解决申请，行政复议机构认为有利于实质性解决纠纷，维护申请人合法权益的；

（二）申请人不以保护自身合法权益为目的，反复提起行政复议申请，扰乱复议机关行政管理秩序的；

（三）法律法规规定需要中止审理的其他情形。

属于前款第一项规定情形的，双方当事人应当明确协商解决的期限。期限届满未能协商解决的，案件恢复审理。

属于前款第二项规定情形，情节严重的，行政复议机关应当及时向有关国家机关通报。

行政复议机构中止行政复议案件审理的，应当书面通知当事人，并告知中止原因；行政复议中止的原因消除后，应当及时恢复行政复议案件的审理。

第二十六条 行政复议机关作出行政复议决定，应当制作行政复议决定书。

行政复议决定书应当符合法律法规的规定，并加盖行政复议机关的印章或者行政复议专用章。

行政复议决定书应当载明申请人不服行政复议决定的法律救济途径和期限。

第二十七条 被复议行政行为的处理结果正确，且不损害申请人的实体权利，但在事实认定、引用依据、证据提交方面有轻微错误的，行政复议机关可以作出驳回复议申请或者维持原行政行为的决定，但应当在行政复议决定书中对被申请人予以指正。

被申请人应当在收到行政复议决定书之日起60日内，向行政复议机关作出书面说明，并报告改正情况。

第二十八条 行政行为被行政复议机关撤销、变更、确认违法的，或者行政复议机关责令履行法定职责的，行政行为的承办机构应当适时制作行政复议决定分析报告，向本机关负责人报告，并抄送法治工作机构。

第二十九条 行政复议机关在行政复议过程中，发现被申请人相关行政行为的合法性存在问题，或者需要做好善后工作的，应当制发行政复议意见书，向被申请人指出存在的问题，提出整改要求。

被申请人应当责成行政行为的承办机构在收到行政复议意见书之日起60日内完成整改工作，并将整改情况书面报告行政复议机关。

被申请人拒不整改或者整改不符合要求，情节严重的，行政复议机关应当报请有关国家机关依法处理。

行政复议期间，行政复议机构发现法律、法规、规章实施中带有普遍性的问题，可以制作行政复议建议书，向有关机关提出完善制度和改进行政执法的建议。相关机关应当及时向行政复议机构反馈落实情况。

第三十条 有下列情形之一，在整改期限内拒不整改或整改不符合要求的，上级自然资源主管部门可以约谈下级自然资源主管部门负责人，通报有关地方人民政府：

（一）不依法履行行政复议职责，故意将行政复议案件上交的；

（二）反复发生群体性行政复议案件的；

（三）同类行政复议案件反复发生，未采取措施解决的；

（四）逾期不履行行政复议决定、不反馈行政复议意见书和建议书的；

（五）提交虚假证据材料的；

（六）其他事项需要约谈的。

第三十一条 行政复议机关应当将行政复议申请受理情况等信息在本机关门户网站、官方微信等媒体上向社会公开。

推行行政复议决定书网上公开，加强社会对行政复议决定履行情况的监督。

第三十二条 被申请人应当在法定期限内履行生效的行政复议决定，并在履行行政复议决定后30日内将履行情况及相关法律文书送达情况书面报告行政复议机关。

第三十三条 行政复议决定履行期满，被申请人不履行行政复议决定的，申请人可以向行政复议机关提出责令履行申请。

第三十四条 行政复议机关收到责令履行申请书，应当向被申请人进行调查或者核实，依照下列规定办理：

（一）被申请人已经履行行政复议决定，并将履行情况相关法律文书送达申请人的，应当联系申请人予以确认，并做好记录；

（二）被申请人已经履行行政复议决定，但尚未将履行情况相关法律文书送达申请人的，应当督促被申请人将相关法律文书送达申请人；

（三）被申请人逾期未履行行政复议决定的，应当责令被申人在规定的期限内履行。被申请人拒不履行的，行政复议机关可以将有关材料移送纪检监察机关。

属于本条第一款第二项规定情形的，被申请人应当将相关法律文书送达情况及时报告行政复议机关。

属于本条第一款第三项规定情形的，被申请人应当在收到书面通知之日起30日内履行完毕，并书面报告行政复议机关。被申请人认为没有条件履行的，应当说明理由并提供相关证据、依据。

第三十五条 有下列情形之一，行政复议机关可以决定被申请人中止履行行政复议决定：

（一）有新的事实和证据，足以影响行政复议决定履行的；

（二）行政复议决定履行需要以其他案件的审理结果为依据，而其他案件尚未审结的；

（三）被申请人与申请人达成中止履行协议，双方提出中止履行申请的；

（四）因不可抗力等其他原因需要中止履行的。

本条前款第三项规定的中止履行协议不得损害国家利益、社会公共利益和他人的合法权益。

第三十六条 决定中止履行行政复议决定的，行政复议机关应当向当事人发出行政复议决定中止履行通知书。

行政复议决定中止履行通知书应当载明中止履行的理由和法律依据。中止履行期间，不计算在履行期限内。

中止履行的情形消除后，行政复议机关应当向当事人发出行政复议决定恢复履行通知书。

第三十七条 经审查，被申请人不履行行政复议决定的理由不成立的，行政复议机关应当作出责令履行行政复议决定通知书，并送达被申请人。

第三十八条 被责令重新作出行政行为的，被申请人不得以同一事实和理由作出与原行政行为相同或者基本相同的行为，因违反法定程序被责令重新作出行政行为的除外。

第三十九条　行政复议机关工作人员违反本规定，有下列情形之一，情节严重的，对直接负责的责任人员依法给予处分：

（一）未登记行政复议申请，导致记录不全或者遗漏的；

（二）未按时将行政复议申请转交行政复议机构的；

（三）未保障行政复议当事人、代理人阅卷权的；

（四）未妥善保管案卷材料，或者未按要求将行政复议案卷归档，导致案卷不全或者遗失的；

（五）未对收到的责令履行申请书进行调查核实的；

（六）未履行行政复议职责，导致矛盾上交或者激化的。

第四十条　被申请人及其工作人员违反本规定，有下列情形之一，情节严重的，对直接负责的责任人员依法给予处分：

（一）不提出行政复议答复或者无正当理由逾期答复的；

（二）不提交作出原行政行为的证据、依据和其他有关材料的；

（三）不配合行政复议机关开展行政复议案件审理工作的；

（四）不配合行政复议机关调查核实行政复议决定履行情况的；

（五）不履行或者无正当理由拖延履行行政复议决定的；

（六）不与行政复议机关在共同应诉工作中沟通、配合，导致不良后果的；

（七）对收到的行政复议意见书无正当理由，不予书面答复或者逾期作出答复的。

第四十一条　行政复议案件审结后，案件承办机构应当及时将案件材料立卷归档。

第四十二条　申请人对国家林业和草原局行政行为不服的，应当向国家林业和草原局提起行政复议。

申请人对地方林业和草原主管部门的行政行为不服，选择向其上一级主管部门申请行政复议的，应当向上一级林业和草原主管部门提起行政复议。

自然资源主管部门对不属于本机关受理的行政复议申请,能够明确属于同级林业和草原主管部门职责范围的,应当将该申请转送同级林业和草原主管部门,并告知申请人。

第四十三条 本规定自 2019 年 9 月 1 日起施行。原国土资源部 2017 年 11 月 21 日发布的《国土资源行政复议规定》(国土资源部令第 76 号)同时废止。

国务院办公厅关于建立国家土地督察制度有关问题的通知

(2006 年 7 月 13 日 国办发〔2006〕50 号)

各省、自治区、直辖市人民政府,国务院各部委、各直属机构:

为全面落实科学发展观,适应构建社会主义和谐社会和全面建设小康社会的要求,切实加强土地管理工作,完善土地执法监察体系,根据《国务院关于深化改革严格土地管理的决定》(国发〔2004〕28 号),经国务院批准,现将建立国家土地督察制度有关问题通知如下:

一、设立国家土地总督察及其办公室

国务院授权国土资源部代表国务院对各省、自治区、直辖市,以及计划单列市人民政府土地利用和管理情况进行监督检查。

设立国家土地总督察 1 名,由国土资源部部长兼任;兼职副总督察 1 名,由国土资源部 1 名副部长兼任;专职副总督察(副部长级)1 名。国家土地总督察、副总督察负责组织实施国家土地督察制度。

在国土资源部设立国家土地总督察办公室(正局级)。主要职责是:拟定并组织实施国家土地督察工作的具体办法和管理制度;

协调国家土地督察局工作人员的派驻工作；指导和监督检查国家土地督察局的工作；协助国土资源部人事部门考核和管理国家土地督察局工作人员；负责与国家土地督察局的日常联系、情况沟通和信息反馈工作。

二、向地方派驻国家土地督察局

由国土资源部向地方派驻9个国家土地督察局，分别是：国家土地督察北京局，督察范围为：北京市、天津市、河北省、山西省、内蒙古自治区；国家土地督察沈阳局，督察范围为：辽宁省、吉林省、黑龙江省及大连市；国家土地督察上海局，督察范围为：上海市、浙江省、福建省及宁波市、厦门市；国家土地督察南京局，督察范围为：江苏省、安徽省、江西省；国家土地督察济南局，督察范围为：山东省、河南省及青岛市；国家土地督察广州局，督察范围为：广东省、广西壮族自治区、海南省及深圳市；国家土地督察武汉局，督察范围为：湖北省、湖南省、贵州省；国家土地督察成都局，督察范围为：重庆市、四川省、云南省、西藏自治区；国家土地督察西安局，督察范围为：陕西省、甘肃省、青海省、宁夏回族自治区、新疆维吾尔自治区、新疆生产建设兵团。

派驻地方的国家土地督察局为正局级，每个国家土地督察局设局长1名、副局长2名和国家土地督察专员（司局级）若干名。根据工作需要，国家土地督察局可以适时向其督察范围内的有关省、自治区、直辖市及计划单列市派出国家土地督察专员和工作人员进行巡视与督察。

派驻地方的国家土地督察局，代表国家土地总督察履行监督检查职责。主要职责是：监督检查省级以及计划单列市人民政府耕地保护责任目标的落实情况；监督省级以及计划单列市人民政府土地执法情况，核查土地利用和管理中的合法性和真实性，监督检查土地管理审批事项和土地管理法定职责履行情况；监督检查省级以及计划单列市人民政府贯彻中央关于运用土地政策参与宏观调控要求情况；开展土地管理的调查研究，提出加强土地管理的政策建议；承办国土资源部及国家土地总督察交办的其他事项。

依照法律规定由国务院审批的农用地转用和土地征收事项，省级人民政府在报国务院时，应将上报文件同时抄送派驻地区的国家土地督察局。派驻地区的国家土地督察局发现有违法违规问题的，应及时向国家土地总督察报告。依照法律规定由省级和计划单列市人民政府审批的农用地转用和土地征收事项，应及时将批准文件抄送派驻地区的国家土地督察局。派驻地区的国家土地督察局发现有违法违规问题的，应在30个工作日内提出纠正意见。

对监督检查中发现的问题，派驻地区的国家土地督察局应及时向其督察范围内的相关省级和计划单列市人民政府提出整改意见。对整改不力的，由国家土地总督察依照有关规定责令限期整改。整改期间，暂停被责令限期整改地区的农用地转用和土地征收的受理和审批。整改工作由省级和计划单列市人民政府组织实施。结束对该地区整改，由派驻地区的国家土地督察局审核后，报国家土地总督察批准。

三、人员编制

国家土地督察行政编制360名，其中，副部长级（国家土地专职副总督察）领导职数1名，司局级领导职数67名。国家土地督察行政编制在国土资源部机关行政编制总额外单列。国家土地总督察办公室和派驻地区的国家土地督察局的具体编制方案另行下达。

四、其他事项

（一）要严格国家土地督察局及其工作人员的管理，建立健全各项规章制度，防止失职、渎职和其他违纪行为。国家土地督察局的人员实行异地任职，定期交流。国家土地督察局不认真履行职责、监督检查不力的，应承担相应责任。

（二）派驻地区的国家土地督察局负责对其督察范围内地方人

民政府土地利用和管理情况进行监督检查，不改变、不取代地方人民政府及其土地主管部门的行政许可、行政处罚等管理职权。

（三）派驻地区的国家土地督察局履行监督检查职责，不直接查处案件。对发现的土地利用和管理中的违法违规问题，由国家土地总督察按照有关规定通报监察部等部门依法处理。

（四）国家土地督察局所需经费列入中央财政预算，按照国家有关规定进行管理。

建立国家土地督察制度有利于加强土地监管，落实最严格的土地管理制度。国土资源部要根据本通知要求，商各地方人民政府提出具体措施和办法尽快组织落实。各地方人民政府和国务院各有关部门要积极支持和配合。中央编办要对国家土地督察制度的建立和运行情况及时跟踪检查并向国务院报告。

土地权属争议调查处理办法

（2003年1月3日国土资源部令第17号公布　2010年11月30日国土资源部令第49号修正）

第一条　为依法、公正、及时地做好土地权属争议的调查处理工作，保护当事人的合法权益，维护土地的社会主义公有制，根据《中华人民共和国土地管理法》，制定本办法。

第二条　本办法所称土地权属争议，是指土地所有权或者使用权归属争议。

第三条　调查处理土地权属争议，应当以法律、法规和土地管理规章为依据。从实际出发，尊重历史，面对现实。

第四条　县级以上国土资源行政主管部门负责土地权属争议案件（以下简称争议案件）的调查和调解工作；对需要依法作出处理

决定的，拟定处理意见，报同级人民政府作出处理决定。

县级以上国土资源行政主管部门可以指定专门机构或者人员负责办理争议案件有关事宜。

第五条 个人之间、个人与单位之间、单位与单位之间发生的争议案件，由争议土地所在地的县级国土资源行政主管部门调查处理。

前款规定的个人之间、个人与单位之间发生的争议案件，可以根据当事人的申请，由乡级人民政府受理和处理。

第六条 设区的市、自治州国土资源行政主管部门调查处理下列争议案件：

（一）跨县级行政区域的；

（二）同级人民政府、上级国土资源行政主管部门交办或者有关部门转送的。

第七条 省、自治区、直辖市国土资源行政主管部门调查处理下列争议案件：

（一）跨设区的市、自治州行政区域的；

（二）争议一方为中央国家机关或者其直属单位，且涉及土地面积较大的；

（三）争议一方为军队，且涉及土地面积较大的；

（四）在本行政区域内有较大影响的；

（五）同级人民政府、国土资源部交办或者有关部门转送的。

第八条 国土资源部调查处理下列争议案件：

（一）国务院交办的；

（二）在全国范围内有重大影响的。

第九条 当事人发生土地权属争议，经协商不能解决的，可以依法向县级以上人民政府或者乡级人民政府提出处理申请，也可以依照本办法第五、六、七、八条的规定，向有关的国土资源行政主管部门提出调查处理申请。

第十条 申请调查处理土地权属争议的，应当符合下列条件：

（一）申请人与争议的土地有直接利害关系；

（二）有明确的请求处理对象、具体的处理请求和事实根据。

第十一条 当事人申请调查处理土地权属争议，应当提交书面申请书和有关证据材料，并按照被申请人数提交副本。

申请书应当载明以下事项：

（一）申请人和被申请人的姓名或者名称、地址、邮政编码、法定代表人姓名和职务；

（二）请求的事项、事实和理由；

（三）证人的姓名、工作单位、住址、邮政编码。

第十二条 当事人可以委托代理人代为申请土地权属争议的调查处理。委托代理人申请的，应当提交授权委托书。授权委托书应当写明委托事项和权限。

第十三条 对申请人提出的土地权属争议调查处理的申请，国土资源行政主管部门应当依照本办法第十条的规定进行审查，并在收到申请书之日起7个工作日内提出是否受理的意见。

认为应当受理的，在决定受理之日起5个工作日内将申请书副本发送被申请人。被申请人应当在接到申请书副本之日起30日内提交答辩书和有关证据材料。逾期不提交答辩书的，不影响案件的处理。

认为不应当受理的，应当及时拟定不予受理建议书，报同级人民政府作出不予受理决定。

当事人对不予受理决定不服的，可以依法申请行政复议或者提起行政诉讼。

同级人民政府、上级国土资源行政主管部门交办或者有关部门转办的争议案件，按照本条有关规定审查处理。

第十四条 下列案件不作为争议案件受理：

（一）土地侵权案件；

（二）行政区域边界争议案件；

（三）土地违法案件；

（四）农村土地承包经营权争议案件；

（五）其他不作为土地权属争议的案件。

第十五条 国土资源行政主管部门决定受理后，应当及时指定承办人，对当事人争议的事实情况进行调查。

第十六条 承办人与争议案件有利害关系的，应当申请回避；当事人认为承办人与争议案件有利害关系的，有权请求该承办人回避。承办人是否回避，由受理案件的国土资源行政主管部门决定。

第十七条 承办人在调查处理土地权属争议过程中，可以向有关单位或者个人调查取证。被调查的单位或者个人应当协助，并如实提供有关证明材料。

第十八条 在调查处理土地权属争议过程中，国土资源行政主管部门认为有必要对争议的土地进行实地调查的，应当通知当事人及有关人员到现场。必要时，可以邀请有关部门派人协助调查。

第十九条 土地权属争议双方当事人对各自提出的事实和理由负有举证责任，应当及时向负责调查处理的国土资源行政主管部门提供有关证据材料。

第二十条 国土资源行政主管部门在调查处理争议案件时，应当审查双方当事人提供的下列证据材料：

（一）人民政府颁发的确定土地权属的凭证；

（二）人民政府或者主管部门批准征收、划拨、出让土地或者以其他方式批准使用土地的文件；

（三）争议双方当事人依法达成的书面协议；

（四）人民政府或者司法机关处理争议的文件或者附图；

（五）其他有关证明文件。

第二十一条 对当事人提供的证据材料，国土资源行政主管部门应当查证属实，方可作为认定事实的根据。

第二十二条 在土地所有权和使用权争议解决之前，任何一方不得改变土地利用的现状。

第二十三条 国土资源行政主管部门对受理的争议案件，应当在查清事实、分清权属关系的基础上先行调解，促使当事人以协商方式达成协议。调解应当坚持自愿、合法的原则。

第二十四条 调解达成协议的，应当制作调解书。调解书应当载明以下内容：

（一）当事人的姓名或者名称、法定代表人姓名、职务；

（二）争议的主要事实；

（三）协议内容及其他有关事项。

第二十五条 调解书经双方当事人签名或者盖章，由承办人署名并加盖国土资源行政主管部门的印章后生效。

生效的调解书具有法律效力，是土地登记的依据。

第二十六条 国土资源行政主管部门应当在调解书生效之日起15日内，依照民事诉讼法的有关规定，将调解书送达当事人，并同时抄报上一级国土资源行政主管部门。

第二十七条 调解未达成协议的，国土资源行政主管部门应当及时提出调查处理意见，报同级人民政府作出处理决定。

第二十八条 国土资源行政主管部门应当自受理土地权属争议之日起6个月内提出调查处理意见。因情况复杂，在规定时间内不能提出调查处理意见的，经该国土资源行政主管部门的主要负责人批准，可以适当延长。

第二十九条 调查处理意见应当包括以下内容：

（一）当事人的姓名或者名称、地址、法定代表人的姓名、职务；

（二）争议的事实、理由和要求；

（三）认定的事实和适用的法律、法规等依据；

（四）拟定的处理结论。

第三十条 国土资源行政主管部门提出调查处理意见后，应当在5个工作日内报送同级人民政府，由人民政府下达处理决定。

国土资源行政主管部门的调查处理意见在报同级人民政府的同时，抄报上一级国土资源行政主管部门。

第三十一条　当事人对人民政府作出的处理决定不服的，可以依法申请行政复议或者提起行政诉讼。

在规定的时间内，当事人既不申请行政复议，也不提起行政诉讼，处理决定即发生法律效力。

生效的处理决定是土地登记的依据。

第三十二条　在土地权属争议调查处理过程中，国土资源行政主管部门的工作人员玩忽职守、滥用职权、徇私舞弊，构成犯罪的，依法追究刑事责任；不构成犯罪的，由其所在单位或者其上级机关依法给予行政处分。

第三十三条　乡级人民政府处理土地权属争议，参照本办法执行。

第三十四条　调查处理争议案件的文书格式，由国土资源部统一制定。

第三十五条　调查处理争议案件的费用，依照国家有关规定执行。

第三十六条　本办法自 2003 年 3 月 1 日起施行。1995 年 12 月 18 日原国家土地管理局发布的《土地权属争议处理暂行办法》同时废止。

违反土地管理规定行为处分办法

（2008 年 5 月 9 日　监察部、人力资源和社会保障部、国土资源部令第 15 号）

第一条　为了加强土地管理，惩处违反土地管理规定的行为，根据《中华人民共和国土地管理法》、《中华人民共和国行政监察法》、《中华人民共和国公务员法》、《行政机关公务员处分条例》及其他有关法律、行政法规，制定本办法。

第二条 有违反土地管理规定行为的单位，其负有责任的领导人员和直接责任人员，以及有违反土地管理规定行为的个人，应当承担纪律责任，属于下列人员的（以下统称有关责任人员），由任免机关或者监察机关按照管理权限依法给予处分：

（一）行政机关公务员；

（二）法律、法规授权的具有公共事务管理职能的事业单位中经批准参照《中华人民共和国公务员法》管理的工作人员；

（三）行政机关依法委托的组织中除工勤人员以外的工作人员；

（四）企业、事业单位中由行政机关任命的人员。

法律、行政法规、国务院决定和国务院监察机关、国务院人力资源和社会保障部门制定的处分规章对违反土地管理规定行为的处分另有规定的，从其规定。

第三条 有下列行为之一的，对县级以上地方人民政府主要领导人员和其他负有责任的领导人员，给予警告或者记过处分；情节较重的，给予记大过或者降级处分；情节严重的，给予撤职处分：

（一）土地管理秩序混乱，致使一年度内本行政区域违法占用耕地面积占新增建设用地占用耕地总面积的比例达到15%以上或者虽然未达到15%，但造成恶劣影响或者其他严重后果的；

（二）发生土地违法案件造成严重后果的；

（三）对违反土地管理规定行为不制止、不组织查处的；

（四）对违反土地管理规定行为隐瞒不报、压案不查的。

第四条 行政机关在土地审批和供应过程中不执行或者违反国家土地调控政策，有下列行为之一的，对有关责任人员，给予记大过处分；情节较重的，给予降级或者撤职处分；情节严重的，给予开除处分：

（一）对国务院明确要求暂停土地审批仍不停止审批的；

（二）对国务院明确禁止供地的项目提供建设用地的。

第五条 行政机关及其公务员违反土地管理规定，滥用职权，非法批准征收、占用土地的，对有关责任人员，给予记过或者记大过处分；情节较重的，给予降级或者撤职处分；情节严重的，给予开除处分。

有前款规定行为，且有徇私舞弊情节的，从重处分。

第六条 行政机关及其公务员有下列行为之一的，对有关责任人员，给予记过或者记大过处分；情节较重的，给予降级或者撤职处分；情节严重的，给予开除处分：

（一）不按照土地利用总体规划确定的用途批准用地的；

（二）通过调整土地利用总体规划，擅自改变基本农田位置，规避建设占用基本农田由国务院审批规定的；

（三）没有土地利用计划指标擅自批准用地的；

（四）没有新增建设占用农用地计划指标擅自批准农用地转用的；

（五）批准以"以租代征"等方式擅自占用农用地进行非农业建设的。

第七条 行政机关及其公务员有下列行为之一的，对有关责任人员，给予警告或者记过处分；情节较重的，给予记大过或者降级处分；情节严重的，给予撤职处分：

（一）违反法定条件，进行土地登记、颁发或者更换土地证书的；

（二）明知建设项目用地涉嫌违反土地管理规定，尚未依法处理，仍为其办理用地审批、颁发土地证书的；

（三）在未按照国家规定的标准足额收缴新增建设用地土地有偿使用费前，下发用地批准文件的；

（四）对符合规定的建设用地申请或者土地登记申请，无正当理由不予受理或者超过规定期限未予办理的；

（五）违反法定程序批准征收、占用土地的。

第八条 行政机关及其公务员违反土地管理规定，滥用职权，非法低价或者无偿出让国有建设用地使用权的，对有关责任人员，给予记过或者记大过处分；情节较重的，给予降级或者撤职处分；情节严重的，给予开除处分。

有前款规定行为，且有徇私舞弊情节的，从重处分。

第九条 行政机关及其公务员在国有建设用地使用权出让中，有下列行为之一的，对有关责任人员，给予警告或者记过处分；情节较重的，给予记大过或者降级处分；情节严重的，给予撤职处分：

（一）应当采取出让方式而采用划拨方式或者应当招标拍卖挂牌出让而协议出让国有建设用地使用权的；

（二）在国有建设用地使用权招标拍卖挂牌出让中，采取与投标人、竞买人恶意串通，故意设置不合理的条件限制或者排斥潜在的投标人、竞买人等方式，操纵中标人、竞得人的确定或者出让结果的；

（三）违反规定减免或者变相减免国有建设用地使用权出让金的；

（四）国有建设用地使用权出让合同签订后，擅自批准调整土地用途、容积率等土地使用条件的；

（五）其他违反规定出让国有建设用地使用权的行为。

第十条 未经批准或者采取欺骗手段骗取批准，非法占用土地的，对有关责任人员，给予警告、记过或者记大过处分；情节较重的，给予降级或者撤职处分；情节严重的，给予开除处分。

第十一条 买卖或者以其他形式非法转让土地的，对有关责任人员，给予警告、记过或者记大过处分；情节较重的，给予降级或者撤职处分；情节严重的，给予开除处分。

第十二条 行政机关侵占、截留、挪用被征收土地单位的征地补偿费用和其他有关费用的，对有关责任人员，给予记大过处分；情节较重的，给予降级或者撤职处分；情节严重的，给予开除处分。

第十三条　行政机关在征收土地过程中，有下列行为之一的，对有关责任人员，给予警告或者记过处分；情节较重的，给予记大过或者降级处分；情节严重的，给予撤职处分：

（一）批准低于法定标准的征地补偿方案的；

（二）未按规定落实社会保障费用而批准征地的；

（三）未按期足额支付征地补偿费用的。

第十四条　县级以上地方人民政府未按期缴纳新增建设用地土地有偿使用费的，责令限期缴纳；逾期仍不缴纳的，对有关责任人员，给予记大过处分；情节较重的，给予降级或者撤职处分；情节严重的，给予开除处分。

第十五条　行政机关及其公务员在办理农用地转用或者土地征收申报、报批等过程中，有谎报、瞒报用地位置、地类、面积等弄虚作假行为，造成不良后果的，对有关责任人员，给予记过或者记大过处分；情节较重的，给予降级或者撤职处分；情节严重的，给予开除处分。

第十六条　国土资源行政主管部门及其工作人员有下列行为之一的，对有关责任人员，给予记过或者记大过处分；情节较重的，给予降级或者撤职处分；情节严重的，给予开除处分：

（一）对违反土地管理规定行为按规定应报告而不报告的；

（二）对违反土地管理规定行为不制止、不依法查处的；

（三）在土地供应过程中，因严重不负责任，致使国家利益遭受损失的。

第十七条　有下列情形之一的，应当从重处分：

（一）致使土地遭受严重破坏的；

（二）造成财产严重损失的；

（三）影响群众生产、生活，造成恶劣影响或者其他严重后果的。

第十八条 有下列情形之一的，应当从轻处分：

（一）主动交代违反土地管理规定行为的；

（二）保持或者恢复土地原貌的；

（三）主动纠正违反土地管理规定行为，积极落实有关部门整改意见的；

（四）主动退还违法违纪所得或者侵占、挪用的征地补偿安置费等有关费用的；

（五）检举他人重大违反土地管理规定行为，经查证属实的。

主动交代违反土地管理规定行为，并主动采取措施有效避免或者挽回损失的，应当减轻处分。

第十九条 任免机关、监察机关和国土资源行政主管部门建立案件移送制度。

任免机关、监察机关查处的土地违法违纪案件，依法应当由国土资源行政主管部门给予行政处罚的，应当将有关案件材料移送国土资源行政主管部门。国土资源行政主管部门应当依法及时查处，并将处理结果书面告知任免机关、监察机关。

国土资源行政主管部门查处的土地违法案件，依法应当给予处分，且本部门无权处理的，应当在作出行政处罚决定或者其他处理决定后 10 日内将有关案件材料移送任免机关或者监察机关。任免机关或者监察机关应当依法及时查处，并将处理结果书面告知国土资源行政主管部门。

第二十条 任免机关、监察机关和国土资源行政主管部门移送案件时要做到事实清楚、证据齐全、程序合法、手续完备。

移送的案件材料应当包括以下内容：

（一）本单位有关领导或者主管单位同意移送的意见；

（二）案件的来源及立案材料；

（三）案件调查报告；

（四）有关证据材料；

（五）其他需要移送的材料。

第二十一条 任免机关、监察机关或者国土资源行政主管部门应当移送而不移送案件的，由其上一级机关责令其移送。

第二十二条 有违反土地管理规定行为，应当给予党纪处分的，移送党的纪律检查机关处理；涉嫌犯罪的，移送司法机关依法追究刑事责任。

第二十三条 本办法由监察部、人力资源和社会保障部、国土资源部负责解释。

第二十四条 本办法自2008年6月1日起施行。

自然资源执法监督规定

（2017年12月27日国土资源部令第79号公布 根据2020年3月20日《自然资源部关于第二批废止和修改的部门规章的决定》修订）

第一条 为了规范自然资源执法监督行为，依法履行自然资源执法监督职责，切实保护自然资源，维护公民、法人和其他组织的合法权益，根据《中华人民共和国土地管理法》《中华人民共和国矿产资源法》等法律法规，制定本规定。

第二条 本规定所称自然资源执法监督，是指县级以上自然资源主管部门依照法定职权和程序，对公民、法人和其他组织违反自然资源法律法规的行为进行检查、制止和查处的行政执法活动。

第三条 自然资源执法监督，遵循依法、规范、严格、公正、文明的原则。

第四条 县级以上自然资源主管部门应当强化遥感监测、视频监控等科技和信息化手段的应用，明确执法工作技术支撑机构。可以通过购买社会服务等方式提升执法监督效能。

第五条 对在执法监督工作中认真履行职责，依法执行公务成绩显著的自然资源主管部门及其执法人员，由上级自然资源主管部门给予通报表扬。

第六条 任何单位和个人发现自然资源违法行为，有权向县级以上自然资源主管部门举报。接到举报的自然资源主管部门应当依法依规处理。

第七条 县级以上自然资源主管部门依照法律法规规定，履行下列执法监督职责：

（一）对执行和遵守自然资源法律法规的情况进行检查；

（二）对发现的违反自然资源法律法规的行为进行制止，责令限期改正；

（三）对涉嫌违反自然资源法律法规的行为进行调查；

（四）对违反自然资源法律法规的行为依法实施行政处罚和行政处理；

（五）对违反自然资源法律法规依法应当追究国家工作人员责任的，依照有关规定移送监察机关或者有关机关处理；

（六）对违反自然资源法律法规涉嫌犯罪的，将案件移送有关机关；

（七）法律法规规定的其他职责。

第八条 县级以上地方自然资源主管部门根据工作需要，可以委托自然资源执法监督队伍行使执法监督职权。具体职权范围由委托机关决定。

上级自然资源主管部门应当加强对下级自然资源主管部门行政执法行为的监督和指导。

第九条 县级以上地方自然资源主管部门应当加强与人民法院、人民检察院和公安机关的沟通和协作，依法配合有关机关查处涉嫌自然资源犯罪的行为。

第十条 从事自然资源执法监督的工作人员应当具备下列条件：

（一）具有较高的政治素质，忠于职守、秉公执法、清正廉明；

（二）熟悉自然资源法律法规和相关专业知识；

（三）取得执法证件。

第十一条 自然资源执法人员依法履行执法监督职责时，应当主动出示执法证件，并且不得少于2人。

第十二条 县级以上自然资源主管部门可以组织特邀自然资源监察专员参与自然资源执法监督活动，为自然资源执法监督工作提供意见和建议。

第十三条 市、县自然资源主管部门可以根据工作需要，聘任信息员、协管员，收集自然资源违法行为信息，协助及时发现自然资源违法行为。

第十四条 县级以上自然资源主管部门履行执法监督职责，依法可以采取下列措施：

（一）要求被检查的单位或者个人提供有关文件和资料，进行查阅或者予以复制；

（二）要求被检查的单位或者个人就有关问题作出说明，询问违法案件的当事人、嫌疑人和证人；

（三）进入被检查单位或者个人违法现场进行勘测、拍照、录音和摄像等；

（四）责令当事人停止正在实施的违法行为，限期改正；

（五）对当事人拒不停止违法行为的，应当将违法事实书面报告本级人民政府和上一级自然资源主管部门，也可以提请本级人民政府协调有关部门和单位采取相关措施；

（六）对涉嫌违反自然资源法律法规的单位和个人，依法暂停办理其与该行为有关的审批或者登记发证手续；

（七）对执法监督中发现有严重违反自然资源法律法规，自然资源管理秩序混乱，未积极采取措施消除违法状态的地区，其上级自然资源主管部门可以建议本级人民政府约谈该地区人民政府主要负责人；

（八）执法监督中发现有地区存在违反自然资源法律法规的苗头性或者倾向性问题，可以向该地区的人民政府或者自然资源主管部门进行反馈，提出执法监督建议；

（九）法律法规规定的其他措施。

第十五条　县级以上地方自然资源主管部门应当按照有关规定保障自然资源执法监督工作的经费、车辆、装备等必要条件，并为执法人员提供人身意外伤害保险等职业风险保障。

第十六条　市、县自然资源主管部门应当建立执法巡查、抽查制度，组织开展巡查、抽查活动，发现、报告和依法制止自然资源违法行为。

第十七条　自然资源部在全国部署开展自然资源卫片执法监督。

省级自然资源主管部门按照自然资源部的统一部署，组织所辖行政区域内的市、县自然资源主管部门开展自然资源卫片执法监督，并向自然资源部报告结果。

第十八条　省级以上自然资源主管部门实行自然资源违法案件挂牌督办和公开通报制度。

第十九条　对上级自然资源主管部门交办的自然资源违法案件，下级自然资源主管部门拖延办理的，上级自然资源主管部门可以发出督办通知，责令限期办理；必要时，可以派员督办或者挂牌督办。

第二十条　县级以上自然资源主管部门实行行政执法全过程记录制度。根据情况可以采取下列记录方式，实现全过程留痕和可回溯管理：

（一）将行政执法文书作为全过程记录的基本形式；

（二）对现场检查、随机抽查、调查取证、听证、行政强制、送达等容易引发争议的行政执法过程，进行音像记录；

（三）对直接涉及重大财产权益的现场执法活动和执法场所，进行音像记录；

（四）对重大、复杂、疑难的行政执法案件，进行音像记录；

（五）其他对当事人权利义务有重大影响的，进行音像记录。

第二十一条　县级以上自然资源主管部门实行重大行政执法决定法制审核制度。在作出重大行政处罚决定前，由该部门的法制工作机构对拟作出决定的合法性、适当性进行审核。未经法制审核或者审核未通过的，不得作出决定。

重大行政处罚决定，包括没收违法采出的矿产品，没收违法所得，没收违法建筑物，限期拆除违法建筑物，吊销勘查许可证或者采矿许可证，地质灾害防治单位资质，测绘资质等。

第二十二条　县级以上自然资源主管部门的执法监督机构提请法制审核的，应当提交以下材料：

（一）拟作出的处罚决定情况说明；

（二）案件调查报告；

（三）法律法规规章依据；

（四）相关的证据材料；

（五）需要提供的其他相关材料。

第二十三条　法制审核原则上采取书面审核的方式，审核以下内容：

（一）执法主体是否合法；

（二）是否超越本机关执法权限；

（三）违法定性是否准确；

（四）法律适用是否正确；

（五）程序是否合法；

（六）行政裁量权行使是否适当；

（七）行政执法文书是否完备规范；

（八）违法行为是否涉嫌犯罪、需要移送司法机关等；

（九）其他需要审核的内容。

第二十四条 县级以上自然资源主管部门的法制工作机构自收到送审材料之日起5个工作日内完成审核。情况复杂需要进一步调查研究的，可以适当延长，但延长期限不超过10个工作日。

经过审核，对拟作出的重大行政处罚决定符合本规定第二十八条的，法制工作机构出具通过法制审核的书面意见；对不符合规定的，不予通过法制审核。

第二十五条 县级以上自然资源主管部门实行行政执法公示制度。县级以上自然资源主管部门建立行政执法公示平台，依法及时向社会公开下列信息，接受社会公众监督：

（一）本部门执法查处的法律依据、管辖范围、工作流程、救济方式等相关规定；

（二）本部门自然资源执法证件持有人姓名、编号等信息；

（三）本部门作出的生效行政处罚决定和行政处理决定；

（四）本部门公开挂牌督办案件处理结果；

（五）本部门认为需要公开的其他执法监督事项。

第二十六条 有下列情形之一的，县级以上自然资源主管部门及其执法人员，应当采取相应处置措施，履行执法监督职责：

（一）对于下达《责令停止违法行为通知书》后制止无效的，及时报告本级人民政府和上一级自然资源主管部门；

（二）依法没收建筑物或者其他设施，没收后应当及时向有关部门移交；

（三）发现违法线索需要追究刑事责任的，应当依法向有关部门移送违法犯罪线索"

（四）依法申请人民法院强制执行，人民法院不予受理的，应当作出明确记录。

第二十七条 上级自然资源主管部门应当通过检查、抽查等方式，评议考核下级自然资源主管部门执法监督工作。

评议考核结果应当在适当范围内予以通报，并作为年度责任目标考核、评优、奖惩的重要依据，以及干部任用的重要参考。

评议考核不合格的，上级自然资源主管部门可以对其主要负责人进行约谈，责令限期整改。

第二十八条 县级以上自然资源主管部门实行错案责任追究制度。自然资源执法人员在查办自然资源违法案件过程中，因过错造成损害后果的，所在的自然资源主管部门应当予以纠正，并依照有关规定追究相关人员的过错责任。

第二十九条 县级以上自然资源主管部门及其执法人员有下列情形之一，致使公共利益或者公民、法人和其他组织的合法权益遭受重大损害的，应当依法给予处分：

（一）对发现的自然资源违法行为未依法制止的；

（二）应当依法立案查处，无正当理由，未依法立案查处的；

（三）已经立案查处，依法应当申请强制执行、移送有关机关追究责任，无正当理由，未依法申请强制执行、移送有关机关的。

第三十条 县级以上自然资源主管部门及其执法人员有下列情形之一的，应当依法给予处分；构成犯罪的，依法追究刑事责任：

（一）伪造、销毁、藏匿证据，造成严重后果的；

（二）篡改案件材料，造成严重后果的；

（三）不依法履行职责，致使案件调查、审核出现重大失误的；

（四）违反保密规定，向案件当事人泄露案情，造成严重后果的；

（五）越权干预案件调查处理，造成严重后果的；

（六）有其他徇私舞弊、玩忽职守、滥用职权行为的。

第三十一条 阻碍自然资源主管部门依法履行执法监督职责，

对自然资源执法人员进行威胁、侮辱、殴打或者故意伤害，构成违反治安管理行为的，依法给予治安管理处罚；构成犯罪的，依法追究刑事责任。

第三十二条 本规定自 2018 年 3 月 1 日起施行。原国家土地管理局 1995 年 6 月 12 日发布的《土地监察暂行规定》同时废止。

最高人民法院关于审理涉及农村集体土地行政案件若干问题的规定

（2011 年 5 月 9 日最高人民法院审判委员会第 1522 次会议通过 2011 年 8 月 7 日最高人民法院公告公布 自 2011 年 9 月 5 日起施行 法释〔2011〕20 号）

为正确审理涉及农村集体土地的行政案件，根据《中华人民共和国物权法》、《中华人民共和国土地管理法》和《中华人民共和国行政诉讼法》等有关法律规定，结合行政审判实际，制定本规定。

第一条 农村集体土地的权利人或者利害关系人（以下简称土地权利人）认为行政机关作出的涉及农村集体土地的行政行为侵犯其合法权益，提起诉讼的，属于人民法院行政诉讼的受案范围。

第二条 土地登记机构根据人民法院生效裁判文书、协助执行通知书或者仲裁机构的法律文书办理的土地权属登记行为，土地权利人不服提起诉讼的，人民法院不予受理，但土地权利人认为登记内容与有关文书内容不一致的除外。

第三条 村民委员会或者农村集体经济组织对涉及农村集体土地的行政行为不起诉的，过半数的村民可以以集体经济组织名义提起诉讼。

农村集体经济组织成员全部转为城镇居民后,对涉及农村集体土地的行政行为不服的,过半数的原集体经济组织成员可以提起诉讼。

第四条 土地使用权人或者实际使用人对行政机关作出涉及其使用或实际使用的集体土地的行政行为不服的,可以以自己的名义提起诉讼。

第五条 土地权利人认为土地储备机构作出的行为侵犯其依法享有的农村集体土地所有权或使用权,向人民法院提起诉讼的,应当以土地储备机构所隶属的土地管理部门为被告。

第六条 土地权利人认为乡级以上人民政府作出的土地确权决定侵犯其依法享有的农村集体土地所有权或者使用权,经复议后向人民法院提起诉讼的,人民法院应当依法受理。

法律、法规规定应当先申请行政复议的土地行政案件,复议机关作出不受理复议申请的决定或者以不符合受理条件为由驳回复议申请,复议申请人不服的,应当以复议机关为被告向人民法院提起诉讼。

第七条 土地权利人认为行政机关作出的行政处罚、行政强制措施等行政行为侵犯其依法享有的农村集体土地所有权或者使用权,直接向人民法院提起诉讼的,人民法院应当依法受理。

第八条 土地权属登记(包括土地权属证书)在生效裁判和仲裁裁决中作为定案证据,利害关系人对该登记行为提起诉讼的,人民法院应当依法受理。

第九条 涉及农村集体土地的行政决定以公告方式送达的,起诉期限自公告确定的期限届满之日起计算。

第十条 土地权利人对土地管理部门组织实施过程中确定的土地补偿有异议,直接向人民法院提起诉讼的,人民法院不予受理,但应当告知土地权利人先申请行政机关裁决。

第十一条　土地权利人以土地管理部门超过两年对非法占地行为进行处罚违法，向人民法院起诉的，人民法院应当按照行政处罚法第二十九条第二款的规定处理。

第十二条　征收农村集体土地时涉及被征收土地上的房屋及其他不动产的，土地权利人可以请求依照物权法第四十二条第二款的规定给予补偿。

征收农村集体土地时未就被征收土地上的房屋及其他不动产进行安置补偿，补偿安置时房屋所在地已纳入城市规划区，土地权利人请求参照执行国有土地上房屋征收补偿标准的，人民法院一般应予支持，但应当扣除已经取得的土地补偿费。

第十三条　在审理土地行政案件中，人民法院经当事人同意进行协调的期间，不计算在审理期限内。当事人不同意继续协商的，人民法院应当及时审理，并恢复计算审理期限。

第十四条　县级以上人民政府土地管理部门根据土地管理法实施条例第四十五条的规定，申请人民法院执行其作出的责令交出土地决定的，应当符合下列条件：

（一）征收土地方案已经有权机关依法批准；

（二）市、县人民政府和土地管理部门已经依照土地管理法和土地管理法实施条例规定的程序实施征地行为；

（三）被征收土地所有权人、使用人已经依法得到安置补偿或者无正当理由拒绝接受安置补偿，且拒不交出土地，已经影响到征收工作的正常进行；

（四）符合最高人民法院《关于执行〈中华人民共和国行政诉讼法〉若干问题的解释》第八十六条规定的条件。

人民法院对符合条件的申请，应当予以受理，并通知申请人；对不符合条件的申请，应当裁定不予受理。

第十五条　最高人民法院以前所作的司法解释与本规定不一致的，以本规定为准。

最高人民法院关于审理涉及国有土地使用权合同纠纷案件适用法律问题的解释

（2004年11月23日最高人民法院审判委员会第1334次会议通过 根据2020年12月23日最高人民法院审判委员会第1823次会议通过的《最高人民法院关于修改〈最高人民法院关于在民事审判工作中适用《中华人民共和国工会法》若干问题的解释〉等二十七件民事类司法解释的决定》修正）

为正确审理国有土地使用权合同纠纷案件，依法保护当事人的合法权益，根据《中华人民共和国民法典》《中华人民共和国土地管理法》《中华人民共和国城市房地产管理法》等法律规定，结合民事审判实践，制定本解释。

一、土地使用权出让合同纠纷

第一条 本解释所称的土地使用权出让合同，是指市、县人民政府自然资源主管部门作为出让方将国有土地使用权在一定年限内让与受让方，受让方支付土地使用权出让金的合同。

第二条 开发区管理委员会作为出让方与受让方订立的土地使用权出让合同，应当认定无效。

本解释实施前，开发区管理委员会作为出让方与受让方订立的土地使用权出让合同，起诉前经市、县人民政府自然资源主管部门追认的，可以认定合同有效。

第三条 经市、县人民政府批准同意以协议方式出让的土地使用权，土地使用权出让金低于订立合同时当地政府按照国家规定确定的最低价的，应当认定土地使用权出让合同约定的价格条款无效。

当事人请求按照订立合同时的市场评估价格交纳土地使用权出让金的，应予支持；受让方不同意按照市场评估价格补足，请求解除合同的，应予支持。因此造成的损失，由当事人按照过错承担责任。

第四条　土地使用权出让合同的出让方因未办理土地使用权出让批准手续而不能交付土地，受让方请求解除合同的，应予支持。

第五条　受让方经出让方和市、县人民政府城市规划行政主管部门同意，改变土地使用权出让合同约定的土地用途，当事人请求按照起诉时同种用途的土地出让金标准调整土地出让金的，应予支持。

第六条　受让方擅自改变土地使用权出让合同约定的土地用途，出让方请求解除合同的，应予支持。

二、土地使用权转让合同纠纷

第七条　本解释所称的土地使用权转让合同，是指土地使用权人作为转让方将出让土地使用权转让于受让方，受让方支付价款的合同。

第八条　土地使用权人作为转让方与受让方订立土地使用权转让合同后，当事人一方以双方之间未办理土地使用权变更登记手续为由，请求确认合同无效的，不予支持。

第九条　土地使用权人作为转让方就同一出让土地使用权订立数个转让合同，在转让合同有效的情况下，受让方均要求履行合同的，按照以下情形分别处理：

（一）已经办理土地使用权变更登记手续的受让方，请求转让方履行交付土地等合同义务的，应予支持；

（二）均未办理土地使用权变更登记手续，已先行合法占有投

资开发土地的受让方请求转让方履行土地使用权变更登记等合同义务的,应予支持;

(三)均未办理土地使用权变更登记手续,又未合法占有投资开发土地,先行支付土地转让款的受让方请求转让方履行交付土地和办理土地使用权变更登记等合同义务的,应予支持;

(四)合同均未履行,依法成立在先的合同受让方请求履行合同的,应予支持。

未能取得土地使用权的受让方请求解除合同、赔偿损失的,依照民法典的有关规定处理。

第十条 土地使用权人与受让方订立合同转让划拨土地使用权,起诉前经有批准权的人民政府同意转让,并由受让方办理土地使用权出让手续的,土地使用权人与受让方订立的合同可以按照补偿性质的合同处理。

第十一条 土地使用权人与受让方订立合同转让划拨土地使用权,起诉前经有批准权的人民政府决定不办理土地使用权出让手续,并将该划拨土地使用权直接划拨给受让方使用的,土地使用权人与受让方订立的合同可以按照补偿性质的合同处理。

三、合作开发房地产合同纠纷

第十二条 本解释所称的合作开发房地产合同,是指当事人订立的以提供出让土地使用权、资金等作为共同投资,共享利润、共担风险合作开发房地产为基本内容的合同。

第十三条 合作开发房地产合同的当事人一方具备房地产开发经营资质的,应当认定合同有效。

当事人双方均不具备房地产开发经营资质的,应当认定合同无效。但起诉前当事人一方已经取得房地产开发经营资质或者已依法合作成立具有房地产开发经营资质的房地产开发企业的,应当认定合同有效。

第十四条　投资数额超出合作开发房地产合同的约定，对增加的投资数额的承担比例，当事人协商不成的，按照当事人的违约情况确定；因不可归责于当事人的事由或者当事人的违约情况无法确定的，按照约定的投资比例确定；没有约定投资比例的，按照约定的利润分配比例确定。

第十五条　房屋实际建筑面积少于合作开发房地产合同的约定，对房屋实际建筑面积的分配比例，当事人协商不成的，按照当事人的违约情况确定；因不可归责于当事人的事由或者当事人违约情况无法确定的，按照约定的利润分配比例确定。

第十六条　在下列情形下，合作开发房地产合同的当事人请求分配房地产项目利益的，不予受理；已经受理的，驳回起诉：

（一）依法需经批准的房地产建设项目未经有批准权的人民政府主管部门批准；

（二）房地产建设项目未取得建设工程规划许可证；

（三）擅自变更建设工程规划。

因当事人隐瞒建设工程规划变更的事实所造成的损失，由当事人按照过错承担。

第十七条　房屋实际建筑面积超出规划建筑面积，经有批准权的人民政府主管部门批准后，当事人对超出部分的房屋分配比例协商不成的，按照约定的利润分配比例确定。对增加的投资数额的承担比例，当事人协商不成的，按照约定的投资比例确定；没有约定投资比例的，按照约定的利润分配比例确定。

第十八条　当事人违反规划开发建设的房屋，被有批准权的人民政府主管部门认定为违法建筑责令拆除，当事人对损失承担协商不成的，按照当事人过错确定责任；过错无法确定的，按照约定的投资比例确定责任；没有约定投资比例的，按照约定的利润分配比例确定责任。

第十九条　合作开发房地产合同约定仅以投资数额确定利润分

配比例，当事人未足额交纳出资的，按照当事人的实际投资比例分配利润。

第二十条 合作开发房地产合同的当事人要求将房屋预售款充抵投资参与利润分配的，不予支持。

第二十一条 合作开发房地产合同约定提供土地使用权的当事人不承担经营风险，只收取固定利益的，应当认定为土地使用权转让合同。

第二十二条 合作开发房地产合同约定提供资金的当事人不承担经营风险，只分配固定数量房屋的，应当认定为房屋买卖合同。

第二十三条 合作开发房地产合同约定提供资金的当事人不承担经营风险，只收取固定数额货币的，应当认定为借款合同。

第二十四条 合作开发房地产合同约定提供资金的当事人不承担经营风险，只以租赁或者其他形式使用房屋的，应当认定为房屋租赁合同。

四、其它

第二十五条 本解释自 2005 年 8 月 1 日起施行；施行后受理的第一审案件适用本解释。

本解释施行前最高人民法院发布的司法解释与本解释不一致的，以本解释为准。

附 录

（一）典型案例

魏永高、陈守志诉来安县人民政府收回土地使用权批复案[①]

（最高人民法院审判委员会讨论通过 2013年11月8日发布）

【关键词】

行政诉讼 受案范围 批复

【裁判要点】

地方人民政府对其所属行政管理部门的请示作出的批复，一般属于内部行政行为，不可对此提起诉讼。但行政管理部门直接将该批复付诸实施并对行政相对人的权利义务产生了实际影响，行政相对人对该批复不服提起诉讼的，人民法院应当依法受理。

【相关法条】

《中华人民共和国行政诉讼法》第十一条

[①] 最高人民法院指导案例22号。

【基本案情】

2010年8月31日，安徽省来安县国土资源和房产管理局向来安县人民政府报送《关于收回国有土地使用权的请示》，请求收回该县永阳东路与塔山中路部分地块土地使用权。9月6日，来安县人民政府作出《关于同意收回永阳东路与塔山中路部分地块国有土地使用权的批复》。来安县国土资源和房产管理局收到该批复后，没有依法制作并向原土地使用权人送达收回土地使用权决定，而直接交由来安县土地储备中心付诸实施。魏永高、陈守志的房屋位于被收回使用权的土地范围内，其对来安县人民政府收回国有土地使用权批复不服，提起行政复议。2011年9月20日，滁州市人民政府作出《行政复议决定书》，维持来安县人民政府的批复。魏永高、陈守志仍不服，提起行政诉讼，请求人民法院撤销来安县人民政府上述批复。

【裁判结果】

滁州市中级人民法院于2011年12月23日作出（2011）滁行初字第6号行政裁定：驳回魏永高、陈守志的起诉。魏永高、陈守志提出上诉，安徽省高级人民法院于2012年9月10日作出（2012）皖行终字第14号行政裁定：一、撤销滁州市中级人民法院（2011）滁行初字第6号行政裁定；二、指令滁州市中级人民法院继续审理本案。

【裁判理由】

法院生效裁判认为：根据《土地储备管理办法》和《安徽省国有土地储备办法》以收回方式储备国有土地的程序规定，来安县国土资源行政主管部门在来安县人民政府作出批准收回国有土地使用权方案批复后，应当向原土地使用权人送达对外发生法律效力的收回国有土地使用权通知。来安县人民政府的批复属于内部行政行为，不向相对人送达，对相对人的权利义务尚未产生实际影响，一般不属于行政诉讼的受案范围。但本案中，来安县人民政府作出批复后，来安县国土资源行政主管部门没有制作并送达对外发生效力的法律文书，即直接交来安县土地储备中心根据该批复实施拆迁补偿安置行为，对原土地使用权人的权利义务产生了实际影响；原土地使用权人也通过申请政府信息公开知道了该批复的内容，并对批复提起了行政复议，复议机关作出复议决定时也告知了诉权，该批复已实际执行并外化为对外发生法律效力的具体行政行为。因此，对该批复不服提起行政诉讼的，人民法院应当依法受理。

宣懿成等诉浙江省衢州市国土资源局收回国有土地使用权案[①]

（最高人民法院审判委员会讨论通过 2014年12月25日发布）

【关键词】

行政诉讼 举证责任 未引用具体法律条款 适用法律错误

【裁判要点】

行政机关作出具体行政行为时未引用具体法律条款，且在诉讼中不能证明该具体行政行为符合法律的具体规定，应当视为该具体行政行为没有法律依据，适用法律错误。

【相关法条】

《中华人民共和国行政诉讼法》第三十二条

【基本案情】

原告宣懿成等18人系浙江省衢州市柯城区卫宁巷1号（原14

[①] 最高人民法院指导案例41号。

号）衢州府山中学教工宿舍楼的住户。2002年12月9日，衢州市发展计划委员会根据第三人建设银行衢州分行（以下简称衢州分行）的报告，经审查同意衢州分行在原有的营业综合大楼东南侧扩建营业用房建设项目。同日，衢州市规划局制定建设项目选址意见，衢州分行为扩大营业用房等，拟自行收购、拆除占地面积为205平方米的府山中学教工宿舍楼，改建为露天停车场，具体按规划详图实施。18日，衢州市规划局又规划出衢州分行扩建营业用房建设用地平面红线图。20日，衢州市规划局发出建设用地规划许可证，衢州分行建设项目用地面积756平方米。25日，被告衢州市国土资源局（以下简称衢州市国土局）请示收回衢州府山中学教工宿舍楼住户的国有土地使用权187.6平方米，报衢州市人民政府审批同意。同月31日，衢州市国土局作出衢市国土（2002）37号《收回国有土地使用权通知》（以下简称《通知》），并告知宣懿成等18人其正在使用的国有土地使用权将收回及诉权等内容。该《通知》说明了行政决定所依据的法律名称，但没有对所依据的具体法律条款予以说明。原告不服，提起行政诉讼。

【裁判结果】

浙江省衢州市柯城区人民法院于2003年8月29日作出（2003）柯行初字第8号行政判决：撤销被告衢州市国土资源局2002年12月31日作出的衢市国土（2002）第37号《收回国有土地使用权通知》。宣判后，双方当事人均未上诉，判决已发生法律效力。

【裁判理由】

法院生效裁判认为：被告衢州市国土局作出《通知》时，虽然说明了该通知所依据的法律名称，但并未引用具体法律条款。在庭审过程中，被告辩称系依据《中华人民共和国土地管理法》（以下简称《土地管理法》）第五十八条第一款作出被诉具体行政行为。

《土地管理法》第五十八条第一款规定："有下列情况之一的，由有关人民政府土地行政主管部门报经原批准用地的人民政府或者有批准权的人民政府批准，可以收回国有土地使用权：（一）为公共利益需要使用土地的；（二）为实施城市规划进行旧城区改建，需要调整使用土地的；……。"衢州市国土局作为土地行政主管部门，有权依照《土地管理法》对辖区内国有土地的使用权进行管理和调整，但其行使职权时必须具有明确的法律依据。被告在作出《通知》时，仅说明是依据《土地管理法》及浙江省的有关规定作出的，但并未引用具体的法律条款，故其作出的具体行政行为没有明确的法律依据，属于适用法律错误。

本案中，衢州市国土局提供的衢州市发展计划委员会（2002）35号《关于同意扩建营业用房项目建设计划的批复》《建设项目选址意见书审批表》《建设银行衢州分行扩建营业用房建设用地规划红线图》等有关证据，难以证明其作出的《通知》符合《土地管理法》第五十八条第一款规定的"为公共利益需要使用土地"或"实施城市规划进行旧城区改造需要调整使用土地"的情形，主要证据不足，故被告主张其作出的《通知》符合《土地管理法》规定的理由不能成立。根据《中华人民共和国行政诉讼法》及其相关司法解释的规定，在行政诉讼中，被告对其作出的具体行政行为承担举证责任，被告不提供作出具体行政行为时的证据和依据的，应当认定该具体行政行为没有证据和依据。

综上，被告作出的收回国有土地使用权具体行政行为主要证据不足，适用法律错误，应予撤销。

安徽省某县自然资源和规划局申请执行强制拆除违法占用土地上的建筑物行政处罚决定检察监督案[①]

【关键词】

行政检察　类案监督　违法占地　非诉执行　不予受理　法律适用错误

【要旨】

人民检察院在行政非诉执行监督中，对不具有行政强制执行权的行政机关依法申请人民法院强制执行，人民法院不予受理的，应当依法进行监督。发现人民法院在多个行政非诉执行案件中存在同类法律适用错误的，可以通过对其中有代表性的典型案件进行监督，解决一类案件法律适用问题，促进建立长效机制，确保法律监督效果。

【基本案情】

2018年至2020年，安徽省某县自然资源和规划局（原某县国土资源局）依据《中华人民共和国土地管理法》对辖区内未经批准擅自占用土地进行建设的违法行为进行调查后，先后作出多个包含责令限期拆除违法建筑物等内容的处罚决定。部分行政相对人在法定期限内既不申请行政复议或者提起行政诉讼，又未自行拆除违法建筑物，县自然资源和规划局依照《中华人民共和国行政处罚法》（2017年）第五十一条的规定，对其中的64个处罚决定先后以直接提交、邮寄申请书等方式向县人民法院申请强制拆除违法建筑物，县人民法院均不予受理。

---

① 最高人民检察院检例第148号。

【检察机关履职过程】

案件来源。2018年12月，某县人民检察院在全国检察机关行政非诉执行监督专项活动中发现该类案件线索，对其中3起典型案件启动监督程序。

调查核实。根据案件情况，检察机关重点开展了以下调查核实工作：向当地土地管理部门了解近年来拆除违法建筑物行政处罚决定的自动履行和申请法院强制执行情况；实地查看违法占地现场；向人民法院了解相关情况。检察机关查明：县自然资源和规划局申请法院强制执行符合法律规定，县人民法院对2018年以来该类执行申请均不予受理。

监督意见。县人民检察院审查认为，法院对自然资源和规划局强制执行申请既不受理又不作出不予受理的裁定，县自然资源和规划局在无行政强制执行权的情况下，既无法申请人民法院强制执行，又无法向上一级人民法院申请复议进行救济，案件被搁置，被非法占用的土地得不到恢复，土地管理秩序不能有效维护。经检察委员会讨论决定，于2018年12月向县人民法院提出检察建议，建议其依法受理并审查行政机关的执行申请。

回复意见。县人民法院收到检察建议后，经审判委员会讨论后回复县人民检察院：《中华人民共和国行政强制法》第四十四条、《最高人民法院关于违法的建筑物、构筑物、设施等强制拆除问题的批复》（法释〔2013〕5号）赋予了自然资源和规划局强制执行权，土地管理法与行政强制法存在冲突，应当适用行政强制法，人民法院不予受理县自然资源和规划局的强制执行申请符合法律规定；正在与县政府、国土部门协商，妥善解决违法建筑物的强拆问题，对检察建议不予采纳。

跟进监督。县人民检察院提请市人民检察院跟进监督。市人民检察院审查认为，根据我国法律规定，行政机关自行实施强制执行应当由法律明确授权，法律没有明确规定由行政机关自行强制执行的，行政机关应当申请法院强制执行。《中华人民共和国行政强制法》对"行政机关强制执行程序"和"申请人民法院强制执行"分两章作出规定。该法第四十四条规定"对违法的建筑物、构筑物、设施等需要强制拆除的，应当由行政机关予以公告，限期当事人自行拆除。当事人在法定期限内不申请行政复议或者提起行政诉讼，又不拆除的，行政机关可以依法强制拆除。"本条规定在"行政机关强制执行程序"一章，是对"具有行政强制执行权的行政机关"实施强制拆除所作的程序性规定，不是对某一行政机关具有行政强制执行权的法律授权。案涉行政处罚决定均系自然资源主管部门根据《中华人民共和国土地管理法》作出，该法未授予自然资源主管部门强制拆除违法建筑物的执行权。该法第八十三条规定，"依照本法规定，责令限期拆除在非法占用的土地上新建的建筑物和其他设施的……由作出处罚决定的机关依法申请人民法院强制执行"。自然资源主管部门针对违反土地管理法的行为作出责令强制拆除的处罚决定，行政相对人期满不起诉又不自行拆除的，应当由行政机关依法申请人民法院强制执行。《最高人民法院关于违法的建筑物、构筑物、设施等强制拆除问题的批复》是就城乡规划领域的违法建设强制拆除所作的司法解释，即依据城乡规划法，乡镇人民政府有权对违反乡村规划的违法建筑物强制拆除，县级以上人民政府对城乡规划主管部门作出限期拆除的决定，当事人逾期不拆除的，有权责成有关部门强制拆除。本案自然资源主管部门申请执行的行政处罚决定均系依据土地管理法作出，依法应当申请人民法院强制执行，人民法院不予受理违反法律规定。

2019年6月，市人民检察院就上述3起案件向市中级人民法院提出检察建议，建议其监督县人民法院纠正违法行为。市中级人民法院在规定期限内回复，已建议县人民法院自行纠正。县人民法院依法受理并作出准予强制执行裁定，并均已执行。

建立长效机制。县人民检察院就案涉问题报告县人大常委会，并与县政府座谈交流。在各方共同推动下，2020年5月，县人民政府制发《关于进一步建立健全违法违规用地防控治理长效机制的意见》，明确行政执法部门就拆除非法占地违法建筑物向法院申请强制执行，法院裁定准予强制执行后，由县政府安排属地乡镇政府实施。此后，县人民法院对县自然资源和规划局该类案件的强制执行申请均予以受理并裁定准予执行。同时县、乡两级政府及行政主管部门按照"统一领导、属地管理、拆控并重、综合治理"的原则，建立健全网格巡查、快速反应、联合执行、联席会议等八项工作机制，确保对违法违规用地执行到位，有效遏制了土地违法行为。

【指导意义】

（一）人民检察院办理行政非诉执行监督案件，对于不具有行政强制执行权的行政机关依法申请人民法院强制执行，人民法院不予受理的，人民检察院应当依法进行监督。行政强制执行由法律设定。法律没有授权行政机关强制执行的，作出行政决定的行政机关应当申请人民法院强制执行，人民法院应当受理、审查并依法作出是否准予执行的裁定。土地管理法和城乡规划法实现的行政管理目的不同，关于法律责任的具体规定也有区别。土地管理法主要针对的是违法占地行为，城乡规划法主要针对的是"未取得建设工程规划许可证或者未按照建设工程规划许可证进行建设"的违法行为。土地管理法未授权自然资源主管部门强制拆除违法占地建筑物的执行权，因此自然资源主管部门适用土地管理法作出责令强制拆除违法占地建筑物的处罚决定后，占地违法建设行为人逾期不起诉又不自行拆除的，行政机关应当申请人民法院强制执行，而无权自行强制执行。人民检察院发现人民法院对应当受理的强制执行申请不予受理的，应当依法监督纠正。

（二）人民检察院在履行法律监督职责中发现同类案件法律适用错误，可以选择其中几个典型案件进行类案监督，促进同一类案件正确适用法律,并针对影响法律适用的难点问题建立长效机制。人民检察院开展法律监督,应当根据法律适用原则和法律解释方法,准确识别法律规范的真实含义,厘清法律适用争议,通过提出检察建议督促纠正法律适用错误。对一定数量性质相同、适用法律相同的个案存在同类错误的,可以选择几件典型案件作为突破口进行监督;对不采纳监督意见的,可以提请上级检察机关跟进监督,通过纠正典型案件错误为同一类案件纠错确定标准,提升监督效果和效率。加强类案监督成果的运用,主动向党委、人大报告,争取政府支持,提出解决问题的意见和建议,促进各方凝聚共识,形成长效工作机制。

【相关规定】

《中华人民共和国行政处罚法》(2017年修正)第五十一条(现为2021年修订后的第七十二条)

《中华人民共和国行政强制法》(2012年施行)第三十四条、第四十四条

《中华人民共和国土地管理法》(2019年修正)第八十三条

《最高人民法院关于违法的建筑物、构筑物、设施等强制拆除问题的批复》(2013年施行)

《人民检察院行政诉讼监督规则(试行)》(2016年施行)第九条、第三十一条(现为2021年施行的《人民检察院行政诉讼监督规则》第三十六条、第一百一十一条)

江苏省扬州经济技术开发区人民检察院督促整治闲置国有土地行政公益诉讼案[①]

【关键词】

行政公益诉讼诉前程序　国有土地使用权出让　闲置土地　分类处置

【要旨】

对于国有土地使用权出让后土地闲置、违反土地出让协议约定用途等情形，检察机关可以通过行政公益诉讼督促负有监管职责的行政机关依法履行职责。涉及多个行政机关、多个相对人、多种违法行为类型的，检察机关可以采取不同办案方式分类处置。

【基本案情】

2009年9月至2014年9月期间，江苏省扬州经济技术开发区（以下简称经开区）A发电公司、B太阳能公司、C照明公司、D自动化公司、E光电公司共取得326亩国有土地使用权，一直未动工开发或投产，造成土地闲置。

【检察机关履职过程】

2021年10月，扬州经济技术开发区人民检察院（以下简称经开区检察院）在履行职责中发现上述线索后，对涉案土地闲置的历史成因、企业经营状况、行政机关履职情况等进行了初步调查，查明造成326亩土地闲置的原因比较复杂，ABCDE五家公司仍然没有具体使用意向。用地企业与行政机关签订的《国有土地使用权出让合同》均载明违反土地管理法律法规及出让合同的违约责任、法

[①] 最高人民检察院检例第184号。

律适用及争议解决的条款，但相关行政机关未依法依规依约对企业的用地情况开展监督管理工作。

2021年11月，经开区检察院研究认为，对于326亩闲置土地，虽然造成土地闲置的原因比较复杂，既有土地规划、国家政策调整原因，也有企业自身原因，但相关行政机关未依照土地管理法依法履行监管职责，未依照闲置土地处置办法启动调查程序，可归结为违法不作为。2021年12月10日，经开区检察院以行政公益诉讼立案。经调查查明，根据《中华人民共和国土地管理法》《江苏省土地管理条例》以及经开区工作委员会、管理委员会职责配置的有关规定，经开区招商部门负责项目洽谈、招引，自然资源部门负责向企业供地，工业和信息化部门负责服务企业。供地后，自然资源部门负有会同招商部门、工业和信息化部门建立信用监管、动态巡查，加强对建设用地供应交易和供后开发利用的监管职责；招商部门、工业和信息化部门，负有跟踪管理、建立诚信档案、配合自然资源部门处置闲置土地的职责。但上述职能部门对企业用地情况没有全面履行后续监管职责，且未形成监管合力，导致土地资源长期闲置。

2022年2月11日，经开区检察院向自然资源、招商、工业和信息化等部门发出检察建议，督促自然资源部门对326亩闲置土地启动调查程序，督促招商部门、工业和信息化部门积极配合自然资源部门开展调查，并加强土地市场动态监测与监管。

2022年4月，经开区检察院相继收到相关部门书面回复：已启动闲置土地调查程序，案涉326亩土地闲置系市场、企业、政府多种因素叠加形成，符合协议收回的条件，自然资源部门及属地政府等相关行政机关已着手与国有土地使用权人协商。同年5月，属地政府与E光电公司签订《闲置土地回收补偿协议书》，与B太阳能公司签订《节约集约用地盘活（处置）框架协议》。同年9月，属地政府与D自动化公司签订《国有存量土地回收补偿协议书》，上述3宗地随后收回。同年10月，A发电公司、C照明公司制定再投资开发计划，相关项目已进场实施。至此，案涉 5 宗闲置土地 326 亩处置完毕。

为建立健全及时发现、整治国有土地出让后被闲置的机制，检察机关与相关行政机关共同努力，推动经开区管委会出台了推进工业用地提质增效的规范性文件，统一细化土地处置标准，并成立自然资源部门、招商部门等 23 家单位在内的闲置产业用地处置工作专班，形成闲置土地长效监管机制。

【指导意义】

（一）检察机关办理国有土地使用权出让领域公益诉讼案件，既要关注土地出让收入征缴问题，也要关注土地使用中的违法问题。土地资源稀缺，促进土地资源的优化配置和节约集约利用是我国长期坚持的基本用地制度。国有土地使用权出让后，闲置已成为制约地方经济高质量发展的突出问题。检察机关在办理国有土地使用权出让领域公益诉讼案件过程中，在重点关注土地出让收入征缴是否到位的同时，也要关注国有土地出让后使用中的闲置、违法改变用途等问题。

（二）对于违法情形复杂的国有土地闲置问题，检察机关可以采取不同办案方式分类处置。国有土地闲置，系市场、企业、政府多种因素叠加，有的可能涉及多个行政机关、多个相对人、多种违法违约类型，检察机关应坚持法治思维，区分情况，分类处置。对于既存在土地规划调整、国家政策调整、拆迁未按期交付土地等政府原因，也存在企业自身原因，造成土地闲置情形的，可以通过提出检察建议督促行政机关依法履行监管职责，符合起诉条件的可以提起行政公益诉讼；相关企业有整改意愿的，检察机关可以与行政机关磋商，引导企业积极整改、合规经营。

【相关规定】

《中华人民共和国行政诉讼法》（2017 年修正）第二十五条第四款

《中华人民共和国土地管理法》（2019年修正）第三条、第五十六条

《中华人民共和国土地管理法实施条例》（2021年修正）第五十条

《最高人民法院、最高人民检察院关于检察公益诉讼案件适用法律若干问题的解释》（2020年修正）第二十一条

《闲置土地处置办法》（2012年修订）第二条、第四条、第八条、第十二条

办案检察院：江苏省扬州经济技术开发区人民检察院
承办检察官：王珺子　李志强　刘大军　任爱梅　丁丽等
案例撰写人：朱建勇　王珺子　李志强　丁丽　顾广绪　王烨

湖南省长沙市检察机关督促追回违法支出国有土地使用权出让收入行政公益诉讼案[①]

【关键词】

行政公益诉讼　国有财产保护　国有土地使用权出让　土地出让收入违法支出　撤回起诉

【要旨】

检察机关办理国有土地使用权出让收入公益诉讼案件，应加强跟进监督，督促行政机关依法全面履职，确保应征收的款项全部上缴国库。对于基层检察院管辖可能存在干扰和阻力的，上级检察院可以提级办理，符合提起行政公益诉讼条件的，可以指定基层检察

[①] 最高人民检察院检例第185号。

院向同级法院提起诉讼。办案中发现行政监管漏洞的，可以向地方政府发出社会治理检察建议，推动诉源治理。

【基本案情】

2017年12月27日，某地产集团公司在湖南省某市（县级市，下同）竞得五宗地块（编号分别为071—075号）的国有建设用地使用权，出让金总价为42.98亿余元，约定竞买保证金自动转作受让地块的出让金。由负责开发受让地块的该集团公司子公司——某置业有限公司（以下简称置业公司）与该市原国土资源局签订《国有建设用地使用权出让合同》五份，保证金15.24亿余元从公共资源中心转入某市财政局非税收入汇缴结算户（以下简称非税账户）。2018年2月、11月，某市财政局以"退保证金"名义两次将已进入非税账户的国有土地使用权出让收入（以下简称土地出让收入）支出给置业公司2.9亿余元。置业公司用该笔资金缴清五宗地块契税及072号地块剩余土地价款，办理了072号地块不动产权证，申请抵押贷款26.5亿余元。截至2019年9月4日，某市财政局未依法追回违法支出给置业公司的土地出让收入2.9亿余元。

【检察机关履职过程】

2019年6月，湖南省人民检察院开展全省国有土地使用权出让领域公益诉讼专项监督行动，在督办某市检察院办理的欠缴国有土地出让金系列案中发现该线索，遂交办至湖南省长沙市人民检察院（以下简称长沙市检察院）。因该案系辖区内重大复杂案件，长沙市检察院决定自办该案，于2019年8月21日立案调查。办案人员通过调取土地出让协议、支付凭证等书证、询问相关人员及咨询财务专家等方式调查查明：转入非税账户的竞买保证金系置业公司缴纳的五宗地块费用，成交确认书签订后已自动转作土地价款，应定性为土地出让收入，属于国有财产。某市财政局作为所在地人民政府财政部门和非税收入主管部门，未将收缴的土地出让收入及时足额上缴国库，违规设立收入过渡户滞留、挪用、坐支，无正当理由以"退保证金"名义向置业公司违法支出已进入非税账户的土地出让收入2.9亿余元，损害了国家利益。

长沙市检察院针对该案中财政部门违法支出土地出让收入造成国有财产损失的违法情形，于2019年9月9日依法向某市财政局发出检察建议，督促其依法履行法定职责，及时追回违法支出的土地出让收入2.9亿余元；针对该市在土地出让收入等非税收入收支管理方面存在的衔接不顺畅、机制不完善、管理有漏洞等普遍性问题，于2019年9月11日向某市人民政府公开送达社会治理检察建议书，建议其强化监督职责和管理力度，治理监管失范问题。

收到检察建议后，某市财政局成立整改工作小组，迅速约谈并要求置业公司提交还款计划，提请某市人民政府召开专题会议研究整改措施。2019年9月26日，某市财政局书面回复称，已依法启动追缴程序，置业公司承诺在2019年10月15日之前还款。2019年11月14日，某市人民政府书面回复称，该市已经召集相关职能部门多次专题研究，进一步强化衔接和管理，堵塞漏洞。

省、市两级检察院持续跟进监督发现，检察建议回复期满，某市财政局未依法全面履职，违法支出的土地出让收入仍未追回。为避免可能出现的办案阻力和干扰因素，经湖南省检察院批准，长沙市检察院指定长沙市岳麓区人民检察院（以下简称岳麓区检察院）起诉管辖。岳麓区检察院于2020年4月3日向集中管辖的长沙铁路运输法院提起行政公益诉讼，诉请某市财政局依法采取有效措施追回违法支出的土地出让收入2.9亿余元。对于案涉国家机关工作人员职务违法犯罪线索，长沙市检察院同步移送长沙市纪委监委处理。起诉后，省、市、区三级检察院继续跟进某市财政局追缴进度，2020年4月30日置业公司开出商业承兑汇票，由某市城投公司于5月27日代置业公司向某市财政局非税账户退缴土地出让收入，并缴入国库，置业公司于2020年11月1日承兑该汇票。因诉讼请求全部实现，经岳麓区检察院提交撤回起诉决定书，长沙铁路运输法院裁定准予撤诉。

【指导意义】

（一）检察机关对损害公益的违法行为应当坚持全流程监督，依法保障国有财产安全。在办理国有土地使用权出让领域公益诉讼案件中，检察机关既要监督征收环节，督促征收部门及时收缴国有土地出让收入，也要监督征收资金划缴国库环节，确保"应缴尽缴、及时入库"，防止土地出让收入不当滞留、坐支、挪用造成国有财产损失。

（二）检察机关在办案过程中要注重通过诉的方式来推动问题解决。检察建议回复期满，行政机关仍未依法全面履职且公益仍受侵害的，检察机关应依法提起行政公益诉讼，发挥诉讼程序、司法裁判增强监督刚性、推动问题解决、引领社会价值的功能作用。提起诉讼后，检察机关诉讼请求全部实现的，可以撤回起诉；确有必要的，可以变更诉讼请求，请求法院判决确认行政行为违法。

（三）充分发挥检察一体化工作机制优势，排除办案阻力。国财国土领域公益诉讼案件往往重大敏感、疑难复杂，办案过程中，要充分发挥检察一体化优势，共同分析研判，上下联动发力。省、市检察院要通过直接办理重大复杂的国财国土公益诉讼案件，发挥示范引领作用。对于下级检察院管辖有难度或者办案有干扰阻力的案件，上级检察院可以提级办理，符合提起行政公益诉讼条件的，可以指定基层检察院向同级法院提起诉讼。

（四）针对具有普遍性的问题发出社会治理检察建议，助推国有财产保护。检察机关针对办案中发现的土地出让收入收支管理不规范、存在监管漏洞、部门协同配合不足等问题，可以向地方政府提出改进工作的社会治理检察建议，推动政府统筹协调，健全制度机制，加强行政监管，提升治理能力。

【相关规定】

《中华人民共和国行政诉讼法》(2017年修正)第二十五条第四款

《中华人民共和国城镇国有土地使用权出让和转让暂行条例》(2020年修订)第五十条

《国有土地使用权出让收支管理办法》(2007年施行)第四条、第三十三条

办案检察院：湖南省人民检察院　湖南省长沙市人民检察院
　　　　　　湖南省长沙市岳麓区人民检察院

承办检察官：姚　红　匡　凌　刘丽萍　瞿玉成
案例撰写人：姚　红　刘丽萍　彭　兵

(二) 相关文书[1]

土地权属争议案件收件登记单

交件人		收件人			
申请人		地址及邮编			
法定代表人			电话		
委托代理人			电话		
序 号	申请文件名称			页数	备注

---

[1] 本部分文书均参见《国土资源部办公厅关于印发〈土地权属争议案件文书格式〉的通知》,载自然资源部网站,http://f.mnr.gov.cn/201702/t20170206_1437062.html,2023年11月2日访问。

土地权属争议案件申请书

申请人	姓名 （名称）		地址	
	法定 代表人		职务 及电话	
	委托 代理人		地址	
被申请人	姓名 （名称）		地址	
	法定 代表人		职务 及电话	
请求事项				
事实及理由	（本栏写不下可另附页）			

附证据材料　　份

土地权属争议案件授权委托书

　　_____（委托人）因与_____
土地权属争议一案，委托_____（受委托人）代理。委托的代理事项
和权限如下：_____
_____
_____
_____。

委托人：（签字或盖章）
　年　月　日

土地权属争议案件受理通知书

（文号）

（申请人）：

　　_____ 一案，经审查，符合《土地权属争议调查处理办法》规定的受理条件，我局（厅）已受理，特此通知。

（国土资源行政主管部门章）
　　年　　月　　日

土地权属争议案件受理（不予受理）建议书

案件名称	
申请人	
被申请人	
承办意见： 承办人（签字）　　年　月　日	
核准意见： 负责人（签字）　　年　月　日	
附：证据材料　　份	

土地权属争议案件不予受理决定书

(文号)

(申请人):

　　_____一案,经审查,因_____

_____,决定不予受理,特此通知。现退回有关材料____件。

　　如不服本决定,可依法申请行政复议或提起行政诉讼。

(人民政府章)
年　月　日

答辩通知书

(被申请人)：
　　_____土地权属争议一案，我局（厅）已依法受理。现发送申请人申请书副本一份，自收到申请书副本之日起 30 日内，向我局（厅）提交答辩状和有关证据材料一式__份。如不按时提交答辩状，不影响本案的处理。
　　特此通知。

（国土资源行政主管部门章）
　年　　月　　日

询 问 笔 录

(首页)　　　　共__页

时间：_____；地点：_____
询问人：_____；记录人：_____
被询问人：姓名_____，年龄__，单位_____，
职务_____，住址及邮编_____，
联系电话_____。
询问内容：_____
_____
_____
_____
_____
_____
_____
_____
_____
_____。

注：询问笔录交被询问人阅读或向其宣读，被询问人在每页笔录上签名并按手印。

协助调查通知书

_____：

　　为查清_____土地权属争议一案有关事实情况，我局（厅）将于_____（时间）进行调查取证，请予以协助。

　　特此通知。

联系人：
联系电话：

（国土资源行政主管部门章）
年　　月　　日

<u>（调处机关）</u>土地权属争议案件调解书

（首页） （文号）

申请人：_____，
法定代表人：_____；职务：__；地址：_____
被申请人：_____；
法定代表人：_____；职务：__；地址：_____；
　　因_____一案，申请人与被申请人土地权属争议主要事实：_____
_____
_____
_____
_____
_____

　　经调解双方达成如下协议：_____
_____
_____
_____
_____
_____
_____。

申请人：（签字或盖章）
　　　　　　年　　月　　日
被申请人：（签字或盖章）
　　　　　　年　　月　　日
承办人：（签字）
　　　　　年　　月　　日

　　　　　　　　（国土资源行政主管部门章）
　　　　　　　　　　年　　月　　日

（决定机关）土地权属争议案件决定书

（文号）

申请人：_____；法定代表人：_____；
地址：_____；
被申请人：_____；法定代表人：_____；
地址：_____；

争议事由：_____
_____
_____
_____。

申请人陈述：_____
_____
_____
_____。

被申请人陈述：_____
_____
_____
_____。

经查：_____
_____
_____
_____。

根据_____的规定，现决定：____
_____
_____

（决定机关）土地权属争议案件决定书 703

_____
_____
_____。

如不服本决定，可依法申请行政复议或提起行政诉讼。

（人民政府章）
年　月　日

土地权属争议案件文书送达回证

受送达人					
送达地点					
送达文件名称		文　号	送达时间	
			年　月　日	
			年　月　日	
			年　月　日	
送达人		送达方式		送达人签名	
受送达人签名		代收人签名		与受送达人关系	
见证人及单位				见证人签名	

备注：

延期调查处理通知书

　　　　　　　：
　　_____一案，因_____。根据《土地权属争议调查处理办法》第二十八条的规定，调查处理期限延长____日，特此通知。

　　　　　　　　　　　　　　　（国土资源行政主管部门章）
　　　　　　　　　　　　　　　　年　　月　　日

图书在版编目（CIP）数据

土地法律政策全书：含法律、法规、司法解释、典型案例及相关文书：2024年版／中国法制出版社编．—北京：中国法制出版社，2024.1

（法律政策全书系列）

ISBN 978-7-5216-4019-9

Ⅰ.①土… Ⅱ.①中… Ⅲ.①土地法-汇编-中国 Ⅳ.①D922.309

中国国家版本馆CIP数据核字（2023）第231939号

责任编辑：王 熹　　　　　　　　　　　　封面设计：周黎明

土地法律政策全书：含法律、法规、司法解释、典型案例及相关文书：2024年版
TUDI FALÜ ZHENGCE QUANSHU：HAN FALÜ、FAGUI、SIFA JIESHI、DIANXING ANLI JI XIANGGUAN WENSHU：2024 NIAN BAN

编者／中国法制出版社
经销／新华书店
印刷／三河市国英印务有限公司
开本／880毫米×1230毫米　32开　　　　印张／22.5　字数／473千
版次／2024年1月第1版　　　　　　　　　2024年1月第1次印刷

中国法制出版社出版
书号 ISBN 978-7-5216-4019-9　　　　　　定价：69.00元

北京市西城区西便门西里甲16号西便门办公区
邮政编码：100053　　　　　　　　　　　传真：010-63141600
网址：http：//www.zgfzs.com　　　　　　编辑部电话：010-63141802
市场营销部电话：010-63141612　　　　　印务部电话：010-63141606

（如有印装质量问题，请与本社印务部联系。）